A EDUCAÇÃO DOS SENTIDOS

PETER GAY

A EXPERIÊNCIA BURGUESA
DA RAINHA VITÓRIA A FREUD

A EDUCAÇÃO DOS SENTIDOS

Tradução:
PER SALTER

COMPANHIA DAS LETRAS

Dados de Catalogação na Publicação (CIP) Internacional
(Câmara Brasileira do Livro, SP, Brasil)

G247e

Gay, Peter, 1923-
A experiência burguesa da Rainha Vitória a Freud : a educação dos sentidos / Peter Gay ; tradução Per Salter. -- São Paulo : Companhia das Letras, 1988.

Bibliografia.
ISBN 85-7164-010-6

1. Classe média - História - Século 19 2. Sexo (Psicologia) - Aspectos sociais - Século 19 I. Título. II. Título: A educação dos sentidos.

88-1867

CDD-306.709034
-305.5509034

Índices para catálogo sistemático:

1. Burguesia : Classes sociais : Século 19 305.5509034
2. Classe média : Classes sociais : Século 19 : Sociologia 305.5509034
3. Século 19 : Classe média : Classes sociais : Sociologia 305.5509034
4. Século 19 : Sexualidade : Sociologia 306.709034
5. Sexualidade : Século 19 : Sociologia 306.709034
6. Vida sexual : Século 19 : Sociologia 306.709034

Publicado originalmente em inglês
pela Oxford University Press, Inc., sob o título:
The Bourgeois Experience: Victoria to Freud
Volume 1: Education of the Senses

Capa:
João Baptista da Costa Aguiar
sobre *Madame Moitessier sentada* (1865),
de Jean Auguste Dominique Ingres

Vinheta:
João Baptista da Costa Aguiar
a partir de foto de *Cupido e Psiqué* (1793),
mármore de Antonio Canova

Índice remissivo:
Adelina Bouças
Marisa Vargas

Revisão:
Eliana Rocha
Stela Weiss
Lúcio Mesquita Filho
Denise Santos

1988

Editora Schwarcz Ltda.
Rua Tupi, 522
01233 — São Paulo — SP
Fones: (011) 825-5286 e 825-6498

Para
VANN WOODWARD
com afeto e admiração

As primeiras impressões não se apagam, bem sabes. Trazemos dentro de nós o nosso passado; durante toda a vida, nos ressentimos da falta da ama de leite.

Gustave Flaubert a sua mãe,
24 de novembro de 1850

Um tema amplo: os intensos interesses, paixões e estratégias que pulsam nas vidas mais comuns.

Thomas Hardy, anotação de maio de 1882

ÍNDICE

INTRODUÇÃO GERAL

A EDUCAÇÃO DOS SENTIDOS

As ilustrações estão após as pp. 160 e 256.

INTRODUÇÃO GERAL

ORIENTAÇÕES

1. UM ESBOÇO DE MAPA

Uma vez que os estudos ora empreendidos se desdobrarão através de vários volumes de considerável tamanho, o leitor tem todo o direito de saber o que o espera. Passeando comigo pela experiência burguesa, desde a rainha Vitória até Freud, ele decerto concordará que o assunto não só merece como exige um tratamento sinfônico. Minha exploração abrangerá desde os primórdios do século XIX até a eclosão da Primeira Guerra Mundial. Parti da década de 1820, e por vezes de alguns anos antes, porque a seriedade moral e a reserva com que as classes médias encaravam o erotismo, que vêm instigando os historiadores ao sarcasmo acerca dos "vitorianos", já se achavam bastante assentadas dez ou vinte anos antes de Vitória chegar ao trono, em 1837. E o ano de 1914, que encontrou Sigmund Freud no meio de sua carreira de psicanalista, se impõe como conclusão óbvia do nosso passeio: a Primeira Guerra Mundial envenenou, além de muitas outras coisas, o tipo de cultura burguesa que me proponho a estudar. Durante esse período a cultura ocidental experimentou mudanças profundas, irreversíveis e freqüentemente traumáticas que, embora longe de serem simultâneas, ainda assim formam um padrão suficientemente coerente para permitir algumas generalizações. Tratarei delas nos capítulos subseqüentes, mas gostaria de mencionar já, sucintamente, que subdivido o século XIX em duas fases distintas, e, ligando as duas, destaco uma ampla faixa de mudanças culturais de longo alcance ocorridas principalmente entre as décadas de 1850 e de 1890. Nessas décadas, formas de namoro e ideais pedagógicos, temores relativos à masturbação e preceitos relativos a castigos corporais, perfis femininos e tendências arquitetônicas, e muitos outros traços culturais sofreram transformações, às vezes imperceptíveis e às vezes tão profundas a ponto de se tornarem irreconhecíveis. Os nomes que aparecem no subtítulo deste livro devem ser vistos tão-somente como símbolos dessas mudanças. Historiadores dotados de sensibilidade já observaram inúmeras vezes que a rainha Vitória não era vitoriana; analogamente, Freud tampouco era freudiano: não podem ser responsabilizados pelos mitos tecidos em torno de seus nomes. Adoto-os aqui para deixar bem claro que a cultura burguesa do fim do século XIX era bem diferente da cultura burguesa de cinqüenta anos antes.

O termo "cultura", que emprego ao modo abrangente dos antropólogos, requer certa cautela. Toda realização humana que de alguma forma contribui para a experiência pode ser englobada nesta vasta rubrica: as instituições sociais, o desenvolvimento econômico, a vida em família, as doutrinas religiosas e morais, os receios dos médicos, as mudanças de gosto, a estrutura das emoções, até mesmo a política. Ora, não obstante cada cultura apresentar notáveis traços dominantes e certo grau de coerência entre eles, suas amplas subdivisões evoluem com alguma independência, às vezes até isoladamente uma das outras. Gracejando, já comentei que "Viena" não é uma cidade de verdade, mas apenas uma criação de historiadores da cultura em busca de um recipiente bastante grande para conter toda a intensa e variada vida literária, artística, científica e filosófica vivida no espaço de uns poucos quilômetros quadrados. Por trás do gracejo havia contudo algo mais: a cultura de Sigmund Freud, forjada no contato com os clássicos alemães, com o pensamento positivista do século XIX e na amizade com médicos judeus, não era a cultura de Hugo von Hofmannsthal ou de outros habitantes civilizados daquela cidade imaginária. Já deve estar evidente aonde pretendo chegar: cultura é algo mais complexo, mais descontínuo e mais surpreendente do que julgam os estudiosos da moderna civilização ocidental. Os altos e baixos do encadeamento de causas e efeitos, principalmente se incluirmos também suas dimensões inconscientes, a tornam refratária a qualquer tentativa de mapeamento empreendida pelo historiador.

Minha concepção do que seja "burguês" — um termo tão impalpável e tão elástico quanto "cultura" — surgirá claramente desta introdução, das personagens que colocarei em cena e dos documentos de que lançarei mão. Nos papéis principais encontraremos médicos, professores, comerciantes, donas-de-casa, poetas e pintores, políticos, um ou outro próspero artesão que tenha conseguido tornar-se economicamente independente e socialmente respeitável, e uma ave rara, o aristocrata de estirpe duvidosa, cuja postura é primordialmente burguesa. Meus documentos mais fecundos são as confissões íntimas, freqüentemente involuntárias, que pontuam diários pessoais, cartas de família, textos e apontamentos médicos, manuais do lar, panfletos religiosos e obras de arte. Aqui reproduzirei perfis frenológicos, comentarei cartas íntimas, interpretarei pinturas e analisarei sonhos. A experiência burguesa no século XIX foi a um só tempo riquíssima, franca e misteriosa, regular e caótica.

Na exploração desse terreno fragmentado e fascinante, fui encontrar minhas testemunhas tanto na América do Norte quanto na Europa. Na verdade, minhas testemunhas americanas ocupam um lugar privilegiado, ainda que não desproporcional. Sua proeminência constitui um tributo à facilidade de acesso aos arquivos americanos, não apenas por sua localização conveniente para mim, mas sobretudo por outros e mais interessantes aspectos. Seus acervos de revelações póstumas se mostraram mais abundantes do que eu jamais poderia esperar, mesmo nos momentos mais otimistas. E, salvo poucas exceções européias marcantes, em geral os diários e as cartas deixados por americanos — muitas vezes com um pedido sincero de que tais documentos fossem destruídos, porém, ao que parece, com uma pitada de esperança em sua preservação — revelaram-se bem menos cautelosos e defensivos do que seus congêneres franceses, alemães ou ingleses. Além disso, minha leitura dessa documentação americana confirmou largamente as previsões de comentaristas da época de que a América, embora indubitavelmente européia em suas origens e na maior parte de suas idéias, já então antecipava a evolução que viria a ocorrer na Europa. De Alexis de Tocqueville na década de 1830 a Sigmund Freud oitenta anos mais tarde, os Estados Unidos foram considerados a quintessência da sociedade burguesa, a encarnação, seja como ameaça ou como promessa, da cultura de classe média em direção à qual as sociedades européias pareciam estar sendo arrastadas. Stendhal, Dickens e inúmeros outros observaram que nos Estados Unidos a voracidade burguesa por bens materiais, o desprezo de ideais mais sublimes, a incompetência amorosa atingiam sua realização mais perfeita e como tal se exibiam de modo mais claro. É bem verdade, conforme sugeri e demonstrarei em pormenores adiante, que a cultura burguesa do século XIX era ao mesmo tempo múltipla e una: as atitudes em relação a demonstrações de afeto, as discussões de enfermidades e angústias, a educação das meninas, o uso de métodos anticoncepcionais, e ainda muitos outros importantes ingredientes da vida da classe média diferiam drasticamente de uma década a outra, de país a país, de uma camada social a outra. Mas não obstante todos esses matizes e evoluções, não obstante todas essas histórias individuais, a variedade de comportamentos e ideais burgueses configura uma família de anseios e ansiedades nitidamente reconhecível. Tomar o testemunho da América é como capturar a burguesia do século XIX no que ela tem de mais puro, ou, talvez mais apropriadamente, no limite do futuro que lhe estava destinado. Uma vez que uma das manifestações mais representativas da cultura de classe média é a condição feminina, seja sob o prisma político, educacional ou sexual, é significativo que os Estados Unidos tenham sido a primeira nação a admitir mulheres nas universidades, a primeira a dar às mulheres o direito ao voto, a primeira a permitir-lhes o exercício da medicina e (como as evidências claramente levam a crer) a primeira a encorajar ou, pelo menos, a fechar os olhos para a experimentação erótica antes do casamento. Em suma, a América do século XIX já era aquilo que a Europa do século XIX ainda viria a ser.

O argumento fundamental deste livro, assim como seu plano global, deve muito ao pensamento de Freud. Elaborei meus volumes a partir dos elementos básicos da experiência humana — amor, agressão e conflito. No presente volume, examino a vida sensual da burguesia, as formas que seus impulsos libidinosos assumem quando sujeitos às pressões de seus imperativos morais e de suas possibilidades físicas; no volume seguinte investigarei as formas de amar das classes médias, as maneiras burguesas de exprimir e de dissimular o erotismo. Neste segundo volume, aprofundarei a exploração das teorias do amor; as fantasias culturais veneradas na literatura da época; os disfarces com que se mascaravam os desejos eróticos nas chamadas elites culturais; as formas de amor que os beatos tachavam de pecaminosas, e os psiquiatras, de pervertidas; e o preço que as classes médias tiveram que pagar (pelo menos conforme se supunha à época), em virtude das restrições impostas pela própria burguesia à sexualidade. Nos dois volumes o amor e o sexo se encontram entrelaçados, assim como se entrelaçavam num único ideal nas fantasias burguesas. Decidi separar esses dois tomos por razões meramente táticas: considerando a fartura e a riqueza do material disponível, seria simplesmente inviável reuni-lo num único livro de dimensões manuseáveis.

O motivo que me levou a iniciar essa investigação pela sexualidade burguesa em sua forma madura, o amor, é que pretendo evidenciar e corrigir as concepções errôneas que se arraigaram em nossa visão da cultura vitoriana como um mundo tortuoso e insincero no qual maridos da classe média saciavam sua luxúria mantendo amantes, freqüentando prostitutas ou corrompendo crianças, enquanto suas tímidas e obedientes esposas, sexualmente anestesiadas, desviavam todo o seu imenso potencial amoroso para os afazeres domésticos e a educação dos filhos. É claro que esta imagem dominante, derrisória e raramente contestada, não é totalmente fictícia: com efeito, dedico boa parte dos capítulos deste volume à ignorância acerca de qualquer assunto ligado à sexualidade e aos preconceitos contra a mulher que prevaleciam tanto entre profissionais liberais instruídos quanto entre burgueses pertencentes às classes menos privilegiadas. Havia maridos impotentes e mulheres frígidas, rapazes e moças que ignoravam os mais elementares "fatos da vida"; e o lado noturno das experiências sensuais da classe média do século XIX está documentado em relatos escandalosos envolvendo prostíbulos homossexuais e o aliciamento de meninas pré-púberes. Marinheiros, soldados e caixeiros-viajantes sem raízes num cotidiano urbano não constituíam a única clientela das prostitutas do século XIX. Muitos dos pacientes de Sigmund Freud pareciam-lhe a prova irrefutável de que a cultura burguesa de sua época cerceava demais os impulsos sexuais. Assim, não é pela revisão em si que me proponho a corrigir as concepções usuais da era vitoriana — inclusive algumas do próprio Freud —, mas numa tentativa de recuperar os conflitos, a ambivalência e a diversidade da cultura burguesa do século XIX.

Quanto essa cultura foi multiforme e dominada por conflitos, virá à tona de modo ainda mais acentuado nos volumes dedicados à agressão. As definições psicanalíticas de agressão ainda estão longe de uma aceitação consensual; embora delimitada, ela abrange muito mais que os meandros do ódio, muito mais que o prazer da destruição. Em diversas ocasiões Freud fez menção a um instinto dominador, de sorte que podemos incluir no âmbito da agressão a necessidade que o homem tem de controlar seu ambiente por meio de invenções tecnológicas, políticas, sociais e estéticas. Os estilos burgueses serão analisados como um modo de adaptação ao ambiente; investigaremos a especialização, a profissionalização, as pesquisas sociais, a evolução das ciências e a escrita da história, tão minuciosamente quanto abordaremos os comportamentos mascaradamente hostis, como por exemplo o humor, ou o rigor, aprovado pela sociedade e dispensado às crianças, aos escolares, aos pobres e aos estrangeiros.

Nos volumes finais, que versarão sobre o difícil nascimento da cultura liberal, transportarei para a cena social o tema do conflito, que os psicanalistas vêem, predominantemente, como experiência interior do indivíduo. Em fins do século passado, a burguesia se defrontava com três adversários, nenhum deles disposto a fazer concessões: os centros de poder e prestígio aristocrático que ainda resistiam à extinção; partidos da classe operária incitados por ideologias militantes e com freqüência até mesmo revolucionárias; e implacáveis movimentos vanguardistas na literatura, nas artes plásticas, no teatro e na filosofia, permeados de desprezo por uma burguesia desprovida de gosto, ávida por dinheiro e hostil ao aperfeiçoamento cultural. O menos compreendido desses três adversários continua sendo, ainda hoje, a vanguarda. Era um movimento tão desunido quanto as classes médias que seus porta-vozes autoproclamados alvejavam com invectivas bem articuladas; na realidade, muitos burgueses bem situados receberam as novas artes de braços abertos, patrocinando-as sem ares de superioridade, enquanto, por outro lado, muitos escritores e artistas vanguardistas eram no fundo bons burgueses. A teimosia dos historiadores em tomar ao pé-da-letra as explosões antiburguesas de um Marx ou de um Flaubert em nada contribui para esclarecer essa situação já por si complexa e confusa. Nos volumes finais do presente trabalho, espero proceder a uma revisão profunda da concepção aceita, de que a vida burguesa se desenrolava num mundo predominantemente hostil e turbulento e obter uma aproximação mais estreita do que foi sua experiência real, incluindo seus elementos inconscientes.

Para abranger todas as dimensões da experiência histórica é necessário unir as atitudes e técnicas tradicionais do historiador à natureza e ao desenvolvimento humano como são vistos pelo psicanalista, cada qual fornecendo ao outro informações e críticas. A pesquisa documental, a montagem de estruturas causais, os cuidados e a atenção constante com relação à especulação devem caminhar lado a lado com o salto analítico que permite passar do conteúdo manifesto das evidências disponíveis ao seu significado latente. É claro que nenhum historiador, confortavelmente instalado em sua poltrona ou vasculhando arquivos empoeirados, poderá jamais reproduzir perfeitamente uma situação psicanalítica, hermética e regressiva, cuja função é facilitar a comunicação de inconsciente a inconsciente. Pode, todavia, aproximar-se dela até certo ponto. Pode interpretar sonhos, sobretudo se o próprio sonhador já os colocou num contexto associativo; pode estudar a seqüência de temas num diário íntimo como se fosse um fluxo de associações livres; pode examinar documentos públicos como condensações de desejos, e como exercícios de negação; pode trazer à tona as fantasias inconscientes que se encontram em romances populares ou obras de arte.

Longe de mim conclamar os historiadores a se submeterem à psicanálise, e menos ainda a se tornarem psicanalistas! Mesmo sem precisar lançar mão de Freud, historiadores mais argutos levam em conta a vasta gama de motivos inconscientes, as muitas correntes que se influenciam mutuamente, as sutilezas das formas de expressão, as lições contidas nas mais leves insinuações. Não pretendo ser superior aos gigantes do ofício da historiografia — quer seja Élie Halévy, Marc Bloch ou qualquer outro tomado como paradigma —, nem insinuar que talves eles tivessem sido melhores historiadores caso houvessem tido a boa sorte de se aperfeiçoar também nas técnicas psicanalíticas; o longo convívio com os fatos, a inteligência treinada para a observação, a empatia altamente desenvolvida, podem desvendar interligações e levar a conclusões que exigiriam esforço incomparavelmente maior do psicanalista. Sabemos o quanto Freud invejava os poetas por compreenderem intuitivamente o que ele levaria anos a fio para estabelecer. O psicanalista tem todo o direito de invejar os historiadores pelo mesmo motivo.

Não precisa porém exagerar nessa inveja. As teorias psicológicas ocasionalmente aplicadas pela maioria dos historiadores retêm apenas alguns ritmos e melodias do passado, enquanto suas harmonias, suas ressonâncias ocultas, suas repetições que não são meras repetições, suas infinitas surpresas lhes escapam por completo. A contribuição que a psicanálise pode oferecer à interpretação da experiência consiste num conjunto de métodos e de proposições destinados a arrancar ao passado seus significados ocultos e a possibilitar a leitura de toda a sua partitura orquestral. Meu objetivo é integrar a psicologia à história. Não se trata portanto de psico-história nestes volumes, mas de história informada pela psicanálise. Vai aí uma diferença!

A característica mais expressiva desse tipo de história talvez seja sua receptividade à evidente contribuição da vida em sociedade na formação das mentes, mesmo no que diz respeito a seus mecanismos inconscientes. Logo adiante veremos como a sinalização cultural que servia de balizamento aos burgueses no século XIX era freqüentemente incerta e geradora de ansiedades. Era uma época de progresso e de muita confiança no futuro, mas também uma época de dúvidas, de hesitações, de rasgos de pessimismo e de questionamento existencial.

2. *DIMENSÕES DA EXPERIÊNCIA*

A cultura burguesa do século XIX não perdeu pois sua capacidade de nos surpreender. Por mais que a conheçamos, pouco sabemos dela, e boa parte de nossos conhecimentos são errôneos; sob este prisma, ao contrário da maioria dos outros, as classes médias do período que vai de Vitória a Freud estão em condição de inferioridade. A imagem daqueles a quem, talvez por falta de alternativas, chamamos com imprecisão de vitorianos, carece de uma revisão drástica, visto que ela oscila incomodamente entre o divertimento com sua seriedade e o desdém por seu puritanismo, entre a indignação diante de sua hipocrisia e uma leve nostalgia condescendente por sua cativante excentricidade. A despeito da confiabilidade e do tirocínio de muitas pesquisas e análises, realizadas com competência por estudiosos do passado, a cultura burguesa continua a desafiar o historiador a sondá-la mais a fundo, a extrair novas interpretações de seu solo inesgotavelmente rico.

Essa afirmação parece bastante surpreendente. Dir-se-ia que a imensa quantidade de relatos e documentos recolhidos causaria antes fadiga e um certo desalento.[1] Não resta dúvida de que nenhum outro século, exceto o atual, está tão fartamente documentado. E nem poderia ser diferente, pois o século XIX é, afinal de contas, a casa paterna, uma casa que, desafiando a ação destruidora da guerra e a impiedade do tempo, permanece de pé, intocada, aberta à visitação. O papel de parede está um pouco desbotado, é verdade, mas quase todos os retratos da família permanecem em seus lugares. E no entanto o século XIX ainda está prenhe de questões não respondidas, bem como de questões nem mesmo levantadas. Seus aristocratas, estadistas, poetas e artistas há muito vêm sendo alvo de humoristas e biógrafos pertinazes, e ainda assim alguns continuam a nos surpreender de vez em quando; suas classes trabalhadoras, sobretudo quando empenhadas em greves e revoltas, e mais recentemente suas classes camponesas, têm atraído a atenção de um batalhão de historiadores sociais.

O mesmo não se dá com as classes médias: até agora não conseguimos avaliar suas experiências, nem a maneira pela qual receberam as mudanças econômicas, políticas e sociais, artísticas e intelectuais que transformaram tão radicalmente as suas vidas. Será que essas mudanças se acham na base da identificação do século XIX como "o século da burguesia"? Como elas se refletiram na esfera emocional, de suma importância porém pouco estudada, nos domínios da frustração e da realização, da auto-avaliação e da percepção social, da confiança e da ansiedade? Como explicar a paixão das classes médias do século XIX pela privacidade, uma paixão tão abrangente e irresistível que chega a integrar a própria definição de burguesia? De que maneira o moderno capitalismo afetou, favorável ou prejudicialmente, essa classe, sua mais notória beneficiária? Numa palavra, qual foi a experiência burguesa nas universidades, nas feiras e nos mercados, nas cabines eleitorais e nos museus, no leito? Quem me levou a fazer estas perguntas foi Sigmund Freud, que também influenciou minhas respostas.

A 3 de outubro de 1897, Freud escreveu uma de suas desinibidas cartas ao dr. Wilhelm Fliess, de Berlim, que era então um de seus amigos mais íntimos e seu único confidente. Freud o mantinha a par de todas as suas descobertas assombrosas sem reservas. Vivia dias de um afã agitado, nem sempre agradáveis. Tudo indicava que sua "teoria da sedução" como origem das neuroses, na qual depositava grandes esperanças e com a qual pretendia firmar sua reputação de grande inovador na cura dos males nervosos, se achava à beira de um colapso total por falta de provas convincentes. A vitória momentosa que ele arrancaria dessa derrota — o reconhecimento de que a fantasia desempenha um papel dominante na vida mental — ainda se debatia, embrionária, à espera de formulação. Sua autoanálise atravessava sua fase mais difícil, mais intensiva: buscando nas profundezas mais recônditas de seu inconsciente as lembranças reprimidas, Freud se arrojava cada vez mais nas interpretações dos sonhos, muito além do que até então fizera. Nessa atmosfera carregada de árduas investigações e de um autoquestionamento impiedoso, ele se lembrou — conforme relatou a Fliess — de uma viagem que fizera aos dois anos de idade, ou dois anos e meio, num trem noturno de Leipzig a Viena, ocasião em que a libido para com a "*matrem*" foi despertada por tê-la visto "*nudam*". E, logo em seguida ao desabafo com que se despoja dessa pesada lembrança longamente reprimida, Freud prossegue, através de uma associação reveladora da qual ele aparentemente não se dera conta, narrando o alívio com que recebera a notícia da morte de seu irmão, nascido um ano depois dele e falecido ainda na primeira infância, alívio esse colorido de "desejos perversos e ciúmes genuinamente infantis".[2] Amor e ódio se mostravam companheiros inseparáveis, íntimos adversários.

Pelas próprias dissimulações e por seus enganos altamente instrutivos, este é um momento de peso, pois nele se condensam com uma economia impressionante os temas primordiais do meu estudo: a força propulsora gerada pelas necessidades eróticas e agressivas, o modo contínuo e abrasivo pelo qual elas nos enredam, e os conflitos íntimos e ocultos que delas resultam. Mais ainda, ele demonstra os caminhos da civilização — o controle dos desejos e o adiamento de sua satisfação realizados pela mente humana. E revela a persistência e a enorme vitalidade dos primeiros encontros, o controle que as defesas psicológicas exercem na formação das memórias. Tendo já vivido metade dos seus dias, ao escrever a seu melhor amigo Freud sente a necessidade de encobrir seus desejos incestuosos com a obscuridade decente de uma linguagem erudita; o uso do latim lhe permite estabelecer uma zona de segurança entre ele próprio e a sua excitação proibida. Outro aspecto significativo é que Freud haja deslocado a data daquele relance excitante e sedutor: na realidade ele tinha quatro anos por ocasião daquela viagem de trem. Fazendo-se menor e mais infantil do que de fato era, Freud nega o erotismo palpável do estágio edipiano que já atingira, retratando-se menos poderoso e menos perigoso do que era, uma criança incapaz de conceber sequer suas intenções agressivas e sexuais, quanto mais de realizá-las. À época em que narrou a Fliess essa experiência, Freud tinha completado 41 anos. As reverberações dessa lembrança e a longa extensão do caminho de volta que parte da tumultuada situação de homem maduro às paixões infantis convidam o historiador a pesquisar além da conjuntura imediata, a abrir as portas para o ambiente cultural em que Freud viveu e, através dele, retornar aos dias de sua infância. Numa palavra, por suas abrangentes implicações para o estudo das mais potentes, embora secretas, forças que impulsionam o homem, essa sugestiva vinheta é um exemplo típico do que seja uma experiência. Num sentido bastante real, o presente volume e os que lhe sucederão constituem um extenso comentário desse episódio.

Uma experiência é o encontro da mente com o mundo, no qual nem este nem aquela são jamais simples ou totalmente transparentes. Freqüentemente banal à primeira vista, a experiência acaba por mostrar-se, sobretudo quando seguimos suas raízes até os remotos domínios do inconsciente, recalcitrante, fugidia, taciturna; criação de impulsos ambíguos e de conflitos não-resolvidos, ela não raro semeia confusões e impõe drásticas interpretações falsas. Muito mais do que proporcionar uma oportunidade para o exercício estereotipado do raciocínio e da ação, a experiência participa na criação dos objetos do interesse e da paixão; dá forma aos anseios ainda incipientes e levanta barreiras contra ansiedades ameaçadoras. O apetite irrefreável do homem por novas experiências tem suas origens nas primeiras investigações da criança em busca do conhecimento sexual e no prazer que esse conhecimento lhe proporciona, prazer amplamente reprimido na infância e posteriormente sublimado em atividades culturais menos primitivas. Seja como evento isolado, seja ligada a outros eventos, a experiência é portanto muito mais do que mero desejo ou percepção fortuita; é, antes, uma organização de exigências apaixonadas e atitudes persistentes no modo de encarar as coisas, e de realidades objetivas que jamais serão refutadas.

Além de ser um encontro da mente com o mundo, a experiência é também um encontro do passado com o presente. O amor e o ódio, esses indômitos motores da história, têm também suas próprias histórias, longas e em boa parte secretas: a pressão do passado é generlizada e insistente. Chamar o homem de "animal cultural" equivale a enfatizar que ele é por natureza um animal que aprende a partir da experiência, ainda que por vezes aprenda as lições erradas. Conforme afirmou William James de modo caracteristicamente exuberante em 1890, "a experiência é nossa instrutora, nossa suprema ajudante e amiga".[3] Ela emerge do confronto e da colaboração entre a reflexão consciente e a necessidade inconsciente, mescla lembranças e anseios, e nem estes nem aquelas são imutáveis ou acabados. E, se bem que boa parte dos poderosos regulamentos pelos quais o homem se pauta estejam além de sua capacidade de compreensão consciente, outra grande parte lhe é acessível: ao alertar seus colegas psicanalistas para que atentassem com criteriosa imparcialidade para as cenas manifestas dos sonhos, tanto quanto para seus conteúdos latentes, Sigmund Freud poderia estar orientando os historiadores sobre a necessidade de se respeitar as evidências, sejam elas remotas ou acessíveis.

As experiências comprovam pois a existência de um tráfego ininterrupto entre o que o mundo impõe e o que a mente exige, recebe e reformula. Esse intercâmbio há muito vem ocupando e até mesmo transtornando os historiadores profissionais. Exatamente como as realidades entre as quais ela se vê largada, a mente humana, a um só tempo estável e dinâmica, quase nunca permanece totalmente passiva. E com isto não pretendo defender uma subjetividade incurável. A mente é com freqüência extraordinariamente eficiente na compreensão dos contornos e dos significados de suas percepções. A maioria dos historiadores é partidária da proposição dubiamente crítica de que todo ser humano é uma vítima indefesa da falsa consciência, um mero seguidor e porta-voz involuntário, porém incurável, de sua classe, de sua fé, de seu tempo. Dizem esses historiadores, assim como os antropólogos culturais, que os homens constroem sua experiência.[4] De fato assim é. Tal "construção", todavia, resulta da colaboração um tanto constrangida entre percepções enganosas geradas por ansiedades e correções levadas a efeito pelo raciocínio e pela experimentação. O modo pelo qual a maioria das pessoas vê a realidade, apesar de todas as revisões apaixonadas e neuróticas aí embutidas, fornece uma imagem reconhecível dessa realidade, que se assemelha ao mundo tanto como um mapa do século XVIII mostrava aproximadamente as configurações verdadeiras do globo terrestre. Os homens, nem mesmo os loucos, não inventam simplesmente o seu mundo. Os materiais que empregam para construí-lo são quase todos de domínio público.

Nestas páginas terei oportunidades de sobra de desvendar auto-ilusões, corrigir interpretações errôneas e analisar o significado inconsciente de ações conscientes. Ao mesmo tempo pretendo defender arduamente a autoridade da realidade externa e a competência da mente humana. A prevalência de argumentações dogmáticas, de crenças irracionais e de projeções hostis através de toda a história nos fornece um testemunho desalentador das limitações da objetividade humana. Os adeptos da fé psicanalítica, em particular, são notórios defensores da concepção de que por trás de toda e qualquer idéia, discurso ou ação dos homens há mais do que pode ser percebido pelo olho não treinado. Mas isso não obriga o psicanalista — ou o historiador — a defender a opinião de que as coisas são sempre o contrário do que aparentam ser. Paradoxalmente, elas são a um só tempo o que não parecem *e* o que parecem ser. É isso o que as torna tão interessantes e difíceis. E o pensamento de Freud, longe de desprezar essas minúcias, as reconhece e as exalta e facilita por conseguinte o seu estudo. Este é um dos motivos por que Freud atrai a atenção dos historiadores, e certamente uma das razões por que tanto me afino com seu pensamento.

Aos 41 anos, revendo mentalmente a nudez de sua mãe, Freud teria toda a razão se considerasse essa experiência "uma segunda edição": tratava-se da ressureição revisada de ordens e proibições, do redescobrimento de eventos verificáveis ocorridos por volta de 1860, que, reformulados em lembranças úteis, até mesmo estratégicas, emergiram em 1897. Os desejos do menino Freud, recapturados em meio às ansiedades do homem maduro, eram profundamente pessoais; tinham porém implicações gerais bem amplas; entraram em erupção justamente quando Freud se debatia na formulação de uma psicologia na qual um dos elementos predominantes seria o desejo de todos os meninos por suas mães. É perfeitamente compreensível que em geral os historiadores tenham tentado evitar as dimensões inacessíveis da experiência. O inconsciente é intratável. Na melhor das hipóteses, por mais fascinantes que sejam os rastros que deixa, ele permanece quase ilegível aos olhos de quem não seja um perito observador. Não obstante, conquanto a tarefa de tornar legíveis os hieróglifos do inconsciente para a pesquisa histórica seja difícil, subsiste uma decisiva verdade histórica — uma verdade que o historiador ignora por sua conta e risco, incorrendo por isso em perdas consideráveis —, a de que muita coisa do passado ocorreu de modo oculto, silencioso e eloqüente.

A despeito de toda a atividade enérgica e emaranhada do inconsciente, a interpretação histórica da experiência precisa ser pelo menos tão sensível às suas dimensões conscientes quanto às inconscientes, e igualmente sensível aos efeitos da cultura sobre a mente — em suma, precisa ser sensível ao mundo em que o historiador se sente mais à vontade. É bem apropriado que Sigmund Freud houvesse tido sua momentosa percepção erótica, tão carregada de conseqüências futuras, a bordo de um trem, a suprema metáfora de um século XIX em movimento. A intimidade do compartimento e a pulsação ritmada da viagem contribuíram para dar origem, e uma forma específica, aos desejos imperiosos do menino de quatro anos. A mente humana anseia por realidade; excetuando-se o id, bastante encapsulado em si, que é o depositário dos impulsos brutos e do material profundamente reprimido, os outros componentes da mente, o ego e o superego, se valem contínua e abundantemente da cultura em que subsistem, evoluem, têm sucesso ou falham. Ao passo que a mente fornece ao mundo suas necessidades, o mundo dá à mente sua gramática, aos desejos seu vocabulário, às ansiedades seu objeto. O superego é uma coletânea de injunções didáticas oriundas dos pais e de outras fontes; ego, dotado da capacidade de raciocínio, cálculo e previsão, se defronta com realidades e as testa. A mente coleta no mundo suas fantasias, e até mesmo seus sonhos. E se essas atividades obscuras da mente se apóiam tão pesadamente em sons, imagens e odores, então a experiência diuturna de neuróticos normais — a matéria-prima de que é feita a história — deverá obrigatoriamente cingir-se ainda mais fixamente aos imperativos sociais, religiosos, econômicos e tecnológicos que, em conjunto, definem as possibilidades e impõem as limitações pelas quais se balisarão tanto indivíduos quanto grupos.

O reducionismo que vem enfeitiçando boa parte da psico-história é por conseguinte indefensável não só por desprezar as sutilezas do processo histórico, como também — e talvez com ainda maior gravidade — porque não leva em conta as sutilezas da visão psicanalítica do homem no mundo. Não resta dúvida de que nem todas as reduções são reducionistas. Num ensaio escrito em 1913, no qual especula sobre as possíveis aplicações da psicanálise aos estudos históricos, Freud aborda de relance essa distinção e fornece uma leve indicação de como sua psicologia dos indivíduos poderia tornar-se relevante em estudos da experiência coletiva, de como a biografia poderia se tornar história. "A psicanálise", escreve Freud, "estabelece uma conexão íntima" entre as "realizações psíquicas dos indivíduos e as das sociedades, postulando para umas e outras as mesmas fontes dinâmicas. Parte da idéia primordial de que a função mais importante dos mecanismos mentais é aliviar a pessoa das tensões nela criadas por suas necessidades. Parte dessa tarefa pode ser realizada extraindo-se satisfação do mundo exterior; e para tanto torna-se essencial que se tenha domínio sobre o mundo real". Acrescenta porém que "a realidade habitualmente frustra a satisfação de outra parte dessas necessidades, entre as quais se incluem, significativamente, determinados impulsos afetivos". O que impõe uma segunda tarefa: a de encontrar outro meio de acomodar os impulsos insatisfeitos. Convicto de que a psicanálise já havia iluminado claramente as origens da religião, da moralidade, da justiça e da filosofia, Freud agora conclui que "toda a história da cultura demonstra apenas quais métodos o homem adotou para subjugar seus desejos insatisfeitos sob condições mutáveis, adicionalmente modificadas por progressos tecnológicos, desejos esses às vezes satisfeitos e às vezes frustrados pela realidade".[5]

Esse trecho pouco conhecido constitui nada menos do que um memorando ambicioso dirigido aos historiadores, um convite cujas implicações nem psicanalistas nem historiadores sequer começaram a explorar. Freud está obviamente atento às trilhas pelas quais operações mentais, traduzidas em invenções, instituições e soluções de problemas, se emancipam e passam a levar uma existência pública autônoma. Sob este enfoque, até mesmo a tecnologia, se voltarmos às suas origens, é um método racional de gratificação dos desejos insatisfeitos. Ao mesmo tempo, contudo, a tecnologia constitui também uma realidade externa, objetiva, que, liberta da mente, agora com ela se defronta. Não é por acaso que os homens lançam mão de metáforas oriundas da vida familiar quando se referem à religião, à política ou à fábrica. Transferem para seu ambiente público suas experiências íntimas, e esse ambiente de imediato passa a refleti-las e a influir sobre elas. Consciência de classe, fidelidade nacionalista, decisões econômicas, são manifestações do trabalho mental imprimindo sua marca nas realidades e recebendo delas impressões recíprocas. Cultos que veneram a juventude, a velhice ou a natureza, esperança de um lugar ao sol ou a desesperança de mudanças, compromissos com instituições parlamentares ou com alguma liderança carismática, opções por uma ou outra estratégia empresarial e uma infinidade de outros sentimentos e atividades são em parte racionais e em parte irracionais, frutos tanto do raciocínio como de desejos não satisfeitos que os indivíduos e os grupos mal conhecem e que dificilmente poderão admitir. Categorias psicanalíticas que se proponham a explicar essas experiências, tão ricas em sua estratificação, não são canais pelos quais devem fluir obrigatoriamente as interpretações históricas; são apenas descrições de opções humanas, disponíveis ou inacessíveis. Abrem ao historiador inúmeras oportunidades para apreender as múltiplas dimensões do passado, bem como a participação relativa de cada uma no precipitado resultante, que é a experiência. É por isso que submeto a minuciosa análise o que chamo de pressões da realidade, tão variadas como a implantação das ferrovias, a vulcanização da borracha, a vitória sobre a febre puerperal, a persistência de hierarquias sociais. Foram essas pressões que fizeram da experiência burguesa o que ela veio a ser.

É claro que a rigor não houve experiência burguesa no século XIX nem em qualquer outro; houve tão-somente experiências de burgueses. Conforme é do conhecimento de todo historiador imbuído de alguma tendência psicanalítica, a experiência de um indivíduo difere, ainda que levemente, da experiência de qualquer outro. Escrever a história da experiência burguesa no século XIX, introduzir-me tão inquisitivamente quanto for possível na mentalidade da classe média, implica arriscar-me a generalizações bastante arrojadas. Só o indivíduo ama e odeia, aprimora seus gostos nas artes e no mobiliário, sente-se contente nos momentos de realização, ansioso em tempos de perigo, e furioso com os agentes que lhe provocam alguma privação; só o indivíduo se regozija com o poder ou lança sobre o mundo sua vingança. O mais é metáfora.

Uma metáfora todavia necessária. Pois todos os seres humanos compartilham pelo menos sua humanidade — suas paixões, sua trajetória em direção à maturidade, suas necessidades irreprimíveis. E cada qual estabelece seus laços sociais, pertence a culturas parciais que o expõem a conjuntos previsíveis de experiências, os quais constituem famílias suficientemente semelhantes entre si para seduzir o historiador a emitir julgamentos coletivos. A filiação religiosa, a vizinhança urbana, a comunidade lingüística e, no século XIX, a classe social, moldam o indivíduo de forma a torná-lo reconhecível como membro de diversas sociedades. Ao atingir a idade escolar, a criança já é uma pequena antologia viva de sua cultura particular — uma cultura parcial, de fato única, um indivíduo, sem dúvida alguma, mas ainda assim uma testemunha altamente informativa dos vários mundos de que faz parte. É por isso que os meandros da psicanálise, suas teorias e suas técnicas, podem construir justamente aquela ponte entre a experiência individual e a coletiva que a maioria dos historiadores, profundamente constrangida pela orientação freudiana, insiste em considerar problemática. Pois o indivíduo, visto pela ótica psicanalítica, é um indivíduo social. Até mesmo a mais secreta das batalhas íntimas é predominantemente inconsciente, a repressão do complexo de Édipo ocorre, conforme observa Freud, sob "a influência da autoridade, da instrução religiosa, da educação, das leituras".[6] Outras experiências, por mais pessoais e íntimas que sejam, tampouco deixam de ser culturais por sua natureza e por suas implicações. Explica-se assim por que Freud não via diferença essencial entre psicologia individual e psicologia social.

Ainda assim, cada uma das minhas generalizações psicológicas e históricas precisa estar alicerçada no único e verdadeiro centro da experiência: a pessoa. A fim de dramatizar essa convicção, abro cada tomo desta obra com uma biografia analítica à guisa de prefácio: sem pretender imitá-lo, tenciono relembrar os clássicos históricos de Sigmund Freud, que, na mais pura acepção do termo, são "histórias de casos". Esses retratos psicológicos e sociais não são espelhos perfeitos de uma cultura, mas fornecem boas indicações para se chegar a ela. Guiam-nos àquele mosaico amplo e emaranhado, a experiência burguesa do século XIX, que me proponho a recuperar, reconstruir e narrar.

I

ESFORÇOS PARA UMA DEFINIÇÃO

Um ingrediente preocupante, apesar de por vezes apenas perceptível, da experiência da burguesia do século XIX foi a ansiedade com que ela procurou definir a si própria: suas hierarquias internas, seu *status* na sociedade, seu relacionamento com as demais classes, suas características morais. "Lanço um apelo às classes médias", escrevia Thackeray em *Vanity Fair* [Feira das vaidades].[1] Porém, conquanto ele e seus leitores julgassem o significado desse apelo perfeitamente claro, nenhum deles podia ter certeza de que assim fosse. Havia muita coisa duvidosa: ideais, perspectivas e — numa dose bem considerável — o significado dos termos. As formas das pirâmides sociais, que alicerçavam aspirações e concessões, encontravam-se parcialmente obscurecidas por sutis distinções sociais e exigências conflitantes; seus limites superiores e inferiores freqüentemente se perdiam na névoa que recobria as encarniçadas lutas dos grupos que procuravam agregar-se à burguesia, desligar-se dela ou ascender dentro dela. Ademais, as lendas que pesavam sobre a história das classes médias, unidas aos debates que de longa data se travavam sobre sua reputação, contribuíram para gerar, em meio a avanços impetuosos e a um otimismo sóbrio, um vago sentimento de identidade, que por vezes beirava o ódio a si mesmo. Uma consciência burguesa ampla e opressora transtornou muita gente no século XIX, e, no século XX, viria exacerbar os esforços dos historiadores que procuram realizar um mapeamento retrospectivo.

Freqüentemente, contudo, são os mitos, as contradições e as distorções neuróticas que constituem a chave para as realidades históricas. Deles é que surgirão, de fato, os elementos essenciais para qualquer definição logicamente válida do que foram as classes médias do século XIX. Eu considero essas classes como uma família de anseios e de ansiedades. Muitos outros fatores contribuíram para dar-lhes uma aparência de coesão e unidade que era apenas em parte artificial: interesses convergentes, pressões políticas, classificações legais, percepções e sensações compartilhadas. Constituíam porém uma grande família, muito ramificada e briguenta. Os elos que a mantinham unida eram freqüentemente mais fracos do que as tensões que a desuniam. E os sintomas que mais claramente demonstram essas tensões são os nomes com que as classes médias eram designadas.*

(*) O autor utiliza aqui o termo *middle classes*, no plural; a distinção entre "as classes médias" e uma "classe média" é explicada na primeira seção deste capítulo, logo a seguir. (N.T.)

As confusões que infestavam, no século XIX, o vocabulário relativo às classes não escaparam à observação de seus contemporâneos. Quando, em 1893, traduzia um panfleto escrito por um médico alemão contra a legalização da prostituição, o estudioso norte-americano Charles K. Needham deparou com a palavra *Bürger** e fez uma pausa para refletir. "O sentido preciso deste termo", ruminou numa nota de rodapé, "não pode traduzir-se pela expressão *middle class* [classe média], se bem que ocasionalmente eu a tenha utilizado em páginas anteriores. As condições de vida na Inglaterra e na América do Norte diferem daquelas reinantes na Alemanha, de sorte que na língua inglesa não há um termo único que possa exprimir a idéia".[2] Needham tinha a perspicácia necessária para perceber que essas dificuldades lingüísticas exprimiam dificuldades essenciais. A terminologia alemã por certo as reconhecia: diferenciava, sutil porém claramente, o termo *Bürgertum* do modismo importado *bourgeoisie*. Quando Thomas Mann, ainda em 1918, elogiava o *Bürger* e denegria o *bourgeois*, estava trabalhando dentro de uma tradição retórica já secular. Além disso, *Bürger* era um rótulo simultaneamente legal e social: designava o cidadão de um Estado ou o membro de uma classe, uma ambigüidade que escritores alemães não deixaram de explorar. Mais ainda, os alemães usavam não só o termo *Bürgertum*, como também *Mittelstand*, e a curiosa história lingüística desta última denominação oferece uma prova adicional de que a instabilidade no uso da linguagem no século XIX muitas vezes revela uma instabilidade no âmago da sociedade, bem como uma certa inquietação.**

No início do século XIX, Goethe, Hegel e seus contemporâneos consideravam *Mittelstand* o membro de uma classe respeitável e próspera, cujos escalões superiores incluíam servidores públicos graduados e outros homens de instrução superior; em meados do século, o termo já designava pequenos negociantes e pequenos industriais. Na década de 1870, com a fundação do novo Reich e em meio à turbulência de uma especulação desenfreada, muitas vezes ruinosa, o termo *Mittelstand* foi rebaixado a sinônimo de "pequeno-burguês", do pequeno comerciante que tentava por todos os meios sobreviver à maré de falências, e dos funcionários subalternos que se amontoavam nos empregos desalentadores que os novos impérios industriais e comerciais lhes ofereciam. A maioria dos membros desses dois grupos tinha motivos mais do que suficientes para se sentirem apreensivos em relação a suas oportunidades sociais e a seu futuro econômico. Os economistas começaram a fazer distinções entre um *Mittelstand* já estabelecido e um novo *Mittelstand*, afligindo-se pela deterioração daquele e pelo fastio deste. E assim, ao aproximar-se a última década do século XIX, o termo designava um segmento da sociedade em constante tumulto, um problema em busca de uma política.[3] A história deste termo, incluindo sua irresistível decadência, documenta as sérias tensões existentes no seio da burguesia alemã.

Os setores medianos da sociedade inglesa, por seu lado, demonstravam uma extraordinária relutância a se segregarem por meio de nomes distintivos e agressivos que designas-

(*) Do termo *burgus*, que significava em latim vulgar "bairro" quando se referia a uma grande cidade como Roma, ou "vila", quando centro comercial de uma região rural, derivaram-se entre outros o germânico *Burg* e suas variantes *burgh* (escocesa e flamenga), *burgeis* (gálica), e *burgo* (ibérica), todos significando na Idade Média o "castelo" onde se concentrava o comércio regional, uma espécie de vila fortificada para a defesa dos camponeses da redondeza. Aí surgiram as corporações, de sorte que na Renascença o termo *burgher* (escocês e inglês) designava em particular os habitantes de um burgo que eram membros de uma corporação de ofício. Com o crescimento das cidades-livres hanseáticas e renanas, e com a consolidação institucional do Império prussiano, o termo *Bürger* adquiriu o significado de "cidadão", que mantém até hoje, com certa ênfase nos deveres e direitos atinentes à condição política da "cidadania"; o termo francês mais próximo é portanto o surgido com a Revolução, *citoyen*, ao passo que *bourgeois* enfatizava mais as condições sócio-econômicas e culturais do "Terceiro Estado". (N.T.)

(**) *Mittelstand* significa, literalmente, "condição mediana" ou, particularmente no sentido sócio-econômico, "situação mediana". (N.T.)

sem sua "classe". Se bem que a palavra *bourgeoisie* já estivesse ao seu alcance desde fins do século XVII, os ingleses se recusavam a naturalizá-la e preferiam o termo nativo *middle class*, ou melhor, com seu grave e profundo respeito pelo pluralismo, "classes médias". Tudo indica, contudo, que os autores ingleses julgavam perfeitamente aceitável chamar as classes médias alemãs de "*bourgeois*"; George Eliot assim fez em 1856. Ainda em 1873, todavia, J. A. Symonds observava que o adjetivo *bourgeois* era "uma expressão moderna". Somente um cosmopolita de tendências nitidamente materialistas ou alguém que procurasse um rótulo levemente pejorativo lançaria mão desse termo emprestado à língua francesa. Num de seus epigramas cintilantes e ambíguos, Oscar Wilde escreveu: "A grande superioridade da França sobre a Inglaterra consiste em que na França todo *bourgeois* aspira a ser um artista, ao passo que na Inglaterra todo artista aspira a tornar-se um *bourgeois*".[4] E no começo de 1890, Beatrice Potter, que em breve viria a tornar-se Beatrice Webb, anotava em seu diário que havia convidado "Sidney Webb, o socialista" para jantar em sua casa, e observava que ele era "um homenzinho notável, de aparência um tanto desgrenhada, [com] óculos e um sobretudo preto burguês, já reluzente de tanto uso".[5] A maioria de seus compatriotas entretanto preferia os nomes de conotações mais domésticas: em 1834, John Stuart Mill distinguia as "três classes" que compunham a sociedade inglesa, "os proprietários, os capitalistas e os operários".[6]

Essa relutância não pode ser desprezada como um mero chauvinismo lingüístico. Afinal de contas, foram os marxistas que, a partir de meados da década de 1840, com a publicação de *Condition of the Working Class in England* [Condição da classe operária na Inglaterra], de Engels, transformaram o termo *bourgeois* senão em monopólio, pelo menos em característica marcante e habitual do discurso socialista. Para aqueles que se engajavam em atividades políticas, tornou-se um termo bastante polêmico: William Morris relembrava os anos de sua juventude como "uma época maçante, oprimida por atitudes burguesas e filistéias".[7] Nem mesmo a escolha presumivelmente inócua do singular ou do plural nas referências às camadas médias, altamente estratificadas, da sociedade escapava a implicações políticas: liberais agressivos, como Richard Cobden, empregavam o termo "classe média" enfaticamente no singular, como que alardeando seu apelo à unidade e suas expectativas de poder.[8] A linguagem utilizada para caracterizar aquele território de contornos vagos e talvez indefiníveis ocupado pelos segmentos medianos da sociedade quase nunca era totalmente inocente, quase nunca isenta de cargas políticas.

A Babel de definições não se esgota por aqui. A profusão de rótulos abrangentemente descritivos, como *bourgeois*, *Bürger* ou *middle class*, exibe a variedade dos tipos sociais reunidos sob estes amplos rótulos. Alguns historiadores, visivelmente embaraçados com tal amplidão, extraíram da burguesia os grandes capitalistas, tanto os patrícios quanto os plutocratas, que trocavam tapinhas nas costas com a aristocracia, e os artesãos mais pobres, que não viviam melhor que os operários, classificando-os em classes específicas próprias ou incorporando-os às classes vizinhas. Outros tentaram escapar à dificuldade por meio da inclusão na classe média de todos aqueles que não fossem nem operários, nem camponeses, nem aristocratas. Estes têm algum fundamento jurídico para as suas simplificações drásticas: o *Landrecht** da Prússia reunia sob o nome *Bürgerstand* ou "estado burguês",** todas as pessoas que "pelo seu nascimento não puderem ser contadas nem entre os nobres nem entre os proprietários rurais, e que tampouco tiverem sido incorporadas posteriormente a uma dessas duas classes".[9] Mas a esplêndida clareza do código prussiano, conciso e psicologicamente impreciso, não estava disponível em outros países, onde os historia-

(*) O código de direito agrário, integrante do Código Civil. (N.T.)

(**) O autor traduz *Bürgerstand* por "bourgeois estate" por analogia ao *troisième état* francês ("*third estate*"), ao qual de resto corresponde essencialmente o *Bürgerstand* alemão da época analisada. (N.T.)

dores se viram obrigados a lançar mão de critérios alternativos, econômicos ou sociais.

Aumentando ainda mais toda esta confusão, em meados do século passado os proletários parisienses utilizavam *bourgeoise* para designar respeitáveis e pacatas donas-de-casa das classes trabalhadoras, temidas por seus maridos.[10] Não era menos difícil classificar os proprietários de terras que não tinham títulos nobiliárquicos: estivessem eles engajados em negócios, servindo como magistrados na cidade ou vivendo das rendas de seus investimentos rurais, tinham um envolvimento íntimo e contínuo com os assuntos urbanos, bem como acesso ao poder político. Estes proprietários — particularmente numerosos e influentes na França e na Prússia, pelo menos até meados do século — eram os que menos se encaixavam no estereótipo do burguês. "Ninguém quer viver em sua propriedade no campo", declarou o conde de Villèle, um brilhante financista e primeiro-ministro da França nos últimos tempos da Restauração. "Todos os nossos *gentilshommes* estão se transformando em *bourgeois*, moram na cidade durante seis ou nove meses por ano a fim de aproveitar a vida social, os confortos e as facilidades para educar e colocar seus filhos."[11] Para a maioria dos observadores, o burguês era um animal urbano. Proprietários rurais sem título, porém, freqüentemente apresentavam tantas das características que normalmente se associam à burguesia que às vezes eram classificados no mesmo grupo dos pequenos industriais e profissionais liberais.

Em vista de todo esse emaranhado, os contemporâneos passaram a fazer uso de adjetivos descritivos para demarcar subdivisões e acompanhar movimentos no interior da burguesia: *haute, bonne, petite bourgeoisie* [alta, boa, pequena burguesia], classe média alta e classe média baixa. Mas nem todos esses qualificativos, ainda que úteis, foram suficientes para formar uma malha bastante fina para capturar todas as sutis distinções e os efervescentes conflitos que em toda parte impregnavam as classes médias, originando sucessivas ondas de agitação e mudanças. Por volta de 1835, o viajante e cronista Michel Chevalier, um pequeno Tocqueville que mais tarde viria a ser um eminente administrador público na França, publicou um livro de reflexões sobre os Estados Unidos, no qual comparava as instituições norte-americanas às de seu próprio país. Na América do Norte, observou ele, a classe média era uma entidade coesa e abrangente que compreendia "industriais, comerciantes, advogados, médicos", bem como "alguns poucos agricultores e pessoas dedicadas às letras e às artes". Já na França, a "numerosa classe média" estava nitidamente dividida entre "a classe ativa", engajada no "comércio, na indústria, na agricultura e nas profissões liberais", e a burguesia "ociosa", formada por "homens sem emprego ativo, proprietários que auferem rendimentos de 500 ou 1500 libras pelo aluguel de suas propriedades ou através da divisão da produção com os agricultores, sem todavia tentarem aumentar a produtividade". Essas duas "divisões" da classe média "diferem essencialmente entre si", prossegue Chevalier, embora na página seguinte, com solene desprezo por qualquer coerência, acrescente que "elas não estão totalmente nem nitidamente separadas entre si".[12] Obviamente, a definição e a classificação das classes médias era uma tarefa que desencorajaria qualquer comentarista, por mais sagaz e confiante que ele fosse.

Lá pelos fins da década de 1860, Émile Zola, usando sua habitual imaginação e malícia, resolveu tentar refinar as caracterizações vagas e grosseiras, então comuns, da burguesia subdividindo a sociedade francesa em cinco mundos: *le peuple* [o povo], que incluía os operários e os soldados; *les commerçants* [os comerciantes], que abrangiam os "especuladores das demolições" em Paris, os industriais e os negociantes mais prósperos, "mulheres intrigantes" e os donos das grandes lojas; a *bourgeoisie*, que ele definia concisamente como "filhos de novos-ricos"; *le grand monde*, constituído de políticos e de funcionários públicos influentes; e *un monde à part* [um mundo à parte], que compreendia meretrizes, assassinos, o clero e os artistas.[13] Embora não lhe falte humor e argúcia, essa classificação apenas revela o embaraço geral que envolvia a definição das classes médias. Em primeiro lugar, a classe média alta jamais se mostrou totalmente coerente, raramente apresentando o que chamaríamos de uma linha de frente unida; e as personagens definidas por Zola como os *commerçants*, a *bourgeoisie*, e o *grand monde* tinham objetivos e valores freqüentemente conflitantes, ainda que em parte coincidentes. Advogados bem-relacionados e servidores públicos graduados, clérigos proeminentes e médicos ilustres, não raro se afastavam de uma camada da classe média para se aproximarem de outra. Diante desses fatos da vida social, os alemães enriqueceram seu vocabulário sociológico criando nomes para grupos que exigissem uma consideração diferenciada com o pretexto de possuírem propriedades ou títulos acadêmicos: falava-se em *Besitzbürgertum* e em *Bildungsbürgertum*,* ambas categorias bastante sugestivas, se bem que sobremodo abrangentes. Particularmente a *Bildung*, ou seja, o domínio de uma cultura superior ou, por vezes, apenas a sua exibição elegante, fornecia às classes médias mais instruídas os argumentos para sua pretensão a um *status* mais elevado e, às vezes, uma certa autoridade. O conhecimento dos clássicos, a facilidade de citar a literatura alemã, a demonstração de um interesse cultivado pelas artes e pela música permitiam ao *Bürger* abrandar sua antiga adoração servil aos nobres.[14] Uma das demonstrações mais impressionantes do prestígio alcançado pela *Bildung* é o fato de que muitos aristocratas alemães, tanto na Prússia como em outros Estados, prudentemente equipassem seus filhos de uma educação superior, ou pelo menos de sinais dela — como se, ao invés de nobres, fossem bons burgueses.

Outro problema agudo era o que representavam os membros do governo tanto para si mesmos quanto para efeito de uma definição. Em primeiro lugar, a posição dos servidores públicos ou *Beamten*, especialmente nos escalões superiores, era curiosamente ambígua. Além disso, como nos Estados alemães os professores universitários e os regentes das orquestras das cortes eram igualmente funcionários, também eles ocupavam uma posição bastante peculiar. No século XIX sua incômoda situação tinha se tornado de certo modo uma tradição alemã,[15] percebida até mesmo pelos próprios burocratas. Em suas memórias, o aristocrata Rudolf von Delbrück, que ocupava um cargo público em Berlim, relembrava que "os círculos burocráticos, espremidos entre a fechadíssima sociedade da corte, por um lado, e a comunidade burguesa por outro, tinham uma vida própria".[16] Em outros países, como na Bélgica ou na França, esse tipo de isolamento parece ter sido menos acentuado; a alienação dos funcionários em relação à vida da classe média parece ter sido menos completa do que nos Estados alemães. No entanto existia, e era desagradável.

A mesma fluidez e conseqüentemente a mesma controvérsia assinalam a divergência dos argumentos com os quais pirâmides burguesas rivais buscavam proeminência. O dinheiro trazia o poder, e a linhagem também; mas dinheiro e linhagem não eram necessariamente coincidentes. Não obstante, era possível fazer com que coincidissem, e freqüentemente era isso o que ocorria: as negociações matrimoniais entre famílias abastadas e famílias de estirpe nobre podiam assumir a importância de verdadeiras negociações diplomáticas entre Estados. Havia certo grau de mobilidade no interior das elites das classes médias, como também em suas fronteiras. O dinheiro podia ser purificado através do matrimônio com uma boa linhagem, ao passo que a nobreza podia reabastecer seus cofres unindo-se a uma família rica. Tais alianças contudo estavam longe de ser fáceis ou casuais: o repúdio a famílias de comerciantes freqüentemente frustrava casamentos que o amor, ou o mero interesse pessoal, parecia impor.

Essas observações gerais devem ser complementadas pelos poucos estudos confiáveis que se aventuraram a examinar mais detidamente as estruturas sociais de determinadas cidades. As lutas ao longo das margens das classes medianas, bem como as lutas intestinas que se travavam em seu meio, eram contínuas, árduas e desgastantes. Na cidade industrial

(*) Respectivamente "burguesia de posses" e "burguesia da cultura", de *Besitz* ("posses") e *Bildung* ("educação", "cultura"). (N.T.)

de Barmen, na Alemanha, o *Bürgertum* perfazia, em 1861, 9 por cento da população, abrangendo desde homens economicamente poderosos, num extremo, até o ameaçado *Mittelstand*, no outro; 46 anos mais tarde, em 1907, esta porcentagem já ascendia a mais de 23 pontos, se bem que os acréscimos mais impressionantes tivessem ocorrido, compreensivelmente, nos escalões inferiores da sociedade. E mesmo este aumento relativamente modesto do número de integrantes das classes médias não era de modo algum generalizado: em Bochum, uma das principais cidades da região "siderúrgica" do Ruhr, a proporção dos *Bürger* apresentou incrementos mínimos entre 1858 e 1907, passando de pouco mais de 13 para cerca de 16,5 por cento, sendo que o verdadeiro salto ocorreu, tal como em Barmen, entre os escalões mais baixos dos funcionários públicos e dos trabalhadores de colarinho branco. No entanto, tais lutas compensavam o imenso dispêndio de energia e paciência, a despeito de reveses arrasadores e freqüentes. Na Grã-Bretanha, o número de contribuintes com renda anual de 200 libras esterlinas praticamente duplicou em duas décadas, passando de pouco menos de 9 mil em 1851 para aproximadamente 17 500 em 1871. Este crescimento acelerado se manteve relativamente constante até atingir o nível de 800 libras, quando passou a apresentar um declínio acentuado; no mesmo intervalo de vinte anos, o número de contribuintes que percebiam 2 mil libras anuais ou mais cresceu de 235 para 356, ou seja, ligeiramente acima de 50 por cento. Na Grã-Bretanha de meados do século, enquanto as camadas inferiores e sobretudo as classes médias razoavelmente prósperas iam diminuindo ligeiramente a distância que as separava dos burgueses mais abastados, os verdadeiramente ricos permaneciam inacessíveis, uma fonte de fantasias e invejas.

Alguns segmentos das classes médias gozavam de bastante prestígio, independentemente das rendas auferidas. As profissões liberais, notadamente no campo da medicina, do direito, da Igreja e da educação, elevavam seus integrantes acima dos patamares que a mera posse pecuniária lhes teria conferido. Seu número relativamente pequeno, bem como a consciência de constituírem uma elite coesa, evitavam a perda de prestígio: de 1851 a 1881, a proporção de advogados na Inglaterra e em Gales declinou de quatro para três em cada mil pessoas, enquanto a proporção de médicos e de clérigos se manteve constante, ao redor, respectivamente, de sete e de quatro em cada mil pessoas; somente os educadores, tirando partido da recente expansão das oportunidades educacionais, cresceram de cerca de um para 1,6 por cento da população. O dinheiro estava longe de ser irrelevante para esses profissionais: um advogado em busca de afirmação, um prelado ou um professor sem um tostão, decerto teriam dificuldades para encontrar uma parceira para o casamento. No entanto, seus caminhos para uma melhor condição social não se encontravam totalmente bloqueados. Na Inglaterra, na Alemanha, ou em qualquer outra parte, um jovem esforçado e atento às oportunidades podia transformar um doutorado ou um diploma universitário num passaporte para uma posição social.

Os números deixam dolorosamente claro que as populações burguesas — altas, médias ou baixas, ativas ou ociosas, do comércio ou das profissões liberais — viviam na mais completa miséria. Um fato decisivo da vida da classe média do século XIX, que fomentou suas ansiedades e formou sua consciência, é que os burgueses sempre e em toda parte foram uma minoria, mesmo nos centros comerciais urbanos. As classes médias compensavam em poder, conhecimentos e, por vezes, pretensões o que lhes faltava em número. No século XIX, apenas 10 ou 12 por cento da população de cidades como Bochum ou Barmen podiam atribuir-se o *status* de burgueses; já em Paris, onde pelo menos dois terços da população eram paupérrimos segundo qualquer padrão, talvez 15 por cento, se tanto, podiam chamar-se de burgueses com propriedade. Se de fato "a burguesia era a nação", como alguns oradores mais arrebatados gostavam de dizer, era-o apenas num sentido altamente figurado.

Mas o aspecto social mais dramático da experiência burguesa no século XIX era a desigualdade econômica, social e política que predominava no interior da própria burguesia;

suas divisões hierárquicas eram muito mais poderosas do que qualquer solidariedade de classe — exceto no caso de pressões externas exercidas por uma população rural radicalizada ou um movimento operário militante.

Todos os burgueses, antigos ou novos, os *grands bourgeois* ou os *petits bourgeois*, procuravam viver decentemente, educar seus filhos, decorar suas casas e deixar posses a seus herdeiros. Mas suas fontes de renda, assim como os montantes que percebiam, variavam acentuadamente. A distância entre o mais alto e o mais baixo degrau da "escada" burguesa era imensa, e a escada era por si só muito íngreme, de difícil ascensão. Na Bochum de 1895, 93 por cento da população se amontoavam no sopé da pirâmide econômica, ganhando até 3 000 marcos por ano (e às vezes muito menos); em conjunto, porém, sua renda não passava de dois terços dos rendimentos da cidade. Contrastando de modo gritante com esta realidade, a elite abastada da cidade, cerca de um por cento da população, respondia por 15 por cento da renda total. Disso decorre que muitos burgueses daquela cidade se achavam aglomerados na linha que separa os meramente desprovidos dos verdadeiramente miseráveis, e alguns deles chegaram a atravessá-la. Também em Barmen pelo menos dois terços dos integrantes óbvios das classes médias eram mestres-de-ofício e trabalhadores assalariados que lutavam arduamente para vencer na vida, enquanto somente um terço podia denominar-se "capitalista" ou "comerciante". E a maioria dos comerciantes tinha rendas de fato bem modestas.

Os funcionários, esse exército cada vez maior de burgueses respeitáveis e muito mal pagos, que labutavam nos escritórios de exportação, nas grandes lojas, nas empresas ferroviárias ou nas repartições públicas, se encontravam de modo geral ainda mais próximos do destino da miséria absoluta do que os comerciantes independentes. Na Inglaterra, a partir de meados do século, um funcionário de uma empresa privada teria um ordenado inicial de, digamos, 70 libras esterlinas por ano, chegando a perceber mais tarde talvez umas 200 libras ou, se fosse capaz ou tivesse bons contatos, o dobro dessa quantia. Quando, em setembro de 1900, P. G. Wodehouse, filho de "pais razoavelmente prósperos mas não ricos", começou a trabalhar para um banco londrino, seu salário inicial era de 80 libras por ano, uma magra quantia que seu pai complementava com outro tanto, sem entretanto tornar o jovem Wodehouse sequer remotamente próspero.[17] Funcionários públicos geralmente começavam ganhando cerca de 125 libras e poderiam a longo prazo — a longuíssimo prazo — alcançar rendimentos de mil libras anuais ou mais; tais burocratas eram no entanto raros, e seus salários, excepcionais. Sabemos que o número de contribuintes enquadrados na faixa de renda superior a 2 mil libras totalizava apenas 356 cidadãos britânicos em 1871, ao passo que aqueles que se encontravam na faixa estratosférica das 5 mil libras não passavam de oitenta indivíduos naquele mesmo ano. Essa imensa discrepância entre 70 e 5 mil libras anuais constituía uma realidade prenhe de pressões, freqüentemente opressiva, na cultura das classes médias, do século XIX, tanto na Grã-Bretanha como em outros países. Na Paris de 1817, mais de metade da população pagava aluguéis abaixo de 150 francos, e uma quarta parte entre 150 e 400 francos. A grande camada mediana (constituída, sobretudo em seus estratos inferiores, de prósperos artesãos), que pagava aluguéis na faixa de 400 a 2 500 francos, perfazia uma quinta parte da população total, ao passo que apenas 0,8 por cento podia dar-se ao luxo de pagar mais de 2 500 francos de aluguel. Dentre esse punhado de gente rica, o ápice da pirâmide burguesa, alguns eram de fato abastadíssimos. Assim como os Krupp, eram capazes de implantar dinastias e de construir castelos; como o banqueiro-investidor* inglês James Morrison, podiam deixar a seus herdeiros 4 milhões de libras esterlinas. Esses industriais e comerciantes, financistas e fabricantes

(*) *Merchant bankers*, os indivíduos que, com capitais próprios, fundaram os empreendimentos que hoje chamaríamos de bancos de investimento, financiando grandes projetos como por exemplo o Canal de Suez ou as ferrovias da Rússia. (N.T.)

de armamentos, se transformaram em lendas; chamar de "burgueses" a esses magnatas parece tirar do termo todo e qualquer sentido.[18]

Tampouco é possível recuperar um sentido para o termo "burguês" examinando-se os modos de comportamento, notadamente no que tange à busca das amenidades mais refinadas da vida, pois também esta se caracterizava pelas mais gritantes variações. Os *burghers* que viviam nas cortes norteavam-se pelos gostos e pela munificência das casas reinantes. Por outro lado, os *burghers* que viviam nas cidades-livres ou em capitais comerciais mostravam-se tão ativos no campo cultural quanto na política, alcançando seus objetivos quase exclusivamente através de associações voluntárias, às quais dedicavam a mesma energia perseverante que de ordinário empenhavam em ganhar dinheiro. Na Munique do século XIX, o teatro, a ópera, a orquestra sinfônica, os museus, a universidade, tudo foi criado e se manteve graças ao mecenato dos Wittelsbach. Os *Bürger* de classe média se reuniam em círculos informais para ler dramas e comédias, exibir pinturas, executar peças para quartetos de cordas. E, quando queriam, podiam também pressionar os funcionários públicos encarregados da alta cultura na Baviera, formando um *lobby* em favor de suas preferências artísticas, que demonstravam lotando certas casas de espetáculos e afastando-se de outras. Essencialmente, contudo, era a casa real que dava o tom e fornecia os recursos para tudo o que de melhor havia em Munique na música, no teatro, nas artes plásticas e na universidade. Uma história diferente é a de Manchester. Sua famosa Orquestra Hallé, suas bibliotecas requintadas, sua universidade, seu conservatório e sua galeria de arte são todos empreendimentos particulares fundados e mantidos por doações privadas. Os benefícios solicitados à realeza viriam muito mais tarde e seriam puramente decorativos. A conduta dos cidadãos de classe média em busca de cultura não era entretanto inteiramente previsível: embora Berlim fosse a capital do Reino da Prússia e, a partir de 1871, do Império unificado da Alemanha, embora todos os seus magníficos museus tenham sido construídos às custas e sob as ordens dos Hohenzollern, a esplêndida Orquestra Filarmônica de Berlim foi fundada em 1882 como um empreendimento particular.* Havia bávaros dotados de arrojos dignos de um inglês, assim como ingleses que teriam preferido ver as artes dirigidas pela realeza, mas de modo geral a distinção é válida. Quando da inauguração da Alte Pinakothek em Munique, a placa de cobre comemorativa enumerava as mais importantes coleções que ali se encontravam e concluía, agradecida: "A Baviera deve este prédio e os tesouros artísticos nele contidos à nobre disposição de seus governantes, a Casa de Wittelsbach". Alguns anos mais tarde, os fundadores da Galeria de Arte de Birmingham colocaram um memorial comemorativo no saguão da entrada principal de seu museu, lançando um estilo burguês inteiramente diverso, mais lacônico e mais eloqüente: "Com os ganhos da Indústria", dizia a inscrição, "promovemos a Arte".[19]

As classes médias, assim, não se mostravam unânimes nem mesmo em suas atitudes com relação à cultura mais refinada. É bem verdade que o movimento de filisteus burgueses, que críticos furiosos desde Heinrich Heine a William Morris não se cansavam de denunciar, não se infiltrara tão completamente na sociedade como eles gostariam de pensar. Mas estava suficientemente visível. Os diretores dos teatros de ópera se queixavam de que grande parte de seu público — incluindo o público mais esclarecido — obviamente preferia a dieta leve de Johann Strauss ao cardápio mais pesado de um Richard Wagner. Tudo isso era verdade mesmo em Munique, que no século XIX pontificava como uma das mais

(*) A Filarmônica de Viena foi formada em 1842 por músicos da Ópera Imperial; suas origens como "orquestra" remontam ao século XIII, e a característica de "filarmônica" (e não "sinfônica") provém sobretudo do fato de todos os instrumentos de cordas terem sido construídos e até hoje serem mantidos por membros de uma só família. A Filarmônica de Berlim, ao ser fundada, em 1882, emulava não só a de Viena como também a de Nova York (cujo primeiro concerto data de dezembro de 1842, menos de um ano após o primeiro concerto "oficial" da Filarmônica de Viena) no que diz respeito à organização dos seus patronos sob forma de um conselho curador. (N.T.)

brilhantes capitais musicais da Europa: os prósperos *Bürger* contentavam-se perfeitamente em assistir a "saraus musicais e declamatórios" que se constituíam de duetos populares frívolos, peças puramente exibicionistas para instrumentos solo e récitas divertidas.[20] Henry James não foi o único literato a deplorar a trivialidade dos romances contemporâneos e o baixo nível das críticas e resenhas literárias que dificilmente poderiam estimular qualquer pessoa a elevar-se acima do gosto popularesco por narrativas meramente divertidas, com sua intrigas melodramáticas, sua grosseria psicológica e seus previsíveis finais felizes. E James falava não das massas que, recentemente alfabetizadas, eram responsáveis pelo crescimento do público leitor, mas sim dos leitores das classes médias que seriam presumivelmente os consumidores mais intruídos da palavra impressa.[21] Não percebia, nem tinha como perceber, que grande parcela dessa vulgaridade constituía uma defesa angustiada contra as exigências ferrenhas que a verdadeira cultura erudita vinha impondo às classes médias. Exclusivistas por opção, os grupos de admiradores da pintura de vanguarda ou da poesia esotérica surgidos no final do século certamente achariam quase impossível recrutar novos adeptos para seus círculos, em vista de sua dedicação à perseguição apaixonada do difícil.

Ao mesmo tempo, à parte a inescapável pretensão das classes médias à respeitabilidade, a pretensão à erudição é provavelmente mais característica de maior número de burgueses do que quaisquer outros de seus hábitos culturais. Críticos da cultura, eles mesmos um fenômeno tão típico do século quanto os filisteus que dissecavam, não tiveram dificuldades em desprezar o patético espírito de imitação das classes médias inferiores, o conformismo ansioso dos mais bem situados, o orgulhoso patronato dos ricos. Além disso, conforme já observei, muitos burgueses não acumulavam atributos culturais para deleitar os olhos, agradar os ouvidos ou comover as almas, mas sim para exibir a condição social e a riqueza recentemente adquirida, na melhor tradição dos *parvenus*. Os notáveis *Veneerings** de Charles Dickens, onde tudo na casa cintilante e opulenta era "novinho em folha" e não passava de aparência, fornecem caricaturas bastante adequadas.

Não obstante a presença palpável de muitos filisteus e burgueses ambiciosos no mutável e agitado século XIX, havia também muitas famílias de classe média que estimavam sinceramente sua cultura, seu refinamento. Poucos lares burgueses estariam completos se não tivessem quadros nas paredes, música na sala de estar, clássicos nas estantes de portas envidraçadas. Os burgueses, homens e mulheres, cantavam, desenhavam, freqüentavam assiduamente concertos e apresentações literárias, recitavam e até mesmo escreviam poesias. Os esplêndidos saraus musicais que o ilustre cirurgião alemão Theodor Billroth — ele mesmo um pianista de primeira grandeza — oferecia em sua acolhedora casa em Viena, em cujos salões inúmeras obras de câmara de Brahms tiveram sua estréia, eram extraordinários apenas pela sua qualidade. Conseqüentemente, a acusação bastante difundida, e apenas em parte jocosa, de que tais talentos fossem tão-somente iscas lançadas por jovens casadoiras a fim de atrair pretendentes elegíveis e qualificados era em boa parte espúria. "Para que se tenha uma idéia da extensão do diletantismo por aqui", escrevia o correspondente de Viena da *Leipziger Musikzeitung*** em 1808, "toda moça culta, seja ela talentosa ou não, tem que aprender a tocar piano ou a cantar; em primeiro lugar, porque é moda, e em segundo, por ser o meio mais conveniente de exibir-se em sociedade, de modo a, se a fortuna lhe sorrir, fazer um casamento notável".[22] Algumas décadas mais tarde, esta anedota misógina estava um tanto gasta. As "mocinhas casadoiras" da classe média

(*) Literalmente, "Aparência". Esboços ou vinhetas da vida londrina, que também se agregam formando os "murais" dos grandes romances. (N.T.)

(**) "Revista Musical de Leipzig." Leipzig, onde a casa de Schumann era ponto de encontro de poetas e escritores, além de músicos, era outro grande pólo cultural à época. (N.T.)

eram freqüentemente muito talentosas, por vezes eméritas pianistas.* Em 1884, a revista inglesa *Musical Opinion* relatava que a Alemanha podia orgulhar-se de ter cerca de 424 fábricas produzindo cerca de 73 mil pianos por ano, sendo que estes pianos eram efetivamente bem tocados.[23] As pretensões das classes médias à erudição constituem pois um ingrediente marcante e útil para uma possível definição da burguesia. Por mais problemáticas que fossem, por mais ambíguos que fossem os seus motivos, tais pretensões eram de qualquer modo bastante difundidas e em boa dose autênticas. E ainda assim as maneiras por que se realizavam eram distintas e variadas.

Em meio a essa atmosfera de incerteza e de um crescente e incontido pluralismo que favorecia choques de interesses políticos e conflitos sociais irreconciliáveis, tornou-se comum, significativamente, rotular elementos importantes das classes médias de modo bastante inventivo, pitoresco e a rigor ilógico. Nos primórdios da Monarquia de Julho, foi Stendhal quem estabeleceu o padrão dessa rotulação: "Os bancos", escreveu, "são os donos do Estado. O burguês substituiu o Faubourg Saint-Germain, e os banqueiros são os aristocratas da classe burguesa". Analogamente, em 1843 o burocrata prussiano Otto Camphausen observava que seu Estado era governado por servidores públicos de carreira, "um certo tipo de aristocracia de peritos".[24] O epíteto "aristocracia financeira", em parte invejoso e em parte carregado de desprezo, se espalhou pela Europa; os termos *Geldaristokratie* na Alemanha e *aristocratie financière* na França se tornaram coloquiais. E os alemães se referiam a funcionários pobres que em geral ganhavam menos do que operários qualificados, como "proletários de colarinho duro" — *Stehkragenproletarier*. Mais tarde, o termo "aristocracia dos trabalhadores", essa engenhosa invenção marxista aplicada a artesãos geralmente bem pagos e de inclinações políticas moderadas, sublinhava as intenções tendenciosas inerentes a uma tal nomenclatura imaginativa e ilustrava bem a dificuldade de se definir as classes médias com alguma precisão. É sintomático que tal confusão lingüística deliberada haja sobrevivido ainda no século XX, mesmo no discurso de historiadores ilustres. "Quer estejamos nas nuvens ou na sarjeta", escreveu Johan Huizinga em 1935, "nós, holandeses, somos todos burgueses — o advogado como o poeta, o barão como o operário. Nossa cultura nacional é burguesa em qualquer sentido que se queira dar à palavra".[25] Tampouco deve surpreender que um jornal inglês chamasse o rei Luís Filipe em 1849, ou seja, no ano seguinte ao de sua renúncia ao trono, de "o gigante dos monarcas mercantis, o grande negociante e mercador".[26] Desafiando qualquer lógica ou ordenamento de idéias, a palavra "burguesia" parecia ser simultaneamente estreita e abrangente demais para caracterizar de modo adequado as classes médias.

Todos esses epítetos capturam grupos de autopercepções ambíguas e de fantasias candentes e geralmente frustradas. Artesãos independentes, ainda que se encontrassem à beira da penúria, transformavam-se em verdadeiras feras ao defenderem o seu *status*.[27] De outro lado, ricos industriais tinham de enfrentar a humilhante resistência de aristocratas, freqüentemente muito mais pobres que eles, em seus esforços para ingressar em regimentos exclusivos ou para obter condecorações ou títulos honoríficos. Mesmo assim, muitos deles (ainda que não todos), tão desesperados à sua maneira quanto os humildes funcionários ou os artesãos semifamintos, de algum jeito conseguiam galgar os degraus da pirâmide social.

Esses grupos, precariamente colocados nas fronteiras de sua classe, eram excepcionalmente suscetíveis a destinos ambíguos. No entanto, o próprio núcleo central da burguesia — o *burgher* solidamente estabelecido, quer fosse industrial bem-sucedido, dona-de-casa instruída, burocrata medíocre, médico ou professor ilustre — tampouco se encontrava consolidado. Clínicos gerais tinham suas desavenças com cirurgiões e especialistas. Aca-

(*) Uma das primeiras grandes concertistas foi Clara Wieck, depois Clara Schumann, cujas *tournées* chegaram a sustentar a família quando o marido faleceu. (N.T.)

dêmicos apegados aos currículos clássicos lutavam com cientistas inovadores pela obtenção de escassos recursos. Mercadores e comerciantes pelejavam pelo livre comércio contra industriais que buscavam formas de protecionismo. O dinheiro tradicional desprezava profundamente o dinheiro recentemente adquirido, nobres empobrecidos olhavam com desdém os prósperos novos-ricos. Os mercadores ingleses proclamavam fidelidade inabalável ao seu monarca com fervor igual ao dos mercadores russos, porém, ao passo que entre os russos esta atitude fazia parte de seu repertório de bajulação, entre os ingleses era um tributo espontaneamente oferecido por homens dignos. Esses conflitos, assim como outros mais, freqüentemente eclipsavam colaborações e alianças burguesas.

Para facilitar nossos esforços para a obtenção de uma definição utilizável do que foi a burguesia, tampouco podemos contar com esse antigo e infalível recurso — o "caráter burguês". Para a implacável *avant-garde*, o assunto era de fácil solução. Elogiando as hábeis e maliciosas caricaturas com que Henry Monnier, conhecido ator e cartunista, satirizava os desafortunados tipos da classe média francesa, Théophile Gautier achava-os impressionantemente verossímeis: "Seus personagens burgueses — e ninguém os pinta com mais veracidade — são tão enfadonhos como os burgueses da realidade cotidiana, com suas infindáveis torrentes de chavões e suas solenes besteiras. Não se trata mais de comédia; já é estenografia".[28] Perseverante, ordeiro, prudente — psicanalistas de salão mais tarde o chamariam de o "tipo anal por excelência" —, o burguês era antes de mais nada um chato. Era, ou aspirava a ser, alguém que vivia de rendas. Outros observadores das classes médias, no entanto, davam-lhe um caráter bem diverso. Em 1889, o influente crítico literário e biógrafo dinamarquês Georg Brandes denunciava a burguesia de seu tempo como um "Calibã no governo", "que havia herdado o defeito característico da antiga aristocracia, a arrogância".[29] O seu burguês era o explorador materialista e hipócrita. E de fato não havia um burguês típico: o empresário inescrupuloso e o engenheiro criativo lhe serviam de modelo tanto quanto o quitandeiro pacato e o burocrata pedante. O arrojo e a prudência eram características burguesas de peso igual. O que os burgueses do século XIX tinham em comum era a qualidade negativa de não serem nem aristocratas nem operários, e de se sentirem mal em suas próprias peles. O que os dividia, entretanto, era quase igualmente importante, e constituía uma fonte de tensões reais. Aqueles que se propuseram, no século XIX, a caracterizar o burguês — e quase todo mundo o tentou — sabiam menos do que acreditavam saber.

2. *SIMPLIFICAÇÕES TENTADORAS*

A necessidade de viver segundo classificações nitidamente delineadas está profundamente arraigada na mente humana e constitui uma de suas primeiras exigências; a simplicidade alivia ansiedades por meio da eliminação das discriminações. Situações reais raramente são nitidamente definidas, e sentimentos reais freqüentemente são verdadeiros vespeiros de ambivalência. Isto é algo que o adulto aprende a reconhecer e a tolerar, se tiver sorte; trata-se no entanto de uma percepção penosa da qual regredirá na primeira oportunidade que se lhe ofereça. É por isso que o temperamento liberal, que ensinou as pessoas a conviverem com incertezas e ambigüidades, a conquista mais triunfante da cultura do século XIX, era tão vulnerável aos ataques de visões mais cruas do mundo, ao fanatismo dogmático, ao chauvinismo e a outras classificações grosseiras e simplistas. "Toda sociedade", escreveu Friedrich Nietzsche num de seus aforismas mais brilhantes, "tende a se degradar e, por assim dizer, a deixar morrer de inanição seus adversários — pelo menos os que percebe como tais". Os criminosos eram, no seu entender, vítimas de um tal processo regressivo; o mesmo se aplicava aos judeus. E "entre os artistas, os 'filisteus e os burgueses' se transformam em mera caricatura".[30] Nietzsche poderia bem ter acrescentado que as vanguardas artísticas, apenas estabeleciam os padrões que seriam seguidos pela cultura mais ampla. A consciência de classe, que emergiu aos trancos inicialmente, e de modo cada vez mais agressivo no fim do século XVIII e ao início do século XIX, venerava tal caricatura: uma mistura de realidades sociais e necessidades inconscientes.

Deixando simplesmente à margem qualquer evidência complicadora, eliminando sumariamente quaisquer dúvidas e empregando o que supunham ser indicadores objetivos e impressões subjetivas, tudo igualmente problemático, jornalistas, políticos e romancistas do século XIX falavam e escreviam como se a burguesia fosse uma entidade social sólida, única, definível e imensamente importante. Suas definições desafiavam fatos inconvenientes tais como o de que a consciência não-conformista na Inglaterra tendia a produzir um tipo de burguês diferente daquele originado da consciência católico-romana na Toscana; ou que as famílias da classe média superior de Lille arranjavam os casamentos de suas filhas, enquanto famílias igualmente respeitáveis de Washington permitiam que elas se casassem por amor; ou que alguns burgueses viam nos industriais seu ideal moderno, enquanto outros os desprezavam por considerá-los arrivistas grosseirões.

Todos, porém, ou quase todos, se utilizavam da linguagem de classes com naturalidade. Em seu estudo fidedigno da burguesia parisiense da primeira metade do século XIX, Adeline Daumard narra um episódio divertido que demonstra a maneira pela qual tal linguagem se impôs mesmo àqueles que com maior ferocidade negavam sua utilidade. Dirigindo-se à Câmara dos Deputados em 1847, Garnier-Pagès argumentava que "em nosso país não existem mais classes" e denunciava as "detestáveis" teorias de Guizot, segundo as quais havia "classes diferentes, a burguesia e a pobreza". E prosseguia, com toda a inocência: "Vejo aqui presentes muitos burgueses". O plenário recebeu o discurso com gargalhadas.[31] Ao que parece, a força desse vocabulário era irresistível.

Poetas e romancistas não eram menos inequívocos ao escolherem suas palavras. No ensaio "Lutezia", escrito já em sua maturidade, Heinrich Heine gracejava sobre o "novo mundo dos filisteus" que via à sua volta "numa era industrial e burguesa"; Henry James se referia livremente a "gordos sofás burgueses"; Marcel Proust fez com que o seu personagem janota, Bloch, renunciasse ao relógio de bolso e ao guarda-chuva por serem "insípidos implementos burgueses".[32] Pode ser inconveniente que todas essas utilizações do adjetivo "burguês", assim tomadas em conjunto, não resultem num retrato coerente; elas não caracterizam nem satirizam os mesmos aspectos. Mas isso não pareceu incomodar ninguém. Henry James, como sabemos, escolhia suas palavras com o máximo cuidado, assim como Heinrich Heine, Marcel Proust ou Alexis de Tocqueville. Outros, menos fastidiosos, lançavam mão de epítetos menos limitados. E nenhum deles, apesar disso, teve qualquer dificuldade em fazer-se compreender. Os burgueses podiam ser *vistos* na Câmara dos Deputados da França, nos gordos sofás burgueses, com insípidos guarda-chuvas burgueses: assim era possível ter-se um significado claro, com limites nitidamente definidos, do que era o "burguês".

E não era verdade que o burguês já era visível havia séculos? Um dos caminhos usados pelos estudiosos do burguês na tentativa de defini-lo foi o de trilhar a sua história. Parece ser um procedimento bastante razoável, particularmente tendo-se em vista que as evocações e caracterizações dos burgueses no século XIX pouco tinham em comum, além do fato de que todas asseguravam haverem eles formado uma classe. Mas esse caminho tinha também os seus problemas. Pois o que os historiógrafos fizeram com o passado dos burgueses, tanto com o remoto quanto com o mais recente, foi simplesmente desenvolver a lenda popular mais durável, persuasiva, e pertinaz, a da burguesia em ascensão. O espetáculo de uma classe de *burghers* que se afirmavam, sem qualquer altruísmo e sem qualquer vergonha do seu mercantilismo, abrindo caminho a cotoveladas e galgando as escadas do poder e da riqueza através dos séculos, deve ser a explicação histórica mais popular já inventada. Ela abreviou inúmeras investigações e simplificou muitas respostas. O que tornou essa explicação particularmente sedutora é o fato de que ela é de todo falsa. No entanto, por ser muito versátil e lindamente vaga, foi posta a serviço da necessidade de explicar um período de mais de seis séculos de história ocidental: a emergência das cidades medievais, o nascimento do capitalismo, a Reforma protestante, a expansão européia para além-mar, a consolidação dos Estados absolutistas, a Guerra Civil inglesa, a vertiginosa carreira do pensamento científico, e, naturalmente, o Iluminismo do século XVIII. Quanto ao século XIX (para prosseguirmos acompanhando esse acrobata das explicações até seus saltos-mortais mais recentes), à burguesia costuma-se atribuir o crédito, ou a culpa, pela Revolução Industrial, pelas revoluções políticas que varreram a Europa a partir de 1789, pela ascensão do gosto medíocre e pelo moderno imperialismo. Todas as vultosas realizações do século XIX: urbanização, industrialização, mecanização — revoluções menos dramáticas porém também menos efêmeras do que as barricadas construídas por operários e trabalhadores e as constituições rascunhadas por políticos — são, conforme nos vem sendo dito, o resultado de obras da burguesia, que naturalmente também melhoraram a sua situação. Não é por acaso que o conhecido relato de Charles Morazé sobre o século XIX[33] leva o título de *O triunfo da burguesia*. Dificilmente poderia ter escolhido outro título.

Conforme sugere a lenda popular, tal triunfo não se restringia às esferas política ou econômica. Os burgueses conquistadores pareciam tão irresistíveis no âmbito do gosto e das idéias quanto o eram na legislatura ou na bolsa de valores. Impunham seus pensamentos e sentimentos às classes superiores e inferiores de igual modo. Por isso, o fato de que uma monarca, a rainha Vitória, tenha dado ao século o seu nome enquanto ainda reinava, apenas comprova a forma decisiva pela qual a burguesia havia estabelecido sua supremacia; afinal de contas, como diziam com afeto ou com desdém alguns de seus contemporâneos, ela era a mais burguesa entre todos. Até ser desafiada pelos movimentos radicais que surgiram no final do século XIX, a burguesia não tinha obstáculos a estorvar-lhe o caminho. Segundo nos foi ensinado, a Revolução Francesa e suas ramificações em outras partes proporcionaram benefícios imensos e aparentemente irreversíveis às forças burguesas, num país após outro; a Revolução de 1830 levou ao trono o paradigma da burguesia, Louis Philippe, que nem o guarda-chuva dispensava; a grande Lei de Reforma de 1832 assegurou a primazia política à classe média inglesa. Mais tarde, prosseguem os relatos, a burguesia completou alhures sua ascensão a posições de influência decisiva, apesar de todos os reveses temporários que sofreu após as tímidas e mal-organizadas revoluções de 1848. Mas não seriam as derrotas de 1848 uma prova das incríveis distâncias já percorridas pelas classes médias? Seu precipitado e ansioso recuo de fins de 1848 e de 1849 não terá sido um comentário sardônico à sua participação na sociedade? Tendo sido apenas meio século antes um partido de mudanças, não se transformava a burguesia agora no partido da ordem? E, pouco depois, não seria retomada sua ascensão rumo ao poder? Com estas avaliações, observadores no século XIX não apenas antecipavam como também fomentavam o veredicto de historiadores futuros, de que a burguesia sempre avançava até atingir, em última instância, o seu triunfo. Resumindo isso tudo em fins da década de 1830, Michel Chevalier dizia que "hoje é fato universalmente aceito que a classe média reina na França".[34] Em suma, durante os últimos 150 anos vêm-nos sendo dito que o século XIX foi o "Século da Burguesia". Ninguém poderia ter dúvidas a esse respeito.

Ou quase ninguém. Alguns historiadores céticos vêm labutando, sobretudo em monografias especializadas, para tentar modificar esse veredicto exagerado, e uns poucos têm feito tentativas de erradicá-lo por completo. Argumentam que ele explica demais e, por conseguinte, explica muito pouco. Questionam a idéia de que a burguesia era politicamente dominante na Inglaterra a partir de 1832, e afirmam que na Alemanha ela jamais o foi, quer na política quer na sociedade. Até mesmo lançam dúvidas sobre a atraente e divertida descrição de Louis Philippe como um "rei burguês". Na verdade, Friedrich Engels, que, assim como seu amigo Karl Marx, foi dos primeiros a rotular sua era como o "século burguês'', no fim da vida pôde distanciar-se de uma de suas formulações prediletas. Em 1845, ele havia assegurado sem rodeios que "a classe dominante na Inglaterra, como em todos os outros países civilizados, é a burguesia''. Em 1892, entretanto, escrevia: "Na Inglaterra, a burguesia nunca manteve sozinha o poder. Mesmo a vitória de 1832 deixou à aristocracia rural a posse quase exclusiva de todos os cargos governamentais de peso. A docilidade com que as classes médias abastadas se submeteram a esse estado de coisas'', confessava Engels, "é algo que não consigo compreender''.[35] Sua reviravolta tardia vem sendo confirmada por pesquisas históricas mais recentes. Nem por isso a noção de que o século XIX foi o século da burguesia, e de que isso lhe foi muito prejudicial, deixa de ser ainda hoje parte do estoque de conhecimentos geralmente aceitos, indispensáveis aos nossos sentimentos de compaixão para com nosso passado recente.

3. UMA BATALHA DE PERCEPÇÕES

Todos esses esforços para se definir a burguesia nada mais são que uma batalha de percepções. Mas nem todos os pontos de vista tiveram idêntico modo de expressão. A julgar-se pela reputação que gozam as classes médias do século XIX, parece que as descrições contemporâneas e as avaliações posteriores mais eficazes foram escritas pelos seus críticos. Suas caricaturas freqüentemente malévolas, apesar de altamente persuasivas, se tornaram praticamente canônicas — mas não totalmente, pois retratos burgueses auto-elogiosos tampouco constituíam raridades à época, nem deixam de ter ainda hoje algum apoio.

Heinrich Heine, esse incomparável inventor de metáforas, demonstra quão imaginativas, engraçadas e mortíferas podiam ser as caricaturas antiburguesas. Passeando pelo Salão de Paris de 1843, observou um tanto desgostoso que, qualquer que fosse o objeto retratado pelos quadros expostos, todos eles estavam dominados pelo moderno espírito burguês, o espírito do egoísmo e da ganância. A maior parte dos retratos, escreveu, "têm uma expressão tão pecuniária, tão egoísta, tão mal-humorada!'' Até mesmo uma pintura que mostrava a flagelação de Cristo despertou desagradáveis associações comerciais em Heine; o Cristo representado lembrava-lhe "o diretor de um banco falido''. E os grandes quadros históricos, a despeito dos temas grandiosos que pretensamente retratavam, lhe traziam à mente "pequena lojas de varejo, especulações na bolsa de valores, qualidades mercantis, um filistinismo burguês''.[36]

Como outros comentaristas hostis ao que chamavam de a nublada era burguesa, Heine considerava aqueles a quem glosava como os donos do mundo moderno uma fonte de tédio infinito, um termo que, aparentemente inócuo, ocultava por trás de seu sentido óbvio uma boa dose de incontida ira. Cada crítico tinha seu modelo favorito de burgueses chatos: Stendhal escarnecia todos os provincianos; Flaubert, praticamente todos os franceses. Heine, por seu turno, detestava as classes médias inglesas, que, segundo ele, constituíam a própria encarnação do materialismo vulgar e da devoção egocêntrica. Um autêntico discípulo de Stendhal tanto nesse como em vários outros aspectos, Heine lamentava que, com a morte de Napoleão, se tivesse extinguido a era dos verdadeiros heróis; os modernos burgueses, escreveu ele, admiravam "um tipo bem diferente de herói, como o virtuoso Lafayette ou James Watt, o fiandeiro de algodão''.[37] Mais veemente ainda do que Heine, Gustave Flaubert sentia um desprezo tão profundo pela burguesia que chegava às raias de uma aversão neurótica: considerando os burgueses literalmente nauseantes, de uma feita assinou uma carta como "o burguesófobo''. Queria ele que sua fobia fosse levada a sério. Outros alegremente se aliaram a Flaubert em sua luta pela boa causa, incluindo a arrojada e talentosa jovem russa Marie Bashkirtseff, autora de diários, que, irritada pela indiferença silenciosa com que Zola recebia suas propostas e prevendo corretamente que ele continuaria a ignorá-la, lhe escreveu: "Não suponho que o senhor dará resposta à presente: dizem-me que na vida real o senhor não passa de um completo burguês''.[38] A intenção da missiva era a de insultar Zola, e certamente como tal foi interpretada.

Uma forte razão pela qual a fobia de Flaubert persistiu durante todo o século XIX, e ainda ressoaria entre historiadores posteriores, foi a aparentemente irrefutável afirmação da *avant-garde* de que as classes médias eram incapazes de sentir ou de dar amor com sinceridade. Esta acusação equivale a outra: a de que, por sua grosseria e por seu racionalismo mecânico, os burgueses convertiam tudo em mercadorias, toda e qualquer experiência nas frias operações de soma e subtração. É certo que, sendo humanos, os burgueses — pelo menos os machos dessa desafortunada espécie — ansiavam por satisfação sexual, porém não conseguiam fundir sua sensualidade com afeição. Os pródigos elogios do amor que permeavam a poesia que os burgueses tanto gostavam de ler, bem como as cartas que tanto gostavam de escrever, eram considerados como mero sentimentalismo, como uma máscara para a incapacidade emocional e a mais depravada lascívia. Vistas sob este ângulo, a idéia do amor romântico do século XIX e as tão alardeadas vidas íntimas irregulares de seus artistas não passam de censuras àquele monumento à insinceridade, àquela fachada suave e enganosa, o casamento burguês. Aquilo que Sigmund Freud mais tarde descobriria ser um sintoma patológico comum entre homens com fixação em suas mães, tornou-se o diagnóstico que os burguesófobos faziam das atitudes prevalentes na burguesia: ''quando amam não desejam, quando desejam não podem amar''.[39] Segundo uma de suas colocações preferidas, os maridos de classe média viam suas esposas como donas-de-casa competentes, mães extremosas, e desastres eróticos. Gavarni, o célebre caricaturista e comentarista social francês, entretinha seus amigos — incluindo os irmãos Goncourt, romancistas e memorialistas infatigáveis — com histórias horripilantes das pedantes mulheres burguesas que ele havia seduzido: segundo ele, eram mulheres obcecadas por regulamentos e mártires da pontualidade. Repreendiam-no por atrasos de cinco minutos e, numa ocasião, uma burguesa marcou um encontro com ele para dali ''a cinco meses e uma semana''.[40] Num de seus primeiros cadernos de apontamentos, ao escrever a respeito do amor, Leopold von Ranke expôs o assunto de maneira menos frívola: ''Todo relacionamento que não surja da compreensão ou do amor é pecaminoso: pois, exceto essas duas idéias, ele só pode se basear num objetivo mundano comum, o das vantagens burguesas inferiores''.[41] As clássicas denúncias formuladas por Marx e Engels ecoaram portanto favoravelmente entre muitas pessoas que não eram marxistas: ''O burguês vê em sua mulher um mero instrumento de produção'', escreveram eles no *Manifesto comunista*; de fato, ''nossos burgueses, não satisfeitos por terem à sua disposição as esposas e filhas de seus proletários, sem mencionar as meretrizes, têm imenso prazer em seduzir as mulheres uns dos outros''.[42] A burguesia, em suma, além de não ser amada, não sabia amar.

O historiador precisa tratar tais julgamentos com o maior cuidado. Alguns deles eram a projeção das neuroses dos próprios críticos sobre um alvo público reconhecidamente vulnerável; nada mais tentador do que desdenhar o que não se pode alcançar e lançar sobre o burguês os desejos e as qualidades que se receia encontrar em si mesmo. Outros constituíam tributos paradoxais a uma cultura liberal, que abria suas portas a seus detratores mais apaixonados e ferrenhos como nenhuma outra cultura o havia feito antes. E outros simplesmente repetiam antigas invectivas, cuja plausibilidade originava-se justamente da mera repetição. A gélida intensidade e o variadíssimo vocabulário que Heine, Marx e seus companheiros puseram a serviço de sua ira, de seu desprezo, da náusea que sentiam só em pensar na burguesia, jamais foram ultrapassados e raramente igualados. No entanto, não constituíam novidade. Tratava-se de uma tradição muito antiga e, pelos meados do século XIX, muito rica em expressões depreciativas. Remontava pelo menos à época de Jesus, que, segundo relatam as Escrituras, expulsou os vendilhões do templo e demonstrou bastante pessimismo quanto às chances que teriam os ricos de ingressar no céu. Tal pessimismo não se amorteceu nem na Roma pagã nem na Idade Média cristã, e foi resgatado para a modernidade através da ambivalência dos reformadores protestantes. O surgimento do Estado moderno e da sociedade moderna ofereceu aos burgueses primorosas oportunidades de obter riqueza e poder, porém, tal como acontecia antigamente, desdenhosas sátiras e denúncias iradas, freqüentemente mescladas de inveja, os perseguiam incontinenti.

Em fins do século XVIII, os detratores da burguesia adicionaram novas acusações ao seu repertório, e se expressaram com maior ênfase. Os poetas rebeldes do *Sturm und Drang*, liderados pelo jovem Goethe do *Werther*, defendiam energicamente a idéia de que a burguesia não era ignóbil apenas quanto ao *status* que ocupava, mas também no tocante ao seu estilo. E, em muitos países, românticos de várias orientações levaram esta mensagem para o século XIX. E. T. A. Hoffmann a dramatizou com sua famosa e irônica inversão: dava a entender a seus leitores que seu personagem predileto, o maestro louco Johannes Kreisler, era de fato muitíssimo mais são do que seus mundanos e medíocres concidadãos, cujo estimado equilíbrio mental na realidade não passava de falta de requinte espiritual, da fatal ausência de senso estético. As artes — a pintura, a poesia, mas sobretudo a música — tornaram-se uma espécie de doença sagrada, por vezes até mortal; a boa saúde e a consciência limpa do respeitável *Bürger* eram o estigma de uma obtusidade invencível. Nos primórdios do século XIX, os Estados alemães, assim como a França e outros países civilizados, se viram abarrotados de jovens Kreislers pálidos de tédio, que na verdade era ira, desafiando o mundo filisteu com suas pinturas, suas composições musicais, seus versos e seus manifestos. Boa parte disso não era mais do que uma encenação da revolta que os jovens sentiam contra seus pais, que haviam acumulado poder político e influência artística. Mas quaisquer que fossem suas origens, essas manifestações eram eletrizantes; a burguesia se viu forçada à defensiva justamente naquelas décadas em que se saudavam, ou se deploravam, seus mais retumbantes triunfos. Heine e Flaubert somente não se tornaram representativos de todo esse movimento de revolta por terem se deixado levar a excessos de pura eloqüência. Outros, menos extravagantes e menos dotados de imaginação, aprenderam com eles. Disso tudo decorre que, em 1857, quando Flaubert publicou *Madame Bovary* tais opiniões não eram nada raras; e quando ele faleceu, em 1880, sua pequena vingança particular contra os filisteus reinantes havia se transformado num movimento de massas. Aqueles poucos afortunados, a elite cultural sonhada por Stendhal nos idos de 1830, meio século depois se haviam tornado muitos, ainda que dificilmente pudessem ser chamados de afortunados. E, embora os mais hábeis combatentes dessa cruzada fossem em geral franceses, os pioneiros do movimento foram os alemães; e não se deve esquecer que *Culture and Anarchy* [Cultura e anarquia], um texto de Matthew Arnold que de modo algum foi negligenciado, deixa claro que na década 1860 o desprezo pelos filisteus da classe média havia alcançado a Inglaterra.

À medida que as invectivas contra os detestáveis filisteus se disseminavam, o epíteto "burguês" perdia muito de sua especificidade. Os adversários da luz e da beleza contavam em suas fileiras com praticamente todo mundo, excetuando-se somente meia dúzia de escolhidos. "Quando falo da burguesia", alertava Friedrich Engels aos leitores de *The Condition of the Working Class in England in 1844*, [A condição da classe operária na Inglaterra em 1844], "incluo nela a assim chamada aristocracia".[43] Duas décadas mais tarde, em 1862, pouco após haver concluído *Salammbô*, seu estranho e sanguinário romance sobre Cartago, Flaubert escrevia a um amigo que tinha esperanças de, com esse romance, "irritar os burgueses, ou seja, irritar todo mundo".[44] Por mais polêmica e tendenciosa que fosse a retórica dessa cruzada, seus sentimentos eram os mais autênticos possíveis. Os cruzados se viam como desesperançados paladinos de uma cultura em extinção, que, temiam eles, estava sendo varrida por uma invasão maciça de banqueiros, comerciantes e burocratas recentemente enriquecidos, politicamente poderosos e esteticamente ignorantes, e por um séquito de mascates e funcionários subalternos, ainda mais vulgares do que seus senhores, que formavam a retaguarda da burguesia.

Contudo, apesar de toda a sua verve e de toda a sua influência, esses cruzados antiburgueses não detinham o monopólio da opinião pública acerca das classes médias. Não faltaram à era vitoriana observadores geniais, que se regozijavam com o que se lhes afiguravam contribuições impressionantes das classes médias para o progresso da civilização. Conforme disse com bastante firmeza o influente sociólogo e historiador da cultura alemã, o conservador Wilhelm Heinrich Riedl, em meados do século, "é a ordem burguesa que, desde antigamente, estabelece as trilhas de movimentos sociais justificados, das reformas sociais". E acrescentou solenemente, referindo-se a sua própria época, que o *Bürgertum* "detinha a maior parte do poder material e moral. Toda a nossa época está imbuída do caráter burguês".[45] E não dizia isto sem satisfação, pois se considerava um *Bürger*.

Tal noção auto-elogiosa fazia parte de uma antiga tradição. Havia séculos, todas as cidades se orgulhavam de que seus magnatas de classe média, que presidiam empresas comerciais, corporações de ofícios ou clãs familiares, apoiassem as artes e fomentassem as ciências. Grandes príncipes-mercadores como os Medici, cuja generosidade para com sábios e poetas, pintores e escultores, músicos e arquitetos era proverbial, haviam sido mercadores antes de se tornarem príncipes. E o que a alta cultura florentina devia aos seus burgueses mais ricos, a alta cultura de outras cidades desenvolvidas — Bruges, Edinburgh, Amsterdã, Nürnberg — deviam aos seus patriciados de classe média. Os patrícios que dominavam os grandes centros comercias da incipiente idade moderna, homens que recusavam títulos nobiliárquicos e consideravam sua vocação mercantil não apenas lucrativa mas também digna, não viam motivo algum para se envergonharem de sua posição no mundo. Nós os vemos nos retratos pintados por excelentes artistas como Hans Holbein, o Jovem, com todos os atributos característicos do comerciante — folhas de caixa, balanças de pesar ouro, até mesmo dinheiro —, retratos que imortalizam um *status* social que não precisa se justificar, que é forte e pleno de respeito próprio. E essa camadas médias da sociedade também encontraram apologistas persuasivos e espirituosos: Addison em seu *Spectator*, e Voltaire em suas famosas cartas sobre os ingleses, elogiavam o comerciante pacífico e tolerante precisamente porque ele permanecia intocado pelos ideais grandiloqüentes, destrutivos e essencialmente infantis da aristocracia. Talvez até com uma pequena dose de perversidade, Addison e Voltaire achavam que mesmo os especuladores da Bolsa tinham algo de admirável.

De modo mais sóbrio, em sociedades onde os comerciantes adquiriam igualmente grandes fortunas e grande fama, os ideólogos da classe média tomavam sua própria classe por verdadeiro repositório de virtude cívica, destinada a exercer o poder no Estado e a liderança na cultura. Em princípios do século XVIII, Daniel Defoe proclamava que o comércio, na Inglaterra, estava longe de ser "incompatível com um *gentleman*";[46] uma visão positiva que teve repercussões favoráveis no século XIX. "O valor das classes médias neste país", escreveu James Mill em 1826, "e seu crescimento, tanto em número quanto em importância, são reconhecidos por todo mundo. Há muito tempo se fala dessas classes, e mesmo seus superiores se referem a elas, sem ressentimentos, como a glória da Inglaterra". Quatro anos mais tarde, num daqueles imprecisos porém impressionantes desvios de linguagem que já mencionei, o radical lorde Brougham confundia as classes médias inglesas com a própria nação. "Quando falo do povo", disse ele, "falo das classes médias, a riqueza e a inteligência do país, a glória do nome da Grã-Bretanha".[47] É significativo que Brougham, um lorde recentemente nomeado, ao invés de procurar ocultar suas origens de classe média, enfaticamente proclamasse suas virtudes. E mesmo burgueses inclinados a auto-elogios menos extravagantes ainda assim exigiam, em termos bastante fortes e nada ambíguos, o respeito que lhes era devido. Em 1885, refletindo sobre o caráter dos "estratos inferiores da burguesia alemã", o publicista literário Robert Prölss punha em evidência sua "honestidade, perseverança, firmeza e personalidade sólida".[48] Oito anos depois, Charles Needham definia o *Bürger* como um homem dotado de "algum orgulho de seus ancestrais, sem os sentimentos exclusivistas da nobreza''. Quer a sua renda seja grande ou não, ''ele vive de acordo com o que tem ao seu dispor'' e tem a intenção de manter, e se possível de estender, ''quaisquer demonstrações de confiança e de estima que lhe sejam indiretamente concedidas'' por sua comunidade. E isto é verdade tanto para o ''profissional'' quanto para o ''comerciante'', para ''o artista ou o artesão, o banqueiro ou o industrial, o empregado ou o empregador''.[49]

Talvez fosse inevitável que, nas décadas que se seguiram à Revolução Francesa, alguns burgueses satisfeitos consigo mesmos, quisessem arrogar para si o século. O que tantos críticos culturais consideravam vícios burgueses, eles saudavam como virtudes burguesas: ao esgotamento do veio poético, chamavam de realismo; à ausência de princípios elevados, de espírito prático; à devoção obsessiva ao trabalho, de energia; ao conservadorismo bovino dos prósperos, de solidez. Até mesmo Marx e Engels, que não morriam de amores por uma classe cuja missão histórica a seu ver já se aproximava rapidamente do fim, acharam palavras expressivas para louvá-la. ''A burguesia sujeitou o campo às leis da cidade'', escreveram num famoso parágrafo do *Manifesto comunista*. ''Criou cidades enormes, arrastou para dentro da civilização todas as nações, até mesmo as mais bárbaras'', e assim ''salvou uma parcela considerável da população da estupidez da vida rural''.[50]

Mesmo essa valorização limitada não obteve o apoio geral. Um motivo para tanto foi a paixão que a burguesia tinha pela autocrítica, fomentando um verdadeiro batalhão de inclementes críticos sociais, praticamente todos oriundos de suas próprias fileiras. Em um diagnóstico mordaz, Henry James observou que ''Balzac e seus companheiros'' odiavam a burguesia ''porque eles mesmos são quase sempre fugitivos da burguesia. Conseguiram escapar com vida, e uma vez estabelecidos no acampamento adversário, erguem alto seus punhos e bradam seus desafios''.[51] Arthur Symons, crítico e poeta simbolista, concordava. Falando da rebeldia estética da década de 1890, observou desdenhosamente: ''Nada, nem mesmo a virtude convencional, é tão provinciano como o vício convencional: e o desejo de deplorar a classe média faz parte da própria classe média''.[52] Todavia, o historiador em busca de uma definição para a cultura da classe média do século XIX não pode deixar de perceber que tal hostilidade furiosa tinha muitos pontos de contato com a realidade da época. Sob vários aspectos importantes, havia algo de opressivo na civilização dos negócios, sobretudo quando impregnada de fervor evangélico, algo incompatível com o gosto mais requintado, com as distinções mais sutis, com a liberdade moral e artística, e mais ainda com as percepções críticas. A arte oficial que continuava a ser premiada nos salões em toda a Europa, o interior pretensioso de abastadas casas alemãs nas primeiras décadas do Império, a interferência insensível dos censores na pintura ou na poesia que julgavam blasfema ou obscena — estes e outros sintomas culturais correlatos sugerem fortemente que as dificuldades dos espíritos inovadores na literatura, nas artes e no pensamento não eram de modo algum auto-impostos. A dor e a ira que autores e artistas de vanguarda extravasavam em suas cartas particulares, em seus cafés preferidos, em suas efêmeras revistas e jornais, mereciam maior credibilidade do que a idéia de que eles fossem estetas que mordiam a mão que lhes estendia o alimento, enfurecidos tão-somente pela gula por mais alimentos. Tampouco era adequada a idéia de que por trás de toda aquela dor e ira se encontrasse a necessidade primitiva de dividir nitidamente o mundo em amigos e inimigos. A amplitude e a rapidez das mudanças sociais trouxeram à tona um verdadeiro exército de novos-ricos, a maioria deles tremendo de ansiedade social. Sentindo-se perdidos ao se encontrarem repentinamente no terreno da alta cultura, esses novos-ricos, com umas poucas e notáveis exceções, agarravam-se ao gosto das gerações antecedentes e defendiam ferrenhamente padrões tradicionais que os consumidores de cultura mais seguros de si já havia muito tempo questionavam e estavam prestes a abandonar. A arte destinada unicamente à autopromoção e ao consolo reconfortante predominava tanto nas exposições públicas quanto nas casas particulares. E, o que ainda é mais importante, a produção em massa de bens culturais, impulsionada por avanços técnicos nas artes gráficas, na fotografia e, já ao final do século, pela invenção do fonógrafo, levantaram questões alarmantes sobre as conseqüências de uma expansão da cultura através de camadas cada vez mais amplas da população. A conquista de novas posições de poder por parte dos burgueses foi de fato menos extensa e muito mais cheia de nuances do que em geral se imagina, porém gerou, como não podia deixar de ser, uma postura defensiva (social e política) entre os recém-chegados, postura essa em que se destacava uma rejeição obtusa, por vezes frenética e em geral egoísta, das realidades sociais, conjugada a uma igualmente obtusa e igualmente frenética recusa de aceitar qualquer experimentação estética.

Por tudo isso, os burgueses do século XIX fizeram por merecer as críticas que lhes foram prodigalizadas. E, conforme já mencionei, muitos burgueses transformaram a autocrítica em flagelação. Atraíam denúncias coletivas — e virtualmente montavam o pano de fundo para elas — com uma avidez que honraria qualquer tribo de masoquistas. Não resta dúvida de que a burguesia do século XIX produziu alguns superegos de primeira grandeza. Apesar de sinceramente dedicada à privacidade, vez por outra dava-se ao luxo de divulgar amplamente um ou outro ataque de sentimentos de culpa. "Nós — refiro-me às classes médias, e não somente aos ricos — nós abandonamos vocês; ao invés de justiça, oferecemos a vocês caridade, e ao invés de simpatia, conselhos duros e irreais." Assim Arnold Toynbee se dirigiu a um público de operários em 1883. Prossegue ainda: "Vocês têm que nos perdoar, pois nós os prejudicamos profundamente". Ele dizia isso numa época em que — conforme Beatrice Webb relembraria mais tarde — "homens de intelecto e homens de posses" adquiriam "uma nova consciência do pecado", uma consciência confusa e inquietante que ela descreveu como "consciência coletiva ou consciência de classe".[53] George Bernard Shaw, que tinha seus próprios motivos para estimular tais sentimentos, observava em 1912 que "as grandes conversões do século XIX não resultaram da convicção de pecados individuais, mas sim de um pecado social. A primeira metade do século XIX se considerava o maior de todos os séculos; a segunda descobriu que era o mais perverso de todos".[54] Em seu estilo característico, Shaw exagerou na conceituação de ambas as metades de sua proposição e deliberadamente minimizou a coexistência de sentimentos contraditórios tanto na primeira quanto na segunda metade do século. Entretanto, por mais simplista e superficial que seja, sua generalização deve recordar-nos de que os problemas de se encontrar uma definição para a burguesia eram mais que uma questão de nomenclatura, mais que uma tarefa a ser resolvida por meio de comparações sociológicas: envolvia a problemática natureza moral da própria vida burguesa. O maior de todos os obstáculos que se opõem à definição da burguesia do século XIX talvez seja suas várias e tumultuadas tentativas de definir-se a si mesma.

Não obstante todos esses obstáculos para se chegar a uma definição ao mesmo tempo bastante abrangente e bastante diferenciada, não pretendo sugerir que nada haja para ser definido. Unindo-se sob os efeitos de pressões externas, a burguesia do século XIX gerou estilos comuns de pensamento acerca do amor e da agressão. Sem nenhuma implicação metafísica, foi simultaneamente uma e muitas. Já em 1820 essa característica foi argutamente percebida pelo príncipe Metternich: "Essa classe intermediária", escreveu ele, referindo-se à classe média em carta dirigida ao czar Alexandre I, "assume toda a sorte de disfarces, unindo-se e subdividindo-se conforme soprem os ventos, ajudando-se uns aos outros nas horas de perigo, e já no dia seguinte despojando-se uns aos outros de todas suas conquistas".[55] Talvez caiba aos autores ingleses do século XIX o melhor quinhão de tudo isso: exceto em momentos polêmicos ou irônicos, ativeram-se, conforme já mencionei, ao termo "classes médias" — que revela habilidosamente o invencível pluralismo implícito na cultura burguesa, e que coexiste com a unicidade que nela se encontra subjacente.

II

ARQUITETOS E MÁRTIRES DAS MUDANÇAS

1. A INFLUÊNCIA DO NOVO

As incertezas que assolavam os burgueses do século XIX, e que eles legaram aos historiadores, não se restringiam às questões angustiantes relativas às suas obrigações para com seus inferiores ou à sua reputação entre poetas e pintores. Mais do que qualquer século anterior, essa foi uma época de esperança sem precedentes e de ansiedades desconhecidas. Nos termos de Gladstone, "uma era de agitações e de expectativas".[1] Para os pobres, obviamente, trazia mais agitações do que expectativas; camponeses e operários, soldados e marinheiros eram testemunhas de que a crueldade e a indiferença não haviam desaparecido do mundo. Milhares de pessoas continuavam a viver em condições de miséria e imundície extremas nos países mais adiantados do Ocidente. Os contemporâneos discerniam bem o que se passava; demonstram-no bem os horripilantes *Desastres de la Guerra* de Goya, os aterradores relatos que Florence Nightingale enviava da linha de frente na Criméia, os fiéis documentos oficiais sobre as condições das classes trabalhadoras, ou um passeio através desse horror opressivo e caracteristicamente moderno que são os bairros miseráveis das cidades industriais.

É claro que de modo geral a experiência burguesa foi muitíssimo mais gratificante, pelo menos na superfície. Não é por mero acaso que foram justamente os bons burgueses, beneficiários evidentes da expansão econômica e das turbulências políticas ocorridas ao início do século XIX, que exerceram as maiores pressões no sentido de mais expansão e mais turbulência. A linguagem utilizada pelo príncipe Metternich, aflito guardião das tradições européias, na famosa avaliação secreta da sua época, que submeteu em dezembro de 1820 ao czar Alexandre I, demonstra sobejamente que energias se entrechocavam no âmago da burguesia: queixava-se de que "classes agitadas" subvertiam a ordem pública em todo o continente. O rápido "progresso da mente humana", não tendo sido acompanhado pelo progresso igualmente rápido da "sabedoria", havia levado a juízos particulares, e, segundo pensava ele, era "principalmente a classe média da sociedade que havia sido afetada por essa gangrena". Observava ademais que os subversivos eram liderados por burgueses ativos, tais como "funcionários públicos, literatos, advogados e homens encarregados da educação pública", todos eles infelizmente subjugados pela "presunção".[2] Durante todo o século burguês, esta "presunção" tornar-se-ia um instrumento potente para manter as classes médias em movimento. Somente os inovadores teriam feito uso de outro termo, menos ofensivo: autoconfiança. Por meios de que seus ancestrais não teriam tido sequer a capacidade de cogitar, esses homens, suficientemente instruídos ou bem situados para poderem participar dos enormes benefícios do capitalismo, conseguiram passar da passividade à ação, estabelecendo, e efetivamente exercendo, o domínio sobre seu mundo; e esses meios se mostraram altamente gratificantes. "Ninguém que tenha prestado atenção às características peculiares da época atual", disse o príncipe Albert —, discursando no banquete oferecido ao prefeito de Londres em 1850, "duvidará por um instante de que vivemos um período de transições maravilhosas, que tende célere à realização do grande fim para o qual, de fato, toda a história aponta — a unificação da humanidade". Com a vista voltada para a Grande Exposição que então se preparava, declarou que "os conhecimentos adquiridos se tornam imediatamente de domínio público", de sorte que "o homem se aproxima do completo cumprimento da grandiosa e sagrada missão que lhe foi atribuída neste mundo".[3] O tom do príncipe consorte é um tanto complacente, talvez exageradamente entusiástico em sua radiante simplicidade. Sua mensagem não era contudo novidade para os que o ouviam: tratava-se de um chavão conhecido, um ponto de vista representativo do tema que predominava na época. E. B. Tylor, o evolucionista cultural que abriu muitas sendas novas, assim o expressou em 1867: "A história da humanidade" é "a história de um desenvolvimento ascendente".[4] Feiras internacionais, tais como a Grande Exposição londrina de 1851, a matriz de todas as seguintes, eram ao mesmo tempo documentos e instrumentos do progresso.[5]

O progresso não era apenas um mito para as pessoas respeitáveis. Políticos radicais, fossem eles de inclinação "utópica" ou "científica", divisavam claramente o fim da escassez, que havia sido a origem da mais acirrada luta social no passado. Como escreveu Heinrich Heine, animado pela desenvoltura persuasiva de Saint-Simon, em meados da década de 1830: "Medimos as terras, pesamos as forças da natureza, avaliamos os recursos da indústria; isso tudo fizemos, e eis o que descobrimos: que esta terra pode alimentar-nos a todos decentemente, se todos trabalharmos e não desejarmos viver às custas dos outros".[6] Se havia o bastante para todos, o futuro não podia deixar de sorrir, e todas as perspectivas estavam implícitas no presente. Para muita gente, as mudanças não constituíam uma ameaça, e sim uma promessa.

Parece-me desnecessário demonstrar que mudanças são a lei da vida, e que a maioria das épocas são épocas de transição. O que ocorreu no século XIX, porém, é que a própria natureza das mudanças se modificou; elas tornaram-se muito mais rápidas e irresistíveis do que haviam sido no passado. Foram também acentuadamente irregulares: avanços nas ciências naturais não geravam automaticamente aperfeiçoamentos nos tratamentos médicos; o levantamento de informações sociais não se refletia rapidamente em reformas sociais. E tradicionais arranjos sociais, tais como a vida familiar, foram conturbados pelo choque entre as novas necessidades e os antigos hábitos. As mudanças no século XIX foram pois mais freqüentemente perturbadoras do que estimulantes.

Precisamos frisar que a era vitoriana foi extremamente sensível a suas experiências supremas: os historiadores, que de modo geral haviam sido os poetas das mudanças, tornaram-se os cientistas que as estudavam. E, mesmo aqueles que lamentavam o pessimismo de Carlyle concordavam amplamente com sua afirmação, proferida em 1829: "É indubitável para quem quer que seja que grandes mudanças exteriores estão se processando. A época está doente e desconjuntada".[7] Por isso, testemunhas inteligentes do século o chamavam de "tempo de transição", sem se darem conta de que estavam emitindo um chavão, e convictas de estarem constatando uma verdade de peso na medida em que distinguiam sua era das precedentes. John Stuart Mill falava de sua época, em 1831, como de "uma era de mudanças", e, mais adiante, como de "uma era de transições". Três décadas depois, em 1860, Émile Zola informava a um amigo íntimo que "nosso século é um século de transições".[8]

Ao se aproximar o fim do século XIX, a psicanálise, apesar de sua reputação em contrário e apesar de comprometida com o postulado de uma natureza humana fundamentalmente imutável, demonstrou ser também acessível às percepções e à análise de mudanças. O complexo de Édipo, conforme Sigmund Freud constatou no processo de sua formulação, tinha uma história própria, e esta história era uma história social. Comparando o *Oedipus Rex* [Édipo Rei] de Sófocles e o *Hamlet* de Shakespeare, Freud chamou a atenção para o "tratamento diverso dado ao mesmo material" nas duas tragédias, o que sublinhava "a enorme diferença de mentalidade dessas duas épocas tão espaçadas entre si", uma diferença por ele interpretada como sendo "o avanço, através dos séculos, da repressão na vida emocional da humanidade".[9] Com este reconhecimento das mudanças, a psicanálise, que de tantas outras maneiras era subversiva, neste particular se mostrava de acordo com sua época.

Anteriormente, nos séculos XVII e XVIII, os modos tradicionais de pensamento haviam sido esticados e torcidos para acomodar idéias inovadoras aos padrões herdados — o que, embora com alguma dificuldade, foi feito. Ainda no século XVIII alguém podia ser simultaneamente um cientista solidamente embasado e um bom cristão, e, se bem que ainda fosse possível manter esta dupla fidelidade no século XIX, tornou-se cada vez mais difícil sustentá-la. Pois nesse ínterim a Revolução Francesa e a Revolução Industrial, acompanhadas e seguidas de turbulências igualmente profundas nas ciências humanas, abalaram a maior parte das estruturas de crença e de autoridade, chegando mesmo a demolir algumas delas para sempre.

Essas grandes turbulências constituíam uma presença constante nas mentes do século XIX, gerando sonhos plenos de esperança ou verdadeiros pesadelos, o que levava os otimistas a predizer o triunfo da ciência, a liberação feminina ou a renovação da cultura, enquanto os pessimistas eram levados a prever a ruína das religiões, a subversão da vida familiar ou a corrupção da ordem. Por séculos a fio, as inovações haviam sido temidas, fornecendo um referencial para sanções violentas; no século XIX, este referencial foi institucionalizado. À época da Reforma, católicos romanos irritavam os rebeldes protestantes com a zombaria retórica: "Onde estava a vossa Igreja antes de Lutero?" Mais adiante, no século XVI, os puritanos ingleses se viram numa postura defensiva por buscarem "inovações no Estado", e um século depois Cotton Mather vociferava contra os fundadores da nova igreja de Brattle Street, em Boston, denunciando-os como agentes de "*Satanás* iniciando um terrível terremoto" e como "*inovadores*" pecaminosos que promoviam um "Dia de *Tentações*" entre os fiéis de Massachusetts. Foi só depois que os homens do Iluminismo, com Locke na vanguarda, começaram a questionar que direitos o antigo possuía sobre as pressões do novo que a inovação se tornou, pouco a pouco, uma idéia aceitável.[10] A era dos pais cedia à era dos filhos. Já se podia cogitar em mudanças, e este pensamento se tornou comum.

De fato, o "movimento", na sua acepção mais comum, foi espetacular no século XIX. Os migrantes cruzavam fronteiras, e freqüentemente atravessavam os oceanos. Na década de 1820, os Estados Unidos receberam 150 mil imigrantes; na de 1840, este número aumentou dramaticamente para 1,5 milhão. E, na década de 1880, a América absorveu o total impressionante — e para muita gente aterrorizante — de mais de 5,2 milhões de pessoas.* E os Estados Unidos não foram o único país a receber migrantes: a América do Sul, as províncias orientais da Rússia, a África do Sul e a Australásia se transformaram devido à enxurrada de recém-chegados. Estima-se que do início da década de 1820 até o início da década de 1920, quando severas restrições reduziram a corrente migratória para os Estados Unidos e para a maioria dos outros países a um mero filete, algo em torno de 62 milhões de pessoas deixaram a Europa em busca de outros lugares onde se fixar. Se bem que esta imensa *Völkerwanderung*** fosse constituída sobretudo por camponeses, artesãos e operários, muitos burgueses também

(*) Principalmente gente humilde, expulsa do Leste europeu pelos "decretos de maio" do czar, que tornaram sua sobrevivência impossível lá. (N.T.)

(**) Em alemão no original. O termo designa especificamente as "Grandes Migrações" ocorridas a partir do século II, sobretudo com referência às invasões do hunos, e depois de povos germânicos e eslavos. (N.T.).

partiram em busca de uma vida melhor. Comerciantes falidos, políticos dissidentes, judeus de classe média vítimas da intolerância, toda essa gente fugia do Velho para o Novo Mundo. E a vida econômica e social das sociedades burguesas foi afetada pela chegada dos imigrantes, nem sempre de modo agradável para os anfitriões. A migração era uma aventura, um caminho para a liberdade, para a solvência econômica ou para a segurança pessoal, porém era ao mesmo tempo, principalmente para os próprios migrantes, um trauma que freqüentemente tinha efeitos permanentes.

O mesmo pode ser dito sobre um segundo e não menos drástico tipo de migração: a migração do campo para a fábrica, a oficina ou o escritório. Esse deslocamento, sazonal ou (como era mais freqüente) permanente, aumentava a tendência natural de crescimento dos gigantescos centros metropolitanos do século XIX. Nas palavras do falecido Richard Hofstadter, em sua *Age of Reform* [Era das reformas], "os Estados Unidos nasceram no campo e se deslocaram para a cidade".[11] A Europa inteira passou por idêntica transformação. Conforme observou Maxime du Camp, o historiador da Paris moderna e amigo de Flaubert, em fins do século XIX: "A Inglaterra vai para a Índia, a Alemanha para a América, e a França para Paris".[12] Bem poderia ter acrescentado que a Inglaterra também ia para Londres e a Alemanha para Berlim. Enquanto em 1800 apenas 21 por cento da população da Inglaterra e de Gales viviam em cidades de 10 mil habitantes ou mais, em 1850 essa proporção se avizinhava dos 40 por cento, e em 1890 excedia os 61 por cento. Outros países, que mantinham com maior tenacidade suas raízes no campo, ainda assim apresentaram incrementos só um pouco menos dramáticos: na Bélgica a proporção passou de 13 a 35 por cento entre 1800 e 1890; nos Estados Unidos, no mesmo período, de menos de 4 por cento para mais de 27 por cento. As vorazes metrópoles constituíam os alvos mais evidentes dessa mobilidade. Em 1800, Paris, que já então era o centro absoluto da vida francesa, contava menos de 600 mil habitantes; em 1850 ultrapassara a casa de um milhão, e em 1900 abrigava bem mais do que 2,5 milhões. Berlim saltou de 420 mil habitantes em 1850, quando era apenas a capital da Prússia, para 2 milhões de habitantes em 1900, quando já era a capital da Alemanha imperial. No intervalo da vida de uma pessoa estas cidades mudaram a ponto de se tornarem irreconhecíveis.

Tal fuga dos campos, que desde tempos imemoriais haviam sido o lar de praticamente toda a humanidade, não tinha como único objetivo a meia dúzia de capitais. Centros industriais e comerciais como Manchester e Birmingham, que meio século antes haviam sido meros vilarejos, tornaram-se, em poucas décadas, extensos, prósperos, miseráveis e agitados aglomerados urbanos. Alguns desse vilarejos foram virtualmente pisoteados até desaparecerem no solo: em 1801, Middlesbrough tinha 581 habitantes, e Crewe, 121; noventa anos mais tarde, ostentavam respectivamente populações de 76 135 e de 28 761 habitantes.[13] Mais do que o crescimento das cidades em números absolutos, era o ritmo acelerado da urbanização que os homens da época achavam tão impressionante e alguns observadores preocupados tão detestável. Na Alemanha, o número das *Grosstädte*,* definidas como cidades com mais do que 100 mil habitantes, simplesmente sextuplicou entre 1871 e 1910, passando de oito para 48. E o que as cidades alemãs ganhavam, os campos alemães perdiam. Em 1882, mais de 42 por cento dos alemães ainda viviam no campo, enquanto cerca de 35 por cento trabalhavam na indústria, na construção e na mineração; em apenas treze anos a população urbana empregada ultrapassou a população rural, e em 1907 o setor agrícola estava reduzido a 28 por cento, ao passo que o setor industrial compreendia cerca de 43 por cento da população. Na França as cidades também funcionavam como ímãs. A cada ano mais de 100 mil franceses abandonavam o campo para buscar trabalho nas cidades; só entre os anos de 1875 e 1881, esse número subiu para cerca de 840 mil.

(*) Em alemão no original. Literalmente, "cidade grande", ou seja "metrópole". (N. T.)

Em 1891, mesmo a França, o país dos sítios e dos vilarejos, tinha apenas 45 por cento de sua população trabalhando na terra.

Todas estas cifras são grosseiras, em vários sentidos. A experiência do século XIX exige distinções mais refinadas do que estatísticas nuas e cruas. Foi a era do subúrbio, do *faubourg*, do *Vorort*, cuja composição pendia cada vez mais para a classe operária à medida que o século avançava, embora continuasse a abrigar as classes médias. Cada subúrbio, fosse vizinho a Berlim, a Roma ou a Nova York, tinha sua própria história, e suas origens remontam freqüentemente aos primórdios dos tempos modernos. Foi no entanto o século XIX, especialmente depois do surgimento das ferrovias, que mais profunda e continuamente estimulou esses refúgios contra o ruído e as multidões das cidades modernas, gerando o desenvolvimento dessas pequenas e despretensiosas (e às vezes pretensiosas) propriedades.

Este surpreendente desabrochar de aglomerações de classe média deu margem a alguma inveja e boa dose de zombarias. Ninguém era um alvo mais fácil para sátiras do que o habitante dos subúrbios; o modo com que se via sua vida, seu gosto e suas aspirações era distorcido e produziu uma torrente de críticas satíricas. O pequeno clássico de George e Weedon Grossmith, *The Diary of a Nobody* [Diário de um ninguém], publicado em 1892 e constantemente reimpresso, que retrata a vida suburbana quase afetuosamente, é o menos condescendente de tais pasquins. Entretanto, apesar de constituírem um objeto de desdém, os subúrbios se mostraram invencíveis em toda parte; H. J. Dyos, o historiador de Camberwell, subúrbio localizado ao sul de Londres, de certa feita observou argutamente que os comentaristas utilizavam uma linguagem militar quando se referiam a esse desenvolvimento estonteante: "Os exércitos de Alexandre eram grandes produtores de conquistas", escreveu Wilkie Collins em 1861, quando mais acentuadamente se acelerava o ritmo da suburbanização, "e os exércitos de Napoleão eram grandes produtores de conquistas, porém os modernos regimentos guerrilheiros, armados de baldes, colheres de pedreiro e fornos de cozer tijolos, são os maiores conquistadores de todos; pois são eles que mais longamente mantêm as terras ocupadas", inclusive apondo nelas "as insígnias do conquistador: *'Terreno arrendado para fins de construção'!*". Camberwell, pouco mais que uma cidadezinha esparsamente habitada ao início do século XIX, cresceu de 39868 habitantes em 1841 para atingir 259339 em 1901 — um crescimento atordoante que septuplicou a população em apenas sessenta anos.[14] E, se bem que uma parcela cada vez maior desses quase 260 mil habitantes compreendesse trabalhadores respeitáveis que viajavam diariamente para Londres em trens rápidos e baratos, e a despeito de Camberwell haver criado sua própria favela, o elemento constituído pelas classes médias manteve lá a sua base. As fantasias que os londrinos de classe média realizavam em Camberwell, os berlinenses de classe média realizavam em Wilmersdorf. À medida que as fábricas e os conjuntos habitacionais operários faziam inchar um subúrbio após o outro — Argenteuil nos arredores de Paris, La Guillotière próximo a Lyon —, porém, alguns desses sonhos burgueses se transformavam em pesadelos. Neste caso, como em tantos outros, a experiência burguesa foi marcada pela ambivalência.

Os subúrbios, criaturas e criadores das mudanças, se agigantavam não só como defesas contra a ansiedade, mas também como meios de realizar anseios. E as próprias cidades forneciam material suficiente tanto para a gratificação quanto para a inquietação. Com a multiplicação das fábricas, a invasão das estradas de ferro e estações ferroviárias, a expansão de edifícios da administração pública, a ascensão e queda de bairros considerados "nobres", o século XIX produziu um caleidoscópio de mudanças habitacionais no interior das próprias cidades. As cifras que relatam essas mudanças apenas as resumem, sem contudo considerar as intensas experiências que cada uma dessas migrações provocava. As implicações dessas experiências, exploradas tanto em obras de ficção como nas de crítica social, não eram totalmente compreendidas à época, mas diziam respeito às preocupações fundamentais da existência humana: moralidade sexual, disciplina no trabalho, coesão familiar, percepção do tempo, do espaço e das oportunidades oferecidas pela vida.

A influência das mudanças foi expressa adequadamente pelo emprego encantatório do termo "novo". Jacob Burckhardt, o eminente historiador e por princípio um conservador, detectou bem cedo este costume. "Todo mundo quer ser *novo*", escreveu em 1843, "mas nada além disso". Tal desejo poderia ser popular, mas não exigia, na opinião de Burckhardt, nenhum esforço mental: "Nada mais fácil do que ser um liberal", escreveu ele em 1841.[15] Mais de meio século depois, Holbrook Jackson descreveu a década de 1890 como uma época caracterizada por livros que levavam títulos como *The New Hedonism* [O novo hedonismo] e *The New Fiction* [A nova ficção], assim como por movimentos que se denominavam Novo Paganismo, Nova Volúpia e (numa reação evidente a estes) Novo Remorso, além de outros como o Novo Espírito, o Novo Humor, o Novo Realismo ou o Novo Teatro, isso para não falar do Novo Sindicalismo e da Nova Mulher.[16] Com efeito, pouco depois de 1890 o crítico e ensaísta austríaco Hermann Bahr observou o surgimento repetido de "jovens" escolas de arte e literatura, até mesmo das "mais jovens" escolas. "A cada dia", escreveu ele, "aparece uma nova estética do futuro. Cada pessoa oferece ao mundo sua fórmula particular de novidade". E sem a mínima dúvida: "As antigas fórmulas já prestaram seus serviços e agora reina uma sede irresistível do novo".[17] Samuel Johnson já deplorara, em 1783, a "fúria das inovações" amplamente difundidas, não obstante seu tempo ter sido plácido, e tranqüilo se comparado aos que sobreviriam vertiginosamente um século mais tarde. É indubitável que na década de 1880 um observador social perspicaz como Émile Durkheim tinha toda a certeza de estar vivendo uma nova época, uma nova era.

Anteriormente, Walter Bagehot já havia resumido, de modo impressivo, esta convicção, no parágrafo de abertura de sua obra *Physics and Politics* [Física e política]: "Uma peculiaridade dessa nossa era é a súbita aquisição de grandes conhecimentos em física. Hoje dificilmente uma área das ciências será idêntica, ou quase idêntica, ao que era cinqüenta anos atrás. Um novo mundo de inventos — de telégrafos e de ferrovias — surgiu a nossa volta, e não temos como evitar percebê-lo; espalha-se pelos ares um novo mundo de idéias que nos afeta, apesar de não podermos vê-lo".[18] E poder-se-ia argumentar que o novo mundo de idéias, ainda que invisível, estava transformando a sociedade do século XIX de maneira pelo menos tão irreversível quanto as invenções perceptíveis, como as ferrovias, os telégrafos, ou a rede bancária internacional. Não resta dúvida de que o ritmo das mudanças já vinha se mantendo em um nível desgastante havia algumas décadas quando Bagehot publicou sua avaliação da época em que vivia. Ainda assim, esse ritmo foi-se acelerando à medida que a era de Vitória se movia em direção à era de Freud. Relembrando a agitação frenética que animava a vida de sua cidade, Munique, ao início da última década do século XIX, o historiador de arte Hermann Uhde-Bernays lançou mão novamente do já conhecido encantamento: "Lutava-se por uma nova arte, por um novo teatro, por uma nova ópera, por novos concertos dados em novas salas recentemente construídas, pelo rejuvenescimento das instituições educacionais, enfim, por uma vida nova e refrescante em meio a uma atmosfera ressequida e mofada".[19] Em 1912 o dr. Hermann Rohleder houve por bem prefaciar um livro sobre higiene e educação sexuais com outra invocação dessa realidade avassaladora dos seus dias: "Decerto todos sabem que cataclismas colossais são característicos de toda e qualquer área da nossa cultura atual, da geração de nossos dias, dos modernos. No campo da tecnologia, vivenciamos hoje inovações com que não havíamos sequer sonhado há quinze ou mesmo há dez anos; o mesmo pode ser dito com relação ao comércio, à indústria, e — o que talvez seja o mais importante — com relação às ciências". O antigo dito grego, de que tudo no mundo está sujeito a modificações abruptas, "certamente nunca foi tão verdadeiro nem tão justificado como nos dias atuais".[20] Uma era como essa, tonta com tantas mudanças, sugeria Rohleder, precisa olhar de um modo novo a sexualidade, que evidentemente está em transformação, assim como todo o resto.

Charles Péguy com toda a certeza estava exagerando, mas capturou bem o espírito dessas transformações quando disse, um ano depois de Rohleder, que "o mundo se modificou menos desde Jesus Cristo do que nos últimos trinta anos".[21] Essa difusa paixão pelo novo não escapou à observação atenta de estudiosos da cultura contemporânea como Auguste Escoffier, possivelmente o mais ilustre *chef-de-cuisine* do século burguês. No prefácio ao seu clássico livro de receitas exclamava: "O brado universal clama pela novidade — a qualquer custo, por bem ou à força!". Falava de receitas e de pratos finos, mas poderia estar com igual propriedade caracterizando o mundo inteiro: "Novidade! Este é o clamor predominante; todos a exigem imperiosamente".[22] Não obstante, a época tinha suas compensações. Émile Zola, que encarava os terrores de seu mundo de maneira exaltada e por vezes melodramática, pôde ainda assim descobrir, como muitos outros, "o prazer da novidade, algo pelo que as pessoas se dispõem a pagar caro em Paris".[23] E, ao que parece, em algumas das províncias também.

Conforme já observei, é provável que a mais direta contribuição para a vitória do novo haja sido a da própria classe média. As exigências do capitalismo industrial forjaram o que veio a ser uma nova classe média, alterando permanentemente os tradicionais contornos da burguesia. Aperfeiçoamentos técnicos e administrativos em empresas manufatureiras e financeiras, nos transportes, na comercialização dos produtos e no governo exigiram e obtiveram batalhões de datilógrafos, secretários, supervisores, guarda-livros, vendedores — homens e, mais e mais, mulheres que se dedicavam não à criação ou produção de coisas, mas sim à prestação de serviços. A ferrovia e a máquina de escrever, o navio a vapor e o telégrafo, a facilitação do crédito e da formação de capitais tornaram a poupança acumulada pelas grandes organizações praticamente irresistível: as fábricas, os grandes escritórios de advocacia, as lojas de departamentos, todos estavam ávidos pelo concurso de trabalhadores. Em 1870-1, um cotonifício médio na Inglaterra empregava 177 pessoas, entre operários, gerentes e pessoal de escritório. E nesses mesmos anos um escritório de contabilidade mediano tinha quatro empregados.[24] Vistos sob o prisma do século XX, empreendimentos desta escala nos parecem bem modestos, porém a partir de meados do século os números indicavam claramente o advento de uma nova era. A nova classe média se expandia de modo incontrolado, e incontrolável. Em 1851, o censo na Inglaterra revelou que 91 mil pessoas estavam empregadas em atividades comerciais; uma década depois este número já era 130 mil, e em 1911, 739 mil, tendo-se multiplicado por oito em apenas sessenta anos. E a participação das mulheres nessa explosão era cada vez mais flagrante: em 1851 quase não se encontravam mulheres fazendo serviços de escritório; em 1861, eram cerca de 2 mil, ou seja, 1,5 por cento do total. Porém em 1911 havia 157 mil mulheres exercendo essas atividades, o que significa uma proporção respeitável de 21 por cento do total do pessoal de escritório na Inglaterra.

Esse desenvolvimento não foi de modo algum exclusivo da Inglaterra, a primeira das nações industrializadas. Na França, entre 1856 e 1906, os setores comercial e administrativo da economia cresceram de 21 para 28 por cento, enquanto no mesmo período a indústria se expandiu em apenas 2 por cento, ou seja, com uma rapidez três vezes menor. E na Alemanha as transições mais palpáveis se deram de forma concentrada ao final do século. Entre 1882 e 1907 o número de empregadores e proprietários decresceu em 7 por cento, ao passo que o de trabalhadores aumentou em 110 por cento, e o de empregados, em 592 por cento; no intervalo de um quarto de século, a força de trabalho industrial duplicou, mas a de secretários, escriturários e vendedores cresceu com rapidez três vezes maior.[25] O mundo moderno estava se tornando o mundo do pessoal de escritório; a base da pirâmide burguesa se alargava de tal modo que já se tornava irreconhecível.

Entre os mais insaciáveis promotores da nova classe média encontravam-se os governos. As quantias que eles se viam obrigados a despender, e a quantidade de funcionários que precisavam admitir a fim de satisfazer suas novas e multifacetadas funções de supervisão e controle, bem como a proporção de pessoal administrativo em relação ao total dessa tribo de funcionários públicos, tudo isso cresceu a uma razão impressionante. Em 1792, o governo central da Inglaterra gastara 7,7 milhões de libras; em 1897, pouco mais de um século depois, gastou uma quantia dez vezes maior, 77,9 milhões de libras. Em 1797, empregava perto de 16 mil pessoas, das quais cerca de 1500, menos de 10 por cento, eram funcionários administrativos; em 1869, os números atingiram a cifra de 108 mil funcionários, dos quais quase 17 mil, ou seja, mais de 15 por cento, ocupavam cargos administrativos.[26] A partir de meados do século, os funcionários administrativos se tornaram alvo de comentários zombeteiros em jornais e revistas, e até mesmo em romances. Observadores caridosos achavam-nos ao mesmo tempo engraçados e comoventes. Outros mais mordazes, tendiam a ver neles ditadorezinhos mesquinhos, bajuladores submissos, ou ambas as coisas — patéticos ninguéns agindo como se fossem alguém.[27]

Entretanto a vida dessa nova classe média não deixava de ter algumas esperanças. O mito e, em escala substancialmente menor, o fato da mobilidade social animavam muita gente. Não obstante, a maioria não conseguia escapar a seu destino: anos de empregos provisórios seguidos de anos ainda mais longos tentando sobreviver com meios insuficientes. Era notório, sobretudo na França e na Alemanha, que personagens respeitáveis como mestres-escolas ou empregados postais casavam-se tarde e tinham poucos filhos; raramente tinham como sustentar mais do que dois filhos, e muitas vezes nem isso. E para tornar a situação ainda mais exasperadora, muitos empregos civis estavam infectados por mais do que um toque de militarismo. Funcionários públicos eram exortados a cultivar as virtudes da disciplina e da submissão, do trabalho sem tréguas e da lealdade inquestionável. Se bem que em muitos estabelecimentos as relações entre chefe e subordinados fossem moldadas de acordo com as relações características da vida familiar, era a família autoritária que lhes servia de modelo.

Esse autoritarismo e essa claudicante mobilidade social, com seu ordenamento inflexível das camadas e hierarquias sociais, evocam memórias da sociedade tradicional, do antigo regime. E apesar de tudo também havia muita coisa estritamente moderna: as massas que constituíam o novo *Mittelstand*, associadas à miséria que assolava o antigo, demonstram que a burguesia da era de Freud havia passado por mudanças significativas desde a era de Vitória.

2. A ERA DOS TRENS EXPRESSOS

Toda essa movimentação teve o seu preço. Os arquitetos das mudanças freqüentemente se tornaram também os seus mártires: a vertiginosa mobilidade do século, precipitada e não de todo previsível, colhia muitos de seus sacrifícios na soleira de sua própria casa. Por vezes, tal vitimização resultava da mobilidade na acepção mais literal do termo: no princípio da década de 1860, os anteriormente prósperos comerciantes de Orléans viam, impotentes, seus ex-fregueses da região passarem defronte de suas portas, a caminho de Paris pela ferrovia.[28] Ocorrências palpáveis do mundo real e estados mentais eram como sempre inseparáveis. E o velho chavão de que tudo, mesmo o progresso, tem seu preço, se manteve de pé no caso dessa época progressista, o século XIX, e dessa classe progressista, a burguesia — inexoravelmente.

O período final do século XIX trouxe a surpreendente descoberta de que até mesmo mudanças para melhor poderiam gerar doenças mentais profundas, como de resto freqüentemente acontecia. O reconhecimento desse fato foi primeiro vislumbrado por três dos mais perspicazes observadores da época — Nietzsche, Freud e Durkheim —, e depois foi se filtrando até atingir o público em geral. Em suas reflexões aforísticas dos anos 80, Nietzsche postulou que "na economia mental interior do homem *primitivo*, predomina o *medo* do *mal. Que* é o *mal*? Três coisas: o aleatório, o incerto, o súbito".[29] Freud generalizou este diagnóstico informal de ansiedade, aplicando-o a todos os seres humanos com base no simples argumento de que no fundo todos são primitivos. A ansiedade, nos termos em que

Freud adotou posteriormente em sua teoria, constitui um sinal de alarme disparado pelo aparecimento de perigos, reais ou imaginados, o que dá ao homem a oportunidade de colocar em campo suas defesas: luta, fuga, negação e outras mais. A descoberta do fenômeno da anomia, feita por Durkheim, é inteiramente apropriada à sua época, o século burguês já amadurecido. A anomia ocorre, segundo Durkheim, pela inexistência de limitações nítidas e de regras reconhecíveis de comportamento, uma desorientação social angustiante que tanto pode emergir após um surto de prosperidade como após um súbito desastre, e com a mesma intensidade irresistível.

Todas essas revelações foram importantes, e chocantes em boa parte porque ofendiam os códigos do senso comum: uma boa nova — um lance espetacular na bolsa de valores, uma promoção no emprego, a conclusão de uma tarefa difícil ou a conquista de uma namorada caprichosa — supostamente não deveria trazer outra conseqüência, além da euforia. Na realidade, a conseqüência era muitas vezes o pânico. Sigmund Freud analisou esse fenômeno surpreendente muito tempo depois que Durkheim introduziu o termo "anomia" no vocabulário das ciências sociais: os impulsos instintivos do homem são conservadores. Mudanças, por mais positivas que sejam, exigem o dispêndio de energias mentais, ações adaptativas. A menos que sejam cercadas de precauções e acompanhadas de um encorajamento afetuoso, a menos que sejam assimiladas passo a passo, contêm todos os riscos de uma aventura frente ao desconhecido, um terreno onde respostas automáticas e procedimentos habituais perdem toda a sua eficácia. De onde se conclui que as mudanças — assim deduz Freud —, por mais desejáveis e desejadas que sejam, são ao mesmo tempo árduas e perigosas. O que Proust mais tarde chamaria, numa linda frase de *Du côté de chez Swann* [No caminho de Swann], "le bon ange de la certitude"* só em raras ocasiões emprestou sua presença consoladora ao século burguês.

É claro que a ansiedade burguesa não era nova quando foi diagnosticada por Nietzsche, Freud e Durkheim. Em décadas anteriores do século XIX, justamente naquelas em que a burguesia celebrava suas vitórias políticas e econômicas mais espetaculares, ela deixara marcas indeléveis na mentalidade da classe média. Sabemos que na década de 1880 ela já tinha sido moldada por influência de enérgicos oponentes: as exigências do operariado organizado, o surgimento de partidos radicais, o desdém manifestado por intelectuais da *avant-garde*. Houve ainda outros, particularmente movimentos feministas ou dissidências artísticas e literárias, eloqüentes, irados, nem sempre justos, e não mais satisfeitos com pequenas concessões. Implacavelmente hostis para com a burguesia, todos esses críticos exploraram o que, em 1891, George Bernard Shaw chamou de "a consciência culpada da classe média".[30] Ao mesmo tempo, a ansiedade burguesa, sinal e sintoma de perigo, não era simplesmente medo de inimigos específicos; era difusa e endêmica. Em visita à corte imperial em Compiègne, em 1861, Théophile Gautier observou uma tensão generalizada entre os convidados; somente os velhos aristocratas lhe pareciam à vontade. "O próprio *bourgeois* não sabe muito bem como deve comportar-se. É óbvio que não tem certeza do papel que lhe cabe."[31] E ele bem poderia ter relacionado esse constrangimento da classe média a outras situações menos penosas. Generalizado, esse mal-estar foi pontilhado por esforços esporádicos das pessoas para dominar o ambiente ou a si mesmas, por reiteradas fugas para uma nostalgia melancólica e, à medida que as oportunidades se apresentavam com maior freqüência e que cresciam os perigos, por traições ao liberalismo. A causa principal disso tudo foram as mudanças. Impulsionadas por elas, as dimensões inconscientes da experiência assumiram um destaque inegável, pois embora resolvam alguns conflitos, as mudanças geram e exacerbam outros pela remoção dos marcos orientadores de conduta que são os hábitos sociais.

(*) Em francês no original. "O anjo-da-guarda da certeza." (N. T.)

Em épocas anteriores, a ansiedade havia sido endêmica, cíclica, e esperada. Mudanças haviam significado raras e inesperadas boas fortunas ou desgraças perfeitamente previsíveis: ciclos de boas e más colheitas, a derrubada de uma dinastia, o ocaso dos antigos deuses. Já as mudanças que ocorriam no século XIX eram mais difíceis de serem decifradas, porém suas necessidades mais elementares eram dirigidas à racionalização da vida e levavam à perda do conforto de uma crença sem questionamentos e da livre satisfação de impulsos irresistíveis. A rejeição da expressão franca e da satisfação pública das necessidades corporais, que se havia iniciado na Renascença por meio de invenções culturais como o garfo e o lenço, teve continuidade e se intensificou. Os patamares que davam acesso a sentimentos de vergonha e de nojo foram sendo continuamente rebaixados. A cultura respeitável do século XIX tinha a imaginação em conta de uma companheira perigosa, e celebrava, ao invés dela, as delongas, as sutilezas, o controle. Sendo uma postura cultural, tal contenção era difícil de ser mantida e freqüentemente precisava ser evitada; como Freud observou cedo e repetiu muitas vezes, a moralidade burguesa, especialmente no tocante à sexualidade, fazia duras exigências e impunha tensões sem precedentes às classes médias. E as formas de adiamento e de controle eram instáveis, submetidas como estavam a constantes ataques das novidades e das paixões por um lado e, pelo outro, da necessidade íntima de reprimir desejos inadmissíveis e ilícitos. Para complicar ainda mais o impacto desses abalos, as mudanças ocorriam freqüentemente de surpresa, num ritmo constantemente acelerado, eram sempre abrangentes e, conforme já mencionei, totalmente irreversíveis. É por este motivo que tantos reacionários poderosos envidaram todos os esforços para revertêlas. A vida de Metternich, um brilhante agente do retrocesso, constitui um verdadeiro tributo às mudanças que ele tentou deter, senão aniquilar, antes que elas finalmente o aniquilassem. E Metternich teve muitos seguidores dedicados.

Um dos sintomas mais evidentes desse mal-estar generalizado foi a sensação de estarse à deriva e sem rumo, confuso, atropelado por impulsos demasiadamente ricos e variados para serem absorvidos com facilidade. Em 1897, o biógrafo alemão Karl Storck emitiu um chavão cultural comum à época quando deplorou "nosso tempo ruidoso, dedicado à propaganda e dela dependente, cujos comportamentos mercantis, antes restritos aos negócios, já invadiram também nossos círculos artísticos".[32] Já em 1848 o conde Duchâtel, que havia sido ministro do Interior no governo do rei Louis Philippe, caracterizara sua época como uma época "em que as coisas se movem mais rapidamente do que o faziam sessenta anos atrás. Os eventos, assim como os viajantes, estão se movendo a vapor".[33] Duchâtel assim se expressava ainda sob o impacto de uma revolução política imprevista. Mas durante todo o século, testemunhas diversas relatavam sua sensação de que os altos escalões se achavam em desordem, os filósofos sem rumo, e os estadistas paralisados. Relembrando em 1844 os anos que se seguiram às guerras napoleônicas, Disraeli os retratou como uma época de suprema impotência: "O povo se viu sem ter quem o guiasse. A gente ia aos ministérios; pedia para ser guiado, para ser governado". Mas enquanto o povo em geral* clamava pelo voto e os trabalhadores pelos seus direitos, "o que faziam os ministros? Entravam em pânico". Em dias idos haviam se contentado em administrar; agora lhes era solicitado que governassem. E isso era algo que, na opinião de Disraeli, os apavorava. "Como todos os homens fracos", prossegue com muita sensibilidade, "recorreram ao que chamaram de medidas de força". Não eram portanto apenas os governados, mas também os próprios governantes que sofriam de ataques de ansiedade naquele território desconhecido do século XIX. Alguns anos depois de Disraeli haver feito este seu esboço, Alphonse de

(*) O termo utilizado pelo autor, *the unenfranchised*, significa precisamente o conjunto de todas as pessoas que não têm direito de votar — à época um contingente considerável na Europa como na América —, sob quaisquer pretextos legalmente discriminatórios. (N. T.)

Lamartine, poeta e político, expressou sua impressão sobre a França numa linguagem bem parecida: "Vivemos tempos caóticos; as opiniões estão embaralhadas; os partidos, em total confusão. A linguagem das novas idéias ainda não foi criada".[34] A procura intensiva e apaixonada de uma ciência da sociedade que explicasse e resolvesse tudo, o humilde retorno de rebeldes aventureiros à religião de seus ancestrais, e a emergência de cultos modernos tais como a Ciência Cristã e a Teosofia são indicações claras da necessidade de guias para atravessar a selva da modernidade. A mistura de generosidade e racionalismo que caracteriza o espírito liberal foi adquirida por poucos e sob pressões constantes.

De fato, as vitórias do novo, do secular e das ciências não foram completas nem incontestadas. Os antigos hábitos, mesmo sendo persistentemente atacados, demonstraram uma vitalidade surpreendente. A religião reconquistou muito terreno perdido, especialmente entre as pessoas respeitáveis, especialmente na Inglaterra. A era de Auguste Comte e de Charles Darwin foi também a era do cardeal Newman e de William James. Anteriormente, algumas décadas antes da ascensão da rainha Vitória ao trono, em 1837, tornara-se não só possível como também entrara em voga rejeitar tanto o deísmo como o ateísmo do Iluminismo em favor do retorno à fé dos avós. A famosa observação de Marx de que a religião é o ópio das massas constituiu um sério erro de avaliação — certamente no que tange ao século XIX: a religião continuou sendo, ou melhor, voltou a ser o ópio das classes médias, notadamente na Alemanha, na Inglaterra e nos Estados Unidos. Nestes e em outros países havia grupos influentes e ostensivos de descrentes, de agnósticos moderados, de teístas filosóficos, de positivistas dogmáticos; especialmente na França, as convicções anticlericais e antiteológicas herdadas do Iluminismo e da Revolução conservaram uma força impressionante e uma grande atratividade entre a burguesia instruída. Ainda assim, em 1895 Émile Durkheim deplorava "esses tempos de um misticismo renascente", e incluía a França no âmbito de suas preocupações.[35]

Nem mesmo a religião, contudo, era uma defesa invulnerável contra o desespero. Raramente era uma fé isenta de angústias. Os avanços dramáticos e cumulativos das ciências naturais, verdadeiro escândalo para os fiéis, se para muitos constituíam uma fonte de prognósticos animadores, para outros eram causa de temerosas reafirmações. As ciências provocaram os mais engenhosos sofismas em defesa dos credos de antanho, o que por si só já era um sintoma de ansiedade. O que não surpreende ninguém é que foram justamente os desenvolvimentos de maior impacto da época, em particular a industrialização e a urbanização, que evocaram as apreciações mais sombrias e as previsões mais portentosas da parte dos modernos Jeremias. Blake estava em boa companhia ao denunciar as "fábricas satanicamente escuras", e Metternich não era nenhum excêntrico ao deplorar a perda generalizada de fé e de estabilidade.

Década após década, um país após outro, vozes progressistas e conservadoras lamentavam igualmente o estado desordenado e desorganizador da época. Detectavam a ausência alarmante de referenciais seguros, uma anarquia universal no pensamento, uma velocidade doentia na existência, mal-estar e vacilações generalizadas, e isso em meio aos mais irresistíveis avanços científicos. Émile Zola, campeão do progresso e partidário declarado da modernidade, foi porta-voz de todas essas vozes numa de suas cartas, escrita ainda em sua juventude. "Emergindo de um passado repugnante", escreveu em 1860 a um amigo íntimo, "marchamos rumo a um futuro desconhecido. Uma vez que somos franceses, quer dizer, impacientes *por excelência*, caminhamos precipitadamente". Ele acreditava que seu tempo caracterizava-se pela "impetuosidade, a atividade devoradora; atividade nas ciências, atividade no comércio, nas artes, em toda parte: ferrovias, eletricidade utilizada no telégrafo, o vapor movendo navios, balões lançando-se aos ares". Zola não restringiu seu catálogo de "atividades vorazes" — uma metáfora apropriadamente brutal e oral — às inovações tecnológicas. "Na política é pior: nações se erguem, impérios tendem à unidade. Na religião tudo está desordenado; este novo mundo que está prestes a emergir precisa de uma religião jovem e viva. Eis como o mundo se lança na rota do futuro, ávido por ver o que o espera ao fim da corrida."[36] A religião jovem e vivaz que Zola reclamava era a religião do progresso, a organização enérgica dos recursos naturais e econômicos em prol do bem-estar geral. Entretanto, mesmo na pulsante e vigorosa lista de Zola ouvimos ecos de ansiedade, de um temor apenas perceptível de que as coisas estivessem fugindo a qualquer controle.

As tensões desse mal-estar vinham à tona mesmo nas memórias mais plácidas. Nos primórdios da década de 1860, lady Knightley, que à época ainda era a gentil e descomprometida* srta. Louise Bowater, capturou com muita sensibilidade essa incerteza do mundo moderno em seu diário um tanto sofisticado, mas nem por isso menos inteligente. Estabelecendo um contraste marcante entre "a agitação e o turbilhão da cidade" e um "glorioso" passeio de charrete pela ensolarada manhã campestre inglesa, onde podiam ser vistos cervos e pica-paus e lindos lagos placidamente calmos, ela observou como "a cada dia que se passa" mais sentia "o ritmo em que vivem a maioria das pessoas na época atual. É de se admirar que haja tanta loucura? Nos olhos da metade dos homens que encontro no trem há algo selvagem", um olhar que, acrescenta ela, "me dá calafrios. Nos dias de hoje não existe descanso nem repouso para ninguém; todos estão sempre em movimento, seja no lazer ou no trabalho. Será isto preferível à estagnação dos dias passados? Não sei; é muito difícil, quase impossível, chegar a uma conclusão".[37]

Até mesmo John Stuart Mill encontrou enormes dificuldades para vencer sua ambivalência a respeito do progresso. Durante toda sua vida, Mill envidou sinceros esforços no sentido de promover o desenvolvimento e de salvar o que achava de valioso em meio à profusão de novidades que o cercavam. Entretanto, apesar de receptivo às mudanças, ele reconhecia que a rapidez com que elas ocorriam trazia problemas dificílimos para o seu tempo. "A inferioridade da época atual", escreveu Mill em seu diário ao início de 1854, num paradoxo bem apropriado, "talvez seja uma conseqüência de sua superioridade. Aparentemente quase ninguém, nas classes mais educadas, tem opiniões formadas, ou, se as tem, não parece confiar nelas". De modo muito semelhante ao de Disraeli uma década antes, ele acrescenta: "Aqueles que deveriam servir de guias aos demais vêem cada questão através de demasiadas facetas diferentes". O que faltava era firmeza de caráter, mas isso era difícil de encontrar. Os líderes "ouvem tanta coisa, acerca de todas as coisas, que já não sentem confiança quanto à verdade do que quer que seja".[38] Essa não era uma receita para um governo seguro.

No ceticismo premente com que Mill se refere aos líderes e liderados de sua época reconhecemos os ecos da *Democracy in America* [Democracia na América] de Alexis de Tocqueville, uma obra que Mill havia estudado com atenção e da qual fizera uma resenha com admiração. Tocqueville foi um fenômeno raro: um profeta ouvido em seus próprios dias. Em 1831, ele visitara os Estados Unidos, e relatou as conclusões de suas observações e reflexões em quatro volumes de muito impacto, publicados 1835 e em 1840. Na América do Norte, Tocqueville vira o futuro, e de lá voltara com sentimentos ambivalentes. Conforme já mencionei, os Estados Unidos tornavam fácil a profecia: constituíam o destino visível de uma viagem na qual a Europa já se encontrava havia muito tempo. Demonstravam que a sociedade do futuro seria governada por burocracias sob o signo da igualdade, incluindo toda a vulgaridade, toda a mediocridade e todo o desprezo pelo intelecto e pela excelência que isso implica. Porém Tocqueville também enxergou muita coisa merecedora de crédito na sociedade norte-americana. Seus derradeiros anos de vida foram marcados por um crescente desencanto com a política e por profundas depressões pessoais, porém mais em conseqüência do que se passava na política francesa, da qual participou ativamente,

(*) *Eligible* no original, ou seja, a senhorita ainda não noiva; para os rapazes, além de não comprometidos (não noivos), *eligible* implicava também a condição econômica propícia a uma noivado. (N.T.)

do que de suas reflexões acerca das mudanças. De qualquer forma, ele não era dado a lutar contra o inevitável.

Os leitores e admiradores de Tocqueville eram freqüentemente menos criteriosos e menos resignados do que seu mestre. Em 1851, após haver lido seus livros, Henri-Frédéric Amiel, professor, crítico e filósofo que vivia em Genebra, hoje lembrado mais em função de seus diários íntimos do que de seus trabalhos publicados, observou que "as obras de Tocqueville proporcionam à mente muita calma, mas deixam também um certo desgosto. Percebe-se a inevitabilidade do que está por vir". Eis uma postura olímpica que provavelmente não teria desagradado Tocqueville; mas Amiel era por demais agitado para contentar-se com ela: "Não há dúvida de que a era da *mediocridade* está próxima e a mediocridade congela qualquer desejo. A igualdade gera a uniformidade"; sacrifica "o excelente, o notável, o extraordinário". Amiel temia que a "melancolia" — *spleen** — viesse a "tornar-se a enfermidade do *século igualitário*", um temor compartilhado por alguns partidários da igualdade. Inevitavelmente, "o belo será substituído pelo útil; as artes, pela indústria; a religião, pela economia política; e a poesia, pela aritmética". Nessa era vindoura de individualismo e de uma subdivisão cada vez maior do trabalho, os "indivíduos ideais" desapareceriam; o "tempo dos grandes homens está chegando ao fim, a época das multidões" está próxima. "A sociedade será tudo; o indivíduo, nada. As estatísticas registrarão grandes progressos, e os moralistas, um declínio gradual." Em suma, o "bem-estar universal" que o século XIX prometia atingir estava "custando caro demais". O progresso, por mais dramático que fosse, simplesmente não valia o seu preço. Conforme observaram os irmãos Goncourt, estava tudo de ponta-cabeça. O prazer estava morto; os negócios imperavam; uma grande purgação estava a caminho, pois os tempos em que viviam — conforme os Goncourt confiaram a seus diários — eram tempos anormais.[39]

Os pessimistas receberam com agrado essa doutrina. Lançando sobre o século um olhar de indisfarçado desprezo, Jacob Burckhardt pontilhava sua correspondência com exclamações ofensivas referentes à época vertiginosa, afobada e vulgar em que havia sido despejado por um destino cruel. Os anciãos, escreveu ele a um amigo, são necessariamente pessoas conservadoras, e "dificilmente poderão encontrar algum prazer nesses dias de rápidas mudanças". O espantoso dessa declaração é que ela haja sido feita em 1873, quando Burckhardt tinha apenas 55 anos de idade. Era a rapidez das mudanças, tanto quanto a direção em que apontavam, que o fazia sentir-se velho e conservador, totalmente desafinado em relação ao século. O homem moderno, escreveu Burckhardt com matizes sombrios, renunciara alegre e estupidamente aos valores solidamente estabelecidos do refinamento e da diversidade em favor das dúbias benesses oferecidas pela novidade: "A gente de hoje sacrifica, se necessário, toda a sua literatura e toda a sua cultura para tomar um 'trem noturno expresso'".[40]

Os trens, que atingiam velocidades cada vez maiores à medida que as locomotivas, as ferrovias e os sistemas de sinalização se aperfeiçoavam, tornaram-se uma possante metáfora para a velocidade estonteante e geradora de ansiedades do século XIX. Hans von Bülow, o brilhante regente e pianista, expressou o que já começava a tornar-se um clichê entre pessoas cultas quando chamou sua época, em 1874, de "a era dos trens expressos".[41] Os desejos e os temores eróticos estimulados pela experiência rítmica de uma viagem de trem transpareciam sob a superfície de tais epítetos. E o nervosismo oriundo da sensação de que a velocidade corria sempre à frente da razão e se exacerbava ainda mais com as sutis indicações de que novas sensações se acumulavam. Nos termos de outra metáfora,

(*) *Spleen*, em inglês, significa, literalmente, o baço; daí, em sentido figurado, "mau humor", "azedume", que antigamente se supunha sediado no baço, como o "amor" no coração. Em francês, no entanto, o termo *spleen* passou a ter, no século XIX, o sentido específico de "melancolia, apatia". (N. T.)

igualmente apreciada no século XIX, havia o sério perigo de sobrecarga dos circuitos mentais. "A vida está se tornando cada vez mais complicada", escreveu Theodor Billroth em 1876 a seu amigo, o crítico musical austríaco Eduard Hanslick. A vida, prossegue ele, "nos absorve cada vez mais; a competição cada vez mais intensa nas áreas econômicas, artísticas, literárias e sociais pode ser uma prova de que há em nossa geração um excessivo empenho de energia; porém, com tanto esforço e tanta afobação para cumprir sempre novas tarefas, muita coisa se perde. Quem mais sofre com tudo isso são as artes; o público moderno não dispõe mais de tempo para ver e ouvir, pois tanto os pensamentos quanto os sentimentos vão sendo arrastados ao longo de uma trajetória predeterminada pela grande roda do tempo".[42]

A velocidade irresistível da roda do tempo gerou uma nostalgia pungente e patética dos dias que antecederam o advento da ferrovia. "Nós, que vivemos antes da construção das estradas de ferro", escreveu Thackeray, "pertencemos a um mundo diferente". Quando as pessoas andavam em carruagens, "*então sim* é que o mundo era mundo". Ele admitia que "a pólvora e a imprensa tendiam a modernizar" a civilização; entretanto, insistia, é a ferrovia "que cria uma nova era". E comparava aqueles que "viviam antes da ferrovia, e que sobreviveram ao velho mundo" a "Noé e sua família saídos diretamente de sua Arca. As criancinhas farão uma roda à nossa volta e nos dirão: 'Conte-nos, vovô, como era o mundo de antigamente'. E nós murmuraremos as nossas velhas histórias, e um a um nos iremos; e seremos cada vez menos, e os que sobrarem estarão muito velhos e debilitados". Não havia dúvida: "Nós, que vivemos antes das ferrovias, somos antediluvianos — devemos morrer".[43] Se aceitarmos as hipérboles e as sutilezas do humor travesso de Thackeray, a pequena cena que ele criou materializa uma sensação de perda bastante real.

Thackeray evocava ambientes e humores, não escrevia história social. As ferrovias, com toda sua potente capacidade de revolucionar a localização das indústrias, o transporte de mercadorias, a configuração das cidades, os padrões de férias e lazer, eram ao mesmo tempo causa e conseqüência da revolução econômico-social subjacente. Constituíam um símbolo espetacular, um tema perfeitamente apropriado à pintura e à poesia do século XIX. Menos próprias a uma representação artística, porém ainda mais influentes, foram as novas forças que varreram o século nas finanças, na construção das fábricas, na organização dos trabalhadores — em suma, o amadurecimento do capitalismo comercial e industrial. Os banqueiros foram tão úteis como instrumentos de mudanças do século XIX quanto os engenheiros e os industriais. Juntos, eles construíram um mundo que seria tão precário para seus beneficiários quanto devastador para suas vítimas.

Não obstante toda a sua inquietação com relação a *status*, poder e moral, de modo geral a burguesia era a força dinâmica que impulsionava uma era já em si dinâmica. Para muitos, era uma época que revelava o tipo de confiança a que se referira o príncipe-consorte Alberto, uma confiança tanto alicerçada solidamente na consciência quanto descomplicadamente no inconsciente deles. Os burgueses podiam absorver muitas mudanças, ainda que abruptas e imprevistas, consolando-se nos momentos mais difíceis por meio de uma olhada em seus saldos bancários, em sua ascendência política ou em seus benefícios sociais. O século burguês foi uma era de melhoramentos, mais para os burgueses, talvez, do que para qualquer outro grupo de pessoas. Sua ideologia carregada de esperanças não era apenas uma máscara para encobrir o desespero, mas uma crença sincera no progresso. O mito que dominava a época, pelo menos entre aqueles que dela se beneficiavam, teria inevitavelmente que ser o da mobilidade. Muitos pronunciamentos, mesmo precipitados, sobre as carreiras abertas a gente talentosa e sobre o bastão de marechal que se encontrava dentro de cada mochila de soldado raso, expressavam a convicção generalizada de que o mundo social dos burgueses cultos e ativos era um mundo quase sem barreiras, no qual o trabalho duro, a inteligência, a perspicácia e a árdua persistência trariam benefícios que a sociedade mais antiga, com sua carga de estratificações rígidas, negara a todos, exceto a um punhado de afortunados. É claro que a rápida ascensão social era já uma história conhecida; nas biografias de estadistas, bispos e magnatas do comércio abundavam exemplos de origens humildes superadas por meio de coragem, energia e inteligência. E nem todas essas histórias eram imaginárias: afinal de contas, os homens biografados existiam. Mas então, na areia movediça do século XIX, nessa "época tempestuosa e instável", como foi denominada por um jornal francês em 1878, o mito da mobilidade se democratizou.[44] Uma literatura de amplo sucesso popular espalhou o mito por um vasto e receptivo público: as histórias de Horatio Alger e as biografias de Samuel Smiles ilustravam, para todos que soubessem ler, as variadas e brilhantes possibilidades de se ascender da miséria à riqueza.

Não é portanto casual que no século XIX os antigos nomes estáticos das divisões sociais — em inglês *estates* ou *orders*, ou ainda *Stände*, em alemão — cederam lugar a denominações mais apropriadas a uma sociedade que, mesmo segmentada, abria perspectivas de progresso: "classes", "partidos" ou, já em fins do século, "grupos de interesse". De modo análogo, e com efeitos semelhantes, os nomes anteriormente utilizados para designar grupos que compartilhavam as mesmas convicções políticas, religiosas ou artísticas foram geralmente suplantados por uma linguagem dinâmica: "escola", o que sugere a dependência de um professor ou mestre, e "seita", que sugere a fidelidade inflexível durante toda a vida, foram abandonados e substituídos por "movimento". Na língua inglesa, o termo parece ter sido usado pela primeira vez nesta acepção moderna em 1828, significativamente na locução "o movimento trabalhista". Pouco depois, era generalizado, aplicando-se a outros grupos, todos eles prontos a produzir mudanças e a desfrutá-las. O século XIX foi uma era do movimento, e de movimentos.

Não se trata de um jogo de palavras. O que a nova utilização da linguagem revela é que as oportunidades que se ampliavam eram de fato muitas, que era válido aceitar as promessas nelas contidas, e, mais ainda, que era chegada a hora de mobilizar, organizar e guiar as forças geradoras de mudanças para uma direção desejada. Se as mudanças eram turbilhonantes, o homem podia aprender a dominá-las. Modernas disciplinas acadêmicas como a sociologia viam-se como agentes de melhoras sociais, incluindo-se entre estas, e com destaque, a mobilidade social ascendente. "Com uma ação que simultaneamente apóia o progresso e remove obstáculos, a ciência da cultura é essencialmente uma ciência de reformadores."[45] Com estas palavras ressonantes E. B. Tylor conclui o famoso tratado *Primitive Culture* [Cultura primitiva]. Karl Marx estava em boa companhia, incluindo pessoas famosas ao seu tempo, quando argumentava que a verdadeira tarefa da discussão filosófica é modificar o mundo, não apenas contemplá-lo; é conduzir da passividade à ação.

Durante muitos séculos, é claro, os homens haviam extraído do solo sua subsistência, haviam construído pontes, estradas e grandes cidades, haviam filosofado acerca de seu destino e aplicado as descobertas científicas à tecnologia. Na Renascença, os humanistas elogiavam profusamente aqueles em que diziam ver encarnadas as qualidades da energia em luta contra a má sorte. O pensamento prático de sir Francis Bacon, voltado mais a obras do que a palavras, constituía mais uma profecia do que uma descrição de procedimentos comprovados, mas a revolução científica ocorrida nas últimas décadas do século XVII e a expansão da criatividade tecnológica que teve início no século XVIII transformaram alguns dos prognósticos mais arrojados de Bacon em fria realidade.

Foi a era do Iluminismo, em particular, que forneceu aos europeus e norte-americanos instruídos e influentes uma nova perspectiva, uma ampla percepção das possibilidades de domínio sobre o mundo. É bem verdade que a pobreza continuava a produzir efeitos devastadores, que doenças e epidemias continuavam a exigir seus tributos, que o fanatismo e as injustiças floresciam quase como antes. Com o desaparecimento gradual da proteção e do patrocínio, a exploração se agravou à medida que os exploradores descobriam novas oportunidades. Contudo, à medida que procediam à erosão da metafísica e da teologia, os *philosophes* tentaram aplicar os métodos críticos das ciências, tão férteis em sua esfera original, também às reflexões sobre o indivíduo e sobre a sociedade; geraram-se assim expectativas de que a roda-viva da existência humana cederia à aplicação da inteligência, de que o eterno ciclo das epidemias, das grandes fomes, da miséria generalizada e das guerras devastadoras finalmente seria rompido. Na esfera das realizações humanas, a nova atmosfera foi bem simbolizada pelo que Alfred North Whitehead denominou "a invenção da invenção".

Os homens do Iluminismo sublinharam a passagem da passividade à ação revivendo um antigo provérbio romano, que estivera adormecido através dos séculos cristãos, cuja síntese é a de que o homem é dono de seu destino. Bacon já o havia dito, assim como Descartes e Locke, antes que ele se tornasse uma das expressões favoritas dos *philosophes* no século XVIII. No século XIX, já era amplamente aceito como verdade. "O homem", disse John Davies numa reunião do Instituto dos Mecânicos de Manchester em 1827, "tem que ser o arquiteto de sua própria fama". Esta imagem agradável não perdeu tão cedo sua popularidade. Em *David Copperfield*, Dickens põe na expressão da sra. Micawber a forte esperança de que, embarcando com sua família para iniciar uma nova vida na Austrália, o sr. Micawber pudesse tornar-se "o César de sua própria sorte". E em 1878, em Newburyport, Massachusetts, o editor do *Herald* elogiava dois ricos notáveis locais, ambos homens "de origem humilde" que a vida cedo "tornara dependentes de seus próprios recursos", "homens íntegros, aplicados, e de uma perseverança indomável", que os levara ao sucesso — "naturalmente". Ambos haviam sido os "arquitetos de sua própria sorte".[46] Para tais homens, e numa tal época, a anomia era algo improvável, e a ansiedade, se é que alguma vez chegassem a experimentá-la, subterrânea.

Visto coletivamente, portanto, o espírito burguês no século XIX era uma mistura de impotência e autoconfiança; a excitação endêmica era controlada por dispositivos sociais e por defesas individuais. Refletindo com uma nostalgia quase mórbida sobre a paz celestial concedida aos mortos, William Gladstone ponderou que para os vivos "o elemento principal" da "vida terrena" é um "conflito perpétuo".[47] Referia-se a incertezas ligadas à condição humana em todas as épocas, em todos os níveis sociais. Porém poderia ter aplicado essa observação, com perfeita justeza, à sua própria época e à sua própria classe.

Pois tudo estava sendo questionado: ensinamentos religiosos, princípios políticos, ideais sociais, e, com ênfase particular, a moralidade sexual. E tudo isso deixava até mesmo os exploradores, uma tribo numerosa e resoluta, excessivamente nervosos. Quando, ao aproximar-se o fim do século XIX, médicos, psicólogos e sociólogos denominaram sua época de a "Era do Nervosismo", estavam apenas formalizando uma queixa generalizada e evidente, amplamente ventilada na imprensa popular e meticulosamente documentada na literatura médica.

Apesar de tudo isso, e com exceção de três ou quatro observadores brilhantes, os críticos culturais se concentraram no impacto da realidade material sobre o estado mental: na rapidez das viagens, na superpopulação das cidades, na quantidade e na rapidez com que se sucediam as invenções. Muitos dentre os contemporâneos de Gladstone tinham uma vaga noção de que os perenes conflitos de que ele falava tinham origens misteriosas e remotas, porém não tinham disposição ou capacidade para persegui-los além de suas manifestações evidentes — até que Sigmund Freud postulou a suprema influência das forças elementares, em sua maior parte inconscientes, na formação da experiência humana. E é por este caminho, que leva aos domínios inacessíveis da sexualidade e da agressão, que pretendo seguir seus passos.

A EDUCAÇÃO DOS SENTIDOS

EXPERIÊNCIAS BURGUESAS, I

UM REGISTRO ERÓTICO

1. MABEL LOOMIS

Por razões bastante óbvias, as relações sexuais, sendo experiências das mais íntimas e das mais importantes, também são as mais esparsamente documentadas. E isto é válido particularmente no caso de uma cultura que não media esforços para manter os assuntos privados num âmbito privado. Por conseguinte, quando o historiador encontra alguém como Mabel Loomis Todd, que tinha tempo e desinibição suficientes para manter atualizado um registro de sua vida erótica e deixá-lo para a posteridade intacto, pode apenas exprimir sua gratidão e citá-la amplamente. Sua abençoada precisão, sua atraente loquacidade e seu permanente interesse em si mesma não são os únicos atrativos de Mabel Todd para o estudioso da cultura da classe média no século XIX. Alegre, talentosa, sociável e bastante popular para gerar incontáveis fofocas invejosas, ela era capaz de manter laços afetuosos e amorosos prolongados. Sendo igualmente bem-sucedida como escritora, oradora e editora, e como esposa, anfitriã e amante, pôde, mais do que a maioria das pessoas, construir para si mesma um caráter invejável, ao mesmo tempo forte e maleável. Quando faleceu, em outubro de 1932, aos 75 anos, sua filha única Millicent lamentou, antes de qualquer outra coisa, sua energia infatigável e sua alegria contagiante.

E mesmo assim, em sua maturidade Mabel Todd teve que lutar — o que a torna ainda mais interessante — com seus conflitos, tanto manifestos quanto velados. Um certo odor de transferência, de assuntos edipianos inacabados, paira sobre seus amores adultos: Mabel viu-se na contingência de agir conforme suas emoções reprimidas, impróprias tanto em sua intensidade quanto com referência aos seus objetos — emoções que haviam sobrevivido desde a infância e agora intervinham na escolha de seus relacionamentos. Entretanto, fosse no sucesso ou no insucesso, o encontro de Mabel Todd com seus desejos inconscientes e com suas ambições conscientes a liga a outros mortais — aos mortais comuns, conforme ela tendia a considerá-los.

"Na manhã de 15 de maio de 1879, meu querido e eu retornamos do desjejum, à rua Catorze, n.º 1234, e tivemos alguns minutos de amor muito felizes em nosso quarto."[1] Pode ser que o diário tenha se tornado muito comum no século burguês, porém eis decerto um registro bastante incomum. Trata-se de um esforço para recapturar, num diário retrospectivo, o instante em que uma criança fora concebida. O episódio que ela estava reconstruindo não era de modo algum oculto; suas vicissitudes constituem precisamente o assunto deste livro. Porém a mente que o recordava era notável.

Não resta dúvida, e isso é significativo, de que Mabel Loomis se sentia inteiramente à vontade na classe média do século XIX, considerando-se a maioria dos seus aspectos. Como outras jovens bem-educadas nos Estados Unidos e no restante do mundo ocidental, ela tocava piano e cantava, escrevia poemas e pintava. Tampouco há dúvidas de que suas realizações eram bem melhores do que as da média dos diletantes. Retirando suas energias de um fundo aparentemente inesgotável e ao mesmo tempo cuidadosamente disciplinado de vitalidade animal — freqüentemente estudava piano duas ou três horas por dia —, tocava e cantava bastante bem para apresentar-se em recitais públicos, escrevia bastante bem para publicar suas obras e pintava bastante bem para que algumas de suas telas e aquarelas fossem compradas. Ocasionalmente sentia-se inundada por palavras que "ardiam na intensidade de virem à luz", por um "poder", uma "chama tremenda e sagrada que pulsa através de todo o meu ser", [2] um erotismo que raramente fazia parte dos talentos de uma moça de sua época ou de sua condição social ou que pelo menos era raramente confessado. Ela era bonita sem ser bela; para tanto seus olhos eram salientes demais e seu nariz um pouco exagerado. Irradiava, porém, vivacidade e saúde. Quando perdia peso preocupava-se: como a maioria de suas contemporâneas, não gostava de ser magra demais. Sabia que sua cintura permaneceria esbelta mesmo quando estivesse "gorda", conforme diria complacentemente. Sua figura esplêndida, da qual cuidava com esmero, parecia-lhe, e aos seus muitos admiradores, mais do que satisfatória. Entretanto, o que a tornava uma pessoa excepcional era seu talento, sua perseverança, sua energia emocional, sua genuína sensualidade.

Ainda assim, Mabel Loomis compartilhava a maioria das aspirações e muitos dos preconceitos que caracterizavam a burguesia do século XIX. A família em que se criou em Washington, D.C., na época da Guerra Civil, era, tal como milhares de outras famílias, dedicada, bisbilhoteira, orgulhosa de seus antepassados, mais ambiciosa do que lhe permitiam suas capacidades financeiras, socialmente angustiada embora se declarasse isenta de angústia — em suma, uma família mediana justamente em suas pretensões de estar acima da média. A despeito de toda a sua bem-conservada individualidade e de toda a sua chama sagrada, Mabel Loomis permanece um espécime facilmente reconhecível da classe média culta do século XIX.

Assim como tantas outras moças bem-educadas nos Estados Unidos, entregava-se a fantasias de sucesso social, devorava vorazmente os romances da época, idolatrava o pai, e — ao contrário de algumas moças bem-educadas da Europa — casou-se por amor. Fazia longos passeios românticos e andava a cavalo ao luar, mantinha conversas íntimas e trocava cartas descompromissadas com rapazes solteiros, mantendo-se de modo geral dentro dos limites do que era permitido, tropeçando aqui e acolá em seus ensaios ainda desajeitados para a vida. Tipicamente, atravessou praticamente todas essas experiências iniciais, sensualmente excitantes, sem um arranhão. Houve um interlúdio breve e perigoso com um "homem mais velho", um certo Ezra Abbot — que tinha trinta anos quando ela estava com dezoito —, do qual ela escapou, aliviada, em razão das objeções levantadas por seus pais. David Peck Todd, no entanto, o homem com quem ela se casou aos 22 anos, era totalmente adequado; astrônomo como o pai dela, Eben J. Loomis, David era um jovem promissor, ocupado, cheio de planos para o futuro e, conforme ela notou com muito prazer, "de muito boa raça". Exatamente como o fizeram milhares de outras jovens instruídas no século XIX, ainda solteira e depois de casada, Mabel manteve dois diários: um em que relatava de modo resumido e freqüentemente carregado seus afazeres de cada dia, e outro onde anotava reflexões e lembranças mais elaboradas sobre flores e florestas, sobre seus modestos sucessos ao piano e na sala de visitas, sobre seus pretendentes e, principalmente, sobre a personagem fascinante que era ela mesma. Como qualquer autor de diários, dirigia-se aos seus cadernos como se fossem seres vivos, amigos de confiança. Sua primeira tentativa, que data de 1871, é ainda um tanto desengonçada nas primeiras páginas, como se ela estivesse sonhando e experimentando: "querido diário"; um ano mais tarde, já mais solta, ela pôde preparar seu querido diário para uma revelação, gracejando: "Agora contarei algo a *você*, velho amigo". E exatamente do mesmo modo concluiria o seu segundo livro pessoal: "Adeus livrinho querido — tua amiga afetuosa e agradecida, Mabel Loomis".[3] Era o dia de seu casamento.

Embora o fluxo de seus devaneios autobiográficos fizesse de Mabel Loomis uma típica representante de sua época e de sua classe, sua franqueza introspectiva e sua lucidez a distinguiam notavelmente. Quando, após o desjejum naquele 15 de maio de 1879, desfrutou com o marido, "querido", de "alguns minutos de amor muito felizes", minutos que relatou minuciosamente, estava casada havia apenas três meses. Teria ainda por muitos anos oportunidades freqüentes de deleitar-se com tais episódios, e não somente com o marido.

Mabel Loomis, preciso frisar novamente, era uma moça decente, de uma família da melhor reputação. Nitidamente filha de seus pais neste como em tantos outros aspectos, manifestava um prazer acentuado pelo brasão da família — "e tenho dois excelentes brasões, um de cada lado, graças aos céus". Tinha uma percepção clara, ainda que um tanto pretensiosa, das distinções sutis que separavam cada camada no interior das classes médias. E, em parte porque o dinheiro não abundava na casa paterna, a família e a linhagem eram para Mabel Loomis os símbolos mais autênticos da respeitabilidade. Em 1873, ainda uma adolescente colegial, preocupa-se com uma reunião social na casa de uma família que "não se encontra na mesma posição social de muitas das outras famílias da cidade, de sorte que sentimos uma certa repugnância em nos associarmos a ela". Por vezes, seus julgamentos refletem suas pretensões à cultura: "quero me afastar o mais possível dessa sociedade medíocre de Georgetown", escreve no início de 1874; "já cresci muito mais que qualquer dessas pessoas". Segundo ela própria julgava, seu lugar era "entre os melhores".[4] Seus esforços para se distanciar dos norte-americanos médios não cessaram nos anos de sua maturidade. Em 1885, observando seus conterrâneos durante uma viagem à Europa, ela torna enfático seu desprezo: "Não desejo ser incluída na mesma classe que os viajantes americanos médios (que, tenho que dizê-lo, são as pessoas mais vulgares que encontramos), e não há fortuna nem bondade por imensas que sejam, que possam encobrir a vulgaridade e a mediocridade do americano que se fez por si mesmo no mundo dos negócios". A ostentação do dinheiro sempre a irritou: em 1890, quando uma de suas mais antigas amigas, Caro Andrews, lhe apresentou algumas amigas, ela anotou, não sem uma pitada de inveja: "Ela não me apresentou a nenhuma mulher do meu tipo — só a quatro mulheres de seios grandes que luziam em meio aos diamantes". Ela percebeu rapidamente que David Todd tinha dons impressionantes a recomendá-lo, notadamente a aparência e a inteligência, porém foi o fato de ele ser "um perfeito cavalheiro" que logo de início o elevou muito acima dos muitos outros homens que disputavam suas atenções. "À parte sua inteligência", anotou ela em seu diário no início da primavera de 1878, quando já o admirava bastante, "ele descende diretamente de Jonathan Edwards, de modo que tem sangue puro".[5] E isto contava muito.

Ao contrário de suas certezas sociais, suas certezas morais cediam às pressões exercidas por sua experiência — por suas experiências eróticas, para sermos mais precisos. De fato, conforme veremos, foi justamente a firmeza de seu esnobismo que lhe permitiu ser flexível quanto a sua moralidade. Durante os anos de sua formação, entretanto, foi uma pessoa totalmente convencional; mocinha, por mais sincera que fosse sua postura independente, não tinha impulso algum para desafiar, e nem mesmo para questionar, os ditames familiares sobre o modo de encarar a vida.[6] Conhecia os limites que cercavam o comportamento burguês, e respeitava-os. Quando um jovem e fraternal amigo lhe contou seus "casos amorosos e namoricos", refletiu: "Suponho que não conheço bem o mundo, porém sempre tive a impressão de que qualquer moça que se considere uma senhorinha se ressentiria de que um homem tomasse liberdades com ela antes de estarem devidamente noivos. Abraços e beijos promíscuos são algo que jamais pude suportar, sequer ouvir falar, e sempre me pareceu vulgar uma jovem permiti-los ou um rapaz sugeri-los''. Tinha certeza de que ''somente moças comuns, verdadeiramente plebéias, se entregam a tais coisas''. E acrescenta, num de seus laivos de percepção que tornam sua introspecção tão instrutiva: ''Sempre mantive o meu círculo de magnetismo pessoal intacto, e só para mim''.[7] Referia-se à sua viva e expressiva sensualidade, de que tinha plena consciência e que lhe conferia uma ascendência marcante em reuniões sociais e, o que era mais perigoso, em relação aos homens. Abrir o círculo de seu magnetismo equivalia a chamar para si declarações apaixonadas em resposta à forte atração que exercia, se bem que em parte inconscientemente.

Seus impulsos narcisistas, que permaneceram vivos após a adolescência, e o genuíno prazer que lhe proporcionavam os homens, uma vez que ela os havia descoberto, tornaram bastante improvável que ela mantivesse seu círculo de magnetismo sensual permanentemente inviolável. Foi no verão de 1872, quando se aproximava dos dezesseis anos de idade, que pela primeira vez ela tomou plena consciência de suas necessidades e poderes eróticos. ''Todos olharam para mim com os olhos escancarados'', anotou após um piquenique, em julho de 1872, ''mas no fundo gostei bastante''. Um mês mais tarde, durante um período de férias em Charlton, Massachusetts, viu-se entediada até que um ''homem'' aparecesse: ''Oh, alegria para esse mundo, chegou um rapaz!''. Era o irmão de uma de suas amigas, e conhecê-lo foi algo valioso. ''De fato, em toda a aldeia é difícil encontrar uma só dessas criaturas maravilhosas.'' Em meados de novembro, passado o seu décimo sexto aniversário, confessava a verdade nua e crua ao seu diário: ''Começo a crer que tenho muito gosto pelos cavalheiros''. E tinha mesmo. Pelos meados do inverno, retornando de um ensaio musical na igreja, relata ingenuamente: ''Foi tudo tão alegre e divertido, pois todos os rapazes estiveram lá''.[8] Como para outras pessoas normais, a adolescência foi para ela uma época penosa, e em vários sentidos. Foram anos de experimentação, de assumir um ou outro papel e de buscar identificações, anos de renovadas lutas interiores contra desejos edipianos tanto amorosos quanto agressivos. Foram anos de repetições e de despedidas.

Para Mabel Loomis, a adolescência proporcionou oportunidades de descobrir seus talentos de amante bem-dotada e sua vocação de esposa apaixonada. Durante os três ou quatro anos que se seguiram à puberdade, à medida que ela se tornava mulher, seus diários se concentram cada vez mais nos homens. Ela se pergunta se poderia ser feliz com um ou outro de seus pretendentes, e acha vários deles atraentes, mas em todos eles encontra alguma falha — quanto ao requinte, quanto ao gosto ou quanto à independência intelectual. Certa de ser especial, via-se na obrigação de escolher com o maior cuidado. O homem que ela procurava tinha que ser ''bom, fiel, intelectual e carinhoso'',[9] sendo desnecessário mencionar que ele teria de ter uma árvore genealógica respeitável.

Não obstante, sua confiança em si mesma era um tanto frágil, pois sua impetuosidade significava perigo à vista. Tinha um apetite insaciável por amor; parecia que estava tentando compensar antigas carências, de origens há muito esquecidas. Como tantas outras mulheres — e homens — jovens, encontrava-se nas garras de conflitos não resolvidos, que, se não eram bastante agudos para a deixarem paralisada, ainda assim eram endêmicos, vagamente angustiantes. ''Se as pessoas apenas me *amassem*'', escreveu um tanto pateticamente antes de completar dezesseis anos, ''eu faria qualquer coisa por elas''. Continuava a insistir que desejava fazer carreira, que rejeitava o papel de ''hera trepadeira'' ao qual tantas de suas colegas de escola se sujeitavam alegremente. ''Entretanto'', observava contemplativamente, ''tenho uma capacidade de amar tão imensa que, se eu deixar escorrer um mero filete e depois tentar estancá-lo, sinto-me praticamente sufocada pela enchente torrencial de algo indescritível que me arrasta consigo''. São metáforas bem floridas, ainda que não intencionais. O amor, disse Sigmund Freud de certa feita, torna as coisas molhadas. E também sufoca. No dia em que Mabel Loomis confessou seu conflito quanto a soltar e depois tentar estancar o fluxo de sua sensualidade, sentiu-se na obrigação de observar que, tendo-se desenvolvido vagarosamente, agora chegara "ao ponto em que a intensidade dos meus sentimentos é simplesmente imensa". Ao mesmo tempo em que negava categoricamente que pudesse desposar qualquer dos muitos homens que lhe faziam a corte, ao mesmo tempo em que admitia complacentemente que aos 21 anos estava no centro das atenções, precisava "tanto de afeto que acredito realmente que um homem fraco me fará mais feliz do que ficar sem homem algum". Reconhecia os riscos a que seus vorazes apetites a expunham: "Não me encontro numa posição segura, pois o primeiro homem que se aproximasse de mim amorosamente não encontraria dificuldades em fazer com que eu também o amasse". E conforme diagnosticou com toda a franqueza, de fato sofria de uma "extrema carência mental, ou melhor, carência afetiva".[10] Estava à espera do homem certo, porém por demais impaciente para esperar muito tempo.

As necessidades afetivas de Mabel Loomis vinham à tona nas ocasiões mais inócuas. Certa vez, ao usar o adjetivo "delicioso" para qualificar um dia de outono em Massachusetts, com suas folhagens gloriosas, incorre no desagrado de um amigo, John Garland, pessoa "inculta quanto às sutilezas da vida e da sociedade", que achava que esse adjetivo suculento deveria ser reservado a "comestíveis e bebidas". Defendendo-se, indignada e com uma torrente de expressões iradas, ela cita "autores de primeira linha" do *Atlantic* e os próprios bordos* coloridos de vermelho e amarelo: "mas são *deliciosos*, e eu digo que o são".[11] A discussão é mero pedantismo, porém a forma apaixonada com que Mabel Loomis se defende aponta menos para sua necessidade de ter razão — ainda que também indique essa necessidade — do que para sua necessidade de encontrar equivalentes expressivos para suas emoções eróticas. Não é por acaso que outros sensualistas com inclinações poéticas do século XIX utilizassem esse seu dileto adjetivo em metáforas idênticas. "Que arrepio delicioso", diz Lancelot, o herói do romance *Yeast* [Fermento], de Charles Kingsley, "se espalha por aqueles musgos!"[12] Era esse o arrepio que passava pela cabeça de Mabel Loomis, antecipando arrepios maiores que ainda estavam por vir.

Seus olhares aguçados à procura de um homem e seu prazer na caça em si, se bem que um pouco ávidos demais, eram apropriados à época e não constituíam prova de uma sensualidade borbulhante, dificilmente contida. O papel das senhoritas respeitáveis era se fixar num rapaz elegível. Em meados de década de 1870, Alice James, a virtuosa irmã de William e Henry James, sensível, introspectiva e até certo ponto inteligente, confessou a uma amiga: "Estou me tornando ardentemente matrimonial, de modo que, se conseguir que qualquer tipo de homem se apaixone por mim, não o deixarei escapar".[13] Ainda que isso pareça arrojado e franco, ela dificilmente teria condições emocionais, ou mesmo de saúde, para apaixonar-se por qualquer homem que fosse. Mabel Loomis era bem diferente: sua busca de um parceiro adequado estava indissoluvelmente ligada ao seu despertar sensual.

A consciência que Mabel Loomis tinha da energia erótica que a permeava, e do ambiente erótico que gerava ao seu redor, tornou agudos os conflitos inevitáveis entre seus impulsos e suas defesas. Por vezes esses conflitos vinham à tona, propiciando-lhe momentos difíceis quanto à conduta que deveria adotar. "Será que não estou sendo uma garota de namoricos?", perguntou a si mesma em seu diário pouco antes dos vinte anos, depois de um admirador rejeitado a haver acusado de querer apenas flertes, porém decidiu rapidamente e a contento que não era uma garota de namoricos; tendo visto uma bonita moça de uns dezesseis anos provocando os olhares dos homens na rua, concluiu: "Eu mesma gosto bastante dos cavalheiros, mas espero que não do modo grosseiro pelo qual ela parece

(*) *Maple*, no original: árvore da Nova Inglaterra, cujo xarope (*maple syrup*) é o molho tradicional para leitões e perus nas festas de fim de ano; as folhas das árvores passam por todos os matizes do vermelho e do amarelo antes de caírem ao fim do outono. (N. T.)

gostar dos seus *beaux*". Contudo, ela não era capaz de manter sempre essa postura complacente. Era por demais excitável e honesta para isso. Quando de seu primeiro encontro com o "sr. Todd", que ela achou "bem charmoso", observou que ele se sentia "evidentemente à vontade entre *jovens* senhoritas, como aliás", acrescentou logo, "todos os homens que conheço. Todos eles são mais ou menos namoradores". Imediatamente atraída pelos atributos físicos do sr. Todd, ela o achou "muito bem-apessoado, um louro de dentes magníficos, de ótimas maneiras, e com imensos poderes de namoro, que não obstante são bastante inocentes. Bem", concluiu, "eu também os tenho."[14] E com certa sagacidade juvenil, decidiu observar suas características, freqüentemente interpretando-as do modo mais literal possível. Certa feita, quando já o conhecia bem, tomou-lhe o braço durante um passeio, e julgou seu gesto suficientemente pouco convencional para imortalizá-lo em seu diário íntimo: uma senhorita que andasse de braços dados com um homem, observou, estaria declarando publicamente que se considerava noiva dele, e Mabel Loomis não tinha intenção de permitir intimidades fora de época.[15]

A moderação em público não impedia experimentações privadas. Até que estabelecesse uma intimidade maior com David Todd, Mabel Loomis parece ter reservado a maior parte de sua excitação ao gozo da natureza; os diários transbordam de relatos de sua "intensa felicidade", sua "grande alegria", sem falar dos repetidos "êxtases" ao se deparar com vastos campos gramados ou florestas escuras, com suas flores favoritas ou um luar estonteante, calmas praias ou o mar revolto. "Que glória! Que encanto!", exclamou em fins do verão de 1872, "rever o querido e velho oceano". E, pouco mais de um ano depois: "O vento sopra gloriosamente e o céu me enche de indescritíveis enleios e alegrias", escreve; tais registros são típicos de seu estilo emocional. Seus êxtases são mais do que os costumeiros devaneios derivativos, praticamente obrigatórios a qualquer moça bem-educada e receptiva a uma prosa poética; assim como outros burgueses, homens e mulheres, e ainda que de maneira mais eloqüente, Mabel Loomis erotizava a natureza. Só depois que ela e David Todd se enamoraram seguramente, digamos oficialmente, é que ela pôde abandonar esses desvios e buscar sua gratificação erótica num homem. Até mesmo seus diários, que lhe haviam dado "intenso prazer" e que freqüentemente a haviam "consolado de modo indescritível", tornaram-se menos necessários à medida que ela se concentrava sobre um alvo erótico vivo.[16]

Esse alvo não era nada manso, nem tépido. "Passeio de charrete, com um cavalo obsequioso", anotou em seu diário David Todd cerca de quatro meses antes de casar-se com Mabel Loomis. "Em casa por volta das nove horas. Mabel se lembrará com prazer da nova sensação que lhe causei esta noite. Podemos chamá-la de nossa noite de noivado." Aproximadamente um mês mais tarde, observou laconicamente: "Primeiro amor prolongado — das cinco às seis". Em seu próprio diário, Mabel Loomis mapeava os avanços de seu amor com excitação crescente. Já em abril de 1878, depois do passeio habitual — "nós caminhamos, e caminhamos e caminhamos, e passamos um tempo agradabilíssimo" —, David Todd entrou na casa de Mabel Loomis "por uns minutinhos"; o casal andou "para lá e para cá pelo aposento e... e ele... bem, não pude resistir". No entanto ela insiste, em vista de algumas dúvidas remanescentes em meio ao desafio contido na declaração: "Acordei na manhã seguinte muito feliz apesar disso, e não me senti de modo algum como uma condenada". Menos de duas semanas antes desse episódio havia ocorrido o que ela chamara de "um pequeno embate durante o qual cometi um erro — que me preocupou bastante, mas os efeitos desse errinho já desapareceram por completo, digo-o com bastante alegria".[17] Apesar de ser geralmente bastante explícita, há ocasiões em que Mabel Loomis força o leitor a adivinhar o significado de suas palavras.

Mais tarde, em agosto do mesmo ano, numa ocasião em que David Todd se encontrava distante, numa de suas expedições astronômicas, ela confidencia a "seu velho amigo, este livrinho fiel", as suas prementes necessidades eróticas: "Suas cartas têm um efeito realmente *físico* sobre mim'', e confessa, com um mero fio de elegantes reticências: ''Vou te contar algo que sei que não deveria... eu *sei* que David é necessário não só para a minha felicidade, mas que sua presença é absolutamente essencial à minha saúde física''. Em princípios de janeiro de 1879, após uma longa caminhada com seu ''David, rapaz abençoado'', ela ''costurou-lhe alguns botões'' e, depois do jantar, teve ''mais alguns doces minutinhos com ele e depois ele... engraxou meus sapatos! Até que enfim''.[18]

Esta anotação um tanto forçada imortaliza o que deve ter sido um encontro algo anticlimático. Os prazeres que o casal de noivos desfrutava, apesar de intensos, devem ter sido incompletos. Para Mabel Loomis e David Todd, assim como para outros casais de noivos espalhados pelo mundo ocidental, o período do noivado oferecia oportunidades para experimentação sexual. Em 1843, quando Julia Ward se tornou noiva de seu colega abolicionista Samuel Gridley Howe, Longfellow escreveu a ele: ''A grande charada da vida não é mais uma charada para ti; o grande mistério está resolvido''. Uma década antes, Elias Nason, um estudante na Universidade Brown, pedia a Mira Bigelow, a quem já cortejava fazia dois anos, para ir visitá-lo: ''Podes vir a mim?''. Ele previa muitos prazeres físicos no caso de ela aceder ao seu pedido: ''Poderemos nos *ver* e *ouvir* e *tocar* todos os dias'', e ter conversas íntimas ''tornaria tudo *confortável*''. Mas, relembrando encontros anteriores, Nason parecia ter mais intenções de reavivar e gerar excitação do que de confortar. ''Meu coração adora contemplar as cenas que passamos juntos — todos os *passeios* e *beijos* e *brincadeiras* e *cantorias* e *meditações* e *encontros* e *despedidas* e *abraços apertados*.'' Para muitas moças das classes médias, quer tenham tido relações sexuais antes do casamento quer não — e ao que parece na maioria dos casos não —, o período do noivado constituía um tempo dedicado a explorar e a ser exploradas. Os ''abraços e beijos promíscuos'' que Mabel Loomis condenava com tanta firmeza eram permitidos, conforme ela mesma constatava alegremente, aos noivos: ''É natural que isso ocorra depois que se esteja comprometida, mas creio que deve haver uma linha bastante nítida entre a amizade que uma moça pode ter com muitos homens e o tipo particular de afeto que ela dá àquele com quem se casará''.[19]

Esta linha nitidamente demarcada era a do decoro. Em seu popular livro *The Physical Life of Woman* [A vida física da mulher], o médico e reformador americano George H. Napheys considerava axiomático que ''o ímpeto do homem e a timidez da mulher arrefaçam durante o período do noivado''.[20] Pelo menos em parte ele tinha razão: o namoro oficializado freqüentemente abrandava a timidez da mulher, mas com a mesma freqüência dava novas oportunidades à impetuosidade do homem. ''Oh! esse rapaz tão querido!'', escreve Mabel Loomis em seu diário pouco mais de uma semana depois de ele lhe haver engraxado os sapatos. ''Como eu queria que ele estivesse aqui neste momento, como eu lhe 'mostraria'!'' Aquilo a que ela não pudera resistir, o que acontecera durante aqueles doces minutinhos depois do jantar, o que ela tencionava ''mostrar'' ao seu noivo, são apenas conjecturas e não podem passar disso. É praticamente certo que, a despeito de todos os folguedos pré-nupciais, Mabel Loomis embarcou no matrimônio pelo menos tecnicamente virgem: em fins de janeiro de 1879, quando a família Loomis decidiu que o casamento seria celebrado pela manhã, David Todd escreveu à noiva, com indisfarçado entusiasmo, que a idéia lhe agradava bastante. ''Então poderemos ter de imediato a nossa primeira noite de amor — *minha querida!* Também me aprazem muito o gás aceso durante o dia e as outras coisas de acordo com isso.'' Se bem que não se possa dizer que essa carta seja o modelo da que escreveria um amante à sua namorada experiente, tampouco é o que um homem enviaria a uma donzela ingênua e enrubescida. A 10 de março de 1879, cinco dias após a cerimônia, Mary Loomis escrevia à filha recém-casada, num excesso de êxtase materno: ''Jamais esquecerei a expressão enlevada de pureza e paz que vi em tua face na noite do grande evento, pouco depois do enlace''.[21] Ela parece excessivamente sentimental, banal, e, tendo em vista as experimentações eróticas da filha, um tanto obtusa, mas não resta dúvida de que a expressão na face de Mabel Loomis era totalmente sincera. Ela havia conquistado o homem que desejava. E no que diz respeito à sua aparência de pureza: para ela — e, conforme veremos, para outros burgueses respeitáveis — a inocência era algo relativamente elástico.

2. *MABEL LOOMIS TODD*

Em vez de abater o ardor sexual dos Todd ou de reduzi-lo a uma monotonia agradável e sonolenta, o casamento apenas o aperfeiçoou. O apetite do casal crescia à medida que era legalmente satisfeito; o início de sua vida conjugal comprova plenamente a observação de George Bernard Shaw, freqüentemente citada, de que o casamento é a mais licenciosa de todas as instituições.[22] "David é um amante ainda mais apaixonado do que jamais foi antes de nos casarmos", anotou Mabel Loomis Todd ardentemente no diário, cinco meses após o casamento, "e eu fico muitíssimo agradecida a Deus por ter-me dado um marido cujas fontes sempre renovadas do mais profundo carinho e amor jorram mais e mais a cada dia, envolvendo-me com as mais doces fontes da vida que uma mulher poderá conhecer". Como em tantas outras ocasiões, também aqui as metáforas de Mabel Todd são bem mais instrutivas do que ela poderia ter imaginado. É claro que não foi apenas a sexualidade animalesca que a enlevou, mas a feliz combinação de sensualidade e afeição: "Seu amor por mim é tão apaixonado, e ao mesmo tempo tão puro".[23] Não obstante, a sensualidade era indispensável para ela, como também para seu marido.

Num misto de adoração e avidez, e sem dúvida alguma estimulado pelas descobertas que deleitavam sua mulher, David Todd criava uma atmosfera doméstica calorosa e aconchegante que Mabel Todd apreciava e estimulava. Desde o início do casamento, parece que os Todd encerravam seus serões e começavam suas manhãs com uma rotina sensual, prefácio e epílogo de noites que passavam abraçados. "Todas as noites", relembra Mabel Todd, "ele me despia no vistoso tapete turco colocado diante da lareira, depois me envolvia num cobertor para manter-me aquecida, enquanto punha tijolos quentes sob a cama. Depois tomava-me em seus braços e depositava-me cuidadosamente na cama, e me beijava e beijava e beijava, por toda a parte, e então ia à sua escrivaninha e estudava por mais uma hora ou duas. E depois de alguma festa, quando eu chegava tiritando de frio, ele primeiro fazia as mesmas coisas comigo — e como me amava então!" E pela manhã, "ele se levantava, reavivava o fogo, e espalhava todas as minhas roupas em volta da lareira até que estivessem bem quentinhas, e só então vinha buscar-me, tomando-me em seus braços e colocando-me no tapete próximo ao fogo, onde todas as minhas roupas 'quentes como torradas' já estavam à minha espera. Depois vinham as uvas, os figos ou as maçãs com que todos os dias ele me brindava antes mesmo do desjejum".[24] Os Todd se deleitavam com todo o cardápio de prazeres conjugais: o trabalho, a leitura, a música, os passeios e as caminhadas; porém o seu prazer com a sexualidade conjugal transcendia e pervadia todos os demais.

Ao que tudo indica, quando estavam juntos faziam amor sem inibições, e gostavam de associar suas relações sexuais a outras satisfações. Havia pela manhã os figos e as uvas, e de vez em quando iguarias ainda mais sugestivas. "Sorvetes a caminho de casa", anotou Mabel Todd no diário dois meses após o casamento, "e a noite mais arrebatada e sagrada de todo o nosso amor". Quando estavam separados, ela visitando seus pais ou ele observando estrelas, era-lhes difícil conter a fome que sentiam um pelo corpo do outro: "David", escreveu Mabel Todd ao marido, "é simplesmente horrível ter de dormir sozinha". E, novamente, três anos mais tarde: "Quero-te muito, meu querido, muito mesmo". Ela podia praticamente sentir o gosto de seu retorno: "A noite do dia 4 será nossa, meu amor, e já estou pressentindo todo o seu gozo". Por seu lado, David Todd tinha dificuldades em conter seus apetites: "Será que posso — oh! será que poderei mesmo esperar tanto tempo?" Ele fazia planos de modo a poder encontrá-la quando pudessem fazer amor sem delongas e não media esforços para conter sua pena, temendo que uma descrição demasiado ardorosa de seu amor inflamasse a si mesmo e a sua mulher além dos limites: "Tentei prometer a mim mesmo que dessa vez te escreveria uma carta desapaixonada, amorzinho", escreve ele após quase três anos de casados, "porém não tenho idéia de qualquer outra coisa sobre a qual pudesse escrever, e eu te amo tanto, tanto, que me é difícil deixar de escrever sobre isso — e no entanto sabes que eu não deveria fazê-lo. Se eu te contar quão intoleravelmente insensata e imbecil é a vida aqui, sem te ter comigo para amar-te e ser por ti amado, e se te contar que há dois dias eu havia tomado a resolução de estar agora, neste preciso momento, já longe daqui, a caminho de Washington, a fim de repousar em teus braços amanhã à noite — apesar de que teria que deixar-te novamente em menos de 24 horas — terei dito tudo o que precisas saber, e tudo o que me agrada dizer".[25]

Nessas condições, quando se reencontravam, recuperavam o tempo perdido, noite após noite. "Penso com a maior doçura em meu amante-marido." Esta é Mabel Todd em seu diário íntimo em fins de 1879. "*O meu, só meu, precioso David* veio encontrar-me na Grand Central, tendo chegado pelo Limited Express* de Washington especificamente para isso. Que alegria! Que felicidade indescritível! — meu marido tão puro, e só meu." E para não deixar margem a dúvidas, no dia seguinte ela anota: "Esta última noite foi quase feliz demais para ser deste mundo". Nos anos subseqüentes, o diário não apresenta sinais de diminuição dessa excitação: "Esta noite, das nove até cerca de meia-noite, foi a mais feliz de toda a minha vida". E mais: "Esta útima noite foi tão feliz! Oh! Oh!". Algumas anotações são muito obscuras: "Oh! esta minha manhã oriental", escreve ela em 1881, e no ano seguinte, deixando bem menos espaço à imaginação: "Retiramo-nos às sete e tivemos uma noitada magnífica, David e eu. Jamais a esquecerei, portanto nada escreverei sobre ela". Esse registro é seguido de dois símbolos que indicam ter o casal mantido relações sexuais duas vezes naquela noite inesquecível de 28 de fevereiro de 1882.** Esses episódios, que Mabel Todd chamava de "um pouquinho do céu logo depois do jantar", não constituem de modo algum amostras de atletismo sexual: ocorrem em média pouco menos de uma vez por semana. E havia também alguns momentos desagradáveis: "Portanto, minha querida", escreve David Todd à esposa durante uma de suas expedições astronômicas, em fins de 1882, "aqui posso permanecer tranqüilo, distante de ti, até que chegue a oportunidade auspiciosa quando poderei ir a ti como ambos desejamos depois de uma tal separação". E acrescenta que estava inclinado a "poupar a mim mesmo e à minha amada as experiências que não raramente tivemos no passado e que se são sempre um desastre, quase uma verdadeira tortura", referindo-se provavelmente a um coito durante uma menstruação de Mabel Todd.[26]

Mas o casal compensava em intensidade orgásmica o que lhe faltava em freqüência ou o que perdia por mau julgamento das ocasiões propícias. Como turista na Europa no verão de 1885, em companhia de alguns amigos mas sem o marido, Mabel Todd confidenciou ao diário de viagem as pressões de sua sensualidade: "Tenho saudades extremamente desconfortáveis do meu marido: conto os dias até que possa revê-lo e obter a minha satisfação. Não fui feita para viver sozinha".[27] É verdade, ela não fora feita para viver sozinha; se quisesse obter satisfação, precisava de um homem.

Ela precisava dele — e ele dela — mesmo depois de ficar grávida. A 10 de setembro de 1879, após o retorno de David Todd de uma de suas expedições, de início ela sentiu diante do marido certa inibição, que entretanto foi se esvaindo com o correr da noite: "Essa noite nos aproximou muito um do outro. O efeito físico de nossa comunhão íntima foi

(*) Grand Central Station: a principal estação ferroviária de Nova York. Limited Express: um dos trens de luxo que faziam a viagem Washington-Nova York sem paradas intermediárias. (N. T.)

(**) Ver o apêndice "Símbolos adotados por Mabel Loomis Todd em seus diários" às pp. 329-30 (N. T.)

bem diverso de qualquer outro que eu já havia experimentado — foi um prazer, e ainda assim foi muito difícil para mim, sentir a mesma intensidade como anteriormente — foi uma vibração de certo modo ofegante —, mas finalmente chegou o clímax lindo que conheço tão bem, apesar da sua intensidade diferente do arrebatamento da primavera". Entretanto, à medida que ela prosseguia "com o meu amor através de todas essas felizes semanas", gozava "continuamente todas as nossas lindas relações — mais até, creio eu, a cada nova oportunidade, apesar de que raramente nos amamos e procuramos ter cuidados particulares nas épocas de cada mês quando eu estaria nos meus dias, se não fosse pelo meu bebê".[28]

Mabel Todd relatou todos esses detalhes íntimos num diário que iniciou pouco depois do nascimento de sua filha. Acima, citei as palavras com que ela abre esse diário: "Na manhã de 15 de maio de 1879, meu querido e eu retornamos do desjejum, à rua Catorze, n.º 1234, e tivemos alguns minutos de amor muito felizes em nosso quarto". Na verdade eles haviam desfrutado aqueles minutos ainda bem recentemente: "Meu amor havia perdido aquela parte maravilhosa de seu ser três dias antes dessa quinta-feira pela manhã, mas, antes desta ocasião, não o fazia havia duas semanas". Mas o encontro de 15 de maio tinha um significado especial para a imaginação conjugal de Mabel Todd: ela o havia programado explicitamente para experimentar uma idéia acerca da fertilidade — ou melhor, acerca da infertilidade. "Eu havia estado em meus dias três vezes desde o nosso casamento, e se continuássemos a manter os mesmos cuidados que anteriormente havíamos tido — a saber, contendo-nos de uma entrega total exceto a partir do décimo quarto dia depois de minha enfermidade haver cessado até três dias antes da minha enfermidade seguinte —, sem dúvida teríamos evitado que qualquer perigo sobreviesse de nossas doces comunhões." Mas nesse 15 de maio, passados "apenas oito dias desde minha última enfermidade", Mabel Todd resolveu fazer-se de cobaia, ao invés de praticar o *coitus interruptus* que normalmente nessas ocasiões eles teriam utilizado. "Comigo", acreditava ela, "o *único* instante fértil só pode ser o instante do clímax das minhas sensações — e, uma vez passado *este instante*, eu acreditava que meu útero se fecharia e nenhum fluido poderia mais atingir o ponto fértil". Por conseguinte, "de modo algum por uma paixão incontrolável, mas simplesmente por estar plenamente convencida do acerto da minha idéia, permiti a mim mesma receber o precioso fluido, no mínimo seis ou oito minutos depois de ter atingido meu ponto de gozo máximo, e quando eu já estava totalmente calma e satisfeita, tendo-me levantado imediatamente e deixado escorrer, aparentemente, tudo o que havia recebido".[29] Esta teoria biológica de feitura caseira constituía uma variante especial da noção popular de que a concepção somente pode ocorrer quando ambos os parceiros têm um orgasmo, combinada com outra noção igualmente popular, endossada por muitos especialistas fatalmente enganados, de que a mulher atinge o nadir de sua fecundidade no meio de seu ciclo menstrual. A dramática negação conclusiva desse rasgo de imaginação "científica" se completou nove meses mais tarde, recebendo o nome de Millicent.

Durante alguns meses, a perspectiva de um bebê de modo algum inibiu os Todd de desfrutar aquilo que mais lhes dava prazer; a última referência razoavelmente explícita a uma "noite de amor", nos diários de Mabel Todd, ocorre em dezembro de 1879, quando ela se encontrava no sétimo mês de gestação. Ao início da gravidez antes que Mabel a admitisse, e apesar de ocasionais depressões, inapetência e náuseas, os prazeres sexuais do casal se tornaram mais deliciosos do que antes. Em julho, quando fizeram uma longa viagem de férias pelo norte do Estado de Nova York, ela observou que "durante todo este dulcíssimo mês o amor que David e eu temos um pelo outro foi totalmente abençoado e satisfatório". E ela relembra "um dos dias mais felizes", quando tomaram "o vapor *Schuyler* para uma viagem através do lago Sêneca, de Geneva a Watkins — *oh!* como nos amamos! E que demonstração gloriosa e linda tivemos em nosso quarto, antes do jantar, na Hospedaria Glen Mountain!" Ela desfrutou "plenamente como sempre, durante todo esse tempo, nossos felizes encontros amorosos, e não notei em mim nenhuma diminuição da intensidade do prazer — minhas noites eram freqüentemente radiantes, e meus dias, glorificados por essa prova celestial do nosso profundo amor — jamais, contudo, tão freqüentes a ponto de enfraquecer ou cansar — e às vezes levada ao extremo de máxima consumação — e freqüentemente não — apenas um momento de intensa proximidade — sem paixão mais forte".[30] Para os Todd, fazer amor era um jogo.

Quando, ao início de agosto, David Todd partiu numa de suas viagens para observar as estrelas, deixou em casa uma esposa nervosa, que inicialmente tinha o sono leve, receosa de ladrões que invadissem a casa e sentindo a falta do corpo do marido a seu lado. Procedendo a um exame de seus sentimentos quando entrava no quarto mês de gravidez, Mabel Todd descobriu que seu apetite erótico estava um pouco — mas apenas um pouco — arrefecido. "Tenho sentido saudades de David de um modo puramente físico, mais ou menos durante todo esse mês de agosto, mas não tão intensamente como temia — a parte apaixonada da minha natureza parece tornar-se menos forte, ainda que continue bastante intensa." O que ela mais desejava agora era simplesmente "ser amada e acariciada, nada mais apaixonado que isso". À medida que avançava em direção à maternidade, regredia, conforme é natural, em direção à infância. Depois, para sua alegria, notou que a leve depressão se esvaía, e como já havia acontecido anteriormente, sentiu-se invadida por "uma grandiosa e livre sensação de poder", que lhe parecia um "*gênio* que a tudo abraça e que tomou posse de todo o meu ser — não um gênio da pintura, da música ou da poesia apenas —, mas é como se eu pudesse fazer qualquer dessas coisas com a maior facilidade e com mais glorioso sucesso se me dispusesse a fazê-las. Um gênio que me envolve e preenche, e que pode ser canalizado para qualquer lado".[31] Após o nascimento de Millicent, Mabel Todd gostava de reviver esse sentimento de onipotência, pois, sendo adepta fervorosa de influências pré-natais, tinha certeza de que esse seu acesso de autoconfiança, assim como sua felicidade sexual em julho, teria contribuído decisivamente para o bem-estar do embrião que desabrochava.

Entrementes, durante os primeiros meses de gestação ela não queria admitir que estivesse grávida. Mesmo quando uma amiga médica sugeriu que a ausência de menstruação talvez fosse o resultado das doces comunhões com o marido, Mabel Todd ainda persistiu em atribuí-la a um *stress* emocional ou a uma antiga tendência à indigestão. Naturalmente, ela relatou sua indisposição à mãe, o que provocou uma verdadeira avalanche de longas e angustiadas cartas cheias de bons conselhos, tudo devidamente sublinhado. A sra. Loomis dizia à filha que cuidar bem do corpo era uma ordem divina, e que ela deveria comer frutas, repousar bastante e fazer exercícios saudáveis. Sua carta de 3 de agosto é um pequeno tratado de histeria, que pareceu ainda mais irritante à destinatária comparado a uma carta que lhe mandou o seu "querido papai" no dia seguinte, uma carta curtinha, jovial, jocosa. Mabel Todd já estava desnorteada pela perspectiva de tornar-se mãe, uma perspectiva que deve ter-lhe parecido cada vez mais inelutável à medida que transcorria o mês de agosto; uma tal avalanche de medicina caseira, administrada em doses repetidas e repetitivas, deve tê-la irritado mais ainda. "Agora ouça, minha cara mãezinha", escreve ela a 16 de agosto, "simplesmente pare de me repreender!" Acusava a mãe de tirar conclusões precipitadas sobre sua saúde: ela *não* estava abusando do seu corpo! "Outra coisa, faça-me o favor, quando tiver algo importante a me dizer — *não* fique repetindo a mesma coisa uma dúzia de vezes sem parar."

O importante fato que Mabel Todd acabou por reconhecer perante si mesma era bem mais decisivo do que uma gastrite. Em fins de agosto, observou uma "pequena protuberância" pouco abaixo do estômago, e a partir desse instante não pôde mais sustentar a teoria de fertilidade na qual se baseara naquela manhã de 15 de maio. A 3 de setembro, anunciou sua gravidez à mãe numa carta bastante reveladora. As duas primeiras páginas estão cheias de minúcias domésticas, incluindo informações detalhadas e objetivas a respeito de roupas. Só depois vem o evento principal: "Lamento muito ter de contar-lhe que minha convicção cresce a ponto de tornar-se uma certeza, de que me encontro no que às vezes é conhecido como 'estado interessante'". Sua aversão à maternidade é palpável, não somente porque "lamenta" ter de informar que está grávida, como também pela relutância em transmitir a informação diretamente, e mais ainda pelo uso das aspas e de uma expressão afetada para descrever a gravidez. "Eu sei *exatamente* o dia em que a coisa toda começou", confidencia, e logo a seguir tenta exorcizar qualquer ansiedade que poderia sentir a respeito de seu estado através de um exame detalhado de sua excelente saúde, que deveria garantir uma gestação sem contratempos e um parto fácil. Todavia não havia ainda certeza, e ela advertia a mãe, num tom que é raro em toda sua volumosa correspondência: "Escute porém — se você simplesmente *insinuar* esta possibilidade a uma *viv'alma* que seja, eu *jamais* a perdoarei".[32]

Mas as suspeitas se transformaram em certeza. Finalmente, em meados de setembro, Mabel Todd tornou-a oficial, num dos seus raros erros ortográficos: "Está comprovado que eu estou *enciente*".* A idéia de ter uma criança, de ter que dedicar-se a ela ao invés de devotar todo o tempo a si mesma, continuava a deprimi-la. Contou ao marido que sentia "uma aflição desgastante" em vista da perspectiva de tornar-se mãe e, com sua habitual franqueza, examinou em seu diário o que chamou de "egoísmo". Tendo vivido como "borboleta", agora teria que sacrificar seu tempo e suas atenções a outra pessoa, e isso a afligia. "Encontrei minha esfera perfeita e feliz na vida conjugal — fui *feita* para ser esposa — mas, para ser mãe, decididamente *não*. Minha vida é meu marido — uma criança ou crianças serão meros acasos; ainda assim", acrescenta imediatamente, para restaurar sua autoconfiança, "sei que amarei esta criaturazinha — e mesmo assim", prossegue, à medida que sua honestidade rompe todas as barreiras, "não com a força que dedico ao meu amor de esposa — um tipo de amor não é tão necessário para mim — o outro é para mim o ar e a água e o alimento — sem este eu morreria".[33] Como ocorre com freqüência, Mabel Loomis Todd não escrevia como uma mulher excepcional, mas tão-somente como uma mulher excepcionalmente franca: o receio daquilo que o advento de uma criança causaria às suas vidas atormentava muitas mulheres, que no entanto não estavam preparadas para admitir seus verdadeiros sentimentos.

Mas, assim que teve certeza de estar grávida, Mabel Todd assumiu o papel de futura mamãe com o costumeiro vigor e a habitual facilidade verbal. Curiosamente, o responsável por esta transformação foi o marido, que adotou um tom de puro êxtase e da mais fervorosa adoração ao receber a notícia de que a esposa estava provavelmente grávida. Seu desejo mais ardente, escreveu a ela, era o de que a notícia se confirmasse. "Minha amada esposa", começa ele sua efusiva missiva, "antes de mais nada preciso dizer-te que durante esta última semana toda a minha vida tem sido um único, incessante, glorioso tributo de adoração — *a ti*"; assegurava-lhe que procuraria poupar-lhe tanto quanto possível as fadigas dos meses vindouros, e que talvez, dali a uns três anos, pudessem deixar a criança aos cuidados dos avós para fazerem uma viagem à Europa — promessas inteligentes a fim de acalmar uma mulher receosa de que uma criança pudesse inibir seu clamoroso talento. Mas sobretudo, mantendo essa corrente rapsódica por cerca de vinte páginas, David Todd disse à mulher que adorava a "perfeita nobreza" de seu "caráter feminino", que sua maternidade não era nada menos do que "sagrada", e que a carta que dela recebera havia aprofundado, elevado, expandido seu "glorioso amor" por "ti — Mabel — esposa — mãe". Brandamente ele se reprovava por não ter ainda falado a ela do seu "profundo desejo saudoso de um abraço fecundo de minha fascinante esposa — da minha e só minha Mabel —, de ti, minha incomparável, sagrada, preciosa, fiel, amorosa, santa, querida, alegre, perfeita, dulcíssima,

(*) O erro foi cometido na palavra em francês, "*enciente*". A grafia correta é "*enceinte*", "grávida". (N. E.)

encantadora esposa''. Sobre o tema da ''exaltação da condição feminina'', ele compôs variações, chamando-a, de inúmeras maneiras, de ''sagrada mãe'', e admitiu que havia muito tempo ele a considerava, ainda que em silêncio, magnificamente adequada à tarefa que a esperava: ''Freqüentemente tenho considerado quão admiravelmente bem-construído é o teu corpo para esse sagrado exercício — os quadris tão largos — para não falar da maravilhosa perfeição daquelas partes que jamais foram distorcidas pelo aprisionamento num espartilho''. Passado o momento de prazer causado pela lembrança das perfeições do corpo de sua mulher, ele retorna à *sua* parcela de responsabilidade pelo feliz evento vindouro: logo chegaria o dia, esperava ele, em que ela sentiria ''com feliz contentamento o poder desse misterioso elemento vivificante — do qual te dei em abundância, e que transplantaste para a riqueza de teu solo virgem e fértil''. Não é de admirar que ela haja achado esta carta ''perfeitamente inspiradora e excitante''.[34] A mesma retórica de alta intensidade que David Todd e sua mulher haviam usado para louvar os prazeres da comunhão sexual ele agora utilizava para louvar os resultados. O seu ''precioso fluido'', como o chamava sua mulher, havia cumprido sua função, e isso o deixava plenamente orgulhoso.

Essa carta constitui de certa forma um documento histórico. David Todd, é bem verdade, seguia uma antiga tradição quando qualificava a maternidade de ''sagrada''; era esta a moeda corrente da retórica respeitável durante todo o século XIX. O que chama a atenção é que ele estabelece uma conexão entre os santos louvores á maternidade e o entusiasmo pela sexualidade. Os ditames tradicionais eram, como sabemos, que o homem do século XIX dividia sua vida amorosa em duas partes: algumas de suas mulheres eram anjos, e outras meretrizes. Entretanto a conduta e os sentimentos dos Todd contradizem essa noção dominante. Se David Todd assumia a liderança nas intimidades sexuais, Mabel Todd lhe seguia arrebatada e próxima; na realidade, seus diários e suas cartas sugerem que foi a esposa quem inspirou ao marido as suas evocações mais belas. Ao mesmo tempo, a sensualidade desse casal, a despeito de ser inventiva e desinibida, era completamente domesticada. David Todd era um animal domado, cujo realismo ''pé-no-chão'' agradava sobremaneira a Mabel Todd; ela por sua vez não era nem anjo nem meretriz. Os cumprimentos e as assinaturas que gostavam de empregar — ''marido-amante'' e ''amante-marido'' — unem explicita e enfaticamente o que os críticos da burguesia têm insistido em separar. Em junho de 1885, quando já estavam casados havia seis anos, David Todd conclui uma carta à sua mulher: ''Adeus minha doce doçura do meu coração. Eu te amo. David Marido Amante''. Mabel Todd adotava a mesma linguagem em seus diários.[35] E esta feliz conjunção de erotismo e respeitabilidade incluiu a concepção de Millicent, e lhe sobreviveu. Não parecia haver nenhuma razão aparente para duvidar da permanência desse estado de coisas. Mas aí os Todd se mudaram de Washington, D.C., para Amherst, Massachusetts.

3. MABEL LOOMIS DICKINSON

Foi em Amherst que Mabel Loomis Todd traduziu sua sensação de poder e de genialidade em atividades que lhe conferem um lugar na história, ainda que modesto; amiga íntima dos Dickinson, a família mais proeminente de Amherst, foi ela a primeira pessoa a dar valor, e a primeira a publicar, os poemas de Emily Dickinson. Mas essa intimidade, se bem que fonte de uma felicidade extática, também veio a tornar-se profundamente problemática: por bem mais de uma década, Mabel Loomis Todd, esposa e mãe de ótima reputação e socialmente ambiciosa, e Austin Dickinson, irmão de Emily, tesoureiro da Faculdade de Amherst, paradigma e eminência local, um homem casado com filhos já adultos, foram amantes. Encontravam-se na casa dela, num quarto do pavimento superior, trancando a porta tanto para o marido como para a filha; faziam longas excursões sentimentais pelos campos; conseguiam passar algum tempo juntos em Boston; escreviam um ao outro líricos bilhetinhos de amor quando se encontravam ambos em Amherst, e longas e líricas cartas de amor quando estavam separados. Era um relacionamento secreto, que envolvia subterfúrgios melodramáticos e dissimulações trabalhosas, mas era um segredo que todo mundo conhecia, uma prova de fogo para o estilo social da classe média.

Era também uma demonstração das necessidades de Mabel Todd; seu caso com Austin Dickinson pode ser interpretado como a realização de fantasias insistentes. David Todd levou sua jovem esposa para Amherst em agosto de 1881, quando assumiu lá um posto de professor de astronomia e se tornou diretor do observatório da faculdade. O casal se tornou uma boa presa para a requintada sociedade de Amherst, confinada ao seu cardápio insosso e invariável de faces conhecidas e de festinhas bem-comportadas. David Todd havia se formado em Amherst e era considerado um belo rapaz; Mabel Todd era prendada e, como ela mesma bem sabia, "magnética". Por isso era evidente que Susan Dickinson, a incontestável líder social da cidade, e seu marido Austin se apropriassem dos recém-chegados com uma hospitalidade dominadora. Durante algum tempo tudo correu bem, ou, conforme diria Mabel Todd, "brilhantemente". Alguns dos trechos mais sensuais que citei de suas cartas e diários datam dos primeiros anos que os Todd passaram em Amherst.

Só que então outros homens, além de seu marido — não os chamarei de rivais —, começaram a comprimir-se na agenda erótica de Mabel Todd. Em fins de 1881, quando os Todd ainda estavam se estabelecendo em Amherst, ela empreendeu, ou pelo menos deixou de desencorajar, um flerte bastante arriscado com Ned Dickinson, filho de Austin e Susan Dickinson. Ele era um estudante de vinte anos, um jovem inexperiente, sem senso de humor, que esquecia qualquer bom comportamento uma vez que estivesse enamorado. Conforme Mabel Todd confessou a seu diário e a seu marido, cabia-lhe toda a culpa pela desastrada ocorrência; ela havia tido demasiado prazer em seus passeios de trenó e em suas aulas de valsa com Ned, e até mesmo em seus discursos amorosos, para fazê-lo parar enquanto ainda era tempo. Achava-o bem-apessoado, e uma companhia agradável; em fevereiro de 1883, alguns meses depois de haver tentado trazê-lo à amizade por meio de conversas razoáveis, admitiu que por algum tempo havia nutrido um "sentimento especial" pelo seu pretendente.[36] Mas já nessa ocasião, como sói acontecer com homens desapontados, o amor frustrado de Ned se havia transformado em ódio evidente, de sorte que ele denunciou Mabel à sua mãe como sendo uma namoradeira que, tendo brincado com o filho e se cansado da brincadeira, agora disparava seus dardos contra o pai. E aquela antiga acusação de ser uma garota de namoricos, uma flertadora — um epíteto que naquela época era bastante pesado —, voltou a atormentá-la.

Esse envolvimento irresponsável, ainda que (para ela) inconseqüente, com Ned Dickinson, sugere que ela tinha uma dependência muitíssimo mais forte de doses repetidas de devoção masculina do que seu êxito social e sua satisfação conjugal, amplamente documentados, parecem indicar. Sua fome narcisista irrompia sempre que as devoções disponíveis pareciam ameaçadas, ainda que apenas temporariamente. Em janeiro de 1882, quando visitava seus pais em Washington enquanto o marido continuava trabalhando em Amherst, anotou que estava "se divertindo brilhantemente", com "um magnetismo capaz de fascinar uma sala cheia de gente — como aliás já aconteceu". E acrescenta inocentemente que havia "flertado descaradamente com cada um dos homens que encontrei — mas de um modo que David aprova". Um antigo admirador, um certo sr. Elliot, continuava a procurá-la, e, ao mesmo tempo que ela o torturava falando-lhe de sua felicidade conjugal, não procurava inibir suas visitas. Sincera consigo mesma, admitia não apenas gostar, como também ter necessidade de todas essas atenções.[37] Mesmo quando seu marido estava perto, ela mantinha os olhos abertos em busca de novas fontes de atenção, de novos homens que pudessem sucumbir ao seu magnetismo. Em agosto de 1882, apenas duas semanas depois do retorno de David Todd de uma de suas expedições, duas semanas durante as quais seus diários transbordam de pedacinhos do céu depois do jantar, ela relata: "Interessei-me tanto por um novo homem, o sr. Robinson, um rapaz de Cambridge ..."[38] Bem mais tarde, durante uma viagem à Europa no verão de 1885, apesar de estar acompanhada de um casal que conhecia bem e de se sentir presumivelmente segura quanto à adoração de seu marido e de seu amante, ela declara, emocionada, que achava muito penoso viajar sem a companhia de uma alma irmã; estava "fortemente atraída" por um inglês espirituoso, que dava tanto valor quanto ela às belezas da natureza e aos encantos da cidades. "Como eu queria", escreve ingenuamente em Londres, "que Austin estivesse comigo — ou Davi".[39] Ned havia se mostrado viril num trenó, ágil num salão de danças, e comovente quando ajoelhado, porém era apenas um menino. Mabel Todd precisava realmente de um homem, um homem como o pai de Ned.

O longo caso de amor que Mabel Todd manteve com Austin Dickinson tornou-se uma fonte de tensões constantes e de depressões intermitentes para ambos; desejos voltados à morte, não deles próprios, mas dos respectivos parceiros matrimoniais, pontilham suas cartas. Um pedacinho de papel esquecido entre as páginas do diário de Mabel Todd em 1889 dá uma forma bem definida a esses desejos. Nele se lê, na íntegra: "Mabel Loomis Dickinson / Amherst, Massachusetts / 14 de agosto de 1889".[40] Há patéticos momentos de frustração nas cartas que ela escreve ao amante: "Amo-te", escreve em abril de 1890, "e te desejo amargamente".[41] Não obstante, o caso continuou do início da década de 1880 até a morte de Austin Dickinson, em agosto de 1895, numa constante intensidade febril. Os dois elaboraram um código de abreviaturas secretas e aliciaram mensageiros de confiança; relembravam solenemente seus poemas e suas excursões prediletas, celebravam carinhosamente as datas clandestinas memoráveis. Considerando-se a mania que tinham de converter suas memórias em memorandos, é fácil estabelecer a data em que descobriram que se amavam. A 11 de setembro de 1882, Austin Dickinson escreveu em seu diário, em seu estilo habitualmente lapidar: "Nada de especial"; em seguida prossegue com a lista de convidados para um jogo de cartas, sendo o último nome o da "sra. Todd", e depois acrescenta, gravemente, "Rubicão".[42] O Rubicão que ele atravessou com a sra. Todd, e que com ela relembrava ternamente todos os anos, foi o da tomada de consciência de seu amor; o Rubicão da consumação sexual ocorreu mais tarde, numa data que desconhecemos.

Certo é que o cruzaram: no dia dos funerais de Austin Dickinson, Mabel Todd viu seu "querido, amado corpo" pela última vez, "beijei suas abençoadas faces frias", e "segurei suas mãos tão ternas. Esse querido corpo", prossegue, "cada palmo do qual conheço e amo perdidamente, ali estava, e eu me despedi dele". Ao que tudo indica, Austin Dickinson também conhecia cada palmo do corpo dela: "Eu te amo — e te amo", escreve a ela no verão de 1885, "e te beijo todinha".[43] As experiências, quase alucinações, que ela viveu naqueles dias também atestam de modo conclusivo que eles tinham completa intimidade física. "Bem, meu amado Austin", escreve Mabel Todd em seu diário três meses após o falecimento dele, "não é preciso dizer-te boa-noite — pois na verdade não te vais. Sinto-te aqui comigo, dentro de mim, envolvendo-me toda, neste preciso momento". O período de luto foi terrível e insuportavelmente lento para ela, em março de 1896, próxima da conclusão de mais um dos seus diários e decorridos já mais de sete meses desde a morte do amante, ela ainda sentia o desespero de sua falta e a sua presença constante. Foi sem dúvida a maior perda que ela sofreu em toda vida. O que disse ao marido em setembro de 1895 — "é claro que eu jamais voltarei a ser a mesma" — pode ser um tanto rude, porém revelou-se uma previsão acertada.[44] E é verdade que, sobrevivendo ao amante mais velho por 37 anos ainda, e apesar de nesse período ter tido um ou dois pequenos casos apaixonados, ela nunca mais foi aquela mulher alegre, transbordante de erotismo que havia sido no passado.

Mabel Todd possuía uma capacidade altamente desenvolvida para dramatizar seus sentimentos e uma predileção por expressões efusivamente emocionais, porém nesse caso, o grande amor de sua vida, ela fez uso de recursos que não deviam absolutamente nada à retórica convencional. Ela não estava representando, nem para si mesma. No dia 10 de agosto de 1895, quando seu amante estava moribundo em casa, inacessível portanto a ela, começou a escrever uma carta à qual adicionava, dia após dia, páginas repletas de reminiscências e de uma adulação sem reservas — "Oh meu amor, meu querido, meu macho e meu dono, quanto te amo! Como sinto saudades de ti e como me fazes falta, e como sinto teus queridos braços a enlaçar-me!" —, concluindo quatro dias mais tarde com um curto parágrafo comovente por sua simplicidade: "Bom dia, meu mais querido de todos os amores! Meu coração esteve contigo durante toda a noite, e contigo permanecerá durante todo o dia. Hoje saio para fazer uma pequena excursão. Aqui não consigo respirar nem trabalhar, portanto é melhor passar o dia fora. Te amo".[45] Basta ler esse trecho, e a exclamação desesperada que aparece em seu diário no dia seguinte ao da morte de Austin, quando sua eloqüência fácil e estudada desaparece de todo, para perceber o quanto ela investira nesse amor: "Meu Deus, por que me desertaste!" Parafraseando Cristo, sem o citar, ela mantém intacta sua individualidade mesmo no sofrimento. Millicent Todd, à época uma adolescente observadora e séria, confirmou o estado precário da mãe em seu próprio diário logo depois que os Todd receberam a notícia do falecimento de Austin Dickinson. "Mamãe está praticamente morta."[46]

A hipérbole é perdoável. "A cidade inteira chora a sua perda", escreveu Mabel Todd a 19 de agosto, "mas somente eu estou enlutada". Sua dor a cegava de tal maneira que ela não enxergou o companheiro de infortúnio que tinha — em sua própria casa. Entre os que mais sinceramente choravam a morte de seu amante estava seu marido. "Meu melhor amigo morreu esta noite", anotou em seu diário David Todd a 16 de agosto, "e eu me sinto perdido". Dois dias depois, observava que havia "tentado trabalhar, porém meu coração me pesa demais"; e o dia seguinte, o do "enterro de meu melhor amigo", foi "o dia mais tristes de minha vida". Millicent mais uma vez transmite a atmosfera da casa dos Todd, surpreendentemente usando as mesmas palavras que o pai. Na véspera do enterro de Austin Dickinson, ela escreve: "Este foi um dos dias mais triste que já passei em toda minha vida. Mamãe não parou de chorar o dia inteiro, e papai também chorou bastante e se mostra *tão triste* que me sinto totalmente desnorteada".[47]

A um só tempo testemunha e vítima, Millicent Todd havia muitos anos se sentia desnorteada, embora de modo não totalmente consciente. Pois, conforme percebia consternada e envergonhada, seu pai não ignorava o caso da mãe, e era até alegremente conivente. Encorajava a mulher a encontrar-se com o amante e, quando fosse conveniente, a prolongar esses encontros; era portador de recados e bilhetes; e mantinha-se discretamente à distância nas noites em que os amantes se trancavam no andar superior de sua própria casa, avisando-os de sua chegada por meio de uma ária da *Martha* que assoviava ao aproximar-se. Tão profunda foi sua humilhação que, mais de sessenta anos depois, Millicent ainda podia ouvir aquela "cançãozinha", e visualizar o seu quarto, "com buquês de violetas no papel de parede". Ela acordava ouvindo os assovios, "já perto do alvorecer de uma noite cheia de estrelas". Entretanto, acrescenta, com seus estratagemas defensivos de negação ainda solidamente plantados, ela não se lembrava "de ter-se admirado" de seu pai assoviar antes de entrar em casa.[48] Admirar-se implicaria conjecturas, e conjecturar equivaleria a saber, e portanto a sentir-se profundamente ferida em sua dignidade.

O pai de Millicent Todd fez mais do que apenas facilitar os encontros dos amantes. Acompanhava-os em excursões e, quando sua mulher se afastava, tinha conversas com o amante dela, conversas em que louvavam a mulher que ambos adoravam. Em princípios de 1884, exaltando o "sagrado" amor que recebia de Austin Dickinson, a altura a que havia chegado e a profundidade que havia alcançado, e as incríveis energias que nela haviam sido liberadas, Mabel Todd se deu ao trabalho de comentar: "E com tudo isso meu querido David e eu somos muito felizes e carinhosos e companheiros dedicados. Minha vida conjugal é decerto excepcional por sua doçura, paz e satisfação, e a natureza dele é justamente do que preciso para me contentar e descansar". Quando Austin Dickinson especulou que "creio que nós três não teríamos a mínima dificuldade de conviver numa casa, como tu e eu gostaríamos",[49] exprimiu também a certeza de que David Todd estaria preparado para tão cômodo arranjo.

A cumplicidade de David Todd na infidelidade de sua mulher encobria algumas infidelidades da parte dele próprio, mas tinha também outras vantagens; parece que ele tinha quase tanto prazer em acompanhar vicariamente as aventuras sexuais de sua mulher quanto no sexo real. E nos níveis mais recônditos e mais tenazmente defendidos de seu inconsciente, é provável que a intimidade emocional com o amante de sua mulher, que o caso dos dois lhe permitiu, tenha lhe proporcionado um considerável prazer erótico. Tais assuntos são muito obscuros; o que não se põe em dúvida é que ele tinha uma irrefutável "fraqueza" por outras mulheres além da esposa: em meio a um poema em prosa sobre sua união espiritual com Austin Dickinson, Mabel Todd registra o desapontamento ao reconhecer que seu marido não era "o que se poderia chamar de um animal monógamo".[50]

Infelizmente, sua filha Millicent se viu forçada a reiterar esse julgamento. Conforme ela relata, já em idade avançada, sua mãe lhe confidenciou que "não estava casada nem há três anos quando ele começou a fazer amor com qualquer mulher que aceitasse suas intenções. Ele possuiu a maioria das mulheres que se hospedaram em nossa casa, começando por minhas amigas quando cresci". Nos termos usados por sua esposa num de seus aforismos agudos e perceptivos, David Todd era "inocentemente amoral". Em seus últimos anos de vida, na década de 1920, quando já estava confinado a um asilo psiquiátrico ou constantemente supervisionado por um enfermeiro em virtude de seu comportamento imprevisível, ele adicionou outras justificativas à avaliação de sua mulher através de reminiscências lascivas acerca das mulheres que poderia ter tido e de sua suposta predileção por mocinhas ainda púberes. E ele tampouco se restringia a fantasias. Relembrando uma visita ao pai idoso e desequilibrado, com a memória abalada pelo recente falecimento da mãe, Millicent se detém com asco indomável no que ocorrera durante o dia: seu pai havia gritado com ela, havia-a renegado, caluniado sua mãe, chorado incontrolavelmente, e, repentinamente, numa reviravolta completa, passado da ira ao sentimentalismo. "Vem, querida, vem", soluçara, "eu amei tanto a tua mãe, tanto — e a ti, a ti eu amo porque amei tua mãe". Após o que, acrescenta ela, ele "tentou beijar-me na boca, lançando sua língua na minha boca com todos os acompanhamentos", enchendo-a de "horror e nojo" até que ela se afastasse, "quase desmaiando e enojada".[51] Nessa cena familiar e repulsiva reconhecemos o amor sexual de David e Mabel Todd caricaturado e degradado, mas que nem por isso deixa de refletir aqueles episódios extáticos que enchiam o casal de tantas saudades quando não estavam juntos e de tanto contentamento quando se uniam.

Sentindo pouca ou nenhuma culpa por sua libido suscetível e inconstante, durante a maior parte de sua vida David Todd foi inocentemente — e nem tão inocentemente — amoral. As falas e gestos obscenos de seus últimos anos apenas ilustram quão precário havia sido seu controle sobre as paixões eróticas anteriores — paixões incestuosas, polígamas, provavelmente homossexuais também —, justamente naqueles anos durante os quais ele e sua mulher haviam se mostrado ao mundo como um casal feliz no matrimônio, muito ligados um ao outro e transbordando de energia erótica. E toda essa representação doméstica estava longe de ser uma farsa. A despeito de todas as aventuras, David Todd havia conseguido estabelecer com sua mulher uma ligação duradoura, firmemente ancorada numa estima mútua e num desejo compartilhado. "Meu querido e precioso amorzinho", escreveu David Todd à mulher quando ela excursionava pela Europa, "quanto te amo! E como te quero, também!" E ela lhe devolvia esses sentimentos, ao mesmo tempo afetuosos e apaixonados, e que exprimem muito mais que o mero alívio por ter um marido que não obstruía seus casos. "Penso em ti, sonho contigo, tenho ânsias por ti — *quando* te veremos?", escreve-lhe ela na primavera de 1883, sete meses depois de ter atravessado o Rubicão com Austin Dickinson. "Ama-me enormemente a cada minuto, meu amor. Com devoção, adoração, gratidão, amor e com o maior carinho, tua mulher, Mabel."[52] Não há aqui nenhuma hipocrisia — nesse casamento realmente não havia necessidade de hipocrisia —, mas, antes, uma vasta capacidade emocional para a qual a visão tradicional da vida doméstica burguesa do século XIX nos deixa totalmente despreparados.

Não pretendo sugerir que a experiência erótica de Mabel Todd fosse ordinária. Afinal de contas, ela se orgulhava de sua independência e de sua individualidade, e justificava sua excursão extraconjugal com um desdém de patrício para com a multidão de fariseus da plebe. Julgava-se uma raridade, e Austin Dickinson, ímpar. Revendo seus antigos diários no verão de 1884, ela pôde discernir neles "todo tipo de indicações de grandes pensamentos, possibilidades que mal despontam e que, espero, agora *desabrocham* em mim. Mas a prova mais importante que *jamais* tive de que sou diferente das 99 outras e de que minha esperança de mocinha — de que havia algo de raro em mim — era bem fundada repousa no grandioso, no extraordinário fato de que possuo todo o amor do homem mais raro que jamais viveu". Não quero dizer que por ser extraordinária ela teria a permissão para ser licenciosa, mas, antes, que seu adultério confirma o quanto ela era extraordinária. É a isso que eu me referia quando disse que a rigidez de seu esnobismo lhe permitia ser flexível quanto à moralidade: aristocratas culturais como ela faziam e refaziam as regras, obedecendo a uma lei superior.

Sem sombra de dúvida, a situação doméstica intolerável vivida por Austin Dickinson lhe fornecia bons motivos para buscar alívio nos braços de alguém tão cheia de vitalidade, tão culta, e tão compreensiva como Mabel Todd julgava ser; ele lhe confidenciou, e ela conseqüentemente registrou no diário, que a sua mulher, vulgar, mal-humorada e vingativa freqüentemente se recusava a ter relações sexuais com ele por meses a fio, e, apesar de ele desejar sinceramente ter filhos, havia abortado quatro antes de permitir que Ned nascesse, além de tentar abortá-lo também. Mas ainda que seu casamento não fosse o inferno que Austin Dickinson descrevia, sua união com Mabel Todd realizou-se no sétimo céu. Quando, no inverno de 1884, a mãe e a avó de Mabel Todd levantaram objeções ao seu relacionamento íntimo com um homem casado, ela adotou uma atitude de supremo desdém. Sua amizade com o sr. Dickinson, insiste ela numa anotação arrogante do diário, a havia elevado a pináculos nunca imaginados de espiritualidade. Ao invés de "satisfazer-me plenamente com carne assada e cerveja", ela estava degustando "o néctar dos deuses". O caso significava para ela a mais completa realização de seu próprio ser, e ela notava com agrado que o marido compreendia perfeitamente a situação: "David tem a grandeza necessária para reconhecer que, se ele não me satisfaz em todos os pontos e outro homem o faz, a culpa não é dele, nem minha, nem do outro". Inexoravelmente, ela se viu levada a uma posição da qual nem Nietzsche teria se envergonhado: "Esta é uma doutrina perigosa para as massas, porém um homem em cada mil é capaz de compreendê-la". Ela não era nem suficientemente má, nem suficientemente fraca, escreveu, para "sequer pensar na parte convencional do assunto". E o homem entre mil que a compreendia era, obviamente, Austin Dickinson, que compartilhava dessa visão aristocrática do mundo e que, de resto, havia ensinado boa parte dela à sua jovem amante. "O espírito", escreveu a ela em princípios de 1883, "é maior do que as palavras. O convencionalismo é para aqueles que não são bastante fortes para fazerem suas próprias leis, nem bastante fortes para se conformarem à grande lei maior, onde todas as harmonias se encontram".[53] Não há dúvida de que esta é uma doutrina bastante avançada para dois burgueses do século XIX.

Era também uma doutrina muito conveniente: os pecadores acusavam os que pediam punições para o pecado, e portanto elevavam-se acima destes. É certo que elementos de autojustificação, de uma apologética que não oferece desculpas, de vez em quando vêm à tona nas reflexões autobiográficas de Mabel Todd. Indignada, ela defende George Eliot contra os críticos que censuravam sua união não sacramentada com G. H. Lewes: "Para mim a lei de Deus é muito mais elevada do que um pedaço de pergaminho". Quando "duas criaturas nobres se encontram através de toda a confusão e bruma que os homens lançam sobre a vida, e descobrem claramente que um é o complemento perfeito do outro, têm a obrigação de causar a menor dor possível a outras pessoas, mas sobretudo de seguir a clara luz interior e a luz superior que os mostrou um ao outro, vivendo sua vida conjunta em toda a plenitude". E acrescenta, com uma pitada de complacência: "Esta doutrina é sem dúvida revolucionária", aqui aplicada a George Eliot fazendo as vezes de Mabel Todd.[54] Mas o contraditório desafio que ela lança às leis morais que governam as multidões não era apenas uma tentativa de emprestar à sua própria aventura ilícita ares de respeitabilidade: trata-se da expressão lógica da confiança narcisista em seus poderes, da convicção de que estava destinada a realizar suas potencialidades, inclusive, e sobretudo, suas potencialidades sexuais.

A parcela de sensualidade que se destaca no conjunto que constitui a imagem que Mabel Todd tinha de si mesma emerge numa reflexão notável que ela gravou no papel após uma visita ao Refúgio para Mulheres Desencaminhadas mantido pela sra. Laura Chant em Chicago. Ocorreu em 1890. Ver "todas essas pobres moças à minha volta" levou-a a desfazer-se em lágrimas. Ver aquelas mocinhas solteiras grávidas era "de partir o coração. Como é *possível* que toda a sociedade entre em conluio para dizer que é delas o único pecado?", perguntou-se retoricamente. "Se é algo que fizeram por amor a um homem, então é algo doce e puro, algo talvez pervertido, mas de modo algum mau." Ver na perversão do bem a inexistência do mal já era uma doutrina bastante radical; porém, no entender de Mabel Todd, não apenas o amor insensato ou descuidado se justificava. Os desejos sensuais também tinham seus direitos. "Se for meramente por uma paixão, pois, conforme me disseram, algumas dessas meninas se entregam a essa vida apenas para satisfazer sua lascívia, então tenho dó delas, porém este é um instinto dado pela natureza, e a meu ver nem de longe tão ruim como entregar-se à ansiedade por uma bebida, pois esta é artificial e não nascida da própria natureza."[55] Ela achava as paixões eróticas comuns no sentido estrito de que são naturais, vale dizer, universais.

O caso amoroso de Mabel Todd era, obviamente, tudo menos universal, apesar de ser perfeitamente natural. Mabel tinha toda a razão ao imaginar que a maioria das mulheres casadas não realizava seu potencial do modo tão arrojado quanto ela o fazia. E, não obstante, seu relacionamento extraconjugal era, a despeito de sua natureza ilícita e clandestina, uma reedição da vida que tivera com o marido. Havia algo de intensamente respeitável no modo pelo qual Mabel Todd desafiava a respeitabilidade. Jocosamente, mas com intenções sérias subjacentes, ela se referia tanto a David Todd quanto a Austin Dickinson com "meu dono", um epíteto que simboliza humildade e intimidade. Ambos os homens eram, implícita e explicitamente, a um só tempo maridos e amantes, o que significa que ambos satisfaziam muito mais do que seu simples apetite sexual; supriam sua fome de amor e de admiração e davam-lhe a sensação de expandir-se artística e espiritualmente, de uma espécie superior de pureza. "Todos os meus encantos — todas as minhas fascinações são observadas e apreciadas por ele, e ele me ajuda a mantê-las... ele fica sempre tão feliz ao ver-me pintando ou estudando — ele ficaria até mais abatido do que eu mesma se eu abandonasse isso."[56] Assim Mabel Todd descrevia seu marido cinco meses após o casamento; deslocando-se ligeiramente a ênfase, notadamente no que diz respeito à intensidade da religiosidade subjacente, que se encontra um tanto atenuada quando ela escreve sobre David Todd, poderia ser um retrato de seu amante. Ambos lhe davam uma sensação quase indefinível de plenitude; nem um nem outro permitia que ocorresse uma fissura entre paixão e afeto, ou entre atividade intelectual e atividade sexual. E ela tinha sobre eles o mesmo efeito. Esse termo realmente incandescente, "doce comunhão", que Mabel Todd atribuiu às relações sexuais com o marido, se aplica igualmente a toda a sua experiência, tanto com David Todd como com Austin Dickinson. Sem sombra de dúvida, o fato de ela ter se absorvido integralmente primeiro em seu marido, e depois em seu amante, tornou-a muito menos acessível emocionalmente a outras pessoas do que lhe seria necessário, e fica dolorosamente patente que a principal vítima de sua felicidade ilícita foi a própria filha. Para ela mesma, porém, os benefícios foram enormes, tornando-se fonte de reiteradas e inflamadas surpresas.

Havia, é claro, uma diferença acentuada entre esses dois amores de sua vida adulta: a idade. Nascido em abril de 1829, Austin Dickinson tinha 53 anos quando cruzou com ela o Rubicão; numa palavra, ele tinha idade suficiente para ser seu pai. E de fato ele praticamente tinha a idade de seu pai, pois Eben Loomis era apenas um ano mais velho, tendo nascido em 1828. E Mabel Loomis Todd idealizava exageradamente o pai, não menos do que à época em que ainda era apenas Mabel Loomis. "*Papai* chegou!", exclama com toda a alegria em seu primeiro diário, escrito pouco antes dos catorze anos. "Ele é esplêndido!"[57] Não é o tipo de referência que ela faria à mãe. Na realidade, a serena disposição com que a mãe resolveu passar sem o marido os longos meses de verão, quando Washington estava assolada pela malária, fugindo para o norte, lhe pareceu uma demonstração de indiferença indesculpável. Em setembro de 1879, já irritada por sua gravidez e portanto pouco propensa a ser caridosa para com a mãe, disse-o claramente: "Devo dizer que eu preferiria morrer a chegar a uma conclusão tão prática sobre esse assunto como a que você adotou em relação à sua separação de papai. Você se contenta perfeitamente ficando longe dele". Quanto a si mesma, "seis semanas" de separação de David era o máximo que ela conseguia agüentar. Três décadas mais tarde, em 1910, apenas dois anos antes de Eben Loomis falecer, ela mandou pintar o seu retrato, "porque ele é belo demais para não ser perpetuado".[58] Quando se refere ao pai, suas palavras assumem sempre um tom religioso: o pai "leva uma vida sagrada"; ela tem remorsos por não contar ao seu "abençoado pai" tudo acerca de um flerte de adolescente; quando ele completa 56 anos, precisamente o dobro de sua idade, ela é levada a pensar em seu "abençoado, santo, poético pai". E, assim como esse pai querido se assemelhava em sua mente ao Pai divino que habitava os céus, seu Deus onisciente e misericordioso também tinha a aparência sisuda e as atitudes desconfiadas de Eben Loomis. Quaisquer que fossem as atividades dessa divindade benevolente — que tende a esvair-se à medida que Mabel Loomis vai crescendo —, o pai terreno sempre estava bastante disponível para a filha única. Com ele ela estudou o alemão; em Washington, acompanhava-o regularmente por uma parte do caminho que ele tomava para ir ao escritório. Em janeiro de 1878, do alto de seus 21 anos, ela recorda, com uma nostalgia que faria inveja a qualquer mulher madura, os "dias felizes" de sua infância, "quando meu belo e jovem pai retornava do escritório a uma hora da tarde" para passar o resto do dia trabalhando no "abençoado" jardim da casa.[59] Conforme seus jovens namorados logo viriam a descobrir, não era tarefa das mais fáceis competir com tal modelo de perfeição. E ela fazia muitas comparações, que, até que David Todd entrasse em cena, não eram nada lisonjeiras para eles.

Em muitos de seus apontamentos autobiográficos ela torna explícitas essas comparações. Escrevendo para casa durante a lua-de-mel, refere-se aos primorosos cuidados de seu novo marido, conferindo-lhe o supremo elogio: "Jamais vi algo parecido, exceto na doçura que meu pai demonstra para com minha mãe". Quando o "sr. Dickinson" entra em cena, ele também fica sujeito ao mesmo elevado padrão. "Ele e eu somos amigos muito chegados. Imaginar que de todas as mulheres esplêndidas e nobres que conheceu ele fosse escolher a mim — que só tenho a metade da sua idade — como a amiga mais próxima que ele já teve! Não há ninguém em Amherst, nem em qualquer outra parte, que se possa comparar a ele, exceto os meus dois homens mais queridos" — seu marido e, naturalmente, seu pai. Isto foi bem no início da descoberta de que ela amava Austin Dickinson; dois anos mais tarde, ao pensar em seu amante, já não o sujeitava mais a comparações com seu marido: "O que torna absolutamente certo que ninguém jamais poderá alcançá-lo não é seu caráter nobre, forte e fiel, nem sua aparência e seus modos impressionantes (ele é o mais belo homem que já conheci), nem o fato de que provém de uma das mais antigas e tradicionais famílias da Nova Inglaterra, nem tampouco que ele é sensível e carinhoso e solitário, nem que ama extasiadamente a natureza — e nem mesmo tudo isso junto. O que o torna único é sua natureza, mais sublime e espiritual do que a de qualquer outra pessoa que jamais conheci, excetuando-se meu abençoado pai".[60] De fato, Austin Dickinson se assemelhava bastante a Eben Loomis em muitos aspectos: ambos se tornavam líricos diante da natureza e da poesia.

Por mais que o brilho intenso de seu amante de meia-idade a ofuscasse, ela descobriu que a presença vívida de seu pai nunca se desvaneceu. Na realidade, submissamente enamorada de Austin Dickinson, freqüentemente ela o tratava como se fosse seu pai; ela gostava de chamá-lo, tanto em cartas como em conversas, de "meu rei".[61] Ora, a natureza e os costumes decretaram que, à parte algumas exceções escandalosas, as meninas devem perder o combate edipiano inicial e ceder o pai à mãe; que uma jovem conseguisse aprisionar um homem mais velho e levá-lo consigo em triunfo, e além disso ainda por cima um homem casado, significava uma dupla vitória nesse combate, ainda que uma vitória de certa forma vicária. Desse modo, também nesse sentido o caso amoroso que Mabel Todd teve com Austin Dickinson constitui uma reedição de um amor antigo, o amor que sentia por Eben Loomis.

É óbvio que o envolvimento de Mabel Loomis Todd com um homem mais velho era seu destino inexorável. Configura-se de forma unívoca: funda-se em seu intenso e constante bem-querer por seu amado pai, prenuncia-se em sua primeria paixão adolescente por um homem doze anos mais velho do que ela, e é sutilmente sugerido pela profissão do marido, um astrônomo tal qual seu pai. A "fome afetiva" de que ela se queixara ainda menina, e que jamais a deixou de todo, era um sintoma decididamente particular. Porém seu investimento incestuoso metamorfoseado teve extensas reverberações culturais. O amor pelo pai, constante ou até crescente através dos anos, ocupava um espaço claramente visível nas vidas de muitas mulheres no século XIX, provavelmente mais visível nessa época repleta de autobiografias e debates do que em qualquer outra. Algumas das mais ativas contemporâneas de Mabel Todd, como por exemplo Louisa May Alcott ou Catharine Beecher, nunca se casaram, porém levaram adiante sua devoção carinhosa e maternal até o fim. Outras, como a combativa advogada do controle de natalidade Margaret Sanger ou a respeitada romancista sueca Victoria Benedictsson, se viram oprimidas por seus sentimentos por seus pais durante toda a vida, totalmente atoladas em fantasias sexuais excitantes e aterrorizantes, nunca abrandadas e nunca esquecidas.[62]

Mais ou menos sublimados, e freqüentemente escondidos com muita habilidade, tais amores proibidos tornaram-se uma realidade marcante no século XIX. Até mesmo mulheres casadas que levavam uma vida extenuante durante muitos anos ainda se lembravam das intervenções dos pais no início de suas vidas com arrepios de gozo cujo cerne é sem dúvida erótico. Principalmente para as mais prósperas, o pai era quem trazia alegrias, quem liberava as crianças dos regulamentos e quem fazia as festas e as férias. Alegrava a hora das crianças. A sufragista inglesa Dora Montefiore relembra sua infância, vivida na década de 1850, numa família numerosa e bem-ajustada: "Todas as noites vestíamos roupas especiais para descer à sala de visitas na hora das crianças, das seis às sete, quando meu querido pai chegava a casa e nós, a gente miúda, nos alegrávamos com seu sorriso ensolarado e com o jeito que ele tinha de entrar em nossas brincadeiras e de inventar grandes surpresas para nós". E aos domingos, que de modo algum eram sombrios, havia o "prazer puramente pagão" de um passeio com papai.[63] Tais homens eram inesquecíveis.

A idealização que uma menina fazia de seu pai podia ter conseqüências funestas. Podia impedir seu desenvolvimento erótico, forçá-la a comparações irracionais e perniciosas entre o pai perfeito e o pretendente imperfeito, e levá-la inexoravelmente a servir algum velho tirano, principalmente caso a mãe fosse inválida ou estivesse morta. Qualquer que fosse a vitória de uma mocinha sobre a mãe incompetente ou ausente, seu preço era freqüentemente o da escravidão pelo resto da vida. Por outro lado, desde que adequadamente sublimada, uma tal vitória poderia enriquecer a experiência amorosa da mulher com uma combinação gratificante de sensualidade e espiritualidade, unindo os fios eróticos e afetivos de um relacionamento apaixonado. O período edipiano tem sido apropriadamente chamado de uma escola do amor, e de fato pode sê-lo, tanto para as meninas quanto para os meninos e não apenas uma trilha que leva ao desastre emocional.

Psicólogos mais críticos tendem a denunciar a idealização como uma armadilha, uma obstrução que impede o indivíduo de achar possível, ou sequer concebível, a satisfação sexual com um ser adorado. Mas a idealização também pode servir, para os mais afortunados, como um meio de elevar a experiência erótica, emprestando-lhe um toque poético. Apesar de não ter passado totalmente incólume por essa experiência, Mabel Todd estava entre esses afortunados. Sua carreira erótica, a despeito de toda a sua pungência, de todas as suas aspirações frustradas de vir a ser um dia Mabel Loomis Dickinson, foi precisamente uma escola de amor. Sua ligação ao pai, trabalhada de modo imperfeito e nunca abandonada, forneceu-lhe os impulsos para realizar seus desejos com um homem mais velho, atingindo altos níveis de gratificação mental e sensual.

Da mesma forma que milhares de outras moças, portanto, Mabel Todd foi de certo modo vítima de sua história erótica na infância; ao contrário de milhares de outras moças, mais tarde ela agiu onde as outras apenas ansiaram. Seu caso com Austin Dickinson quase parece bom demais para ter sido verdade, uma acomodação absolutamente satisfatória de suas necessidades emocionais. Não foi um caso típico do comportamento burguês da época, mas antes a realização das fantasias de uma mulher burguesa em particular. Os manuais de casamento da época eram bastantes vagos a respeito de tais fantasias, mas as restrições que impunham a casamentos de meninas-moças com homens maduros apenas sublinham a freqüência desses casamentos. Um homem de meia-idade, insistiam os manuais, deveria conter-se tanto quanto possível, pois, como reza um dos manuais, "cada vez que ele se entrega a essa indulgência sexual lança mais uma pá de cal na própria sepultura". Alguns autores mais apreensivos tornavam-se bastante veementes: o dr. Augustus K. Gardner denunciava os casamentos entre "homens beirando a decrepitude e pobres mocinhas" como algo "repugnante à natureza", como ligações nada menos do que "monstruosas", perigosas para o marido, para a mulher, e, caso essa união monstruosa desse frutos, para os filhos.[64]

Alguma diferença de idades parecia ser adequada: muitos manuais recomendavam, por motivos tanto econômicos quanto físicos, que o marido fosse vários anos mais velho que a noiva. E muitos viúvos, cujas esposas haviam morrido de parto, de imediato retornavam ao mercado matrimonial. Por isso, os círculos de classe média estavam totalmente acostumados a casamentos celebrados entre homens maduros e moças mal saídas da adolescência. Não obstante, contrariando os sermões angustiados dos manuais, parece que muitas jovens esposas não achavam tal destino demasiadamente pesado. Numa cultura em que a idealização dos pais pelas filhas era encorajada e em que a afeição demonstrada pelos pais para com suas filhas tinha rédea solta, dificilmente se poderia esperar algo diferente. A histeria, essa moléstia multiforme tão difundida no século XIX, apresenta como um de seus principais sintomas a regressão da sexualidade adulta a réplicas de objetos infantis. E Mabel Loomis Todd, apesar de toda a sua efervescência e teatralidade, de toda a animação com que encantava todos os seus visitantes e que sua filha achava memorável, tinha um toque de histeria. O fato de ela escolher para parceiro o homem de meia-idade mais poderoso em toda Amherst é, por conseguinte, ao mesmo tempo uma atitude particular e cultural. A maturidade outonal de Austin Dickinson explica a atração que ele exercia sobre ela, uma

uma mulher que, apesar de cheia de energia e transbordando da consciência de seus poderes e de sua juventude, jamais negou ter a metade da idade dele.

Segundo as lembranças severas e implacáveis de Millicent Todd, Austin Dickinson era um homem pretensioso que ensinou à sua mãe o desprezo pelos mortais comuns, uma figura insípida, mal-humorada e distante que jamais sorria, que nunca falava com ela e que — o que era o pior de tudo — usava uma peruca ruiva — esse era o homem mais belo e mais espiritual que sua mãe havia conhecido. A avaliação retrospectiva de Millicent Todd não pode deixar de ser, pelo menos em parte, um relato interior; uma criança que, como ela, cresceu numa casa que esconde um segredo indigesto dificilmente veria o intruso de outro modo. Uma de suas lembranças mais antigas é a de "estar sentada entre minha jovem mãe e o sisudo e velho sr. Dickinson na charrete, enquanto ele guiava seu cavalo empertigado através das florestas de Leverett, em busca de um pequeno pé de cicuta que indicava a proximidade de determinada clareira".[65] A sensação de estar espremida entre aquele casal um tanto discrepante, sua jovem mãe cheia de vitalidade e aquele senhor azedo, deve ter-lhe sido intensamente desconfortável.

Pior do que isso, foi destrutivo. Millicent Todd retornou obsessivamente ao passado, atormentada por um mistério que precisava desvendar e oprimida por um pesado dever que precisava cumprir. Ela declara espontaneamente que essas suas preocupações em particular devem ter-se originado de sua linhagem imponente: "O peso dos meus ancestrais me vergava — e ainda me verga. Pareço sentir obrigações em relação a todos eles". Nós sabemos que não era bem assim, e com freqüência ela também o sabia. Era a infidelidade de sua mãe e a desgraça de seu pai que a vergava, deixando-a atônita e deprimida. Aos dezesseis anos, escrevera um poema refutando o aforisma de Pope de que "o que quer que seja, é certo". Sua experiência lhe havia ensinado que o que quer que fosse, era errado. Sentia "um impulso profundamente arraigado em direção a um objetivo quase inatingível — um impulso tão inexorável hoje como era naquela época", o peso desgastante e compulsivo da responsabilidade. "Uma parte importante desse impulso era minha sensibilidade às injustiças, conjugadas à determinação de corrigir o que estivesse errado."

Freud nos ensina que a culpa dos inocentes é a mais difícil de ser suportada. Enquanto sua mãe seguia seu caminho desdenhando orgulhosamente as convenções, e seu pai se transformava no proxeneta da própria esposa, Millicent Todd sentia obscuramente, como todos os jovens, que era culpada daquela situação pavorosa e permanente. Atribuindo a si mesma um papel hamletiano, via-se condenada a reparar o mal que de algum modo havia feito, e destinada a mostrar ao mundo que nada havia de errado. Tal tarefa lhe parecia tanto mais urgente porquanto ela sabia, no âmago de seu ser, que de fato tudo estava errado, e que o mundo era um juiz impiedoso. Tinha medo, conforme relembra, de que "a sensibilidade pública de Amherst" ficasse ofendida, e jamais conseguiu esquecer como havia sido desprezada por aqueles que desaprovavam a conduta de sua mãe. Estava firmemente convencida de que essa conduta havia isolado Mabel Todd da sociedade de Amherst: "Quando mamãe escolheu o seu caminho, escolheu ao mesmo tempo a ignomínia que uma comunidade da Nova Inglaterra despeja sobre esse tipo de comportamento".[66]

A descoberta de que essas memórias são tendenciosas, ou pelo menos exageradas, é possivelmente o mais gratificante resultado dessa pesquisa inicial. Era inevitável que sua própria experiência colorisse o veredicto de Millicent Todd sobre a situação social de sua mãe. E a sua avaliação se encaixa magnificamente no quadro que em geral se pinta da sociedade de classe média no século XIX: secretamente lasciva, publicamente pudica; com a mais flagrante hipocrisia condenavam-se os *faux-pas* dos outros, os mesmos que os acusadores não tinham a coragem, ou talvez a oportunidade, de cometer. Alguns acessos mais explosivos, esparsos nos diários de Mabel Todd, contra os membros "limitados, impiedosos, autocomplacentes" do corpo docente da Faculdade de Amherst, todos eles beatos freqüentadores de igrejas, sugerem que ela sofreu — ou, talvez, sentindo algum resquício de culpa, ela mesma haja procurado sofrer — nas mãos desses pios fariseus. E já no fim de seus dias, num raro momento de lucidez e precisão, David Todd relembrou que, retornando a Amherst com a mulher após uma longa viagem ao Japão em 1896, a cidade inteira "era uma única zoeira de fofocas", "todo mundo" dizia que os Todd não poderiam continuar vivendo lá.[67]

É bem provável que assim fosse: corria o ano seguinte ao da morte de Austin Dickinson, e aqueles que haviam sido tímidos demais para afrontar em vida o soberano local, agora podiam soltar impunemente suas línguas. Entretanto há evidências muito mais convincentes em contrário; afinal de contas, os Todd permaneceram em Amherst. Alguns cidadãos aceitaram o caso de Mabel Todd porque Austin Dickinson, o patrício da localidade, nada podia fazer de errado: o poder mantido por longo tempo não se dissipa tão facilmente. Austin Dickinson, cuja fama local se devia ao embelezamento do campus da Faculdade de Amherst e ao seu intensivo engajamento em todos os assuntos comunitários, certamente não era amado por todos, mas era geralmente muito respeitado. Conforme lembra uma pessoa que o conheceu bem, ele era "uma torre de robustez", uma "figura alta, esbelta, imponente", dono de uma "postura um tanto marcial" e de "uma voz que parecia um trovão".[68] Este era o homem que, em uma de suas cartas de amor escritas na juventude, podia chamar-se ingenuamente de "Narciso".[69] Parte da força que ele ostentava encobria fraquezas mais profundas. Em obediência aos ditames de sua família, ele se casara com Susan, estudara Direito e permanecera em Amherst; tal docilidade sugere que Austin Dickinson era mais complexo, e menos controlado, do que parecia aos outros. Sua aparência, sua voz, seu porte, e sobretudo sua proeminência local, lhe permitiam fazer mais ou menos o que bem entendesse, guardados os limites óbvios. E ao que tudo indica havia alguns cidadãos de Amherst, inclusive sua irmã Emily, que viam de modo bastante condescendente o caso de Austin Dickinson com uma mulher casada, pois consideravam que, depois de tanta miséria conjugal, ele merecia um pouco de prazer.

Muito mais importante do que a complacência demonstrada pela cidade para com o homem, contudo, foi a tolerância com que ela aceitou a mulher. Apesar de manter as aparências, o que fazia um tanto a contragosto, Mabel Todd foi tratada como uma celebridade enquanto Austin Dickinson viveu, atenção que só diminuiu um pouco depois de sua morte. Seus diários estão provocadoramente cheios de anotações lacônicas e profundamente sentidas como "Austin à noite", de referências a convites para as mais seletas reuniões sociais oferecidas pela cidade e pela faculdade. Ela era convidada a comparecer a chás íntimos, às cerimônias de formatura, às casas de professores e decanos; era uma das acompanhantes preferidas das moças nos bailes das fraternidades.* Numa ocasião, em maio de 1889, a fraternidade Delta-Kappa-Epsilon, forçada a optar entre ela e sua arquiinimiga Susan Dickinson, preferiu a adúltera à mulher traída: após o que, havendo a sra. Dickinson e sua filha ofendido publicamente Mabel Todd, um representante da DKE foi procurá-la para desculpar-se e lhe disse que "elas não mais serão convidadas à fraternidade".[70] Era Mabel Todd, a pecadora não arrependida, que recebia dezenas de dignatários visitantes ao longo dos anos; era ela que cantava em cerimônias fúnebres para indigentes, bem como, aos domingos, na Primeira Igreja Congregacional; era ela que presidia os chás das estudantes da Faculdade Smith;** que foi presidente do comitê que fundou o Clube dos Docentes de Amherst, e pouco depois do comitê que criou

(*) Nas faculdades americanas, há muitas agremiações estudantis, chamadas *fraternities* — *sororities* no caso das moças —, com objetivos recreativos e culturais; cada qual tem as suas características próprias, e é uma honra para qualquer estudante ser convidado a fazer parte de uma delas. Todas têm por nome duas ou (mais comumente) três letras gregas; a mais prestigiosa é a "Phi-Beta-Kappa", que só aceita estudantes do mais alto padrão acadêmico. (N.T.)

(**) Smith College, faculdade para moças fundada em 1871 e inaugurada em 1875 em Northampton, a cerca de doze quilômetros de Amherst; até recentemente, as faculdades (como o Amherst College) eram exclusivamente para rapazes ou exclusivamente para moças. (N.T.)

o Clube das Senhoras de Amherst; foi ela quem fundou a Sociedade Histórica de Amherst; quem dedicou muitos anos de sua vida a esforços para preservar as belezas naturais de Amherst e de seus arredores — ainda em 1913, foi eleita presidente da Associação Florestal local. E, mais significativamente ainda, a partir de 1894 ela se entregou à tarefa de criar em Amherst um diretório local das Filhas da Revolução Americana — uma das organizações mais implacavelmente tradicionalistas e respeitáveis geradas na sociedade burguesa —, tornou-se sua primeira "regente" e permaneceu nesse cargo até 1903, oito anos após o falecimento de Austin Dickinson. Tais não são atividades de um pária freneticamente empenhado em reconstruir uma reputação arruinada; são atividades cujo sucesso dependia da disposição da sociedade de Amherst, e principalmente das senhoras, que teriam que trabalhar com ela e por ela serem dirigidas. E todas essas atividades tiveram algum êxito, em maior ou menor escala. Uma coisa é convidar senhoras respeitáveis para um chá, outra coisa é elas aceitarem o convite. E a maioria aceitou.

Sob este enfoque, a experiência erótica de Mabel Todd lança uma nova e inesperada luz sobre a cultura burguesa do século XIX. A sociedade de Amherst parece não ter sido a mais rígida do mundo ocidental; escrevendo sobre a cidade durante o período em que Mabel Todd lá residia, um jornalista achou que seus cidadãos "possuíam uma bela independência", e louvou sua "espontaneidade, sua cultura e sua liberdade".[71] Por outro lado, Amherst dificilmente poderia ser considerada um poço de libertinagem; sua definição de um comportamento decoroso era mais ou menos típica da época e da sociedade em geral. Sabemos que todas as culturas impõem limites às paixões; levantam defesas poderosas contra o assassinato e contra o incesto, isso para não mencionarmos os crimes derivados. Em culturas complexas, como as da Europa e da América no século XIX, tais limites tinham que ser igualmente complexos, sendo derrubados aqui e ali através de aberturas diversas e fortificados por meio de obstruções especiais. Determinados segmentos culturais, como por exemplo seitas religiosas ou classes sociais, acrescentam suas proibições específicas. Tais limites e obstruções são muito mais dificilmente mapeáveis do que os porta-vozes voluntários da moralidade e da contenção, guardiães das fronteiras da civilização, gostariam que fosse; seus regulamentos e pronunciamentos tendem a retratar mais seus próprios desejos do que a realidade. São largas faixas de proibições, freqüentemente ambíguas, que podem acomodar uma gama impressionante de condutas diversas.

A burguesia do século XIX parece ter definido seus limites ideais numa faixa mais estreita. Mas nem mesmo os limites mais amplos revelados pela pesquisa histórica são facilmente identificáveis ou podem considerar-se definitivos sob qualquer aspecto. Forneciam válvulas de escape para o prazer, que muitas pessoas respeitáveis à procura de satisfação sexual podiam utilizar com segurança. Uma dessas válvulas de escape era o segredo; outra era a obediência às convenções. O que os moralistas contemporâneos chamavam precipitada e prazerosamente de "hipocrisia" era na realidade uma forma de abrir espaço para as paixões — dentro dos limites da razão. Não há dúvida de que Mabel Loomis Todd pagou um preço por suas doces comunhões ilícitas; perdeu sua total paz de espírito e a aprovação imaculada de seus pares. Apesar de ter as melhores intenções, prejudicou o marido e a filha. Entretanto se lhe ofereceram caminhos para o escape, e ela os tomou. É significativo para uma avaliação da experiência burguesa do século XIX que o preço era tal que ela tinha condições de pagá-lo.

I

DOCES COMUNHÕES BURGUESAS

A reticência do século burguês levanta questões intratáveis acerca de sua vida erótica. Em 1898, pesquisando a moralidade sexual predominante à época, Sigmund Freud a achou ao mesmo tempo estarrecedora e enigmática. "No que se refere à sexualidade", escreveu ele, "hoje em dia somos todos hipócritas, tanto os sadios quanto os doentes".[1] Evidentemente, Freud pretendia atacar o que pensava ser a desonestidade irremediável da burguesia, mas ao mesmo tempo admitia sua derrota diante de algo impenetravelmente obscuro. Não resta dúvida de que o auto-retrato sexual de Mabel Loomis Todd constitui uma exceção tanto pela abundância de informações quanto pela franqueza; nem mesmo George Sand desceu, ou se elevou, a detalhes tão instrutivos. Muito menos certo é que constitua uma exceção também quanto à sua natureza; o valor histórico, em contraposição ao valor descritivo, do relato tão diligentemente coligido por Mabel Todd exige uma investigação mais aprofundada. Ela conseguia relembrar vezes incontáveis aquele "lindo sentimento de um clímax que eu conhecia tão bem". Conseguia reviver, com uma intensidade que a repetição não abatia, suas "doces comunhões".[2] Resta perguntar quantas esposas ou quantos maridos de classe média, mesmo aqueles que mais intimamente conheciam suas emoções, poderiam ter preenchido páginas e mais páginas de seus diários com lembranças de comunhões tão doces e tão freqüentes.

Nenhuma resposta poderá ser conclusiva. A cultura burguesa do século XIX, como sabemos, apresentou variações marcantes através dos tempos, de um lugar para outro, entre seus vários estratos, e por conseguinte nas atitudes. Além disso, cada experiência sexual está tão intimamente relacionada aos dotes físicos, às satisfações iniciais e às oportunidades posteriores de cada pessoa, e tão dependente das condições de nascimento, da primeira sedução, de encontros traumáticos, que nenhuma história erótica individual pode se igualar completamente a qualquer outra. Mesmo a sobrevivência de algum testemunho sexual é uma mistura de acasos, o que praticamente o destina a distorcer o passado coletivo. Pois o que o acaso preservou e o historiador conseguiu estudar pode levar a conclusões bem diversas daquelas que permanecem implícitas no acervo indubitavelmente maior de experiências sexuais passadas, para sempre perdidos ou inadvertidamente ignoradas. Os documentos que utilizei são amostras retiradas de uma vastíssima literatura íntima soterrada em sótãos ou arquivos jamais visitados, para não mencionar os documentos destruídos por herdeiros indiferentes ou chocados. Só o fato de confiar sua história pessoal ao papel, como o fez Mabel Todd com tão admirável abandono, torna quem escreve um tanto suspeito como testemunha: a grande maioria dos burgueses do século XIX, mesmo os que mais assiduamente escreviam seus diários, mantinham um silêncio pétreo quanto ao delicado assunto do amor sexual.

O historiador de suas vidas eróticas não precisa acompanhar esse silêncio. Nem tampouco confiar-se à biografia. Entretanto, a natureza fragmentária e peculiar do material o obrigam a interrogar uma gama tão diversificada de testemunhas quanto possa encontrar e induzir ao testemunho. Informações indireta ou inadvertidamente prestadas podem mostrar-se tão valiosas quanto testemunhos obviamente pertinentes. Explorei três tipos de fontes ao perguntar-me quantos e quais seriam os companheiros e companheiras de Mabel Loomis Todd à sua época: as anotações íntimas, os diários e as cartas de outras pessoas, que, em conjunto, em parte corroboram e complementam as experiências por ela relatadas, mas por vezes também as contradizem; as investigações extremamente raras e geralmente pouco confiáveis, mas nem por isso menos esclarecedoras, sobre o comportamento sexual coletivo; e a atitude generalizada do século XIX em relação à sexualidade feminina, que, afinal de contas, nada mais é do que a concretização pública de fantasias privadas compartilhadas. Todos esses materiais constituem apenas ilustrações, não provas: são meros pontos no esboço de um mapa cultural. Neste tipo de história não há como obter provas; o mapa tem que permanecer esboçado. O modo de testá-lo não pode ser outro senão o de se perguntar se outras ilustrações sugeririam um mapa diferente.

Por definição, o historiador pode utilizar apenas os documentos que foi capaz de reunir para seu trabalho, e só pode utilizá-los como utiliza quaisquer outros materiais: com ceticismo. Se alguma distinção houver, será no sentido de que suas suspeitas devem ser ainda mais acentuadas nessa esfera delicada da experiência, a sexualidade, onde orgulho, a vergonha ou constrangimento guiam a pena, inventando conquistas e negando derrotas, distorcendo sentimentos e, com muita freqüência, copiando fórmulas. Poucos autores de diários ou de autobiografias, por mais sensíveis e inteligentes que sejam, realmente compreendem todos os seus impulsos ou têm consciência do quanto são ambivalentes. Freqüentemente não têm a mais remota noção do quanto realmente estão revelando. É por esse motivo que a suspeita, apesar de indispensável como postura profissional, não é suficiente. Os métodos e as teorias de Sigmund Freud, que, conforme já mencionei, me têm sido indispensáveis, nos fornecem os meios de escavar a superfície da palavra escrita e atingir as camadas subjacentes das necessidades e conflitos sexuais. A leitura das fantasias inconscientes através de suas expressões manifestas é um meio, e um meio importante, de ampliar o âmbito do relato que um indíviduo faz de si mesmo, ligando-o de imediato tanto a seus contemporâneos quanto a seu passado. Tal leitura não é fácil, mas em todo o meu trabalho tenho me orientado pela observação de Freud, de que por mais que alguém tente ocultar seus desejos e suas aversões mais profundas, a confissão extravaza por todos os poros. O objetivo então é reconhecer a confissão como tal e compreender o seu significado.

1. UM PARAÍSO PARA DOIS

Anotações explicitamente eróticas como as dos diários íntimos de Mabel Todd são raras, mas de modo algum únicas. Registros semelhantes, sejam eles confissões envergonhadas ou lembranças ardentes, pontilham os diários e a correspondência de outras pessoas, vez por outra, aqui e acolá. É bem verdade que nem todas as experiências relatadas são gratificantes. As comunhões podiam ser solitárias, e às vezes o simples ato de cogitar delas já se afigurava mais como uma ameaça à saúde física ou à integridade moral do que como uma promessa de prazer. Em 1867, quando ainda era estudante em Graz, na Áustria, o jornalista e editor alemão Otto von Leixner anotou em seu diário: "Agora a sensualidade começa a se agitar dentro de mim, mais poderosa do que nunca, embora eu lute contra ela. Até agora não abracei nenhuma mulher — porém não sei se terei bastante força para resistir por muito tempo mais. Possa esse fruto permanecer desconhecido para mim por tanto tempo quanto possível!" É óbvio que ele sentia medo, e que alimentava esse medo observando os sintomas perniciosos da indulgência sexual à sua volta. "Vejo os efeitos da sensualidade sobre muitos de meus conhecidos; não só fisicamente, mas também moralmente, eles se encontram enfraquecidos." Para Leixner, o caminho para a satisfação erótica era tortuoso, cheio de obstáculos, e por conseguinte talvez não valesse a pena tomá-lo. Contudo, no fim valeu a pena: após alguns casos amorosos infelizes, ele encontrou o "equilíbrio adequado entre espírito e sensualidade" que havia muito procurava e casou-se com "sua amada Tilda", a quem escreveu longas cartas cheias de saudades quando em viagem e a quem dedicou também um afetuoso "Pequeno diário de viagem".[3]

Outros, homens e mulheres, jamais seguiram esse caminho até o fim. Henri-Frédéric Amiel, diarista de suprema introspecção que viveu em Genebra, confessou, especialmente durante os anos de sua juventude, perante o seu médico e também nas anotações em seu diário, "um hábito perigoso", o das emissões noturnas involuntárias provocadas pela ingestão de opulentas refeições ou por fantasias lascivas. "Segunda-feira pela manhã", escreveu em maio de 1841, "uma emissão seminal abundante e exaustiva induzida por um sonho". Deliciava-se com enlevos eróticos; inocentes jogos de prenda em festas, discussões sobre o casamento ou conversas acerca das infidelidades conjugais de Victor Hugo podiam excitá-lo, assim como uma leitura superficial de certos capítulos do código canônico, que incluíam termos fortes como *fornicatio, concubinatus, raptus, adulterium, incestus, virginitas,* isso para não mencionar *debitus conjugale* ou *usus naturalis et contra naturam.*[4] Por outro lado, Hans Christian Andersen satisfazia alguns de seus anseios sexuais evocando em suas fantasias as mulheres que dizia amar, todas elas felizmente fora de seu alcance, e masturbando-se. Durante uma visita à Itália no início de 1834, anotou: "Meu sangue está muito agitado. Tremenda sensualidade e muita luta dentro de mim. Caso seja realmente um pecado satisfazer esse poderoso desejo, então lutarei contra ele. Ainda sou inocente, porém meu sangue está em brasa. Quando sonho, todas as minhas entranhas fervem. O Sul certamente exige seus direitos. Estou já bem enfermo. Feliz é o homem que está casado ou noivo!"[5] Essa felicidade Andersen e Amiel jamais conheceriam.

No entanto, o casamento por si só — será necessário que eu o diga? — não garantia a felicidade sexual. Um documento do século XIX que comprova esse fato melancólico, muito mais pungente do que as revelações dos solteiros sofredores e frustrados que citei acima, é o relato autobiográfico franco e detalhado da romancista sueca Victoria Benedictsson, lembrada pela posteridade, assim como Amiel, muito mais em razão de seus diários do que pelas obras que chegou a publicar. Seu querido Grande Livro — o *Stora Boken* — tornou-se seu confidente, seu "caro velho livro", o fiel depositário de seus sentimentos mais íntimos e de seus encontros mais intensos, os quais lhe trouxeram muitas agonias, pois durante toda a vida ela oscilou entre os extremos da ambivalência: desde a adolescência, repetia-se um sonho em que o mesmo homem lhe aparecia simultaneamente como amigo e como antagonista. Nascida em 1850, casara-se aos 21 anos com um viúvo que tinha mais que o dobro de sua idade. Longe de tratar-se de uma união feliz, esse casamento foi em parte o cumprimento de uma promessa precipitada, em parte uma tentativa de se libertar dos pais, e em parte uma repetição desesperada de seus esforços para conquistar o amor de seu pai. "Tenho afeição por ti, Christian", observa ela ao homem com quem viria a se casar, "porém jamais vivenciei o que se chama amor, e talvez jamais chegue a ter essa experiência" — o que não constitui exatamente um começo auspicioso.[6]

Uma vez casada, Victoria Benedictsson se sentiu presa no ambiente tacanho que a circundava, irrequieta no papel que dela se esperava, o de uma dona-de-casa submissa, sedenta de companhia intelectual. Ela não brigava com o marido, mas encerrava-se cada vez mais em fantasias conturbadas e ambiciosas. Lia vorazmente o que lhe vinha às mãos e começou a escrever — resenhas, pequenos esboços, histórias. Em 1884 publicou uma coletânea de contos que foram muito bem recebidos, sob o título de *Fran Skane*, que deram o impulso inicial à carreira da "possivelmente mais original das muitas escritoras da Suécia atual'', nas palavras elogiosas de Edmund Gosse.[7] Sua carreira estava lançada, mas ela se sentia miserável: praticamente separada do complacente e paciente marido, viajou por muitos lugares e aventurou-se num gênero mais ambicioso, o romance, no qual foi igualmente bem recebida — sempre sob o pseudônimo masculino de Ernst Ahlgren.

A utilização de um transparente disfarce masculino era um gesto bastante comum entre as escritoras do século burguês, mas para Victoria Benedictsson tinha uma relevância particular e patética: sublinhava o desprezo que sentia por si mesma, a ''vergonha de ser mulher''. Essa vergonha a possuiu, quase que dia após dia, durante toda a vida: ''Diabos! Que eu tenha que ser uma mulher dotada do cérebro de um homem!'', exclamou numa anotação de 1887, um ano antes de falecer. ''Uma mulher não é nada em si mesma ou por si mesma, e eu sou apenas uma mulher.''[8] As lembranças dos primeiros momentos traumáticos nunca feneceram: ela jamais foi capaz de esquecer as ocasiões em que seu pai a fizera saber quanto desprezava o covarde sexo feminino. Suas enfermidades e suas intermitentes depressões suicidas já estavam bem determinadas; tinham origens fisiológicas e, o que é mais importante, origens sociais e psicológicas. Em 1876, após ter dado à luz uma filha que faleceu ainda bebê, ela ficou seriamente doente. E tinha motivos suficientes para se sentir abatida: um matrimônio sem amor; o desencanto com a filha mais velha, que, conforme ela dizia com amargo desprezo, crescia cada vez mais parecida com o pai; e, sobretudo, o destino de uma mulher sensível, inteligente e empreendedora buscando seu caminho nos meandros de uma cultura restritiva dominada pelos homens. Ela não rejeitava todos os valores da classe média: durante toda a vida, acreditou no casamento como instituição e rejeitou a doutrina de amor livre adotada pela *avant-garde* escandinava. Nada entretanto lhe bastava, nada a satisfazia. E essa insatisfação nos leva a uma pesquisa que ultrapassa os limites da fisiologia ou da sociologia.

Afinal de contas, na medida em que optou por revoltar-se, Victoria Benedictsson foi notavelmente bem-sucedida. Seu marido lhe permitia levar a vida que bem entendesse; ela desfrutou de considerável sucesso literário. Por conseguinte, as freqüentes depressões, a saúde delicada, o namoro com a idéia do suicídio, só podem ter suas origens no inconsciente, em desejos obscuros e em fontes de culpa igualmente obscuras. Benedictsson jamais foi capaz de libertar-se de seu primeiro amor pelo próprio pai, um pai adorado, remoto, difícil; um fato que o comprova é a escolha — e decididamente a escolha foi dela — de um marido de 48 anos de idade, viúvo e pai de cinco filhos. Uma vez consolidada a carreira de escritora, ela começou a estabelecer amizades com literatos, que tratava, significativamente, como irmãos, e por vezes como filhos. Considerava-se uma mulher feia, magricela, com os ossos à mostra, cujo único mérito, se algum houvesse, consistia em ser um homem frustrado, porém dotado de um bom intelecto. Não há a mais remota indicação de que tenha experimentado uma vez sequer algo que se parecesse com prazer sexual em suas relações com o marido.

Então, no primeiro dia de outubro de 1886, ela encontrou Georg Brandes: seu Grande Livro é muito preciso e comovente acerca desse encontro fatídico. Um brilhante forasteiro que se considerava um ferrão no flanco da literatura e da filosofia convencionais, um burguês inimigo da burguesia, Brandes àquela época já gozava de uma sólida reputação na Europa. Conhecia todos os autores que valia a pena conhecer; escrevia sem parar e era muito lido. Festejado crítico literário, descobridor e formador de talentos, entusiástico defensor do novo realismo, prestes a lançar suas biografias de grandes homens — Disraeli, Lassalle, César —, Georg Brandes dava conferências públicas que se constituíam em eventos a um só tempo estimulantes e provocadores. Seus pronunciamentos radicais, que não poupavam o conservadorismo vigente na literatura e nas universidades de sua Dinamarca natal, tornavam-no ainda mais irresistível. As mulheres atiravam-se em seus braços, e Brandes, marido galanteador, pai extremoso e homem experiente, às vezes tendia a aceitar seus avanços e às vezes julgava mais prudente rejeitá-los. Victoria Benedictsson, em sua patética busca de estabilidade emocional e aprovação intelectual, não estava à altura de seus julgamentos confiantes nem de sua ironia sutil. Brandes tornou a postura fraternal adotada por Benedictsson, sua maneira preferida de escapar a um envolvimento erótico, insustentável e, mais que isso, bastante indesejável. Já a 16 de dezembro de 1886, menos de três meses depois de tê-lo conhecido, ela anotava em seu diário: "Estou loucamente apaixonada". Freqüentemente ela codificava suas anotações, como que procurando ocultar de si mesma a verdade inconveniente, porém irresistível, da sensualidade. Assim, no mesmo dia ela relata "o instante há tanto tempo esperado: Georg Brandes beijou Ernst Alhgren". Ainda assim, ela confessa, sempre em código e normalmente na terceira pessoa, que gostava que Brandes a tocasse e lhe beijasse as mãos, e torturava-se com fantasias de que ele realmente a beijasse: "Ele se debruçaria sobre o seu corpo estendido no divã, e sua face se aproximaria da dela". Tampouco era capaz de negar completamente o prazer erótico oral que as visitas dele lhe proporcionavam: "Espero me alimentar à saciedade com a presença de Brandes".[9] Foi para ela um despertar grandioso, aos 36 anos de idade.

Nem tudo eram beijos, reais ou imaginários. Os dois tinham muitos assuntos para conversas: o movimento de vanguarda na ficção escandinava, a política literária, a ética do amor libertino e os seus próprios passados, sem excluir seus envolvimentos eróticos. Sobre esse último assunto Brandes tinha muito mais a dizer do que ela, e, como era de se esperar, pretendia acrescentar Victoria Benedictsson à sua longa lista de conquistas. Ele jamais havia bajulado uma mulher para levá-la para a cama, disse-lhe orgulhosamente, e jamais havia sido recusado. Quando ele a beijou pela primeira vez, ela não sentiu o mínimo impulso de corresponder-lhe; estava inundada pelo ardente desejo de uma intimidade espiritual, um afeto tranqüilo. Estava "sedenta" do tratamento mais íntimo, *du* ("*tu*"), que Brandes perversamente lhe negou durante meses. Quando estavam separados, enviavam-se bilhetinhos informais ou telegramas enigmáticos; quando se encontravam, ensaiavam uma maior intimidade: "Ele beijou-me a boca", escreve ela em fins de janeiro de 1887, "tão de leve e desapaixonadamente como se fôssemos duas mulheres".[10]

Tais brincadeiras se mostraram demasiado suaves para Brandes, que logo se tornou mais apaixonado e mais exigente. A 15 de março de 1887, Victoria Benedictsson anota em seu diário, mais uma vez em código: "É a primeira vez que ele me pede". Repetidamente ele lhe perguntava, "Queres?", ou então argumentava um tanto defensivamente, "Por que não queres?" Abraçou-a com intensidade, atrapalhou-se com os botões de suas roupas de baixo, fez menção de bater nela — uma ameaça que ela, presa de suas próprias culpas e tendências masoquistas, não só aceitou como encorajou. A partir de então, os dois se viram enlaçados num doloroso e prolongado *pas-de-deux*, interrompido por freqüentes ausências e desavenças não resolvidas. Trocavam beijos calorosos e palavras acaloradas, e não paravam de discutir, quer ela o quisesse quer não. Não raro Brandes se irritava com as negativas dela; ao que parece ele podia esfriar-se tão rapidamente quanto se excitava. Através de todos esses colóquios íntimos, mais uma forma de combate do que uma verdadeira conversa — todos minuciosamente relatados no Grande Livro bem como em outros diários de Victoria Benedictsson —, percebe-se de que maneira ela se preparava para enfrentar a prova suprema, o coito. Finalmente, a 13 de novembro de 1887, quando Brandes mais uma vez lhe pediu que dormisse com ele, pela primeira vez ela assentiu, porém protelando, "Esta noite não". Estava menstruada. Readquirindo imediatamente o domínio de si mesmo e sua compostura, Brandes lhe replicou: "Quando quiseres, então! E retirou-se". Seis dias mais tarde, havendo-se evaporado a desculpa que ela apresentara, o casal consumou o seu caso. Um tanto surpresa, ela se sentiu limpa, feliz, em paz, inocente, e nada envergonhada.[11] Mas esse sentimento foi transitório. Dois meses mais tarde ela tentou suicidar-se tomando morfina, e nas primeiras horas de 22 de julho de 1888 foi encontrada morta, com o pescoço cortado, vítima não desse único e tardio caso amoroso, mas do ódio que nutrira por si mesma durante toda a vida.

Esse ódio era em boa parte resultante de conflitos sexuais, que por sua vez também eram fortemente influenciados por ele. Ao contrário de Mabel Loomis Todd, Victoria Benedictsson jamais sentira o prazer das doces comunhões. "Em noites insones", anotou em fins de 1886, época dos primeiros contatos com Brandes, "ela havia imaginado para si um determinado tipo de contato físico"; porém sua imaginação tornava esse contato leve e delicado, isento de qualquer rudeza. Ela reconhecia que "ficaria desapontada" com a consumação sexual. Comentando a reserva que, por uma questão de princípios, mantinha em relação a Brandes, ela achava que sua contenção a "refrescava", e acrescenta, "e aquela outra coisa não me atrai absolutamente". Depois de ter rejeitado as primeiras investidas, em março de 1887 ela lhe explicou o que decerto ele já sabia durante todo o tempo: "Ser amada desse modo é asqueroso; pelo menos para mim".[12] Talvez ele não haja acreditado nela; com certeza não queria admitir sua derrota. Era precisamente por amá-lo, disse-lhe ela, que não queria ceder-lhe. Tal lógica parecia um tanto bizarra ao impaciente Brandes, mas tem um sentido perfeitamente claro para alguém como Victoria Benedictsson, que traçava uma nítida linha divisória entre sexo e amor, e que não se sentia atraída "por aquela outra coisa".

Sua frigidez estava emaranhada em confusões sexuais fundamentais e sobretudo em sua revolta mais íntima: ela se sentia como um homem castrado, furiosa e, mais ainda, deprimida por se ver prisioneira no corpo de uma mulher. Certa ocasião, numa anotação contraditória e enigmática, ela revelou que uma única coisa a aterrorizava: "Estar despojada de!" Creio que estamos autorizados a completar a frase: era horrendo estar desprovida de um pênis, fonte e símbolo de poder. Pois de imediato ela nega o que deve ter pensado: "estar despojada de?", e prossegue, já em terreno mais seguro, associando seu mal-estar ao medo da escuridão e da morte. É bem revelador que ela associasse pensamentos de autodestruição a pensamentos de mutilação irreparável: "Começo a pensar em suicídio", escreveu em abril de 1887, e, logo em seguida, "não sou infeliz, mas inadequada, uma mulher sem vocação de mulher". E indaga, desesperada: "Sou também uma escritora; não sou então de certo modo em parte um homem?" Sabemos que Freud postulou como essencial a inveja que as meninas sentem do pênis: quando uma menina "exclama que 'preferiria ser menino', sabemos qual a deficiência que seu desejo supostamente corrigiria".[13]

A maior parte das meninas aprende a aceitar seu destino biológico, resignando-se ou mesmo desfrutando sua feminilidade. Mas Benedictsson não era dessas meninas; a inveja que tinha do macho, e a irreparável injustiça que o destino lhe reservara, eram demais para ela.

Seu destino a irritava particularmente porque o mundo, e sobretudo o mundo que mais lhe importava, se recusava a aceitar sua autodefinição, condicionada pelos seus desejos, de que ela seria em parte masculina. Foi por esse motivo que ela não conseguiu recuperar-se do desdém abertamente manifestado por Brandes ao seu romance *Fru Marianne*, que ela considerava "um hino ao casamento". Pouco depois de sua publicação, uma crítica arrasadora escrita anonimamente por Edvard Brandes, irmão de Georg e, conforme ela temia, seu porta-voz, levou-a a anotar, laconicamente: "Desespero". E acrescentou, sem a mínima intenção de proferir uma hipérbole, que acabara de "receber a sentença de morte de minha obra, e talvez a minha própria". O próprio Georg Brandes se mostrou ainda mais devastador. Quando ela lhe enviou um exemplar de *Fru Marianne*, em junho de 1887, ele lhe disse, de maneira bastante cruel, escolhendo justamente o vocabulário que mais profundamente a feriria: "É um romance demasiado feminino. Mas isso fica entre nós dois".[14]

Sabemos que seus impulsos suicidas eram endêmicos, e que repetidamente tinham vindo à tona através dos anos. E, conforme Byron disse a Shelley depois da morte de Keats, não se morre por causa de uma crítica.[15] Todavia, essa rejeição desdenhosa da parte do único homem que ela jamais amara, e em termos que a confinavam irrevogavelmente aos aposentos femininos, deixou-a totalmente indefesa. Sua culpa e sua ira diante do que ela era e do que almejava ser ferveram em seu ser. Sua longa carta de despedida a Brandes, escrita imediatamente antes de sua derradeira e bem-sucedida tentativa de pôr fim à vida, se conclui com palavras que insistem, ainda dessa feita, em separar amor e sensualidade: "Quão querido me foste!"[16]

Felizmente, poucos amores do século XIX terminaram tão tragicamente quanto este. Autobiografias e diários íntimos oferecem-nos ricas e convincentes provas de que houve, no século burguês, casamentos bem-sucedidos que elevavam os prazeres sensuais compartilhados à condição de elemento indispensável. Os encantadores volumes autobiográficos de Molly Hughes, por exemplo, nos mostram uma jovem esposa londrina do fim do século, afetuosamente apaixonada, um pouco reticente, porém sensível e calorosa, tranqüila e feliz com seu marido Arthur.[17] Outro exemplo é o da vida dos Kingsley, Charles e Fanny, que pelo menos durante alguns anos se constituiu numa celebração ininterrupta da satisfação sexual dentro dos limites sagrados do matrimônio. Nathaniel e Sophia Hawthorne descobriram que o estado civil do matrimônio lhes permitia sentir com toda a liberdade, ainda que não lhes permitisse exprimir com toda a liberdade, os prazeres eróticos.[18] E, a julgar por referências ocasionais tanto em seus diários como em sua correspondência, Elizabeth Cady Stanton, a mais influente feminista dos Estados Unidos no século XIX, desfrutou, pelo menos ao início, de uma vida conjugal altamente gratificante com Henry B. Stanton, o eminente orador abolicionista.

Posteriormente, de tempos em tempos os Stanton navegariam através de sérias tormentas conjugais, e, sendo ambos muito ocupados, passariam bastante tempo seguindo cada qual seu próprio caminho. As afirmações de Elizabeth sobre a felicidade conjugal, portanto, constituem tanto a expressão de seus desejos quanto a lembrança de realidades passadas. Essas últimas, porém, haviam deixado marcas. Em 1853, uma análise frenológica concluiu que ela era "capaz de gozar as relações conjugais em alto grau" — era capaz e estava disposta a tal.[19] O casal teve sete filhos em rápida sucessão, e Elizabeth Cady Stanton, que desde a juventude esteve envolvida na organização e propaganda do movimento feminista, levou uma vida de alegrias caseiras e de intensos compromissos, combinando os serviços domésticos, cuidados com as crianças, e atividades políticas sem descurar de qualquer desses aspectos de sua vida. O direito de voto para as mulheres era a sua missão, mas o casamento era importante para ela justamente devido ao seu papel como reformadora feminista. "Considero um pecado", escreve ela à sua amiga íntima Susan B. Anthony em 1853, quando estava casada havia uns doze anos, "uma afronta aos nossos sentimentos mais sagrados fazer de conta que qualquer outra coisa, além da simpatia e do amor profundo e ardente, possa constituir-se num casamento. A idéia correta do que seja o casamento está na base de todas as reformas". Ela lutava por igualdade legal, política, econômica e sexual, e citava com aprovação um dos últimos pronunciamentos de Lucretia Mott, sua amiga e também feminista: "'Na verdadeira relação matrimonial, a independência do marido e a da mulher são iguais, sua dependência é mútua, e suas obrigações, recíprocas'". Decerto, comentou, "essa é uma boa definição do casamento". No ano seguinte, ela observa que "cheguei à conclusão de que o primeiro trabalho a ser feito em favor das mulheres é revolucionar o dogma de que o sexo é um crime, o casamento, um aviltamento, e a maternidade, um castigo". É óbvio que ela mesma não vivia como se o sexo fosse um crime: "Jamais odiei os homens", confessou. Em fins de 1883, ela relata que estivera lendo *Leaves of Grass* [Folhas de relva]. Admirava Whitman por sua franqueza, porém se mostrava desapontada com sua visão da fêmea da espécie humana: "Walt Whitman parece compreender tudo da natureza, exceto a mulher. Em '*There is a Woman Waiting for Me*' ['Há uma mulher à minha espera'], ele fala como se a fêmea precisasse ser forçada ao ato criador, parecendo ignorar o importante fato natural de que uma mulher sadia é tão dotada de paixão quanto qualquer homem, que ela não precisa de nada mais forte do que a lei da atração para aceitar o macho".[20] Aos 68 anos, ela dizia isso com base na experiência satisfatória vivida em sua juventude.

A sexualidade podia tornar-se problemática tanto para homens quanto para mulheres, uma luta contra demônios particulares freqüentemente perdida. As memórias de James Hopkinson, um marceneiro inglês, ingênuo e sério, nada sentimental, memórias um tanto falhas quanto à ortografia e comoventes por seus aspectos "didáticos", condensam tais conflitos no relato de um sonho que o deixava perplexo. "Tive alguns sonhos notáveis em minha juventude", começa a narrar, e em muitos desses sonhos ele parecia "ter o poder de voar". Em sua *Interpretação dos Sonhos*, Sigmund Freud observa que tais sonhos constituem com freqüência, mas nem sempre, um desejo simbólico de proezas sexuais. Provavelmente tal foi o caso de Hopkinson, que em sua juventude solitária e frustrada se via constantemente às voltas com desejos sexuais. Com efeito, o sonho que ele narra com todos os detalhes em sua autobiografia, e cujo protagonista é Satanás, se refere precisamente a esses desejos. Ocorrendo quando Hopkinson tinha cerca de vinte anos de idade, ele atinge as profundezas de sua sexualidade conturbada e frustrada. Sonhou ele que estava passeando num bosque em Nottingham "com um cachorrinho. Acabava de alcançar a parte mais baixa do vale, quando me aparece pela frente nada menos que Sua Majestade *Satânica*, trajado em todos os seus horrores". No sonho, Hopkinson não queria mostrar-se intimidado, fugindo, e por isso "mantive meus olhos fixos nele. Ele me disse: Vim para acabar com tuas farras. Pensei que estivesse se referindo ao fato de eu freqüentar a igreja. Ele disse: Vim para lutar contigo. Eu lhe respondi: Muito bem, com todo o prazer". Satanás marcou um encontro com Hopkinson para o dia seguinte às doze horas, após o que "desapareceu lentamente, arrastando atrás de si sua enorme cauda, que parecia uma imensa serpente coberta de escamas". Ainda sonhando, Hopkinson permaneceu pensativo, ponderando como enfrentar tal adversário, e "decidi ir à oficina e fazer uma clava bem pesada, pontilhada de muitos pregos grandes e pontiagudos, de modo a prover-me de uma poderosa arma para o embate. Decidi também levar comigo o *cãozinho terrier* para morder-lhe a cauda por trás enquanto eu o combatia pela frente". Enfim, chegada a hora do duelo, Hopkinson se encontrava no lugar marcado às doze em ponto. "Logo em seguida ele chegou, mostrando-se mais terrível do que nunca, e seus olhos em brasa estavam tão rubros como se tivessem sido bordados com lã vermelha. Nem uma única palavra foi dita, e justamente quando eu estava a ponto de dar ordem ao cão para começar a morder-lhe a cauda, ele de súbito se transformou na mais bela das mulheres, com lindos cabelos negros como azeviche."

Por pouco sofisticado que fosse, Hopkinson se mostra extremamente observador quanto às lembranças do dia imediatamente anterior, que forneceram o material para o seu sonho. "Nesse instante eu despertei, e" — caindo no estilo puritano dos livros que vinha lendo — "eis que não fora senão um sonho". Ao que acrescenta, de modo bastante confiante: "Posso explicar esse sonho. Estive lendo o *Pilgrim's Progress* [Progresso do peregrino], onde Cristiano atravessa o vale da humilhação", uma leitura apropriada a um bom batista e assíduo freqüentador de sua igreja. Com efeito, no curso de sua "Perigosa viagem e feliz chegada ao país desejado", Cristiano encontra, no Vale da Humilhação, o horrendo monstro Apollyon, lisonjeador, tentador e inimigo mortal da fé cristã, "trajado em escamas como um peixe (das quais muito se orgulha)", muito parecido com a "enorme cauda" que aparece no sonho de Hopkinson. Cristiano e Apollyon se enfrentam, primeiro num duelo verbal furioso e depois numa luta mortal exatamente como Satanás se propõe a lutar com Hopkinson no sonho; numa estocada violenta, Cristiano perde a espada, mas, justamente quando Apollyon está a ponto de matá-lo, ele a recupera numa hábil manobra, fere Apollyon e o põe em fuga. Para Hopkinson, esse encontro dramático, essa luta encarniçada e decisiva entre o bem e o mal, entre a pureza e o pecado, estava sobredeterminada. Havia muito tempo ele gostava de Bunyan, observa ele, assim como também do *"Milton's paradise lost"* [Paraíso perdido, de Milton], sendo que tinha predileção especial pela "descrição que Milton faz do primeiro encontro entre Adão e Eva", e também "da luta entre os bons e maus anjos e de como os anjos maus acabam sendo expulsos do céu pelo Filho de Deus triunfante''. Essa grande batalha, que ocupa boa parte do Livro I do *Paraíso perdido*, projeta numa tela gigantesca o que o duelo de Cristiano com Apollyon e a luta de Hopkinson com Satanás são em miniatura: a exteriorização do interminável conflito interno do homem quanto ao bem e ao mal, entre o autocontrole e a liberação dos impulsos. No que diz respeito ao ''primeiro encontro de Adão e Eva'', Hopkinson provavelmente se referia ao primeiro relance que Satanás tem dos progenitores da espécie humana, ainda, felizes e inocentes,

> Eretos como deuses, pudicamente vestidos
> Na majestade de sua nudez.*

A Eva pintada por Milton, em especial, por certo ficou bem estampada na memória do jovem Hopkinson, voltando à tona em suas fantasias eróticas:

> E ela trajava, como se fosse um véu
> A descer-lhe à cintura esbelta,
> Suas louras tranças já por si um adorno,
> Bem soltas, caindo em caprichosos caracóis,
> Como se enrolam da vinha os brotos,
> Sugerindo sujeição mas exigindo com doce ondular,
> E ela lhe cedendo, ele a recebendo,
> Timidamente submissos se entregam ambos
> Modestamente orgulhosos aos doces,
> Recatados, folguedos do amor.
> Nem eram então ocultas aquelas partes
> Misteriosas; nem tampouco havia nelas
> Culpa alguma ou vergonha,**

tudo isso altamente intoxicante para um aprendiz ávido por adquirir experiência do mundo.

Caso reste alguma dúvida de que o sonho de Hopkinson remetia-se à sua sexualidade, suas necessidades, ansiedades e confusões, tal dúvida se desfaz pela declaração seguinte em suas memórias episódicas, registrada sem uma pausa após a descrição do melodramático embate sonhado, como se fosse uma associação livre feita num divã de psicanalista: ''Alguns meses antes de concluir meu estágio de aprendiz comecei a considerar seriamente que já era tempo de eu ter uma *namorada*. Tinha um sentimento de solidão e um vazio no meu coração que exigia ser preenchido''. Ele não viria a preencher o vazio de seu coração senão uns doze anos mais tarde, após alguns episódios com uma ou outra ''jovem bonita'', até se tornar, ao que tudo indica, um marido feliz e satisfeito.

Em sua juventude, entretanto, Hopkinson achava a sexualidade tão perigosa quanto tentadora. O sonho relatado dramatiza vividamente seus sentimentos ambíguos, suas lutas inconclusivas com Eros. Num certo nível, o sonho revela uma cena edipiana, Davi enfrentando valentemente Golias: ''Sou sempre muito valente em meus sonhos'', comenta sardonicamente Hopkinson, mal encobrindo seu desejo de ter uma grande potência sexual. O aprendiz solitário, acompanhado apenas por seu cãozinho e armado somente com a pesada clava, está pronto a desafiar o imenso demônio, que exibe acintosamente sua enorme cauda fálica. Se esse adversário já é bastante temível, Satanás se mostra mais terrível ainda,

(*) ''Godlike erect, with native honour clad / In naked majesty. (N. T.)

(**) ''She, as a veil down to the slender waist, / Her unadorned golden tresses wore / Dishevelled, but in wanton ringlets waved / As the vine curls her tendrils, which implied / Subjection, but required with gentle sway, / And by her yielded, by him best received, / Yielded with coy submission, modest pride, / And sweet, reluctant, amorous delay. / Nor those mysterious parts were then concealed; / Then was not guilty shame.'' (N. T.)

transformando-se numa lindíssima mulher de olhos negros. Inconscientemente, Hopkinson repetia uma antiga tradição, que viria a ter uma ressureição notável no século XIX: a representação do demônio sob forma de mulher, que nada mais é do que outro modo de se representar a mulher como um demônio. E a prodigiosa transformação da terrível Majestade Satânica numa bela moça sugere mais uma interpretação, que complica mas não contradiz a anterior: a de alguma incerteza quanto à sua identidade sexual, ou pelo menos quanto à sua potência masculina; como vimos, Hopkinson fez comentários pouco lisonjeiros acerca de sua valentia. E, por trás de tudo isso, pode persistir também a lembrança de uma cena ainda mais antiga, recuperada e distorcida na forma pela qual aparecerá no sonho: o combate imaginado por Hopkinson é um pelejar confuso, Hopkinson se lança ao demo com sua maça cheia de pregos pontiagudos pela frente enquanto seu valente cãozinho morde a cauda de Satanás pelas costas. É uma reminiscência do estupro, sórdido e violento como a agitação corporal do ato sexual pode parecer aos olhos de uma criança pequena que o observe, indefesa, num misto de excitação e medo. Não é de se admirar que o sonho haja "impressionado profundamente" o jovem Hopkinson quando o teve pela primeira vez, nem que ele se tenha repetido até a época em que, meio século mais tarde, Hopkinson o recapturou em sua autobiografia.[21]

Houve até mesmo ocasiões em que as provocações conjugais atingiam níveis de luxúria mais facilmente encontrados em romances pornográficos. Em maio de 1904, Godfrey Lowell Cabot, um dos patrícios da cidade de Boston e um dos mais proeminentes industriais da época, enviou uma confissão — e um convite — sensual à sua mulher Minnie. Estava na Virgínia Ocidental em viagem de negócios, e obviamente acabava de despertar, insuportavelmente excitado. Eram quatro e doze da madrugada. "Tive um sonho, não consigo dormir de tanto desejo." E então, passando para o alemão, ele narra o sonho: "Sonhei que urinavas em minha boca, muito, muito mesmo, e eu engolia toda a tua urina gulosamente". Acrescenta, ainda em alemão, que a amava "muitíssimo", e então, retornando ao inglês, que o tempo estava brandamente quente e que ele estava pondo em dia sua correspondência.[22]

Tratava-se evidentemente de uma fantasia repetitiva de Godfrey Cabot. Um ano mais tarde, novamente em viagem de negócios na Virgínia Ocidental, ele a experimentou mais uma vez: "Não imaginas", escreve ele a Minnie, "como tenho saudades de ti. Quando vinha para cá de trem quase enlouqueci de desejo". E então, novamente em alemão, passa a contar-lhe em que consistia seu louco desejo: "Queria que tua bexiga estivesse cheia a ponto de arrebentar, e que para salvar tua vida somente pudesses te aliviar urinando em minha boca até que tivesses esvaziado totalmente a bexiga e eu estivesse completamente cheio de tua urina, a ponto de arrebentar-me". Prosseguindo ainda em alemão, passa então a outra fantasia, ainda mais extravagante: "Ou então, se fosses uma mulher gigante, faminta e com imensa vontade de devorar um ser humano, com que alegria eu seria tua vítima, contanto que me engulisses vivo, que sugasses através de teus amados lábios e por sobre tua língua coberta de limos, primeiro meus pés, depois minhas pernas, meus quadris, meu corpo inteiro, minha cabeça, um pedaço depois do outro, fazendo-me passar por tua linda garganta até o teu querido ventre, onde eu então poderia sentir os batimentos de teu coração e a tua respiração tão doce e tranqüilamente, até que eu adormecesse de satisfação e pouco a pouco desaparecesse dentro de ti através da digestão". Dir-se-ia que tais desejos fantasiosos poderiam deixar Cabot um tanto perturbado, porém não suficientemente para refrear-lhe a pena: "É melhor que destruas essa carta boba", prossegue ele, retomando a língua inglesa, "ou então, se não fores capaz de entendê-la com o auxílio de um dicionário de alemão, eu a traduzirei para ti quando retornar". E assina "Teu amante", embora estivesse casado havia quase quinze anos.[23]

Na falta das associações de Cabot relativas a essas opulentas imagens, é arriscado aventurarmo-nos a interpretações. Cabot havia estado profundamente ligado à mãe, que mantivera seu ambiente juvenil tão "sadio" quanto possível; a despeito de todas as suas aventuras amorosas durante a época de faculdade, ele dizia ter-se casado ainda virgem, aos 29 anos. Antes disso, tomado de dúvidas sobre si mesmo, havia proposto o casamento, em rápida sucessão, a três moças, como se quisesse reafirmar a si próprio que era homem suficiente para enfrentar o árduo mundo dos negócios em que começava a despontar como alguém que tinha olho vivo para boas oportunidades de lucro. Mais tarde, daria àqueles que o conheciam bem a impressão de ser puritano e pudico; vociferava contra a idéia de que pessoas casadas se vissem nuas. "O que ele fazia", comentou seu genro, "era o estupro legalizado".[24] E o que fazia mentalmente era ainda mais escandaloso, se bem que muito menos palpável.

As duas fantasias sucessivas de Cabot se complementam. Na primeira ele é preenchido pela substância de sua mulher; na segunda, ela é preenchida por todo o ser dele. Ambas parecem representar desejos regressivos, sendo o segundo desses desejos muitíssimo mais drástico do que o primeiro. Cabot procura seu alimento fantasiando, como se fosse uma criancinha, sobre a substância e a própria fonte de onde provém. Anseia retornar ao útero materno, invertendo o curso natural da vida, a ponto de ingressar nela começando pelos pés e terminando pela cabeça, como se um filme de seu nascimento fosse projetado na tela de sua mente de trás para a frente, e a seguir vivendo na imaginação a subsistência do feto dentro do ventre da mãe, para então dissolver-se dentro dela no que fora antes de ser concebido. Mas as duas fantasias também se interligam de outras maneiras ainda. As imagens urinárias e uretrais de Cabot ocorrem freqüentemente como símbolos de desejos sexuais, e a visão que ele tem de seu corpo sendo devorado inteiro é uma variante daqueles sonhos de atos sexuais em que o corpo inteiro toma o lugar do pênis, enquanto a boca da mulher toma o lugar da vagina.

Essas especulações psicanalíticas podem ser plausíveis, apesar de revelarem mais as necessidades peculiares de Godfrey Cabot do que os contornos da sexualidade burguesa. Mas sua disposição de fixar no papel as fantasias, encaminhando-as à esposa, nos leva a conclusões mais amplas. Minnie Cabot era uma matrona absolutamente respeitável da Nova Inglaterra, uma esnobe incurável sempre cheia de queixas, ansiosa por dinheiro, reputação, posição social. A idéia em si parece altamente improvável, mas conforme revelam as cartas de Godfrey Cabot, está longe de ser impensável: Minnie Cabot, o paradigma da retidão burguesa, imersa na árdua faina de decifrar as fantasias sexuais do marido, ou então, melhor ainda, seu marido, esse impecável apóstolo bostoniano, traduzindo-as para o deleite dela. O fato de Godfrey Cabot ter sido um membro ativo e atento da sociedade Watch and Ward, encarregada da censura em Boston, apenas nos deixa mais perplexos ainda ante a idéia de uma tal leitura. Pois seu trabalho para a Watch and Ward lhe dava invejáveis oportunidades de ler livros pornográficos e estudar fotografias obscenas.

De modo geral, e podemos dizê-lo com bastante certeza, a felicidade conjugal burguesa era ao mesmo tempo menos infantil e menos inconsistente do que no caso de Godfrey e Minnie Cabot. Por vezes, como atestam as cartas e os escritos ocasionais de Joseph e Laura Lyman, podia atingir uma liberdade de alusões e brincadeiras que comprova que o hábito não levava necessariamente ao tédio e que a repetição podia incrementar o prazer, até mesmo entre burgueses. Joseph Lyman era formado pela Universidade de Yale na turma de 1850, um advogado e jornalista que chegou a ser, em 1860, após alguns anos em que sobreviveu aos trancos e barrancos, um respeitado editor e escritor especializado em agronomia. Em sua juventude havia sido amigo de Emily Dickinson e fizera a corte à sua irmã Lavínia. Em 1858 casou-se com Laura Baker, uma jovem com pretensões literárias que quase se igualavam às dele e que, tanto quanto ele, confiava entusiasticamente nos frenologistas. Enquanto o marido encomendava a um frenologista o perfil de seu caráter, incluindo a sexualidade, a mulher escrevia para os jornais de frenologia: em outubro de 1865, Joseph Lyman escreve de Nova York a Laura Lyman, tratando-a, com a jocosidade que ambos apreciavam, de "MINHA QUERIDA COLABORADORA DO JORNAL AMERICANO DE FRENOLOGIA conhecida pela imortal assinatura *L. E. L.*"[25] Evidentemente, eles se consideravam parceiros, tanto nos escritos quanto no leito: "Eu gostaria que me pedissem para escrever algo que nos permitisse trabalhar juntos durante uma semana", escreve ele duas semanas mais tarde. "Nossa parceria intelectual é tão agradável e talvez tão fértil quanto nossa parceria física."[26]

A partir do início de 1864, a parceria física e intelectual dos Lyman foi perturbada temporariamente, pois Joseph Lyman viajou a Nova York em busca de um emprego fixo, enquanto sua esposa e as crianças do casal permaneciam em Easthampton, Massachusetts. Ele aceitava trabalhos literários de encomenda e vez por outra escrevia editoriais para o *New York Times*. E visitava a família em tantos fins de semana quantos lhe era possível. Sentia muita falta da mulher, e nem só de seu intelecto: "Quisera que *pudesses* ser transportada de corpo e alma (e insisto na transferência da carne), e depositada aqui por um dia e uma noite...", escreve-lhe ele a 14 de fevereiro de 1865. Tinha planos grandiosos, que, na intimidade sem máscara das cartas que escrevia à mulher, parecem de uma loucura proposital, lembrando a jactância de um menino que espera obter os favores de sua adorada mãe através de feitos sem precedentes: "Não dormiste sete anos com um advogado e, se *és* mulher, és uma esposa tal como a que teve o senhor Bruto — com *a mãe que tens* e com o marido que tens, que saída te resta? Escuta-me bem, Pórcia. Estou amadurecendo uma tremenda trama para assassinar Ben Butler e Abe Lincoln e levar as cabeças de ambos numa sacola até Richmond e ser nomeado por Davis agente da Confederação para ir à Europa negociar uma paz universal e perpétua!, e tornar-me primeiro-ministro do Reino do México. Terás para teu leito uma armação de prata pura!"[27] Quando estava longe da mulher, Joseph Lyman soltava as rédeas de sua exuberante imaginação.

O arranjo frustrante que mantinha o casal separado causava a ambos intenso mal-estar. "Sinto a deliciosa expectativa de indizíveis prazeres em teus braços", escreve Joseph Lyman à sua Laura em 11 de março de 1865. Contudo, por algum tempo ainda, ele teria de se contentar com a deliciosa expectativa. Dois dias mais tarde, incrementava sua excitação desejando poder "sentir bem junto a mim as carícias de tuas mãozinhas e ser acalmado por teus toques voluptuosos! Mas em breve teremos tudo — tudo mesmo — até o limite!" Mas, ao que parece, não tão em breve como ele queria. "Eu te amo mui—to mesmo, minha querida esposa", diz-lhe dez dias depois. "Com que brandura me enlaçarias totalmente em teus lindos braços alvos, deixando-me adormecer como um narciso até ceder a doces sonhos pelo contato maravilhoso com teu corpo macio. E os sonhos seriam trazidos pelas doces brisas do verão." Laura Lyman, por sua vez, não se refreava tampouco. "Oh, como te amo", escreve ao marido no mesmo mês, obtendo uma feliz união entre a sexualidade e a religião. "Que saudades tenho de rever-te — que saudades de 'aninhar-me a noite inteira junto ao ombro de meu marido', como costumava dizer tão apropriadamente o dr. Breen em seus sermões. Que saudades sinto do contato da minha mente com a tua — e nem só, se me for permitido repetir minha formulação, do contato de sua mente." Um pouco adiante ela ainda se torna mais explícita, diretamente sensual: "Asseguro-te que no próximo sábado esvaziarei todo o teu tesouro".[28] Os Lyman já estavam casados havia sete anos quando assim expressavam seus sentimentos. Haviam enfrentado sérias dificuldades financeiras, o luto pela perda de uma filha, e analisado solenemente qual seria a pedagogia correta para educar os dois filhos pequenos. Em meio a relatos de pequenos infortúnios e pequenas vitórias cotidianas, de afrontas sociais e de planos ambiciosos para o futuro, as delícias do sexo preenchiam seus pensamentos e encontravam livre expressão em suas cartas.

O suplício da separação forçada na realidade gerou neles uma excitante capacidade de sedução que parece mais apropriada a jovens amantes românticos do que a um casal burguês solidamente ancorado no matrimônio. Entretanto, nem sempre é fácil estabelecer os verdadeiros sentimentos dos Lyman. Joseph Lyman escrevia incansavelmente: um tratado filosófico sobre a beleza (que no fundo foi um pretexto para o estudo detalhado do corpo feminino), ensaios sobre saúde e felicidade, agricultura, política e história, dos quais a maior parte permaneceu manuscrita, e só uns poucos foram publicados; Laura Lyman experimentou seu talento em descrições sofisticadas que evocavam sua bucólica lua-de-mel e em receituários domésticos.[29] A prosa utilizada pelo casal é abundante em maneirismos compartilhados — a forma alongada do "mui—to" e de outros termos que transmitem ênfase é apenas um exemplo —, em altos vôos poéticos, em alusões aos clássicos, em pensamentos grandiosos e num estilo sofisticado, por vezes até excessivo. Mas sua parceria na sensualidade, o prazer pelo erotismo em seus aspectos mais palpáveis, permaneceu inabalável; sobreviveu ao seu estilo. Gostavam de banhar-se nus no mar, e não há indicação de que ela fosse mais pudica em relação a sua nudez do que ele. E quando, em 1863, Joseph Lyman compilou o que chamou de *Historia Erotica*, um apanhado informal de referências diversas ao sexo, em latim e em grego, anotou explicitamente que se propusera a tal experiência especificamente para os olhos de sua mulher Laura, e somente para ela: "*Oculis Laura sola scripta*". Nem tampouco ficou reservada a Joseph Lyman a iniciativa da sedução. A 11 de março de 1865, "sábado às dez e meia da noite", Laura Lyman se ofereceu, por assim dizer, como alimento das fantasias do marido: "Acabo de banhar-me em água morna aqui junto ao fogo, e estou doce como um botão de rosa". Ao que acrescenta, num convite indiscutivelmente óbvio: "Não desejas estar aqui comigo? Ou então, por meio de algum abracadabra das mil e umas noites, eu talvez pudesse tirar do dedo meu anel mágico e despertar *aí* em teus braços, supondo-se evidentemente que teus dois companheiros de quarto estejam fora ou então enterrados num profundo sono mágico. Quanto darias por isso? Não, tais delícias não podem ser compradas nem com prata nem com ouro". Ao marido deve ter ocorrido a idéia de que, ao contrário, com prata e ouro tais delícias podiam ser compradas, visto ser justamente a deplorável falta deles que mantinha o casal separado. Dez dias mais tarde ele lhe responde, numa pequena apóstrofe desamparada: "*Insistes* em contar-me de teus banhos e de como te preparas com todos os teus doces encantos nas noites de sábado e do paraíso que não é meu *agora*". Nada arrependida, apenas modificando ligeiramente sua imagem de sedução, passando da tentação de uma limpeza perfumada à tentação da sujeira, Laura Lyman envia ao marido uma réplica exemplar, a 24 de março: "*Não* me banhei, os lençóis não estão limpos, minhas roupas íntimas não estão fresquinhas, não ficarás sujeito ao teu suplício, mas hoje também não é sábado à noite, e amanhã à noite não te escreverei uma palavra sequer, e nem tampouco no domingo, até que o frescor do banho se tenha dissipado e com ele todos os meus atrativos". E sem demonstrar um traço de orgulho por tais provocações inocentes e íntimas, ela conclui afetuosamente: "E *agora*, meu gatinho? Gostaste? Até logo — amo-te mais e mais e mais".[30] E ao que tudo indica, eles continuaram a amar-se mais e mais e mais, ganhando cada vez mais dinheiro e mais crianças, até a morte dele em 1872, súbita e prematura, de varíola. Ele tinha apenas 42 anos.

Outro casal feliz, mas bem diferente durante os anos de casamento e mesmo antes, eram Lester Ward e Lizzie Vought. Ward anotou os progressos da intimidade entre ambos num diário íntimo que escreveu de 1860 a 1870 — para manter-se em dia com a língua francesa, segundo declara, mas também, ao que parece, para dar vasão a seus devaneios e suas experiências ao fazer a corte à jovem a quem se referia invariavelmente como "a moça". É um diário bastante revelador, pois Ward, à época um pobre e esforçado estudante que se tornaria mais tarde um dos mais eminentes sociólogos americanos, escrevia com um abandono invejável, passando de um tema para outro, totalmente inconsciente das revelações contidas nas associações que fazia.

No verão de 1860, Ward conheceu *la fille* e enamorou-se dela, mas ao início restringiu-se a ficar de mãos dadas com ela e a cobrir-lhe as faces de beijos.[31] No princípio de outubro, sua "alma" estava "plena de sonhos" sobre o futuro, o amor e o casamento. "Não consigo acreditar'', escreveu, ''que jamais poderia ser realmente feliz se não desposar a moça, minha primeira escolha e o único objeto dos meus afetos''. Costumava ''antever a felicidade de uma união com ela, e as doces sensações do meu espírito são indescritíveis''. Tinha certeza de que ela o amava e de que tinham muito em comum. ''Com seu temperamento terno e afetuoso, poderei ser o mais feliz dos mortais. Ah, sim!, ser enlaçado por seus braços amorosos é como entrar pelos portais do paraíso.'' Repreendia-se a si mesmo por ceder a tais fantasias, porém continuava a cultivá-las e a descrever o indescritível: quando outubro chegava ao fim, ele anota que ela lhe havia confessado amá-lo, havia-lhe beijado a boca, e o tratava por nomes carinhosos. Numa noite, quando se encontravam confortavelmente reclinados num banco de jardim, ele desabotoou a camisa e pôs as mãos dela sobre o seu peito nu; ela correspondera, ainda que timidamente, pensando se não estaria agindo erradamente. ''Oh, estou louco de amor'', comenta ele, com seu desejo indo além das oportunidades: ''Se pelo menos a tua irmã não estivesse por perto!''[32]

Felizmente, a irmã de Lizzie Vought não estaria sempre por perto; a consumação, entretanto, ainda estava distante. Em fins de novembro, Ward demonstra de modo patético, se bem que inconsciente, seu desejo e sua frustração. Ele ''acabara de escrever uma carta, ou melhor, uma página, à moça'', e acrescenta: ''Na noite passada tive um sonho horrível a seu respeito. Sonhei que ela havia se casado com um homem chamado McCarty e que me havia escrito uma carta, e que sensações de horror e desespero isso gerou dentro de mim!'' Mas estava pronto a interpretar sua reação como um sinal favorável: ''Isso me assegura de que eu de fato a amo. Se ela morresse, eu também quereria morrer! Sua doce figura me é muito querida nesse momento''. E então ele dá um salto, como freqüentemente fazia, bem ao modo dos diaristas do século XIX, e passa a detalhes mundanos referentes ao tempo: ''Nevou na noite passada e esta manhã está muito fria. O barômetro está firme em torno de 29''. No entanto, seu amor pela moça e a sua doce figura continuavam em suspensão em sua mente, de sorte que ele logo retorna a ela, apesar de fazê-lo simbolicamente: ''Fiz bastante força para encaixar minha pena de aço no estojo, instantes atrás, de modo que ela se prendeu e terminei por quebrar meu estojo para poder recuperar a pena''.[33] É óbvio que a pena de aço não era o único objeto que Ward desejava pôr em ação, nem o estojo o único objeto que desejava romper.

Mas ele teve que esperar. Durante o inverno Ward se encontrou freqüentemente com ''a moça'', e no começo de 1861 o casalzinho tateava para chegar a novos níveis de intimidade: ''A moça e eu passamos um tempo muito doce. Beijei-lhe os doces seios e tomei muitas liberdades com seu doce corpinho e aqui tivemos que parar. É uma prática fascinante que nos enche de sentimentos de ternura e intimidade, deixando-nos conseqüentemente muito felizes''. Por mais felizes que se sentissem, entretanto, ele receava ir longe demais e ofender ''as leis da virtude''. Mantiveram-se firmes nessa decisão por algum tempo, e só a 25 de outubro de 1861, mais de um ano após haver descoberto que amava a moça, é que ele relata no diário: ''Tendo sido forçado um tanto bruscamente a interromper o que escrevia na última terça-feira, tenho que retomar a história no ponto em que parei. Quando cheguei ao lar da doçura, ela me recebeu em seus braços de ternura e comprimiu-me contra seu corpo de mel, e nossos lábios se tocaram e nossas almas ingressaram juntas no paraíso''. Era o momento para o qual vinham se dirigindo passo a passo havia mais de meio ano. ''Sua mãe estava adoentada, mas sua irmã tinha saído e tudo estava bem. Naquela tarde e naquela noite experimentamos os prazeres do amor e o gosto da felicidade que pertence exclusivamente à vida de um casal. Durante todo o domingo permaneci nas regiões tranqüilizantes da felicidade. De permeio, escrevi uma carta à minha mãe que ainda não levei ao correio. Por volta das oito horas, forcei-me a afastar-me de seus seios de mel e de seus doces lábios.''[34] No momento em que atingia seu objetivo erótico — ou melhor, no momento em que ambos o atingiam —, Ward, a julgar pelo intruso aparecimento da referida carta, é surpreendido por desejos infantis reprimidos, que vêem à superfície para atormentá-lo. Pensar na mãe naquele momento supremo da consumação sexual, tão ardentemente desejada e tão pacientemente preparada, relembrar uma obrigação filial ainda não completada, revela a existência subjacente de persistentes desejos edipianos. Eis a contrapartida masculina de Mabel Todd, aparentemente absorta em seu matrimônio sensual, mas que durante toda a vida lutou com os sentimentos que nutria pelo pai e por Austin Dickinson, o substituto paterno. Jamais nos libertamos totalmente de nossos amores da infância.

A concentração absoluta na sensualidade, contudo, não foi permitida a Lester Ward, como aliás a bem poucos é permitida. Em agosto de 1862, ele alistou-se para lutar na Guerra Civil, e registrou o fato juntamente com outro acontecimento importante, em seu diário: "Todos os homens capazes estão indo à guerra, e tudo é um alvoroço só. Porém outro evento veio coroar este catálogo, e ontem foi o grande dia. Quarta-feira, 13 de agosto de 1862. Tive que registrar o meu casamento! O quê? Eu, casado? É verdade. A amada do meu coração, aquela que eu amo há tanto tempo, tão constantemente, tão freneticamente, agora é minha. Estamos mantendo o fato em segredo, mas as pessoas o adivinharam sem o descobrir. Como é doce dormir com ela! Paguei uma taxa de três dólares".[35] Unindo o amor e a guerra, a vida era nesse momento muito excitante, e Ward reconhece isso. Todavia reconhece também, em meio à sua felicidade, que tudo, inclusive a excitação, tem seu preço.

Os três dólares não se revelaram um alto preço. A vida do casal correspondeu totalmente às expectativas dos Ward; o diário de Lester Ward é exuberante em exclamações ofegantes sobre sua "querida Lizzie" e sua "doce esposa", que, como ele diz sucintamente, é "perfeita". Estudavam e faziam brincadeiras juntos, numa parceria marcada pela compatibilidade. Com o anjo de esposa que tinha, os laços matrimoniais eram doces para ele, e eram laços físicos, usufruídos em seus braços e em seus seios. A 4 de março de 1866, Ward observa alegremente que era o aniversário de sua mulher — assim como o aniversário de sua mãe; mas ele prefere deixar de lado a coincidência e relembrar as bênçãos de seu casamento. Afastar-se da mulher era uma tortura: "Quanto eu a amo!", anotou no verão de 1867, quando ela estava longe, visitando amigos. Fazia cinco anos que estavam casados. "Como posso esperar mais uma semana?" É a pergunta típica de David Todd, de Joseph Lyman e de milhares de outros maridos burgueses em todo o mundo ocidental, em circunstâncias semelhantes.[36] Quando Lizzie Ward faleceu, em 1872, Lester Ward ficou desolado — não suficientemente para permanecer solteiro pelo resto da vida, mas, apesar de todos os esforços frenéticos de sua segunda esposa para apagar as lembranças felizes do primeiro casamento, a imagem de Lizzie e a memória dos doze anos de vida em comum jamais o deixaram. Afinal, os dois haviam sido os primeiros a ingressar e a explorar o seu paraíso sexual — juntos.

As lembranças de Ward se encontram profundamente arraigadas em seus escritos sociológicos. O desejo é fundamental na sua visão do lugar que o homem ocupa na sociedade. É o desejo que impele o homem à ação, e todo e qualquer desejo é, de per si, bom. "Todos os desejos são iguais perante a natureza", escreve ao discutir o pudor, "igualmente puros, igualmente respeitáveis. Todos se realizam com a mesma liberdade, a mesma licença, o mesmo descaso pelas aparências. A natureza desconhece a vergonha; não tem qualquer manifestação de pudor". E nessa tese abrangente ele inclui explicitamente o desejo sexual: "Os atos necessários à perpetuação da espécie não são dotados de qualquer qualidade especial que os diferencie dos atos necessários à sua conservação". A gratificação dos desejos de alguém é permissível contanto que não comprometa os desejos de outrem. Quanto menos sujeitos ao pudor e a uma falsa vergonha, tanto mais gratificantes serão atos como as relações sexuais. Como tantas outras coisas que os homens, em razão de suas próprias ilusões, julgam naturais e imutáveis, também o pudor é algo adquirido socialmente, mera convenção; é "um sentimento notável, um amontoado de absurdos e irracionalidades".

Eis um utilitarismo filosófico formado e colorido pela experiência pessoal, um utilitarismo que equaciona prazer e felicidade e, ao mesmo tempo, alivia o prazer de sua carga de imoralidade. Por conseguinte, implícita e explicitamente, Ward era partidário da igualdade sexual, o que mais uma vez espelha a felicidade que ele havia gozado, em total conjunção, com sua Lizzie. Numa explicação admiravelmente original da sexualidade feminina, ele argumenta tratar-se de uma "anomalia"; pois em outras espécies a fêmea é passiva, e sua paixão é periódica. Entretanto a espécie humana é dotada tanto de imaginação quanto de razão, de modo que o desejo anômalo da fêmea de outras espécies se torna normal na espécie humana. É bem verdade que as mulheres parecem fugir dos homens; são tímidas e recatadas onde o homem se mostra agressivo. Mas tudo isso não passa de uma convenção puramente social, herdada de tempos remotos. Não passa de mero pudor. "A menos que as funções orgânicas estejam em harmonioso funcionamento, nada pode existir que mereça o nome de felicidade", escreve Ward em 1893, em seu livro *The Psychic Factors of Civilization* [Os fatores psíquicos da civilização]. É bem verdade que, por razões evolutivas, a mulher é depositária da intuição. Mas disso não se segue, pelo menos na opinião de Ward, que sua razão seja mais fraca que a do homem, nem que entre os sexos deva existir qualquer tipo de desigualdade, sobretudo no que diz respeito à necessidade e ao direito à gratificação sensual.[37] A "filosofia do desejo" de Ward era um argumento sofisticado sobre o prazer e a dor, sobre a busca de satisfação e a restauração do equilíbrio após sua obtenção. Mas no fundo sua sociologia é uma celebração, o retrato pungente e ardoroso do paraíso que Lester Ward havia compartilhado com sua esposa.

A correspondência de outros casais, que sobrevive, aqui e acolá, meio ao acaso, constitui um eloqüente testemunho, ainda que incompleto, de que havia muita satisfação erótica, para ambos os parceiros, nos ambientes mais respeitáveis. Henry Varnum Poor, o conhecido economista americano que escreveu abundantemente sobre assuntos ferroviários, contou à sua mulher, em junho de 1842, quando regressava de sua primeira ausência mais prolongada, após nove meses de casados, que não conseguira dormir à noite, que não podia tolerar "recolher-se *ao leito totalmente só*". Sua esposa lhe retribuía esses sentimentos, e continuou a lamentar qualquer ocasião que os obrigasse a uma separação; quase vinte anos mais tarde, escreveu ao marido um pedido apaixonado que revela preocupação, solidão e um desejo indubitável de proximidade física: "Henry, meu querido, *por que* não retornaste ontem? Eu tento não ficar ansiosa. Se estás enfermo, posso ir ter contigo imediatamente. As crianças estão bem", diz ela para tranqüilizá-lo, e acrescenta: "Mas posso deixálas *de um modo ou de outro*".[38] Sem floreios, porém apaixonadamente, diante da necessidade de escolher entre o marido e as crianças, a sra. Poor não hesita em optar pelo marido.

Os estudiosos da cultura burguesa do século XIX freqüentemente desprezam o vocabulário exuberante da correspondência íntima por julgá-lo fórmulas vazias, tão-somente exemplos de um sentimentalismo piegas e sem maior sentido. Na realidade, a linguagem floreada muitas vezes exprimia menos, e não mais, que o seu real significado. É uma prova de emoções potentes, um indício de fantasias desinibidas. O eminente botânico alemão Karl Heinrich Emil Koch, cujas expedições o levaram ao Cáucaso e ao sul da Rússia, expressava suas fantasias sensuais em longas cartas que escrevia à noiva. "Querida amada", escreveu de São Petersburgo na primavera de 1838, já a caminho de casa, "quando receberes essas linhas, dá rédea solta às tuas saudades e entrega-te totalmente à doce esperança de que em breve poderás novamente tomar-me em teus braços amorosos". Lembrou-lhe que os "tempos de pesadas atribulações" por que haviam passado estavam próximos do fim, e que o "sol matinal de nossa vida juntos já começa a raiar no Oriente de nossa reunião". As saudades, prossegue, ele "corroem-me" as entranhas, "suspiros se me esvaem e voam para ti". Ele mal conseguia esperar o momento de apertá-la fortemente contra "meu coração pulsante" — evocações poéticas batidas, porém verdadeiras, de seus desejos emocionais e eróticos insatisfeitos. Sete anos mais tarde, já então casado com sua Therese, quando se despedia para ir a outra expedição botânica, lembrou sua "Querida", seu "Tudo", que a despedida anterior havia sido bem diferente; naquela ocasião eles já se amavam "ardentemente'', mas os sentimentos que agora nutriam um pelo outro eram verdadeiramente ''inexprimíveis'' e ''ilimitados''; haviam ocupado a ''mais séria e mais profunda vida da minha alma''.[39] A gratificação do desejo não minorava o amor; ao contrário, freqüentemente o intensificava.

Os relatos burgueses são muito ricos em tais paixões, que atravessam toda a vida dos amantes, desde a adolescência até a idade avançada. Quando assuntos familiares ou questões de negócios forçavam uma separação, as esposas corriam para reunir-se aos maridos, e vice-versa. Em boa parte dessa correspondência de classe média, assim como nos diários, as crianças são em geral interessantes, engraçadas e muitas vezes queridas, mas não passam de notas marginais, de fonte de histórias alegres e alvo de conselhos zelosos. O laço que realmente importava, mais que qualquer outro, era o que unia os cônjuges. A esposa burguesa do século XIX que descarrega em seus filhos todo o seu afeto e que nega ao marido qualquer calor sexual é antes de mais nada um mito — uma exceção patológica, apesar de certamente não incomum. Esse mito somente pode ter surgido porque o abismo que separava o comportamento em público dos sentimentos pessoais era muito largo; o melindre e o decoro negavam ao erotismo quase todos os meios de expressar-se. Mas muitas comunhões burguesas naquela época geraram, tanto para o marido como para a mulher, aquela maravilhosa sensação de clímax que Mabel Todd tão bem conhecia.

2. A DUVIDOSA CERTEZA DOS NÚMEROS

Por mais fugidia e desnorteante que seja a qualidade da experiência sexual para o historiador que a estuda, a quantidade, a distribuição e a intensidade do prazer e da angústia erótica através da cultura ainda é mais fugidia e desnorteante. Não obstante, vale a pena perguntar se a felicidade conjugal experimentada pelos Todd, pelos Lyman e pelos Ward era de alguma forma representativa de sua classe e de sua época. Inclinado a pesquisas e comparações, o século XIX não deixou de incluir a sexualidade entre essas investigações, nem de tirar conclusões sobre o assunto, sujeitando-a também à dúbia certeza dos números. Embora fragmentários e tendenciosos, extremamente carentes de uma interpretação cética, esses estudos pelo menos permitem que se tenha alguma idéia razoavelmente bem informada sobre a vida sexual da burguesia nos anos durante os quais Lester Ward e Mabel Todd registravam suas repetidas visitas ao paraíso, seu pedacinho do céu após o jantar. Em 1907, o sexologista alemão dr. Iwan Bloch, talvez mais conhecido como escritor do que como médico especializado em questões sexuais, publicou uma abrangente pesquisa sobre a moderna vida erótica, na qual não neglígenciava a delicada questão da sexualidade feminina. Após proceder a uma resenha das opiniões de sexologistas proeminentes, ele relata os resultados de um levantamento informal, infelizmente impreciso, que ele mesmo empreendera: ''Entrevistei pessoalmente um número considerável de mulheres cultas''. E, ''*sem exceção*'', essas mulheres de classe média — evidentemente ele não incluíra entre elas nenhuma serviçal — haviam ''declarado que a teoria de uma menor sensibilidade sexual da mulher é incorreta; várias delas julgam-na até mesmo maior e mais persistente que a do homem''.[40] Por mais superficiais que fossem os métodos de investigação adotados pelo dr. Bloch, ele tinha certeza de que as mulheres provavelmente eram tão sensuais quanto os homens.

Umas duas décadas antes disso, um eminente ginecologista escocês, J. Matthews Duncan, muito mais confiante no valor das estatísticas do que o dr. Bloch, havia chegado a conclusões praticamente idênticas. Em conferências proferidas no *Royal College of Physicians* [Academia Real de Medicina] em 1883, ele reconheeu que a sexualidade feminina era um assunto ''delicado'', e que era difícil estabelecer definições utilizáveis que pudessem facilitar as investigações. Achou útil distinguir entre o desejo sexual e o prazer sexual, ou seja, entre excitação e orgasmo, porém mesmo essa distinção não permitiu àquele investigador cuidadoso chegar a generalizações verdadeiramente conclusivas. De fato, dentre as 504 mulheres a quem entrevistou sobre suas experiências eróticas, somente 196 puderam, ou quiseram, relatar seu prazer sexual, e apenas 191 falaram sobre seus desejos sexuais: as mulheres questionadas pelo dr. Duncan que preferiram se manter caladas constituíam mais de 60 por cento do total da amostragem. Mas dentre as pacientes suficientemente desinibidas ou suficientemente vaidosas para responderem às suas perguntas indiscretas, um número impressionante delas assegurou, ou admitiu, serem mulheres sensuais: 152 disseram sentir desejos sexuais, enquanto apenas 39 registraram a sua ausência; 134 relataram orgasmos, ao passo que 62 disseram não os terem experimentado.[41] Não era muito, porém o bastante para levar o dr. Duncan a considerar a mulher sensual perfeitamente normal.

Na realidade, as conferências do dr. Duncan constituem uma prova da variedade das experiências sexuais. "Desejos e prazeres", escreve ele, "podem ser excessivos, furiosos, poderosíssimos, sem por isso levar a mulher a ser classificada como maníaca; podem ser temporários, sadios e moderados; podem estar ausentes ou podem ser nulos"; algumas mulheres, mesmo casadas e afetuosas para com seus maridos, podem sentir aversão e dor. Fatores estimulantes ou inibidores artificiais podem transformar a natureza tanto dos desejos como dos prazeres de modo fundamental; o tempo também provoca alterações. "A influência da sociedade e seus divertimentos, da dieta, de tipos especiais de leitura, do relacionamento com homens, é aceita como um fator que aumenta o desejo sexual." Uma conclusão de alcance talvez ainda mais amplo é a convicção a que chegou o dr. Duncan de que virgens sexualmente anestesiadas podem, e freqüentemente depois de algum tempo conseguem, aprender a desfrutar as relações eróticas com seus maridos: "O prazer muitas vezes inexiste por ocasião do matrimônio, mas vai se desenvolvendo gradualmente durante a vida conjugal".[42] A capacidade para a excitação sexual e para a satisfação sexual é tão inerente à mulher quanto ao homem; apenas se manifesta de modo mais flagrante no homem do que na mulher.

Sendo um especialista em problemas femininos, Duncan encontrava disfunções sexuais a cada passo e levava muito a sério as enfermidades de que tratava, que eram "numerosas e importantes". Mas eram *enfermidades*, e Duncan estava disposto a emprestar todo o peso de sua autoridade médica ao que chamava de "a opinião quase universal" de que "nas mulheres o desejo e o prazer estão sempre presentes, ou pelo menos podem ser trazidos à tona através de estímulos apropriados. Esta opinião se fundamenta na experiência, e sem dúvida está muito próxima da realidade". Duncan resumia todas essas realidades numa única vinheta: "Uma mulher robusta e sadia se casa aos dezoito anos; antes de atingir os 23 ela já deu à luz três crianças e abortou outras quatro; até o nascimento do último filho, e por mais cinco anos depois disso, ela não experimenta nenhum desejo sexual e não tem nenhum gozo sexual. Cinco anos depois da última gravidez, ela quase chega a sentir desejo e prazer, porém permanece estéril por mais quatro anos antes de procurar curar-se dessa esterilidade. A fertilidade marca sua presença, enquanto o desejo e o prazer estão ausentes; na presença da esterilidade surgem o desejo e o prazer".[43] Para o dr. Duncan, a fêmea apaixonada em perfeita sintonia com seu marido não constituía uma raridade.

O Relatório Mosher, provavelmente a mais completa investigação do comportamento sexual no século burguês, leva praticamente à mesma conclusão. A partir de 1892, Clelia Duel Mosher pesquisou a fundo os sentimentos e hábitos eróticos de cerca de cinqüenta mulheres americanas. Suas primeiras tentativas foram sugeridas por um clube de mães na Universidade de Wisconsin, sendo que algumas dessas mães se dispuseram a servir de cobaias; posteriormente, porém, ela ampliou seu universo de pesquisa. Clelia Duel Mosher graduou-se em zoologia e obteve também um diploma em medicina, exerceu a profissão de médica e finalmente tornou-se professora de higiene pessoal na Universidade de Stanford, atravessando em sua vida os limites que separaram duas épocas diferentes. Recatada por educação, porém curiosa por profissão, tendia a ser muito cuidadosa quanto à demonstração de sensualidade e quanto ao seu significado para ela. Estando na Europa logo após a Primeira Grande Guerra, deplorava o modo pelo qual os americanos haviam adotado os "padrões latinos". Para ela, a preocupação constante com o sexo trazia "desgosto e revolta — Prefiro manter-me distante — O sexo tem o seu lugar, mas não para a contemplação constante — Há muitas coisas mais interessantes".[44] Ela nunca se casou. Descrevendo-se a si mesma como uma vitoriana submetida ao autocontrole, seu "senso de uma reserva decente" se mostrou muito útil e valioso quando colocava às suas entrevistadas as perguntas mais desinibidas, obtendo algumas respostas notáveis, se bem que geralmente lacônicas.[45]

A dra. Mosher teve ao mesmo tempo sorte e azar com suas entrevistadas. As características de seu universo de amostragem, que não era representativa da população americana em geral e nem mesmo da população de classe média dos Estados Unidos, ao mesmo tempo fizeram com que as entrevistadas se dispusessem a discutir os aspectos mais íntimos de suas vidas. A maior parte das 45 mulheres que deram respostas utilizáveis haviam passado pela escola secundária, e algumas haviam freqüentado a universidade, numa época em que uma moça precisava ser excepcionalmente empreendedora e enérgica para conseguir uma vaga no ensino superior. E a maior parte das entrevistadas, naturalmente, havia se casado com homens de formação superior. O universo de amostragem da dra. Mosher serve, por conseguinte, para estabelecer os limites superiores da flexibilidade e do liberalismo sensuais vitorianos. Vitorianos: isso porque, apesar de a dra. Mosher aplicar seus questionários já bem após a virada do século XX, a maior parte das entrevistadas se sentiam mais à vontade no século XIX. Dezessete haviam nascido antes da Guerra Civil, e outras dezesseis antes de 1870; uma grande maioria, em suma, fazia parte da geração de Mabel Todd, tendo portanto fixado seus ideais e inibições eróticas antes que a "Nova mulher" entrasse em cena. E também se pareciam com Mabel Todd, conforme já mencionei, por pertencerem todas à classe média, por serem instruídas e por terem na maioria das vezes alguma experiência de ganhar o seu próprio dinheiro. Enquanto Mabel Loomis Todd havia dado aulas de piano, vendido alguns quadros que pintara, e mais tarde recebido honorários consideráveis por suas conferências, assim como por contribuições a jornais e revistas, essas mulheres haviam trabalhado sobretudo como professoras primárias. Caso alguma delas houvesse encontrado Mabel Todd, decerto teriam muitos assuntos que discutir e em que concordar com ela.

É possível que o assunto de maior peso sobre o qual pudessem chegar a um acordo, se bem que talvez não quisessem discuti-lo, fosse o prazer do sexo conjugal. Mais de um terço dessas 45 mulheres declararam que chegavam a um orgasmo "sempre" ou "geralmente" — nove, ou seja, uma em cada cinco, disseram "sempre". Outras dezoito — 40 por cento do total —, parecendo apenas ligeiramente menos satisfeitas, responderam que sentiam o orgasmo "às vezes" ou "nem sempre". Se bem que algumas das perguntas colocadas pela dra. Mosher fossem ambíguas, esses números nos levam à inferência razoável de que somente uma em cada quatro mulheres entrevistadas vivia mais ou menos anestesiada sexualmente — e digo mais ou menos porque, mesmo considerando esse último grupo, várias mulheres haviam sentido vez por outra alguma excitação sexual. Em pelo menos um caso, a confissão do prazer sexual contradiz frontalmente uma negação das mais enfáticas. Quando a dra. Mosher, com sua formulação um tanto afetada, perguntou à n.º 23, "Você sempre tem orgasmo?", ela respondeu com firmeza: "Não, jamais". Logicamente, não deveria ter respondido a pergunta seguinte: "Quando você tem um orgasmo, qual o efeito subseqüente?" A n.º 23, entretanto, optou por responder tranqüilamente também a essa pergunta: "Excitada depois e mais estimulada".[46] Fica patente que algumas mulheres que experimentavam o orgasmo preferiam não admitir que o sentiam em oportunidade alguma. A sensualidade dessas mulheres casadas e instruídas era totalmente imbuída de hesitações e conflitos, mas ainda assim mantinha-se bastante ativa, alerta, e, com raras exceções, livre de culpas. Não há nada de extravagante em imaginar que matronas como essas tenham tomado a iniciativa no leito, antes de 1900.

Para muitas das entrevistadas pela dra. Mosher a capacidade de atingir o orgasmo implicava o direito de esperá-lo. Algumas consideravam a frustração em experimentá-lo um episódio lamentável, que, por ser passageiro, podia ser desprezado em vista da seguinte e mais satisfatória relação sexual; umas poucas a consideravam uma pequena catástrofe. Uma, que felizmente quase sempre atingia o seu orgasmo, se sentia "deprimida e revoltada" quando ele não ocorria. Outra se referiu aos seus fracassos da seguinte maneira: "Se fico insatisfeita, o resultado é muito ruim, até mesmo desastroso, enervante, e fico desequilibrada caso tal situação perdure por algum tempo". Até mesmo atribuiu a um tumor fibroso, que se desenvolvera durante a menopausa, sua incapacidade repetida de atingir um clímax sexual satisfatório. Já uma terceira entrevistada, que achava o sexo agradável mesmo sem chegar ao orgasmo todas as vezes, indicou que quando o orgasmo não ocorria ela adotava uma atitude filosófica: "Toda mulher se sujeita a manter relações quando, uma vez ou outra, talvez não esteja muito disposta, mas não vejo nenhum efeito negativo nisso. É como se não tivesse acontecido. Mas o meu marido foi sempre muito atencioso. Não creio que eu pudesse aturar um homem que forçasse as relações". E precisamente isso, esse carinhoso respeito do marido pelos altos e baixos de seu apetite sexual, era necessário para que ela tivesse prazer no sexo. Muitas das entrevistadas, com efeito, reconheciam que, em vista da grande diferença entre o ritmo sexual masculino e o feminino, a paciência e a abstinência de seus maridos eram necessárias a um bom relacionamento erótico do casal. A maior parte das entrevistadas pela dra. Mosher eram casadas, ao que parece, com maridos atenciosos; algumas assim o declaram com ênfase, e muitas o deixam implícito nas entrelinhas. A freqüência média de relações sexuais era ao redor de uma vez por semana, muitas vezes apresentando um certo declínio ao longo do anos, sendo que alguns casais mantinham relações muito mais ou muito menos freqüentes — uma freqüência que parece ter sido tão satisfatória para os maridos quanto para as mulheres. Ocorriam flutuações nos níveis de desejo: enquanto pelo menos treze das entrevistadas haviam mantido a mesma freqüência de relações durante a gravidez, e vinte delas uma freqüência um pouco reduzida, sua necessidade de sexo diminuiu, fosse em virtude de sinais fisiológicos ou de prescrições culturais. Relações sexuais durante os meses de gravidez ocorriam principalmente em obediência ao desejo dos maridos; ainda assim, embora a maioria das mulheres não as desejassem, não parecem ter-lhes causado dor ou repulsa. Poucas dentre as entrevistadas estavam acorrentadas a atletas sexuais insaciáveis: uma, a n.º 27, sentia-se uma vítima; relatou que tinha relações sexuais três vezes por semana, ou "mais freqüentemente ainda, caso se sujeitasse", apesar de somente achar agradável um relacionamento sexual mais espaçado e de sentir necessidade de sexo a cada duas semanas. Ela se sujeitava, quando o fazia, "por ser necessário manter a família unida e seu homem satisfeito".[47] Algumas também assinalaram que seus próprios desejos sexuais vinham à tona em geral com menos freqüência do que os de seus maridos. Mas a maioria das entrevistadas eram abençoadas por terem maridos que não se importavam de esperar por elas — de fato, alguns haviam esperado já no início da vida de casados: um dos maridos não havia consumado o casamento por dez dias; outro, por duas semanas; e outro ainda, por um ano inteiro.[48] Somente duas dentre as entrevistadas declararam explícita e amargamente que o prazer sexual era algo reservado ao macho. A gratificação sexual, segundo a declaração explícita de uma dessas mulheres, constitui privilégio do "homem — de vez em quando. Como os animais, uma ou duas vezes por ano".[49] Talvez fosse uma característica muito pessoal dessa entrevistada admitir que não sentia desejo sexual, e orgasmos em raras ocasiões apenas. Pertencia porém a uma minoria desprezível, pelo menos na amostragem considerada.

De forma coerente com sua educação e com sua cultura, as entrevistadas pela dra. Mosher descobriram que seus sentimentos sexuais ultrapassavam o vocabulário que dispunham. Quase todas haviam sido criadas como boas meninas cristãs, e a convicção de que Deus havia criado o sexo com o objetivo único e exclusivo da procriação mantinha cativa sua imaginação moral. Trinta delas, ou seja, dois terços da amostra, disseram que a "reprodução" era o objetivo principal das relações sexuais, porém seus lapsos, lacônicos e por vezes comoventemente inconsistentes, demonstram que muitas delas também encaravam o prazer como justificativa do ato sexual, mesmo que a concepção não fosse pretendida ou às vezes nem mesmo possível. A n.º 24, a mais dogmática de todas as puristas entrevistadas, tinha sua opinião: "Não posso reconhecer como um verdadeiro casamento", escreve ela com franqueza brutal, "a relação que não for acompanhada de um forte desejo pela geração de filhos. Visto sob este ângulo, o amor platônico está quase tão distante dos meus padrões quanto o casamento, ou seja, uma forma de prostituição legalizada". Esta frase já era um chavão bastante batido na década de 1890, e mesmo nas décadas anteriores. A n.º 24 pode tê-lo lido em qualquer um dos muitíssimos tratados referentes ao casamento, como também em qualquer obra de ficção nitidamente anti-sexual, como o é a *Sonata Kreutzer* de Tolstói.[50] Não obstante, ela ainda se mantinha aberta a dúvidas e considerações, tendo feito o possível para reforçar os laços de seu casamento feliz. Por "amar muitíssimo o marido", confessa ingenuamente, havia "até mesmo cultivado a paixão". E mesmo então, após muitos anos de casada, chegava ao orgasmo em menos de metade das relações; quando os sentia, achava-os exaustivos, era verdade, mas também tornavam "as relações sexuais de certo modo mais agradáveis".[51] O chavão da "prostituição legalizada", submetido a um exame mais cuidadoso, se mostrava nada mais do que uma descrição tendenciosa de sua própria experiência.

A maioria das outras entrevistadas pela dra. Mosher não precisou percorrer caminhos tão tortuosos para chegar à conclusão de que as relações sexuais podiam ser realmente muito agradáveis. Uma, que "geralmente" sentia orgasmos, declarou que "lamentaria muito não ter tido essa experiência". Outra, que considerava o sexo "em geral delicioso", tinha-o em conta de "um sedativo", pois que a deixava "bastante sonolenta e confortável. Nada desagradável, como tantas vezes ouvi dizer que é". O ideal, propunha ela, era, "uma vez por mês, quando ambos estão se sentido bem e durante a menstruação, e" ainda, acrescenta, "à luz do dia".[52] Sua imaginação erótica era vivaz e desinibida.

Para muitas dessas mulheres as relações sexuais eram algo sadio e saudável. Queriam sexo, porém o queriam, conforme algumas insistiam com firmeza, moderadamente: "Considero que esse apetite se encontra no mesmo nível dos demais apetites naturais", relata a n.º 14, "e como os demais deve ser gozado com legitimidade e temperança".[53] Mas dentro desses limites de legitimidade e moderação, as relações sexuais pareciam naturais, necessárias, salutares. Uma das entrevistadas, a n.º 2, divorciada e casada novamente, que julgava o sexo "necessário para completar a harmonia entre duas pessoas", atribuía as melhoras significativas de sua saúde física e mental à felicidade de seu segundo casamento: "meu marido", escreveu ela, "é um homem excepcionalmente atencioso; nos primeiros meses de nosso casamento", quando ela estava com cinqüenta anos, "tínhamos relações sexuais freqüentes — duas ou três vezes por semana, e tão desejadas por mim quanto por ele". Nos dias seguintes a cada orgasmo, uma mulher, a n.º 41, nascida seis anos depois de Mabel Loomis Todd, experimentava "um bem-estar generalizado, contentamento e afeto pelo marido. Isso", faz questão de sublinhar como se Clelia Mosher pudesse não acreditar, "é verdade, doutora". Esse pequeno apelo exclamatório sugere mais uma vez o quanto a experiência particular e a discussão pública estavam divorciadas no século burguês. Tudo indica que um grande número de casais de classe média gozava sua sexualidade; entretanto, como tinham sido ensinados a ver o sexo como perverso, e ignorando os prazeres de outros casais, tinham vergonha de expressar os seus. Apesar de não atingir o orgasmo em todas as relações sexuais, uma das entrevistadas tinha uma visão lúcida e quase premente da importância da sexualidade para um bom relacionamento conjugal. "Eu penso que, tanto quanto os homens, as mulheres precisam do sexo na meia-idade. O sexo torna as pessoas mais normais." Se bem que tivesse dado à luz quatro meninos, a seu ver a procriação não fazia parte necessariamente de qualquer conjunção sexual: "mesmo que não haja crianças, os maridos amam mais suas mulheres se continuarem a fazer sexo com elas, e a maior devoção possível se fundamenta nisso, que é uma coisa linda, e eu fico feliz porque ela nos foi concedida pela natureza".[54] Sua tranqüila gratidão à natureza é um tributo à sexualidade burguesa.

A despeito de todo esse entusiasmo espontâneo, há nessa resposta uma ligeira indicação de manipulação, ou talvez de resignação. Se elas consentirem em manter relações sexuais, "os maridos amam mais suas mulheres". A docilidade com que muitas das entrevistadas se submetiam ao sexo durante a gravidez, quando seus próprios desejos estavam em um nível significativamente mais baixo do que os dos maridos, sugere precisamente o mesmo. E várias outras mulheres incluídas na amostra da dra. Mosher assim o declaram. "Um elo entre os sexos", comenta uma delas, "um homem ter mais afeição à sua esposa do que a outras mulheres, torna as pessoas mais amigas, mais ternas". Essa mesma entrevistada define o amor como a qualidade "que une os sexos um ao outro". E a noção de que as relações sexuais constituem a solda fixadora do matrimônio é um motivo que se repete nessas respostas. "Uma ligação firme", escreveu a n.º 5, "que torna o casamento mais estável"; e mais adiante: "que liga as pessoas umas às outras e mantém unida a família — é um elo". Outra entrevistada é menos prolixa: "O sexo liga mais fortemente o homem e a mulher". Às vezes, a explosão do orgasmo do marido se irradiava e gratificava a mulher, confirmando o sentimento de união: "O prazer que tem o homem — e o prazer da intimidade com quem se ama".

A monotonia dessa retórica, assim como a falta de lógica que a permeia ocasionalmente, comprovam a avidez das entrevistadas. O sexo com propósitos diversos dos da reprodução tinha suas próprias razões de ser. "Há um sentimento de intimidade que não pode ser obtido de nenhum outro modo; especialmente quando as pessoas não podem ser afetuosas sem se entregarem totalmente. É uma ligação que vai muito além do prazer físico."[55] Essa ânsia de dar prazer, de representar bem o papel que a natureza lhe havia reservado, impeliu pelo menos uma das mulheres entrevistadas a cometer um lapso revelador. Solicitada a especificar o que seria para ela a situação sexual ideal, a n.º 19 disse: "Na flor da idade: para um homem bem desenvolvido e vigoroso, cerca de duas vezes por semana; para uma mulher, a metade disso, duas vezes por mês" — o que obviamente representa apenas uma quarta parte, e não a metade. "Sempre me sinto bem", apressa-se a acrescentar, "o sexo nunca me machucou, e eu sempre tive a intenção de agradar".[56] Muitas das entrevistadas da dra. Mosher não achavam pesada a carga de serem agradáveis; agradar trazia-lhes boas retribuições, e nem só recompensas espirituais. Tudo isso lembra o encantador *bon mot* que Dostoievski coloca na boca de uma de suas personagens, uma jovem beldade rechonchuda, pecadora inveterada, que se confessa em língua francesa: "Isto dá tanto prazer a ele e me custa tão pouco!" Não fossem tantos maridos, e um maior número de esposas, tão ingênuos no que tange à sexualidade, as estatísticas recolhidas pela dra. Mosher sobre o orgasmo seriam ainda muito mais favoráveis do que foram. Não, a ignorância não traz felicidade.

Mesmo assim havia muita felicidade. O Relatório Mosher sugere de modo convincente que muitas mulheres instruídas da burguesia no século XIX davam muito valor — e algumas até mesmo demonstravam ansiedade — a um relacionamento sexual que propiciasse a mesma gratificação a ambos os parceiros, não hesitando pois em incluir o sexo na lista dos requisitos essenciais para um bom casamento. Poucas das entrevistadas eram hábeis no manejo da linguagem erótica; obviamente era mais fácil para elas executar o ato sexual do que falar sobre ele, mesmo quando a entrevistadora era tão cuidadosa e nada ameaçadora como a dra. Mosher. Suas respostas freqüentemente se resumem a uma só palavra, ou a frases entrecortadas; o lirismo é raro, aparecendo em geral de forma sutil, apenas insinuada. Tanto melhor: pois daí se deduz que as entrevistadas formularam suas respostas sem tomar emprestados alguns versos lidos, e sim ouvindo a experiência vivida. E o que emerge desses comentários é que havia, na experiência conjugal dessas mulheres, a feliz conjunção de afeto e paixão, a união do que Sigmund Freud denominava os dois fios que conduzem ao erotismo. Aquilo que elas mais prezavam, e que a maioria obteve, era a moderação na prática, a reciprocidade do desejo e a espiritualidade no ato amoroso.

E é esse tema, o da espiritualidade, que aparece com insistência na pesquisa da dra. Mosher como um *leitmotiv*. Inquirida, como todas as demais entrevistadas, sobre o que justificaria as relações sexuais além da geração de filhos, a n.º 45 respondeu: "Afeto, muito. Um homem e uma mulher, significado espiritual absolutamente vital". Outra, menos resfolegante e mais desenvolta: "Parece-me um sinal natural e físico de que há uma união espiritual, é uma renovação dos votos matrimoniais". A elevação do ato sexual à estratosfera da pureza era uma banalidade comum na cultura burguesa. O prazer da sexualidade serve a "um propósito mais elevado", declara a n.º 29, "do que o deleite físico". O sexo produz a "unicidade", disse a n.º 44, "enaltece como se fosse música".[57] E a n.º 17 achava que fazer amor dava um "sentimento de integração, uma perfeição espiritual que não pode ser obtida de [nenhuma] outra maneira". E então ela passa sem hesitar do espírito à matéria: "É fisicamente necessário tanto para a mulher quanto para o homem, para que a vida seja completa". Atestando as delícias de sua comunhão sexual com o marido, tendo relações moderadamente freqüentes, porém "quase invariavelmente" atingindo o orgasmo, a n.º 12 se referiu a um "prazer não sensual, mas o prazer do amor", uma confusão que significava que ela gozava o prazer físico facilitado por um afeto caloroso, exclusivo, e carinhosamente compartilhado. As relações sexuais, prossegue ela, "somente encontram justificativa se forem a expressão de um amor vero e apaixonado". Uma das entrevistadas, rara em meio a esse conjunto, a n.º 10, introduziu a Divindade na justificação das relações sexuais: "Acho que se o homem e a mulher se casaram por amor, então o sexo pode ser usado *moderadamente* como uma das mais sublimes manifestações do amor que nos foi concedido pelo Criador". Entretanto, seu ideal estava solidamente plantado na igualdade humana: "Relações sexuais ocasionalmente", controlando-se a concepção, e "tudo deve ser absolutamente recíproco".[58]

O amor era fundamental e indispensável para essas mulheres, constituindo o fundamento, a coroação e a razão de ser da sexualidade. O sexo, contou uma delas a Clelia Mosher em 1897, é "a expressão do amor entre um homem e uma mulher", um ato que é "freqüentemente nada mais do que a suprema carícia da paixão amorosa". Onze anos mais moça do que Mabel Todd, após um ano de casamento ela confessou que já havia pensado que as crianças eram o único objetivo legítimo das relações sexuais; no entanto, agora percebia, através da "experiência", que "a expressão carnal e habitual do amor traz consigo um profundo efeito psicológico, que torna possível uma completa empatia espiritual e aperfeiçoa a união espiritual em que terá que se transformar o 'casamento' depois que a paixão do amor tiver se esvaído com o passar dos anos".[59] Essa mulher tinha a expectativa de que o prazer de suas relações sexuais durasse além de seu encantamento amoroso imaturo, cimentando a "união espiritual" em que consistia seu ideal do casamento.

Há mais de uma maneira de interpretar essas declarações de fé entusiasmadas sobre o amor, esse desejo de que a sexualidade dentro do casamento tivesse um significado mais elevado. A pesquisa da dra. Mosher, afinal de contas, deixa entrever alterações tão dramáticas das teorias tradicionais acerca da sexualidade no século XIX, que o historiador se vê tentado a superinterpretar as evidências, fragmentárias e por vezes contraditórias, efetivamente contidas na pesquisa. Considerando que muitas das entrevistadas queriam mostrar-se prestativas aos maridos por vezes importunos, antes e durante a gravidez, talvez até mesmo os números mais otimistas relativos ao orgasmo devam ser lidos com bastante circunspecção. Mesmo que eles sejam exagerados, mesmo que as entrevistadas estivessem tão afoitas para agradar a dra. Mosher quanto para agradar o marido, a conclusão é a de que há uma certa tendência em favor da gratificação sexual, até mesmo para a mulher, no século XIX. Pelo menos algumas das entrevistadas tomaram o caminho de uma linguagem voltada à espiritualidade como um modo de negar o corpo, um modo de tornar aceitáveis as exigências eróticas masculinas, e conseqüentemente, de não se sentirem exaustas nem desgostosas com essas exigências, o que lhes dava o sentimento gratificante de terem executado bem seus deveres matrimoniais e de merecerem por isso a gratidão de seus maridos. Contudo, muitas das entrevistadas eram como a n.º 41, que se sentia feliz por a natureza haver concedido aos seres humanos esse maravilhoso impulso sexual. Para essas, a sexualidade não se oferecia simplesmente como um instrumento componente do amor conjugal, como um apêndice à paz doméstica, mas antes como um prazer autônomo. A adoração da espiritualidade concedia-lhes licença de satisfazer seus anseios físicos. Muitas vezes, o sexo era um instante do paraíso, um paraíso para dois. O que chamei de a duvidosa certeza dos números não é tão duvidosa a respeito desse ponto crucial.

A investigação levada a cabo pela dra. Mosher é a um só tempo imperfeita e fascinante. As mulheres que ela escolheu para compôr sua amostra e as perguntas formuladas tornam a pesquisa vulnerável a distorções involuntárias; o pequeno número de entrevistadas, a prontidão com que elas se dispuseram a falar, e seu nível de instrução levam à objeção de que os resultados obtidos estejam longe de ser representativos. Não resta dúvida de que as respostas das mulheres que se recusaram a participar da arrojada experiência empreendida pela dra. Clelia Mosher no campo da investigação social, ou as respostas de um grupo de Victorias Benedictssons, teriam fornecido um perfil radicalmente diferente da sexualidade burguesa no século XIX. Ao mesmo tempo, entretanto, as respostas obtidas pela dra. Mosher têm uma boa dose de convicção, e seu significado se estende muito além do pequeno grupo de 45 mulheres entrevistadas. Respostas hesitantes, não ensaiadas e inconsistentes revelam-se autênticas exatamente por sua forma desajeitada. Sua franqueza ingênua e grave é uma indicação dos desejos e das realizações de que só em parte elas tinham consciência; aponta no sentido de uma felicidade erótica, que elas julgavam necessário revestir com o vocabulário então corrente de uma recatada respeitabilidade — conforme se deduz de modo surpreendente sobretudo no que se refere à questão do sexo, como objetivo em si mesmo, em contraposição à postura moral de que ele deveria ter por objetivo a procriação. Além disso, havia um número suficiente de fracassos nas vidas sexuais das entrevistadas para que se possa considerar essa pesquisa pioneira um verdadeiro tributo à variedade de experiências sexuais vividas. O Relatório Mosher é o melhor, aliás, na realidade o único esforço completo de mapear cientificamente a sexualidade no século XIX. É tudo o que temos ao nosso dispor. Mas ao mesmo tempo é também coerente com outros testemunhos, mais informais, complementando maravilhosamente as cartas dos Lyman e os apontamentos rápidos de Lester Ward. Em suma, Mabel Todd foi porta-voz de um número considerável de mulheres casadas da classe média. O que a torna rara, considerando-se a meticulosa documentação que nos legou, não é sua experiência, mas sim sua eloqüência.

3. O SEXO PROBLEMÁTICO

Não se pode separar essa investigação da experiência erótica burguesa do debate que se travava no século XIX acerca da sexualidade feminina. Como observou o dr. Iwan Bloch, famoso ainda que notoriamente descuidado sexologista, resumindo a sabedoria de um século, em 1907: "As expressões do desejo sexual e da lascívia do homem" pareciam ser "razoavelmente inequívocas". Por conseguinte, geravam poucas discussões — menos, aliás, do que mereceriam, considerando-se o medo que os homens tinham da impotência na noite de núpcias e a ansiedade dele decorrente. Mas na opinião de Bloch, idêntica à de muitos estudiosos da vida erótica seus contemporâneos, era a "antiga controvérsia" sobre a natureza e a intensidade do apetite sexual da mulher, que "até hoje não foi resolvida".[60]

De fato, como dizia o dr. Bloch, a controvérsia já tinha uma longa história, porém não era na realidade uma história muito alegre. Os antigos romanos, os cristãos na Idade Média, autores da Renascença e do Iluminismo, todos teriam concordado em que o assunto já fora amplamente resolvido pela historieta inúmeras vezes repetida da disputa entre Zeus e Hera sobre a proporção de prazer sexual concedida ao homem e à mulher. Zeus, para desculpar seu comportamento de mulherengo inveterado, argumentava que o sexo feminino era o mais lascivo, e que a infidelidade dele não passava de mero substituto para as gratificações dela; Hera, esposa traída e irada, replicava que seu comportamento provava na realidade o contrário. Por isso, terminaram por consultar o vidente Tirésias, que havia tido experiências sexuais tanto como homem quanto como mulher, e Tirésias sem hesitar deu o prêmio do prazer às mulheres, na proporção de nove por um. É possível que alguém, na Antigüidade ou mais tarde, tenha questionado a precisão um tanto improvável do veredicto de Tirésias, mas poucos negariam que ele continha a essência da verdade. Quando o influente filósofo Filão, o Judeu, que viveu aproximadamente à mesma época que Cristo, interpretou a Queda do Homem e a expulsão do Paraíso como uma alegoria, considerou Adão a encarnação da razão, desencaminhada por Eva, a encarnação da sensualidade. Os grandes moralistas, de Montaigne para cá, jamais puseram em dúvida que toda mulher é de fato uma eterna Eva. Não era necessário ser um misógino trovejando contra a mulher por considerá-la a fonte de toda corrupção moral para ver nela um poço de lascívia. E é exatamente assim que a mulher foi considerada através dos séculos — até o século XIX.

Ao sugerir que a questão da sexualidade feminina continuava sem solução à sua época, Bloch estava pois sendo inexato, como era de seu feitio; mais apropriado teria sido dizer que a questão havia sido reaberta cerca de cem anos antes. Como na intensiva e, frenética cruzada geradora de pânico contra a masturbação, também nesse caso as dúvidas lançadas por médicos e clérigos sobre a sensualidade inata da mulher constituíam um fenômeno bem característico da época.[61] O século da burguesia transformou a mulher no sexo problemático.

Esse debate curioso teve efeitos decisivos sobre todos os aspectos da vida das mulheres no século XIX — e sobre os homens também. Afinal de contas, era muito importante saber se a disposição sexual feminina era um instinto inato ou uma capacidade adquirida, um direito natural ou uma obrigação legal: a resposta ajudaria a definir a extensão e o próprio caráter dos deveres conjugais da mulher, assim como, indiretamente, sua aptidão, se é que tinha alguma, para a educação superior e para o exercício de uma profissão liberal. Definir a natureza da sexualidade feminina significava nada menos do que definir a natureza da própria instituição do matrimônio e obter indicações esclarecedoras referentes à qualidade das comunhões burguesas.

À luz da certeza que havia dominado os discursos médicos e teológicos sobre esse assunto importantíssimo através dos séculos, as hesitações e contradições que aparecem no século XIX são fascinantes. Alguns médicos, perplexos diante do que percebiam ser um emaranhado de impulsos sexuais, solicitavam mais pesquisas. "Saber se é o homem ou a mulher quem mais ardorosamente deseja os prazeres das relações sexuais", escrevem em 1901 o dr. Friedrich Siebert, dermatologista e sexologista de Munique, "é uma questão que vem sendo abordada e respondida de muitas maneiras. Falta-nos um padrão realmente confiável para podermos julgar". De modo análogo, o médico francês Paul Moreau, em seu tratado sobre as aberrações do "sentido da procriação", observa — acertadamente, no contexto da década em que escrevia, a de 1880 — que "existe um sentido genital geralmente reconhecido, porém ainda não explorado cientificamente". Também preso aos mesmos moldes, o especialista sueco dr. Seved Ribbing adota, ao início da década de 1890, a posição de que "a força do impulso sexual humano, sua necessidade de um objeto para satisfazer-se, apresenta diferenças acentuadas em circunstâncias excepcionais", e prossegue fornecendo uma lista de indivíduos bastante famosos, inclusive mulheres, "dotados de impulsos sexuais realmente enormes". Distinguia diferenças sutis entre homens e mulheres, mas era de opinião de que tanto estas como aqueles eram eróticos por natureza, sem dúvida alguma. O dr. Siebert representava pois um grupo de pessoas cujas opiniões eram respeitáveis, ao expressar seu ceticismo em relação à crendice popular de que a "*naturae frigidae* é muito mais difundida entre as mulheres", sugerindo que se, de fato, muitas mulheres demonstram certa aversão ao coito, tal aversão provavelmente resulta do fato de "o marido inábil e desajeitado ter esgotado suas forças antes de a mulher chegar ao momento de máxima volúpia e prazer". Contudo, acrescenta ele, essa questão delicada exigia uma investigação mais aprofundada.[62].

Outras pessoas que comentaram a sexualidade no século XIX não viam a necessidade de tais pesquisas. O cínico, o idealista, e o cientista podiam facilmente pôr-se de acordo sobre a afirmação de que a mulher anseia pelo coito tanto quanto o homem. Escritores franceses e estudiosos do amor, como Stendhal e Balzac, certamente partiam desse princípio. Promotores públicos e advogados de defesa, conhecidos por sua franqueza, habituados a tratar de casos de mulheres acusadas de crimes passionais — de assassinarem um marido inconveniente ou um amante que começa a demonstrar frieza —, declararam de público algo em que muita gente acreditava em particular: que a mulher freqüentemente toma a iniciativa de um caso amoroso, e de que precisa de doses regulares de prazer sexual para manter sua sanidade. "Privada de determinados prazeres", escreveu um desses advogados em 1882, referindo-se a uma cliente, a mulher sofrerá e "sua mente ficará perturbada enquanto sua sensualidade não for satisfeita".[63] Numerosos médicos endossavam esse ponto de vista sem a menor hesitação, e não se restringiam a mulheres assassinas. Em 1855, o dr. Félix Roubaux, um especialista em águas minerais da França e secundariamente um historiador da medicina, argumentava em seu volumoso tratado sobre a impotência e a frigidez que "num coito normal o papel da mulher não é totalmente passivo". E defendia energicamente o direito que tinha a mulher aos desejos sexuais e aos "prazeres venéreos".

Era freqüente que essa defesa se apresentasse revestida da mais elevada retórica. Em seu tratado sobre o instinto sexual, o dr. James Foster Scott reconhecia que a mulher é dotada de desejos eróticos, porém subordinava-os a deveres mais nobres: "Um sentimento sexual puro, limpo e, imaculado é uma lei fundamental da natureza feminina, pois o amor é o seu elemento e esse sentimento sexual não é de modo algum algo frívolo, mas um clamor normalmente voltado para a honra da maternidade, um impulso infinitamente superior, infinitamente mais nobre do que a paixão sensual da mulher libertina e sedutora". Numa reviravolta hábil — e por sinal bastante corriqueira no século XIX —, o dr. Scott argumentava que o apetite sexual da mulher na realidade a eleva acima do homem; sendo ela mais primorosa do que o macho, é "a Mãe — a Geratriz — de todos os seres vivos".[64] Para muitas pessoas do século burguês (ainda que não todas), uma coisa era enxergar a realidade e outra bem diferente publicá-la sem floreios moralizantes.

Homens de vida mundana tinha chegado às mesmas conclusões através da experiência, e em geral tendiam a expô-las sem floreios galantes. Os sofisticados e desalmados Goncourt confiaram aos seus diários: "Eu diria a um solteiro, de rosto jovem e velho de coração, despido de fátuas ilusões, ansioso por usar mulheres, à procura não de assegurar o seu prazer, mas de impor-se: sempre, e destemidamente, ataque a mulher de 38 anos, amargurada e atormentada pelo calor do sangue. Ele poderá fazer com ela o que quiser, ousar qualquer coisa e rapidamente; e uma vez que ela seja sua, ele a possuirá inteiramente: poderá fazer dela o instrumento de suas ambições ou de suas paixões". A cena que aqui os Goncourt pintam é extremamente asquerosa. Deixa-nos antever alguns dos contos mais frios e cruéis de Maupassant: a fêmea ofegante, sexualmente insatisfeita, já madura — no século XIX, 38 anos já era decididamente a meia-idade —, degradando-se diante do garanhão que lhe dá orgasmos regulares. Mas sem entrarmos no mérito da amoralidade contida nessa orientação que os dois cafajestes experientes passam ao cafajeste-aprendiz, ela não dá margem a qualquer dúvida de que, pelo menos no círculo freqüentado pelos irmãos Goncourt, se sabia que a mulher era um animal inteiramente sexual — e como um animal era tratada.

É claro que os irmãos Goncourt sabiam do que estavam falando. Com um distanciamento e uma precisão de cirurgiões, registraram as exclamações extasiadas de suas amantes: "Eis agora os murmúrios, a respiração e os grunhidos do amor. É a mulher que sussurra e suspira: 'Isto me afeta os nervos ... Oh! Bibi, estou gozando ... Hum ... hum ... hum ... Enfia tudo! ... Hum ... hum ... hum ...' E ela já gozou; mas o homem continua. E a mulher: 'Oh! Está me machucando a perna... Vem mais, me chama de porca! ... Oh! estou toda molhada...'" E mais adiante: "Estudo do amor a partir da vida. Ruídos nos lençóis. — 'Hi! hi! hi!' — Respiração ofegante. Em voz baixinha: 'Tá me titilando tão gostoso... Entra até o fim ... Ah! oh! ...' A cama range; a respiração se acelera: 'Quero ir por cima de ti ... Oh! meu Bibi ... Hum! hum! hum! ... Oh! está indo longe demais! Meu Deus! ... Seu coração batendo em baixo da minha bunda ...'"[65] Os Goncourt não tinham necessidade de pesquisa alguma que lhes dissesse que a mulher é tão capaz de ficar excitada quanto qualquer homem.

Amiel está inteiramente de acordo com os Goncourt, apesar de utilizar-se evidentemente de uma linguagem muito mais decente: "No fundo é a mesma coisa para ambos os sexos", escreve ele. "Em sua atração recíproca, *cada qual procura seu complemento*. Pode-se dizer que o próprio Don Juan procura apenas uma mulher; e que toda a vida de cada mulher se desenrola na procura de *um* homem, do *seu* homem".[66] Por vezes essa afirmação tinha origem um tanto devassa, ainda que profissional. Durante o ano de 1865, John Bartlett, frenologista que atuava em Nova York, caracterizou o perfil de Joseph B. Lyman. Tendo conhecimento, sem dúvida, do orgulho que Lyman sentia de suas proezas físicas, bem como de suas ambições literárias, Bartlett cuidou de destacar que Lyman possuía "o fôlego e a potência necessários a uma longa caçada" e descreveu a sua "animalidade" como "em parte a de uma águia" e "em parte a de um cavalo". Asseverou que Lyman era certamente "um escritor nato — a pena é tão natural nele quanto as garras na águia". Uma avaliação bastante encorajadora. Mais encorajadores ainda são os comentários de Bartlett sobre a condição erótica de Lyman, incluídos no relatório: "Sua pica ou fica abaixada ou levantada — geralmente fica caída, mas quando se ergue executa um trabalho vigoroso — tão completo que nenhuma mulher em sã consciência desejaria trocá-la por outra". Bartlett acrescenta: "Caso sua esposa goze de boa saúde e se iguale ao senhor em capacidade física, pode deixar que as coisas sigam seu curso; porém uma carga de cavalaria completa da sua parte exige tanto quanto as de dois ou três de seus lugares-tenentes". E sugere: "Não é recomendável para o senhor descarregar toda uma bateria de canhões mais do que uma vez por semana. Isso a contentará e não lhe fará nada mal. Se sua vida fosse mais muscular ou mais epicurista, o senhor poderia saciar-se mais copiosamente. O senhor quer que as coisas tenham sua medida justa e acertada na cama, e vale a pena que assim seja". Bartlett faz questão de tranqüilizar Lyman quanto à confiança que sua mulher tinha em seu desempenho sexual. "Sua esposa", conclui ele, "não tem motivos para ciúmes. O senhor é um cavalheiro, e como tal não deseja alimento a menos que esteja bem-preparado e que lhe seja servido em pratos finos. Se uma vez o senhor der prazer a uma mulher, dar-lho-á muitas vezes, e isso por dois motivos, primeiro porque não procura a variedade, e segundo porque ela nada teria a ganhar numa troca".[67]

Há muito o que dizer a respeito desse breve diagnóstico, evidentemente escrito rápida e afobadamente, e rotulado de "obsceno". A pungência da linguagem de Bartlett, a utilização de metáforas extraídas da vida militar e os abrangentes conselhos sobre como satisfazer uma mulher, sugerem certa camaradagem entre o perito e seu cliente, ou então o tipo de linguagem grosseira que freqüentemente caracteriza as conversas masculinas sobre as mulheres. É impossível sabermos o que Laura Lyman acharia de ter sido comparada a um prato fino, mesmo sabendo que apreciava enormemente a vida sexual com o marido. Mas o que importa aqui é a tranqüila confiança demonstrada por Bartlett no que tange à sensualidade feminina. Ao descrever a capacidade sexual de Lyman como tão vigorosa e completa que "nenhuma mulher lúcida almejaria coisa diferente", estava dizendo na realidade que uma mulher sadia tem tanto prazer no sexo como qualquer homem. Ao postular a hipótese de "sua esposa gozar de boa saúde e se igualar fisicamente" a ele, Bartlett justificadamente nos leva a concluir que o apetite sexual da mulher varia tanto por motivos físicos quanto por motivos psicológicos; e ao argumentar que, se a vida de Lyman fosse "mais muscular ou mais epicurista", ele poderia permitir-se uma freqüência maior do que uma vez por semana, está sugerindo, o que é igualmente sensato, que o apetite sexual do homem também varia conforme as circunstâncias.

Os escritos que chegavam ao público, quer fossem obras populares, quer tratados cuidadosamente elaborados, freqüentemente adotavam essa linha, ao mesmo tempo já esperada e liberal. Gustave Droz, um prolífico jornalista parisiense, deu início ao debate a favor da mulher apaixonada em seu livro *Monsieur, madame et bébé* [O senhor, a senhora e o bebê], que publicado em 1866, teve 121 reimpressões em dezoito anos. O livro consiste numa série de ensaios encadeados, cuidadosamente escritos num tom informal, que abrangem desde o namoro ao casamento, o nascimento das crianças e a vida em família, sem esquecer o solteirão lascivo, a mãe intrometida, a noiva enrubescida. O estilo de Droz parece hoje intoleravelmente brincalhão, porém era calculado: era seu modo de desarmar os ideais sociais puritanos que àquela época faziam com que as mulheres ficassem apavoradas diante da perspectiva do casamento. Passada a cerimônia, a "mãe da noiva cochicha algumas palavras ao ouvido da filha, fala-lhe do sacrifício, do futuro, da obediência..."; não é de se admirar que a primeira noite seja uma seqüência de aproximações tímidas da parte do marido e encorajamentos igualmente tímidos da parte da recém-casada, até que ela permita ao pobre e trêmulo rapaz juntar-se a ela no leito e dar-lhe um beijo. Finalmente ela confessa que o ama, "mas tão baixinho e tão devagarinho que parece estar sonhando". Ainda assim tudo corre bem: a mensagem de Droz, afinal de contas, era a de que a felicidade erótica é perfeitamente natural no casamento. "Quantas vezes, Deus meu, rimos ao relembrarmos essas cenas agora já tão distantes!"[68] A sexualidade de Madame precisava apenas ser despertada para encontrar-se com a de Monsieur.

Havia na França vozes que tinham o peso, ou pelo menos a credibilidade da autoridade médica, e que compartilhavam a convicção de Droz de que um casamento feliz não deve negligenciar a felicidade sexual de ambos os parceiros. O mais notável dentre esses médicos era o dr. Auguste Debay, oficial-médico reformado, que se tornou um autor popular escrevendo sobre toda a sorte de assuntos, inclusive a higiene dos banhistas e os mistérios do magnetismo. Mas seus "estudos sobre o amor, a felicidade, a fidelidade", e sobre "o ciúme, o adultério, o divórcio e o celibato" sempre foram seu tema preferido. Seu livro *Hygiéne et physiologie du marriage* [Higiene e fisiologia do casamento], publicado em 1848, rivalizava seriamente com o jornalismo popular de Droz em vendas e, sem dúvida, em influência; em 1881 atingia 125 reimpressões, e por muito tempo ainda continuou a atrair novos leitores. Debay atacava prolixamente a abstinência sexual e deplorava suas conseqüências, que considerava nada menos do que desastrosas, especialmente para a mulher: "O celibato", escreve ele, "tem uma influência tão funesta sobre as faculdades intelectuais da mulher que, em todos os asilos para lunáticos, o número de mulheres solteiras é absolutamente desproporcional à população em geral; observa que "neuroses terríveis atacam a maioria das mocinhas que se consagram à castidade a despeito do seu temperamento fogoso". Tais mocinhas empalidecem e passam a suspirar dia após dia; dêem-lhes um homem e suas faces voltarão a florescer.[69] Apesar de seu profissionalismo arrogante, o dr. Debay não desprezava os remédios caseiros.

No livro de Debay, conseqüentemente, o casamento constitui uma bênção física e mental para ambos os sexos. O "compartilhar das dores e dos prazeres", a afetuosa ajuda mútua, as ternas carícias e o doce conforto recíproco tornam o casamento um recurso escasso nesse mundo egoísta. E, para Debay, essas atividades compartilhadas incluem enfaticamente as relações sexuais: o casamento é "aquele feliz intercâmbio entre corpo e alma que ajuda o casal a suportar as cargas da vida". A tão debatida questão de saber se é o homem ou a mulher que experimenta o mais vivo prazer na cama é uma discussão sem sentido, visto ter sido resolvida "pelos experimentos fisiológicos" realizados pelos pesquisadores modernos. A verdade é que tais prazeres variam muito, e por muitos motivos. "A imaginação e a sensibilidade genital se influenciam reciprocamente. Pessoas dotadas de imaginação erótica, assim como aquelas dotadas de superatividade genital, sentem freqüentemente desejos eróticos que procuram constantemente satisfazer. É na cidade e entre os ociosos" — entre os burgueses mais prósperos especialmente, pode-se dizer — "que se encontra essa categoria de indivíduos ".[70] Ao abordar a sexualidade no meio rural, Debay repetia um ponto de vista comum à sua época classificando-a de brutalidade entre homens e de uma indiferença mais ou menos flagrante entre as mulheres. O que ele sugere é que as classes médias, sabendo ler e escrever, sendo sensíveis e tendo aperfeiçoado sua paciência, gozam uma vida sexual mais gratificante, literalmente mais humana.

Prosseguindo em sua exposição de uma sexualidade refinada, Debay descreve a variedade de sensações genitais com uma precisão quase voluptuosa. Quando a relação sexual é rápida, observa ele, a mulher "se mostra passiva durante o coito". Quando, ao contrário, a relação se prolonga, "o atrito com os lábios menores, a estimulação do clitóris e a branda massagem interna da vagina elevam a excitação de todo o aparelho genital feminino ao mais alto grau possível". O prazer da volúpia, com certeza, se segue rapidamente. O "sistema sexual" da mulher tem "extensão" maior do que o do homem; sua imaginação é mais vivaz, sua sensibilidade, maior. Em conseqüência, ela "treme e se agita nos abraços amorosos e saboreia o prazer durante todo o tempo em que permanece sexualmente excitada". Já a excitação do homem pode alcançar níveis mais altos, porém sua duração é mais curta. E após o coito o homem fica mais exausto do que a mulher, tornando-se suscetível a algo semelhante a uma "impotência momentânea"; na melhor das hipóteses, seu desempenho não excede cinco ou seis relações em sete ou oito horas — um desempenho atlético que a Debay não parecia excessivo nem tampouco extraordinário. A mulher, em contrapartida, está sempre pronta para o coito, a qualquer instante e sem avisos preliminares. Muita coisa depende, segundo o que Debay deixa implícito, da técnica e da sensibilidade de seu amante: "A mulher resiste por mais tempo do que o homem aos embates amorosos, e é sempre tolice ou imprudência da parte dele tentar provar o contrário por meios físicos". De fato, Debay se revolta contra algumas práticas sexuais que considera grosseiras para com a mulher, e ainda por cima contrárias à natureza: "manter relações com uma mulher menstruada" é revoltante; homens que assim procedem demonstram "uma lubricidade escabrosa e um gosto totalmente depravado".[71] Por mais liberal e tolerante que fosse, Debay achava inaceitáveis algumas formas de gratificação sexual.

Debay não era exatamente um revolucionário. Aconselhava as mulheres a fingir uma excitação sexual que não sentiam, especialmente o orgasmo simultâneo: "O homem gosta de sentir que está compartilhando seu prazer". É verdade que o homem pode ser um animal no leito, mas se assim for, diz Debay às suas leitoras, "as chamas de sua febre sexual podem ser extintas por carícias". Não surpreende que Debay destacasse a posição "missionária", ou de "papai-mamãe", como a posição "normal" para o coito; era possível que a posição da mulher acocorada sobre o homem produzisse uma experiência voluptuosa, porém constituía uma inversão da ordem natural das coisas. Não obstante o tom sugestivo e a postura confiante que adota, Debay era um conselheiro conflituado: a hierarquia familiar que ele aceitava se opunha à sua defesa do prazer sexual para ambos os sexos. No final das contas, na sua opinião o lugar do homem era por cima. E, não obstante, as vinte e tantas páginas que Debay dedica a substâncias afrodisíacas apenas sublinham ainda mais seu comprometimento com a sensualidade e sua convicção de que a mulher é uma criatura erótica, não a vítima passiva do macho lascivo, nem um mero instrumento para a perpetuação da espécie.[72] Tem grande relação com a cultura de Debay — um homem instruído, quase totalmente liberto das imposições morais da religião, e francês —, o fato de seu livro ter tido uma imensa e duradoura popularidade.

Embora muitos outros autores, alemães e ingleses em particular, gostassem de atribuir tais pontos de vista liberais sobre a conduta sexual à proverbial imoralidade francesa, também se podia encontrar, espalhados pelo mundo ocidental, sexologistas que difundiam a opinião de que um homem casado não precisa buscar satisfação sexual fora do leito conjugal. O dr. Anton Nyström, por exemplo, um eminente médico sueco que fez incursões no campo da história cultural e da filosofia, e cujos escritos foram traduzidos para várias línguas, insistia em que "tanto na mulher quanto no homem é indubitavelmente o instinto sexual, e não o problemático desejo de procriação, que atrai um indivíduo ao sexo oposto. O instinto sexual pertence à natureza feminina tanto quanto à masculina, mesmo que princípios ascéticos e condições sociais o suprimam em grande parte". Nyström foi um dos poucos peritos de sua época a estabelecer uma distinção entre a natureza da mulher e sua condição social. Pelo fato de o asceticismo e a submissão na sociedade terem sido considerados inerentes à natureza feminina escreve Nyström, "muitos proclamaram que o instinto sexual não tem importância alguma na mulher, e o fato de uma mulher tê-lo fortemente desenvolvido é interpretado como um sinal de degradação moral ou de volúpia indecorosa". Assim como outros críticos das idéias então predominantes sobre a sexualidade feminina, Nyström tendia a responsabilizar a religião por tais concepções notoriamente distorcidas: "A ética sexual predominante nos países cristãos forçou a mulher a suprimir seu instinto sexual". E, ao contrário da maioria dos demais autores que se dedicavam ao assunto, Nyström foi mais adiante e efetivamente consultou muitas mulheres sobre o assunto, "várias delas educadas e refinadas", inclusive a pacifista e reformadora sexual alemã Helene Stöcker. Como era de se esperar, "os artigos francos e bem escritos" que delas recebeu eram documentos extremamente úteis, nos quais "o instinto sexual e o desejo de amor são considerados tão decisivos para a vida da mulher como para a do homem, sendo que a maternidade tem um papel absolutamente secundário". Mabel Loomis Todd teria assinado entusiasmada ambas as proposições. As breves histórias, pouco mais do que vinhetas, que o dr. Nyström extrai de sua experiência clínica, confirmam amplamente o que essas mulheres educadas e refinadas haviam dito por escrito: a abstinência sexual, título que para o dr. Nyström engloba a masturbação, provoca insônia, enxaquecas e alucinações; ademais, o impulso sexual tinha meios de romper até as mais fortes barreiras interiores.[73] Droz e Debay dispunham realmente de alguns aliados de peso.

Entretanto, apesar de não ser tímido nem excêntrico e de não se achar isolado, esse grupo se defrontou durante algumas décadas com uma maioria cada vez mais numerosa, de sorte que suas opiniões foram abafadas por vozes muito mais sombrias, que negavam à mulher sadia e respeitável qualquer inclinação erótica natural. A disputa entre as facções em oposição se estendeu através do tempo e do espaço; o próprio Bloch cita meia dúzia de peritos, sobretudo contemporâneos e na maioria alemães, que defendiam posições fundamentalmente contrárias. Não havia consenso nacional tampouco: italianos, franceses, alemães, ingleses e americanos podiam ser encontrados dos dois lados. E em ocasião alguma houve consenso; os que advogavam a pureza sexual, que invariavelmente retratavam a mulher como acanhada e passiva na relação sexual, parecem ter-se tornando mais diligentes à medida que o século progredia. No entanto, jamais chegaram a dominar inteiramente o campo de batalha. Nem os especialistas mais eminentes chegaram a um acordo; tanto no início do século XIX quanto em seu término, e até mesmo no século XX, alguns diagnosticavam que as mulheres tinham paixões idênticas às dos homens, enquanto outros insistiam na frigidez natural feminina.

Provavelmente o mais conhecido — e certamente o mais literato — crítico da idéia de que a mulher é um ser dotado de paixões, foi o dr. William Acton, cujo evangelho da anestesia sexual feminina obteve à época grande aceitação e circulação internacional. Acton era absolutamente brusco: "A maioria das mulheres (felizmente para elas mesmas) não se incomoda muito com sentimentos sexuais de qualquer espécie. O que os homens sentem habitualmente, só raras vezes atinge as mulheres". E acrescenta que tais mulheres excepcionais são essencialmente aberrações ninfomaníacas e candidatas em potencial aos asilos de loucos, se é que já não estavam lá confinadas. O curioso é que a intenção do dr. Acton, ao expor esse fato crucial, era tranqüilizar os homens, e não deixá-los deprimidos: "Nenhum jovem nervoso ou tímido precisa, por conseguinte, temer o casamento em função de uma noção exagerada dos deveres que dele serão esperados. A mulher casada não tem nenhum desejo de ser tratada em pé de igualdade com uma amante". A natural frigidez feminina lhe permitia livrar-se de seus receios. "Na maioria dos casos", prossegue o dr. Acton para reforçar o argumento, "a recatada jovem inglesa, que acaba de passar por todas as ansiedades e fadigas inerentes à cerimônia do casamento e às subseqüentes despedidas, vendo-se repentinamente numa situação tão nova, tão cheia de ansiedades e aparentemente tão isolada, como é a situação de uma recém-casada, de modo geral ficará extremamente feliz se puder passar alguns dias sem aquilo que na maioria das vezes será para ela um clímax ainda mais doloroso e angustiante do que toda a agitação por que passou". Segundo a concepção do dr. Acton, ela era por demais angelical para ser tratada como uma "cortesã".[74]

Aqueles cuja função era a exortação religiosa receberam de braços abertos os pronunciamentos de Acton. Contudo não foram os únicos; muitos médicos especialistas, alguns com décadas de experiência clínica, acorreram a endossar tais conclusões dogmáticas. Em meados da década de 1880, o dr. Richard Freiherr von Krafft-Ebing emprestou-lhes sua imponente autoridade em um tratado amplamente lido e várias vezes revisado, *Psychopathia Sexualis* [Psicopatia sexual]. Reconhecia que a cultura estava alicerçada em fundações eróticas: "O que seria das artes plásticas e da literatura sem a base sexual!" Mas não concedia tanto à mulher. Ainda em 1894, na nona edição de seu clássico, insistia em que "sem a menor dúvida" o homem tem "uma necessidade sexual mais forte do que a mulher. Seguindo um poderoso impulso natural, ele deseja a mulher a partir de uma certa idade. Ele vive sensualmente". Já a mulher é diferente: "Se ela tiver um desenvolvimento mental normal e for bem-educada, seu desejo sensual será pequeno. Não fosse assim, o mundo inteiro seria um bordel, e o casamento e a família seriam inconcebíveis. De qualquer forma, o homem que foge de uma mulher, assim como a mulher que persegue a satisfação sexual, são fenômenos anormais". As mulheres têm mais necessidade do amor, porém essa necessidade é mais espiritual do que erótica. Num "estudo médico-psicológico" das perversões sexuais, publicado pela primeira vez em 1890, Krafft-Ebing reitera o que já havia dito em sua obra-prima: a mulher é naturalmente passiva. "Para a mulher, a dócil subordinação ao sexo oposto é um fenômeno fisiológico." Seu destino é ao mesmo tempo biológico e social: a fêmea é passiva no processo de geração dos filhos e "nas condições sociais que sempre existiram".[75] Segundo esse raciocínio, nem mesmo a mais revolucionária sublevação da ordem social poderia livrar a mulher dos grilhões que a natureza impôs aos seus desejos eróticos.

Mas essa opinião tornou-se prevalente, apesar de não universal, conforme já mencionei. Em seu fundamentado manual *The Human Body* [O corpo humano], cuja primeira edição data de 1881, o biólogo e fisiologista H. Newell Martin, citando um médico muito culto, diz que o ato sexual não só representa, na melhor das hipóteses, "um aborrecimento para a maioria das mulheres que integram as classes mais abastadas da sociedade", mas que muitas delas sofrem dores agudas em razão desse suposto prazer, que freqüentemente abala sua saúde geral. É evidente que Martin compartilhava da convicção que o dr. Acton expressara algumas década antes, de que as mulheres apenas consentem nas relações sexuais a fim de agradar aos maridos. "Uma mulher amorosa, que encontra sua maior felicidade em sofrer por aqueles que ama, provavelmente não deixará que o marido perceba isso enquanto puder agüentar."[76]

Outros, apesar de menos doutrinários, demonstravam menos certeza. Em meados da década de 1850, William A. Alcott, o reformador educacional americano que também era médico, condenava publicações obscenas por divulgarem "a impressão totalmente errônea" de que a mulher "é naturalmente sensual, assim como o outro sexo". E colocava a pergunta retórica: "Pode existir calúnia maior do que a afirmação de que, por constituição ou por inclinação natural, ela é impura?" Alcott admitia que existiam algumas "mulheres desavergonhadas", porém a maioria ocupava uma "esfera apenas ligeiramente abaixo da perfeição angelical". Alguns anos antes, em seu famoso artigo sobre a prostituição publicado na *Westminster Review*, o articulista inglês W. R. Greg elevava a mulher a essa mesma esfera sublime: "Os *desejos* das mulheres quase nunca as levam à queda". Com exceção das camadas inferiores, continuamente expostas à excitação e à lascívia, "o desejo praticamente não existe, numa forma definida e consciente", nas mulheres "até que *já tenham* sofrido a queda". Enquanto nos homens "em geral o desejo sexual é inerente e espontâneo desde a puberdade", nas mulheres "esse desejo permanece adormecido, ou simplesmente inexiste, até que seja despertado". Assim, "mulheres cuja educação e posição social as protejam das causas de excitação, geralmente atravessam toda a vida sem jamais tomarem conhecimento das instigações dos sentidos. Sorte delas!"[77]

Greg se aproximava com extremo cuidado de uma posição intermediária surpreendente: as mulheres, como os homens, têm impulsos sexuais, mas enquanto o homem os sente em toda a sua força e os demonstra avidamente, a mulher os percebe obscuramente e muitas vezes jamais chega a agir em função deles, até que seja seduzida e atinja a lubricidade. Na verdade, muitos autores que se ocuparam de questões relativas ao sexo e ao casamento manobraram suas argumentações de modo a atingir uma tal posição intermediária quanto à constituição erótica da mulher: o homem precisa tomar a iniciativa no intercâmbio sexual, enquanto a mulher permanece um ser misterioso; mas ela também têm sentimentos sexuais. Assim ocorre com Smith H. Platt, que no tratado *Queenly Womanhood* [Régia feminilidade], impregnado de citações das Sagradas Escrituras, argumenta que enquanto o propósito "mais evidente" do instinto sexual é a perpetuação da espécie, "há todavia fortes razões para se acreditar que também sirva a outro propósito", a saber, "o de fazer crescer ou incandescer os afetos naturais". E esse é compartilhado por ambos os sexos. "Essa conclusão", pensa ele, "é muito fortalecida pela freqüência e pela persistência dos desejos, o que de outro modo seria inexplicável", porém acrescenta rapidamente, retornando ao abrigo seguro da sabedoria convencional, "particularmente com relação aos machos da espécie humana". Platt recomendava às esposas que sacrificassem sua saúde às necessidades sexuais de seus maridos, "mesmo que esse sacrifício possa *parecer* uma forma de imolação, avessa à sensibilidade de sua natureza". Acrescenta, no entanto, a fim de restabelecer o equilíbrio, que nenhum marido honesto deixará de perceber tal sacrifício a *ele* oferecido sem que os mais nobres e profundos instintos de sua virilidade sejam despertados", o que o levará a conter-se. Por conseguinte, ele "reduzirá ao menor grau possível esse sofrimento necessário, e o que ele não puder evitar levá-lo-á a aprofundar seu amor e sua ternura pela nobre mulher que não somente se entrega a ele, mas *por ele*".[78] Tudo isso pode não ter parecido uma concessão substancial à sensibilidade das feministas, mas era o máximo que uma sólida falange de autores do sexo masculino puderam lhes oferecer em fins do século XIX.

Apesar de nada ficarem a dever aos mais patriarcais dos homens em suas críticas aos movimentos feministas, certas escritoras puritanas vez por outra se deixavam envolver por um tipo de feminismo defensivo: argumentavam que nessa civilização altamente desenvolvida e lamentavelmente decadente, a suprema tarefa da mulher consistia em salvar o homem do lodaçal de sexualidade a que o expunham constantemente suas atividades mundanas, pondo em perigo sua alma. A sra. Sarah Stickney Ellis, cujos livros gozavam de muita influência, reitera sem cessar que as mulheres precisam sacrificar-se em prol dos outros; em *The Women of England* [As mulheres da Inglaterra], ela argumenta que as mulheres desejam instruir-se por uma série de motivos: para "revestir as coisas materiais dos atributos da mente", para "gerar um interesse pelas nossas necessárias ocupações familiares", e "especialmente a fim de que possamos ajudar a resgatar os *homens* ingleses da condição meramente animalesca, ou melhor, meramente mecânica na qual, pela natureza e premência de suas ocupações, eles estão na iminência de cair".[79] A sra. Ellis era bastante recatada e direta; não tinha nenhuma intenção de recomendar às mulheres instruídas que salvassem o caráter de seus homens da condição animalesca tornando-se elas mesmas adeptas das paixões animais. Um quinhão de bom senso se mistura à exortação em obras como as dela; a literatura puritana não é tão pudica como geralmente se tem dito. Entretanto, o ideal de domesticidade permanece sempre à tona, e esse tipo de literatura pertence, de modo mais ou menos manifesto, à categoria dos desejos.

Na realidade, a literatura cada vez mais valorizada à época, uma ampla e interminável efusão de polêmicas pedagógicas, não permitia à mulher ocupar seus espaços. Excetuando-se os casos que já mencionei, denegria ou minimizava a sensualidade feminina, quando não a negava de todo. O medo dos fatos distorcia, e ditava, conclusões de forma tão enfática quanto o desejo de sucesso social ou a ânsia de notoriedade. Em muitos autores é impossível distinguir essas motivações, em boa parte porque os princípios declarados mascaravam conflitos inconscientes. A insistência em que o homem permanecesse por cima, presente, conforme vimos, até mesmo nos livros escritos em louvor da sexualidade, revela uma ansiedade amplamente difundida em relação ao perigo de o homem acabar por baixo. O moralismo relativo às posições do coito expressava outras preocupações, bem mais primitivas.

De modo geral, as intenções dos manuais sobre o casamento se encontram ingenuamente expostas; de acordo com as conveniências e sem qualquer fundamento, eles apenas repetem a sabedoria popular sobre as relações entre os sexos; copiavam-se também despudoradamente uns aos outros, de modo a melhor denunciar a falta de recato feminino, a brutalidade masculina e a decadência generalizada. É difícil resistir à tentação de insinuar que esses moralistas tinham necessidade de uma sociedade corrupta, visto que uma sociedade menos corrompida e menos degradada eroticamente os teria relegado ao desemprego. No entanto, a realidade é que a maioria dos manuais tinham uma cândida inspiração religiosa, que se refletia também no tom que adotavam; e de modo algum eram os pregadores os únicos a citar incansavelmente aqueles "pios" pronunciamentos que chamavam as mulheres de jarros da ira e as exortavam a cumprir obedientemente seu destino no lar rodeadas de crianças e esquecidas da sexualidade. O polêmico panfleto de August Bebel, *Woman under Socialism* [A mulher no socialismo], constitui um tributo às avessas a tais pontos de vista cristãos ferrenhamente defendidos; Bebel cita algumas das passagens mais famosas de são Paulo sobre a necessária submissão da mulher ao homem, bem como sobre a incurável natureza pecaminosa do sexo feminino escritas pelos mais virulentos patriarcas da Igreja. Na década de 1880, quando Bebel escreveu seu famoso e eficiente panfleto de propaganda socialista, clamando pela igualdade entre a mulher e o homem sob todos os aspectos, inclusive o sexual, a idéia vigente no século XIX de que a mulher era um ser eroticamente anestesiado permanecia muito viva.

A literatura médica, conforme já vimos, não é menos problemática do que os manuais compilados por clérigos e educadores. É contudo menos previsível e à época certamente parecia merecer mais prestígio do que as obras de seus concorrentes de origem eclesiástica ou didática. Para citarmos um dos primeiros exemplos, num tratado sobre fisiologia sexual publicado pela primeira vez em 1838, o dr. Eugène Becklard manifesta a opinião de que as mulheres podem ser "amorosas" ou não, assim como os homens. Quando ele observa que "as leis do himeneu" não só "não restringem, mas na realidade até promovem os prazeres sexuais", está se referindo tanto aos prazeres do homem quanto aos da mulher. Mesmo essa imparcialidade, porém, não impede o dr. Becklard de considerar "o sexo feminino" ao mesmo tempo "naturalmente apto para o amor" e "o princípio passivo, que pouco mais tem a fazer nos assuntos do namoro do que corresponder às ações do outro sexo".[80] Esse livrinho, um dos primeiros representantes do gênero moderno, retrata a interação entre as inclinações naturais e as restrições sociais, um ponto de vista que sugere mais uma vez, como aconteceria também com W. R. Greg pouco depois, a possibilidade de se adotar uma posição intermediária quanto a delicada questão da sexualidade feminina: esta poderia ser considerada inata, tão forte quanto a sexualidade masculina, porém era justificadamente reprimida pela sociedade, que impunha à mulher um comportamento tímido e passivo no interesse da harmonia familiar.

Essa posição de compromisso não teria sido aceita por Krafft-Ebing, mas evidentemente era satisfatória para moralistas e especialistas médicos que deploravam a bestialidade e o egoísmo dos maridos sem que por isso se vissem particularmente atraídos pela igualdade entre os sexos. Uma médica que se sentia à vontade nessa posição intermediária foi a dra. Elizabeth Blackwell. Reconhecida por seu pioneirismo na educação médica, foi ela a primeira mulher a graduar-se em medicina nos Estados Unidos. Apesar de rebelar-se, sua revolta foi severamente limitada por suas convicções religiosas; descrevia-se a si mesma como "fisiologista cristã", e seus escritos sobre o casamento refletem duas preocupações predominantes: a mulher e Deus. Em seu livro *Counsel to Parents* [Conselhos aos pais], ela argumenta duramente que uma civilização cristã altamente desenvolvida insiste, com toda a justiça, em "*algum* limite para o gozo dos instintos naturais", o que é "necessário para ambos os sexos". Mas isso era mais uma restrição aos excessos do que um empecilho à depravação inata. "A paixão física não constituiu um mal em si mesma, mas é, ao contrário, parte essencial de nossa natureza. Tal como qualquer outra faculdade *humana*, é um dom que tem um grande potencial de crescimento."[81] Mais tarde, em *The Human Element in Sex* [O elemento humano no sexo], a dra. Blackwell adverte contra as muitas formas de aviltamento a que a sociedade moderna conduz os impulsos sexuais, reiterando que "o prazer físico que acompanha as carícias do amor são um dom precioso concedido à humanidade por um poder criador benevolente". Inquestionavelmente, "o próprio ato sexual, entendido em toda a sua complexidade, longe de ser necessariamente mau, constitui na realidade a satisfação divinamente criada e absolutamente virtuosa das condições da vida atual". Ao rebaixar o ato sexual a um nível inferior ao dos prazeres mentais e ao cercá-lo de advertências contra os abusos, a dra. Blackwell não se utilizou de um tom exatamente lírico, mas seu próprio recato deve tê-la tornado mais impressionante para suas leitoras, leitoras essas que se assemelhavam bastante às mulheres entrevistadas pela dra. Mosher. Acentuando o "elemento mental", a dra. Balckwell, como tantos outros, via no amor conjugal uma fusão de carinhos e desejos. "O severo e complexo sofrimento por que passam muitas viúvas fortemente ligadas a seus falecidos maridos", escreve ela com brandura, é "bem conhecido dos médicos; e não é apenas uma perda mental que elas sentem, mas uma imensa privação física também".[82] A medida dessa privação física, na opinião dessa fisiologista cristã, comprovava a sensibilidade sexual inata da mulher.

Uns poucos autores tiveram a sagacidade de vislumbrar, ou pelo menos alguma obscura tendência a expor, os extraordinários paradoxos que a sexualidade feminina representava para a classe média do século XIX, encabulada como era, comprometida com o decoro, ansiosa por mudanças e ao mesmo tempo angustiada por causa delas. Um exemplo disso é o do respeitadíssimo médico americano George H. Napheys, que faleceu prematuramente em 1876, com pouco mais de trinta anos. Sua postura política em relação à sexualidade era abertamente progressista; argumentava (como Defoe e Diderot antes dele) que a evidente "inferioridade" da mulher em relação ao homem era uma decorrência do papel que ela desempenha na reprodução, e que suas "faculdades, nas quais ela é superior ao homem, têm sido escamoteadas e oprimidas pelo vigor animal e pelo egoísmo do macho". Uma vez que ela tenha tempo e oportunidade de desenvolver seus poderes, essa inferioridade também desaparecerá. Na sua opinião, a frigidez tampouco era uma virtude. "É errônea, e contrária à natureza, a idéia de que a paixão seja aviltante para o sexo feminino. A ciência da fisiologia mostra claramente a conveniência e a dignidade dessa paixão." As esposas que se orgulham da "repugnância e do desgosto que lhes causam suas obrigações conjugais", de "sua frieza" e da "placidez de seus sentidos", deixam de perceber que essas manifestações são na realidade "defeitos". "Mulheres que são capazes de se esquivar à prática dessa misteriosa lei sem sofrimento e com satisfação mostram com isso que há algo de errado em seu organismo."[83]

Mas, embora soubesse muito bem o que desejava para as mulheres esse ginecologista atento e sensível, não tinha muita clareza quanto ao que as mulheres efetivamente experimentavam. "A grande maioria das mulheres", escreve ele, endossando uma autoridade médica da época sem mencionar-lhe o nome, possui um apetite sexual "moderado". Ao mesmo tempo diz, no mesmo livro, que somente em "casos muito raros as mulheres vivenciam uma ínfima parte das sensações sexuais que a maioria dos homens conhece. Muitas mulheres são inteiramente frígidas, e nem mesmo no casamento chegam a sentir algum desejo real". O ponto de vista contrário, o de que as mulheres "são criaturas dotadas de paixões iguais às nossas", é decididamente "uma opinião vulgar".[84] Apenas um casuísta talentoso poderia reconciliar essas duas conjecturas.

Por outro lado, nem todo o talento e a experiência desse casuísta seriam suficientes para fazê-lo aceitar o tratado do dr. Otto Adler publicado em 1904, que discute em tom grave e cheio de minúcias as deficiências da sexualidade feminina. Essa obra extraordinária na verdade nos fornece mais pistas para compreendermos a mentalidade dos médicos do que para a sexualidade das mulheres do século XIX. Uma das autoridades citadas pelo dr. Adler é o dr. J. Matthews Duncan, que, conforme já vimos, declarou claramente antes que a sensualidade das mulheres é algo perfeitamente normal, e que havia um consenso entre os médicos sobre isso. No entanto, ao resumir suas conclusões acerca da volúpia feminina, o dr. Adler lança mão de sua própria experiência, bem como da experiência de outros ginecologistas: "Praticamente todos os autores estão de acordo", escreve ele, esquecendo, ao que parece, que o dr. Duncan havia dito que praticamente todos os autores acreditavam exatamente no contrário, "em que *o impulso sexual (desejo, necessidade sexual, libido) da mulher é marcadamente menor, tanto em suas primeiras e espontâneas origens quanto em suas manifestações posteriores, do que o impulso sexual do homem*"; freqüentemente, até, a "libido da mulher precisa ser despertada de modo adequado, e muitas vezes nunca chega a manifestar-se". Recorria a homens experientes: quantas vezes os maridos se queixam da frigidez de suas mulheres! As aventuras ocasionais, ainda que corriqueiras, desses homens com prostitutas voluptuosamente apaixonadas não chegavam a abalar a confiança que o dr. Adler depositava em suas conclusões. Nem tampouco a inexistência de estatísticas confiáveis. Apesar de saber quão recalcitrantes eram quaisquer testemunhas, estimava audaciosamente que a anestesia sexual atingia "certamente não menos do que 10 por cento" das mulheres, e achava provável que esses números fossem ainda bem mais espantosos: "20, 30, talvez mesmo cerca de 40 por cento!" Essa última estimativa era a que lhe parecia mais correta, e a que ele declarou ser provavelmente a mais precisa.[85]

Mas se pelo menos três em cada cinco mulheres "haviam despertado" para o gozo sexual, e se um número substancial dentre elas haviam experimentado o orgasmo, então a biologia não podia ser a causa principal da frigidez, e o impulso sexual feminino podia receber qualquer qualificação que fosse — exceto a de constituir um "defeito". Pelo que se depreende dos próprios relatos do dr. Adler, e mesmo que se aceitem suas estimativas terrivelmente grosseiras e infundadas, o casamento cheio de paixão na classe média estava longe de ser uma aberração como ele pretendia. Os casos que ele cita, para reforçar seus argumentos, terminam por demoli-los completamente; a grande maioria de suas pacientes poderiam ter sido irmãs de Mabel Loomis Todd. Dentre as quinze historietas relevantes, pelo menos dez registram um intenso interesse sexual: ou as mulheres chegavam ao orgasmo através da masturbação, ou tinham apetites insatisfeitos, porém não menos vorazes. Duas dessas mulheres demonstraram dramaticamente o quanto eram excitáveis no próprio consultório do dr. Adler, em resposta ao exame a que ele procedia dos seus órgãos genitais e ao toque no clitóris: uma delas chegou mesmo ao orgasmo. Essas mulheres supostamente anestesiadas se assemelham às pacientes de vários outros médicos do século XIX, cujos relatos se referem amiúde a mulheres que pediam para serem examinadas com o espéculo, pois o contato desse instrumento com seus órgãos genitais as excitava sexualmente. Mas a maior parte das demais pacientes do dr. Adler suprimia perceptivelmente ou reprimia inconscientemente sua sensibilidade erótica por prudência ou ansiedade: uma delas temia que a excitação sexual pudesse prejudicar seu marido, que sofria do coração; outra, uma viúva mãe de oito filhos procurou aliviar-se por meio da masturbação depois do fim de seu feliz casamento e descobriu, para sua surpresa, que a sedução de um rapaz de dezoito anos que ela programara, vencendo seu acanhamento, não lhe trouxera prazer sexual algum. Esses históricos incluem exemplos abundantes de sintomas de conversão histérica, os quais não indicam nenhuma deficiência fundamental dos dotes sexuais, mas antes uma incapacidade neurótica de fazer valer as potencialidades do prazer erótico, ou — com muita freqüência — uma libido insultada por amantes negligentes, egoístas, afoitos ou impotentes. Num livro dedicado à demonstração das deficiências sexuais femininas, o dr. Adler na realidade, e ao contrário do que pretende, fornece provas impressionantes da prevalência de desajustamentos conjugais e de neuroses infantis ressuscitadas: conflitos sexuais infantis, longamente relegados aos subterrâneos do inconsciente retornam à superfície da consciência no início da vida adulta. Qualquer que fosse o diagnóstico do dr. Adler em cada caso específico, em conjunto todos eles atestam a existência de um reservatório transbordante de desejos sexuais femininos frustrados.

Uma das pacientes do dr. Adler, o "caso XIV", ilustra de modo particularmente instrutivo o abismo que separava aquilo que era experimentado do que era expresso, um problema que também ocorria na sociedade mais aristocrática e que revela as paixões sexuais que a cultura burguesa impedia que fossem percebidas ou demonstradas. Trata-se de um exemplo excepcionalmente significativo, pois a incapacidade de tirar conclusões inevitáveis a partir de material unívoco é compartilhada nesse caso entre a paciente e o seu médico. O "caso XIV" era uma mulher de 31 anos que aprendera a masturbar-se antes de atingir a puberdade, e que sempre atingia a "satisfação total, combinada com uma umidade copiosa". Já adulta, ela continuava a assegurar-se da satisfação masturbando-se ou sendo masturbada. Aos 22 anos teve seu primeiro verdadeiro caso de amor, "com um homem bem-educado, um oficial superior a quem amava sinceramente"; porém o ato sexual com ele, segundo contou ao dr. Adler, se passava *"sem qualquer sentimento"*. E para *"sua maior perplexidade, o orgasmo nunca ocorreu em todas as tentativas posteriores, apesar de a paciente se encontrar previamente excitada no mais alto grau, desejando ardentemente os abraços e as carícias do homem"*. A partir de então, a ausência de sentimento continuou a persegui-la em todos os seus casos amorosos, apesar de ela ter tido relações sexuais com cerca de dez homens. "Ela fica sempre muito excitada pelos carinhos do homem, especialmente quando ele a beija ou lhe afaga os seios. Ela imediatamente sente que seus órgãos genitais ficam molhados; entretanto, só é capaz de atingir a satisfação quando um determinado ponto de sua vulva é manualmente estimulado ou por ela mesma ou por seu amante. No coito normal ela não sentia a mínima volúpia, nem mesmo em sessões amorosas prolongadas." De início profundamente aflita por isso, com o tempo ela veio a aceitar sua frigidez, sobretudo depois de conhecer outras mulheres resignadas à mesma sina erótica.[86]

Mas, que sina era essa, precisamente? O "caso XIV" não é uma mulher "sem sentimento algum", mais sim uma mulher cuja potente sexualidade exigia condições especiais para sua plena gratificação. Qualquer que fosse o histórico psicológico de sua paciente — e o dr. Adler não era médico capaz de obter dela esse histórico —, nada havia com ela, nem tampouco com qualquer das outras que ele cita, que fornecesse algum fundamento para sua conclusão de que a sexualidade feminina é por natureza "inferior" à masculina. Pelo seu desprezo por todas as evidências, o dr. Adler se mostra um sucessor à altura do dr. William Acton, que argumentara, algumas décadas antes, que "as melhores mães, esposas e donas-de-casa pouco ou nada conhecem dos prazeres sexuais. O amor pelo lar, pelas crianças e pelos deveres domésticos é sua única paixão". Havia, com efeito, muitas mulheres no século XIX que não sentiam senão as paixões domésticas citadas pelo dr. Acton; interpretavam esse fato, entretanto, no sentido de que havia algo seriamente errado com elas: do contrário, dificilmente teriam procurado o dr. Acton, o dr. Adler ou outros pertencentes ao mesmo clã, exceto, possivelmente, para curar alguma infecção ligeira. Cabe discutir a capacidade que teriam esses médicos, tão cheios de preconceitos, para aliviar os sofrimentos de suas pacientes. Pelas conclusões definitivas do dr. Acton, uma mulher casada apenas tolerava as relações sexuais porque tal era o direito legal do marido, e porque não podia deixar de perceber quanto prazer isso dava a ele. "De modo geral, pode-se dizer que uma mulher decente raramente desejará qualquer gratificação sexual para si mesma", escreve o dr. Acton, e, "exceto pelo desejo que tem de ser mãe, preferiria ser dispensada das atenções de seu marido".[87] Na realidade, é muito mais provável que se um casal burguês do século XIX não fosse sexualmente compatível, a mulher procurasse mais, ou diferentes, atenções de seu marido, especialmente depois de passada a fase das gestações ou quando a prevenção da concepção tivesse se tornado parte da rotina doméstica. Havia muitas razões pelas quais mulheres casadas no século XIX deixavam de consultar um ginecologista sobre seus problemas sexuais. Todavia, não se pode imputar suas declarações de bem-estar à timidez ou à ignorância, nem tampouco a um baixo nível de expectativa ou a uma resignação pura e simples à condição de escravas sexuais. Elas eram menos tímidas do que durante muito tempo haviam sido, e tinham maiores expectativas do que durante muito tempo haviam tido. Um número cada vez menor de mulheres eram escravas sexuais. Suas declarações de contentamento erótico eram relatos realistas e pelo menos em parte precisos.

À medida que o século progredia, as publicações médicas aumentavam em quantidade e em volume e evoluíam em objetividade, passando de opúsculos a longos tratados. A partir da década de 1820, médicos da Escandinávia à Grã-Bretanha, dos Estados alemães aos Estados Unidos, produziam uma verdadeira avalanche de livros dando conselhos aos jovens, àqueles que se achavam prestes a se casar, aos que montavam suas casas e cuidavam delas. Em geral eram obras curtas, rapidamente escritas, rapidamente traduzidas e também rapidamente revisadas, de modo que o leitor crédulo se via diante de um sucesso instantâneo: uma segunda ou uma oitava edição. Nessas obras, muitos médicos (e seus imitadores, os clérigos) exploravam seus títulos acadêmicos para vender a varejo superstições populares — as ruivas são melhores amantes do que as morenas, e coisas semelhantes — ou então para reviver as sábias palavras de autoridades consagradas, como por exemplo Montaigne. De meados do século em diante, se bem que livretos desse tipo continuassem a florescer, os livros sobre a sexualidade escritos por médicos eram mais freqüentemente dirigidos a outros médicos do que ao público em geral; esses volumes eram carregados de diagramas e de desenhos explícitos, bem como recheados de vinhetas clínicas sobre pacientes e seus sofrimentos; quando chegavam ao ponto de descrever minuciosamente as variedades de relações sexuais, sobretudo as "pervertidas", esses médicos decorosamente se retraíam à obscuridade diafanamente velada, e facilmente penetrável, da língua latina. Em geral vinham equipados para essa difícil tarefa com imensos conhecimentos, e, menos freqüentemente, com uma pitada de bom senso. O dr. George M. Beard, o famoso médico americano que cunhou o termo "neurastenia", em meio a um violento ataque ao *coitus interruptus,* aos preservativos e a outros "métodos antinaturais de relações sexuais", era capaz de baixar suficientemente sua guarda para permitir-se descrever as "relações sexuais normais, desde que não levadas a excessos", como "um sedativo e um tônico. Promovem o sono", pensava ele, " e acalmam e fortificam o sistema nervoso, auxiliando também a digestão e todas as demais funções". Beard se dispunha a ser flexível em suas definições. Se bem que acreditasse que a maioria dos casais se entregava com liberdade excessiva a seus apetites sexuais, admitia entretanto que "o excesso, quando aplicado ao coito, é um termo relativo".[88] Rigidez e censura não eram a especialidade do dr. Beard.

Contudo, quando se filtra tudo o que foi dito a respeito dessa área delicada da experiência humana, poucos dos médicos que se pronunciaram eram totalmente isentos, ou mesmo bastante sensíveis e perceptivos. Seus livros resultavam mais de preconceitos não examinados e de temores inconscientes do que de observações médicas. A literatura médica do século burguês, até 1914 e mesmo depois dessa data, enveredava por caminhos contrários aos sugeridos pelas revelações de prazer sexual que diários e anotações íntimas, obras de ficção e de pesquisa deixam entrever e investigações psicanalíticas podem comprovar. É indiscutível que as contradições palpáveis em que um especialista como o dr. Adler se envolveu, apesar de toda a sua experiência clínica e da abundância de casos que apresenta, assim como as especulações pusilânimes do dr. George Napheys, não despertam muita confiança na sua capacidade de tirar conclusões racionais das confissões que eles tiveram o privilégio de ouvir.

Quando o século XIX chegava ao fim, a controvérsia acerca da sexualidade feminina, que mais obscurecia do que iluminava a questão mais ampla das relações conjugais burguesas, já se tornara totalmente improdutiva. Toda afirmação se chocava com outra de sentido contrário; todos os participantes da discussão buscavam antigos argumentos e, revestindo-os de uma pintura nova, apresentavam-nos como se fossem originais. Só alguém já predisposto a ser convencido podia ceder a argumentos tão caducos. E, além de sua falência intelectual, esse debate também veio a se mostrar remoto e abstrato à medida que o mundo real deixava para trás os contendores. A mulher moderna começava a levantar questões concretas e prementes, pressionando políticos, educadores e médicos através de sua luta por uma educação liberal e profissional, por direitos iguais no tocante à propriedade e ao divórcio, e pelo direito de votar. Se bem que o movimento feminista mantivesse a importante questão da sexualidade decorosamente subjacente e quase totalmente implícita, dificilmente poderia ignorar de todo a esfera erótica; as batalhas que se travavam a respeito do aborto e da prevenção da concepção estavam tão obviamente ligadas à sexualidade da mulher quanto à sua emancipação legal e econômica. A interminável sucessão de crianças que os maridos queriam impingir às esposas, ou a persistência de antigos padrões de hierarquia doméstica, mantinham muitas mulheres de classe média exaustas por causa dos trabalhos caseiros e dos cuidados com as crianças, impedindo-as de aprimorar seus dotes intelectuais ou de realizar seus talentos, e condenando-as a um envelhecimento precoce. Nessa atmosfera, carregada de problemas de conseqüências incalculáveis, a argumentação repetitiva e maçante acerca de inclinações sexuais naturais da mulher acabou por se mostrar ofensiva e desnecessária.

O que realmente era necessário, e com urgência, era um novo começo; e Sigmund Freud o forneceria na virada do século, ao desenvolver métodos radicalmente novos de investigação científica, e retornando ao mesmo tempo à sabedoria da Antigüidade. Já a partir dos primeiros trabalhos psicanalíticos, postulava a capacidade inata da mulher para excitar-se sexualmente e para obter total satisfação; no ano de 1895, ele publicou um trabalho sobre neuroses em que se referia sem rodeios ao "retardamento e atrofia *artificiais* do impulso sexual feminino".[89] Em sua primeira obra-prima, *A interpretação dos sonhos*, concluída antes de 1900, já esboçava suas idéias revolucionárias sobre a sexualidade humana; cinco anos mais tarde, na primeira edição dos *Três ensaios sobre a teoria da sexualidade*, ele desenvolve essa teoria e propõe meios de integrá-la numa explicação geral do desenvolvimento mental. Antes mesmo da eclosão da Primeira Guerra Mundial, as idéias psicanalíticas de Freud haviam reduzido todas as controvérsias do século XIX a respeito da sexualidade à irrelevância.

A época estava pronta para receber Freud e ao mesmo tempo não estava ainda preparada para recebê-lo. Estava pronta no sentido de que muita munição que viria a servir-lhe em sua revolução se achava dispersa — de forma muito rudimentar e freqüentemente pouco ou nada compreendida — em monografias médicas e entre especulações filosóficas não obstruídas por fatos. Alguns sexologistas mais intrépidos, inclusive aquele romântico incurável, Havelock Ellis, encontravam meios de divulgar noções arrojadamente positivas acerca da sexualidade em geral, inclusive algumas noções específicas sobre a sexualidade feminina. O inconsciente inaccessível, o poder dos impulsos eróticos, e até mesmo as origens infantis dos impulsos sexuais, todos esses fatores já tinham sua pré-história antes do advento da psicanálise. Contudo, sob muitos aspectos, a época ainda não estava preparada para Freud: é sintomático que o dr. Iwan Bloch pudesse dizer que a controvérsia sobre os dotes eróticos da mulher ainda não estava "resolvida" em 1906, bem tarde portanto. E, tanto médicos como educadores continuavam a debater-se diante dos possíveis males que a instrução superior poderia infligir aos corpos vulneráveis de mocinhas adolescentes, e a discutir, evidentemente sem receio algum de se entediarem, a perene questão da capacidade amorosa das mulheres.[90] Uma leitura dessas controvérsias nos fornece uma medida da originalidade de Freud.

Quase sem exceção, os precursores de Freud deixaram de perceber as implicações que lhes eram oferecidas pela grande quantidade de informações sexuais que tantas vezes tiveram a oportunidade de recolher; tomaram por genético e universal o que na realidade era adquirido e local. Nem mesmo a minoria considerável de especialistas que chegaram a detectar a potência dos impulsos eróticos femininos jamais se aventurou muito além do que os casos relatavam; quando acertavam em suas interpretações, faziam-no quase acidentalmente. Embora fossem em geral gentis, inteligentes e observadores, esses especialistas ouviam de suas pacientes aquilo em que já acreditavam com base em outras razões. "O erro de julgamento que habitualmente é cometido", escreve a um jornal londrino, em 1889, uma intrépida mulher, "consiste em supor que as mulheres sejam menos suscetíveis à grande paixão do que os homens".[91] Muitíssimos homens, inclusive os que detinham posições de autoridade, simplesmente não sabiam ouvir. Freud, ao contrário, foi um dos maiores ouvintes de toda a história. Sonhos, lapsos, gestos, sintomas, silêncios, tudo lhe servia como indicação— talvez inadvertida, porém, uma vez reconhecida, informativa —, guiando-o aos esconderijos da vida interior onde os desejos sexuais encontravam abrigo. Pôde assim enxergar o que estudiosos da sexualidade que o antecederam haviam deixado de perceber: os sentimentos e as experiências que seus pacientes não conseguiam relembrar constituíam não os incidentes mais triviais, e sim os mais importantes de sua história erótica. Comportamentos enfáticos ou convicções ruidosamente anunciadas ao mundo eram, na opinião de Freud, expressões distorcidas de desejos que poderiam ser, como freqüentemente de fato eram, exatamente o oposto de suas manifestações. Desse modo, tornou-se possível para Freud diagnosticar a frigidez de uma paciente não como uma confirmação de um defeito inato, mas sim como a condensação de um conflito em cujo âmago se encontrava a própria paixão sexual. A liberdade de interpretação que tal decodificação das mensagens mentais permitiu — e de fato impôs — a clínicos e a pesquisadores veio a fornecer uma oportunidade histórica para que se captasse a experiência erótica em toda sua complexidade, mais completamente do que jamais havia ocorrido antes.

Uma das mais importantes conseqüências do trabalho de Freud foi, portanto, a descoberta — ou melhor, a redescoberta — da sensualidade feminina existente sob sua máscara cultural de vergonha, reticência e frigidez paralisante. Ainda assim, Freud estava longe de resolver a controvérsia sobre a mulher. A questão havia de ocupá-lo durante toda a vida; já em 1905, ele observava, com evidente pesar, que a vida amorosa da mulher "ainda se encontra velada por uma escuridão impenetrável", em parte por causa de sua falta de sinceridade; e ainda em 1932 ele se sentiu na obrigação de admitir que a psicologia não "resolveria o enigma da feminilidade".[92] A essa altura ele já havia modificado sua opinião categórica de que o desenvolvimento sexual de meninas e meninos segue caminhos paralelos. Mas durante todo esse tempo, do início de sua carreira até o fim da vida, Freud tinha noção da confusão e dos implícitos julgamentos de valor que se ocultavam por trás de termos como "masculino" e "feminino", e da tendência geral de identificar o primeiro com atividade e o segundo com passividade.

Por mais inconsistentes e convencionais que ocasionalmente fossem as idéias de Freud sobre a sexualidade feminina, ele jamais titubeou em sua convicção de que, a despeito de quaisquer diferenças entre os sexos que as pesquisas biológicas e psicanalíticas posteriores viessem a trazer à tona, a realidade factual da sexualidade feminina se encontrava acima de qualquer discussão racional. E mais, a despeito do que os psicólogos seus contemporâneos ou os historiadores sociais posteriores pudessem fazer delas, suas teorias sobre a sexualidade infantil e sobre as fases de desenvolvimento lhe permitiram integrar o estudo da sexualidade respeitável, com seus modestos sucessos e seus patéticos fracassos, ao estudo de seus vizinhos contíguos, as neuroses e as perversões. Permitiram-lhe, ademais, especular com bons resultados sobre as origens sexuais inconscientes das artes, da literatura, da política e da religião. Freud forneceu à experiência erótica do adulto a história que lhe faltava. E suas idéias acerca do impulso sexual forneceram explicações para uma vasta gama de fenômenos que, embora não fossem absolutamente exclusivos da burguesia do século XIX, passaram a caracterizá-la, pelo menos na forma como ela era vista pelos seus críticos: o anjo dentro da casa, a adoração da mãe, a idealização do pai, a ânsia de privacidade, as tentativas de "purificar" os textos de Shakespeare e da Bíblia. Freud até mesmo forneceu elementos que poderão explicar os mitos fabricados para estigmatizar a burguesia do século XIX.

Acima de tudo, a descoberta do inconsciente e de seu funcionamento estabeleceu um embasamento sólido para a análise do investimento emocional masculino na problemática sexualidade feminina. Isso porque a exploração psicanalítica dos estratagemas defensivos dos homens — e também de mulheres — alcançou as fontes dinâmicas desse investimento, a mais arriscada e mais bem camuflada das dramáticas transformações que caracterizaram a época. Os mais sarcásticos e os mais técnicos argumentos que afirmavam a fragilidade ou a inexistência da sexualidade feminina estavam enraizados mais em desejos e ansiedades amplamente difundidos do que em fatos biológicos ou fisiológicos. Por trás das estrepitosas reivindicações masculinas ao monopólio da sensualidade ou pelo menos a uma superioridade indiscutível em relação às mulheres nesse campo, na verdade espreitava uma ansiedade atávica e invencível, o medo que o homem sente da mulher.

Esse medo merece, e receberá, um capítulo à parte. Por ora pretendo apenas observar que, não obstante tudo o que Sigmund Freud fez para tornar mais compreensível a sexualidade feminina, sua intervenção nesse debate terminou por ser um tanto paradoxal.

De um lado, ele apresenta uma solução quase completa, mas de outro perpetua parte do problema. Pois afinal de contas Freud não apenas subvertia sua cultura; era também filho dessa mesma cultura. Descobrindo, ano após ano, as raízes insuspeitas da miséria sexual, parecia-lhe plausível que o arcaico e endêmico medo que o homem tinha da mulher, conjugado a outros medos não menos devastadores, fosse contaminar necessariamente os prazeres eróticos dentro do casamento. E, vendo em seu consultório apenas as vítimas de desajustamentos sexuais, Freud demonstrou uma tendência a subestimar as oportunidades de uma felicidade erótica disponíveis no mundo burguês tanto para os homens quanto para as mulheres. Algumas das respostas aos questionários da dra. Clelia Mosher, e muitas das revelações constantes dos diários de Mabel Todd, decerto o teriam surpreendido. Nem por isso, todavia, elas deixam de ser menos reais, uma forte presença no âmbito da cultura burguesa.

II

MULHERES AGRESSIVAS E HOMENS DEFENSIVOS

O medo que o homem sente da mulher é tão antigo quanto a história, mas foi só no século burguês que ele se transformou num tema proeminente nos romances populares e tratados médicos. Atraiu a atenção de jornalistas, pregadores e políticos; invadiu os sonhos dos homens e forneceu-lhes assunto para poemas e pinturas. A demonstração aberta e crescente que a mulher fazia de seu poder parecia ser a contrapartida pública do poder que os homens exerciam privadamente, com uma ansiedade cada vez maior, na segunda metade do século XIX: um e outro forneceram ao homem formidáveis argumentos contra a emancipação da mulher. Para a maioria dos homens que se regalavam com a dominação, uma mulher que abandonasse sua própria esfera constituía não apenas uma anomalia, uma mulher-macho; mais do que isso, levantava incômodas questões quanto ao papel masculino, um papel que não se definia mais isoladamente, mas numa constrangedora confrontação com o sexo oposto.

A atitude defensiva dos homens no século burguês tornou-se ainda mais aguda porque o avanço feminino, fechando o cerco à volta deles, era uma tentativa de recuperar o terreno perdido. Nos séculos anteriores, as mulheres haviam participado da direção de pequenas lojas familiares, colaborado na gestão de pequenas empresas artesanais e desempenhado um papel de manifesta importância como parteiras. Então, gradual mas irresistivelmente, surgiram as profissões modernas e a produção e comercialização em larga escala, atividades nas quais se negava à mulher qualquer posição de comando; e a expansão da prosperidade permitiu, no caso de muitos casais respeitáveis, que as mulheres deixassem de trabalhar fora de casa. Em meados do século, recordando a Boston de 1800, Harriot Hunt, a primeira médica de sucesso nos Estados Unidos, relembra que "naqueles tempos a mulher não era estigmatizada por demonstrar interesse pela economia nacional, e não só pela economia doméstica".[1] Através do paternalismo, e freqüentemente de calúnias, os homens tentaram manter não só o que de longa data possuíam, mas também o que recentemente haviam conquistado às mulheres.

Um dos instrumentos favoritos de autodefesa masculina era o desgastado, embora infatigável, clichê sobre a mulher como o sexo misterioso. Como outros chavões modernos, também esse tinha raízes na Antigüidade, e através dos séculos fora reforçado pelos mesmos traços que o homem primeiro estimulou na mulher, para depois declarar sua total impossibilidade de compreendê-los. Seu rubor e sua faceirice, seus modos tímidos e sua proverbial inconstância no amor eram considerados como prova de sua natureza intrinsecamente misteriosa. No Iluminismo do século XVIII, período devotado à desmistificação de segredos, a mulher misteriosa tornou-se matéria de especulações humanas, quase científicas. Mas mesmo então, David Hume, o cético de mente mais aberta da época, julgou necessário declarar a mulher um assunto "de difícil compreensão". O tema era por demais gratificante para ser relegado à lata de lixo das superstições infundadas, e chegou intacto ao século XIX. Atribuindo à mulher um caráter confuso e contraditório, o homem descobriu, surpreso, que ela era a um só tempo tímida e ameaçadora, desejável e assustadora. Com o papel tradicional da mulher submetido a forte pressão, os homens do século XIX entregaram-se a essa atividade especulativa de maneira mais livre e mais desesperada do que antes. Em 1905, Franz Lehar deleitou uma entusiástica platéia ao incluir na *Viúva alegre* um novo e excitante número: "Sim, é difícil entender a mulher". A maioria dos homens presentes à estréia, assim como a maioria dos homens de duas ou três gerações anteriores, concordou prontamente.

As ponderações de Amiel em seu diário são típicas de seu tempo e de sua classe. "Desde a maçã do Éden", escreveu ele em 1849, depois de ter lido as *Memórias* de Casanova, "a mulher tem sido sempre um enigma para o homem, sua tentação, seu inferno e seu paraíso, seu sonho e seu pesadelo, seu mel e seu fel, sua ira e sua felicidade". No início do ano seguinte, ele manteve uma longa e interessante conversa com uma jovem senhora, na qual foram debatidos, entre outros temas, "a natureza feminina, a impossibilidade de uma análise objetiva da mulher", e na qual ele insistiu na existência de algum mistério no destino de toda e qualquer mulher. O dramaturgo e moralista Alexandre Dumas, filho, disse a mesma coisa, embora de forma mais sinistra: num polêmico panfleto sobre a infidelidade feminina, ele se refere "àquele encantador e terrível X, a Mulher". Parecia-lhe que, tanto coletiva quanto individualmente, a humanidade continua a ser perturbada por ela. "Nascemos dela sempre, freqüentemente morremos por ela, e, se nas atuais circunstâncias a mulher dá vida à criança, ela a tira do homem tanto quanto possível." Em seu trabalho anônimo *Satan in Society* [Satã na sociedade], um exaustivo tratado sobre masturbação, casamento e religião, publicado pela primeira vez em 1870, o médico americano Nicholas Francis Cooke resume o assunto: "O temperamento da mulher a expõe às mais singulares inconveniências e incongruências. Extremada no bem, ela é igualmente extrema no mal. É inconstante e mutável; 'quer' e 'não quer' ". Mais ainda, "ela se cansa facilmente daquilo que perseguiu com o maior ardor. Passa do amor ao ódio com a maior facilidade. É cheia de contradições e de mistérios". Nem mesmo Sigmund Freud se manteve totalmente imune ao encanto desse antigo e difundido tema. Em 1926, após três décadas de prática psicanalítica e inumeráveis observações de mulheres, dentro e fora de seu consultório, ele ainda pôde definir a vida sexual da mulher adulta como um "continente obscuro".[2] Não admira que outros achassem difícil entender a mulher.

A carregada interpretação masculina do sexo misterioso nas artes plásticas, na literatura, na sociedade, no leito, corrobora minha definição de experiência como um encontro entre mente e mundo, como uma luta entre percepções conscientes e dilemas inconscientes. Porque a ardilosa realidade da condição feminina confrontou muitos homens da classe média — e muitas mulheres também — com a necessidade de clarificar atitudes, de pôr preconceitos à prova, de tomar decisões. A autopercepção do homem estava em jogo. Os sentimentos exasperados que essa situação provocou, e as numerosas controvérsias que ela gerou, só podem deixar atônitos aqueles que não conseguem perceber a preponderante parcela de sentimentos ocultos existente na criação de atitudes sociais e ideologias políticas.

1. MULHERES EM MARCHA

As leis e os hábitos sociais que governavam as relações entre os sexos no século XIX exemplificavam e exacerbavam a incerteza e o desconforto reinantes na cultura burguesa.

Clamores cada vez mais intensos por reformas se chocavam com uma resistência cada vez maior. A biologia parecia desfavorável e até mesmo punitiva para com as mulheres, minando-as em sua saúde, suas necessidades e seus desejos; não obstante, suas conseqüências não estavam se revelando inexoráveis: as pressões da gravidez e do parto, das restrições impostas às carreiras profissionais e de todo o resto podiam ser em parte aliviadas por uma tecnologia engenhosa, por uma sabotagem branda e por maridos atenciosos. Bem ao seu feitio melodramático e um tanto histérico, Jules Michelet continuava a retratar a fêmea da espécie humana como um ser ferido que perambulava pela vida; em seu popular livro sobre o amor, ele escreve enfaticamente: "A mulher carrega o fardo de uma pesada fatalidade". Ela mostra suas feridas durante a menstruação, e as confirma nas dores do parto. "A natureza favorece o macho." Os periódicos eflúvios sangüíneos da mulher davam a Michelet motivos suficientes para exclamar: "Como a natureza é severa para com a mulher!"[3] Entretanto estava se tornando menos severa à medida que o século seguia seu curso; o fardo que as mulheres tinham que suportar dava mostras de ser menos uma sina e mais um duradouro preconceito, proclamado e explorado pelos homens em seu próprio benefício. Na verdade, os costumes aceitos pela cultura burguesa, apesar de exibirem uma vitalidade espantosa, demonstraram estar bem aquém da imortalidade. Idéias, ideais e relacionamentos, inalterados desde tempos imemoriais, eram vulneráveis a ataques e estavam abertos a correções.

No entanto, qualquer avanço, fosse no lar, nas leis, na escola ou no trabalho, tinha que ser comprado a um alto preço, e quanto mais facilmente remediável parecia o sofrimento da mulher ao juízo de reformadores esforçados, tanto mais impacientes se tornavam muitas mulheres com seu destino. A luta pelos direitos da mulher passou a ser vista como uma campanha pelo reconhecimento e pela reparação dos danos que lhes haviam sido causados.[4] Tais danos eram muitos e bastante agudos. De fato, o catálogo das ofensas sofridas pelas mulheres no século XIX já se encontra hoje fartamente documentado. Expondo tanto suas incapacidades mais visíveis quanto suas queixas mais sutis, esses documentos apontam as insatisfações causadoras de tensões, e por vezes uma verdadeira guerra entre homens e mulheres. Essa guerra entre os sexos foi amplamente debatida na imprensa popular, na ficção, nos palcos e na pintura da época. E ainda assim seu significado mais amplo em relação à experiência burguesa conserva muito de seu mistério, porquanto os sentimentos se encontram freqüentemente soterrados na correspondência íntima e em anotações particulares.

Em 1880, uma dona-de-casa de Hallam, Connecticut, escreveu um diário sucinto porém revelador. Sabemos que ela tinha então 33 anos, mas não há outros registros de sua vida que tenham passado à posteridade, nem diários anteriores nem posteriores, nenhuma carta, nem mesmo seu nome. Contudo, as lamúrias lacônicas sobre sua situação, entremeadas às costumeiras anotações referentes ao tempo, às despesas e à saúde, conseguem nos transmitir uma mensagem ironicamente poética. Entediada, frustrada e muito irada, ela condensa a exasperação de seu sexo em algumas felizes — ou, antes, infelizes — expressões. A 28 de março, "não fui à igreja". Foi "um dia de Páscoa desagradável", anota. Muitas vezes ela permanece em casa aos domingos; quando ia assistir aos serviços religiosos, corria o risco de ser energicamente repelida: "Fui à Igreja Batista nesse fim de tarde", escreveu a 20 de junho. "O sr. Knapp estava furioso." Ela estava sempre tremendamente ocupada em limpar a casa, sem cessar. "Uma a uma", escreveu ela a 27 de abril, "as montanhas diminuem até se transformarem em montinhos", e no dia seguinte, depois de arrumar a cozinha: "'O pior passou' agora". O fato de ela utilizar aspas mostra uma boa dose de consciência; a frase corriqueira, expressão de um comentário sarcástico sobre o verdadeiro trabalho de Sísifo que era sua tarefa doméstica. Não é de se admirar que às vezes suas anotações fossem lacônicas, como a 12 de setembro: "Dia monótono"; e novamente a 19 de setembro, mais um domingo em que deixara de ir à igreja: "Dia monótono".

Sua monotonia era a de uma eterna escravidão doméstica, não a que se presta ao ócio. "Um dia de árduo trabalho", anota ela a 13 de novembro, "mas estou acostumada a isso". Mesmo uma doença representava para ela um luxo que na realidade não podia se permitir: "Inválida hoje", anotou a 8 de outubro. "Porém, se eu adoecer, apenas terei que trabalhar mais, portanto não compensa." Quando a enfermidade a forçava à inatividade, ela adotava uma atitude meio apologética meio desafiante: "Incapaz de trabalhar", escreveu a 15 de junho, "até um cavalo de ferro *pode* desgastar-se". Essas vigorosas anotações freqüentemente resignadas, e às vezes sardônicas, dão o diapasão de uma rebeldia em fogo brando. Vez por outra, contudo, sua insatisfação atingia a ressonância de um protesto bastante nítido, quase explosivo. "Um dia em casa" é a anotação de 18 de junho. "O fantoche observava o trabalho dos escravos." Ajuda de parentes que lhe ofereciam algum apoio era aceita, mas não diminuía sua ira; assim, anota no dia 6 de setembro: "Agradável". Mas só o tempo ameno é que era agradável. "Tia Sofia veio aqui e me ajudou no tanque de lavar roupa. Uma vida deveras romântica." Quantas fantasias — de liberdade, de lazer, de viagens — não terá sido forçada essa mulher a deixar de lado por causa da rotina invariável de sua vida, tão exaustiva quanto desinteressante! "Um dia como tantos outros", anota ela a 5 de maio; "acho que enlouquecerei se algum dia não houver mudanças". 12 de junho foi outro "dia como tantos outros", e um desses dias, acrescenta ela, deixando à mostra toda a sua depressão, "que fazem a gente desejar o repouso eterno". Ela sentia que sua inteligência estava apodrecendo: "Agradável. Acorrentada à minha cela", escreve ela a 10 de agosto. "A sra. Snuff, também conhecida por Parmelee, veio visitar sua companheira de idiotice." Sua vida parecia um interminável corredor cinzento, em que tarefas se sucediam a mais tarefas. "Poderei jamais esquecer esses dias lúgubres?", perguntava retoricamente a 10 de setembro, e novamente no dia seguinte: "Dia límpido e fresco. Um tempo perfeito. Mas oh! que dias míseros e enfadonhos os que me estão reservados".[5] Tais dias estavam reservados a milhares de mulheres de classe média àquela época. Como a sra. E. Lynn Linton, a combativa jornalista inglesa, recorda à sua irmã, esse tipo de vida simultaneamente preenchia "todo o nosso tempo e nos deixava totalmente ao largo de qualquer colorido ou interesse".[6] Muitas mulheres, sem dúvida por desconhecer qualquer alternativa, se mostravam gratas por esse tipo de vida. Porém muitas outras tiraram conclusões bem diferentes do tédio e da faina de todos os dias. Não gostavam disso, e o diziam em alto e bom som, cada vez mais à medida que se sucediam as décadas. Tiveram que repeti-lo muitas e muitas vezes, e enfaticamente, antes que mudasse alguma coisa.

Durante boa parte do século XIX, e em todo o mundo ocidental, as mulheres permaneceram virtualmente na condição de propriedades de seus pais e, depois, de seus maridos. O duplo padrão, definido e defendido pelos homens, vigorou quase sem oposição alguma. Em 1869, quando John Stuart Mill publicou aquela que viria a ser a obra-chave da história do feminismo, *The Subjection of Womem* [A sujeição das mulheres], fazia apenas doze anos que uma lei de divórcio moderna fora incluída nos códigos ingleses, e as provisões dessa lei tratavam homens e mulheres com uma desigualdade flagrantemente característica. O *Matrimonial Causes Act* [Lei de causas matrimoniais], de 1857, mesmo depois de adaptações e emendas sérias e freqüentes, dava ainda ao marido o direito de requerer o divórcio com base no adultério cometido pela mulher; esta, entretanto, tinha que provar, além do adultério, que o marido cometera alguma outra infração horrenda, como crueldade, violação ou sodomia. Assim como as prostitutas na Inglaterra, que eram obrigadas a se submeter à indignidade de uma inspeção médica enquanto seus clientes passavam incólumes por qualquer ação policial, as esposas na Inglaterra eram constantemente lembradas de sua inferioridade em relação aos homens, tanto nos casos de divórcio como em outras questões.

Em alguns países, como a Escócia e a Suécia, as leis matrimoniais tratavam os parceiros mais ou menos como iguais; e não obstante toda a sua carga conservadora, os códigos ingleses na década de 1860 eram relativamente liberais para a época. Na França, o direito ao divórcio havia florescido breve e timidamente durante os tempos arrojados da Revolução; o regime napoleônico, a despeito de seu forte retrocesso no campo do direito familiar, não havia revogado aquela legislação. Mas depois, já em 1816, imediatamente após o retorno dos Bourbon ao trono da França, o divórcio foi revogado sumariamente, para ser reinstituído apenas em 1884. Mesmo depois dessa data, na França, na Inglaterra e em outros países, a doutrina da supremacia masculina continuou a governar a legislação e a prática, fomentando um autoritarismo arrogante para com as mulheres por parte de funcionários governamentais e bancários, e gerando tímidos esforços por parte de homens mais sensíveis, no sentido de ludibriar regulamentos e hábitos sociais que objetivavam a infantilização das mulheres. Quase sem exceção, a mulher se via sujeita ao ditame de Jesus registrado no Evangelho de Marcos, de que no casamento o casal se torna "uma carne", bem como ao seu corolário, segundo o qual é o marido o porta-voz dessa entidade jurídica: "Minha mulher e eu somos um só", diziam os homens no século XIX, "e esse um sou eu". Na Inglaterra, essa atitude complacente estava firmemente arraigada no direito comum, proporcionando por toda parte argumentos contrários às mulheres: impedia que elas gerenciassem suas próprias heranças, que atuassem em sua própria defesa nos tribunais, que abrissem contas bancárias em seus próprios nomes e contraíssem dívidas sob sua própria responsabilidade. O mais escandaloso, negligente e brutal dos maridos podia obter a custódia de seus filhos, numa afronta direta aos fatos do processo e às mais óbvias sugestões do bom senso. Numa pergunta retórica colocada pela influente feminista inglesa Frances Power Cobbe em 1868 — "Criminosos, imbecis, mulheres e menores, será que essa classificação está correta?" —, o agrupamento das categorias condensa as leis e os costumes que então vigoravam na Inglaterra.[7]

Nesse pé estavam as coisas quando, no ano seguinte, Mill publicou *The Subjection of Women*. "A esposa", escreve ele, "é de fato uma criada de seu marido: nada mais e nada menos, considerando-se as obrigações legais, do que aqueles que recebem o nome de escravos". E prossegue citando, um por um, os elos que compõem a corrente que prende a mulher inglesa: "No altar ela jura obediência a ele por toda a vida, e durante toda a vida as leis a mantêm sob o jugo desse juramento". Ela não pode "exercer atividade alguma sem o consentimento dele, pelo menos tácito. Não pode adquirir bens, exceto para ele; a partir do instante em que qualquer bem passe a ser dela, mesmo por herança, torna-se *ipso facto* uma propriedade dele". Até mesmo o expediente de arranjos matrimoniais, ao qual apenas os mais prósperos tinham acesso, mostrou-se de serventia muito limitada para impedir que um marido dissipasse o dinheiro de sua mulher; e de qualquer forma, "na imensa maioria dos casos não se faz o arranjo matrimonial: a absorção de todos os direitos, de todas as propriedades, bem como de toda e qualquer liberdade de ação, se dá por completo". Mill lembrava aos seus leitores que a designação do casal como "uma só pessoa perante a lei" significava apenas uma coisa: "o que for dela é dele". Já a "dedução paralela, de que o que for dele é dela, nunca é feita". E, se bem que a "degradação" que a mulher sofria na condição de esposa fosse estarrecedora, sua degradação como mãe era ainda pior: "As crianças são por lei os filhos *dele*. Somente ele tem qualquer direito legal sobre os filhos". Em suma, a mulher inglesa não passava de "uma criada pessoal de um déspota", a vítima patética de uma escravidão voluntária.[8]

A acusação foi apresentada por Mill de modo responsável e, considerando-se o ímpeto de seu engajamento, com muita sobriedade. Entretanto, já a partir de 1870, um ano após a publicação da obra, parte dela foi invalidada pela aprovação do primeiro *Married Women's*

Property Act [Lei das posses de mulheres casadas], e nos anos subseqüentes uma série de outras leis, inclusive as suplementares àquela, aprovadas em 1882 e em 1893, e o *Guardianship of Infants Act* [Lei da guarda de crianças], de 1886, começaram a demolir o tradicional sistema patriarcal inglês. Homens influentes, advogados, juízes e estadistas, muitos deles afastados de qualquer movimento feminista, eram de opinião de que as leis que regulamentavam o matrimônio, a herança e os negócios financeiros eram extremamente injustas, e se mobilizaram para começar a reparar os danos por elas produzidos. E, ao mesmo tempo, o movimento feminista, que se tornara verdadeiramente internacional a partir da década de 1850, já vinha obtendo êxitos impressionantes aqui e acolá, como por exemplo na Suécia, onde uma série de leis, aprovadas a partir de 1845, asseguravam às mulheres o direito de possuir, manter e gerenciar suas propriedades, reconhecendo-as como seres integralmente responsáveis em termos legais.[9] Por outro lado, conforme já assinalei, na França as mulheres eram tratadas como menores pelo Código Civil, o que as impedia de dispor de suas posses, bem como de exercer qualquer autoridade sobre os filhos durante o casamento ou após o divórcio (ressuscitado em 1884). A irada descrição pela qual os reformadores classificaram as mulheres francesas como seres sem existência legal era, e continuava sendo, a rigor, apropriada.

No novo Império da Alemanha a situação não era diferente. Ainda em 1907, ao proceder a um levantamento da posição da mulher diante da lei, Marianne Weber dizia que "na seção referente à família do nosso Código Civil, o ideal patriarcal e o ideal individualista do matrimônio lutam pela supremacia".[10] Helene Lange, que durante toda a vida foi uma enérgica advogada dos direitos das mulheres, especialmente no que diz respeito à profissão de professora, relembra que por ocasião da publicação de *The Subjection of Women*, de Mill, em língua alemã (traduzido por Sigmund Freud), em 1880, os críticos tentaram rejeitar a obra mediante argumentos vulgares e de mau gosto.[11] Até mesmo o tradutor, longe de demonstrar a independência intelectual com que mais tarde viria a complicar a noção que os homens tinham das mulheres, disse à sua noiva que Mill carecia do "sentido do absurdo"; ao apresentar seus argumentos de que as mulheres poderiam trabalhar e ganhar pelo trabalho em absoluto pé de igualdade com os homens, Mill não teria levado em conta o fato de que as mulheres se encontravam totalmente ocupadas dirigindo suas casas e cuidando de suas crianças e de seus maridos. "Ele simplesmente esqueceu tudo isso, assim como todas as demais coisas que têm a ver com o relacionamento entre os sexos." Mill pode ter considerado as mulheres tão oprimidas quanto os escravos negros, porém "qualquer moça, mesmo que não tenha o direito de votar nem competência legal, mas cuja mão é beijada por um homem disposto a tudo para obter seu amor, poderia corrigi-lo". A noção de lançar mulheres no caldeirão da luta pela sobrevivência parecia "natimorta" a Freud. Ele admitia que "as leis e os costumes" deviam à mulher muita coisa, mas continuava acreditando que "a natureza determinou o destino da mulher pela beleza, pelo encanto e pela doçura".[12] A resposta de Martha Bernays a essa apreciação convencional da natureza e da missão da mulher não se encontra registrada, mas não há razão para se supor que ela haja sentido algum ressentimento: era tão difícil trazer as mulheres do século XIX para as hostes feministas como os homens, quando não mais difícil ainda.

As perspectivas das feministas alemãs eram de fato desalentadoras, conforme emerge vividamente dos inflamados comentários a algumas cláusulas dos códigos civis da Prússia e da Bavária feitos pela poetisa, pedagoga e ativista Marie Calm em 1884: "Eis a lei da Prússia: crianças não poderão se casar sem o consentimento do pai — § 45. (Portanto a mãe não conta quando se trata de entregar sua filha!) Através do casamento o marido passa a controlar a fortuna de sua mulher — § 205. Qualquer ganho da mulher casada pertence ao seu marido — § 221. A mulher não pode contrair dívida alguma fornecendo como garantia a fortuna que trouxe ao marido como dote — §§ 318 e 319. (Ele tem o direito de dissipar a fortuna toda, porém ela não pode gastar um tostão sequer daquilo que já foi seu!)

Com relação ao divórcio: Maus-tratos corporais podem ser causa de divórcio, desde que ponham em risco a saúde ou a vida da mulher (!) — § 685''. Marie Calm a seguir oferece algumas amostras extraídas do código bávaro: ''Através do casamento a esposa se submete à autoridade do marido, e a lei faculta a ele castigá-la moderadamente (!) — § 2. Mulheres, com exceção da mãe e da avó, não têm competência para serem guardiãs de crianças — § 90. (O mesmo se aplica a menores, loucos, e perdulários!)''[13] Como já havia demonstrado Frances Power Cobbe, tais normas humilhantes eram de enfurecer, mas seus efeitos danosos se estendiam muito além dos sentimentos. E seu desaparecimento foi demorado e doloroso. Em 1911, a *Encyclopaedia Britannica*, no verbete ''Mulheres'', admitia que ''o castigo corporal imposto pelo marido à sua mulher, possivelmente numa época passada considerado legal até certo ponto, hoje seria considerado sem dúvida uma agressão''.[14] O esforço de gerações de feministas, homens e mulheres, rios de artigos e petições, pressões políticas e testemunhos em juízo, foram necessários para forçar que tais revisões fossem incluídas nos códigos jurídicos e na consciência humana.

Para os enérgicos, tenazes, e freqüentemente frustrados partidários da reforma, as mudanças pareciam caminhar a passo de tartaruga. Os clamores das mulheres organizadas, exigindo mudanças nas leis e nos costumes, se tornaram mais ativos, e suas vozes mais estridentes, à medida que se aproximava a virada do século. No entanto a publicidade cada vez maior e as vitórias esporádicas apenas aguçavam os apetites, nutriam a impaciência e faziam com que as forças de resistência às mudanças parecessem mais irritantes do que nunca. Em 1890, no primeiro livro que publicou, *The New Spirit* [O novo espírito], Havelock Ellis insistia em que o avanço da ciência, da democracia e das mulheres era irresistível. ''A luta das mulheres'', escreve ele com toda a confiança, ''por uma parcela justa do poder é absolutamente correta''.[15] Outros feministas, entretanto, mais experientes no campo de batalha, se mostraram menos convictos e menos sanguinários. O certo é que a causa que defendia o direito de voto para as mulheres, que muitos feministas consideravam o ponto crucial e o teste supremo, havia avançado pouco após meio século de agitações. Em 1890, o mesmo ano em que foi publicado o livro de Ellis, o recém-criado Estado americano de Wyoming foi o primeiro a conceder o direito de voto às mulheres. Depois disso, porém, a marcha das mulheres em direção à política se arrastou cada vez mais lentamente. As mulheres já vinham votando em eleições escolares em alguns Estados americanos havia algumas décadas, enquanto na Inglaterra desde 1870 tinham o direito de votar e o direito de serem votadas para os conselhos escolares. Algumas concessões se seguiram, em nível local; porém o sufrágio para a escolha do Parlamento inglês ou do Congresso americano era uma questão bem diferente: nesse ponto crucial a resistência masculina se endureceu. Em 1893, o Colorado concedeu o voto às mulheres, no que foi seguido em 1896 pelos Estados de Idaho e Utah, e depois (mas só em 1910) pelo Estado de Washington. Entrementes, o voto feminino havia alcançado uns poucos países — a Nova Zelândia em 1893 e a Austrália do Sul em 1894 — distantes da cultura européia. Os mais importantes países do mundo ocidental permaneceram obviamente alheios a esses exemplos; tiveram que atravessar guerras e revoluções devastadoras, campanhas sufragistas desgastantes e por vezes sangrentas, debates e adiamentos intermináveis antes de adotarem o sufrágio universal, o que ocorreu sobretudo na década de 1920. A França resistiu até 1944. Curiosamente, esse generoso grito de guerra do século XIX, ''sufrágio universal'', se restringia então ao sufrágio masculino. Até mesmo os veementes radicais holandeses que clamavam, na década de 1880, pelo *Algemeen Stemrecht* ou *Algemeen Kiesrecht* [Direito de voto para todos], não incluíam as mulheres em seu programa. E até mesmo Mary A. Dodge, professora, poetisa, escritora e enérgica acusadora das injustiças cometidas contra a mulher, por mais indignada que se mostrasse com o tom paternalista dos homens, não acreditava no voto feminino.[16] Para a maioria dos homens e para muitas mulheres, a idéia de que o direito de votar em eleições nacionais fosse concedido também às mulheres era algo quase literalmente impensável.

As perspectivas econômicas para as mulheres eram um pouco melhores, um pouco mais alentadoras. O ideal de que a trabalho igual devem corresponder igual remuneração era ainda uma fantasia bastante remota; já a luta empreendida pelas mulheres para ingressar nas profissões mais respeitáveis e lucrativas, apesar de exaustiva, era uma causa pouco menos desesperançada. As autobiografias de médicas e advogadas estão carregadas de bravura e desencanto. Uma pessoa individualmente tinha um longo caminho a percorrer até atingir a notoriedade, geral, mas, uma vez que a atingisse, gerava uma atenção pública que extrapolava seu significado imediato: advogadas ou médicas obtinham uma eminência facilmente ridicularizada mas impossível de ser descartada.

Opondo-se a essa situação de modo marcante porém compreensível, as mulheres valorizavam muito sua invisibilidade quando escreviam profissionalmente, a única atividade em que já detinham uma parcela considerável de proeminência. Mais freqüentemente do que sob seus próprios nomes ou pseudônimos femininos, as romancistas e jornalistas publicavam seus escritos lançando mão de pseudônimos masculinos: Ernst Ahlgren, na Suécia; George Sand e Daniel Stern, na França; George Eliot e Currer Bell, na Inglaterra; sem falar na ambigüidade de A. M. Barnard, nos Estados Unidos, e E. Marlitt, na Alemanha. Estudando a situação das mulheres na França, Theodore Stanton observou em 1884 que "muitos dos colaboradores mais populares da *Revue des Deux Mondes*, do *Temps*, do *Figaro*, e de outros dos principais periódicos parisienses são mulheres que assinam histórias e artigos com nomes masculinos ou imaginários".[17] Era como se a utilização de tais nomes pudesse de alguma forma apaziguar a ira dos autores homens por verem seu reduto invadido por tais forasteiras nada benquistas e antinaturais. O expediente não apazigou ninguém; como disfarces, os pseudônimos eram diáfanos e raramente protegiam a identidade das autoras por mais de um ano. Tampouco resguardavam o contingente feminino dos protestos irritados e invejosos que lhe lançavam seus concorrentes masculinos.

Entrementes, conforme já mencionei, o processo de industrialização do século XIX, com seus exércitos administrativos e suas redes comerciais internacionais em expansão, descobriu que as mulheres eram cada vez mais úteis. Não foi o feminismo que guiou as mocinhas como um rebanho aos escalões mais baixos dos serviços de escritório e de vendas, onde tanto o pagamento quanto o prestígio eram baixos; foram a racionalidade e a complexidade da moderna economia capitalista. As filhas de artesão e de pequenos comerciantes saíam de casa para trabalhar como datilógrafas, contínuas, secretárias. Jóvens oriundas da aristocracia, empobrecidas e "inelegíveis" para um bom casamento, freqüentemente se empregavam como governantas — uma ocupação tão amarga, tão marcada por perspectivas de exploração obscena, de uma crueldade sutil, e (muito remotamente) de um romance, que lá pelos meados do século os romancistas haviam se apropriado do destino das governantas como um tema promissor. E, quer pertencessem à classe operária ou à burguesia, as mulheres chegaram a engrossar as fileiras dos professores, sobretudo na escola primária.

Dar aulas era naturalmente uma escolha quase predeterminada. Com a expansão estonteante das escolas primárias e secundárias por toda parte, especialmente a partir da década de 1860, a necessidade de professores se tornou insaciável, e as mulheres estavam obviamente disponíveis. E, o que era mais importante ainda, estavam bastante dispostas a aceitar salários muitíssimos inferiores aos dos homens — uma tentação irresistível para empregadores, tanto nas escolas como em qualquer outro ramo, que os levava a abandonar os preconceitos em favor dos lucros. A professora não ofendia os estereótipos criados sobre a verdadeira natureza e sobre a verdadeira missão da mulher: não era ela uma professora em sua casa, que agora apenas levava para a sala de aulas o ofício que sempre exercera no quarto das crianças? No entanto, seu destino como professora era bem mais lúgubre do que sua vocação de mãe. Refletindo sobre sua própria carreira como pioneira entre as médicas americanas e sobre as tensões que o exercício de uma profissão impunha a outras mulheres, a dra. Harriot Hunt comentou em 1856: "A remuneração miserável geralmente paga às professoras reduz de modo lamentável sua capacidade. Diminui o valor que elas mesmas dão a seus serviços" e, pior ainda, "drena o respeito próprio, a auto-estima". Não era de se admirar pois que elas se refugiassem no casamento, ainda que infeliz: "seus serviços, subestimados e pessimamente pagos — sua importância, um zero — sua auto-estima, perdida — sua labuta, fonte de ingratidão — sua vida, um desgosto — ela mesma, uma criada — explorada, degradada, condenada, acusada, exausta e miserável" — ela tentará fugir "do massacre cotidiano e obter um pouco de urbanidade, e de respeito público, casando-se com um imbecil! Quem poderia censurá-la?" — Certamente que não seria Harriot Hunt.[18]

O estilo pode ser exageradamente floreado, porém a explosão dá uma medida da desolação em que transcorria a vida das mulheres de classe média no século XIX. Ainda assim, suas perspectivas não eram de todo deprimentes; apesar de em geral as mulheres se encontrarem concentradas nos degraus mais baixos da escada de remunerações e autoridade, algumas chegaram ao topo. A hábil e inescrupulosa madame Aurélie, a temida e poderosa *chef du rayon** que supervisionava a loja Au Bonheur des Dames, apesar de ser meramente uma criação de Zola, não era de modo algum uma personagem implausível. Embora a previsão atrevida de Havelock Ellis, de que em pouco tempo as mulheres se ergueriam para obter "sua justa parcela do poder", tenha parecido a muitos de seus leitores um tanto ingênua em 1890, não era uma previsão totalmente sem fundamento.

Contudo, conforme bem o demonstra a profissão médica, mulheres de negócios e profissionais liberais como madame Aurélie continuavam sendo exceções. Quando Harriot Hunt predisse, em 1856, que "dentro de poucos anos a medicina será igualmente dividida entre homens e mulheres", essa idéia não passava de um anseio. "A opinião pública", insistia ela, "tende a fazer com que isso ocorra com rapidez".[19] Na realidade, porém, apesar de estar sistematicamente à frente dos modestos e relutantes reformistas no campo da medicina, a opinião pública nada fez para comprovar essa tendência; não obstante, mantinha-se aberta à discussão do assunto. Em 1890, a *Gartenlaube*, a revista familiar mais popular da Alemanha, que de vez em quando advogava inocuamente e com uma leveza forçada alguma causa progressista, publicou um artigo de um médico suíço, o professor Hermann von Meyer, que paciente e criteriosamente refutava os três argumentos mais comuns pelos quais se negava às mulheres o acesso à prática da medicina — sua presumível fraqueza física, sua incompetência intelectual e sua sucetibilidade emocional — e defendia que elas deviam ser admitidas sem restrições às faculdades de medicina e ao exercício da profissão.[20] Mas a maioria dos colegas de profissão do dr. von Meyer tinha outra opinião.

De fato, a medicina, um dos prêmios mais cobiçados na longa campanha das mulheres para serem admitidas às profissões de maior prestígio, comprova de modo eloqüente a determinação das mulheres e a posição defensiva dos homens. A vocação médica parecia natural nas mulheres, tanto quanto a de professora, pois no século XIX como em todos os anteriores, elas eram as supervisoras da saúde doméstica e as enfermeiras do lar. Nada havia de irreconciliável ou não-feminino no quadro agradável de uma mão tranqüilizante oferecendo um remédio a um doente, enxugando-lhe a testa ardendo em febre, confortando os que estão prestes a morrer. Além disso, a idéia de que as mulheres pudessem cuidar melhor de outras mulheres agradava muitos homens mais puritanos que temiam que um médico homem violasse o puro recato de suas pacientes. Não obstante, embora desde meados do século as mulheres já viessem forçando sua admissão às faculdades de medicina, demonstrando sua tenacidade e, se possível, fazendo uso da influência de que dispunham, o número de médicas formadas permanecia pequeno, e seu impacto na profissão, rigida-

(*) Chefe de seções em uma loja. Em francês no original (N. T.)

mente restrito. Em 1883 a Holanda se orgulhava da dra. Aletta Jacobs, especializada no tratamento de mulheres e crianças; ela dizia que seus colegas a aceitavam irrestritamente e via em si mesma uma inspiração para futuras mulheres que pretendessem seguir a carreira médica. Entretanto, durante alguns anos ela foi literalmente a única mulher a exercer a profisssão no país.[21] Na primeira metade dessa década, não havia nenhuma médica na Noruega, nem no Império Austro-húngaro, talvez meia dúzia na Itália e uma dúzia na França, no máximo. Em 1900, o número de médicas na França chegava a 95, o que ainda era uma proporção desprezível em relação à totalidade dos médicos no país. Caberia à Inglaterra e aos Estados Unidos tomarem a frente na admissão de mulheres não só às faculdades de medicina, mas à pratica da profissão. As instituições médicas nesses dois países eram bastante tacanhas; comprometiam suas esporádicas manifestações de boa vontade com constantes subterfúgios referentes às qualificações das mulheres e excluindo-as de associações profissionais, cargos em hospitais e congressos internacionais; em 1882, apenas 26 médicas tinham registro profissional na Inglaterra. Dezoito anos mais tarde, esse número havia decuplicado, atingindo a patética marca de 258. Já nos Estados Unidos, para onde os feministas voltavam suas vistas à procura de indicações animadoras, a situação era apenas ligeiramente melhor. Em 1880 havia no país 2432 médicas, ou seja 2,8 por cento do total de médicos; vinte anos mais tarde, esse número chegava a 7387, ou seja 5,6 por cento do total.[22] Apesar de a curva ser ascendente, a parcela de mulheres na profissão médica continuava pouco expressiva.

Como acontece amiúde, os números fornecem apenas uma vaga indicação das desilusões de uma jovem aspirante a médica, de sua persistência diante de rejeições humilhantes e de uma tramóia organizada. As heroínas da campanha em prol do ingresso nas faculdades de medicina e no exercício da profissão — Harriot Hunt, Marie Zakrzewska, Elizabeth Blackwell — tiveram que se munir de uma resistência, uma autoconfiança e uma paciência que seus adversários logo rotularam de antifemininas, fazendo disso um pretexto adicional para negar às mulheres uma oportunidade de acesso à instrução superior e profissional.

De modo geral, mais do que o direito ao voto, foi o acesso às faculdades que acabou sendo a chave para a causa feminina em fins do século XIX. E foi em torno dessa questão que giraram as disputas mais enfáticas e violentas. Façamos uma rápida resenha dos fatos: os educadores americanos foram os pioneiros em concordar que as mulheres possuíam a inteligência e a resistência física necessárias para tirar proveito de uma educação superior. O Oberlin College admitia mulheres desde sua fundação, em 1833, sendo que as primeiras mulheres regularmente matriculadas se formaram em 1841. Esse passo parecia decisivo, oferecendo ao sexo misterioso a educação que até então estivera estritamente reservada aos homens. Contudo Oberlin, pelo menos em seus primeiros anos, não visava a uma total igualdade de oportunidades: seus fundadores, a despeito de simpatizarem obviamente com o que chamavam de "o sexo incompreendido e negligenciado", continuavam a acreditar, como o resto da sociedade, que a função principal da mulher respeitável permanecia a mesma de antanho — a de dona-de-casa. Mas para eles isso não queria dizer que uma esposa e mãe tivesse que ser frívola, ignorante e tola.

Tais aspirações relativamente modestas para as jovens evoluíram com os tempos. Da mesma forma como as instituições educacionais imprimiram sua marca na sociedade, também foram transformadas por ela. Mount Holyoke abriu suas portas em 1837 como um internato para moças, resultado do extraordinário poder de persuasão e de um levantamento de fundos realizado por Mary Lyon, uma pioneira da educação da mulher americana, e se transformou, algumas décadas depois, numa conceituada faculdade. Entrementes, a Universidade Estadual de Iowa abria suas portas a mulheres em 1858; outras universidades estaduais seguiram o mesmo caminho. Seis anos depois de sua fundação, em 1874, a Universidade de Cornell estabelecia uma pequena divisão feminina, o Sage College. Durante algum tempo foi bastante penoso para uma moça estudar em Cornell, uma tarefa que exigia muita autoconfiança e um autocontrole maior ainda; elas eram nitidamente um "anexo" dos homens — e essa denominação depreciativa se aplicou ainda por muitos anos à divisão feminina da Universidade de Harvard. Contudo, os ganhos globais obtidos pelas mulheres estavam longe de serem insignificantes. As estimativas da década de 1890 variam numa faixa muito ampla, desde 20 mil até 50 mil mulheres matriculadas em instituições de ensino superior; em 1893, em um bravo esforço para chegar a um número preciso, Lida Rose McCabe contou 36 329 mulheres estudando em "todas as instituições que nos Estados Unidos oferecem a oportunidade de instrução superior às mulheres", um total impressionante que sem dúvida incluía as escolas que formavam professoras.[23] A discriminação contra as mulheres continuava existindo, porém a primeira porta, a que dá acesso à instrução superior, tinha sido forçada a abrir-se.

O mesmo ocorrera na Europa. Na Inglaterra, a partir da década de 1850, um punhado de externatos respeitáveis para moças, como o Ladies' College de Cheltenham, fundado em 1858 por Dorothea Beale, e a instituição de cursos de extensão em diversas cidades, haviam estabelecido os alicerces indispensáveis para a causa da educação superior para as mulheres. Na década de 1870, as duas antiqüíssimas e tradicionais universidades da Inglaterra cautelosamente abriram espaço às mulheres; em Cambridge, no Girton e no Newnham College; em Oxford, no Somerville College e em Lady Margaret Hall; entretanto não lhes conferiam diplomas. A Universidade de Londres começara a aceitar mulheres em 1878, e três anos depois Cambridge lhes concedia os primeiros exames. A França não ficou atrás. Em 1879, numa manobra típica da centralização francesa, todos os *départements* inauguraram suas escolas normais superiores. Essas novas instituições codificaram e aperfeiçoaram o antigo ideal — a mulher professora. Mas já no ano seguinte, a augusta Sorbonne admitia mulheres às conferências. Outra fortaleza ruíra. Em outros países, as fortalezas masculinas levaram mais tempo para se render: as universidades alemãs não aceitaram mulheres como estudantes em tempo integral antes que o século XX já estivesse bem adiantado.

Um fato bastante revelador, mas não surpreendente, é que a maioria das estudantes na Europa, especialmente as que freqüentavam as universidades alemãs, eram estrangeiras: americanas em busca daquilo que o seu próprio país relutava em lhes oferecer; russas à procura de espaço para atividades políticas, até mais do que para atividades intelectuais. Estrangeiras sentadas nas mesmas salas de conferências com os homens pareciam mais toleráveis à instituição totalmente masculina da universidade do que se elas fossem irmãs dos estudantes. Tal como nas artes, também na educação superior o exótico permitia o que em circunstâncias comuns seria inaceitável.

Exceções não provam a regra. Por outro lado, tendo atingido e até mesmo redefinido os limites do possível, o indivíduo excepcional ilumina não só os esforços e as hesitações dos mortais comuns, como também o terreno de progresso que estes só em suas fantasias são capazes de percorrer. É nesse sentido que a carreira espetacular de M. Carey Thomas simboliza a luta travada pelas mulheres do final do século XIX pela conquista de respeito, independência e de uma vida própria.

Por ter sido americana, Carey Thomas também simboliza o deslocamento notável do eixo em torno do qual evoluía a cultura burguesa no século XIX: a liderança assumida pouco a pouco pelas classes médias americanas em direção a um futuro que certamente os europeus teriam que alcançar. "A Europa está se americanizando" — com essa afirmação retumbante C. de Varigny abre uma série de dois artigos abrangentes sobre "a Mulher nos Estados Unidos" na *Revue des Deux Mondes*, em 1889. "Cada raça", escreve ele, "desenvolveu sua concepção particular da mulher". Para os franceses, "ela representa o ideal"; para os espanhóis, "ela ainda é uma Nossa Senhora numa igreja"; para os italianos, "uma flor no jardim"; para os turcos, "um utensílio de felicidade"; para os ingleses, "a mãe de seus filhos e a gerente de sua casa".[24] Mas então surge o americano, que instruindo sua filha e mostrando-lhe o caminho para a igualdade, a torna namoradeira e poderosa. Moças como Carey Thomas, por conseguinte, decerto menos namoradeira do que poderosa, constituíam portentos fascinantes para os europeus.

E M. Carey Thomas ainda demonstra outra coisa muito importante: os benefícios psicológicos resultantes da atividade quando comparada à passividade. Mais inteligente, mais persistente e mais afortunada do que a maioria de suas contemporâneas — seu pai e, ainda mais acentuadamente, sua mãe eram abertamente favoráveis à educação superior para as mulheres —, ela se tornou por seus próprios esforços um sucesso que ultrapassou quaisquer expectativas, excetuando-as as dela mesma. Revendo sua carreira no dia de seu quadragésimo-primeiro aniversário, em 1898, quando já fazia quatro anos que ocupava a presidência do Bryn Mawr College, ela confidenciou a uma amiga íntima, não sem um toque de amargura, que ainda "desejava algo mais" na vida.[25] No final das contas, ela não alcançou esse "algo mais", porém conseguiu transformar a universidade que presidiu durante 28 anos na escola onde era mais difícil ingressar e se formar nos Estados Unidos. Num gesto altaneiro de desprezo pelas honrarias comuns, ela rejeitou o estabelecimento da Phi Beta Kappa no campus de Bryn Mawr, alegando que *qualquer* pessoa formada por aquela universidade era merecedora desse cobiçado título de distinção acadêmica.[26] E com isso ela convidava os homens a tirarem a conclusão de que Carey Thomas pensava que as mulheres, longe de serem inferiores aos homens, eram na realidade superiores a eles. A ira mal suprimida devida à desconsideração com que durante muito tempo os homens trataram as mulheres não poderia ter sido sublimada de maneira mais esplêndida. A excelência era a melhor vingança possível.

Nascida em Baltimore em 1857, primeira filha de uma família quacre instruída, Carey Thomas foi forçada a suportar a rivalidade clamorosa de nove irmãos e irmãs; mais tarde ela traduziria os ciúmes vivenciados entre irmãos num princípio malthusiano: "Se as pessoas se dessem conta", anotou ela em seu diário em fins de 1877, pouco antes de completar 21 anos, "de que terem mais filhos dos que podem educar e sustentar decentemente constitui um crime maior do que qualquer outro, tenho certeza de que a vida seria bem melhor". Freud nos ensina que a sede de conhecimentos deriva, em parte, da necessidade premente e ansiosa que têm as crianças de saber de onde vêm os bebês — uma premência e uma ansiedade que ocorrem porque está em jogo mais do que o interesse científico; essa necessidade espelha um medo corrosivo de que o amor dos pais seja integralmente concedido ao rival recém-nascido.

Não resta dúvida de que a fértil mãe de Carey Thomas jamais deixou de incentivar os apetites crescentes de sua primogênita. Desde a infância, ela se mostrou esperta, vivaz e imperiosa. Insistia em seus direitos por vê-los freqüentemente ameaçados. O plano que conscientemente havia traçado para sua vida era jamais ser obrigada a ceder. "Uma moça certamente [deve] fazer o que quiser, assim como qualquer rapaz", anotou ela em seu diário no início de 1871, quando mal tinha completado catorze anos. "Quando eu crescer — veremos o que acontecerá." Ela queria sobretudo manter-se ativa: "Puxa vida, tenciono estudar os clássicos e matemática no ano que vem", escreveu ainda no mesmo ano, "porque anseio tanto me formar em Vassar e depois vir para a Filadélfia a fim de estudar para o doutorado. Não agüento depender de ninguém, nem mesmo de papai e mamãe, e quero fazer outra coisa além de comer, ler e me vestir".[27] Para ela, a passividade era o crime supremo.

Isso, conforme ela mesma reconheceu bem cedo, significava estudos e mais estudos. "Não sou uma menina levada mas também não sou uma *senhorinha* e sou tudo o que é desagradável e desejo um pouco de animação e quero ir para Vassar", e não para uma escola para mocinhas bem-comportadas. Carey tinha apenas catorze anos, e ainda morava na casa dos pais. "Eu *quero tanto*, estou *absolutamente determinada* a conseguir uma boa educação."[28] No internato onde fez o curso secundário, um professor que compartilhava seu desejo de demonstrar as capacidades femininas, fez com que desistisse da idéia de ir para Vassar — que afinal de contas não passava de uma faculdade para moças — e sugeriu que ela ingressasse em Cornell. E assim ela foi para o Sage College, onde se graduou depois de dois anos. Sua determinação de demonstrar os dotes de pelo menos uma mulher a impelia sempre adiante.

Em seguida vieram a pós-graduação e seu primeiro revés mais sério. Muito antes, quando era apenas uma estudante de catorze anos, ela havia assistido atentamente a conferências feministas e suportado com impaciência os sermões complacentes dos homens sobre o "sagrado altar da condição feminina". Uma noite, numa conferência proferida por Anna Dickinson, uma eloqüente defensora dos direitos da mulher, ela aplaudiu com entusiasmo uma fábula contada pela conferencista a respeito de dois irmãos, um rapaz e uma moça, ambos igualmente bem-dotados de "inteligência e talento"; o irmão, ansioso por sair pelo mundo afora para "cumprir a parte que lhe cabe na elevação da raça humana", receberia as lacrimosas bênçãos de seus pais, porém sua irmã, igualmente dotada, jamais poderia realizar as mesmas ambições: "Eles a levariam ao seu quarto, trancariam a porta e enfiariam a chave em algum bolso, convencidos de terem cumprido seu dever". A historieta enfureceu a jovem feminista Carey Thomas: "Nossa que horrível, que *tremenda* injustiça". E para piorar ainda mais as coisas, um amigo de seu pai, um tal dr. Morris, a acompanhou a casa e ao longo do caminho discorreu prolixamente sobre o verdadeiro lugar da mulher — em casa, é claro: "Quaisquer que sejam os esplêndidos talentos que uma mulher possa ter, ela não pode fazer melhor uso deles do que sendo esposa e mãe". Tendo dito isso, registra ela indignadíssima, o dr. Morris "passou a um discurso bombástico sobre a força da devoção feminina, esquecendo completamente que nem todas as mulheres são esposas e mães e suponho que elas devam cruzar os braços e ficar ociosas à espera de uma oferta *aceitável*".* Era demais: "Bah! Tolices e baboseiras!"[29]

Carey Thomas teve que aturar inúmeras vezes tais absurdos e baboseiras. Estavam no ar. Pouco tempo depois da conferência de Anna Dickinson, ela teve que ficar sentadinha à mesa com "um inglês chamado Joseph Beck", convidado para jantar em sua casa. "Ele não acredita na Educação das Mulheres. Nem tampouco o primo Frank King e nossa senhora a disgução** que eles tiveram" — *eles*, o que indica que ela permaneceu sentadinha, ouvindo, e guardou para si seus comentários. "Disseram que não viam nada de bom numa mulher aprender latim ou grego isso não as tornava mais agradáveis para seus *maridos*. Uma mulher tinha um bocado de outras coisas a fazer costurando cozinhando cuidando dos filhos se vestindo bem e namorando." O matrimônio, para todos os presentes — com a nobre e notável exceção de sua mãe —, era "*aquela condição insuperável de felicidade terrena*" na qual a mulher podia cumprir seu "dever de divertir o marido e não aprender nada; jamais exercitar os poderes de sua mente, de modo que seu marido possa sentir o prazer *requintado* de saber mais do que sua esposa". Os grifos sardônicos atestam quão irritada estava a diarista; e seus comentários, que ela reservava ao diário, também atestam o quanto ela era perceptiva, uma qualidade ainda mais aguçada pela fúria reprimida. Ela se recusava a aceitar o que chamava de "a cantilena costumeira" de que a mulher "é demasiado *elevada* demasiadamente *sublime* para fazer qualquer coisa além de ficar sentada em sua total ignorância de mãos postas para que os homens possam adorá-la em seu altar". Tais cantilenas só podiam ser entendidas no sentido de que as mulheres "devem ser meras *bonequinhas* para que os homens com elas se divirtam, para que as afaguem e acariciem e talvez até amem, mas quanto a se associarem com elas em termos de igualdade eles nem

(*) O grifo é do original: "*ellegable*" — provavelmente em lugar de "*eligible*". (N.T.)

(**) Todos os erros gramaticais, em particular os de ortografia e sintaxe, são do original; procurei reproduzir fielmente o estilo de Carey Thomas ainda menina. (N.T.)

pensariam em tal coisa". Era de enlouquecer: "Fiquei completamente enfurecida".[30] A única resposta à altura, como ela já então acreditava, consistia em fazer de sua própria vida uma refutação ao preconceito vigente.

Entretanto, quando se matriculou na Universidade Johns Hopkins, em fins de 1877, para prosseguir com seus estudos dos clássicos, agora no nível de pós-graduação, descobriu que somente poderia fazê-lo naquela universidade em condições especiais e muito inconvenientes: forneceram-lhe a bibliografia a ser consultada e permitiram-lhe assistir a algumas conferências, porém, para realizar um trabalho de peso, ela teria que depender de aulas particulares dadas por professores que se dispusessem a tal. Às aulas não teve acesso. Ao cabo de um ano, através de uma digna carta à junta diretora, ela pediu seu afastamento e foi estudar na Universidade de Leipzig. As universidades alemãs estavam ainda ensaiando os primeiros passos em direção à educação conjunta de homens e mulheres. Andrew Dickson White, que havia estudado na Sorbonne e em Berlim enquanto prestava seus primeiros serviços diplomáticos, e que à época era presidente da Universidade de Cornell, disse ao pai de Carey Thomas que, embora algumas mulheres na Alemanha assistissem a algumas conferências, "haveria um grande alvoroço se uma senhora entrasse numa sala de aula em qualquer uma das grandes universidades". Berlim parecia quase impenetrável.[31] Leipzig, por outro lado, já contava com uma estudante americana, e alguns de seus professores se mostravam favoráveis à causa feminina. Por conseguinte, Carey Thomas foi para Leipzig, acompanhada da amiga Mamie Gwinn, e lá estudou por mais de dois anos.

A experiência foi agradável, mas sua posição era precária. Alguns professores e suas esposas lhe ofereceram sua hospitalidade, e os estudantes, se bem que freqüentemente encabulados, raramente se mostraram grosseiros.[32] Um dos perigos provinha das estudantes russas, que eram vistas (segundo as cartas que ela escreveu para casa) "como um flagelo". Com a habitual perspicácia, ela via esse medo político como um mero ataque de ansiedade, como "o pânico de que se torna presa um governo absolutista". As universidades alemãs, escreveu à mãe, "vivem com medo — a grande oposição às mulheres provém do terror que as mulheres russas inspiraram com sua anarquia em Zürich até que foram banidas. Eu creio realmente que o pedido de matrícula de uma única russa em Leipzig já seria suficiente para fechar as portas da universidade às mulheres". Havia corrido um boato de que havia seis russas estudando em Leipzig e fazendo propaganda do socialismo; mas era obviamente uma tolice: "É claro que se trata de uma calúnia, de vez que não há uma única mulher russa na universidade inteira".[33] Tudo isso foi muito instrutivo para Carey Thomas.

Embora não tivesse sido forçada a deixar Leipzig, foi em Zürich que ela fez o doutorado; tais peregrinações acadêmicas eram muito mais comuns na Europa do que nos Estados Unidos. Vindo a Zürich sobretudo para escrever sua tese e submeter-se aos exames finais em filologia, vendo-se forçada a fazer cursos adicionais e a estabelecer novas amizades, Carey sentiu-se sobrecarregada de trabalho, porém moderadamente confiante. Estava próxima de seu objetivo; praticamente já segurava a chave do que mais desejava: influência. "Eu não desistiria de meu Ph.D. por coisa alguma", escreveu em 1882 à mãe, que a havia encorajado durante todo o tempo. Os exames finais, escritos e orais, exigiram um árduo e prolongado esforço, porém ela estava certa de ter obtido o doutorado pelo menos *cum laude*, e talvez até mesmo *magna cum laude*. Entretanto, ao término dos rigorosos exames orais, conforme relata numa carta detalhada e dramática à mãe, ela recebeu as congratulações do decano por haver conquistado a suprema honraria conferida pela universidade, "*SUMMA cum laude*".[34] Até então, nenhuma mulher havia conseguido tal feito, e só pouquíssimos homens o haviam conquistado.

Pouco depois, em férias na cidade de Spezia, sentindo o brilho de sua coroação mais vívido do que nunca, ele confessa sua verdadeira ambição: "Eu gostaria muito de presidir Bryn Mawr".[35] Assim de fato seria, doze anos depois. Sua carreira foi um triunfo da persistência e da inteligência diante de uma realidade nada promissora. Contudo, quantas mulheres tiveram a energia, o cérebro e a determinação de Carey Thomas — e o apoio que ela teve?

2. *A VIRILIDADE EM PERIGO*

O primeiro esforço organizado para libertar as mulheres de sua dependência e reformular os ideais predominantes de domesticidade ocorreu significativamente numa resposta retardada a um insulto profundo e gratuito. Embora o movimento feminista fosse denunciado por seus opositores como uma sucessão de agressões, tratava-se na realidade de uma ofensiva nascida de reiteradas manifestações de desdém e intoleráveis frustrações. Em 1840, Elizabeth Cady Stanton, Lucretia Mott e outras delegadas à Convenção Mundial contra a Escravidão, realizada em Londres, foram excluídas das discussões e obrigadas a assistir aos trabalhos como meras observadoras. Mesmo então — e isso merece ser lembrado —, alguns homens notaram a incoerência dos reformadores que, presumivelmente dedicados à reparação da desigualdade, não obstante tratavam as mulheres como seres inferiores: William Lloyd Garrison, para citar apenas um, foi juntar-se às mulheres nas galerias. Foi um gesto histórico, mas de modo algum isolado; o movimento feminista foi impulsionado para diante por homens que o apoiavam com lealdade e firmeza, entre eles alguns liberais coerentes, membros da maçonaria que levavam a sério seus ensinamentos e seguidores apaixonados do excêntrico e perspicaz teórico social Saint-Simon. O dr. George R. Drysdale, o intrépido propagandista inglês que defendia o controle da natalidade, exigia "justiça para as mulheres" em sua revista, em meados do século;[36] um quarto de século depois, Josef Breuer, um dos dois descobridores da psicanálise, considerava que sua paciente "Anna O.", cujo caso marcou época, era inteligente e esperta como qualquer homem, capaz de digerir facilmente qualquer alimento intelectual, mas que jamais tal alimento lhe fora oferecido.[37] Nenhuma regra geral sobre o medo que o homem sente da mulher pode ser postulada sem cuidadosa verificação. Nem todos os homens interpretaram o feminismo como um movimento dirigido contra eles.

Assim como Garrison, se bem que tendo obviamente um interesse pessoal na questão, Elizabeth Stanton e Lucretia Mott se ressentiram da decisão dos antiescravagistas de excluí-las dos debates; acharam-na ilógica e enfurecedora. Porém só oito anos mais tarde passaram à ação. Em julho de 1848, Elizabeth Cady Stanton convocou uma convenção em Seneca Falls, no Estado de Nova York, para debater, e talvez empreender algum tipo de ação, com relação aos direitos da mulher e às injustiças cometidas contra ela. Bem antes, já houvera polêmicas favoráveis às reivindicações das mulheres, bem como algum reconhecimento de seus méritos. Os clássicos do feminismo moderno, *Vindication of the Rights of Women* [Em defesa dos direitos das mulheres], de Mary Wollstonecraft, e *Les Droits de la Femme* [Os direitos da mulher], de Olympe de Gouges, datam dos anos revolucionários do final do século XVIII. Vários dentre os *salons* onde florescia a cultura em Berlim, presididos por mulheres judias inteligentes e emancipadas como Dorothea Veit, Henriette Herz e Rahel von Varnhagen, tiveram sua época áurea por volta de 1810. As destemidas propagandistas americanas, as irmãs Grimké, proferiram conferências e publicaram panfletos feministas em fins da década de 1830, o que as levou a serem censuradas em 1837, através de uma carta pastoral do Conselho de Ministros Congregacionistas de Massachusetts, que as repreendia por ingressarem na arena do debate público. Um punhado de periódico femininos franceses, como *La Femme Nouvelle* e *La Gazette des Femmes*, tiveram um breve porém significativo sucesso em meados da década de 1830. E a exuberante e notável George Sand — um modelo extremamente perturbador para outras mulheres, embora nada convencional — espalhava aos quatro ventos suas aventuras amorosas, sua indumentária masculina, seus charutos e suas convicções de mulher liberada muito antes de 1848. E, finalmente, foi no mesmo ano da Convenção de Seneca Falls que F. D. Maurice fundou o Queens College em Londres, projetado para oferecer às moças que tencionavam tornar-se governantas não apenas um ensino profissional e informações que pudessem transmitir às crianças sob seus cuidados, mas também, conforme Maurice expôs em sua conferência inaugural, uma "compreensão correta de princípios".[38] Quando Elizabeth Cady Stanton e Lucretia Mott reuniram seu pequeno bando de feministas, já podiam contar com pequenas comunidades dedicadas ao protesto, assim como com grandes reservatórios de talento, ainda que pouco explorados. A reunião de Seneca Falls resultou em uma vibrante "Declaração de Sentimentos e Resoluções" que seguia explicitamente o modelo da Declaração de Independência dos Estados Unidos. Tratava-se de um documento ordenado, lógico e modesto, que refletia bem o conclave que o produzira: a resolução que exigia o direito de voto para as mulheres parecia tão arrojada que por pouco não foi apresentada, e, uma vez apresentada, por pouco não foi rejeitada. Bem tipicamente, alguns homens tiveram participação ativa e proeminente nos trabalhos: James Mott, marido de Lucretia, presidiu a reunião, e foi o abolicionista negro Frederick Douglass quem convenceu a assembléia a exigir o direito de voto para as mulheres. A despeito de toda a sua circunspecção, essa convenção assistiu ao nascimento do movimento feminista organizado, e foi a primeira agitação feminista a ser levada a sério. Com essa iniciativa americana, feministas de outros países ganharam coragem para escrever manifestos, formular suas exigências e organizar suas associações.

Enquanto a moderação predominou na reunião de Seneca Falls, a resposta da oposição não se fez esperar e veio com fúria irracional. Oradores eloqüentes e editorialistas ridicularizavam irreverentemente os feministas, tanto homens quanto mulheres, questionando suas credenciais sexuais. Numa convenção feminista em Rochester no Estado de Nova York, em 1852, um tal sr. Mandeville, pastor protestante que exercia seu ofício em Albany, caracterizou as mulheres ativistas como uma "espécie híbrida, meio homem e meio mulher, pertencente nem a um nem ao outro sexo". No ano seguinte, novamente em Rochester, um certo professor Davis assumiu a tribuna imediatamente após Susan B. Anthony ter-se dirigido a uma convenção de professores, para protestar que "o lugar da mulher é num pedestal". E, ainda em 1853, o *New York Herald* publicou um editorial peçonhento dirigido às "mulheres assexuadas", insinuando que elas haviam se transformado em ativistas por serem demasiado repulsivas para conseguir um marido: algumas, por motivos bem visíveis, jamais poderiam encontrar um homem; outras, por motivos igualmente visíveis, haviam perdido os seus. "Essas mulheres são absolutamente desprovidas de atrativos pessoais. Em geral são solteironas magricelas, ou mulheres que talvez viram frustrados seus esforços para se apropriarem das calças e dos direitos de seus infelizes senhores."[39] Os homens que apoiavam o movimento não tiveram melhor acolhida; em 1854, o *Albany Register*, depois de descrever as "propagandistas feministas" como "mulheres assexuadas" que "fazem da religião objeto de escárnio", apontou suas baterias contra os homens. Eram homens de "espírito débil", iludidos quer fossem "honestos ou desonestos", e de qualquer forma "presos aos aventais de alguma 'mulher teimosa'"; eram "homens irrequietos", que "penteiam seus cabelos para trás e falam com voz branda, com os dedos entrelaçados sobre a barriga e os olhos voltados suavemente para o alto". As insinuações, principalmente num jornal sem dúvida alguma respeitável do século XIX, dificilmente poderiam ir mais longe, porém de vez em quando iam. Em 1852, o *New York Herald* já havia denunciado as "mulheres masculinas" como "galinhas que cantam no terreiro", e a maioria dos homens que assistiam às convenções feministas como "maridos dominados por sua mulheres", que a rigor deveriam "vestir suas anáguas".[40] O primeiro sucesso do incipiente movimento feminista talvez tenha sido o de *quase* tornar pública a discussão sobre as aberrações sexuais — mas, além de não atingir esse intento, a discussão tinha, naturalmente, intenções maliciosas e caluniosas.

Não resta dúvida de que tais editorialistas polêmicos tinham muito orgulho de seu senso de humor, mas a ansiedade espreitava atrás de cada uma de suas piadas agressivas.

Em 1866, o *Albany Evening Journal* relatava que o senador Lane, de Kansas, levara ao Congresso uma petição de "cento e vinte e quatro senhoras belas, inteligentes e finamente educadas da cidade de Lawrence", que pediam uma emenda constitucional que proibisse a privação dos direitos civis com base numa discriminação sexual. "Esse artifício", comentava o editorialista do *Evening Journal* com pesado sarcasmo, "não serve. Apostamos uma imensa maçã como as referidas senhoras não são nem 'belas' nem finamente educadas. Nove entre cada dez estão sem dúvida *passadas*. Têm narizes aquilinos, pés-de-galinha em volta dos olhos fundos e cabelos desbotados. São profundas conhecedoras dos assuntos relacionados ao rapé". Caso uma dessas mulheres por um grande acaso fosse casada, o editorialista propunha "que se oferecessem fervorosas orações pelo pobre diabo que faz às vezes de seu marido". E no mesmo ano o *New York Tribune* ridicularizou uma petição pelo direito de votar assinada por mulheres da Nova Inglaterra, utilizando praticamente a mesma linguagem: "A panacéia para todos os males de que se queixam as requerentes de Massachusetts consiste num berço de vime e num bebê de faces rosadas".[41]

Ocasionalmente, os antifeministas em toda a sua intensidade primitiva desistiam das pretenções humorísticas para expor o medo que o homem tinha da mulher. Num discurso que proferiu da tribuna da Câmara dos Deputados a 30 de maio de 1872, Stevenson Archer, de Maryland, advertia que "o sufrágio feminino não pode ser tolerado, apesar de ser apoiado pelo candidato republicano à vice-presidência". O movimento havia se tornado uma ameaça, advertia Archer; "esses inovadores" já não eram mais "meros arlequins em espartilhos"; de fato, "um exército monstruoso está vindo ao nosso encontro — 100 mil 'tufões vestidos de anáguas' —, e nós precisamos enfrentá-lo com firmeza para não sermos esmagados pelo vendaval. A pequenina mulher atingiu tal tamanho e força que suas estocadas já fazem gemer o grande homem; suas unhas delicadas transformaram-se em garras de águia, que agora arrancam a carne que antes afagavam; e se o rapagão bem-disposto não se puser rapidamente em guarda, será estrangulado, derrubado e forçado a aceitar condições com as quais até pouco tempo atrás não teria nem sonhado". [42] A mulher, criada por Deus para ser gentil e amável, tornara-se enorme, dona de fortes punhos e garras afiadas, capaz de derrubar o homem e deixá-lo estatelado. O pequeno menino escondido no homem do século XIX olhava para sua poderosa e imprevisível mamãe e tinha medo.

Tal histeria, notável pela rapidez e pela veemência da reação, não ficou restrita de modo algum aos Estados Unidos. Na França, a partir de meados do século, muitos homens deploravam que as mulheres intelectuais e políticas fossem assexuadas e desnaturadas; enquanto os seguidores de Saint-Simon sonhavam com o dia em que as mulheres alcançariam a igualdade com os homens, sociólogos e historiadores, cartunistas e romancistas, tomados de pânico, atacavam a natureza sanguinária das mulheres, mostrando-as incitando as massas a ações cruéis, que não excluíam a castração: a mais notória cena do *Germinal* de Zola, em que um batalhão de mulheres de mineiros, enfurecidas pela usura e pela lascívia de um quitandeiro, cortam-lhe fora o pênis, apenas exterioriza uma percepção bastante comum. O mesmo pode ser dito da sucessão de mulheres sedutoras e fatais que povoam os romances de Zola a partir do fim da década de 1860. Ele as torna responsáveis por um breve interlúdio de felicidade erótica e pela destruição permanente. Ainda assim, mesmo em seus momentos mais misóginos Zola não chegava a rivalizar com seus amigos, os irmãos Goncourt, em condescendência ou em receios; os Goncourt estavam convencidos de que "as mulheres jamais fizeram coisa alguma de notável, exceto dormir com muitos homens e sugar-lhes o tutano intelectual: Mme. Sand, Mme. de Staël". Ao seu modo de ver, "não há uma única mulher virtuosa cuja inteligência valha dois tostões furados. Uma virgem jamais produziu coisíssima alguma".[43] A mulher vista como vampiro; o homem, como sua vítima: tal era, senão o consenso geral, pelo menos uma tendência bastante forte nos sentimentos dos homens franceses no século XIX.

De modo menos grosseiro do que os Goncourt, Daumier fez das pretenciosas e desgrenhadas romancistas e das socialistas de olhar ameaçador alvos fáceis para suas sátiras. E ainda em 1896, quando as posições feministas já estavam amplamente difundidas entre as pessoas mais instruídas na França, o dr. Edouard Toulouse afirmava, num livro sobre as causas da loucura, poder reconhecer as "mulheres degeneradas" por súas "vozes graves seus corpos pilosos e seios pequenos".[44] Durante esse meio século, *la femme-homme* [a mulher-macho] tornou-se um espectro que homens aterrorizados podiam exconjurar nas ocasiões apropriadas: era o supremo inimigo da família, que arruinava a autoconfiança do homem e destruía a verdadeira vocação da mulher. Num capítulo dedicado à "mulher-macho" em seu livro *L'Ennemi de la famille* [O inimigo da família], o conde Agenor de Gasparin argumenta: "Não é necessário que a emancipação política das mulheres se aplique em toda a sua extensão para que sejam causados consideráveis danos. A idéia em si já é suficiente para desestruturar a família; esse falso ideal corrompe as posições, os relacionamentos, os afetos".[45] Contrariava a experiência, a natureza e os ensinamentos cristãos, além de desconsiderar — o que era uma tolice — a invisível influência doméstica da mulher.

Os observadores ingleses concordavam com isso. O rótulo da mulher masculina não precisava ser importado dos Estados Unidos ou da França; tinha também um rico histórico na própria Inglaterra. "Se há uma coisa de que os homens não gostam, é da mulher-homem", escreveu em tom de advertência na *Quarterly Review* de 1869 Montagu Burrows, professor emérito de história moderna em Oxford, apresentando "a mulher universitária" como um exemplo típico desse ser híbrido. "Mantenham-se os tipos masculino e feminino essencialmente distintos e separados. Para as senhorinhas que não tenham condições de obter 'uma educação superior' através de seus pais, irmãos, amigos e dos livros em suas próprias casas, nem através das conferências oferecidas nas cidades, providencie-se o recurso de uma governanta; mas pelo amor de Deus não estabeleçamos a 'mulher universitária' como o tipo moderno." A retórica empregada — "pelo amor de Deus" — desmascara o medo escondido atrás da pose viril. As mulheres deveriam, antes, "seduzir nossa 'juventude áurea' para o matrimônio, não por meio de artifícios, conspirações e batalhas nupciais, mas sim exibindo as verdadeiras, modestas, recatadas, prestativas qualidades femininas".[46] Burrows não precisava acrescentar que essas qualidades estavam notoriamente ausentes da constituição da mulher masculina.

Imbatível como sempre diante de um alvo sexual tão vulnerável e tão acessível, durante anos a fio a revista *Punch* levou adiante uma incansável e tediosa campanha contra o "Bloomerism"* e contra as "mulheres cabeçudas"; nada ficou a dever a seus modelos, como o *New York Tribune*, na mordacidade de suas insinuações. Parodiando o discurso de uma mulher política às "eleitoras" de seu município, *Punch* apresenta a insólita candidata defendendo diversas causas "femininas" e descrevendo-se a si mesma como uma mulher de feições regulares e dentes muito bonitos: "Meu cabelo é castanho-escuro; já meu bigode tem uma tonalidade mais clara".[47] O mais obtuso dos leitores da revista dificilmente deixaria de perceber a malícia bastante óbvia dessa caricatura. Mas, justamente por suas tentativas de alcançar o nadir do mau-gosto, essa campanha dá uma medida da ansiedade dos homens do século XIX diante das "mulheres cabeçudas".

Apesar de apoiar os direitos das moças a uma educação superior, *Punch* não ia além de aceitar o direito de votar; quanto ao direito de uma mulher ser votada para o Parlamento, era impensável; os cartunistas da revista entretinham e atemorizavam seus leitores com desenhos de bruxas espantosamente masculinas a discursar na Câmara dos Comuns.[48] A

(*) *Bloomers* eram as ceroulas usadas por algumas mulheres, e que ganharam popularidade crescente durante a segunda metade do século XIX; originalmente eram calças de baixo, folgadas, amarradas aos tornozelos, mas foram subindo até serem amarradas abaixo dos joelhos. O nome é devido à americana Amelia Bloomer, que defendeu publicamente o uso dessa vestimenta em 1849. (N.T.)

fortaleza masculina se encontrava sitiada, e não havia mais motivo para fazer de conta que as atacantes fossem afáveis ou atraentes.

O sentimento de que a virilidade se achava em perigo ia se aprofundando à medida que as campanhas pelos direitos das mulheres adquiriam maior impulso. Em 1882, sir Walter Besant, ensaísta, comentarista social e romancista prolífico, publicou uma fábula transparente, intitulada *The Revolt of Man* [A revolta do homem], na qual leva às últimas conseqüências lógicas (ou melhor, ilógicas) a emancipação da mulher: na Inglaterra imaginada por Besant, num futuro próximo os papéis tradicionais estariam completamente invertidos — somente as mulheres gozariam dos privilégios de uma educação superior, do direito ao voto, de cargos públicos, enquanto os homens ficariam reduzidos a uma dependência abjeta e a uma domesticidade humilhante. Porém o amor conquista a Anti-utopia ao final desse tratado maldisfarçado de Besant: uma jovem e bela ministra se casa com seu amante rebelde e firme; a inversão antinatural é desfeita e a antiga ordem é restabelecida. Alguns excepcionais profetas sociais, notadamente George Bernard Shaw, foram capazes de interpretar a mulher como a obra-prima da natureza, necessitando do homem apenas para ajudá-la a cumprir seu destino biológico; ao mesmo tempo, eles foram capazes de aceitar de bom grado a descoberta do poder que ela ocultava por detrás de seu comportamento recatado e de suas saias e anáguas.[49] E, é claro, havia também advogados e educadores ingleses que consideravam a inferiorização da mulher injusta e de mau gosto, qualquer que fosse a esfera em que se desse. Contudo, a maioria dos autores eram mais ou menos como sir Walter Besant: preocupavam-se com o avanço das mulheres, e tinham muito medo.

A reação do antifeminismo na Alemanha confirma a experiência de outros países: o movimento das mulheres atingiu um nervo exposto, e ações brandas a seu favor podiam desencadear furiosas reações contrárias. Na Alemanha, o feminismo surgiu mais tarde, e de uma forma muito menos ofensiva, muito mais convencional, do que na Inglaterra e nos Estados Unidos. E no entanto o homem alemão se pôs em guarda com uma rapidez incrível, praticamente antes de ser desafiado. Assim como em outros países, sermões, editoriais e caricaturas idiotas eram suas armas preferidas. Já no primeiro ano de sua existência, 1844, a *Fliegende Blätter* produziu quatro caricaturas da ativa mulher moderna. Publicada inicialmente em Munique, essa revista satírica rapidamente se espalhou pelos vários Estados alemães — sedentos por uma dose, mínima que fosse, de humor desrespeitoso — e deixou seus leitores muito satisfeitos com as "Modernas Plantas de Estufa". A um só tempo maliciosas e inócuas, essas caricaturas mostravam mulheres emancipadas emergindo de vasos de plantas, brandindo uma pena ou qualquer outro implemento "masculino", que, devia-se supor, elas teriam surrupiado dos homens. O mais hostil desses desenhos é o que mostra uma mulher sisuda e descabelada, com um chicote numa das mãos e um charuto na outra. Pouco tempo depois, e com menos amabilidade, *Fliegende Blätter* voltou à carga, com uma série denominada laconicamente de "Mulheres Emancipadas". Nela se achava caricaturada, entre outras anomalias recentes, uma mulher bastante desleixada diante de um púlpito — a "Senhora Professora" —, discursando para os estudantes; e, mais mordaz ainda, uma escritora, com os cabelos desalinhados e as roupas em frangalhos, usando óculos e com a pena presa firmemente entre os dentes; seu marido, que acaba de chegar da feira com uma sacola e é recebido por duas crianças maltrapilhas, se mantém modestamente ao fundo.[50]

Nenhum comentário acompanhava essas caricaturas, e nem era necessário. De modo geral a opinião pública alemã apoiava, afinal de contas, esses humoristas antifeministas. Ao descobrir que as mulheres gostavam de seus poemas, Otto von Leixner, então ainda um jovem estudante, anotou com ingratidão e escárnio em seu diário: "Mas, Deus meu, os louvores vindos dos lábios de uma mulher raramente tiveram algum valor especial para mim". E quando se encontrou com uma jovem muito vivaz de dezessete anos, Toni, que o impressionou pela profundidade de seus pensamentos, pela sua mentalidade original e por suas convicções ateístas, ele não encontrou maior elogio de que classificar seu caráter de "quase masculino". Mas ele, assim como muitos outros alemães, não deixava de reconhecer o poder superior que as mulheres dispunham: "As lágrimas da mulher", anota no diário em 1877, "são geralmente mais fortes do que as palavras do homem". [51] Wilhelm Heinrich Riehl dedica um capítulo inteiro de seu livro *Die Familie* [A Família], amplamente difundido, ao que chama, de modo claramente ofensivo, de "Emancipação do Jugo das Mulheres". É em tempos de decadência cultural, de requintes excessivos, de impasses políticos e de um nervosismo exasperante, argumentava Riehl, que as mulheres saem do sagrado recinto do lar para se lançarem à arena pública, intrometendo-se amadoristicamente em assuntos que pertencem ao domínio do macho da espécie. Conforme anunciava orgulhosamente Riehl, os alemães haviam sido os primeiros a reconhecer as profundas diferenças entre homens e mulheres, não para escravizá-las, mas para reconhecer-lhes o verdadeiro valor, o dom de governar um lar. Riehl escrevia com o propósito de restaurar essa feliz condição doméstica numa época totalmente fora de esquadro, empesteada por homens fracos e mulheres feministas.

Nessa atmosfera, qualquer tentativa de promover o aperfeiçoamento profissional das mulheres estava fadada ao confronto com uma leve ou, o que era mais freqüente, uma violenta zombaria. Em 1878, Wilhelm Raabe, um mestre da novela alemã, ridicularizou a idéia de uma associação de literatos que tinha planos de incluir escritoras: ele achava essa idéia, conforme escreveu a seu amigo Ernst Eckstein, "realmente um tanto cômica. Parece um pouco aquele certo medo das queridas mulherzinhas".[52] O dr. Max Runge, professor de ginecologia e obstetrícia na Universidade de Göttingen, numa conferência também publicada em que analisava a natureza da mulher, falou em nome de uma esmagadora maioria de alemães ao repetir o que inúmeras vezes outros haviam dito: "Consideremos portanto ponto pacífico que a vocação da mulher consiste em ser esposa e mãe, e que tudo o mais está além de seu alcance".[53] E se algum feminista alemão — e havia na Alemanha muitos feministas — não considerasse a questão um ponto pacífico, tratava-se obviamente de algum excêntrico ou radical. Ainda em 1912, os antifeministas acharam que valia a pena fundar uma Sociedade Alemã para a Prevenção da Emancipação da Mulher.[54]

O medo que os homens tinham da mulher no século XIX tornou-se, pois, uma questão internacional carregada de emoções. Até mesmo o julgamento de uma assassina levantou angustiantes questionamentos: quando a jovem Constance Kent foi julgada em 1865 por ter cortado o pescoço de seu meio irmão pequenino, um jornal chegou ao ponto de comentar que se tratava de "um assassinato insensatamente perverso, não perpetrado pela mão de um homem, pois tem as características de uma *finesse*, de um requinte de crueldade de que nenhum homem, por mais depravado que fosse, a nosso ver seria capaz", pois uma mulher em cujo ser as melhores paixões foram sobrepujadas pelas piores se torna "mórbida, cruel".[55] Muitos concordariam com Kipling, em que "a fêmea da espécie é mais mortífera do que o macho".

É claro que esse sentimento generalizado de que a virilidade estava em perigo constitui o outro lado da moeda da conhecida ficção de que a mulher é desprovida de qualquer apetite sexual: a ficção agora toma a forma de uma reação, tão avassaladora quanto inconsciente. A formação de reações faz parte do arsenal de defesas psicológicas que Sigmund Freud foi o primeiro a descobrir e a descrever; são manobras do inconsciente que convertem pensamentos proibidos ou horripilantes em seus opostos: o sadismo se transforma em pacifismo, o medo de efeminação, numa ostentação de machismo. A negação da sexualidade feminina emerge como uma profecia que por si só se realiza, trêmula e angustiada. Negar à mulher os desejos eróticos naturais equivalia a resguardar a adequação sexual do homem. Qualquer que fosse seu desempenho, seria suficiente. Ela não exigiria mais — ou será que exigiria? Os conselhos tranqüilizadores oferecidos pelo dr. Acton a homens tímidos em vésperas de se defrontarem, na noite nupcial, com suas noivas jovens e, conforme eles temiam, possivelmente exigentes, constituem uma indicação valiosíssima das preocupações angustiantes que dominavam toda a cultura da época. E caso as necessidades eróticas da mulher se mostrassem apenas adormecidas, parecia melhor deixá-las assim, sem perturbá-las. Pois do que não seria capaz uma mulher uma vez que tais necessidades fossem excitadas? Muitos homens, não estando dispostos a enfrentar essa fantasia, e transferindo seus remanescentes temores infantis das retaliações maternas às mulheres em geral, viam no feminismo, em todas as suas formas, nada menos do que uma ameaça de castração.

3. A IRMANDADE CASTRADORA

A castração pairou no ar durante todo o século XIX, freqüentemente sob forma de eloqüentes metáforas. Amiel de certa feita definiu a depressão melancólica como "*o equivalente a uma castração*". E em 1887 o crítico sueco Oscar Levertin disse ao dramaturgo e político dinamarquês Edvard Brandes que, na Suécia, a censura e os boicotes moralistas estavam ameaçando a literatura mais imaginativa: "Uma onda da peste negra que é a moralidade castradora está varrendo esse país".[56] Essa moralidade não era mantida de modo algum fora do alcance das crianças. Em 1845, o médico alemão Heinrich Hoffmann escreveu e ilustrou um livrinho infantil, *Der Struwwelpeter* [Pedrinho descabelado], que de imediato obteve imensa popularidade, a qual permaneceu viva por muitos e muitos anos. Enfeitando-as com ilustrações grosseiras extremamente explícitas, Hoffmann apresentava suas historietas lacônicas de advertência de modo alegre e divertido. Seu grande público alemão compartilhava da avaliação que o próprio Hoffmann fazia de sua pequena obra-prima salutar. Porém suas advertências às crianças para não brincarem com fósforos, para não se recusarem a tomar sopinhas, para não saírem com mau tempo, quando menininhos e menininhas bem-comportados ficam em casa, são de uma selvageria incontida. O famoso personagem que dá título ao livro, com seus cabelos longos e emaranhados, com suas unhas exageradamente longas, fica exposto a severas repreensões; mas o menino que se recusa a comer o mingau morre de fome, a menina cuja obsessão é brincar com fogo termina por morrer queimada, e Konrad, o Chupa-Dedos, sofre um castigo irreparável. Quando Konrad se mostra incapaz de atender às severas admoestações da mãe para deixar de chupar seus polegares, entra o alfaiate e os corta fora com uma imensa tesoura — a idéia que uma criança pequena tem das ferramentas dos adultos. A mutilação parece ser uma lição perfeitamente apropriada a uma historinha didática para meninos. Mas o fato de Hoffmann se mostrar alegre e de seus leitores não se retraírem horrorizados diante dela, não significa que a idéia deixasse de assustar — ou talvez até mesmo de aterrorizar profundamente. Nem a masturbação nem a castração, por mais bem disfarçadas que sejam, são exatamente divertidas.

Enquanto no *Struwwelpeter* os principais agentes castradores são homens, outras obras literárias demonstram que freqüentemente as mulheres se destacavam nessa brincadeira. A 14 de julho de 1883, no Dia da Tomada da Bastilha, Edmond de Goncourt registrava o seguinte sonho em seu diário: "Sonhei esta noite que estava numa festa, de gravata branca. Nessa festa, vi quando entrava uma mulher, que reconheci; era a atriz de um teatro de revista, mas não fui capaz de lembrar-me de seu nome. Ela estava envolta num xale, e só notei que ela estava completamente nua quando saltou sobre a mesa, onde duas ou três garotas tomavam chá. Então começou a dançar, e durante a dança deu alguns passos que mostraram suas partes íntimas armadas com as mais terríveis mandíbulas que se abriam e fechavam, expondo os dentes agudos. O espetáculo não teve efeitos eróticos para mim, exceto o de encher-me de ciúmes, de imbuir-me de um desejo feroz de apropriar-me daqueles dentes — justamente agora que estou perdendo meus dentes ainda sadios. De onde diabos teria vindo um sonho tão esquisito? Não tem nada a ver com a Queda da Bastilha".[57]

Esse sonho, como todos os sonhos, é um documento pessoal valioso. Edmond de Goncourt era um conhecedor das artes, da sociedade, da política. Um solteirão inveterado, na juventude havia freqüentado cortesãs e mantido algumas amantes, porém seu grande amor era o irmão Jules, com quem virtualmente se fundiu numa só pessoa. Juntos, os dois irmãos escreveram livros sobre a sociedade francesa do século XVIII, romances bastante egocêntricos e chocantemente realistas, e um diário freqüentemente citado, que é um arquivo indiscreto da vida social, política, artística e sexual da época. Ao que parece, os dois também compartilharam uma amante durante alguns anos, restabelecendo e aperfeiçoando dessa forma o primeiro amor que haviam compartilhado na infância. Quando Jules morreu, em 1870 — um evento arrasador que sua metade sobrevivente gravou permanentemente no diário, numa descrição longa e recheada de detalhes clínicos, Edmond ficou sozinho, ferido, melancólico, mais irascível do que nunca. Sensível e observador, neurótico e de certo modo orgulhoso de sê-lo, Edmond de Goncourt não se afinava com seu tempo, era o cronista de um mundo invadido pela vulgaridade, ameaçado pela democracia e infestado de judeus. O sentido manifeto do sonho o exibe como *bon vivant* desolado, de gravata branca numa festa, mas sozinho.

As idéias latentes do sonho revelam ainda mais coisas sobre ele. Suas associações e interpretações implícitas são, todas, negações, esforços um tanto constrangidos para fornecer explicações inócuas para um material ameaçador: a dançarina a contorcer-se nua sobre a mesa *não* o excita sexualmente, ele sonhara com os dentes *somente* porque seus próprios dentes estavam se deteriorando. Todas essas negações não conseguem esconder o medo de castração que espreita por trás da visão que Goncourt tem, em pânico, da *vagina dentata*, além de sua dolorida sugestão — "justamente agora que estou perdendo meus dentes ainda sadios" — de que estava perdendo sua potência sexual. Entretanto, seu medo era filho de um desejo: o sonho, podemos inferir da negativa com que ele conclui a narrativa, tinha tudo a ver com a Queda da Bastilha. Sua negação, sem sombra de dúvida, porém a forma da frase sugere que o "Catorze de Julho" foi o resíduo remanescente do dia a partir do qual ele construiu o seu sonho. O feriado comemorativo do assalto à Bastilha, o emblema sempre presente do poder paterno, continua sendo o dia mais importante do calendário francês, independentemente das tendências políticas de qualquer cidadão francês; nesse feriado, mais do que em qualquer outro evento, está condensada a rebelião decisiva contra a autoridade, em que o filho simbolicamente executa o pai: uma peça concreta do material histórico que ilustra bem um ingrediente permanente da experiência humana. Mas esse arrojado desejo edipiano aparentemente despertou no íntimo de Goncourt um receio mortal de uma retaliação, da castração, que dessa feita não seria realizada pelo pai, mas sim pela mãe, de sorte que o próprio desejo já estava comprometido pelo atrevimento de desejá-lo: mesmo que a fantasia tivesse sido levada a cabo pela imaginação, o menino triunfante teria se defrontado com a mãe prestes a mordê-lo.

Devo acrescentar aqui que não foi essa a primeira vez que os diários dos Goncourt registram sonhos de castração. Em novembro de 1855 um dos irmãos, quase com certeza Jules, havia sonhado que via uma mulher presa numa jaula como as que se usavam para ursos. "Entrei e, mal passara da porta, uma aia veio tomar-me pelo nariz e o apertou entre dois dedos, como o faz um barbeiro, e com a outra mão empurrou alguma coisa dentro da minha boca, algo envolto num papel. Veio-me à idéia de que seu objetivo era evitar que eu sentisse o fedor que emanava do local, bem como da mulher." No entanto, por mais ferina que fosse sua hostilidade em relação a mulheres fedorentas, mesmo em sonho Jules não esquece sua educação, dizendo pois à mulher enjaulada que veio para apresentar-lhe seus respeitos, após o que a leva a passear pelo jardim. A agressão da mulher ao seu corpo é inequívoca; também inequívoco é o seu ódio contra o sexo frágil. Um ano mais tarde, o diário registra um mero fragmento, menos revelador, porém bem ao feitio dos Goncourt: "Num sonho, um homem cujo nariz cai ao chão e serve de pavio para acender charutos''.[58] Não é de admirar que os irmãos Goncourt fossem capazes de inventar a insaciável protagonista de seu romance *Manette Salomon* — e ainda por cima uma bela judia. Não é de admirar que nenhum dos dois jamais tenha se casado.

O medo da mulher tomou muitas formas no curso da história. Foi reprimido, disfarçado, sublimado ou exibido, mas de um modo ou de outro parece ser tão antigo quanto a própria civilização. Pesquisas antropológicas e históricas levantaram provas desse medo nos antigos mitos e no folclore de povos primitivos. O sonho de Edmond de Goncourt, da vagina armada de dentes, resume uma tradição pitoresca, se bem que nada tranqüilizadora, de órgãos genitais mortíferos, tradição relatada incontáveis vezes ao longo dos séculos e através das culturas. Mulheres assassinas aparecem na mitologia grega, em poemas medievais alemães, no folclore da ilha Trobriand. O medo da mulher parece portanto ser endêmico e permanente. É um medo nascido da dependência completa do menino em relação à mãe, de seu amor carinhoso e frustrado por ela, da lassidão indefesa do homem depois do coito, e do aspecto assustador e das implicações assombrosas dos órgãos genitais femininos para o menino: pois o menino que tende a ver na mulher um homem castrado vê na ausência do pênis uma ameaça à permanência de seu próprio pênis. A Medusa, assim como todos os perigos que ela representa para a virilidade do homem, é uma velha história.

Às vezes passavam-se séculos sem que esse tema delicado atraísse o interesse de poetas e pintores, porém, quando tal interesse se manifestava, podia exprimir-se de modo fantástico. Eva, a tentadora, sempre foi um elemento fundamental das homílias e da literatura eclesiástica; Phyllis a cavalgar imperiosamente Aristóteles, e Dalila cortando impiedosamente os cabelos de Sansão aparecem de vez em quando na literatura do final da Idade Média e nas artes plásticas dos primórdios da Era Moderna. No século XVIII, Giovanni Battista Tiepolo pinta uma Cleópatra sedutora e assassina, alegremente presidindo, com os seios desnudos, um banquete com Marco Antônio. Antes de 1800, em seu brilhante e devastador romance *Les Liaisons dangereuses* [As ligações perigosas], Chordelos de Laclos imaginara a magnífica e devoradora madame de Merteuil, que usa sua inteligência, seus encantos e a sedução sexual para vingar-se de um mundo cruel dominado pelos homens, arruinando todos os que consegue atingir. O século XIX estereotipou essa mulher, conferindo-lhe imagens reconhecíveis e diversas, porém praticamente intercambiáveis. Pintores e poetas reviveram e aprimoraram mulheres fatais do passado distante, dos mitos religiosos e das lendas históricas, ou então inventavam sua própria imagem da *femme fatale*: Keats, *la belle dame sans mercy*; Swinburne, a Senhora das Dores, ou seja, Dolores. A mulher perigosa veio a constituir-se num dos temas prediletos da criação literária e artística do século.

À mulher fatal sucedeu outra manifestação do mal-estar romântico, o homem fatal. Enquanto até meados do século homens demoníacos e destrutivos como Byron se haviam mantido no centro das atenções, a partir de então foram sucedidos por mulheres demoníacas e destrutivas.[59] A linha divisória não é absolutamente nítida: a visão sonhadora, encantadora, de Keats, da beleza impiedosa cativando o homem isolado, pálido e passivo; a sedutora sereia de Heine, a Lorelei; e a diabólica cigana de Prosper Merimée, Carmen, todas matadoras de homens, são anteriores a 1850. Mas o que não passava de um fio d'água na primeira metade do século XIX cresceu até se tornar uma torrente caudalosa na segunda metade, se bem que as personagens não tivessem mudado nessa passagem: a fêmea vingativa, a cortesã assassina, a vampira imortal, todas elas mantiveram em suas garras a imaginação do século XIX. E o mesmo ocorreu com a Irmandade da Castração: Salomé decapitando são João Batista, Judith punido Holofernes do mesmo modo, Dalila, mais circunspecta, porém não menos eficiente, cortando os cabelos de Sansão.

No âmbito desses tributos à potência da mulher, também havia espaço para subterfúgios e circunlocuções. Nem todas as mulheres voluptuosas pintadas e esculpidas nessas décadas tinham uma faca na mão. Porém poucas vezes eram inocentes como os homens, para sua segurança, gostariam que elas fossem. As mulheres pintadas por Dante Gabriel Rossetti, por exemplo, são quase todas uma só, pouco importando quantas modelos ele utilizasse. Ostensivamente derivadas de fontes bem diversas, tanto seculares quanto sacras, todas elas contam uma única história, a da mulher poderosamente avassaladora, apaziguante, envolvente. São mulheres grandes, um tanto pesadas, dotadas de longos pescoços dóricos, lábios cheios e arredondados como se houvessem sido picados por abelhas, e imensas quantidades de cabelos longos e emaranhados. Outros artistas plásticos, como por exemplo Edward Burne-Jones, imortalizam o mesmo trauma, apenas utilizando modelos mais amenos. Na seqüência narrativa de quatro óleos de Burne-Jones, Galatéia recebe a vida de um Pigmaleão absorto em pensamentos, mais andrógino do que viril, e, ao final, adorada por seu criador ajoelhado diante dela, a criatura consegue, sem o mínimo esforço, a mais completa ascendência sobre o criador.[60] Já para Walter Pater a ameaça da mulher é mais direta, apesar de ainda estar envolta numa retórica perfumada. Ao analisar — se é este o termo apropriado — "a obra-prima de Leonardo", a *Mona Lisa*, Pater se lança numa rapsódia sobre o arquétipo que ela representa; ela é "a expressão de tudo aquilo que em curso de um milênio os homens vieram a desejar". Sua beleza é "forjada de dentro para fora e moldada na carne, onde se depositam, célula por célula, pensamentos desconhecidos, sonhos fantásticos e intensas paixões". Ela vive eternamente, porém sua imortalidade aponta para mistérios tenebrosos; "mais antiga do que as rochas em que se senta; como os vampiros, ela já morreu muitas vezes e aprendeu os segredos do túmulo".[61]

Tais mulheres levam os homens a um sofrimento apaixonado e talvez a uma morte precoce. Em *La Colère de Samson* [A ira de Sansão], um poema pessoal bastante melancólico — e a maior parte desses poemas são alusões a perdas pessoais profundamente sentidas —, Alfred de Vigny generaliza esse arquétipo da mulher fatal através da narrativa da guerra sem fim entre os sexos, na qual o homem é eternamente a vítima da mulher: "Mais ou menos", conclui ele, aparentemente com certa dose de prazer, "a mulher é sempre DALILA". Amiel havia chegado à mesma conclusão perturbadora: "Como Dalila", confidencia no diário, as mulheres "enredam os homens de coração terno para lhes roubar os poderes", e adverte os homens para que tampem seus ouvidos aos cantos sedutores a fim de resguardarem seus corações: "Cuidado!"[62]

O óleo *Sansão e Dalila*, que Max Liebermann pintou em 1902 após duas décadas de estudos e esboços preliminares, poderia servir de exemplo às advertências de Amiel. Liebermann, à época o mais conhecido pintor alemão, era de certa forma um rebelde para os padrões que vigoravam no Império Alemão, por sua admiração por Manet e suas telas luminosamente impressionistas. Não era um pintor de nus, e muito menos de cenas sugestivas. No entanto, a sua magnífica e esbelta Dalila, erguendo alto a cabeleira da vítima tosquiada num gesto que proclama toda a pujança de sua vitória, está tão nua quanto Sansão, com seu corpo indefeso e inerte, sua cabeça desfalecida no colo dela. Liebermann, um judeu, escolheu o momento do triunfo dos filisteus sobre os israelitas, e é possível que estivesse pensando em seus adversários entre os artistas oficiais do Império, alguns dos quais não tinham escrúpulos quanto a insinuações anti-semitas. Contudo, quaisquer que fossem suas intenções simbólicas ou polêmicas, resta o fato de que a arriscada conjunção da consumação sexual com a vulnerabilidade masculina jamais foi representada mais expressivamente do que nessa composição estonteante, tanto mais reveladora por ser tão rara na obra de Liebermann.

Esses escritores, poetas e pintores descobriram Dalilas em muitas mulheres. Nos romances de Dostoievski, a mulher fatal é uma virgem manipuladora atormentada por necessidades contraditórias e por paixões insuportáveis que arrasta os homens para o abismo; nas histórias de Pushkin e Gautier, Cleópatra, essa rainha irresistível e cruel, se apresenta como uma ninfomaníaca de estirpe real que se prostitui apenas para mandar executar na manhã seguinte os homens que com ela haviam tido prazer à noite. "Grande lasciva que és!" — brada Gautier depois de descrever seus hábitos funestos —, "quão bem conheces a natureza humana, e quão profunda é tua barbárie!"[63] Nessa companhia, Eva, que apenas seduziu o homem para cometer o pecado, e Helena de Tróia, cuja beleza causou a morte de inúmeros heróis viris, empalidecem a uma mera comparação. E no entanto também elas são poços de maldade: Franz von Stuck, um famoso pintor alemão, na virada do século pintou Eva diversas vezes, inclusive com seu emblema, a serpente, e, por via das dúvidas, caso alguém deixasse de perceber a mensagem do quadro, legendou-o com letras garrafais: "O Pecado".

Stuck não restringiu seu repertório de mulheres poderosas e perigosas à figura de Eva. Pintou também Judite e Salomé; pintou homens que se digladiavam até a morte pela posse de uma mulher cujo prazer era observar a luta; pintou Orfeu, sem cabeça, o sangue a jorrar-lhe do pescoço, depois de seu encontro fatal com as Bacantes. Muitas das mulheres de Stuck, sejam elas Eva, a tentadora original, ou o Vício, a tentação universal, se ornam triunfantemente com a serpente fálica, o símbolo de sua conquista. Quando Stuck pretende representar pictoricamente sua má consciência, apresenta um homem forte, porém amedrontado, a fugir em pânico de fúrias decididamente femininas.

Edvard Munch, artista de muito maiores méritos, demonstra em seus quadros uma ansiedade semelhante quanto a mulheres que mordem, que arrancam as carnes de suas vítimas, que matam. Além de Salomés e Esfinges, ele mostra vampiras em ação, madonas com a morte nos olhos, harpias terminando suas lautas refeições. Quando Munch delineia o ciúme, é a mulher que conduz o homem a um frenético desespero e à depressão; quando mostra a atração sexual recíproca, é a mulher que prende o homem em seus cabelos, enleados como se fossem uma teia de aranha. Em seu magnífico óleo, *A morte de Marat*, vemos Charlotte Corday em pé ao lado da cama onde jaz o defunto Marat, que aliás tem as feições do próprio Munch, tão nu quanto ela, sobre os lençóis encharcados de sangue; as terríveis implicações sexuais são tão palpáveis como se Munch tivesse pintado a mulher matando o homem logo em seguida ao enlace amoroso. Na guerra entre os sexos, pelo menos para Munch, assim como também o fora para Vigny, o vencedor é invariavelmente a mulher.

As mulheres de Aubrey Beardsley — Messalina, Helena, e Vênus — são desenhadas de modo a intimidar, e até mesmo a destruir, qualquer homem que caia em suas mãos. Com uma franqueza que beira a grosseria, ele intitula a ilustração da *Salomé* de Oscar Wilde, em que ela aparece flutuando, exibindo voluptuosamente a cabeça de são João Batista, simplesmente de "O Clímax". Era, conforme podemos deduzir facilmente, o clímax dela, não o dele. E a Belinda de Beardsley, que ilustra o *Rape of the Lock* [Rapto do cacho de cabelo] de Alexander Pope, pode ter os seus encantos quando encolerizada, mas é uma figura que se ergue muito acima dos homens quando vai ao ataque:

> Às armas, às armas! brada fogosa a virago,
> E qual relâmpago voa ao embate.
> Todos se enfileiram, e vão à frente,
> Leques se agitam, sedas murmuram,
> e duros espartilhos racham.*

Na representação de Beardsley, a mulher, mais mortífera do que jamais a sonhou Pope, tem um chicote nas mãos.

Havia nas fábulas antigas uma mulher fatal que os homens modernos podiam contemplar com alguma satisfação: a Esfinge. Durante anos a fio, ela havia se regozijado em

(*) "To arms, to arms! the fierce virago cries,/And swift as lightning to the combat flies./All side in parties, and begin th'attack/Fans clap, silks rustle, and tough whalebones crack."

matar seus infelizes interlocutores, até que Édipo a venceu com sua inteligência superior, ou, segundo outra versão, com inigualável perícia masculina. É bem verdade que o final da carreira de Édipo foi bem menos fascinante do que o seu princípio; na condição de arquétipo do menino que deseja possuir a mãe, Édipo chega — atipicamente — a concretizar seu desejo, e tem que pagar caro por sua audácia inconsciente. No entanto, a autocastração simbólica, cheia de remorsos, de modo algum reduz sua estatura; Édipo permanece o herói lendário que subjugou o monstro feminino, metade mulher e metade fera selvagem, a própia encarnação da mulher lasciva e mortífera.

É assim que Ingres pintou o *Édipo* que exibiu no Salão de Paris de 1827 — forte, belo, inteligente, um corpo esplêndido que veio se somar aos muitos nus disponíveis para o deleite dos olhos respeitáveis do século XIX.[64] Mas então uma versão mais patética do fatídico encontro de Édipo com a Esfinge invade a cena, aparecendo pela primeira vez num estranho e belo poema de Heinrich Heine. O poeta descreve a si mesmo passeando através de uma floresta encantada como num conto-de-fadas, maravilhado com o aroma das flores de laranjeira e com o extraordinário brilho do luar. Um rouxinol canta maviosamente de lágrimas e de amor, do amor conflituado que se tornou a marca registrada da poesia romântica em geral e de Heine em particular, cheio de uma inefável mistura de libido e agressão, de alegria e dor. Embaralhando de propósito os advérbios, Heine nos mostra um rouxinol tristemente alegre a soluçar contente — com tanta tristeza alegre e tanta alegria triste que impele o poeta a relembrar sonhos há muito esquecidos. O poeta entra num grande palácio, fechado, silencioso, como se dentro dos pátios desertos morasse a morte. Aí se defronta com a marmórea Esfinge, um híbrido monstro, mistura de horror e luxúria; é linda, tem o olhar eloqüente de loucos desejos, e seu mudo sorriso é uma promessa de rendição sensual. Mais uma vez é o rouxinol que impulsiona o poeta à ação — sem tal impulso, ao que parece, ele apenas vagaria ao léu e se entregaria aos seus devaneios; porém os doces trinados do rouxinol vencem sua resistência, e ele se aproxima da Esfinge para beijar-lhe as lindas faces. Com isso a estátua desperta e, sedenta, bebe sofregamente os beijos do poeta, até que mal lhe reste um suspiro. Em seguida, na avidez da volúpia, ela o abraça e com suas garras leoninas estraçalha seu pobre corpo, deixando o poeta perplexo diante dessa conjunção de extático tormento e deliciosa dor. Seu sofrimento, assim como seu prazer, é incalculável; ao mesmo tempo que os beijos da Esfinge o tornam feliz, suas garras o ferem a fundo:*

Entzückende Marter und wonniges Weh!
Der Schmerz wie die Lust unermesslich!
Derweilen des Mundes Kuss mich beglückt,
Verwunden die Tatzen mich grässlich.

E o rouxinol faz uma pergunta à Esfinge, com a qual busca uma resposta não para o enigma que Sigmund Freud julgava estar em discussão entre Édipo e ela — de onde vêm os bebês? —, mas para o enigma romântico das fatais ambigüidades do amor. Qual o significado, canta o rouxinol, de o amor misturar sempre a felicidade com um tormento mortal:

O Liebe! was soll es bedeuten,
Dass du vermischest mit Todesqual
All deine Seligkeiten?

O poeta de Heine resolve o conflito entre seus desejos e suas defesas não por meio de uma ação viril, mas pela aceitação passiva do sofrimento, entregando-se à mulher, que o prende em suas garras e o devora.[65]

(*) O autor cita Heine no original, depois de parafrasear os versos na descrição imediatamente antecedente; por isso, mantive a mesma forma do autor, parafrascando primeiro e depois citando o original. (N. T.)

Heine imaginou essa Esfinge moderna em 1839. Um quarto de século depois, primeiro num esboço de 1861 e três anos mais tarde num óleo, Gustave Moreau identificou a vítima da Esfinge como sendo Édipo. Fascinado por mulheres castradoras, obcecado por Dalilas e Salomés e por Orfeu decapitado — e pela Esfinge, Moreau põe na tela um Édipo que não é absolutamente frágil; contudo, exceto por olhar fixamente para a horrenda estátua que acaba de adquirir vida para destroçá-lo com suas garras, Édipo permanece inerte. "Ficamos bastante contentes", escreveu Théophile Gautier, "por descobrirmos um pouquinho de Hamlet também em Édipo". Essa é uma avaliação perspicaz da dinâmica subjacente da cena retratada: Édipo se castiga por agir; Hamlet, só por desejar; ao retratar o temor do homem diante da mulher, a literatura e as artes plásticas do século XIX tinham mais de Hamlet do que de Édipo.

As esfinges de Franz von Stuck estão muito mais próximas da visão de Moreau do que da visão de Ingres; elas não demonstram a mínima inclinação de serem vencidas por homem algum. E num auto-retrato perturbado, Edvard Munch mais uma vez retoma o tema, e de modo mais ambíguo do que qualquer de seus antecessores: a Esfinge, a devoradora de homens, dotada de fortes braços e seios grandes e pesados, é o próprio Munch, que exibe a confusão sobre sua identidade e seus impulsos autodestrutivos: assim como a Esfinge, Munch é ao mesmo tempo assassino e vítima.

É tentadora para nós a possibilidade de reduzirmos tais manifestações, em que o artista se põe a nu com uma pungência inequívoca, a um testemunho puramente pessoal. Sabemos que Munch, assim como Moreau e Beardsley, sofria de profundas desordens de personalidade, e que suportou relacionamentos em grande parte insatisfatórios e freqüentemente patológicos com mulheres. Os ataques que os antifeministas gostavam de lançar a homens feministas tais como John Stuart Mill — de que eles se mantinham exageradamente ligados a suas mães e tinham um medo mortal das mulheres —, parecem diagnósticos muito mais adequados a esses artistas inovadores. A angústia criativa que eles despejam em seus perturbadores retratos de mulheres fatais, muito menos do que o resultado de mudanças políticas ameaçadoras ou da presença opressiva de mulheres sabichonas, se afiguram um reflexo de suas angústias interiores. Vendo-os desafiar a burguesia mais do que representá-la, observando seus temas inquietantes e suas técnicas pouco convencionais, pode-se argumentar plausivelmente que eles falam apenas por si mesmos.

Tal postura é atraente, sem dúvida, para a maioria dos historiadores de nosso tempo, que têm invertido a hierarquia tradicional dos significados históricos, convencidos de que um romancista de primeira linha fornece testemunhos menos confiáveis da cultura do que seus colegas medíocres. Não resta dúvida de que pintores insignificantes ou romancistas populares apresentam suas percepções da vida comum de modo relativamente pouco distorcido, e se mantêm razoavelmente próximos aos anseios e ansiedades de sua cultura. Dão voz ao lugar-comum e exteriorizam os sentimentos de sua época. Entretanto, o grande poeta ou pintor, por mais isolado que esteja do rebanho vulgar que manifestamente despreza, freqüentemente vê mais nitidamente, percebe mais precisamente e revela com maior exatidão as tendências que permeiam sua época, inclusive em suas dimensões inconscientes, do que seus contemporâneos menos dotados.

Não obstante tudo isso, uma coisa é asseverar que Heine, Moreau e Munch são portavozes de outrem quando retratam a mulher; outra coisa bem diferente é recuperar o que estão dizendo. Mas uma coisa é líquida e certa: nenhum século retratou a mulher como vampira, castradora, e assassiva de forma tão sistemática e tão desnudada quanto o século XIX. E a conhecida dialética da ação e da reação marcou indubitavelmente toda a época: a rápida e desmedida resposta dos escritores aos conclaves e às exigências das mulheres fornece uma forte indicação de que as atividades feministas contribuíram tão decisivamente para a formação das ansiedades masculinas quanto estas fomentaram e deram forma àquelas.

Mas essa explicação, apesar de defensável, é ao mesmo tempo incompleta e reducionista. A atitude do século XIX diante da mulher que se autoafirmava foi decididamente exagerada; além disso, teve expressões variadas e esteve sempre ligada a outros sentimentos. De modo algum se pode dizer que todos os antifeministas lançassem mão de calúnias manifestamente geradas por suas ansiedades; muitos homens podiam censurar a nova mulher que emergia sem por isso terem dela algum receio. E mais, conforme sabemos, inúmeros homens não eram antifeministas: alguns não criticavam as mulheres mais agressivas, e seu apoio à causa feminista tampouco parece ter sido motivado por algum temor ou timidez diante da fêmea feroz. Finalmente, nem todos os antifeministas eram homens, e a oposição feminina ao movimento das mulheres confirma ainda mais a inferência de que tal oposição não pode ter resultado apenas do medo da mulher castradora. Nesses três grupos, é bem possível que houvesse alguma ansiedade latente, porém suas manifestações seriam muito mais sutis do que as grosseiras pilhérias a respeito de galinhas que cantam no terreiro enquanto os galos põem ovos. Em seu respeitado resumo dos argumentos contra a concessão do voto às mulheres na Inglaterra, Brian Harrison demonstrou que os antifeministas mais persistentes e clamorosos muitas vezes não eram nada misóginos. Poucos repetiriam o dito rude de Thomas Carlyle, de que "*nenhuma mulher tem o direito de queixar-se de qualquer tratamento que seja*", mas deveria, ao contrário, "submeter-se pacientemente a qualquer desdita".[66] Ao contrário, esses homens fizeram muito para promover os direitos e as oportunidades das mulheres no campo da educação, do casamento, e mesmo das profissões liberais.

Mais ainda, muitos "antis" repudiavam o sufrágio feminino respaldados no argumento religioso ou científico aparentemente sensato de que o Criador, fosse ele divino ou natural, havia estabelecido uma divisão de tarefas que seria violada caso as mulheres tivessem acesso à política. Esse argumento, simples e superficialmente atraente, teve tanta repercussão quanto a velha alegação, essa obviamente nascida da ansiedade, de que os direitos pretendidos pelas mulheres equivaliam à mutilação dos homens. Com toda a brandura, esses "antis" sustentavam que se o homem detém a liderança em alguns campos da vida, a mulher a detém em outros: numa palavra, os sexos ocupam esferas diferentes. As mulheres já tinham numa das mãos o cetro da soberania doméstica; precisariam ter na outra a cédula eleitoral? Essa linha de argumentação, que já abordei anteriormente, era menos abertamente egoísta do que parece aos leitores do século XX; era pouco melhor que um mecanismo defensivo inconsciente ou que uma distorção ideológica consciente. Pois afinal de contas a doutrina religiosa e os conhecimentos científicos, nos termos em que geralmente eram entendidos no curso desses debates, estavam razoavelmente de acordo a respeito da divisão de tarefas, pelo menos conforme a interpretação dos "antis". Conforme a *Anti-Suffrage Review* resumia sucintamente ainda no ano de 1913 a questão, "o progresso envolve a especialização e não a duplicação".[67]

É de fato razoável suspeitar-se da existência de ansiedades ocultas por trás de tais afirmações racionais; os adversários moderados dos direitos femininos podem ter sido simplesmente mais habilidosos, escondendo ou negando seus temores de castração pela mulher, do que os seus irmãos mais francos, ou talvez mais histéricos. Algum receio com certeza havia: líderes antifeministas viviam no que Harrison chamou de *clubland*, enclaves privilegiados das universidades masculinas, das excursões de férias masculinas, das irmandades profissionais masculinas, tudo isso simbolizado e perpetuado na instituição dos clubes masculinos; por conseguinte, era doloroso para eles ver seu mundo de meninos invadido pelas mulheres, que suas instituições prediletas haviam excluído deliberadamente, e até então com êxito. Os esportes, o exército, o governo, os escalões superiores da indústria e do comércio, e os demais territórios estritamente masculinos como as universidades e as profissões liberais, apenas perpetuavam essa segregação. Contudo, os temores do *clubland* eram, sob vários aspectos importantes, o oposto dos temores inadvertidamente postos à mostra nos editoriais que citei e nos quadros que analisei. Eles receavam não a castração, mas antes se verem obrigados a crescer, abandonando os fortes laços da adolescência, que incluíam claramente, se bem que em boa medida no nível do inconsciente, prazeres homo-eróticos. Um homem não precisava sentir medo mortal da mulher para ver nela convenientemente um animal por natureza doméstico; a insistente defesa do monopólio masculino no mundo das profissões liberais ou da política não era necessariamente um sintoma de sentimentos de inferioridade masculina. Um dos motivos pelos quais o movimento de oposição às mulheres emancipadas se tornou respeitável foi a complexidade da questão. Podia-se lançar mão de um repertório variado de hábitos, temores e expectativas.

As mulheres mais instruídas e desembaraçadas que compartilhavam das opiniões dos "antis" e apoiavam a manutenção da dependência legal da mulher, bem como seu *status* profissional subalterno, considerando tal situação como natural ou até mesmo desejável, tornaram a questão ainda mais complicada. Algumas dessas mulheres assinaram petições contrárias ao sufrágio feminino, outras denunciaram suas irmãs "masculinizadas" por pretenderem se intrometer nas universidades e nas profissões médica e legal, outras ainda escreveram peças teatrais satirizando as *précieuses* suas contemporâneas. Assim, por exemplo, em 1889 Anna P. See, uma autora desesperadamente desconhecida, publicou uma pequena e rudimentar farsa em dois atos intitulada *When Women Vote* [Quando as mulheres votam]: a anti-heroína, uma sufragista militante, esquece todas as suas obrigações, inclusive as que tem para com "seu pobre marido inválido", por defender inebriada a causa. Sua filha chega a pensar que a mãe, criatura desnaturada, não a ama. Porém Anna See queria combinar uma postura didática com o riso, e num final feliz rapidamente fabricado, insinua que essa sufragista desencaminhada está prestes a aprender a lição, reconhecendo suas obrigações e retornando, humilhada, à esfera doméstica que lhe cabe.[68] Um documento de maior peso, que data do mesmo ano, chega à mesma conclusão, porém com a gravidade adequada. Em junho de 1889, o influente periódico inglês *The Nineteenth Century* publicou um "Appeal Against Female Suffrage" [Apelo contra o sufrágio feminino], apoiado pelos editores e subscrito por 104 mulheres, algumas delas conhecidas pelos seus próprios méritos, como a romancista sra. Humphry Ward, e outras, portadoras dos nomes de maridos ilustres, como as sras. Matthew Arnold e H. H. Asquith. Essa vitória do tradicionalismo acentuava a "verdadeira dignidade" da mulher e sua "missão especial", que, na sua opinião, florescem melhor fora das sórdidas lutas que são próprias da vida pública; uma vez que as mulheres ingressassem na política, suas naturais virtudes de "simpatia e altruísmo" estariam fatalmente prejudicadas.[69] A participação nesse documento provocou alguns conflitos interiores: uma das signatárias que se arrependeu do "passo em falso" foi a jovem e brilhante pesquisadora social Beatrice Potter, que mais tarde ficaria famosa com o nome de Beatrice Webb. Conforme ela diria mais tarde, sendo conservadora por educação, antidemocrática de coração, mimada pela "supervalorização" dada por seu pai à condição feminina, e preocupada com a "visão bitolada e a exaltação de algumas das pioneiras do movimento pelo sufrágio feminino", foi fácil para ela aderir à sra. Ward. Além disso, "a raiz do meu antifeminismo se encontrava no fato de que eu mesma nunca chegara a sofrer com as inaptidões que supostamente caracterizariam o meu sexo".[70] Eis aí uma confissão importante: pois se uma jovem tão ambiciosa e senhora de si como Beatrice Potter podia declarar-se satisfeita com o espaço que o mundo lhe oferecia, então outras mulheres, muito mais convencionais do que ela, provavelmente descobririam ainda menos motivos para protestar contra sua sujeição e para melhorar sua posição.

Tendo ouvido incontáveis vezes que na fragilidade da mulher residia justamente a sua força, essas mulheres se declaravam satisfeitas por se concentrarem no aprimoramento de seus atrativos sexuais e no aperfeiçoamento de suas habilidades domésticas. Caso protestassem de alguma forma, elas o fariam na privacidade protegida e desesperançada de seus diários, como aquela dona-de-casa anônima de Hallam, Connecticut, que detestava a "vida romântica" que levava debruçada sobre o tanque de lavar roupas. Boa parte dessa resignação, ou desse ostensivo antifeminismo, era, obviamente, uma manobra defensiva, o estratagema que Anna Freud batizou de "identificação com o agressor".[71] Descontentes com sua situação, e ainda mais angustiadas com a cólera que freqüentemente sentiam por isso, as mulheres às vezes conseguiam dominar a ansiedade adotando as opiniões dos homens, por vezes até mesmo imitando suas formulações. Tal identificação podia reduzir substancialmente, ou até mesmo eliminar, as tensões que uma mulher experimentava por ver-se em minoria e por repudiar valores tradicionais que lhe haviam ensinado a aceitar desde a infância. O fato de as mulheres ignorarem suas perspectivas mais amplas uniu-se à identificação com o agressor, fortalecendo assim as barreiras que impediam sua emancipação legal bem como sua independência econômica. O que os feministas descobriram, portanto, foi que não bastava apaziguar os temores masculinos, mas que seria preciso também excitar o descontentamento das mulheres, persuadi-las de que a verdadeira feminilidade era compatível com a participação na vida política e nas profissões liberais, antes que elas pudessem desacreditar dos sermões de clérigos, políticos, antropólogos e editorialistas.[72]

De qualquer modo, nem todas as mulheres que criticavam a "mulher moderna" passaram simplesmente para o outro lado, e nem o fizeram de todo; várias delas foram capazes de adotar uma posição independente e crítica. Um exemplo típico é Eliza Lynn Linton, a adversária das mulheres emancipadas mais freqüentemente citada em fins do século XIX. Sua carreira faria dela indiscutivelmente uma recruta natural do feminismo mais agressivo. Filha de um mísero e inacessível vigário de vilarejo, ela fugiu ainda jovem para Londres, onde traçou seus próprios rumos com a pena: ficcionista diligente e com facilidade para o jornalismo, ela escreveu tanto para jornais como para semanários de prestígio como a *Saturday Review*. De opiniões anticlericais e anticristãs, declaradamente agnóstica, ativamente filo-semita, e muito viajada, ela era a própria encarnação da mulher independente. Companheira cativante, desfrutava da amizade de muitos escritores ilustres e políticos eminentes. Depois que seu casamento com o viúvo W. J. Linton, o conhecido gravador, foi por água abaixo e ele a deixou, ela se entregou discretamente a relacionamentos ternos e altamente emocionais com outras mulheres. Sua simpatia pela mulher oprimida se expressa através de seus escritos: "A criatura mais desolada do mundo", observa num de seus romances, "é a mulher casada cujo marido já não lhe serve de apoio". E em alguns dos primeiros ensaios publicados na revista *Household Words*, editada por Dickens, como no ensaio que leva o título bem característico de "Direitos da Mulher e Injúrias à Mulher"*, ela reconhece que "as mulheres estão sujeitas a graves injustiças legais e sociais", entre as quais destaca "as leis que negam individualidade à mulher casada sob um tênue pretexto fundado numa mentira legal; que prevêm diferentes penas para a mesma infração; que juntam numa mesma classe as mulheres, as crianças e os imbecis; e outras mentiras legais" — estas são "as verdadeiras e substanciais Injúrias à Mulher". Ela não via utilidade para bonecas desprovidas de massa cinzenta, censurava com veemência o culto da incompetência feminina e exigia que as "mulheres mantivessem seus próprios bens a salvo do controle de seus maridos", que pudessem usufruir de uma boa educação, e que lhes fosse concedida a guarda dos filhos nos casos de divórcio.[73]

Significativamente, porém, sua fama não se devia às suas queixas previsíveis a respeito das injustiças cometidas contra as mulheres, nem às suas exigências igualmente previsíveis de reformas, mas sim aos seus ataques exagerados e cravejados de invectivas às injustiças cometidas *por* mulheres. O ensaio que lhe deu fama — se bem que essa fama permanecesse anônima durante algum tempo — foi "The Girl of the Period" ["A moça da época"], publicado na *Saturday Review* de março de 1868. Foi um artigo aplaudido, parodiado, satirizado, reimpresso, que se tornou assunto de infindáveis discussões, e ao qual ela mesma,

(*) *Rights and Wrongs of Women*: os termos *right* e *wrong* têm, cada um, dois sentidos corriqueiros e distintos, quais sejam "certo, correto" e "direito legal" para *right*, e "engano, erro" e "injúria" para *wrong*; além disso, pedem a mesma preposição *(of)* para o seu complemento: daí a associação, recorrente no presente livro, de "direitos da mulher" e "injúrias à mulher". Na língua portuguesa, o duplo sentido sobrevive na expressão "a torto e a direito", derivada do francês *à tort ou à droit* ("por meios tortos ou direitos"). (N. T.)

uma oportunista que sabia reconhecer um assunto lucrativo, deu seqüência com uma série de outros ensaios, todos eles ligeiras variações da investida original. O surpreendente sucesso de que gozou "The Girl of the Period" é mais uma janela que nos permite entrever a mente conturbada da burguesia do século XIX. Afinal de contas, o artigo não passa de um ataque violentamente afrontoso, nada original, contra a moça avançada que desprezou os belos ideais antiquados de uma feminilidade feminina que haviam colocado a moça inglesa acima de suas rivais menos afortunadas: "mais franca que uma francesa, mais confiável que uma italiana; tão valente como uma americana, porém mais refinada; tão caseira quanto uma alemã, porém mais graciosa". Na opinião da ensaísta, os apreciados ideais de confiabilidade e domesticidade da mulher corriam sério perigo, pois "a moça da época é uma criatura que tinge os cabelos e pinta a face, pois são esses os primeiros ditames de sua religião pessoal; uma criatura cuja única idéia da vida consiste em muita diversão e luxo; e cujas roupas são o objeto de todos os pensamentos de que seja capaz e lhe ocupam todo o intelecto que talvez possua". A moça da época é vaidosa, frívola, escrava da moda, nem muito asseada nem particularmente decente, dada "à gíria, à ousadia e ao desregramento", desdenha o respeito devido aos pais e à moralidade tradicional e inveja francamente as "rainhas do *demi-monde*" por seu vestuário exuberante. Tal criatura, tão jovem ainda e já tão decadente, não tem o que fazer com o amor do marido e dos filhos. Casa-se por dinheiro, por brilho, por uma vida social superficial. Seu marido é a vítima desse monstro moderno: "Ela desposou sua casa, sua carruagem, seu saldo bancário, seu título". Em suma, ela justifica o medo que o homem sente da mulher: "Os homens a temem; e com razão".[74] Seus leitores de classe média deviam sentir-se muito inseguros, caso contrário não teriam levado "The Girl of the Period" tão a sério como o fizeram, não teriam se mostrado tão vulneráveis à sua verbosidade bombástica, que disparava tiros aleatoriamente em direção a um alvo em boa parte imaginário. Mas eles viviam numa época tão instável que era fácil acreditar praticamente em qualquer coisa. No entanto, imagens bem diferentes da mulher moderna pareciam igualmente plausíveis e gozaram também de muita popularidade.

A despeito de tudo isso, as provas são contundentes. A namoradeira e atrevida mulher moderna inglesa retratada por Eliza Lynn Linton tem muito em comum com a assassina Charlotte Corday pintada por Munch e com a voluptuosa Salomé desenhada por Beardsley: "Os homens a temem; e com razão". O que fornece ressonância cultural às confissões íntimas dos poetas e pintores é o fato de suas revelações serem coerentes com os vitupérios dos editorialistas, com as insinuações dos cartunistas e com os desvios emocionais de pintores e escultores. O antifeminismo, repito, não era simplesmente um sintoma do medo da castração. Era também uma demonstração de ignorância, de cavalheirismo deslocado, ou de um tímido apego à tradição — outras formas do medo. Em suma, tratava-se de um conjunto de atitudes de adaptação a novas exigências. As esfinges de Stuck e as viragos de *Punch*, as Dalilas de Gautier e as bruxas da *Fliegende Blätter*, apesar de ocuparem universos estéticos muito distintos, habitavam o mesmo mundo psicológico.

4. O SEXO NA MENTE E NO CORPO

Para homens nervosos incapazes de traduzir o medo que sentiam da mulher em versos ou em telas, o campo mais prosaico, se bem que muito disputado, da educação superior para as mulheres, oferecia oportunidades quase ilimitadas de expressão. Carey Thomas foi apenas uma dentre muitas mulheres obrigadas a engolir argumentos contra a educação universitária das mulheres, argumentos que iam da sutileza à grosseria, de uma falta de tato condescendente à rejeição sumária e rude. As mulheres não tinham necessidade de uma formação superior; não tinham como tirar proveito dela; poderiam não sobreviver a ela. Havia sem dúvida algumas vozes discordantes. Em 1865, Joseph Payne, um eminente pedagogo inglês e ativo defensor da educação superior para as mulheres, falando na reunião anual da Associação Nacional para a Promoção das Ciências Sociais, disse: "A rigor a mente não tem sexo".[75] Payne era um articulista convincente e respeitado, e em breve viria a tornar-se o primeiro professor de pedagogia na Inglaterra. Porém suas opiniões representavam apenas uma minoria bem definida. Muitos homens, e de fato muitas mulheres também, vociferavam contra o que julgavam ser a dessexualização da fêmea humana pela instrução superior, o abandono de sua verdadeira vocação. Em seu tratado notoriamente polêmico *Sex in Mind and in Education* [O sexo na mente e na educação], publicado em 1874, o eminente especialista inglês em problemas mentais, dr. Henry Maudsley, tenta explicitamente refutar a proposição de que a mente é assexuada: "Há sexo na mente tão nitidamente como há sexo no corpo". Daí, argumenta Maudsley, "se a mente deve receber a melhor cultura de que sua natureza é capaz, é preciso levar em conta as qualidades mentais correlacionadas às diferenças entre os sexos".[76] Restava apenas estabelecer quais eram essas diferenças, e que conseqüências teriam.

Maudsley tinha um bom faro para as tendências, era um comentador dos assuntos em voga; o debate já desmedido que ele ajudou a inflamar ainda mais mostra, em pequena escala, com que intensidade os homens instruídos do século XIX achavam necessário defender-se do clamor das mulheres. Tal debate acrimonioso havia sido iniciado pelo dr. Edward H. Clarke, profundamente respeitado e freqüentemente citado pelo dr. Maudsley. Em 1873, Clarke, que já havia algum tempo pensava em voz alta sobre a capacidade das mulheres para a instrução médica, reuniu seus pensamentos sobre o assunto num livreto, *Sex in Education* [Sexo na educação], cujo subtítulo, sem a mínima intenção sarcástica, era *A Fair Chance for the Girls* [Uma bela oportunidade para as moças]. Se bem que anteriormente houvesse arriscado uma previsão de que com o tempo as mulheres poderiam tornar-se médicas respeitáveis, ele agora oferecia ao público o que deve ter sido a mais sombria de todas as avaliações dos efeitos da instrução superior feminina surgida no século XIX. A pioneira entre as médicas americanas, a dra. Marie Zakrzewska, de Boston, era amiga de Clarke; e alguns anos antes o antifeminismo dos estudantes de medicina de Filadélfia o havia deixado bastante irritado. Mas agora, tendo tido tempo para reflexão, ele permitia que seus temores masculinos levassem a melhor sobre suas observações médicas. Expor as mulheres à educação superior, argumentava, equivalia a arruinar sua saúde, principal e irreparavelmente quanto à sua capacidade de reprodução da espécie. "Se essas causas continuarem por mais meio século", concluía ele, invocando sombriamente a história com cunho de advertência de "Roma desprovida de esposas e as sabinas", "não é necessário ser um profeta para prever que as esposas que serão as mães em nossa república terão que ser trazidas de lares de além-mar".[77] Antecipando-se aos adversários de famílias pequenas, que, tomados de pânico, se manifestariam cerca de uma década mais tarde, o dr. Clarke vaticinava o suicídio da raça humana, não por via do controle de natalidade, mas como resultado da educação superior das mulheres.

A terrível transformação fisiológica que segregava naturalmente as mulheres, estigmatizando-as em definitivo e demonstrando sua fraqueza, era, na opinião de Clarke, a chegada da menstruação. Infelizmente, os anos da puberdade eram justamente aqueles em que os educadores submetiam as moças aos trabalhos escolares mais árduos e intensivos, e muitas mocinhas jamais se recuperaram do excesso irracional de tarefas que pedagogos mal orientados lhes haviam imposto. O controle irresponsável do "processo de eliminação" chamado de "a função menstrual durante o período de desenvolvimento, que vai dos catorze aos dezoito ou vinte anos", não só "resulta em graves males durante a época em que ocorre essa negligência", como também "deixa para o futuro um substancial legado de outros males". Num capítulo extenso e pomposamente documentado, "fundamentalmente clínico", Clarke respalda seus agouros em meia dúzia de históricos aterrorizantes de jovens, todas elas perfeitamente sadias até serem submetidas aos severos tormentos de trabalhos escolares excessivos, após os quais foram parar em seu consultório manifestando "dispepsia, neuralgia e dismenorréia prolongadas'', sem falar de enfermidades de amplitude maior, inclusive — é claro — grave nervosismo e histeria.[78]

Do repertório de históricos apresentados por Clarke, o que mais atraiu as atenções foi o da srta. D., que havia ingressado em Vassar aos catorze anos perfeitamente sadia e alegre, com as faces rosadas. Teve as primeiras menstruações quando fazia o segundo ano do curso, aos quinze anos de idade, e inicialmente não demonstrou nenhum sinal de anormalidade. Entretanto, enganada pelas aparências, não modificou seus hábitos e continuou com a pesada carga de estudos, como se nada de drástico houvesse ocorrido com seu corpo. ''Estudava, respondia às perguntas em classe, apresentava-se à lousa, caminhava e fazia exercícios de ginástica, do começo ao fim de cada semestre, exatamente como o fazem os rapazes.'' Logo começou a ter desmaios durante os exercícios de ginástica, apresentando também menstruações dolorosas, em quantidades reduzidas e a intervalos irregulares. Se bem que chegasse à formatura com notas aceitáveis, sua saúde estava em perigo. Mais ainda, os danos que Vassar lhe havia causado permaneceram e se intensificaram; a srta. D. se arrastou cada vez mais em direção à invalidez. Durante dois ou três dias a cada mês, seu período menstrual tornou-se nada menos que uma tortura; em geral ela se tornava ''pálida, histérica, nervosa, e queixava-se constantemente de dores de cabeça''. Quando, depois de ter consultado vários médicos em vão, ela finalmente procurou o consultório do dr. Clarke, ele não teve dificuldades em diagnosticar as raízes de seus problemas. ''As evidências apontavam inteiramente para uma interrupção no desenvolvimento do aparelho reprodutor'', evidências essas corroboradas pelo exame dos seios da moça, ''onde as chapeleiras haviam fornecido os órgãos que lá deveriam ter crescido por obra da Natureza''. O dr. Clarke não era obviamente nenhum Podsnap;* orgulhava-se de sua franqueza rude, de sua liberdade de expressão. Mas, conforme seus críticos não deixaram de observar sardonicamente, ele parecia desconhecer o fato de que chapeleiras cuidam mais das cabeças do que dos seios de suas clientes.

De qualquer modo, Clarke achou que as lições do caso da srta. D. não podiam ser mais óbvias. Vassar era indubitavelmente culpada. ''Submetida ao regime da faculdade, ela se esforçou durante quatro anos para obter uma educação liberal'', em total ''desarmonia com a periodicidade rítmica da organização feminina''. Aplicando a análise econômica e quantitativa que no século XIX era tão irresistível, Clarke argumentava que a ''força vital e construtiva'' da srta. D. havia se localizado em seu cérebro, ao invés de nos ''ovários e seus acessórios''. As conseqüências perniciosas já estavam portanto pré-determinadas: ''Seus pais se admiravam de ela ficar enferma; e ela nos forneceu mais um exemplo do já batido sermão sobre a delicadeza das mocinhas americanas''.[79] A conclusão se impunha: o ideal moderno daquilo que Clarke chamava de ''co-educação idêntica'' era absolutamente mal orientado, e constituía uma violação flagrante das leis que regem o desenvolvimento físico do ser humano.

O pequeno tratado do dr. Clarke provocou forte impressão. Em 1908, 35 anos depois de sua publicação, quando as controvérsias que havia gerado já pareciam não passar de uma curiosidade rara, Carey Thomas ainda relembrava ''as correntes barulhentas daquele fantasmazinho funesto'', com o qual Clarke havia injetado preconceitos sexuais na questão da educação. Seu livreto, escrito num tom brando mas nem por isso menos polêmico, com sua série de históricos e seu recurso à fisiologia, havia aparecido no pior momento possível. A educação superior das mulheres se encontrava num estágio experimental; ninguém, conforme Carey Thomas lembrou vivamente, realmente sabia se a saúde feminina podia resistir às suas tensões. A incerteza quanto à saúde das moças e mulheres americanas já havia provocado comentários preocupados de muitos médicos, e de muitos lei-

(*) Personagem do romance *Our Mutual Friend*, de Dickens. (N.T.)

Antoine Wiertz, *La Belle Rosina*, também conhecido por *Duas Jovens*, 1847. Tela que o pintor (notório por suas máquinas gigantescas e por suas alegorias macabras) legou ao Estado quando faleceu em 1865. É um quadro sugestivo como nenhum outro para o presente estudo: colocando uma jovem exuberante, nua, a contemplar um esqueleto de seu próprio tamanho, Wiertz põe nitidamente em confronto as duas forças fundamentais, o amor e a agressão, Eros e a morte, que, de acordo com Sigmund Freud, se entregam a uma batalha sem tréguas pela supremacia sobre a mente humana. Dando uma forma característica do século XIX a um tema predileto dos tempos medievais e dos primórdios da época moderna, Wiertz sublinha a persistência de expressões simbólicas significativas. E pela utilização de um modelo decididamente nu para dramatizar seu *memento mori*, ele ilustra o que denomino "a doutrina do distanciamento", que dava aos artistas plásticos da era vitoriana a oportunidade de exibir nus atraentes sem ofender a discrição e a respeitabilidade das pessoas.

Mabel Loomis Todd, em fevereiro de 1882. Aos 25 anos de idade, em Amherst, Massachusetts, seu corpo esbelto e seus olhos magnéticos estão bem evidentes.

Os homens que Mabel Loomis Todd amou.

(1) Eben J. Loomis, seu pai, a quem permaneceu sempre fiel, em 1895. (2) David Peck Tood, seu marido, que não lhe foi fiel, assim como ela não foi fiel a ele, *c.* 1890. (3) William Austin Dickinson, seu amante, o mais belo de todos os homens que ela conheceu, *c.* 1890.

1

2

3

1

2

3

Die Frau Professorin.

4

(1) Sir John Tenniel, *A Emancipação das Mulheres, Punch*, 1851. Uma sátira grosseira, porém característica, sobre o "Bloomerism". (2) Edward L. Sambourne. *O Anjo na "Casa"; Ou O Resultado do Sufrágio Feminino, Punch*, 1884. O trocadilho do título é obviamente uma alusão ao popularíssimo poema de Coventry Patmore [*The Angel in the House*; "The House" não é o lar, e sim a Câmara dos Comuns. (N. T.)]. Observe-se a meia azul que ela está tricotando. [*Blue stocking:* mulher pedante, autora (ou com pretensões literárias). (N. T.)] (3) *Plantas do Orquidário Moderno, Fliegende Blätter*, 1845. Caricatura, uma de uma série que retrata as versões fantásticas de mulheres emancipadas; esta, por sua indumentária e pelo charuto, é uma alusão óbvia a George Sand. (4) *Madame Professora, Fliegende Blätter*, 1846. Esta caricatura faz parte de uma série intitulada *Mulheres Emancipadas*, que coloca a mulher numa profissão que parecia inimaginável para ela em meados do século XIX.

1

2

(1) *A Poetisa*, *Fliegende Blätter*, 1846. (2) Honoré Daumier, "Desculpe-me, senhor, se o incomodo um pouquinho", 1844. Na série *Les Bas-Bleue*, Daumier caricaturiza uma personagem largamente conhecida, a da mulher intelectual de aparência descurada; a versão alemã acrescenta, para não deixar margem a dúvidas, um marido bem doméstico, modestamente encolhido ao fundo. (3) Heinrich Hoffman, "História de um Chupador de Polegares", de *Struwwelpeter* [Pedro Descabelado], 1844-5. Três ilustrações de uma das famosas histórias de advertência de Hoffman, que traduzidas (um tanto grosseiramente) para uma linguagem psicanalítica, avisam o leitor de que a masturbação leva à castração.

3

1

2

3

(1) *Phyllis cavalgando Aristóteles*, aquamanílio mosano em bronze, anterior a 1300. Representação artística do homem escravizado pela mulher, uma concepção corrente na era medieval e nos primórdios dos tempos modernos. Há um mural florentino, atualmente na National Gallery em Londres, que sublinha este motivo apresentando de um lado Phyllis cavalgando Aristóteles e do outro Dalila cortando os cabelos de Sansão; este é chamado ironicamente de "o Triunfo do Amor". (2) Dante Gabriel Rossetti, *Venus Verticordia*, 1864. Retrato de mulher excepcionalmente sensual mesmo no contexto do trabalho já por si sensualíssimo de Rossetti, com a sedutora maçã e o seio nu exuberante, e pelo gesto bem sugestivo de segurar a flecha de Eros. (3) Dante Gabriel Rossetti, *Pandora*, 1879.

1

(1) Max Liebermann, *Sansão e Dalila*, 1902. Brilhante representação moderna, altamente explícita, desse tema bíblico, extremamente raro na vasta obra impressionista de Liebermann. (2) Franz von Stuck, *Pecado*, 1893. Uma dentre várias versões executadas por Stuck deste símbolo bastante patente da força pecaminosa da mulher; a cobra fálica que se enrosca no corpo lascivo desta Eva e olha o espectador bem nos olhos, assim como a sua vítima, sublinha mais ainda a mensagem erótica. (3) Edvard Munch, *Harpia*, 1894. As potentes e neuróticas representações que Munch executa da mulher destruidora constituem um *leitmotiv* obsessivo de sua obra.

2

3

1

2

3

4

(1) Edvard Munch, *Vampiro*, 1895. (2) Edvard Munch, *A Morte de Marat, c.* 1905-7. O original precisa ser visto para que se tenha a sensação da violência da cena, com sangue a esparramar-se por todos os cantos da tela. (3) Edvard Munch, *Salomé II,* 1905. (4) Aubrey Beardsley, *O Clímax*, 1894. Ilustração para a *Salomé* de Oscar Wilde. O título dado por Beardsley, ligando a consumação erótica à extinção, parece deliberadamente excitante; tudo isso constitui uma herança degradada do romântico caso de amor com a morte.

2

1

(1) Aubrey Beardsley. *A Batalha dos Rapazes e das Moças*, 1895-6. Ilustração para *The Rape of the Lock* [O Rapto do Cacho de Cabelo], de Alexander Pope. (2) Gustave Moreau, *Édipo e a Esfinge*, 1864. Óleo que teve um sucesso extraordinário no Salão [de Paris] de 1864, provavelmente inspirado no poema de Heine que analiso no texto, traduzido por Gérard de Merval para o francês. (3) Franz von Stuck, *O Beijo da Esfinge*, 1895. Outra das diversas contribuições lúgubres de Stuck ao tema da mulher devoradora. (4) Edvard Munch, *Esfinge*, *c*. 1927. Possivelmente o mais conturbado de todos os muitos auto-retratos de Munch, sugere temíveis ambigüidades sexuais.

3

4

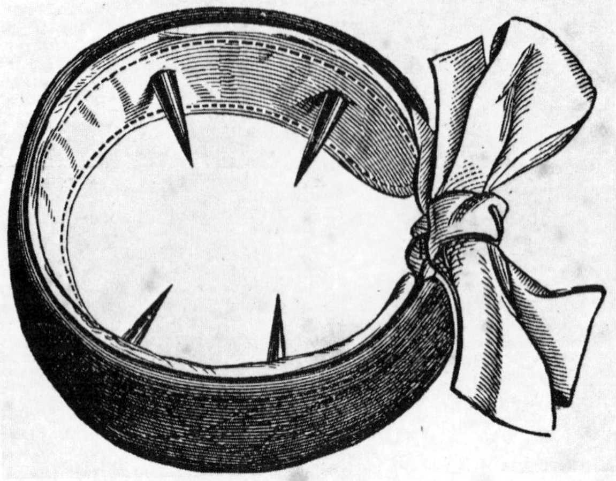

1

Appareils contre l'onanisme.

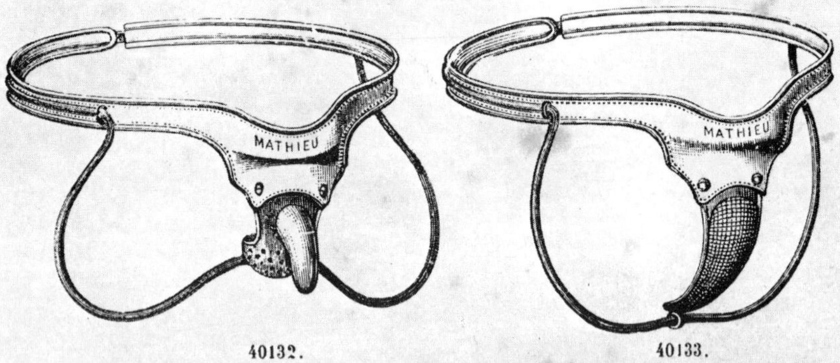

40132. 40133.

		Godet argent.		Godet métal argenté.	
40132.	Ceinture contre l'onanisme, pour garçon....	depuis	120 »	depuis	90 »
40133.	— — — — fillette.....	—	120 »	—	90 »

Ces appareils se font également en forme de caleçons hermétiquement fermés.

40134.	Moufles en métal formant râpe, pour les mains....................	depuis	30 »
2 40135.	Entraves pour les bras..	—	50 »
40136.	— — — jambes..	—	60 »

(1) Anel uretral provido de quatro pontas; de J. L. Milton, *Pathology and Treatment of Spermatorrhoea* (Londres, 1887). Sem comentários. (2) Dispositivo contra o onanismo, do catálogo da Maison Mathieu, 1904.

gos, ao longo dos anos. *Sex in Education* foi pois projetado para enfraquecer a determinação dos feministas. "Foi com o coração trepidante", relembra Carey Thomas, "que levei o livreto para que minha mãe o lesse, e fiquei alegremente aliviada com o seu comentário de que, já que nem ela nem qualquer de suas conhecidas jamais houvera encontrado uma mulher do tipo descrito pelo dr. Clarke, o melhor que tínhamos a fazer era agir como se tais mulheres não existissem".[80] Não obstante, não era fácil descartar Clarke. Embora seu pessimismo fosse fruto do desconhecimento e não pudesse propiciar um mínimo que fosse de alívio, mesmo assim gerou muitos ecos de apoio em seu tempo. Ele era um médico proeminente em Boston, e muito conhecido como conferencista; havia exercido cargos de supervisão em Harvard. Não é de admirar que seus críticos, por mais irados e exaltados que ficassem, continuassem a tratá-lo com certa deferência constrangida, reconhecendo-lhe o "estilo fluente e elegante, pungente e popular" e respeitando sua "residência, posição, e o cargo que antes havia ocupado oficialmente".[81] Afinal de contas, ele não era nem charlatão nem louco, e suas referências de Harvard eram impecáveis.

Entretanto, os críticos de Clarke ficaram muito irados, e o sucesso evidente de seu livreto os encolerizou ainda mais. Em 1874, um ano depois de publicado, *Sex in Education* já tinha a seu favor várias críticas elogiosas e estava em sua décima primeira edição; as críticas desfavoráveis, ao que parecia, apenas aumentavam a sua vendagem. O pior, contudo, foi que aparentemente o polêmico opúsculo parecia contar com o endosso da dra. Marie Zakrzewska: "Eu tenho basicamente as mesmas opiniões", ela teria dito prestimosamente, "e durante os vinte anos em que tenho exercido a profissão médica venho ensinando às minhas pacientes os mesmos princípios de saúde".[82] Encantado, em 1874 o dr. Clarke voltou à batalha em defesa da moça americana doentia e excessivamente instruída, publicando um novo livro, *The Building of the Brain* [A construção do cérebro], no qual ele essencialmente reiterava as afirmações que já fizera um ano antes, e novamente reclamava uma educação especial — vale dizer: inferior — às moças, sob pena de que elas acabassem por se tornar estéreis. Citando a declaração do dr. Maudsley sobre o sexo na mente, Clarke a modificou ligeiramente: "Como existe o sexo no corpo, tem que existir também o sexo na mente, e o sexo na educação".[83] E Clarke não teve a mínima dificuldade para arregimentar uma boa base de sustentação para suas opiniões: seu primeiro livro, que havia dado início aos debates, originara-se de uma palestra que ele tinha sido convidado a pronunciar no Clube das Senhoras da Nova Inglaterra, em Boston; e o segundo, de uma conferência proferida a convite da Associação Nacional da Educação, sobre o tema "A Educação das Moças". Em suma, tinha a seu lado boa parcela do público instruído. Que se deixasse os radicais entregues à sua cólera; o *establishment* se dispunha a dar-lhe ouvidos.

Mas os adversários de Clarke não eram, de modo algum, os feministas utópicos, assexuados, solteirões e solteironas alvejados pelas selvagens caricaturas da época. Ao contrário, tinham o apoio de intelectos notáveis, oradores respeitados e, o que talvez fosse o mais importante, educadores eminentes. Entre eles estavam George F. Comfort, decano da Faculdade de Artes da Universidade de Syracuse, e sua esposa, a dra. Anna Manning Comfort. Em seu livro *Woman's Education and Woman's Health* [A educação e a saúde da mulher], os Comfort questionavam seriamente os fatos apresentados pelo dr. Clarke, atacavam implacavelmente sua lógica e condenavam seu mau gosto. Observavam com pesar que o livro "havia recebido muita atenção por parte da imprensa, desde os efêmeros jornais diários até as revistas trimestrais mais apuradas e prestigiosas", que as resenhas freqüentemente tinham carecido de senso crítico, e que vários casais já haviam "tirado suas filhas das escolas, com medo das calamitosas conseqüências vaticinadas pelo dr. C.".[84] No curto espaço de um ano, pois — os Comfort publicaram seu livro em 1874 —, *Sex in Education* havia tido um efeito marcante.

Tal estado de coisas era totalmente desastroso, porquanto, se a argumentação de Clarke fosse levada às últimas conseqüências, "a mulher americana média não poderia elevar-se acima do nível de instrução das camponesas alemãs". Os Comfort esperavam provar, todavia, que os exemplos escolhidos por Clarke eram extremamente incomuns, e que não deveriam influenciar ninguém: milhares de jovens haviam passado pelas mais extenuantes experiências educacionais sem por isso sofrerem qualquer dos sintomas que o dr. Clarke expunha minuciosamente com tanto deleite. Até mesmo sua fisiologia, em particular sua análise do ciclo menstrual, era conversa fiada e em muitos aspectos acentuadamente incorreta. Sem qualquer falso pudor quanto aos processos fisiológicos, os Comfort dedicam cerca de vinte páginas à menstruação, concluindo que as moças precisariam ser instruídas quanto ao seu significado, seus desconfortos, e quanto à melhor maneira de conviver com ela durante os dias de fluxo mais intenso. Precisavam apenas de bom senso e mais exercícios. Indo mais além, os Comfort declararam que os prognósticos do dr. Clarke, de que as moças formadas em escolas superiores se transformariam em amazonas, mulheres beligerantes, masculinizadas, dominadoras, eram tão ultrajantes quanto absurdos: "As moças da Nova Inglaterra e da América que tiveram o prazer e a bênção de uma educação liberal são tão puras, ternas e femininas quanto quaisquer outras mulheres no mundo". Por conseguinte, Clarke não passava de um alarmista, indiferente à verdade, e freqüentemente grosseiro. "No que diz respeito à educação superior para as mulheres", concluíam confiantemente os Comfort, "não resta a menor dúvida de que sua tendência é a de promover a saúde física do seu sexo, e conseqüentemente da raça humana como um todo".[85] Os Comfort formavam uma dupla de envergadura impressionante, e diante de Clarke provaram ter toda a razão. Mas os Clarkes da época continuaram agindo, sem se deixarem abater.

Outra resposta ao *Sex in Education*, publicada, também em 1874, por Julia Ward Howe, foi talvez mais reveladora. Julia Howe era a editora ideal para uma tal contra-ofensiva: abolicionista, filantrópica, feminista, pacifista e, acima de tudo, nacionalmente célebre por ser a autora do "Hino de Batalha da República",* sua voz não podia ser simplesmente desprezada. As autoridades que ela reuniu em sua pequena e indignada antologia diferiam quanto ao estilo e às opiniões. Entretanto, conforme ela observou apropriadamente, a maioria "tinha vasta experiência no campo da educação, bem como na observação de seus efeitos"; eram profissionais numa área onde o dr. Clarke não passava de um mero diletante. E todas essas autoridades estavam de acordo num ponto: "os fatos e as experiências de suas vidas" levavam a conclusões bem divergentes das dele. Concordavam também em que Clarke não tinha nem a objetividade nem a sensibilidade necessárias para emitir um julgamento. Ele havia escrito o *Sex in Education*, conforme proclamava o subtítulo, para garantir "uma oportunidade justa para as moças"; porém, no entender da "maioria" dos autores que contribuíram para a antologia editada por Julia Ward Howe, "seu livro parece ter oferecido uma oportunidade *contra* as moças, e não uma oportunidade *para* elas". Todos desejavam que ele "não tivesse executado sua sinfonia sexual tão desafinadamente, em tão alto volume, nem tão publicamente".[86]

Em seu próprio ensaio, Howe dá vazão ao seu sarcasmo às custas do dr. Clarke: o que ele atribuía aos efeitos de uma educação extenuante tinha outras causas, o que ele pensava enxergar nas moças também era verdade nos rapazes, e o que ele achava lamentável nas mulheres americanas era perfeitamente discernível também nas mulheres européias. Outros autores incluídos na antologia atacaram a crueza de Clarke e, apoiados em sua própria experiência de educadores, negaram cada uma de suas asserções. Diversos se concentraram sobre a srta. D., a infeliz paciente histérica de Clarke que havia estudado em Vassar. "Se ele tinha uma paciente histérica que por acaso também havia sido aluna em Vassar",

(*) Julia Ward Howe foi a primeira mulher eleita para a Academia Americana de Letras e Artes; além do poema citado, cuja popularidade levou de roldão todos os soldados e civis na Guerra de Secessão (pelo menos do lado da União), e que permane e — mais ou menos adulterado — popular até hoje, publicou várias outras obras, em poesia e prosa. (N. T.)

pergunta retoricamente Caroline H. Dall, uma feminista bostoniana que não tinha papas na língua, "por que ele acreditou em suas declarações sem submetê-las a confirmação?" Era uma boa pergunta. As moças de Vassar, declara ela depois de haver consultado a médica da escola, eram conhecidas por sua saúde excelente. Além do mais, simplesmente não era verdade que qualquer menina fosse admitida aos catorze anos — conforme assegurara Clarke —, nem mesmo nos cursos preparatórios. Tampouco era verdade que as moças de Vassar não davam atenção a seus ciclos menstruais — conforme também asseverara Clarke. Ao contrário, recebiam cuidadosas instruções quanto às "precauções menstruais", e durante a menstruação ficavam "rigorosamente proibidas de fazer ginástica", andar a cavalo ou exigir qualquer esforço maior de seus corpos. E Howe publicou ainda uma carta aberta dirigida ao dr. Clarke pela dra. Alida C. Avery, médica residente de Vassar, protestando severamente contra o histórico da srta. D. e corroborando cada um dos pontos levantados por Caroline Dall.[87]

Os detratores de Clarke jamais o acusaram de haver inventado a srta. D.; generosamente, disseram acreditar que ele deixara que uma paciente real o enganasse. Provavelmente tinham razão: o dr. Clarke não seria o primeiro nem o último médico a dar crédito às fantasias de uma paciente histérica. O que lhes parecia fora de qualquer dúvida é que o dr. Clarke havia sido tão crédulo porque a história da srta. D. reforçava convenientemente uma convicção que ele já tinha. *Sex in Education*, um livreto de argumentação falha, de fatos não confiáveis e de conclusões totalmente erradas não passava de uma expressão oportuna de uma superstição popular — quanto a isso todos os autores da antologia estavam de pleno acordo. Em 1874, e novamente três anos mais tarde, a dra. Mary Putnam Jacobi demonstrou exaustivamente que os alicerces da argumentação do dr. Clarke repousavam num erro: a menstruação não afetava seriamente as mulheres, e não deveria por conseguinte inibir significativamente os hábitos de leitura ou os estudos sérios a que elas se dedicassem.[88] Havia nessas polêmicas feministas uma certa contradição: os dias de fluxo menstrual mais intenso podiam ser desagradáveis, debilitantes e doloridos; reticentes a respeito de um assunto que os homens, de modo geral, tampouco se mostravam propensos a discutir, e concentrando seus esforços no fortalecimento da argumentação favorável à competência das mulheres, a literatura feminista por vezes assume tons de arrogância quando toca no assunto da menstruação. Contudo, mesmo chegando a conclusões muito abrangentes, tal literatura tinha os fatos a seu favor: argumentar que os eflúvios periódicos da mulher a transformavam numa aleijada física e intelectual, equivalia a cultuar, através de uma superstição, uma ansiedade masculina comum.

Ainda assim a superstição sobreviveu e a ansiedade se aprofundou. As escolas secundárias para moças se aperfeiçoaram, as escolas superiores para mulheres passaram a rivalizar em excelência com as dos rapazes, e a cada dia mais universidades aceitavam mulheres em termos cada vez menos humilhantes. Em 1894, duas décadas apenas depois de Julia Ward Howe ter lançado sua contra-ofensiva em direção ao dr. Clarke, o professor Charles F. Thwing, presidente da Escola Superior Feminina da Western Reserve University, foi taxativo: "A velha e aborrecida questão ... relativa a terem as mulheres aptidões intelectuais suficientes para receber e aproveitar uma boa educação superior, está encerrada".[89] Ele estava sendo excessivamente otimista. A questão, por mais aborrecida que fosse, de modo algum estava completamente encerrada nos Estados Unidos; continuava a assolar a educação superior na Inglaterra; e permanecia viva no continente europeu. Os estilos característicos de cada nação bem como o espectro de opiniões diferiam bastante de lugar para lugar, em relação a esse assunto como em tantos outros, porém a simples proclamação de sua extinção paradoxalmente sublinhou a sua resistente vitalidade. Em 1890, uma brilhante moça de Newnham, Philippa Garrett Fawcett, filha de um líder feminista inglês, obteve a primeira colocação nos exames de matemática em Cambridge, porém, não sendo a rigor uma estudante regularmente matriculada na Universidade, não pôde receber o cobiçado título de *Senior Wrangler*; ao invés disso, numa mistura bem característica de justiça e falta de lógica, foi elevada acima dessa honraria. Sabedora desse triunfo ambíguo, Frances Mary Buss, a famosa diretora de escola e reformadora do ensino, anunciou alegremente o fato às suas pupilas, e comentou: "Graças a Deus, abolimos o sexo na educação!"[90] Não totalmente, não ainda, não antes que as Philippas Garrett Fawcetts do mundo ocidental pudessem ser *Senior Wranglers* — não antes que a opinião pública francesa repudiasse o dito complacente de Jules Rochard, um auto proclamado erudito que sentenciou arrogantemente em 1888: "As mulheres hoje detêm na sociedade toda a parcela de influência que lhes cabe".[91]

O sexo certamente não havia sido abolido no sistema educacional alemão, e em fins do século XIX a Alemanha era particularmente atraente: nenhum outro país atraía tantos estudantes estrangeiros sedentos de conhecimentos, e nenhum outro país se orgulhava tanto de suas universidades como o Império guilhermino. De acordo com um manual compilado sob a égide de Bryn Mawr em 1896, na Alemanha as mulheres "de modo geral só eram admitidas como ouvintes na Faculdade de Filosofia", se bem que algumas conseguissem "também assistir a conferências nas Faculdades de Direito e de Medicina". Isabel Maddison, que compilou o manual, tirou algumas conclusões impiedosas: as tensões morais a que eram submetidas as mulheres que requeressem sua admissão às universidades alemãs eram tremendas. "Acreditamos que a seriedade de propósitos e a capacidade demonstradas pelas mulheres que estudaram na Alemanha contribuíram muito para derrubar os preconceitos dos professores sob cuja orientação elas trabalhavam." A conseqüência, apontava sobriamente a editora, era que "cada mulher que solicite permissão para assistir a conferências deve ter em mente a grande responsabilidade que desse modo assume, tornando-se por assim dizer um caso experimental que servirá no futuro como padrão para o julgamento de outros casos semelhantes". A ansiedade das moças estudantes de se mostrarem superiores aos homens tornou-se portanto mais uma pressão que a realidade do século XIX impôs às mulheres.

A opinião pública alemã estava entretanto fluida. "Toda a questão da admissão de mulheres às universidades", comenta Isabel Maddison, "levantou muitas discussões na Alemanha, e permanece longe de estar decidida".[92] Era uma avaliação bastante correta. Em 1897, o jornalista berlinense Arthur Kirchhoff reuniu um lastro considerável de opiniões de autoridades no assunto, publicando-as numa obra fascinante. A pesquisa que deu origem a esse compêndio havia tido seu impulso inicial a partir de duas reportagens que datam de novembro de 1896, segundo as quais dois professores da Universidade de Berlim haviam expulsado mulheres de suas conferências. Os dois professores, Heinrich von Treitschke e Erich Schmidt, o primeiro, um famoso historiador da Alemanha, e o outro, um pouco menos famoso historiador da literatura alemã, depois negaram as expulsões, porém o incidente estimulou Kirchhoff a perguntar a um grande número de eminentes professores e diretores de museus e de institutos científicos, além de um punhado de literatos, se achavam que as mulheres tinham a aptidão necessária e o direito de serem admitidas às universidades.

As respostas obtidas e publicadas por Kirchhoff — 120 delas utilizáveis — são difíceis de interpretar. Kirchhoff achou os resultados "surpreendentes" pelo fato de os professores que defendiam a abertura das universidades às mulheres "terem aumentado em número, nos últimos anos, e de uma forma inesperada". Uma conclusão que Kirchhoff julgou válida foi a de que os adversários constituíam agora "uma significativa minoria". Considerando-se a inexistência de levantamentos comparáveis realizados nas décadas anteriores, essa dedução permanece necessariamente especulativa, apesar de razoável. Mas as respostas efetivamente são muito mais complexas do que sugere Kirchhoff; muitos dos pequenos ensaios que ele reproduz são vagos e difusos, nebulosos pelas suas qualificações, evasivos pelas alusões a circunstâncias especiais e a contingências futuras. Treze dessas respostas foram dadas por literatos, e estes — o que não há de surpreender — se identificavam clara e preponderantemente com o futuro: dez dentre eles defendiam taxativamente a admissão irrestrita das mulheres à educação superior. Um ou dois fizeram eco aos otimistas da Inglaterra e dos Estados Unidos, que não conseguiam compreender como era possível que alguém ainda julgasse a questão em aberto. A tentativa de demonstrar as capacidades intelectuais ou os direitos morais da mulher, ainda nesses dias, respondeu o conservador romancista religioso Dagobert von Gerhardt-Amyntor, era o mesmo que ensinar a missa ao vigário. E Ludwig Fulda, dramaturgo realista e tradutor de Molière, sentiu-se até mesmo um pouco ofendido pela pergunta: "Como é possível que um ser humano que pretende merecer o nome de moderno ainda questione os direitos e as aptidões das mulheres a uma carreira acadêmica", admira-se ele, "é algo que simplesmente não consigo entender".[93] Outros poetas e romancistas se mostraram igualmente atônitos.

Os 107 acadêmicos que constituíam a parcela de maior peso da amostra de Kirchhoff, entretanto, julgaram as perguntas perfeitamente compreensíveis. Dentre eles, 35 não tinham dúvida alguma, e opinaram que as mulheres deveriam juntar-se aos homens nas universidades em condições de total igualdade; 36 tinham tanta certeza quanto aqueles, mas opinaram em sentido contrário; e as opiniões dos restantes 36 cobriam toda a gama intermediária, desde a admissão com algumas ressalvas até a rejeição mas com exceções. É este grupo intermediário que dificulta mais uma quantificação: alguns argumentavam que umas poucas mulheres brilhantes deviam ser admitidas às universidades, mas que a regra não deveria valer para as demais estudantes; outros achavam que algumas especialidades seriam apropriadas para as mulheres e outras não — não a medicina, mas sim a odontologia; não a cirurgia, mas sim a medicina interna; não a teologia, mas sim a literatura; não a história da arte, mas sim o trabalho de curadoras em museus. E ainda outros entrevistados sugeriram que as mulheres poderiam amadurecer suficientemente para a educação universitária desde que tivessem uma preparação adequada nos cursos secundários. E uns poucos ofereceram suas profecias autogratificantes, sugerindo que, embora as mulheres tivessem todo o direito à instrução superior, para a qual certamente estavam física e intelectualmente aptas, na realidade era muito cruel conceder-lhes tal instrução, visto que elas jamais teriam um emprego apropriado depois de se formarem. A condescendência transparece em todas essas respostas: em várias delas as estudantes aparecem intensamente empenhadas em suas tarefas, com as belas cabecinhas concentradas sobre os livros muito depois de os rapazes já terem saído para suas agremiações e suas cervejas; aparecem constantemente fazendo perguntas sérias, mas desprovidas do dom, ou do arrojo necessários para o desempenho que permite prever a grandeza futura.

Essas respostas recobrem um amplo espectro de argumentos, alguns deles antigos, às vezes muito antigos. Um deles está contido na resposta dada por uma relíquia ambulante: o professor doutor Ferdinand Wüstenfeld, filólogo da Universidade de Göttingen, pedia que fosse relatado que, aos 88 anos, ele precisava da ajuda de outra pessoa para anotar suas opiniões, mas que ainda assim insistira para que sua resposta fosse incluída entre as decididamente contrárias à admissão de mulheres. Em qualquer dos lados do debate se podia encontrar nomes famosos e nomes relativamente desconhecidos. Otto von Gierke, célebre historiador do direito e teórico das comunidades políticas, admitia em sua extensa resposta que aceitaria de bom grado que algumas mulheres assistissem às suas conferências, e até mesmo se disporia com prazer a auxiliá-las a "se ornarem com o diploma e a toga de um doutor em leis" — o que dificilmente pode ser considerado um tom muito encorajador. E com efeito Gierke pensava que muito mais importante do que a presença das mulheres em suas conferências era a questão de elas permanecerem ou não em seu lugar predestinado de esposas e mães. Não havia motivo — e de fato haveria "conseqüências sociais perniciosas" caso isso ocorresse — além de se "deixar médicas incompetentes à solta entre uma humanidade doente só pelo prazer da concorrência". E o mesmo, acreditava ele, se aplicava aos professores. Quanto ao seu próprio campo de atuação, ele não via perspectiva alguma para uma mulher fazer carreira no direito. ''Estamos atravessando uma época séria, grave'', conclui ele. ''O povo alemão tem mais o que fazer para se arriscar a experimentos com mulheres estudantes. Sobretudo, tomemos muito cuidado'' — e é aqui que a ansiedade dominante de Gierke finalmente vem à superfície — ''para que nossos homens permaneçam homens! Sempre foi um sinal inequívoco de decadência o fato de a virilidade escapar dos homens e procurar refúgio entre as mulheres.''[94]

Quanto a isso não restava a mínima dúvida. Outros professores ilustres já se mostraram menos dogmáticos. Ulrich von Wilamowitz-Moellendorf, o grande filólogo da língua grega em Göttingen, inicia sua exposição (a partir de uma perspectiva feminista) de modo pouco promissor: ''A diferença entre os sexos tem se tornado freqüentemente inconveniente para os tiranos defensores do progresso''; mas a natureza não pode ser contrariada. ''A maioria dos professores universitários'', pensava Wilamowitz, ''é decididamente favorável à exclusão das mulheres das universidades'', e seria lamentável, com efeito, que as instituições de ensino superior se tornassem joguetes nas mãos de mulheres radicais sequiosas de ''emancipação''. Ao mesmo tempo, admitia ele, algumas poucas mulheres já haviam demonstrado que podiam participar com bom aproveitamento da educação superior. E a sociedade moderna tinha a obrigação de promover a educação secundária dessas mulheres até o limite de suas capacidades.[95] Da mesma forma que inúmeros outros entrevistados por Kirchhoff, Wilamowitz temia a invasão maciça das universidades alemãs pelas mulheres, vociferava contra as maquinações políticas de agitadores de fora, advogava melhor instrução para as moças e reconhecia a validade das reinvindicações apresentadas pelas exceções.

Uns poucos desses professores eram sinceros em seu apoio à igualdade. ''Será que o que todos nós consideramos a função primordial da mulher'', perguntava Hermann, barão de Soden, teólogo em Berlim, ''está ancorada em águas tão rasas em sua natureza que a mulher corre o risco de perder o gosto por ela caso se dedique a estudos científicos ou a atividades públicas?'' E um cirurgião, o professor Czerny, de Heidelberg, era de opinião que ''as mulheres já comprovaram, através de inúmeros exemplos, que são capazes de realizar estudos acadêmicos, e demonstraram portanto, a meu ver, que têm direito a tais estudos''. Entretanto o tom que predominou na pesquisa de Kirchhoff foi o da dúvida, do ceticismo, quando não o de uma rejeição sumária, como a expressada pelo o professor doutor em medicina Ernst von Bergmann, diretor de um instituto clínico de cirurgia em Berlim: ''Considero as mulheres totalmente inadequadas para os estudos acadêmicos e para as profissões a que esses estudos conduzem — inaptas tanto física quanto mentalmente''. Muitos entrevistados preferiam opinar, assim como o professor doutor em medicina Franz Riegel, de Giessen, que, por mais habilidades que algumas mulheres pudessem demonstrar, ''o exercício da profissão médica jamais será compatível com a função da mulher, que é a de esposa e mãe''. Outro professor, o doutor em medicina Georg Lewin, diretor de uma clínica para tratamento da sífilis em Berlim, parafraseou distorcidamente a conclusão do *Fausto* de Goethe, no sentido de que ''a verdadeira feminilidade, que não apenas nos eleva, mas sobretudo nos leva ao amor — vale dizer, ao casamento — fica, senão totalmente arruinada, pelo menos danificada por estudos extenuantes e concentrados''.[96] Numa palavra, a condição doméstica era absolutamente soberana.

A repetição dessa formulação apenas sublinha a importância que ela tem para esses homens, bem-sucedidos e freqüentemente loquazes guardiães de suas profissões. O lar era, afinal de contas, o castelo da mulher. Se uma mocinha o deixasse, temporariamente ou talvez para sempre, ofendia a um só tempo o ordenamento social e a ordem divina — que, para a maioria dos entrevistados, eram a mesma coisa. Conforme expôs um diretor de museu, os estudos universitários representavam na verdade uma dupla infração das regras do jogo da vida humana: a instrução superior afastava a mulher de sua esfera de ação e, deixando desempregado o homem, impedia-o de constituir seu próprio lar. Um aspecto significativo, penso eu, é que poucos dos entrevistados por Kirchhoff tocaram num assunto que certamente devia preocupá-los: o impacto da menstruação sobre a mulher, fosse na condição de estudante, fosse na de profissional. Os poucos que se aventuraram a fazer alguma referência "àqueles dias" destacaram explicitamente que o período menstrual não interferia nos trabalhos físicos ou intelectuais. Os demais, que parecem ter levado a sério o tabu que proíbe a discussão da menstruação, ao que tudo indica partilhavam da antiga superstição segundo a qual os períodos menstruais de certa forma estigmatizam a mulher, tornando-a inapta para um mundo masculino. Conseqüentemente, a idéia estimulante e consoladora, de que uma mulher altamente instruída poderia tornar-se uma esposa mais interessante e uma mãe mais eficiente não gozava de popularidade.[97]

Eis, portanto, a grosso modo, o consenso ao redor do qual aglutinava-se uma sólida maioria dos entrevistados: a segregação dos sexos, consubstanciada na educação diferenciada e na existência de esferas de atribuição específicas para homens e mulheres, refletia as necessidades da sociedade e os preceitos da natureza. Max Planck, que em breve viria a tornar-se um dos mais eminentes físicos do mundo e já então era diretor do Instituto de Física Teórica da Universidade de Berlim, falava em nome dessa maioria consensual, e sua argumentação representa bem o acadêmico médio de sua época e de seu país: é justo que se abram espaços nas instituições de ensino superior para as raras e notáveis mulheres que demostraram suas aptidões científicas. Todavia, "nunca é demais enfatizar que a própria natureza prescreveu para a mulher a vocação de mãe e de senhora do lar", e que as leis naturais só podem ser ignoradas ou infringidas a um custo exorbitante.[98] A retórica utilizada por Planck e a pesquisa de Kirchhoff vista em sua totalidade demonstram mais uma vez com que habilidade homens que se sentiam à vontade no manuseio das palavras eram capazes de mascarar suas ansiedades mais primitivas. Nesses debates angustiados e inconclusivos acerca do verdadeiro lugar que cabia à mulher, o medo da mulher e o medo diante das mudanças se encontram e se fundem numa coisa só.

III

AS PRESSÕES DA REALIDADE

Enquanto as atitudes características do século XIX se desenvolviam sob o impulso de necessidades e ansiedades inconscientes, também as pressões nos campos da economia e da medicina, entre outros, tinham um papel importante na construção da experiência burguesa. E essa experiência revelou-se um ambiente já abarrotado e restritivo à expressão da sensualidade. Ela criou aberturas para sentimentos e ações sexuais, e impôs restrições a ambos. As lutas das mulheres foram algumas dessas conhecidas e potentes realidades; decerto menos conhecidas, mas possivelmente mais potentes foram as realidades diretamente vinculadas aos processos eróticos: as tensões da gravidez, os riscos do parto, a disponibilidade de métodos modernos para o controle da natalidade. Em suma, o ego, aquele componente da mente voltado à realidade exterior, se viu sufocado por uma quantidade de materiais muito maior do que conseguia lidar com segurança.

O ego está contínua e zelosamente empenhado numa busca do mundo. Forçado a navegar entre faróis que emitem sinais conflitantes e fragmentários, além de estar exposto às próprias pressões internas, ele procura extrair o maior número possível de informações de suas sensações e percepções. Trabalha no sentido de evitar os perigos e de repetir os prazeres. Com eficiência impressionante, organiza a capacidade de reação do indivíduo e seus encontros com pessoas e coisas. Raciocina, calcula, avalia, relembra e compara, equipando dessa forma o homem para tatear ao longo de seu caminho para o futuro. Suas avaliações jamais são isentas de suspeita; estão destinadas a serem distorcidas por conflitos e comprometidas por traumas. Por conseguinte, o mundo exterior jamais penetra na mente sem sofrer alguns arranhões; as impressões com que o indivíduo tem que trabalhar são necessariamente representações mentais das coisas reais. Mas o ego, obedecendo à sua fome de experiência, prossegue bravamente em sua faina para determinar o que é e — mais difícil ainda — o que pode ser.

Os psicanalistas têm se mostrado extremamente avessos a interpretações da experiência que concedam alguma proeminência às influências exteriores. É compreensível. Com efeito, tais interpretações se afiguram como um primeiro passo, irreversível, em direção à psiquiatria social de Harry Stack Sullivan e de Erich Fromm, sistemas que transferem a maior carga de responsabilidade pelo caráter humano à sociedade, deixando de lado os dois impulsos instintivos sobre os quais Sigmund Freud construiu sua psicologia: a sexualidade e a agressão. O historiador entretanto não se vê forçado a uma tal escolha. Freud jamais pôs em dúvida a poderosa influência das realidades objetivas na constituição da experiência humana. Como afirmou Freud já em idade avançada, o amor procura objetos. E o mesmo faz o ódio. E esses objetos são agentes externos, e não internos, da experiência. Os psicanalistas gostam de dizer que o ego é inimigo dos instintos. E assim parece ser, de fato, do ponto de vista dos instintos que exigem unicamente sua satisfação imediata e que tratam qualquer sugestão de adiamento ou de modificação de suas exigências como um ato hostil. Mas a partir da perspectiva mais ampla do ser humano, o ego é na verdade o grande amigo dos instintos, o negociador que estabelece compromissos intermediários, que induz o indivíduo a desistir de prazeres menores e mais arriscados para obter prazeres maiores e mais seguros no futuro. Assim, a tarefa fundamental do ego consiste em obter uma conciliação do indivíduo com o mundo e, na melhor das hipóteses, em dar ao indivíduo condições de manipulá-lo e dominá-lo.

A única exceção aparente desse embate sem tréguas da mente com o mundo — o completo e feliz esquecimento a que os amantes relegam o ambiente que os cerca — não constitui na realidade exceção alguma. Vivendo em seus casulos habilmente construídos, os amantes parecem não ter necessidade de nada nem de ninguém, parecem habitar um reino autônomo e exclusivo. Porém esse é um momento privilegiado da existência humana, um momento frágil e fugidio, mas de modo algum inacessível às pressões da realidade. Seus rituais de celebração e gozo, assim como as próprias condições de seu maravilhoso isolamento, devem ao mundo que os rodeia sua forma, seu vocabulário, seu significado. Todas as múltiplas variedades da vida erótica, apaixonadas ou afetuosas, ou apaixonadas e afetuosas ao mesmo tempo, vibram em ressonância aos fatos da vida — e da morte.

1. OS FATOS DA VIDA E DA MORTE

Em 27 de abril de 1885, de sua casa em Cincinnati, onde estava "em minha cama", e exigindo veementemente o mais estrito segredo sobre a carta, Eleanor Rogers informava sua irmã Susan Wright, residente em New Haven, de que acabara de sofrer um aborto extremamente doloroso. "PESSOAL", escreveu em letras maiúsculas à guisa de cabeçalho, e sublinhou a advertência duas vezes para lhe dar maior ênfase. *"Queimar após a leitura"*, acrescentou, e, havendo-a concluído, ainda rabiscou na margem da primeira página um reforço de seu pedido: "Lembra-te de que não deves contar nada e de que deves destruir essa carta IMEDIATAMENTE". A paixão pela privacidade raramente foi expressa em termos mais pungentes.

Na realidade, Eleanor Rogers parece ter relutado bastante em confidenciar até mesmo à irmã muito chegada aquela notícia; estava apenas cumprindo a "promessa" de mantê-la a par de "como as coisas se passam comigo". As coisas haviam se passado "em dores e angústias violentas". A lembrança dessas dores e angústias e a continuação de seu desconforto tornaram-na rebelde: "Se um corpo tem que sofrer mais ao dar à luz uma criança do que eu sofri com meu aborto, que os céus me protejam de ter filhos!" Ela confia à irmã que ainda "me sinto fraca e cheia de dores". Era uma terça-feira, quatro dias depois de ocorrida a catástrofe, mas o médico a instruíra a permanecer no leito por mais um ou dois dias. Seu tormento tivera início na sexta-feira anterior, por volta do meio-dia, quando ela se recolhera ao leito, "e a partir de então as dores e aflições se tornaram cada vez mais agudas culminando das oito às nove quando tudo foi expelido. Não havia ninguém comigo e eu pude por isso esgoelar-me à vontade". A sogra felizmente saíra em viagem, a criada estava ocupada com alguém que viera visitá-la, e o marido se encontrava na cidade. Will, o marido, retornou às dez e meia da noite, "quando minhas dores ainda eram tantas que ele correu a buscar o doutor que estava ocupado com um parto e só conseguiu chegar aqui à uma da madrugada. Ele precisou retirar os restos, o que foi uma operação não exatamente indolor tampouco". Logo a seguir ela retoma o tom de rebeldia, mais energicamente agora, numa vigorosa imprecação: "Por Júpiter não haveria mulher que se casasse caso soubesse o que a espera! Sinto-me como se precisasse encetar uma cruzada para advertir as moças a que permaneçam solteiras''. Eleanor Rogers prossegue, mais judiciosamente: ''Meu marido tem sido tudo e mais do que tudo para mim, e um enfermeiro carinhoso e sumamente eficiente, e tem se comportado de modo exemplar em todos os sentidos, de todas as maneiras. Tenho plena consciência de que não estou sendo de maneira alguma o anjinho submisso que deveria ser. Gemi durante todo o sábado e chorei durante todo o domingo e durante toda a noite passada e hoje consegui recuperar um pouco do controle sobre mim mesma porém da tempestade que se abate dentro de mim simplesmente não falaremos. E basta!'' E passa a tratar brevemente de outros assuntos familiares, para retomar logo em seguida suas ruminações apaixonadas. Evidentemente, ela ainda não estava satisfeita. ''Sim estou feliz por Alice ter um filho caso esteja grávida'', escreve ela sobre Alice Belknap, outra irmã, ''mas estou contente de um jeito meio misturado com calafrios e faço uma prece silenciosa para que os céus me poupem tais alegrias se eu tiver que aturar as dores que as acompanham. Pensarás decerto que fiquei louca varrida talvez seja isso mesmo''. Ela havia convencido sua criada a dar-lhe lápis e papel, apesar de ter sido aconselhada a não se esforçar; imaginava que logo que seu marido chegasse, ''eu serei severamente repreendida porém hás de receber tua carta e assim terei cumprido minha promessa''.[1]

Essa promessa Eleanor Rogers provavelmente não teria feito a qualquer pessoa senão à sua ''querida Sue'', a mais velha das irmãs Silliman e a confidente da família. Escrevendo-lhe novamente um mês mais tarde, Eleanor Rogers tornou ainda mais explícita sua reserva. Ainda faltava muito para ela se recuperar: ''Não estou gostando nada da minha economia interna. Não tenho conseguido ficar livre de algum efluxo por mais de dois dias seguidos, e durante a semana passada inteirinha não consegui me manter limpa fizesse o que fizesse e daí o Will ficou alarmado e procurou o dr. M. que me receitou duas injeções por dia e até agora não senti efeito algum''. Naquele transe ela sentia falta e precisava da irmã mais do que nunca: ''Confio mais em ti do que em cinqüenta doutores, dize-me o que devo fazer e eu tentarei fazê-lo''. Mas tudo isso deveria permanecer estritamente confidencial: ''Queima essa carta por favor, és minha válvula de segrança* mas não quero que comunicados como esse fiquem registrados''.[2]

Felizmente para o historiador, seus comunicados *ficaram* registrados. A seqüência de temas, a rede de associações, o ritmo ofegante raramente interrompido por alguma pontuação, tudo isso pulsa com a excitação que Eleanor Rogers sente por sua expressividade incomum e por sua coragem trêmula. Ela se propõe a encetar uma cruzada contra o casamento, mas logo em seguida acrescenta que para a atenção carinhosa que seu marido lhe dispensa não há elogios suficientes. Ela tende a ser severa consigo mesma ao reler o que lhe parece uma demonstração indecente de seus sofrimentos — ''E basta!'' —, porém não consegue deixá-los de lado facilmente: a alegria pelo nascimento do filho de sua irmã é turvada por calafrios e por preces pela imunidade à dor. E sua franqueza chega a assustá-la: ''Pensarás decerto que fiquei louca varrida'', pois seu pequeno manifesto lhe parece totalmente impróprio a um anjinho submisso: ''Talvez seja isso mesmo''. Corajosamente ela expõe sua desconfiança do sagrado totem doméstico, o médico, para logo em seguida pedir encarecidamente, mais uma vez, que seja mantido o sigilo: ''Queima por favor essa carta''. No entanto, todas essas hesitações e autocríticas são insuficientes para mascarar sua mensagem, as aguilhoadas de sua ambivalência. A evidente afeição de Eleanor Rogers por seu marido — que, afinal de contas, era o autor de sua desventura — é absolutamente insuspeita. Mas igualmente insuspeita é sua revolta contra as conseqüências de ter agido de acordo com suas necessidades sexuais. Ela ama Will, porém odeia o que ele lhe fez. A intenção

(*) Em suas cartas quase não há vírgulas; há também vários erros de ortografia, dos quais reproduzo apenas este último (''segrança'', ''*safty*'', ao invés de ''*safety*''). (N. T.)

de sua cruzada contra o casamento é de pôr fim a nada menos do que às relações sexuais. O risco de uma gravidez coloca em questão os prazeres do sexo.

Sob determinado aspecto, contudo, Eleanor Rogers teve muita sorte. Ela viveu para contar sua história. Milhares de outras mulheres de sua época morreram no cumprimento dos deveres matrimoniais. As devastações provocadas por esses deveres se acham registradas em inúmeras cartas, biografias e bíblias familiares. Karl von Holtei, ator, dramaturgo e romancista alemão, observa laconicamente ao início de sua loquaz autobiografia: "Minha mãe morreu logo depois de me ter dado à luz; meu pai, um oficial dos hussardos, não sabia o que fazer com um bebê que não parava de berrar".[3] Freqüentemente essas vítimas do sexo passavam por agonias prolongadas. Caroline, a irmã dileta de Flaubert, morreu em março de 1846, dois meses depois do nascimento de uma menina, sua primeira filha, após um sofrimento demorado e atroz. Mais freqüentemente ainda, porém, o desfecho era rápido. Os registros constantes da bíblia familiar dos Chauncey, um volume in-fólio elegantemente impresso e suntuosamente encadernado, narram em poucas palavras a história de uma família. "Nathaniel Chauncey, da Filadelfia, e Elizabeth Sewall Salisbury, de Boston" se casaram em 8 de junho de 1836, e o evento foi anotado conforme as regras em sua bíblia. No ano seguinte, como revela o registro familiar, utilizando o distanciamento do latim, os Chauncey tiveram um filho natimorto: "Filius *mortuus* Nathanaelis et Elizabethae Sewall Chauncey natus est 17 de junho de 1837". Seguiram-se em rápida sucessão dois filhos, um nascido em agosto de 1838, o outro em agosto de 1840: a rápida fecundação era um meio de ludibriar a morte.

Mas a morte não gosta de ser ludibriada. A 19 de maio de 1850, dez anos após o nascimento do segundo filho vivo, Elizabeth Chauncey, já então aproximando-se dos 43 anos de idade, deu à luz mais um menino. O registro familiar inclui, no dia seguinte: "Francis Gardner Chauncey, filho de Nathaniel e Elizabeth Sewall Chauncey, faleceu a 20 de maio de 1850, cerca de dez minutos antes das sete horas da tarde". E a anotação seguinte completa a trágica história: "Elizabeth Sewall Chauncey, falecida na quarta-feira, o vigésimo segundo dia de maio de 1850, cerca de cinco minutos antes das cinco horas da tarde. Seus restos mortais e os de seu filho recém-nato foram trasladados à igreja de Newton's Corner na sexta-feira 24, e no sábado 25, e devolvidos à terra no cemitério de Mount Auburn no domingo, dia 26 de maio de 1850". A cadência solene e a linguagem disciplinada desses registros, e a aceitação devota dos desígnios divinos, não conseguem ocultar a devastação que a ação mortífera da sensualidade havia deixado no rastro de sua passagem pela família Chauncey.[4]

Houve milhares de Elizabeth Chauncey naquela época. O desperdício de vitalidade humana, de vidas florescentes e cheias de energia de jovens mulheres, foi simplesmente enorme. O espectro de uma morte prematura pairava como uma praga imprevisível sobre os pobres e sobre os prósperos, sem distinção. Isabella Beeton, a autora do livro de conselhos caseiros preferido na Inglaterra, uma jornalista ativa e conceituada, perdeu sua primeira criança quando esta tinha três meses de idade, e a segunda aos três anos; ela mesma faleceu em 1865, de febre puerperal, após o nascimento de seu quarto filho, quando tinha apenas 28 anos.[5] Durante todo o século XIX, pois, os processos da gravidez e do parto foram acompanhados por muitas dores e freqüentemente por sofrimentos excruciantes, assim como pela ameaça onipresente da morte da criança, da mãe, ou de ambas. É bem verdade que a partir de 1847 o clorofórmio se tornou disponível para aliviar as dores do trabalho de parto e do nascimento propriamente dito, e já no ano de 1853 uma personagem tão ilustre como a própria rainha Vitória beneficiou-se desse abençoado e novo anestésico. A autoridade da rainha como pioneira de novas tendências era inquestionável, porém a oposição ao clorofórmio, assim como a outros procedimentos benéficos, não arrefeceu sem resistência. Um amontoado desordenado de argumentos médicos, éticos e teológicos continuou ainda por algum tempo a agitar os médicos e a intimidar os leigos. O clorofórmio poderia matar e, em mãos inábeis, às vezes de fato matava; além disso, os adversários da droga não se cansavam de repetir a advertência feita pelo Senhor à desobediente Eva, de que dali em diante teria multiplicado os sofrimentos do parto, dando à luz com dores.[6] "É uma afronta às leis fundamentais da adaptação", escreveu no *Lancet* * em 1850 Robert Barnes, professor de obstetrícia, "supor-se que um Criador benevolente haja associado dores ao processo de parto com qualquer propósito que não seja sábio e necessário". As classes médias em especial, por serem de modo geral mais suscetíveis a esse tipo de argumentação religiosa do que as classes mais ricas ou as mais pobres, aceitaram-na com simpatia. Porém não demorou muito tempo para que o desejo de alívio levasse a melhor. Quando a sra. Sophia Gray, sogra de John Ruskin, teve um menino, em março de 1855 — quando já se aproximava dos 47 anos de idade —, "esse maravilhoso agente, o clorofórmio", poupou-lhe "todo e qualquer sofrimento durante duas horas", segundo relata sua filha.[7] Se bem que os sofrimentos de muitas mulheres continuassem sem alívio, já não parecia mais ser blasfêmia, e muito menos demostração de mau gosto, ter filhos com um desconforto conscientemente reduzido.

A argumentação contrária à utilização do clorofórmio para aliviar as dores de parto, empregada por aqueles que acreditavam que essas dores eram naturais, benéficas e teologicamente corretas, nos deixa entrever alguns dos recessos mais profundos da vida erótica. Os homens racionalizavam seu prazer secreto diante da dor da mulher argumentando que essas dores aceleravam o processo do parto; e, de resto, não era verdade que desde os tempos imemoriais as dores acompanhavam o parto? Tais defesas apontam para aquilo que, em fins do século XIX, começava a ser reconhecido como um toque de sadismo subjacente; ao mesmo tempo deixam à mostra um certo receio da sensualidade. Alguns obstetras relataram que mulheres anestesiadas se entregavam a uma linguagem obscena e lasciva e foram corroborados por outros médicos: Tyler Smith observou que o clorofórmio "metamorfoseava" a dor "em sua antítese", levando à "excitação das paixões sexuais". Essa história conseguiu obter um bom grau de popularidade e até mesmo de credibilidade através de sua repetição, porém os que a sustentavam também se viram vulneráveis a contra-ataques. James Simpson, o grande cirurgião escocês que foi um dos descobridores do clorofórmio e um de seus defensores mais ardorosos, comentou causticamente em 1848 que aqueles que "repetem e se regozijam" com esses relatos lascivos não faziam mais do que expor, "aparentemente de modo inconsciente, a censura extremamente severa que impõem à sensualidade de seus próprios pensamentos". James Syme, outro cirurgião escocês igualmente famoso, reiterou as acusações de seu colega e compatriota um ano mais tarde: tais histórias, escreve ele, "resultam de impressões ancoradas nas mentes dos médicos, não nas mentes das pessoas anestesiadas pelo clorofórmio". [8] São réplicas carregadas de emoção e de modo algum desinteressadas, mas nem por isso deixam de estabelecer com perspicácia extraordinária a ligação entre as idéias sobre a gravidez e o reino da sexualidade, no qual, naturalmente, elas se originam. Detectam assim esse mecanismo psicológico em formação, meio século antes que Sigmund Freud o inserisse no contexto das defesas e oferecesse uma explicação de sua gênese e de suas manifestações.

O discurso franco e direto de Simpson e Syme, aliado à inegável eficácia do clorofórmio, levou a melhor nessa disputa. Mas enquanto o terror das mulheres confrontadas com as dores do parto, fossem elas ante-vistas ou reais, ia diminuindo na segunda metade do século XIX, o espectro muitíssimo mais apavorante da morte continuava a rondar à sua volta. Escrevendo a Susan B. Anthony em março de 1859, Martha C. Wright dá notícias felizes de Elizabeth Cady Stanton, amiga de ambas: "A sra. Stanton teve mais um menino. Estou contente por ela ter ultrapassado mais essa tortura".[9] E o parto continuou a ser uma tor-

(*) *Lancet* era, e ainda é, a mais prestigiosa revista médica inglesa e uma das mais conceituadas do mundo. (N. T.)

tura, e um perigo também: vistas da nossa perspectiva do final do século XX, as estatísticas referentes à natalidade, à mortalidade infantil e aos óbitos puerperais no mundo ocidental são aterradoras, mas nos dias em que Vitória reinava sua verdadeira dimensão não passava de uma vaga conjectura. Em 1841, quando o dr. Christoph Bernoulli, professor de ciências industriais na Universidade da Basiléia, publicou um dos primeiros estudos demográficos levados a cabo segundo os princípios da moderna estatística, ele deplorou a ignorância generalizada: "As estimativas numéricas estão disponíveis, porém os resultados extraídos da maioria das investigações têm sido incertos e praticamente não podem ser comparados entre si". Ele cita diversas autoridades em mortalidade infantil, cujas estimativas variam consideravelmente, embora todas elas sejam, na melhor das hipóteses, medonhas. A nova ciência da demografia corroborava as suposições do senso comum: "grande parte" das crianças, conclui Bernoulli, "morrem muito cedo, a maioria delas nos primeiros anos de vida". Assegurava também com relativa certeza que a classe sócio-econômica estava diretamente, se bem que não invariavelmente, relacionada com a incidência da mortalidade infantil; na Paris de sua época, concluía, as crianças pobres morriam a uma taxa cerca de duas vezes maior do que as crianças de pais que gozavam de um certo conforto. E, dentre a prole dos pobres, os enjeitados eram os que corriam os maiores riscos.[10] Uma criança inteligente escolheria para seus pais casais formalmente casados e prósperos, e mesmo assim suas possibilidades de atingir a vida adulta seriam diminutas.

Nos anos em que Bernoulli compilava os dados para o seu tratado, o apetite febril por informações sociais precisas se expandia de país para país, até atingir rapidamente as proporções de uma verdadeira epidemia benéfica. Dando início aos estudos quantitativos de fenômenos sociais e interpretando seus números numa procura consciente de comparações significativas, Adolphe Quetelet na Bélgica e William Farr na Inglaterra lançaram os alicerces para uma reforma médica e sanitária. Foi através desses procedimentos que Farr, por exemplo, subdividiu a Inglaterra em distritos sadios e insalubres, a fim de descobrir os flagelos que assolavam esses últimos e, se possível, reduzir as taxas de mortalidade a níveis menos desoladores nos primeiros. Considerando a mortalidade infantil na década de 1860, Farr escreveu, num misto de simpatia indignada e avaliação utilitária: "Notamos que, de cada 10 mil crianças nascidas vivas em Liverpool, 5396 vivem até os cinco anos de idade; este número pode alcançar, nos distritos sadios, 6544 nascimentos por ano. Tal procriação de crianças apenas para que pereçam tão cedo — os sofrimentos das pequenas vítimas — as dores e os gastos de seus pais — tudo constitui um fato deplorável e um desperdício". Entretanto as despesas e o desperdício, por mais desoladores que fossem, perdiam importância, na mente desse demógrafo muito humano, diante da aflição de uma mãe: "Ao olhar para seu bebê, a mãe é levada a pensar em sua morte". Algo precisava ser feito.

Algo foi feito, porém sem resultados perceptíveis durante algumas décadas ainda. "A alta taxa de mortalidade infantil", comenta Farr em meados da década de 1870, "continua a ocupar as mais zelosas atenções dos estatísticos médicos". E assim era, porquanto os fatos ofereciam poucos motivos para otimismo. Ao contrário: na Inglaterra de 1875, escreve Farr, crianças com menos de um ano de idade morriam à razão de "158 em cada mil, ou seja, quatro a mais em cada mil do que a média da década de 1861 até 1870. Isso demonstra que a mortalidade infantil está crescendo". As taxas de mortalidade variavam acentuadamente e continuavam dando margem à confusão. Enquanto em Liverpool, entre 1873 e 1875, a mortalidade infantil atingia a marca aterradora de 218,9 por mil crianças nascidas vivas, em Portsmouth, que se orgulhava de apresentar as estatísticas mais favoráveis de toda a Inglaterra, a taxa era de 145,9 por mil, e na Escócia, havia muito famosa por sua medicina, apresentava com ainda maior orgulho a taxa de 125,7 por mil. Esta era pois a realidade com que qualquer mulher grávida se defrontava no século XIX: viver num país onde "apenas" uma criança em cada oito morreria antes de completar seu primeiro ano era motivo de confiança. Entre as variáveis que Farr e seus colegas observaram, e que poderiam oferecer alguma esperança de explicar as altas taxas de mortalidade infantil, encontravam-se "o uso de entorpecentes, casamentos prematuros e a fraqueza física das mães", sem falar nas "más condições sanitárias".[11] Mas a abstenção no uso de drogas, o adiamento dos casamentos, mães mais saudáveis e a melhoria do saneamento básico, tudo o que solenemente se recomendava naquelas décadas pouco adiantou para reduzir a mortalidade infantil. E as mulheres, por toda parte, obviamente sabiam — ou melhor, sentiam — em seu íntimo que pouco estava mudando.

Comparações internacionais eram sugestivas, porém não mais conclusivas. Na Suécia da década de 1860, onde a mortalidade infantil mantinha-se invejavelmente baixa, mais baixa até do que na Escócia, onze em cada cem crianças nascidas vivas morriam em seu primeiro ano; na Prússia, na França, e na Espanha o número era mais ou menos o dobro. E esses relatórios lúgubres não mostravam toda a realidade, é claro. Na Inglaterra, como sabemos, os registros indicam que cerca de dezesseis bebês em cada cem morriam antes de completarem um ano de vida, mas, como milhares de falecimentos simplesmente não eram comunicados, os números reais eram consideravelmente mais altos. E até mesmo num país como a Inglaterra, que se orgulhava de seus feitos científicos, a mortalidade infantil não se reduziu substancialmente até fins do reinado de Vitória: só depois de 1900 começou a diminuir, e só depois de 1910 finalmente atingiu os níveis de que a Suécia se ufanara meio século antes.

Sobreviver aos perigos da primeira infância constituía um triunfo nada desprezível, mas não garantia de forma alguma uma vida longa: no século XIX, o número de crianças que morriam entre um e cinco anos era quase igual ao número das que morriam antes de completarem um ano. E os cinco anos também não garantiam segurança. Os médicos sentiam-se impotentes diante das doenças infantis e tinham que confiar na sorte — que preferiam chamar de "Natureza" — para salvar seus pequenos pacientes. Em 1847, num intervalo de umas poucas semanas, três irmãs menores de Effie Gray, a esposa de Ruskin, morreram de escarlatina; em 1852, vários de seus irmãos menores foram atacados pela mesma doença e sobreviveram. Foi um descanso merecido e necessário para os Gray, de cujos quinze filhos apenas oito passaram dos sete anos de idade. E tais números tenebrosos não eram absolutamente excepcionais. Os pais de Michael Zeno Diemer, um pintor e compositor alemão pouco conhecido, não tiveram melhor sorte do que os Gray: casados em 1861, tiveram sete filhos, dos quais os dois primeiros, duas meninas, morreram com poucos meses, e dois meninos morreram de difteria ainda na infância, um aos três e o outro aos nove anos de idade. A morte de crianças era uma ocorrência quase corriqueira, mas para muita gente continuou sendo aterradora. Por vezes, uma certa indiferença — um entorpecimento, melhor dizendo — se insinuava na vida dos pais para ajudá-los a tolerar a perda: numa de suas primeiras histórias, fortemente autobiográfica, "Meus Meninos e Minhas Meninas", Walt Whitman menciona uma criança morta na primeira infância e comenta: "Não foi algo muito triste — nós não choramos, nem sentimos o peso no coração".[12]

Esse tom brando não indica insensibilidade, mas sim o autocontrole que freqüentemente resulta do hábito; é algo que ajuda a ocultar os sofrimentos reprimidos. Quando Georg Brandes, aquele galanteador mundano, perdeu em 1890 sua filha querida de dez anos de idade, o sentimento de uma perda irreparável o deixou prostrado por meses a fio.[13] A despeito do que possa dizer Whitman, os burgueses, religiosos ou não, permitiam-se sofrer pela morte de uma criança; muitos choravam e sentiam os corações pesados — choravam, e preocupavam-se com os outros filhos. Na primavera de 1854, John Leech, o conhecido ilustrador e cartunista inglês, visitava com a família seu amigo John Everett Millais. "Leech está aqui com a mulher, a irmã, a neném, a ama-seca e a criada", relata Millais. "A criança ocupa as atenções dos cinco praticamente o dia inteiro. Eles perderam a primeira que tiveram e estão tremendamente ansiosos por esta segunda e única, uma linda menininha de olhos azuis que tem cinco meses agora".[14] A sorte dos Leech não os abandonou: sua garotinha viveu, e no ano seguinte, conforme o costume de "reparar" o falecimento de uma criança por meio de uma nova gravidez, entregaram ao destino mais um refém, desta feita um menino.

As distinções de classe se refletiam, como seria de se esperar, na incidência da mortalidade, porém não de modo suficiente a isentar de todo a burguesia. Os estatísticos que no século XIX investigaram a incidência da mortalidade infantil confirmaram o óbvio: os pobres, incapazes de se alimentarem e de se abrigarem adequadamente, impossibilitados de recorrerem aos cuidados médicos necessários, e sendo tratados com o máximo desprezo pelas instituições públicas, assistiam à morte de seus filhos recém-nascidos duas vezes mais freqüentemente do que os prósperos, ou até mais freqüentemente ainda. Conforme vimos pelas anotações de Bernoulli em 1841, essa era a situação em Paris. E na cidade de Preston, no condado de Lancashire, por volta de 1860, as "classes superiores" perdiam cerca de dezoito em cada cem crianças abaixo dos cinco anos; as "classes médias" perdiam o dobro — 36 em cada cem crianças —; e os pobres, o dobro disso, ou seja, bem mais do que sessenta.[15] Até mesmo os ricos tinham que contar com a possibilidade de enterrar algumas crianças de sua prole. E as famílias de classe média, no século XIX, davam-se por satisfeitas quando não perdiam mais do que uma criança em cada cinco.

A menos que uma mulher se tivesse tornado permanentemente incapaz de gerar filhos em virtude de uma cirurgia — uma ocorrência nada inusitada —, a perda de uma criança era, falando friamente, reparável. E uma esposa também era um recurso renovável. No século XIX, muitos viúvos, sinceramente enlutados pelo falecimento de suas esposas após um parto, não hesitavam em se casar de novo, freqüentemente com uma mulher mais jovem, expondo dessa forma mais uma mulher aos riscos de um aborto hemorrágico, à febre puerperal ou a qualquer das tantas moléstias prolongadas que se abatiam sobre as mães de famílias numerosas até lhes minar totalmente as energias vitais. Franz Josef Lenbach, arquiteto de uma pequena municipalidade bávara e pai de Franz von Lenbach, que mais tarde viria a ser o mais procurado e o mais bem-pago dos pintores retratistas do Império Alemão, teve oito filhos com sua primeira esposa em nove anos de casamento, sendo que o oitavo, que morreu logo após o nascimento, levou a mãe consigo: inválida desde fins de 1830, a sra. Lenbach faleceu em novembro de 1832. Seis semanas mais tarde, Lenbach descobriu outra esposa, com quem teve mais oito filhos no intervalo de dez anos, e que faleceu, de modo bastante semelhante ao da primeira sra. Lenbach, cerca de um ano após o último parto.[16] Os perigos eram graves, e muitos maridos descuidados, especialmente aqueles que procuravam uma segunda mulher para supervisionar a ninhada que haviam engendrado com a primeira. Contudo, também homens cheios de ternura e consideração para com suas mulheres, principalmente na primeira metade do século XIX, não tinham meios confiáveis de evitar que elas corressem esses riscos a intervalos regulares.

É difícil interpretar os números, pois quase sempre falta-lhes precisão e confiabilidade. Médicos avarentos, que não se dispunham a atender pessoas pobres demais, e médicos incompetentes, que perdiam a cabeça quando se viam diante de um parto mais difícil, eram protegidos por legistas e por colegas de profissão. Hospitais que dispunham de enfermarias protegiam sua reputação alterando as causas da morte de pacientes, substituindo a ignorância, a imundície ou a negligência por alguma enfermidade não especificada relacionada à gestação. Havia parteiras experientes e competentes, porém muitas delas eram pouco instruídas, por vezes exercendo seu ofício embriagadas, e quase sempre sem supervisão adequada. E os diagnósticos médicos permaneceram vagos e geralmente muito mal-informados até os estertores do século XIX. Tudo isso conspirou para tornar as investigações sobre a mortalidade puerperal algo muito próximo de um lamentável jogo de adivinhações. Não obstante havia números disponíveis, e por menos confiáveis que fossem e por mais evasivos que se mostrassem, ainda assim deixaram à mostra alguns fatos preocupantes. Na Prússia, entre 1820 e 1834, segundo relata Bernoulli em seu tratado, morria uma parturiente em cada 108 nascimentos. No cantão de Sankt Gallen, na Suíça, a febre puerperal e os "acidentes" correlatos ainda eram mais devastadores: entre 1830 e 1837, a proporção entre nascimentos de crianças e falecimentos de suas mães era de apenas 88 por um. Já Württenberg oferecia um constraste animador: lá a proporção era de 175 por um. Essas estatísticas deixaram desconcertados Bernoulli e outros mais. Ele reconhecia que "há certo número de mulheres que falecem muito tempo depois de terem dado à luz, ainda em conseqüência desse fato", e conjeturou que, em cerca de cem nascimentos, um leva ao falecimento da mãe. Em 1870, na Inglaterra, essa proporção era de um falecimento da mãe para cada 204 nascimentos; na década de 1880, pouco havia melhorado: a proporção era de um falecimento da mãe para cada 211 nascimentos.[17]

Tanto no caso da mortalidade de crianças recém-natas quanto no das mães, os estudos comparativos revelaram-se desconcertantes. A mais famosa dessas comparações foi feita ao início da década de 1840 no procuradíssimo Hospital-Maternidade de Viena; foi lá que o dr. Ignaz Semmelweis reuniu os fatos e elaborou as hipóteses que o levariam à descoberta da antissepsia e a todas as controvérsias disso decorrentes. Entre 1841 e 1846, houve 2680 óbitos entre as 37 833 parturientes atendidas no Hospital-Maternidade de Viena, ou seja, 7 por cento. Na Primeira Divisão, de sinistra fama, onde as pacientes morriam a uma taxa inexplicavelmente alta (contrastando acentuadamente com a Segunda Divisão do mesmo hospital), a média era de cerca de 10 por cento, e em alguns meses desastrosos chegava aos 14 ou até mesmo aos 18 por cento.[18] Tais taxas eram intoleráveis mesmo para um século sempre pronto, ainda que não sem tensões, a receber a notícia do falecimento de uma mãe.

As taxas de mortalidade nas maternidades, mesmo se só forem consideradas as das enfermarias menos letais, dão uma indicação da devastação resultante das distinções de classe entre as gestantes. Em vários aspectos importantes, as mulheres de classe média obviamente desfrutavam de muito mais conforto e de melhores condições do que suas companheiras das classes operária ou camponesa. Não precisavam passar pelo tormento de se deslocarem até uma maternidade para terem o bebê; sua alimentação era nutritiva, seus aposentos eram relativamente limpos, e o atendimento médico, razoavelmente cuidadoso — pelo menos durante a maior parte do tempo. Contudo, e paradoxalmente, técnicas modernas e sofisticadas adotadas por médicos da moda, assim como instrumentos recentemente inventados e ainda pouco compreendidos, expunham as mulheres burguesas a infecções e a outros "acidentes" a que as mulheres das classes operárias, demasiadamente pobres, dificilmente estariam sujeitas.[19] Toda e qualquer gravidez, mesmo entre as classes médias mais prósperas e ainda que resultando num nascimento carinhosamente esperado com muitas preces, era acompanhada de sua cota de ansiedade.

É difícil documentar e impossível medir essa ansiedade, que contudo surge de maneira fugidia, mas impressionante, nas confissões que as mulheres mantinham em segredo. A 20 de dezembro de 1852, Hannah Smith, tia de M. Carey Thomas, anotou em seu diário que estava grávida pela segunda vez, uma anotação que não deixa de ter um certo desalento e um leve toque de rebeldia: "Estou agora muito infeliz. Aquela prova de minha feminilidade que para mim é tão amarga voltou a atingir-me. Quando a minha pequena Ellie tiver dois anos de idade, terá uma irmãzinha ou um irmãozinho". Um aborto estava obviamente fora de qualquer cogitação. "E essa prova é tanto mais pesada e difícil", acrescenta ela, "porquanto meu marido concordou comigo quanto ao fato de eu ser jovem demais para essas atribulações e sofrimentos, e me prometeu que eu não ficaria sujeita a eles pelo menos até completar 25 anos". Evidentemente, os Smith haviam discutido o controle da natalidade, e o sr. Smith prometera à esposa protegê-la de outra gravidez — mas em vão. "E aqui terminam todas as minhas esperanças, todas as minhas alegres expectativas, toda a exuberância da minha juventude que retornava. Bem, esta é a sina de uma mulher, e preciso resignar-me e suportá-la com paciência e em silêncio, evitando transferir ao meu lar a infelicidade que é minha. Mas oh! como é difícil." Sua sobrinha, que leu esse trecho com a maior atenção e a transcreveu para o seu próprio diário em fins de 1878, obviamente também considerou muito pesada tal sina: lamentações como essa, a um tempo corajosas e indefesas, serviram apenas para fortalecer a resolução de Carey Thomas de dedicar-se inteiramente à sua carreira profissional e de jamais se casar — em suma, a resolução de jamais passar pelos tormentos de um parto.[20]

Hannah Smith estava sendo porta-voz de um número de mulheres respeitáveis muito maior do que poderia ter imaginado. Havia, por exemplo, Eleanor Rogers depois de haver sofrido um aborto, em sua valorosa e solitária cruzada contra o casamento. Havia Mabel Loomis Todd, que por muitos meses negou que estivesse grávida: Mabel Todd só adotou a postura de futura mamãe impaciente pela chegada do bebê depois que o marido lhe forneceu uma identidade sexual completa e aceitável, incluindo o texto final para o papel de mãe. Havia também Elizabeth Dwight Cabot, de Massachusetts. Casada em 1857, após passar a lua-de-mel na Europa ela resolveu se adaptar a uma tranqüila vida em família. Em fins de 1858, grávida pela primeira vez, ela reflete sobre sua condição numa carta confidencial à irmã. Reconhece que seu moral é excelente, porém logo a seguir se censura por ser tão "frívola". Afinal de contas, a situação exigia maior seriedade; podia mesmo tornar-se muito perigosa. Assim sendo, decide ajustar seu comportamento, se não seus sentimentos, às solenes exigências da sociedade em que vivia. "Já fiz o meu o testamento e dividi todas as minhas coisinhas e pretendo não deixar inacabado o que tenho a fazer, se puder evitá-lo."[21] Sua ansiedade, bastante real, se traduzia em seriedade moral, não menos real; seus sentimentos de culpa, gerados pela sua frivolidade, acionavam seu senso de responsabilidade em relação a um mundo que ela talvez tivesse que deixar prematuramente.

Mas depois de fazer o que tinha que ser feito, de escrever testamento e tudo o mais, Elizabeth Cabot sentiu-se obrigada a confessar que a gravidez a deixara com muito boa disposição. E havia bons motivos, tanto biológicos quanto culturais, pelos quais a gravidez era, para ela como para milhares de outras jovens mulheres, motivo para muita satisfação. Uma vez passado o mal-estar característico dos primeiros meses de gestação, a elevação dos níveis hormonais e metabólicos normalmente gerava um bem-estar pleno de energias, uma sensação de competência e realização. Em 1823, numa carta dirigida a Emilie de Wismes, uma boa amiga dos tempos de convento, George Sand analisa seu estado de felicidade efusiva, mesmo moderada pela confissão honesta de seus desconfortos, que igualava os sentimentos experimentados por milhares de outras mulheres grávidas, apenas menos dotadas da habilidade no manuseio das palavras. Ela acabava de sofrer um pequeno acidente e se mantinha por isso recolhida ao leito, mas tranqüilizava a amiga dizendo-lhe que as dores eram perfeitamente suportáveis. "Ao contrário, não há sofrimento mais doce do que este que anuncia que esperamos uma criança." Acrescenta com toda a franqueza que "a insegurança e as contrariedades que a gravidez causa são bastante reais". Mas enquanto os médicos, enfermeiras e farmacêuticos lhe inspiravam temores, ela tinha confiança de que tudo isso era passageiro, ao passo que a felicidade era permanente. "Creio que as pequenas carícias do bebê recém-nascido me farão esquecer tudo isso. Enquanto esperamos, não podes imaginar o prazer que é sentir a criança mexendo-se em nosso útero." Há nessa carta uma ligeira indicação, não mais do que isso, de ambivalência: George Sand havia prefaciado as alegres notícias de sua gravidez com elogios apenas mornos ao casamento: "Não te farei sermões para aguçar-te o apetite pelo casamento, pois ele virá a ti como a tantas outras, além do que, tua situação é tão agradável e próspera que não vejo razão alguma para te apressares a mudá-la. Quero somente tranqüilizar-te quanto às *dores inerentes à minha condição*".[22] George Sand era dona de uma percepção por demais aguda para não conhecer a causa dessas dores, sua condição de casada, e era por demais honesta para suprimi-la. Entretanto podia dar-se ao luxo de se entregar à sua bênção biológica, a esse dulcíssimo sofrimento. É certo que para muitas outras mulheres, mesmo que tivessem maiores ansiedades e receios do que George Sand, as alegrias compensavam as dores do parto; e em fins do século XIX, à medida que as dores eram reduzidas, o equilíbrio se deslocou ainda mais para o lado dos prazeres.

É claro que a gravidez jamais fora uma questão de pura endocrinologia, e nem no século XIX tornou-se tal. Exigências sociais, imperativos econômicos, orgulho familiar — todas pressões da realidade —, induziam e não raro impunham uma gama restrita de sentimentos permissíveis; encobriam os protestos de todas as mulheres, exceto as mais obstinadas e independentes, e abafavam as expressões de seus sentimentos em todos os foros, exceto os mais íntimos. Os maridos desejavam ao mesmo tempo gerar um herdeiro e exibir sua potência sexual; a prole serviria de trunfo nas alianças entre famílias. Uma verdade jamais posta em questão era a de que ser fértil equivalia a ser abençoado, e ser estéril, a ser maldito. As poderosas emoções implícitas nesses adjetivos denunciam a forte tendência cultural favorável à mulher que podia tornar-se mãe e o estigma lançado sobre a que era incapaz de tal feito.

Além disso, os sentimentos tidos por obrigatórios com relação à gravidez eram influenciados, quando não asfixiados, pela insistência com que refrões sentimentais e quase teológicos eram reiterados em sermões e homilias religiosas, em reuniões familiares e em romances populares. Havia muita falação sobre as sagradas maravilhas de se criar uma vida nova e ao "milagre" do nascimento, a maior parte dela propagada pelos homens. Em seu opúsculo *The Marriage Gift* [A dádiva do matrimônio], James Petrie, pastor da Igreja Presbiteriana de Phillipsburg, no Estado de Nova Jersey, repete o chavão característico: "Não falarei da alegria gerada pelo nascimento do primogênito, nem das emoções peculiares associadas aos nomes de papai e mamãe: tais mistérios são conhecidos apenas daqueles que os experimentaram. Até mesmo a mãe logo esquece as angústias por que passou ao sentir essa felicidade, a felicidade de que um novo homem veio ao mundo".[23] Era uma dádiva divina, que por si só deveria ser suficiente para apagar todas as dores.

Até mesmo Havelock Ellis, que segundo seu próprio juízo era um estudioso sério e imparcial dos fatos crus da vida sexual, não conseguiu escapar ao estilo dominante. Ao concluir o ensaio "The Psychic State in Pregnancy" [A condição psíquica durante a gravidez], ele levanta questões ligadas a essa condição que a ciência médica não resolvera e exalta o que insiste em chamar de "o mistério da gestação", com o qual, conforme sugere de modo pomposo, reiterando o óbvio, "está intimamente interligado o futuro da raça humana". Na contemplação desse mistério ele recai, no curso de sua peroração, no tom religioso tão apreciado àquela época: "Aqui nos vemos elevados a uma região na qual nossa máxima inteligência só pode conduzir-nos à adoração, pois contemplamos um processo no qual a ação da Natureza se funde à tarefa divina da Criação".[24] Se até mesmo Havelock Ellis, que presumivelmente representava as opiniões mais progressistas por volta da virada do século, podia exceder-se de tal maneira, como poderemos censurar escritores ou pregadores convencionais por adotarem tais hipérboles excessivamente emotivas.

Entretanto, a falsidade evidente dessa deificação não significa que os sentimentos de vigor e felicidade que animavam as mulheres grávidas fossem meras repetições obedientes dos mitos sociais dominantes. O desejo de ter uma criança podia afetar mulheres que se nos afiguram menos propensas a sentirem-no, e nos momentos mais surpreendentes. Em março de 1899, agradecendo a seu amante Leo Jogiches um presente de aniversário habilmente escolhido, a teórica e ativista política Rosa Luxemburgo dá vazão a algumas fantasias domésticas. Jogiches lhe havia enviado as obras do economista alemão Karl Johann Rodbertus, o que a deixou muito contente: "Simplesmente não podes imaginar o quanto estou contente com tua escolha. Ora, Rodbertus é simplesmente o meu economista preferido, e eu poderia lê-lo uma centena de vezes só pelo prazer intelectual que me dá". Mas Rosa Luxemburgo tinha também seu lado maternal — sinto-me tentado a dizer: burguês. Exprimindo alegria pela longa carta do seu querido Leo, ela começa a especular sobre a possível vida doméstica que talvez pudessem ter, desejando "o nosso pequeno quartinho, nossos próprios móveis, uma biblioteca nossa, trabalho regular e tranqüilo, passeios juntos, uma ópera de vez em quando", e outras alegrias semelhantes. "E quem sabe um bebezinho, bem pequenino? Será que isso nunca nos será permitido? Nunca mesmo? Querido, sabes quem me abordou ontem durante um passeio pelo parque?", pergunta, e responde em seguida: "Uma menininha, de três ou quatro anos, de cabelos loiros e trajando um lindo vestidinho; olhou-me fixamente e de repente tive uma vontade imensa de seqüestrar a criança e levá-la para casa. Oh meu querido, será que jamais poderei ter meu próprio bebê?"[25] Se até uma intelectual intransigente, revolucionária comprometida, podia desejar tão intensamente um filho, então a cantilena sobre o irresistível instinto maternal que pululava ao seu redor tinha pelo menos alguma justificativa.

Engravidar, especialmente pela primeira vez, constitui um importante passo na evolução emocional da mulher; provoca um reordenamento complexo de suas ligações com a mãe e com o marido, revivendo, num ambiente novo e com novas conseqüências, sentimentos longamente reprimidos. A gravidez é o que os psicanalistas chamam de uma crise normal, que, sob circunstâncias adequadas, leva a mulher a aprimorar seu domínio sobre o mundo e sobre si mesma, e que, passando por um desvio caracterizado por uma dependência temporariamente aumentada, desemboca num sentimento adulto de autonomia.[26] O significado da gravidez inclui claramente a realização das promessas existentes nos dons biológicos naturais e nas possibilidades psicológicas da mulher.

Tais promessas deviam parecer ocas para as mulheres do século XIX que eram pobres demais para alimentar e vestir mais uma criança além das que já tinham, ou cujos corpos já estavam esgotados demais pelos partos anteriores para que ainda pudessem encarar com deleite a possibilidade de mais uma gravidez. Tampouco era muito agradável para a jovem esposa — nem, seja dito a bem da verdade, para o jovem marido —, demasiadamente infantil ou ainda absorta em outros prazeres, encarar docilmente a perspectiva de abandonar o "círculo social" ou as viagens ao estrangeiro. Mas para as mulheres que podiam permitir-se o lazer forçado, tinham a expectativa de serem mimadas por maridos atenciosos e mães protetoras, e que além do mais sabiam que depois do parto teriam direito a um bom período de descanso, a perspectiva da gravidez era realmente resplandescente. Em parte essa perspectiva era prejudicada pelo receio justificado de que a futura mamãe viesse a perder a criança ou até a própria vida; essa ressalva sem dúvida gerava ansiedades e precisava ser encarada com seriedade. Mas nesse embate entre emoções conflitantes em geral a esperança vencia o medo. Além do mais, o desejo sexual — tanto o da mulher quanto o do marido — não podia ser facilmente ignorado.

Houve um caso famoso, que os historiadores da psicanálise tem particular razão para lembrar, em que a gravidez se tornou a assinatura do amor: trata-se do caso de Anna O., a paciente histérica tratada por Josef Breuer de 1880 a 1882, que veio a ser o precursor de todos os demais casos da psicanálise. Para Anna O., o compromisso erótico foi unilateral e mera fantasia; a assinatura havia sido falsificada. Quando seu pai faleceu, após uma longa enfermidade, durante a qual Anna O. cuidara dele com todo o carinho e devoção, ela começou a apresentar, aos 21 anos, paralisias histéricas, lapsos durante os quais era incapaz de falar a própria língua, perda de sensação em partes do corpo, e freqüentemente se mostrava delirante ou até demente. Nos meses que passou ouvindo atentamente sua paciente e submetendo-a a intensivas sessões de hipnose, Breuer a persuadiu a extravazar verbalmente seus sintomas, a relembrar suas origens e a acompanhar a evolução de sua linguagem simbólica; pouco a pouco, trouxe-a de volta à vida normal. Contudo, no curso desse longo tratamento, Breuer inadvertidamene levou Anna O. a apaixonar-se por ele. Por seu lado, mesmo que unicamente em função do fascínio exercido pelo caso extremamente inusitado dessa paciente, Breuer também se ligou a ela, o que sua esposa não pôde deixar de notar e que naturalmente lhe causou ressentimentos. Tomando consciência dessa complicação doméstica, Breuer interrompeu abruptamente o tratamento e disse adeus à paciente. Na mesma noite, contudo, foi chamado às pressas para atender Anna O., que se recolhera ao leito: todas suas melhoras haviam desaparecido e ela se encontrava em meio a um parto histérico. Por vários meses ela alimentara uma gravidez imaginária que, no instante em que seu "amante" a desertou, resultou num parto igualmente imaginário. Para Anna O., a gravidez foi ao mesmo tempo uma vitória secreta e uma tentativa desesperada de sedução.[27] O fato de essa gravidez não passar de mera fantasia reforça ainda mais seu significado simbólico; indica um significado mais amplo de toda e qualquer gravidez no contexto da economia do amor.

2. *DA CONSCIÊNCIA AO CONTROLE*

As perspectivas da maternidade eram, pois, muito parecidas com o céu inglês: às vezes gloriosamente luminescente, às vezes ameaçador, geralmente glorioso e ameaçador ao mesmo tempo, e sempre em constante transformação. Mulheres grávidas cujo maior desejo era gerar um filho não estavam livres de apreensões; outras, que por nada no mundo desejavam a gravidez, ainda assim experimentavam períodos de energia e euforia. A sociedade, conforme sabemos, estava clara e insistentemente do lado da maternidade, e a submissão aos imperativos da fertilidade, fossem eles desejados ou temidos, era generalizada. Por muito tempo ainda depois da ascensão da rainha Vitória ao trono, a maioria dos casais da classe média encaravam as freqüentes gestações com uma passividade acentuada, aceitando todos os perigos delas decorrentes, mesmo sabendo que esses perigos cresciam à medida que algumas mães continuavam gerando filhos até os quarenta anos de idade e além. Só aos poucos é que essa postura submissa veio a se modificar. As mulheres começaram a desenvolver suas fantasias de fuga do lar e a forçar seus maridos a adotarem regimes de continência sexual, ou pelo menos a discutirem as possibilidades de controle da natalidade.

Como se sabe, as provas existentes a esse respeito são fragmentárias; houve entretanto alguns incidentes esparsos — ou pouco mais do que incidentes — de esposas burguesas que trancavam as portas de seus quartos aos maridos, e de maridos burgueses que protegiam cuidadosamente suas mulheres de uma gravidez indesejada, e de tímidas discussões sobre a limitação dos filhos. Essas discussões foram se tornando mais freqüentes e menos encabuladas à medida que o século seguia seu curso. Entretanto, os conservadores continuavam a sustentar que a principal razão de ser da mulher era a maternidade. Pelo menos até meados do século, a consciência burguesa, fosse ela por temperamento mais religiosa ou mais secular, tinha grandes dificuldades para compreender que as freqüentes gestações talvez não fossem a mais nobre e excelsa missão da mulher. Até que tal passividade fosse questionada — e esse desafio constitui um dos dramas mais autênticos do século XIX —, o superego cultural da burguesia enfatizava a reverência aos desígnios da Providência. E contudo, a despeito de toda essa devota passividade, e apesar da presença constante e ameaçadora das doenças fatais, os burgueses não deixavam de sentir a morte de uma criança ou de uma jovem esposa como uma tragédia. A capacidade de sentir profundamente o luto praticamente não se abatia com a freqüência. A burguesia não dispunha de um reservatório com um volume fixo de miséria que pudesse ser diluída entre os membros de uma família numerosa. Contudo, ao mesmo tempo que muitos humildemente abençoavam o nome do Senhor, que, depois de haver dado, havia tomado, alguns pelo menos começaram a questionar os irônicos resultados do desejo sexual — o instrumento da vida que se transformava no instrumento da morte.

Ainda assim, o estoicismo cristão ajudou milhares de famílias a suportar o luto. A idéia de um paraíso dava algum alívio, por mais efêmero e ineficiente que fosse a longo prazo, ao sentimento de perda irreparável. As fantasias tranqüilizadoras que a crença na imortalidade e a confiança num Deus benevolente eram capazes de gerar impregnam incontáveis cartas no século burguês. Em julho de 1849, Mary Anna Gibbs, que pertencia a uma tradicional família próspera e culta do Estado de Connecticut, enviou a seu irmão Horatio Van Cleve algumas reflexões bem características sobre o falecimento de sua irmã, que para ambos era a "querida Maggie". Lembrava-se da graciosa criancinha "de modos ingênuos e encantadores", e também da mulher adulta, "amiga, inteligente e piedosa", porém ainda assim "aperfeiçoando-se cada vez mais até o fim de sua vida". Ela havia morrido um mês depois de dar à luz uma criancinha que vivera apenas duas horas; "um bebezinho muito bonito", nascido prematuramente, "extremamente pequeno porém perfeitamente bem-formado" e "doce e inofensivo". Fora "a perda de seu doce bebê" que a havia "enviado ao encontro de seu salvador", pois, conforme escreve Mary Anna Gibbs, desde aquela perda Margaret havia "sentido uma nova e poderosa atração para o céu". Ela havia ido passar um tempo na casa da irmã, na esperança de que o ar puro do campo lhe desse novas forças e, "com a permissão divina, pudesse ter alguns encontros agradáveis com uns poucos amigos". No entanto, ela estivera "extremamente fraca", apesar de aparentemente feliz, e permanecera silenciosa durante quase todo o tempo. Sua reserva não era o resultado de premeditada gentileza, mas sim de sua condição física: "Foi muito constrangedor tanto para ela como para nós que tão raramente ela conseguisse expressar seus sentimentos, ou nos permitisse expressar os nossos". Mas sua satisfação com Deus era completa e visível: "De quando em vez ela exprimia sua alegria por aquela paz de espírito e pela satisfação com os desígnios divinos que tanto nos confortaram e sustentaram durante toda essa aflição. Ela sentia a presença de seu salvador e que Deus faz bem-feitas todas as coisas". Então ela faleceu, deixando à família enlutada a incumbência de exprimir sua satisfação pela presença divina: "E agora ela nos deixou e foi viver para sempre, junto aos entes queridos que a precederam, na presença de seu Deus".[28]

Essa carta é um documento pungente que somente um positivista poderia considerar servil e ligeiramente masoquista. Como este houve muitos outros. No início de fevereiro de 1865, Hattie, a terceira filha de Joseph e Laura Lyman, caiu enferma. No dia 12, Joseph Lyman, escrevendo de Nova York, ainda conseguia pintar um quadro idílico para sua mulher: "Banhaste e vestiste a neném", e ao início da tarde "Hattie consegue aliviar seus sofrimentos de bebê com sua chupetinha ou talvez esteja dormindo". Mas seus sofrimentos de bebê logo se tornaram desesperadoramente graves. Dois dias mais tarde, tendo informado o marido da doença de Hattie, Laura Lyman exclama: "Ela ainda está viva e agora parece ter boas chances de se recuperar. Muitas e muitas vezes cheguei a pensar que a alma havia abandonado seu corpinho", e acrescenta: "Eu já me resignara e me submetera à vontade de Deus — por mais duro que fosse desistir de minha queridinha. Talvez seja melhor para ela partir agora, e eu não quereria mantê-la comigo caso isso contrariasse a vontade de Deus". No dia seguinte, 15 de fevereiro, Joseph Lyman, dirigindo-se à sua "Querida e esgotada esposa", manteve acesa a chama religiosa: "Tua carta me deixou triste e ansioso"; ele pensava em ir ao encontro dela, mas talvez "então ela já estará melhor ou — *melhor*!" Até mesmo para esse casal exuberante e sensual, excessivamente literário e inclinado a filosofar otimisticamente sobre a frenologia, a vida dos bem-aventurados no céu parecia um estado muitíssimo melhor do que o de uma existência repleta de ansiedade neste mundo. Com efeito, poucas horas depois de Lyman ter escrito estas linhas, após um dia e uma noite de espasmos quase ininterruptos, a criança exalou seu último suspiro. Posteriormente Joseph Lyman anotou em seu diário esparso, referindo-se àquela data, com um toque de ironia: "8 h. Minha filhinha morreu. Àquela hora eu estava escrevendo para o *Times*".[29]

No dia seguinte Laura Lyman deu-lhe notícia de alguns pormenores. "Nós pensávamos que ela estivesse melhor e eu fiquei ao lado dela, tentando alimentar a chama de sua pequenina vida — porém a doença a havia diminuído demais." Se bem que Hattie tivesse passado bem o dia, ao cair da noite seu estado piorou e "às oito e meia expirou". E em seguida, como que para justificar seus cuidados e sua vigilância incessante, prossegue: "Tudo o que as atenções médicas e os cuidados de enfermagem poderiam ter feito para prolongar sua vidinha foi feito — porém 'o Dedo de Deus a tocou e ela adormeceu'".[30] Esse eufemismo brando não curou Laura de sua dor.

Na verdade, à medida que o mês de fevereiro progredia, a correspondência entre os Lyman foi-se transformando numa luta encarniçada com o fato ocorrido, na tentativa de encontrar nele algum significado e algum consolo. A 17 de fevereiro, quando a notícia do desenlace final chegou a Joseph Lyman na pensão em que estava hospedado, ele abandonou de chofre a mesa de almoço para recolher-se consigo mesmo por um tempo. "Para a filosofia está tudo em ordem", escreveu ele à esposa ainda no mesmo dia, "pois assim caminha a humanidade. Eu poderia ir até a Biblioteca Astor e encontrar as lúgubres estatísticas que provariam quantos milhões de casais são vitimados por lacerações semelhantes. Homero diria possivelmente que 'eu suportarei isso como suportei todas as outras coisas desde que os deuses resolveram amaldiçoar-me com a vida'. A religião nos dá consolos mais elevados e mais profundos. Ela se foi antes de nós; ela se transmutou". Não obstante, e a despeito de Lyman não o ter dito abertamente, assim como para a filosofia, para a religião também estava tudo em ordem; a religião tampouco podia alcançar a profundidade da perda: "E apesar de tudo permanece o fato de que nossa terna filhinha, nossa carne e nosso sangue, está morta e fria sob a terra enregelada, e essa simples idéia corta minhas entranhas como se fosse uma lâmina de aço, e meu espírito eleva os seus cânticos de dor e de luto".[31]

Os dois meninos pequenos dos Lyman foram imediatamente incluídos nessa comunidade de luto. Assim, ao seu filho Allie, Joseph Lyman escreve: "Estou muito triste com a morte de Hattie. Mas no Céu ela será um anjo loiro. Deus lhe deu um anjo por mãe". E, no mesmo dia e no mesmo estilo, ao seu outro filho, Cha': "Hattie subiu ao Céu. Um anjo a levou e agora ela também será um anjinho". Não perdendo a oportunidade de introduzir um objetivo didático nessa hora de intensa emoção, Lyman acrescenta: "Cha, sê bonzinho e ama o teu irmão, Allie, e não sejas egoísta. Se fores egoísta não chegarás a ser um anjo. Os anjos não são egoístas".[32] Muito tempo se passou, e um maço de cartas foram trocadas, antes que os Lyman, adultos e crianças, retomassem sua vida cotidiana.

As crianças em geral recebiam bem cedo lições de resignação como essa. Tinham que aprender cedo na vida que, conforme Alice Belknap disse à sua irmã Susan Wright em junho de 1884, "os caminhos do Senhor não são os nossos". Assim, quando M. Carey Thomas tinha oito anos de idade, antes portanto de poder escrever seu próprio diário, ela ditou à mãe alguns de seus sentimentos a respeito da morte prematura — claramente ecoando as lições familiares recebidas —, para que a mãe os transcrevesse. A 5 de março de 1865, ela havia observado que "esta manhã eu vi meu doce irmãozinho recém-nascido pela primeira vez". Porém, a 6 de setembro ela tinha uma mensagem mais triste a comunicar: "O querido pequenino Jamie morreu na casinha da chácara — o mais doce e mais querido bebê que já pode ter vivido". E no dia seguinte os sentimentos apropriados ocupavam seu devido lugar, ainda que não estivessem livres de conflitos. "Eu não consegui agüentar ver meu querido, lindo irmãozinho ser colocado naquele ataúde escuro e descer à terra. Teria gritado a mais não poder se não fosse o pensamento de que ele agora estava feliz e de que voltarei a vê-lo no Céu."[33]

O diário do jovem Edward Tallmadge Root, que, nascido no Ohio, filho de um pastor protestante, viria a tornar-se um famoso pregador, sugere que tais lições eram absorvidas por completo. Em março de 1881, pouco antes de ele completar dezesseis anos, seu irmão menor Willie morreu. "Amanhã de manhã, às sete horas", anota ele a 18 de março, "(se eu viver até lá) completarei dezesseis anos. Estou me tornando um homem tão depressa! Mas para todos nós será um aniversário triste, muito triste, pois a luz e a alegria de nossa casa, meu querido irmão Willie, foi para o Céu. E todos estamos tão sozinhos". Ele sentia terrivelmente a falta de Willie. "Esta noite seus bracinhos macios não me enlaçarão, não ouvirei aquela vozinha querida a sussurrar 'Conta história'. Amanhã meu irmãozinho não entrará aqui para me dar parabéns, nem para nos entreter com sua fala alegre. Willie, Willie, como poderei viver sem ti!" Apesar do tom elegíaco desse desabafo, Edward Root era excessivamente observador para poupar-se uma descrição clínica detalhada da derradeira enfermidade do irmão. Ele mesmo havia sofrido um ataque de escarlatina e de "hidropisia" anteriormente, e seis semanas depois de ter-se exposto ao contágio "Willie caiu de cama. Isso foi numa sexta-feira. Na terça-feira a doença atingiu seu cérebro, e durante três dias ele parecia ter enlouquecido. Essa condição finalmente se aliviou e ele pareceu melhorar, porém a doença então atacou a perna direita e depois os pulmões. Em seguida apareceram bolhas por todo o seu corpo" e as dores eram tantas que "ele não parava de gemer. Ele ficou tão surdo que não entendia mais uma palavra sequer, e sua garganta ficou tão inflamada que ele não conseguia mais falar". Quando o fim já estava próximo, ele "perdeu a consciência, e sua respiração se acelerou quando eu o beijei pela última vez. Ele não me reconheceu. Seus olhos fitavam vagamente a distância, e sua mão se crispou sobre minha bochecha. Às dez e um quarto ele cerrou os olhos, virou a cabeça para o lado e adormeceu".

Esse grave acontecimento exigiu de Edward todos os recursos de sua devoção. "Adormeceu no sono abençoado de Jesus", escreve ele, "do qual ninguém desperta para cair em pranto". A "nau soçobrada", conclui, "chegou a um porto seguro". As palavras eram emprestadas, mas os sentimentos eram próprios. À medida que se passavam as semanas, Edward Root confidenciou ao diário quão intenso era seu luto: "Oh meu precioso irmãozinho Willie, como poderei viver sem ti!", escreve ele a 25 de março, e para o dia 8 de abril, quando Willie teria completado catorze anos, ele compôs uma reminiscência comovente, uma ode em louvor ao irmão que partira, "estudioso e talentoso", que "em casa como em toda parte mereceu elogios". Mas, acrescenta ele, "o Mestre precisava dele e chamou-o para junto de si. Oh, Senhor, ajuda-nos a dizer 'Seja feita a Tua vontade'!" Dizê-lo não era portanto nada fácil, nem mesmo para o filho de um pastor. "Querido Willie, tua viagem foi breve e feliz; a quanta miséria, a quanto sofrimento escapaste!" [34] Às vezes, no século burguês, os jovens pareciam mais velhos do que eram na realidade devido à pesada carga de consciência que carregavam.

Talvez a consciência possivelmente mais rigorosa de toda a época, e certamente a que deixou os rastros mais facilmente utilizáveis, tenha sido a de William Ewart Gladstone.* Seu punitivo superego protestante era uma herança natural, adquirida através de identificação com sua mãe, pessoa muito religiosa e seguidora obsessivamente dos preceitos, que dominava completamente o lar dos Gladstone enquanto marido se ocupava de negócios mercantis e políticos. Hipocondríaca incurável, perenemente preocupada com tudo, a sra. Gladstone detinha mais poder do que a mais ativa das mães; deixou impressa em todos filhos, e sobretudo em William, a necessidade de orações freqüentes e de contínua humilhação diante da Divindade, bem como uma forte noção de pecado e de que o desconforto espiritual impelia o indivíduo à atividade cristã útil e caridosa. Os diários de Gladstone transbordam de materiais ricos e fascinantes que mostram como a consciência burguesa se comportava em relação a assuntos da vida doméstica e à morte. Conforme sabemos, Deus era uma presença constante e vital tanto para William Gladstone quanto para sua mulher Catherine, e Suas mercês, tanto como Sua ira, eram particularmente importunas durante as freqüentes ocasiões em que Catherine Gladstone estava grávida. Os Gladstone eram guiados — ou melhor, aterrorizados — por duas exigências altamente restritivas: a submissão incondicional aos desígnios da Providência Divina e o cumprimento incessante de todas as obrigações. O Deus dos Gladstone era um pai inflexível, volúvel, por vezes cruel, porém

(*) Primeiro-ministro da Grã-Bretanha três vezes, de 1868 a 1874, de 1881 a 1884, e em 1886. (N.T.)

adorado, que jamais errava: distribuía dores e prazeres, a morte e a vida, angústias insuportáveis e alívios surpreendentes, e acima de tudo tinha que ser louvado sem qualquer questionamento em tudo o que fizesse e decidisse em Sua sabedoria. A despeito de todo o Seu excelso distanciamento, Ele constituía uma pressão da realidade sobre a vida doméstica, um verdadeiro deus da casa.

O nascimento do primeiro filho dos Gladstone, Willy, se deu no dia 3 de junho de 1840, e foi acompanhado de perto pelo pai. Cedo pela manhã, "C. me acordou e pediu para eu ir buscar o dr. Locock", que veio de imediato. "O dia inteiro ela passou no trabalho de parto, lento porém favorável. Até as onze as dores foram poucas — e até as três da tarde quase ineficazes. Por volta das sete e meia começaram a adquirir as características da expulsão." Tudo isso convidava Gladstone à oração: "Louvado seja Deus e graças lhe sejam dadas pela graça e pela força que Ele lhe concede". O acontecimento o deixou admiradíssimo: "Para mim esta é uma nova cena e uma nova lição da vida humana. Hoje eu a vi suportar dores — menores do que na média dos partos, diz do dr. L., mas mesmo assim seis vezes maiores do que suportei em toda a minha vida". Não admira, pois, que o inevitável versículo de Gênesis lhe viesse à mente, acompanhado de um comentário igualmente espiritual: "'Darás à luz com dores', esta é a maldição peculiar da mulher, e a marca do Divino Julgamento que em Adão lhe é imposta: e assim também 'ao dares à luz com dores' é a sua promessa peculiar em Cristo". Gladstone achava que o espetáculo primordial de que era testemunha lhe fornecia muitos elementos com que alimentar suas ruminações sobre causas e efeitos. "Quantos pensamentos essa agonia estimula em nós: a comparação do fim com o começo; os sofrimentos de outrem por nossa causa; a humilde e grave visão dos relacionamentos humanos aqui apresentada; as complexas e intrincadas considerações da religião que podem ser aplicadas à questão da continuidade de nossa raça desnorteada." Ao final da cadeia de raciocínios exposta por Gladstone, a mulher se mostra particularmente privilegiada; ela é "abençoada por poder, como parte do Cristo, descobrir nessas dores os caminhos especialmente preparados para sua purificação".

Finalmente, "às onze e um quarto tudo se concluiu em meio à felicidade com o nascimento de um vigoroso menino. O alívio e a alegria de Catherine vão além de qualquer coisa que se possa imaginar". Com orgulho evidente, ele nota que durante todo o parto "ela se mostrou extremamente firme e valente", apesar de as duas amigas que a assistiam e o dr. Locock a haverem encorajado a gritar. E acrescenta, com orgulho não menor, que o "primeiro desejo" de sua esposa após o nascimento do menino fora "oferecer uma oração de graças". No dia seguinte, o diário reflete um imenso alívio e registra uma confissão bastante reveladora. "Hoje está tudo tranqüilo e feliz. A criança é forte, quieta e (pelo que diz a aia) de temperamento muito doce; Catherine está nas melhores condições físicas e mergulhada por completo nos sentimentos de felicidade e amor maternal, que superam qualquer possibilidade de descrição. Ela confessa entretanto que as dores foram horríveis." [35] Haviam sido horríveis, mas, em virtude dos sentimentos de amor materno, perfeitamente suportáveis, quase desejáveis.

A convicção de Gladstone de que a mulher, que aceita de bom grado suas dores, era uma criatura escolhida aos olhos de Deus se afigura uma argumentação tendenciosamente otimista, porém sua esposa a aceitava como se fosse uma verdade irrefutável. Seu sentimento de dever maternal emerge ainda mais enfaticamente no parto de sua segunda criança, Agnes, que nasceu pouco mais de dois anos mais tarde. As dores mais sérias tiveram início às três horas da tarde, e depois "foram aumentando gradualmente até as seis e meia: a partir daí cada vez mais intensas, e precisamente uma hora e meia depois, às oito, nasceu uma menina. Ela era ainda maior do que Willy", e Catherine havia suportado as últimas dores com absoluta coragem. "Nada pude fazer além de observar o quanto ela era arrebatadora em sua beleza enquanto suportava, sem amarguras, sofrimentos tão severos" — isto é, sem amarguras contra o marido ou contra a sexualidade. "Seu desejo foi o de que juntos oferecêssemos nossas preces de gratidão imediatamente após o nascimento: e não somente são favoráveis todas as circunstâncias externas, como também ela decerto possui o dom de elevar essa angústia, a carga de sua feminilidade, ao sublime nível de uma total união com o seu Senhor. Da mesma forma, seu senso de recompensa se mostrou nítido e forte: pois em menos de uma hora ela se declarou disposta a passar por tudo novamente para ter mais uma filhinha como esta."[36] E por tudo isso ela passaria novamente, tanto para ter outros meninos como para ter outras meninas, ainda mais seis vezes. Catherine Gladstone suportou a carga de sua feminilidade com feliz resignação.

Enquanto o nascimento parecia a William Gladstone encoberto por um mistério espantoso, a morte, por outro lado, exigia todo o seu talento para a submissão filial, formada numa erudição bíblica. Quando sua cunhada, Lavinia Glynne, perdeu um filho um dia depois de nascido, Gladstone recorreu a suas convicções cristãs para assimilar a tragédia: "Às dez da manhã Lavinia teve um menino: e toda Hawarden se encheu de alegria com o nascimento do herdeiro. Porém entre as cinco e as seis a criança morreu — no leito da mãe — e o óbito não foi constatado antes das sete e meia". Ele acrescenta, num misto de desesperança e confiança no Senhor, que "a criança não foi batizada. Mas Aquele que poupou Nínive porque seus 80 mil habitantes eram incapazes de distinguir a mão direita da esquerda, decerto terá suficiente misericórdia, assim confio e assim rogo, para acolher este pobre recém-nascido em seu portentoso Nome, que não é um som, mas um grande poder que salva até mesmo os que o desconhecem". Cerca de dois anos mais tarde, ao saber que a própria Lavinia Glynne falecera ao dar à luz, ele transcreveu criteriosamente o "triste relato" que seus irmãos lhe haviam dado e comentou, com os mais puros sentimentos de admiração de que dispunha: "Lavinia era uma alma singular em sua pureza e doçura, e ao mesmo tempo bem madura: era a infância e a feminilidade unificadas numa só pessoa. Ela está bem: a Terra a perdeu, e o Paraíso a ganhou".[37] Esse consolo o tranqüilizou porquanto Gladstone o interpretava ao pé da letra.

Chegada a hora, entretanto, em que Gladstone teve que testemunhar a agonia de um de seus próprios filhos, apesar de ainda ser capaz de recorrer à retórica religiosa, as anotações pungentes e desoladas de seus diários revelam que sua costumeira obediência dócil se mostrava mais arredia do que nunca. São na realidade um pungente lembrete de que a piedade somente é capaz de isolar os sofrimentos até certo ponto. Permitia-lhe canalizar os trabalhos do homem enlutado, porém não reduzia, muito menos a eliminava, a necessidade de extravazar o luto. Jessy Gladstone faleceu de meningite em abril de 1850, não tendo completado ainda cinco anos. As torturas da doença, os intervalos cruelmente enganosos de melhoras aparentes, intercalados a períodos de incessantes gemidos e gritos da menina nos braços do pai e da mãe, prolongaram-se por quase duas semanas. A 31 de março, no dia da Páscoa, pareceu a Gladstone que "graças a Deus Jessy está melhor agora à noite, sob os cuidados constantes e carinhosos de Catherine". E novamente, no dia seguinte, relatava: "Pela manhã, graças a Deus ela estava melhor". Porém já no dia 2 de abril a sua morte entrava em cogitação: "E agora, oh Pai nosso, poderemos realmente entregá-la a Teus cuidados? Pois ela será muito melhor tratada do que neste mundo triste e mau. Seja feita a Tua vontade. Minha Catherine está suportando tudo maravilhosamente". E foi a sublime força de Catherine que evitou que Gladstone desmoronasse. Em seguida, a 3 de abril, ocorreu o que o dr. Locock interpretou como uma melhora considerável. "Com a graça de Deus em nossa paciência", anotou Gladstone em seu diário, "dominemos nossas almas até que Ele declare a Sua vontade". Durante os quatro dias que se seguiram houve algumas melhoras, fervorosamente recebidas, e outras tantas pioras, sobriamente aceitas. Porém no dia 8 de abril já não havia mais do que um resquício de esperança: "À medida que a noite progredia os sinais de um agravamento iam se manifestando mais claramente, e nossos corações foram ficando mais constrangidos, e contudo espero que nenhum de nós seja tão cegamente egoísta a ponto de deixar escapar um único murmúrio contra a intenção do Senhor de elevar para junto de Si uma das nossas crianças''. Acompanhados pelo dr. Locock, os Gladstone presenciaram a ''luta mortal'', e na madrugada do dia 9 de abril ela estava perdida: ''Está tudo acabado, e tudo bem. A abençoada criança foi libertada às duas horas da manhã pelo Senhor, que em sua compaixão a recolheu à Sua paz''.

Gladstone resolveu não mais escrever sobre a morte de Jessy em seu diário, mas, ao invés disso, compilar ''umas poucas lembranças de sua curta vida''. Assim fez. Porém, a despeito de demonstrar claramente os heróicos esforços do diarista para se conter, seu diário continua a registrar a história da terrível perda sofrida pelos pais de Jessy: é Catherine Gladstone quem desperta o marido com seu pranto baixinho, e que mais tarde ''beija as frias faces de nossa querida Jessy'' pela última vez; é o próprio William Gladstone que, três dias depois do falecimento da menina, recolhido a um retiro solitário, pensa ''nela, que parece acenar-me incessantemente, dizendo-me 'Vem, papai, vem', e no lugar para onde ela se foi''. Ele não conseguia, nem queria, esquecê-la. ''Hoje à tarde obtive as flores para o ataúde de Jessy, que visito diariamente'', é o que lemos no dia 17 de setembro, mais de cinco meses após a morte da criança.[38] Em meio a tentações tão trágicas, era muito difícil, mesmo para um cristão bem-treinado como Gladstone, praticar a obediência prescrita por sua fé. Ele podia pronunciar as palavras certas, porém os sentimentos corretos lhe escapavam.

Na verdade, três anos antes houvera um momento em que Gladstone havia alcançado as fronteiras da fé e lançado para além dela seu olhar. Em setembro de 1847, a segunda filha, Agnes, havia caído de cama com erisipela. Preces vindas do fundo do coração preenchem as páginas do diário, e ele procura armar-se de sua habitual submissão, de sua costumeira filosofia: ''O embate da morte com a infância é terrível''. Essa enfermidade, lembrava Gladstone, havia matado sua mãe, e agora ameaçava a vida de sua filha. Contudo, anota ele, ''não tememos por ela. Ela possui em toda a sua plenitude a glória da infância cristã'', com o que ele queria dizer que Agnes era uma menina obediente; ''em nenhuma ocasião ela deixou de ser bem-comportada por mais do que meio minuto''. Porém logo a seguir irrompe o conflito interior de Gladstone: ''Sua alma pura, querida e terna não deseja outra coisa, por assim dizer, senão estar na presença de seu Senhor: contudo nós manteríamos o Cordeirinho afastado dos braços do seu Pastor, para que possa crescer e conformar-se mais plenamente à sua imagem''. Mas esse sincero desejo o leva a reprovar a si mesmo: ''Meu coração está enrijecido e irrequieto e não se dispõe a devolver minha filhinha, e fico revoltado ao dizer 'Seja feita a Tua vontade na terra como no céu'. É fácil para mim dizer que ela não deve viver a não ser para a maior glória de Deus — o que não é tão fácil é deixar que Ele seja o único juiz do que é exatamente a Sua glória''. A família ofereceu preces e hinos de louvor a Deus pela salvação da menina; o pequeno Willy Gladstone, então com sete anos de idade, acrescentou hinos compostos por ele mesmo. Catherine Gladstone, na opinião do marido, era mais ''corajosa'' do que ele: ''Todo mundo'', escreve Gladstone severamente, ''se comporta muito bem, exceto eu. Tenho falado e pensado na unidade da vontade humana com a vontade de Deus. Porém não a atingi''. No entanto, as Escrituras existiam para tranqüilizar, confortar, curar e fortalecer: ''A despeito de tudo, os tesouros de Sua sagrada Palavra vêm em meu auxílio''.

Quando a pequena Agnes se recuperou pouco a pouco e já dormia docemente sob os olhares atentos dos pais, Gladstone não podia interpretar o fato senão como um sinal da misericórdia divina. No entanto, sua pia gratidão não foi capaz de ocultar a fermentação de conflitos; Gladstone se culpava por desejar manter viva sua filha, desse modo retirando das mãos de Deus as decisões sobre sua vida. ''Não agrada a Deus impor aflições ou magoar os filhos dos homens'', escreve Gladstone, tomando caracteristicamente sobre os próprios ombros a carga da miséria humana. ''E suas sendas passam pelos mares, e suas trilhas pelos oceanos, e seus passos ninguém conhece. E Ele nos confortará novamente, retribuindo-nos pelos dias em que nos açoitou e pelos anos em que a adversidade nos assolou. E sua ceia está pronta: mas alguns pratos são amargos.''[39] Gladstone encontrava dificuldades quase insuperáveis para perdoar-se pelas tentativas de adoçar alguns pratos da vida sem prévia autorização divina.

Um dos modos de adoçar a vida seria, obviamente, o uso de métodos anticoncepcionais, que teriam poupado a Gladstone e à sua mulher muitas angústias. Porém ele permaneceu obstinadamente contrário a esta receita. Não se dispunha nem mesmo a falar no assunto; em 1873, quando sua mulher já tinha ultrapassado a época de ter filhos, havia algum interesse público bastante generalizado para que se construísse um memorial a John Stuart Mill, que morrera recentemente — havia interesse e certa resistência, pois quando jovem Mill havia advogado enfaticamente o controle da natalidade. Apesar de sua atitude geralmente favorável ao liberalismo de Mill, Gladstone achava que esse assunto, em sua íntegra, constituía uma "controvérsia dolorosa", o que era o seu modo de dizer que se tratava de um assunto embaraçoso, o qual de preferência nem deveria ser discutido.[40] Mas já era tarde; todo mundo já discutia o assunto. Porém muitos burgueses que discutiam a instigante questão dos métodos anticoncepcionais, que obviamente, interferiam de maneira fundamental na sexualidade, descobriram que suas obrigações — perante si mesmos, perante suas famílias, sua pátria e seu Deus — não estavam absolutamente esclarecidas. Ao final do século, o chamamento ao dever havia se tornado praticamente ininteligível. Para aquelas famílias que escolhiam a Bíblia como última instância do julgamento do assunto, bem como para as que davam ouvidos aos padres ou pastores, a questão não apresentava nenhuma dificuldade — exceto no tocante às dificuldades fisiológicas e psicológicas: o mandamento divino de que a paixão voluptuosa deveria ser utilizada apenas para a procriação não admitia senão uma única interpretação. Contudo essa paixão possuía meios de exigir sua satisfação que nada tinham a ver com a população do mundo; procurava justificativas em apologias respeitáveis e em sofismas médicos, porém, se não as encontrasse, prosseguia em silêncio e em segredo sua atuação. Em meados do século, relatos alarmantes sobre a conduta ímpia de pessoas devotas chegavam a Roma: em 1849, Jean-Baptiste Bouvier, bispo de Le Mans, enviou a Pio IX um relatório em que dizia que "praticamente todos os jovens casais não desejam ter uma prole numerosa, e apesar disso são moralmente incapazes de se absterem das relações conjugais". Quando seus confessores os interrogam sobre "a maneira pela qual exercem os direitos do matrimônio", os casais se mostram visivelmente chocados, porém, mesmo depois de receberem repetidas admoestações, "não se abstêm dos atos conjugais, e nem tampouco podem ser induzidos à multiplicação irrefreada da espécie". As conseqüências são aterradoras. "Resmungando contra seus confessores, eles abandonam o sacramento da penitência e a eucaristia, dando um mau exemplo a seus filhos, a seus serviçais e a outros fiéis cristãos."[41] Em suma, obrigados a escolher entre a subserviência cristã total e o contole da natalidade, os católicos franceses, inclusive casais burgueses ponderados, freqüentemente optavam pelo controle da natalidade.

O mesmo ocorria, ao que tudo indica, com os protestantes americanos. O aborto, essa segunda manobra defensiva, tão drástica e perigosa que geralmente era empregada apenas quando a anticoncepção havia falhado, veio a tornar-se praticamente moda nos Estados Unidos por volta do meio do século, precisamente quando o bispo de Le Mans lamentava a expansão do controle da natalidade na França. A alta incidência do aborto indica que os esforços de anticoncepção eram ainda maiores, pois muitos casais dispostos a fazer uso de um preservativo ou de uma esponja não se dispunham a proceder a um aborto. Diversas pesquisas levadas a cabo nos Estados Unidos, realizadas sobretudo por associações médicas locais, confirmaram que as mulheres americanas se voltavam para o aborto não somente para destruir os resultados indesejados de um mau passo ilícito, como também para controlar o tamanho de suas famílias legítimas. "Agora temos já senhoras", exclamava a Sociedade Médica de Buffalo em 1859, "isso mesmo, *senhoras educadas e requintadas*" que se submetem a abortos. Em 1872, uma comissão especial da Associação Médico-Legal de Nova York confirmava essa conclusão: segundo seu relatório, o aborto predomina "hoje em dia, nesta cidade, entre as pessoas bem situadas — ou seja nas chamadas classes respeitáveis". Os médicos que relatavam casos incomuns de aborto através dos periódicos profissionais de circulação dirigida costumavam identificar as pacientes como "a esposa de um banqueiro muito rico" ou "uma pessoa pertencente a uma família respeitável" ou até mesmo como "a esposa de um médico". A maioria desses casos eram vistos por médicos e escritores mais com alarme do que com satisfação. No entanto, em 1889, um defensor da legalização do aborto (um espírito muito arrojado naqueles tempos da censura de Anthony Comstock) elogiou, no *Medico-Legal Journal*, "as mulheres educadas, cultas e refinadas" por terem elevado a porcentagem de abortos praticados nos Estados Unidos a níveis sem precedentes.[42] Como afirmou o dr. H. S. Pomeroy, um médico de Boston e um homem sensato e bondoso, em 1888, "é enganosa a suposição de que os médicos tenham muito trabalho com as pessoas pertencentes às classes inferiores. Estas nos dão relativamente pouco trabalho nesse sentido. É raro que procurem um médico de boa reputação, e quando o fazem não é difícil recusar-lhes nossos serviços" — um resumo bastante franco e descomprometido das realidades sexuais de uma sociedade de classes à época de Pomeroy. "As dificuldades reais ocorrem com pessoas pertencentes às chamadas camadas altamente respeitáveis, até mesmo de líderes de movimentos sociais e religiosos. Jamais sabemos quando uma dessas pessoas virá à nossa procura, apelando para nossa condição de médicos da família, implorar que façamos aquilo que aos olhos das leis divinas e humanas é um pecado. E quando a essas súplicas se acrescentam as lágrimas de uma mulher encantadora, a situação se torna extremamente constrangedora e desagradável."[43]

Se bem que tanto nos Estados Unidos quanto noutras partes do mundo o aborto não fosse uma prerrogativa exclusiva da classe média, a expansão da legislação antiaborto a partir da década de 1860 fez com que os preços cobrados pela sua prática aumentassem muito, reservando-o cada vez mais às famílias mais prósperas e abastadas. Cada vez mais as mulheres burguesas recorriam pois a seus próprios meios, tomando em suas próprias mãos as suas vidas. Por outro lado, muitas e muitas famílias, espalhadas por todo o mundo ocidental, continuavam a ater-se a suas obrigações, e nem só famílias cristãs que não questionavam sua fé: assim como em meados do século os Gladstone geraram oito crianças em catorze anos, quatro décadas mais tarde os Freud tiveram seis crianças em oito anos. Porém já nessa época, ao fim do século XIX, uma prole tão numerosa já não era mais característica das classes médias esclarecidas. Falando em 1898 a respeito da "tendência malthusiana à limitação do número de crianças a serem concebidas num casamento", o próprio Freud admite que lhe "parece fora de qualquer dúvida que estes conceitos estão ganhando terreno a olhos vistos em nossas classes médias".[44] No grande embate ocorrido no século XIX entre a consciência religiosa e o controle da natalidade, as vitórias pendiam cada vez mais definitivamente para o lado do controle, preparando-se assim o caminho para o triunfo da vontade secular sobre a dócil obediência religiosa. O sentimento de domínio que imbuiu o século XIX, apesar de sempre precário e de modo algum absoluto, obteve algumas de suas vitórias mais retumbantes através da anticoncepção, especialmente a partir das décadas de 1860 e 1870, à medida que dispositivos e técnicas anticoncepcionais se tornavam mais confiáveis e menos dispendiosos, e além disso pareciam menos "pervertidos" do que em qualquer época anterior.

3. AS BATALHAS EM TORNO DE MALTHUS

A excitação emocional vinculada ao poderoso nome de Malthus constitui um episódio instrutivo na história da esperança no século burguês. Foi o brilhante e convincente ensaio escrito por Malthus sobre a expansão populacional, incluindo suas sombrias profecias de que a quantidade de pessoas inevitavelmente terminaria por ser muito maior do que a quantidade de alimentos, que deu o impulso inicial, a princípio bastante moderado, ao moderno debate sobre a população e, por via de conseqüência, sobre o controle da natalidade. Publicado pela primeira vez em 1798 e depois revisto e aumentado, o *Essay on the Principle of Population* [Ensaio sobre os princípios da população], permitia entrever apenas duas maneiras de se restringir as sempre crescentes inundações de seres humanos famintos em direção aos limites da subsistência: restrições reais, como a fome generalizada e a guerra, e restrições preventivas, apenas um pouco menos terríveis, como o aborto e o infanticídio. A partir da segunda edição de seu controvertido ataque contra o que lhe parecia um superficial otimismo esclarecido, Malthus acrescentou à sua lista de restrições preventivas uma nova técnica, pouco menos devastadora do que as já mencionadas: as restrições morais auto-impostas. Estas se configuravam na continência sexual durante os anos de vida solteira, aliada a um paciente adiamento do casamento. Malthus se opunha a outras formas do controle da natalidade por considerá-las imorais, porém as "restrições morais", apesar de pouco atraentes e em grande parte inviáveis, introduziam pelo menos alguma participação humana nos processos naturais.

Os adeptos do controle da natalidade que desafiavam a opinião pública, a partir da década de 1870, quando começaram a fundar associações malthusianas através de toda a Europa, modificaram os ensinamentos de seu patrono de forma a propor uma política de planejamento familiar coerente e muito simples. E todas as modificações que introduziram no aterrador espetáculo apresentado por Malthus eram orientadas no sentido da esperança e da atividade. Recomendavam que os casais ingressassem cedo no matrimônio e ofereciam métodos para o controle da natalidade menos frustrantes do que a continência sexual. Um dos opúsculos publicados pela Liga Malthusiana de Londres dois anos depois de sua fundação, em 1877, colocava a questão em termos bastante claros. A liga exortava seus leitores a perceberem que "A vós é dado definir o número de crianças por cuja educação podereis honesta e sabiamente responsabilizar-vos". [45] E as palavras de ordem cunhadas por ativistas como Annie Besant e Margaret Sanger em prol da causa são todas marcadas pela excitante perspectiva de se impor um freio às exigências biológicas arbitrárias e freqüentemente cruéis através de um planejamento racional e deliberado por parte do casal. Falavam de "*volitional* limitation" ["limitação *deliberada*"] e de "*voluntary* motherhood" ["maternidade *voluntária*"], de "*controle* da natalidade" e de "*planejamento* familiar", ou de "*willkürliche Geburtenbeschränkung*" ["*Limitação voluntária dos nascimentos*"] e, de modo bem pitoresco, de uma "*grève des ventres*" ["*greve dos ventres*"].[46] Eram chamamentos à ação, e uma exaltação dessa ação.

Em 1892, em Paris, quando a propagandista neomalthusiana francesa Marie Huot conclamava essa "greve dos ventres", modernas técnicas de controle da natalidade já existiam fazia quase meio século. Tais técnicas haviam surgido através de uma cuidadosa sondagem dos tabus que envolviam a sexualidade respeitável, em meio a uma atmosfera onde se mesclavam desejos eróticos, medo da morte, decoro social e resignação religiosa. Em 1839 Charles Goodyear havia conseguido vulcanizar a borracha, e em 1844 obtivera sua primeira patente de uma invenção que escapara a experimentadores menos felizes. Esses anos são datas cruciais no calendário da sexualidade moderna. Goodyer e inventores rivais aperfeiçoaram os procedimentos originais, e em 1850 preservativos e diafragmas de confiabilidade relativamente alta já se encontravam à venda em todo o mundo ocidental. Foi nessa época que teve início o verdadeiro confronto entre a era da consciência e a era do controle. Levando-se em conta a oposição que sofreu, a vitória do controle se deu com uma rapidez impressionante. Lançando mão indiscriminadamente de argumentos religiosos, sociológicos, políticos, biológicos e estratégicos, a reação continuou tenaz e tornou-se, em fins do século, mais estridente do que nunca: a dialética da controvérsia, que estabelece serem tanto mais fortes e violentos os contra-ataques de um partido quanto maiores tiverem sido os avanços do outro, estava visivelmente em ação no delicado terreno da contracepção. Entretanto, a resistência não tinha como opor-se à evidente e até mesmo importuna percepção de que a limitação do tamanho das famílias trazia imensas vantagens tanto para os casais quanto para as crianças. O antiqüíssimo e profundo desejo de racionalização da vida doméstica, que havia gerado um imenso arsenal de remédios caseiros freqüentemente ineficientes e por vezes destrutivos, enfim estava próximo de sua concretização.

Mas não sem hesitações, incertezas e rodeios. Em 1837, referindo-se à sua irmã mais jovem, Harriet Beecher Stowe, mãe já duas vezes e grávida de uma terceira criança, Catharine Beecher escreveu que "a pobre criatura" estava passando "maravilhosamente bem". Admirava-se, contudo, da tranqüila previsão feita pela irmã, de que "ela não terá mais filhos, e *disso tem certeza*, pelo menos por algum tempo. Mas como ela terá descoberto isso", acrescenta Catharine Beecher, "não posso dizer, se bem que ela pareça ter plena confiança nessa previsão".[47] Só que essa confiança, conforme descobriram muitos casais, muitas vezes não se justificava. Dickens, que raramente alude a assuntos tão delicados, a não ser através de prudentes advertências, por conseguinte tanto mais valiosas, registra um exemplo de excesso de confiança na breve história genealógica que Eugene Wrayburn relata a seu amigo Mortimer Lightwood em *Our Mutual Friend* [Nosso amigo comum]: Ele já tinha dois irmãos mais velhos, ambos esperados e razoavelmente bem-vindos; mas então "apareceu em cena meu terceiro irmão, muito antes de seu compromisso com minha mãe".[48] E alguns dos dispositivos modernos, que prometiam ser mais confiáveis, pareciam a muita gente nada atraentes. Escrevendo de San Francisco, na Califórnia, à sua amiga Helena Gilder, Mary Hallock Foote fala-lhe de um "meio seguro para limitar a família" do qual ela tivera conhecimento por parte de uma beldade local. Causara-lhe a impressão de ser "algo delicado demais para ser discutido numa carta", e o dispositivo em si era "horrendo"; porém, como ela comenta filosoficamente: "Todos os meios parecem horrendos, exceto aquele em que não se pode confiar". E esse era um dilema que muitos casais da classe média tinham que enfrentar. Mary Foote se referia a "uma espécie de vedação" que podia ser "obtida em algumas farmácias". Parecia-lhe "perfeitamente revoltante", porém, acrescentava ela, "mas é melhor enfrentar qualquer coisa do que os resultados inevitáveis dos métodos da Natureza". E tais coisas não feriam a mulher nem o marido, e "se chamam *'cundums'*,* sendo feitos ou de borracha ou de pele".[49]

Essas confidências encabuladas eram melhores, muito melhores, do que o silêncio total. Entretanto, originavam-se, e contribuíram para perpetuar, um conhecimento superficial da sexualidade numa atmosfera de mistério que os reformadores mais francos não conseguiram dissipar. Na realidade, continuaram existindo consideráveis e perturbadores enclaves de ignorância: em julho de 1884 Alice Belknap relatava à sua irmã mais velha, Susan Wright, que acabava de sofrer um aborto, mais sério do que o anterior. Por isso, seu médico lhe havia recomendado enfaticamente que ela não engravidasse novamente durante um ano, "e depois disso ele acredita que eu estarei bem de novo. Devo procurá-lo para obter algumas indicações quando estiver me sentindo bem de novo. Gostarias de saber quais são essas indicações?" Em seguida, tendo-se livrado de seu boletim confidencial e das perguntas entre irmãs, a sra. Belknap volta suas atenções ao tempo. Sua necessidade de obter "indicações" para prevenir-se contra uma gravidez sem interromper totalmente as relações sexuais revela sua própria ingenuidade no assunto — em 1884. E a pergunta que faz atenciosamente à irmã, esposa de um professor de química da Universidade de Yale, deixa implícito que ela julgava a irmã tão ingênua quanto ela mesma.[50] Contudo, Alice Belknap dificilmente poderia ser considerada a encarnação da lendária mulher vitoriana delicada e afetada; afinal de contas, seu médico se dispusera espontaneamente a instruí-la sobre as técnicas do controle da natalidade, e ela não só se mostrara interessada como ainda se dispunha a compartilhar os conhecimentos que adquirisse com a irmã.

(*) A forma correta é *condoms*, "preservativos". (N.T.)

Apesar de tudo, existem muitas provas convincentes, depositadas em meia dúzia de diários íntimos e espalhadas nas estatísticas populacionais, de que certamente em meados da década de 1880, e provavelmente já algumas décadas antes, a maioria dos casais burgueses conhecia algumas formas de contracepção, e não eram poucos os que as empregavam. No mundo ocidental, pessoas adultas que soubessem ler, que tivessem meios de discutir francamente as estratégias conjugais, que pudessem pagar por técnicas que exigiam alguma despesa e que se dispusessem a utilizá-las, em geral podiam obter aquilo de que precisavam quando precisavam. Lester Ward e sua esposa Lizzie discutiram e experimentaram diversas técnicas de controle da natalidade; dentre as 45 mulheres entrevistadas na década de 1890 por Clelia Duel Mosher, nada menos do que 37 confessaram que praticavam pelo menos uma forma de controle, incluindo o *coitus interruputos*, a esponja e o "*cundum*". E David Todd planejou juntamente com sua mulher como evitar que ela engravidasse. A 11 de novembro de 1881, o dia seguinte ao seu vigésimo-quinto aniversário, Mabel Todd declarou com toda a firmeza em seu diário, com o pensamento voltado para sua filhinha Millicent: "Eu *jamais* terei outra criança, a menos que David receba um salário de no mínimo 3 ou 4 mil". Em muitas mentes, a economia e a sexualidade estavam firmemente amarradas uma à outra. Exatamente dois anos mais tarde, ela anota com algum desalento que talvez estivesse novamente grávida. "David e eu estamos esperando e esperando. Sinto dizer que não foi intencional."[51] Ela promete a si mesma que não se queixaria caso tivesse mais uma criança, porém sua resolução não foi posta à prova: sua amenorréia, conforme se demonstrou, tivera outra causa, sem maiores conseqüências.

A França era conhecida universalmente como o primeiro país a ter aceito o controle da natalidade nos círculos mais respeitáveis, a despeito do fato de praticamente todos os defensores mais notórios da contracepção terem publicado seus panfletos na Inglaterra e nos Estados Unidos: a julgar pela literatura da época, os franceses praticavam o controle da natalidade mas não escreviam sobre o assunto; os ingleses e os americanos escreviam sobre o controle da natalidade mas não o praticavam. Essa anomalia acabou por se ajustar nas últimas décadas do século XIX, quando a Inglaterra e os Estados Unidos quase alcançaram a França na redução de suas taxas de natalidade, pelo menos nas classes médias. Distribuindo seus folhetos, seus panfletos e brochuras, seus manuais do casamento inúmeras vezes reimpressos, revisados, resumidos, traduzidos e plagiados, os propagandistas do controle da natalidade realizaram bem o seu trabalho entre as pessoas sequiosas de informações. E por seu lado as autoridades, os defensores da ordem, do decoro e das famílias numerosas inconscientemente colaboraram com seus inimigos levando os defensores do controle da natalidade aos tribunais e atraindo para eles a atenção de um público que até então desconhecia seus ensinamentos subversivos.

O mais notório desses erros cometidos pelas autoridades e pelos que as apoiavam foi o julgamento de Bradlaugh e Besant. Em 1877, Charles Bradlaugh e Annie Besant foram acusados por haverem publicado e distribuído o tratado de Charles Knowlton, *Fruits of Philosophy* [Os frutos da filosofia], escrito 45 anos antes. A imprensa, quer favorável à causa da contracepção, quer hostil a ela, deu tal cobertura ao julgamento que acabou por transformar a modesta vendagem da obra numa verdadeira avalanche: "As poucas centenas de compradores ao longo de muitos anos", comentou secamente o *Daily News* de Londres em junho de 1877, "transformaram-se em mais de 100 mil em poucas semanas". [52] E não era exagero; nos três anos seguintes ao julgamento, Bradlaugh e Besant venderiam perto de 200 mil exemplares de sua nova edição de Knowlton, e cada exemplar naturalmente era lido por várias pessoas. Oferecer tal publicidade gratuita, inesperada e sem precedentes a um manual do controle de natalidade era uma estupidez tão grosseira que gerou suspeitas de ter sido um ato intencional, mesmo que inconsciente, uma inadvertida, porém de algum modo desejada, obra de autosabotagem.

O principal e mais eficaz argumento em que se fundamentavam não só Knowlton, mas toda a literatura referente ao assunto, era o de que as famílias numerosas eram a causa da pobreza extrema e irrecuperável. Já em 1797 Jeremy Bentham havia indicado vagamente as vantagens da utilização da esponja vaginal a fim de reduzir o fardo que pesava sobre as grandes massas empobrecidas da Inglaterra. E os panfletos pioneiros em defesa da contracepção que Francis Place, mestre-alfaiate, intelectual autodidata e reformador político distribuiu por toda a cidade de Londres em 1823 diziam que "um grande número de crianças" constituía uma "fonte inesgotável de desconfortos e apreensão," e gerava "um estado de sofrimentos e misérias corporais, mentais e pecuniárias do qual não há escapatória possível". Dirigindo-se diretamente às camadas mais baixas da população, Place lembrava-lhes que um número excessivo de trabalhadores servia apenas para rebaixar os salários, e que, uma vez que a renda tivesse sido reduzida, "os operários não conseguem mais sustentar seus filhos da forma que todas as pessoas honestas e respeitáveis desejam". Curiosamente, outro panfleto, dirigido por Place "às pessoas casadas, de ambos os sexos, bem-situadas" (*The Married of Both Sexes in Genteel Life*), transmitia a mesmíssima mensagem: "Nas camadas médias da população, os esforços mais virtuosos e mais dignos de elogios são dispendidos numa eterna tentativa de manter a respeitabilidade da família; entretanto, o contínuo aumento do número de filhos acaba infalivelmente por invalidar todos os esforços para evitar a degradação, paralisando a família ao tornar desesperançados todos esses esforços e deixando-a afogar-se cada vez mais na miséria e no desespero". [53] O editor Richard Carlile, seguidor radical de Place, adotaria a mesma linha de raciocínio em seu jornal, *The Republican*. Eis aqui uma inversão extremamente hábil da doutrina tradicional: a verdadeira respeitabilidade não consiste na aceitação dócil da gravidez, mas antes em previni-la ativamente.

Alguns anos mais tarde, Robert Dale Owen deu expressão a esse argumento em seu famoso tratado *Moral Physiology* [Fisiologia moral], a um só tempo veemente e ponderado. No frontispício vê-se uma gravura patética de uma jovem mãe cobrindo o rosto com as mãos, enquanto se afasta de seu bebê ilegítimo, que deixou abandonado aos pés de uma estátua da Virgem misericordiosa; a legenda da gravura diz: "Ai! por que essa criança teve que nascer!" Owen era um revisionista malthusiano: compartilhava do pessimismo de Malthus quanto aos perigos da superpopulação, porém rejeitava os remédios propostos por Malthus por considerá-los impraticáveis: "Se seu crescimento não for contido, a população forçosamente ultrapassará as possibilidades que a terra tem de sustentá-la. Por ora encontra-se restrita pela miséria e pelo vício. O único remédio que os clérigos ingleses, presos à sua ortodoxia, podem propor é que se adiem os casamentos". Owen tinha porém objeções a este único remédio: "Os observadores mais esclarecidos da humanidade estão de acordo quanto ao fato de que nada contribui tão incisiva e imediatamente para a desmoralização de uma nação quanto refrear sua juventude por longos períodos, desistimulando relacionamentos livres com o sexo oposto. O aterrorizante crescimento da prostituição, a destruição da saúde, o rápido aumento da devassidão, e a ruína dos sentimentos morais, constituem a conseqüência *inevitável* para as massas". E para Owen o desfecho estava igualmente claro: "*a menos que seja introduzido algum tipo menos ascético e mais praticável de 'restrição moral auto-imposta'*, o vício e a miséria tornar-se-ão, *ao cabo do processo*, a sina inevitável da raça humana sobre a face da terra". Essa perspectiva sombria, porém não inescapável, continuaria a ser o tema dominante dos defensores do controle da natalidade durante todo o século burguês e ainda além dele. Quando a Liga Malthusiana publicou o *Malthusian Handbook* [Manual malthusiano], já pôde expor seu propósito na própria folha-de-rosto com toda a franqueza e sem pretensão alguma à novidade: "Para induzir pessoas casadas a limitarem suas famílias de acordo com suas possibilidades". [54]

As razões pelas quais a contracepção empolgou a classe média no último quarto do século passado são facilmente identificáveis e foram seriamente exploradas à época. A difusão da prosperidade nas camadas médias da população fizeram com que uma família pequena se mostrasse extremamente atraente; prometia melhor instrução, melhores vestuários e melhores condições habitacionais, melhores oportunidades para o desenvolvimento social e econômico do indivíduo. Para as classes médias inferiores — escriturários, servidores públicos de escalões inferiores, e outros homens casados em condições semelhantes —, a limitação do tamanho das famílias se afigurava praticamente uma necessidade; cada criança adicionada significava um corte perfeitamente previsível em seu padrão de vida. A diminuição da influência das sanções religiosas, mesmo entre os devotos, aliviou em parte os sentimentos de culpa quanto à prevenção da concepção ou, em casos de emergência, quanto à prevenção do nascimento. A ampla divulgação das informações sobre o controle da natalidade e o aperfeiçoamento de suas técnicas transformaram-no primeiro num procedimento concebível; depois, num procedimento atraente; e finalmente num procedimento irresistível para muitos. E a gama cada vez mais extensa de métodos anticoncepcionais disponíveis permitia aos casais mais renitentes escolherem a técnica que mais lhes agradasse, fosse por razões estéticas, médicas, ou mesmo atléticas. Os debates vigorosos, e em geral corteses entre os defensores do controle de natalidade sobre quais técnicas seriam menos perturbadoras e mais efetivas, terminaram por constituir-se numa fonte excepcional de esclarecimento para quem os lia. Não importava que o marido defendesse as vantagens econômicas ou a mulher sua saúde como razão principal para a limitação da família, o casal sempre se punha de acordo quanto à *necessidade* de adotar um método anticoncepcional.

Produtos de borracha como os preservativos e os diafragmas, ardorosamente anunciados e atacados com igual veemência, eram os mais espetaculares dispositivos da moderna farmacopéia anticoncepcional, de sorte que seu avanço foi lento diante de concorrentes mais tradicionais. Francis Place havia recomendado a esponja vaginal e, em segundo lugar, o coito interrompido, dando preferência à primeira "por depender da mulher".[55] Por outro lado, Robert Dale Owen, em sua *Moral Physiology*, advogava somente o *coitus interruptus*. Nisso ele se enquadrava numa antiga tradição. Essa técnica prescindia de qualquer dispositivo ou remédio, e não exigia nenhuma interferência externa; requeria apenas um treinamento mínimo, e, por conseguinte, foi o método preferido para evitar-se a concepção durante todo o século XIX, assim como desde a antigüidade. Conforme sabemos, os Todd o utilizavam, assim como milhões de outros casais, com ou sem instrução superior. "Dentre as várias maneiras de prevenir a concepção, a que têm prevalecido em diversos países", diz Owen, "a que foi adotada e agora é universalmente praticada pelas classes cultas no continente europeu, pelos franceses e pelos italianos, e acredito que também pelos espanhóis e pelos alemães, consiste na completa retirada, por parte do homem, imediatamente antes da ejaculação". Owen estava convencido de que esse método era infalível; "em todos os casos, é eficaz".[56]

Owen estava enganado. Pesquisas médicas, ocasionais referências pessoais e a intensiva campanha encetada pela Igreja Católica Romana contra o que seus teólogos moralistas costumavam chamar de "masturbação conjugal" testemunham a popularidade que o *coitus interruptus* continuava gozando. Porém a longa permanência em voga desse método se devia mais a hábitos antigos e a preferências pessoais longamente acalentados do que a uma confiabilidade comprovada; sua eficácia era extremamente limitada, menor até mesmo do que a do método do ritmo. Exigia um certo grau de conhecimento de fisiologia, uma cooperação razoável entre os parceiros e, sobretudo, um autocontrole por parte do homem, justamente naqueles instantes em que a racionalidade se reduzia ao mínimo, que poucos homens teriam condições de apresentar. O máximo que se podia dizer a favor do *coitus interruptus* era que sua eficácia era um pouco maior do que a da lavagem com uma ducha após o coito. Aqueles que se dispusessem a empregar os preservativos ou diafragmas modernos, duas invenções do século XIX, e que tivessem meios para fazê-lo, estavam muito mais a salvo de uma gravidez indesejada do que os que praticavam o *coitus interruptus*. Porém não sabiam disso.

Owen tinha razão, todavia, ao dizer que era fácil tentar o *coitus interruptus*. "Poder-se-ia contrapor o argumento de que a prática requer um certo esforço mental e um sacrifício parcial. A isso eu replico que, na França, onde os homens o consideram uma *questão de honra* (como aliás ele deve ser considerado sempre que os interesses do outro sexo o exijam) — todos os moços aprendem a fazer os esforços necessários; e o hábito o torna fácil e rotineiro''. O ''sacrifício'' de prazer que essa prática exigia era ''mínimo'' na opinião de Owen, e até mesmo ''extremamente mínimo'', sobretudo quando comparado com o ''bem-estar permanente daqueles que nos são mais próximos e mais caros''. O pequeno ganho em ''gozo físico'' para aqueles que se recusavam a praticar o *coitus interruptus* não deveria pesar mais do que ''o conforto, o bem-estar — e em alguns casos a própria *vida* das pessoas que dizemos amar''. O cosmopolitismo de Owen é bastante simpático. Sendo um inglês que vivia nos Estados Unidos, ele apelava aos ''educados rapazes franceses'', que ficariam espantadíssimos se soubessem que outros homens podiam ser menos honrados e mais egoístas do que eles. ''Um francês que pertença às classes mais refinadas preferirá ser chamado de covarde a ser acusado de causar a gravidez de uma mulher que não a deseje'', mesmo que ''as leis matrimoniais lhe hajam concedido direitos legais sobre a pessoa dela''.[57] E para Owen essa era a prova conclusiva; para ele não havia dúvida de que os franceses detinham a autoridade máxima em assuntos dessa natureza.

A *Moral Physiology* de Owen teve mais de uma dúzia de edições, autorizadas e clandestinas, nos Estados Unidos, e pelo menos outras tantas na Inglaterra; somente foi ultrapassada pelo livro do dr. Charles Knowlton, *Fruits of Philosophy; or, The Private Companion of Young Married People* [Frutos da filosofia; ou o conselheiro íntimo dos jovens casais], publicado pela primeira vez em 1832. A rivalidade entre Knowlton e Owen se deu tanto no plano das idéias como em vendagem; Knowlton se sentia pouco à vontade em relação ao método recomendado por Owen, e defendia ao invés dele a lavagem com uma ducha após o coito. Esse método, argumentava ele, era seguro, acessível e (se bem que nesse ponto sua afirmação fosse apenas uma suposição) o mais satisfatório sexualmente. A ''seringa feminina'', escreve Knowlton, ao mesmo tempo ''simples e barata'', podia ser comprada em qualquer ''loja de um boticário'', e sua utilização punha o controle da concepção nas mãos da mulher, ''que é o lugar onde por boas razões deve ficar''.[58] Owen e Knowlton estavam de pleno acordo sobre o ponto de que a mulher sexualmente ativa precisava ser carinhosamente amada; quanto à melhor maneira de acarinhá-la é que começavam as divergências.

Os desacordos entre Owen e Knowlton definiram os termos em que os defensores do controle de natalidade discutiriam a contracepção até os dias de Sigmund Freud e ainda bem mais adiante. O aparecimento de dispositivos baratos, primeiro os preservativos e depois os diafragmas, não chegou a alterar substancialmente a questão. Estava claro que a eficácia constituía a consideração principal, e o público em geral se viu diante de uma confusão causada pelas dúvidas honestas e pelas afirmações, talvez não menos honestas, porém decerto auto-ilusórias dos defensores do controle. O ardor com que eles defendiam seus pontos de vista e a impaciência que manifestavam em relação a técnicas concorrentes levantavam algumas questões para as quais não havia resposta na época. À confusão relativa à segurança das diferentes técnicas rivais veio se acrescentar a questão subsidiária, mas de modo algum insignificante, do prazer sexual. Os advogados da ducha sugeriam que seu método era superior ao *coitus interruptus* não somente pela proteção que oferecia depois das relações sexuais, como também pelo prazer que oferecia durante as mesmas. Pregadores e médicos que condenavam qualquer forma de controle da natalidade argumentavam, com maldisfarçado e indiscriminado prazer, que todas elas eram em última instância perniciosas. O médico francês L. F. E. Bergeret achava que os vários métodos de ''masturbação conjugal'' causavam à mulher metrites (tanto agudas quanto crônicas), leucorréia, menorragia, hematoceles, tumores fibrosos, pólipos; hiperestesias, cólicas, neuroses e câncer do útero; histeralgias, nevralgias, congestões mamárias, doenças ovarianas e esterilidade, sem falar nos riscos de uma gravidez acidental. Já o homem podia contar com uretrites, inflamações da próstata, e naturalmente com a impotência; e ambos, caso se utilizassem de alguma forma de controle da natalidade, se expunham a diversos males do sistema nervoso, da circulação, dos órgãos respiratórios e do trato digestivo. A contracepção arruinava a vida familiar e corrompia a sociedade.[59] E Bergeret encontrou bons seguidores, como o obstetra inglês C. H. F. Routh, que não só adotou incondicionalmente a lista de males apresentada por Bergeret como ainda lhe acrescentou mais dois itens: mania suicida e ninfomania.[60]

Os defensores do controle da natalidade eram naturalmente menos escandalosos e tinham muito maior discernimento. Em suas primeiras especulações psicanalíticas, que datam de meados da década de 1890, Sigmund Freud via com bons olhos a "livre união sexual entre rapazes e moças de boas famílias", desde que houvesse "métodos inócuos para evitar a concepção". Infelizmente, os métodos disponíveis à época se afiguravam comprometidos, na opinião de Freud, por efeitos colaterais desagradáveis. Significativamente, esses efeitos colaterais ou *noxae* — a histeria e a neurose de angústia — derivavam diretamente da falta da gratificação sexual, tanto para o homem quanto para a mulher. E nisto, vale frisar mais uma vez, Freud se desviava radicalmente, não dos rumos tomados pelos burgueses em suas vidas privadas, mas das ideologias médicas e teológicas dominantes no século XIX. Em tudo o que diz respeito às relações sexuais, Freud tratava o homem e a mulher como parceiros em pé de igualdade absoluta: mulheres, escreve ele, "cujos maridos sofrem de *ejaculatio praecox* ou de uma potência sensivelmente reduzida" serão atacadas de ansiedade, assim como mulheres "cujos maridos praticam o *coitus interruptus* ou *reservatus*". Havia no entanto meios de evitar a doença. "Ela será poupada da neurose caso o homem, afetado pela *ejaculatio praecox* puder repetir imediatamente o congresso sexual, com melhor resultado." E, mais adiante, diz que o "*congressus reservatus* com preservativo não traz maiores danos à mulher se ela for excitável com facilidade e rapidez e o homem muito potente; do contrário, esse tipo de coito preventivo é tão pernicioso quanto os demais". E no que tange ao *coitus interruptus*, este, observa Freud, "é quase sempre pernicioso". Mas com uma ressalva: o *coitus interruptus* somente se torna danoso para a mulher "se o homem o praticar sem consideração por ela; isto é, se ele interromper o coito assim que sentir que *ele* está próximo à ejaculação, sem se preocupar com o ritmo característico da excitação dela". E, além disso, havia também o verso da moeda: "Se, ao contrário, o homem aguardar que a *mulher* atinja sua satisfação, esse coito terá para ela o significado de um coito normal; mas então o homem se tornará presa de uma neurose de angústia".[61] Conforme Freud percebia com toda a clareza, as pessoas que praticavam o controle da natalidade estavam correndo novos riscos psicológicos. Apesar disso, quando o controle da natalidade funcionava a contento, melhorava as condições de vida das pessoas e, a despeito da opinião que pudessem ter os padres, salvava muitas vidas.

As estatísticas populacionais, obtidas com precisão cada vez maior durante o desenrolar do século XIX, confirmam que o controle da natalidade de fato funcionou muito bem.[62] E as desagradáveis ansiedades apontadas pelos adversários da contracepção revelaram-se provas adicionais, se bem que irônicas, de sua eficácia. Os franceses, que foram os pioneiros na adoção da contracepção, foram também os primeiros a analisar e a deplorar suas conseqüências. A campanha contra o "despopulamento", que foi se tornando cada vez mais angustiante na década de 1870, era, para os alarmistas, um esplêndido exercício de nostalgia. Com *De la décadence de la France* [Sobre a decadência da França], escrito em 1849 por C. M. Raudot, estava dado o tom saudosista que lembrava um passado áureo, uma época já extinta em que as famílias eram religiosas, harmoniosas, resignadas — e numerosas. Frédéric Le Play, homem de habilidades versáteis na engenharia, nas ciências sociais e na política, emprestou sua enorme autoridade à mesma causa: à restauração de famílias solidamente constituídas — vale dizer, famílias pias e numerosas. E era verdade que muito mais franceses do que pessoas de outras nacionalidades estavam controlando o tamanho de suas famílias. A partir de meados da década de 1830, num ritmo acelerado e com um ou outro breve intervalo, a taxa de natalidade na França caiu mais rapidamente do que a taxa de mortalidade; em meados do século, a natalidade era superior à mortalidade apenas o suficiente para manter um crescimento populacional global por volta dos 5 por cento. Muitos *départements* já então apresentavam, e continuariam a apresentar, déficits populacionais. Entre 1800 e 1805, conforme ficou demonstrado mais tarde pelas obras do ilustre historiador econômico Émile Levasseur, os casais franceses haviam gerado em média 4,3 filhos legítimos; entre 1851 e 1855, esse número caíra a 3,1; e, ao final da década de 1880, ultrapassava um marco ao cair para apenas 2,9 — abaixo, portanto, do número mágico de três filhos legítimos por família.[63]

O pano de fundo para tais discussões angustiadas foi, naturalmente, a guerra que a França perdeu em 1870, uma ferida que os franceses continuaram a revolver com verdadeira obsessão durante as décadas seguintes. Como não podia deixar de ser, o argumento militar ocupou o centro do palco das inúmeras jeremiadas contrárias ao controle da natalidade. Um espécime característico é o do marquês de Nadaillac, *Affaiblissement de la natalité en France, ses causes et ses conséquences* [O enfraquecimento da natalidade na França, suas causas e suas conseqüências], publicado em 1885. Sua epígrafe constitui um lacônico apelo à tomada de medidas enérgicas em substituição à retórica: *Facta non verba* [Ações e não palavras]. E já no prefácio Nadaillac expõe francamente sua causa, colocando-se a serviço da defesa nacional, ou melhor, da vingança nacional. Sugere que se proceda a uma comparação entre as taxas de natalidade da França e as de outras nações, "hoje nossas rivais, amanhã talvez nossas inimigas"; e declara que uma ampla divulgação dos fatos era "um dever patriótico". Assim como tantos outros críticos daquilo que eles batizaram severamente de "fraudes conjugais", Nadaillac se preocupava com a escassez de soldados para guerras futuras: "O destino de uma nação depende de sua hegemonia militar, e essa hegemonia freqüentemente depende do número de homens que a nação pode convocar ao campo de batalha". Esse campo de batalha, porém, era mais vasto do que a arena dos combates militares: "Nas batalhas industriais, não menos ardorosas, não menos implacáveis, precisa-se produzir rapidamente, precisa-se produzir em grandes quantidades, e o número de braços jovens e vigorosos assegurará a vitória final no campo da economia".[64]

As perspectivas de uma tal vitória pareciam ao marquês de Nadaillac uma fantasia utópica, tendo em vista a pouca disposição dos casais franceses à procriação. Mais uma vez ele retoma os números já conhecidos: a cifra total de 380 nascimentos por 10 mil habitantes em 1700 havia caído, um século mais tarde, para apenas 245. E Nadaillac achava extremamente perturbadoras as comparações com outros países: na Rússia, 507; na Hungria, 416; na Prússia, 384; na Inglaterra, 337 nascimentos por 10 mil habitantes; e assim por diante, até chegar à França, que ocupava o último lugar, perdendo até mesmo para a Bélgica, onde o declínio da taxa de natalidade havia sido recentemente estancado. Esse vasto cenário estatístico servia para chamar a atenção para a única comparação que realmente preocupava Nadaillac: a taxa de natalidade na Alemanha. "Apesar das grandes lacunas causadas pela emigração", escreve ele, "a população alemã cresce rapidamente. Toda e qualquer casa alemã contém uma família numerosa; toda e qualquer casa francesa contém uma família pequena: este é o fato nu e cru, em todo o seu realismo brutal". Assegurava-se desse modo a hegemonia da Alemanha sobre a Europa, um grave perigo que seria imprudente minimizar.

Concordando com os defensores do controle da natalidade quanto à análise das causas e discordando veementemente de suas previsões otimistas, Nadaillac achava que os motivos da crise populacional francesa eram bem palpáveis: um excesso de teimosia, um "desejo egoísta" de bens materiais, que, na pior das hipóteses, equivalia à decadência: "De todas as causas que atuam sobre a vontade humana, impedindo que as taxas de natalidade cresçam e com isso ameaçando destruir nações e raças, sem dúvida a mais forte é a crescente desmoralização a que assistimos todos os dias. A desmesurada expansão do luxo, a ânsia frenética por prazeres e o desejo de subordinar a eles todo o resto, o desprezo por qualquer dever ou obrigação, todos esses fatores provêm dessa única causa". Essa ânsia por prazer — e o termo *jouissance* abrange também o gozo sexual — era gerada e violentamente fomentada pelas excitações sensuais a que os franceses modernos estavam constantemente sujeitos. Nadaillac enumerava os "nus mais audaciosos" exibidos em exposições, os "títulos mais escandalosos" que apareciam nas estantes das livrarias, as "gravuras ainda mais escandalosas" que adornavam as vitrines das lojas, as peças que anunciavam e divulgavam "paixões pecaminosas", os "romances mais escabrosos", repletos de "descrições extremamente arrojadas", que eram vendidos aos milhares; tudo isso, em conjunto, subvertia a autoridade familiar e estatal e dificilmente poderia propiciar uma atmosfera na qual os casais tivessem relações sexuais com o objetivo de produzir um maior número de franceses.[65] Está claro que os ataques contra o controle da natalidade eram inequivocamente dirigidos contra o prazer, sendo o prazer sexual seu alvo principal.

No início da década de 1890, Arsène Dumont, demógrafo ambicioso e eloqüente, elaborou a teoria da "capilaridade social" a fim de explicar a sensível diminuição do tamanho das famílias francesas. Os casais, argumentava ele, estavam planejando o número de filhos em função de suas aspirações, imitando a camada social à qual esperavam ascender. Muito mais do que o medo da pobreza, era a expectativa de avanços sociais e econômicos que se revelava um incentivo irresistível ao controle da natalidade. Outros demógrafos, mesmo que não estivessem totalmente convencidos da teoria de Dumont, se agregaram à causa antimalthusiana; o ilustre estatístico Jacques Bertillon presidia a Aliança Nacional para o Aumento da População Francesa, enquanto outros fundavam a Liga contra o Crime do Aborto. A campanha contra o controle da natalidade era bem financiada e bem organizada.

Com efeito, a aliança de todas essas pessoas que pretendiam expurgar o perigoso comprometimento dos franceses com o prazer egoísta era uma aliança muito influente e diversificada. Teólogos, tanto católicos quanto protestantes, se encontravam naturalmente na vanguarda, investindo incansavelmente contra os avanços que o neomalthusianismo havia obtido na burguesia francesa. Os moralistas condenavam a negligência das obrigações, que julgavam uma conseqüência da busca de prazer, ao passo que os patriotas condenavam os perigos insidiosos que essa busca representava para o poderio militar francês. Já os médicos tornavam públicos seus próprios diagnósticos especializados: o dr. H. M. Gourrier, da Faculdade de Medicina da Universidade de Paris, argumentava em seu livro *L'Avenir du mariage* [O futuro do casamento], de 1871, que tanto a abstenção completa de relações sexuais, como o *coitus interruptus*, ou ainda quaisquer dispositivos mecânicos, seriam perniciosos à saúde do marido e da mulher. O que ele chamava de "a prática truncada" ou "o lançamento dos fluidos seminais para fora", assim como também "a armazenagem desses fluidos no preservativo", o que aliás daria na mesma, só eram desculpáveis se a mulher se encontrasse com a saúde extremamente debilitada ou se outras circunstâncias de suma importância tornassem desaconselhável uma gravidez. De outro modo, as relações sexuais irrestritas eram absolutamente aconselháveis e desejáveis, não só pelo bem das gerações futuras como também dos próprios participantes: o "banho seminal localizado" lubrifica os órgãos internos da mulher, com grandes vantagens para ela. Além disso, o "amor materno" é o mais vital de todos os amores, e o "desejo de ser mãe" o mais natural de todos os sentimentos. E, durante a gestação, os desejos da mulher "se acalmam, de vez que os objetivos da natureza foram atingidos satisfatoriamente".[66]

Quando se tratava da questão populacional, todos eram peritos. Émile Zola, que havia enfocado a sexualidade como uma paixão sombria e taciturna em quase todos seus romances, lançou-se nos últimos anos de sua vida a uma extravagante celebração secular da maternidade. A maternidade se tornou para ele um verdadeiro portal para a salvação neste mundo. Os críticos literários voltaram suas atenções aos adjetivos religiosos que Zola aplicava ao ato sexual em seus últimos romances — desde que esse ato se destinasse, é claro, a ser santificado pela concepção. A 23 de maio de 1896 ele entrou no debate através de um artigo publicado no *Figaro*, significativamente intitulado "O despovoamento", no qual afirmava sem rodeios que "todo amor que não tem por objetivo a geração de uma criança não passa, no fundo, de uma depravação". *Fécondité* [Fertilidade], um dos seus últimos, mais tendenciosos e menos importantes romances, traduz para a ficção esta máxima. Todas as famílias do romance têm o inevitável destino que a tese defendida por seu inventor lhes impõe: aquelas que deliberadamente limitam o tamanho de sua prole, quer por esterilização voluntária, quer pelo aborto ou por quaisquer outros meios, têm um fim deplorável: alguns enlouquecem, outros se tornam assassinos, e outros ainda morrem na mais profunda miséria. Em contrapartida, o casal de personagens principais povoa o mundo com doze filhos, dos quais quase todos atingem uma maturidade saudável e feliz.

Confrontados com uma tal demonstração de opiniões hostis, bem como com um Estado francês sequioso de promover ações judiciais contra os propagandistas neomalthusianos, os defensores do controle da natalidade tinham que agir com extrema cautela. E, de fato, apesar de a taxa de natalidade na França não se recuperar, as atividades dos *procréatomanes* [maníacos da procriação], decididamente refrearam bastante a propaganda da contracepção e dos dispositivos existentes. As vozes da religião, da moralidade, da ciência social e do patriotismo soavam alto e claro e pareciam provir de autoridades; entretanto, o princípio da família com duas crianças apenas, trabalhando em silêncio, continuava a engrossar suas fileiras.

Em vista da vergonha sofrida em 1870, é fácil compreender a agitação dos "maníacos da procriação" franceses. Contudo, os alemães, que ao final das contas haviam vencido a guerra contra a França e, sobre esta vitória, tinham construído um formidável império, pareciam apenas um pouco menos preocupados do que os franceses. Reconheciam que os franceses não estavam se reproduzindo, porém temiam conluios revanchistas dos franceses, conchavos para cercar a Alemanha através de alianças com os russos, entre os quais a família numerosa ainda constituía o padrão. As lamúrias alemãs sobre as ameaças de um despovoamento, que começaram a aparecer em artigos esparsos pelos periódicos eruditos por volta de 1870, tornaram-se quase torrenciais após 1900, nos primeiros anos de uma política externa agressiva e do rearmamento igualmente agressivo da marinha de guerra alemã. Tais lamúrias são um indicador bastante representativo das ansiedades que dominavam o povo alemão, constituem fantasias de flacidez em meio a demonstrações de poder muscular, pois eram vagas, confusas e em boa parte injustificáveis. Assim, em 1913, quando publicou seu estudo "social e ético" do declínio da taxa de natalidade na Alemanha, o teólogo e historiador eclesiástico Reinhold Seeberg tinha a seu dispor não apenas as estatísticas oficiais — das quais lançou mão abundantemente — como também dezenas de panfletos e tratados já publicados na Alemanha, todos enfocando o mesmo assunto e adotando o mesmo tom, todos profetizando uma "calamidade nacional" e registrando "esse fenômeno misterioso, quase sobrenatural, que só pode ser chamado de 'o começo do fim'". Seeberg cita com aprovação evidente o "sinal de alerta ao povo alemão", emitido também em 1913 por Elias Schrenk, que incluía e destacava um apelo para a fundação de uma Liga Alemã para a Preservação do Povo. Cita também um estudo publicado no ano anterior por J. Wolf, intitulado, curiosamente, *O declínio dos nascimentos: a racionalização da vida sexual em nossa época*, do qual toma emprestados alguns dados estatísticos desalentadores. E Seeberg se refere igualmente à investigação meticulosa efetuada por Felix Theilhaber sobre a população berlinense, publicada em 1913, quase simultaneamente com sua própria brochura, e intitulada — empregando a hipérbole agourenta tão apreciada pelos populacionistas — *Berlim Estéril*.[67] Reinhold Seeberg era uma das vozes que compunham um coral bastante insistente.

O estribilho alarmista de Seeberg era o de que o declínio da taxa de natalidade na Alemanha era acentuado e parecia irreversível; os números que ele citava, numa retrospectiva que remontava à década de 1860, demonstravam uma tendência descendente que todos os alemães deveriam notar com apreensão, assim como as "tristes condições" que prevaleciam na França cortavam os corações dos patriotas franceses. Se bem que os alemães ainda dispusessem de uma sólida vantagem em relação aos franceses — em 1911, ocorriam na França menos de vinte nascimentos por mil habitantes, e na Alemanha mais de 31 —, a tendência em direção ao despovoamento da Alemanha equivalia a nada menos que uma avalache catastrófica. "Paira sobre nós a ameaça de uma situação em que nós todos, como povo, não mais estaremos progredindo e sim regredindo. Ora, todo povo que se torna vítima de um tal destino não tem escapatória no que se refere a sua posição política no mundo: ou se condena à decadência ou se vê forçado a receber sangue estrangeiro em quantidades cada vez mais significativas." Seeberg cita a previsão feita pelo "grande economista político francês Leroy-Beaulieu", de que "dentro de seis a oito gerações terá deixado de existir uma população puramente francesa, e seu lugar será ocupado por uma mistura de belgas, flamengos, alemães, espanhóis, italianos e polacos. Assim, nós também, na Alemanha, teremos que nos resignar gradualmente a um amontoado semelhante de povos estrangeiros, sobretudo eslavos e provavelmente judeus da Europa oriental". E isso seria o fim da Alemanha como potência mundial. Tudo isso ocorria porque "a crescente prosperidade" havia gerado o desejo de participar da riqueza; o "sistema de duas crianças" passara a gozar de imensa popularidade, e, aqui e acolá, havia sido até mesmo suplantado pelo "sistema de uma criança apenas", ou, pior ainda, pelo "sistema de criança nenhuma". Os ensinamentos radicais da social-democracia apenas fomentavam a causa do despovoamento, e a irresistível atração exercida pelas grandes cidades cheias de luxo e excitação também faziam a sua parte. O mais devastador de todos os fatores da decadência, entretanto, era, na opinião de Seeberg, o novo estado de espírito que se havia apossado das "largas camadas intermediárias da população", uma obsessão fatal pelo individualismo e pelo materialismo. A perdição definitiva estava próxima, e se ainda não era imediata, tampouco tardaria, e eram as classes médias que lideravam a marcha rumo à catástrofe.[68]

Tal era, pois, a índole da literatura antimalthusiana através do países e da décadas: indignada, tensa, e próxima do pânico por volta da virada do século. Havia variações de âmbito local, porém os adversários da contracepção formavam uma grande família internacional. As cruzadas contra a ampla divulgação de informações relativas ao controle da natalidade talvez tenham atingido seu ápice nos Estados Unidos; mas assumiam feições bastante visíveis na paisagem cultural da Europa também. Embora as especulações relacionadas com a eugenia se mostrassem particularmente explosivas na Grã-Bretanha e na Alemanha, propostas vinculadas ao controle populacional e ao "aperfeiçoamento racial" também foram esboçadas em outros países. Não era nada fácil identificar os mais extremados partidários da eugenia: raramente eles tinham certeza se era mais urgente encorajar os inteligentes e os prósperos a se reproduzirem ou impedir que os imbecis e os indigentes, que se multiplicavam como coelhos, invadissem, conquistassem e afogassem o mundo no atoleiro de sua prole inferior. Comparadas a tais propostas inflamadas, as publicações dos neomalthusianos, apesar de freqüentemente ingênuas e inevitavelmente repetitivas, eram a própria imagem da sobriedade. As estatísticas que os antimalthusianos divulgavam em suas publicações não passavam de uma couraça atrás da qual escondiam suas ansiedades. Todos admitiam que era difícil interpretá-las com segurança, mas na verdade elas não davam motivo para grandes preocupações. E além do mais pouco alívio traziam para o sentimento de impotência diante de um mundo que já fugia aceleradamente a qualquer controle. O declínio das taxas de natalidade deve ter parecido a muitos antimalthusianos o reflexo de sua impotência sexual.

As publicações sobre o controle da natalidade são janelas que nos permitem vislumbrar a sexualidade burguesa do século XIX, bem como o âmbito restrito de privacidade no qual ela se via obrigada a manobrar. Essa afirmação é verdadeira tanto para as publicações tendenciosas como para as científicas — e, conforme se pôde perceber claramente, muitas vezes era impossível distinguir umas das outras. Autores dogmáticos de todas as orientações não demonstravam nenhuma hesitação consciente em seus pronunciamentos, porém, se os tomarmos em conjunto, podem ser interpretados como um extenso comentário sobre as perplexidades que dominavam toda a burguesia do século XIX. Eles expõem o conflito irreconciliável entre o interesse próprio e o dever, entre o desejo e a defesa. A posição oficialmente imposta, articulada por teólogos, demógrafos e políticos, podia resumir-se num grito de advertência de que os valores tradicionais se achavam ameaçados, uma advertência que muitos burgueses consideravam convincente. Daí os seus conflitos interiores. Não foram apenas as pressões políticas e religiosas, o pavor do inferno ou de uma condenação legal, estimulados por padres e censores, que levaram bons burgueses a acessos de sentimentos de culpa diante da possibilidade do emprego de preservativos ou do *coitus interruptus*. Os frenéticos apelos ao patriotismo e as descrições sentimentalistas de grandes famílias felizes faziam vibrar cordas sensíveis na mente burguesa. Possuíam a força de mágico apelo que têm as lembranças da infância quando são despertadas. As famílias burguesas que continuavam a povoar o mundo ocidental com sua prole numerosa eram um tributo aos ideais que as pessoas de respeito professaram e continuavam a ensinar a seus descendentes. Do ponto de vista dessas pessoas respeitáveis, os defensores do controle da natalidade se afiguravam instrumento de tentação a um hedonismo descontrolado, propagandistas irresponsáveis do princípio do prazer.

Da perspectiva dos tentadores a questão era naturalmente bem diversa. Encontravam-se numa situação que os obrigava a trabalhar mais clandestinamente do que lhes aprazia, e de fato a contracepção dificilmente seria uma dieta de primeira necessidade que os casais se dispusessem a discutir, mesmo quando a sós. Não é de admirar que normalmente as cartas e os diários burgueses revelem tão pouco acerca desse assunto de vital importância. Mas os defensores do controle da natalidade agiam, por assim dizer, como psicanalistas da burguesia, demonstrando que as sucessivas gestações sem controle significavam uma restauração irracional de antigas superstições e que os argumentos a favor delas não passavam de obstruções neuróticas a um comportamento racional. A posição oficialmente adotada parecia-lhes apenas uma manobra defensiva, que se tornava cada vez mais vã à medida que o século XIX seguia seu curso, pois divulgava e recomendava enfaticamente posturas respeitáveis que a maioria dos burgueses diziam apoiar, mas cada vez menos achavam dignas de credibilidade.

Se bem que permita entrever a sexualidade da burguesia no século XIX, a contracepção obviamente não se restringiu às camadas medianas da população; prostitutas, aristocratas e muitos camponeses já a vinham praticando desde tempos imemoriais. O predomínio do aborto e epidemias de infanticídios — incalculáveis uma vez que muitos assassinatos de crianças eram disfarçados sob a forma de uma entrega das crianças a pessoas que lhes propiciassem cuidados profissionais — sugerem fortemente que as técnicas preventivas empregadas eram freqüentemente ineficazes. Quer na forma de simpatias supersticiosas ou de ervas insistentemente anunciadas, da lactação prolongada ou do *coitus interruptus*, os métodos de controle da natalidade já eram conhecidos muito antes do século XIX, e por muitas outras classes além da burguesia. O que torna único o controle da natalidade na burguesia do século XIX é o fato de amplos segmentos de uma classe influente o terem adotado como parte de uma política sistemática de planejamento familiar. E é justamente esta resposta um coro ao que denomino de "pressões da realidade", que faz do controle da natalidade nas classes médias um ingrediente indispensável do estilo de vida sensual na era vitoriana, muitos anos antes de alguém ter sequer ouvido o nome de Freud.

Esse caráter de classe do controle da natalidade e o modo como as técnicas anticoncepcionais disseminavam-se das camadas superiores às inferiores da sociedade pareciam ser fatos indiscutíveis para os autores do século XIX. Já em 1886 o marquês de Nadaillac insistira em que "o desejo de não ter filhos, um mal que se expande ano a ano, descia das classes ricas às classes médias", e destas aos pequenos proprietários de terras e aos operários nos centros urbanos. Sete anos mais tarde, Sigmund Freud escrevia a Wilhelm Fliess: "Os estratos inferiores da população, que desconhecem o malthusianismo, estão sendo arrastados" pelo mesmo caminho: quando chegasse a hora, pensava Freud, eles também se tornariam vítimas das neuroses que até então assolavam sobretudo as classes médias.[69] Desde os primeiros dias da propaganda contracepcional, nos pasquins de Francis Place e outros, pelo menos aos propagandistas parecia evidente que, se a burguesia tinha necessidade de controlar sua natalidade, a necessidade das camadas inferiores era sem dúvida maior, mas elas só chegariam a isso depois das classes médias, e através do seu exemplo. A contracepção exigia conhecimento de seus métodos e disposição de adotá-los, e a burguesia se mostrava cada vez mais pronta a divulgar uns e a estimular a outra.[70] Já os marxistas, inclusive as mulheres, viam a campanha pela contracepção com muitas reservas; parecia-lhes que tudo não passava de mais um estratagema burguês para fugir às reformas sociais drásticas, um legado essencialmente reacionário do individualismo. Limitar o número de proletários equivalia a negar, não buchas de canhão para os capitalistas, mas soldados à revolução. "A questão social jamais poderá ser resolvida por meio de uma ajuda ao indivíduo," diz Rosa Luxemburgo em 1913, "mas somente através de ajuda em massa. Como arma do proletariado, a limitação dos nascimentos deve ser categoricamente rejeitada".[71]

Todas as formas de prevenção e controle da natalidade, pois, estavam irreversivelmente ligadas à cultura burguesa nos seus pontos mais decisivos. Entretanto, é difícil avaliar seu impacto sobre a sexualidade burguesa do século XIX. O material é escasso, e os seus elos são predominantemente deduzidos a posteriori. O senso comum indica fortemente que tais elos eram bastante estreitos. Quando as mulheres tivessem reduzido significativamente o medo de estarem expostas a uma febre puerperal mortífera toda vez que levassem a termo uma gestação, quando homens e mulheres, juntos, pudessem esquecer o receio, apenas ligeiramente menos traumático, de se verem condenados a privações em decorrência de uma gravidez indesejada, porém irreversível, a atividade sexual poderia ser gozada com total abandono. O simples fato de os casais estarem modificando suas vidas sexuais, de uma posição de resignação à aceitação do aquiescência planejamento familiar, deve ter propiciado ao relacionamento sexual um acréscimo gratificante de energia e liberdade.

No entanto, nos níveis mais profundos da experiência interior a questão não era tão simples. Não há dúvida de que o controle da natalidade trouxe benefícios inestimáveis. Mas o alívio das terríveis ansiedades relativas à atividade sexual só foi obtido ao custo de se provocarem outras ansiedades, ainda que menos paralisantes. Limitar a própria prole equivalia a levantar questões insistentes, ainda que inconscientes, quanto à própria capacidade de fazer e criar filhos. As técnicas e os dispositivos anticoncepcionais, quer fossem o *coitus interruptus*, o emprego de preservativos ou qualquer outro, eram ensaios para a impotência e a esterilidade; o fato de tal impotência e tal esterilidade serem deliberadas e reversíveis deve ter reduzido a intensidade da angústia por elas geradas, porém no nível mais íntimo e profundo da experiência pessoal, essa ameaça ainda mantinha uma certa força. Além disso, as medidas preventivas obrigavam ao sacrifício de parte do prazer, antes, durante e depois do coito, um sacrifício que, conforme Sigmund Freud advertiu sensatamente, poderia provocar neuroses. Por conseguinte, ao mesmo tempo que tais relações sexuais aumentavam a sensação de liberdade em alguns aspectos, restringiam-na em outros. Comprometiam a gratificação espontânea dos desejos por submeterem as paixões à interferência de um frio planejamento; traziam o ego para um terreno no qual o id havia reinado de modo mais ou menos absoluto e convidavam o princípio da realidade a intervir no funcionamento do princípio do prazer.

Se essas ressalvas forem deixadas à margem, todavia, as provas que nos foram legadas pelo século XIX convencem-nos de que a contracepção melhorou a gratificação sexual de ambos os parceiros. De modo bastante revelador, os antagonistas do controle da natalidade o denunciavam como um passo para a satisfação egoísta, irrefreada e pecaminosa, ao passo que seus defensores rejeitavam o apelo de Malthus a um celibato voluntário por considerá-lo uma avaliação irreal da paixão sexual, quando não uma afronta a ela. Ademais, a iniciativa de planejar a dimensão da própria família serviu para reduzir, ainda que talvez não para eliminar, as desigualdades entre marido e mulher. Isto porque era um assunto aberto à discussão. As desigualdades permaneceriam; estavam implícitas nos imperativos biológicos e eram reforçadas pelas convenções sociais. Afinal de contas, não foram os homens, mas sim as mulheres, que se viram impelidas a uma campanha pelo controle de seus próprios corpos; e não seriam as mulheres, mas sim os homens, que lembrariam imperiosamente às parceiras suas obrigações conjugais. Mas as práticas anticoncepcionais, em qualquer de suas formas, exigiam uma certa cooperação, por menor que fosse, entre os amantes.

Os defensores do controle da natalidade no século XIX costumavam dizer que alguns dispositivos, como as camisas-de-vênus, davam ao marido o poder de decisão, ao passo que outros, como as duchas, o entregavam à mulher. Mas essa é uma questão mecânica. Mesmo que o marido colocasse o dispositivo ou o retirasse antes de ejacular, é provável que não agisse dessa forma apenas por consideração à mulher, mas somente após haverem ambos chegado a um acordo sobre esse assunto delicado. Em fins do século XVIII, padres confessores franceses já haviam criticado "a excessiva consideração com que os maridos tratavam suas mulheres", a forma por demais "cuidadosa e excessivamente delicada" com que as poupavam dos incômodos de uma gravidez sem por isso renunciarem aos prazeres do ato sexual.[72] E no século XIX às vezes eram os homens que defendiam o ideal da completa igualdade entre os sexos no casamento, visualizando claramente discussões francas entre os cônjuges. Em suas loas do "amor-matrimônio", uma série de cartas fictícias, o reformador americano Henry C. Wright definiu enfaticamente, em meados do século, que "*À mulher cabe decidir com que freqüência, e em que circunstâncias*", seu marido poderá ter o prazer de "*exprimir apaixonadamente seu amor*". Segundo o argumento de Wright, somente sobre o alicerce de um genuíno respeito recíproco um casamento deveria realizar-se e consumar-se. "A satisfação passional, *exigida como se fosse um direito*, é um estupro contra a pessoa que o marido, diante de Deus e dos homens, prometeu amar, honrar e proteger." Wright sugere sutilmente que tal renúncia voluntária a uma "gestação forçada" terá por conseqüência um prazer sexual mais intenso e prolongado para ambos os parceiros. "Com toda a razão disseste", diz a esposa fictícia a seu marido, "que a mulher é quem deve controlar essas relações, nas quais toda sua natureza é tão severamente exigida. O prazer de um momento pode roubar-lhe um ano de vida; e será que ela não deve ter direito a opinar, nem mesmo a ser consultada, sobre as funções de seu corpo, as emoções de sua alma e as mudanças que, pelo nascimento de seus filhos, advirão para seu destino eterno?" Que o amante se volte para o outro lado "quando seu olhar por demais ardente encontrar na face dela a dor ou o acanhamento", e que "em quaisquer circunstâncias o marido se mostre observador e, conseqüentemente, terno e atencioso". Então, "a idade avançada ainda encontrará um amor jovem. O amor de então será a memória desta vida presente, assim como a jubilosa expectativa do futuro".[73] Mesmo para Wright, um radical, não havia como ser inconvenientemente explícito quanto aos dividendos eróticos do controle da natalidade.

Henry C. Wright era um propagandista, não um repórter; seu livro *Marriage and Parentage* [Matrimônio e família] ia muito além da prática comum em meados do século XIX. As estatísticas populacionais, entretanto, indicam que suas opiniões se tornaram comuns, ou pelo menos amplamente acessíveis emocionalmente, três ou quatro décadas mais tarde. Um defensor anônimo do controle da natalidade já havia dito precisamente o seguinte em 1855: se as mulheres soubessem que podiam determinar o número de crianças que teriam, "com que prazer poderiam então entregar-se aos abraços amorosos". A dra.

Elizabeth Blackwell, cristã e cientista na mesma medida, concordava plenamente: "Nas mulheres sadias e amorosas, que não tenham sido prejudicadas pelas lesões que freqüentemente resultam do parto, a gratificação física é incrementada pela consumação máxima da expressão física do amor".[74] As recompensas do ato sexual livre da procriação se espraiam sem sombra de dúvida através das respostas dadas à pesquisa da dra. Clelia Mosher. E a perspectiva de tal gratificação, que talvez não fosse fundamental, mas de modo algum poderia ser considerada insignificante, paira constantemente sobre a maneira tímida com que algumas mulheres do século XIX expressavam seu desejo, nunca verbalizado porém profundamente sentido, de não ter filhos. Havia prazer na segurança.

É impossível interpretar a autobiografia erótica de Mabel Todd de qualquer outra maneira. Suas lembranças do dia em que, contrariamente às suas intenções, ela engravidou, são inequívocas. Hoje em dia sabemos o quanto sua teoria para evitar a concepção carecia de fundamento. Mas o que importa é a atitude que estava implícita na teoria. A biologia podia ter a força do destino, mas os Todd, e muitos outros casais, procuravam meios de anular seus decretos mais rigorosos e ao mesmo tempo gozar suas dádivas mais deliciosas. E quando não havia como fugir, restava ao menos a possibilidade de sonhar.

Quando Freud estava escrevendo a *Interpretação dos sonhos*, um de seus amigos lhe relatou: "'Minha esposa me pediu que eu contasse ao senhor que ontem ela sonhou que estava menstruada. O senhor saberá o que isso significa.' É claro que eu sei", concordou Freud. "Se essa jovem senhora sonhou que estava menstruada, é porque sua menstruação havia falhado. Posso imaginar que de bom grado ela ainda teria gozado sua liberdade por mais algum tempo, antes que lhe sobreviessem os incômodos da maternidade. Foi um modo bastante hábil de ela anunciar sua primeira gravidez."[75] Foi também um modo bastante hábil, disso estou convencido eu, de anunciar seu desejo de permanecer sexualmente disponível e sexualmente ativa.

Essa mulher era apenas uma entre muitas burguesas para as quais os conflitos morais do século XIX não podiam ser facilmente resolvidos, nem mesmo pelas igrejas, que tampouco dispunham de respostas convincentes. A elevação do padrão de vida, a expansão das várias formas de lazer, uma maior expectativa de longevidade, a crescente e justificada preocupação com o futuro das crianças, tudo isso, especialmente nas camadas medianas da população, tornou o neomalthusianismo mais atraente do que nunca. E a tecnologia, aliada à informação, tornou-o acessível. Por conseguinte à medida que o século progredia, cada vez mais burgueses encontravam meios de minimizar, quando não de alterar completamente, as pressões sobre sua sensualidade. Ao mesmo tempo, algumas realidades físicas, econômicas e culturais permaneciam irremovíveis e serviam como lembretes eficazes de que era necessário aos burgueses refrearem suas opções. Conforme demonstra o modo como encaravam a contracepção, eles viviam numa faixa intermediária, suspensos entre uma sabedoria inocente e uma ingenuidade refinada, entre o conhecimento e a ignorância. Muito sabiam, mas havia muito que preferiam não saber.

IV

A IGNORÂNCIA ERUDITA

1. UMA ERA DE INOCÊNCIA ARTIFICIAL

Os seres humanos são ignorantes em muitas ocasiões. Embora façam sua estréia na vida providos de uma gama impressionante de dotes físicos e mentais, todos esses dotes não passam de possibilidades irrealizadas, à espera de experiências. Então, de imediato, o mundo se encarrega de inscrever em suas mentes conhecimentos de vários tipos. Os primeiros contatos do bebê com o mundo são lições extensas, e muitas vezes penosas, de educação sexual; o seio da mãe, o calor de seus abraços, sua voz tranqüilizante, suas ausências inexplicáveis e apavorantes, constituem uma preparação decisiva, e por vezes bastante árdua, para a carreira de amante na vida adulta.

Essa preparação é decisiva, mas em grande parte inconsciente. À medida que a criança começa a distinguir entre necessidades interiores e impressões externas, os limites entre o eu e o mundo, e dá início ao seu relacionamento solitário e nem sempre feliz com seus pais, ela acumula a matéria-prima com a qual mais tarde construirá sua agenda erótica. Segue-se depois a fase edipiana, aquele pungente triângulo doméstico, a primeira crise de longo alcance na história amorosa da criança, tão decisiva para a menina quanto para o menino. Entretanto essas fases iniciais do desenvolvimento são quase totalmente esquecidas posteriormente, apesar de permanecerem arquivadas pelo resto da vida; tendo atravessado a fase edipiana, a criança passa a reprimir boa parte daquilo que aprendeu. Há bons motivos para tal esquecimento: o menino prefere sem dúvida não ser lembrado das ameaças abertas ou veladas ao seu estimado pênis; a menina prefere sem dúvida negar seu desapontamento ao descobrir que não tem um pênis a perder.

Contudo, longe dos olhos não é longe da mente. Embora as investigações sexuais da criança, bem como suas bizarras teorias sexuais — para não mencionarmos suas experiências sexuais — sejam sufocadas por uma amnésia irresistível, nada disso se perde: torna-se tão-somente inacessível. Num futuro ainda distante todas essas memórias reemergirão, disfarçadas e aprimoradas, sob a forma de uma disposição amorosa, de um gosto especial, de lembranças distorcidas e, freqüentemente, de um sintoma neurótico. Após o longo período de hibernação sexual que se estende dos cinco ou seis anos até o advento da puberdade, ocorre uma segunda e privilegiada fase na educação erótica, a adolescência — uma época em que a sexualidade, exigindo ser reconhecida com uma insistência física peculiar, não admite ser negada. As experiências e os problemas sexuais do adolescente são de certa forma uma repetição de suas aventuras infantis. A amnésia, no entanto, intervém novamente, dessa vez de forma menos radical, porém não menos intrusiva, diminuindo consideravelmente o estoque de conhecimentos sensuais disponíveis tanto para o rapaz como para a mocinha. É válido questionar se essa perda é realmente substancial; afinal de contas, a maioria das explicações dos processos sexuais que os jovens elaboram para si mesmos e para seus amigos são imprecisas e, em suas primeiras versões, absolutamente fantásticas.[1] Mas as repressões, primeiro durante os anos da latência e posteriormente após a puberdade, não fazem distinção alguma nesse sentido; tanto o noivo quanto a noiva, em sua noite de núpcias, provavelmente já se esqueceram do que haviam corretamente observado e do que haviam inventado por força de sua ansiedade. Uma vez perdida, a inocência jamais pode ser recuperada, porém no século XIX os jovens das classes "respeitáveis" não raro ingressavam no casamento munidos de algo que eu chamaria de uma inocência artificial.

Esse simulacro de inocência acompanhava necessariamente, ao menos em parte, o desenvolvimento psicossexual próprio da espécie humana, algo que os burgueses do século XIX tinham em comum com o restante da humanidade. O estoque humano de desejos incestuosos, excitantes e ao mesmo tempo aterrorizantes, bem como a forma como eles irrompem na maturidade, tornam as repressões inevitáveis e, muitas vezes, benéficas. Protegem a capacidade de manobra no âmbito de relacionamentos íntimo e ajudam a resguardar a sanidade. E algumas dessas repressões podiam ser suspensas da maneira mais gratificante no leito conjugal. "O prazer", observou em 1884 o eminente obstetra escocês J. Matthews Duncan, "muitas vezes não está presente por ocasião do casamento, mas pouco a pouco vai se desenvolvendo durante a continuação do estado conjugal".[2] Cerca de um decênio e meio mais tarde, o especialista alemão dr. Friedrich Siebert observava o mesmo fenômeno: "É preciso ser dito que é absolutamente injustificado permitir que uma moça se case, como ocorre amiúde, sem que seja preparada para o que a espera. Entretanto", acrescenta ele sensatamente, "de modo geral as mulheres não fogem de seus maridos por este motivo"; e tampouco, por este motivo, costumam gritar por socorro. "Sabem como ajustar-se à nova situação e como descobrir seus aspectos agradáveis. Porém, algumas senhoras de idade me disseram que relembram sua primeira noite de casadas com horror e arrependimento."[3] No entanto esse horror era curável — às vezes.

O advento de uma possibilidade liberadora para o gozo dos prazeres sexuais não se deveu simplesmente à emergência de novos conhecimentos; foi também uma liberação de conhecimentos repudiados, uma espécie de memória. E esse fato nos ajuda a explicar aquilo em que tenho insistido: a existência de casamentos sexualmente felizes nas classes médias do século XIX. Esses casamentos adquiriram seu doce sabor quando paixões infantis descobriram alvos adultos que mereciam uma total dedicação, e com o apoio de cônjuges sensíveis — sempre supondo-se a inexistência de traumas sexuais paralisantes.

Contudo, essa educação, ou melhor, reeducação dos sentidos era freqüentemente sabotada, e por vezes até mesmo condenada, pelos obstáculos que a sociedade respeitável do século XIX colocava em seu caminho. Porta-vozes influentes daquela sociedade estavam firmemente determinados a impor a ignorância a seus jovens. Muitos médicos, clérigos e professores, seguindo o estilo definido pelos médicos, teimavam em não enxergar os fatos sexuais que os rodeavam e inventavam, ou exageravam, as ameaças à saúde fisica e mental resultantes da satisfação sexual, ameaças que confundiam e atemorizavam o público a quem eles deveriam servir. Quando se tratava de fornecer informações e de formar comportamentos relativos à sexualidade, os profissionais eruditos muitas vezes se arrastavam na esteira do público sensato e culto da classe média de sua época, e assim espalhavam mais trevas que luz. Mas essas profissões, conforme veremos, estavam totalmente comprometidas com sua cultura, da qual eram representantes.

A inocência não era uma política deliberadamente adotada, mas uma defesa não espontânea, ainda que facilmente adaptável às circunstâncias. O estilo cultural da época fomentou o que A. J. Munby, advogado, poeta e amante compulsivo de mulheres das classes trabalhadoras, chamou de "aquela *ignorância* do vício que torna a mulher desejável".[4]

O culto da privacidade e a timidez para os nomes de quaisquer atos físicos, quanto mais de relacionamentos sexuais, eram apenas as manifestações mais óbvias, e as que permaneceram sendo claramente lembradas, daquilo que estou denominando de ignorância erudita. Tratava-se de uma ignorância inconscientemente desejada, informalmente transmitida e assiduamente estimulada. Ao reprimir, o século burguês era muito mais eficiente do que pensava.

As espantosas histórias que evocam uma sexualidade familiar amordaçada, unilateral e miserável, ou rapazes e moças bem-educados, porém pateticamente desinformados sobre o sexo em todas as suas ramificações, continuam a gozar da mais ampla popularidade e constituem ingrediente indispensável da noção que nos foi transmitida sobre as classes médias da era vitoriana. Muitas dessas histórias já foram desacreditadas, passando à condição de mitos ou de generalizações injustificadas. A rainha Vitória, não obstante sua reputação em contrário, freqüentemente se divertia; ela até mesmo desenhava, e às vezes comprava, nus masculinos, e numa ocasião deu de presente a seu adorado marido Alberto justamente um desses nus.[5] Entretanto, algumas dessas histórias são verdadeiras; são cultuadas em relatórios psiquiátricos, nos escândalos públicos causados pela supressão de alguns livros e nas pungentes confissões autobiográficas. "Eu era uma criança bastante curiosa, especialmente quanto aos assuntos relacionados ao sexo", escreveu lady Lutyens, relembrando os dias do início da década de 1880, quando ela ainda era Emily Lytton, "porém jamais me ocorreu perguntar alguma coisa sobre tais assuntos à minha mãe. Entretanto eu vivia aborrecendo os criados com perguntas, e fingia saber mais do que na realidade sabia, com a intenção de arrancar deles alguma informação. Uma prima e eu fizemos um trato de que contaríamos uma à outra tudo o que conseguíssemos descobrir". Ao que tudo indica, nem os criados nem tampouco a prima lhe forneceram as informações físicas e psicológicas que ela procurava; o que sabia não lhe serviu, conforme ela descobriu mais tarde, justamente quando mais precisava de proteção. Em 1893, aos dezoito anos, ela se enamorou de Wilfrid Scawen Blunt, um famoso explorador e conquistador inescrupuloso de mulheres, a quem ela considerava "o mais belo homem que jamais conheci, e creio que fisicamente o mais atraente", apesar de ele ser mais de três vezes mais velho do que ela (ou talvez precisamente por isso): Blunt tinha 53 anos quando tentou, de modo viril mas em vão, levá-la ao leito.

Emily Lytton tinha uma visão suficientemente clara das fontes e dos riscos de sua paixão, e atribuía a culpa por encontrar-se desarmada diante da tentação sexual às evasivas polidas e aos longos silêncios impotentes: "Nossas experiências recentes me demonstraram com toda a nitidez", escreve ela a uma confidente, "o quanto são vãs e descabidas as proteções convencionais com as quais se acredita resguardar as mulheres da corrupção. Uma específica paixão causa, direta ou indiretamente, talvez a metade de todos os vícios e miséria do mundo. Essa paixão é implantada na natureza humana com bons propósitos, mas com esse informante residente, além dos milhares de insinuações (e às vezes mais do que insinuações) que constantemente vêm à tona, supõe-se que a inocência será preservada através de uma ignorância impossível". Indignada, ela pergunta: "Que tipo de segurança pode haver numa barreira fictícia que raramente tem alguma existência real? E de fato pouco se fica a dever à loucura, quando as pessoas se apegam a tais fingimentos ocos e neles se fiam".[6] Conheço poucas passagens que evocam com tal precisão e com tanta delicadeza as exigências importunas da paixão sexual, o "informante residente", sobre o adolescente. Ocorre que Emily Lytton conseguiu livrar-se das tentações de Blunt com sua virgindade e seu respeito próprio intactos, e que em 1897, quando enfim se libertou daquele encantamento fatal, ela se casou com o jovem e promissor arquiteto Edwin Lutyens, então em franca ascensão profissional. Ela conseguiu se libertar de Blunt, porém até o fim da vida permaneceu convicta de que, se antes houvesse sabido mais, teria sem dúvida sofrido menos.

Do modo como as coisas se desenrolaram, ela teve que sofrer bastante. Seu casamento foi bastante íntimo e, apesar de todas as vicissitudes, bem-sucedido. Conforme ela mesma exclamou, dirigindo-se ao marido em 1929: "32 anos!! Não é maravilhoso? Como temos sido felizes apesar de todos os altos e baixos". Esses altos e baixos incluíam o fato de ela ter se recusado ao marido durante anos a fio, e Edwin Lutyens ter se envolvido num longo caso amoroso. A lua-de-mel, conforme Emily Lutyens escreveu a seu marido anos mais tarde, mesmo em lembranças permanecia "um pesadelo de dores físicas e desapontamentos emocionais". O pesadelo maior — um longo envolvimento dela com a teosofia e a interrupção completa de qualquer relacionamento físico após dezessete anos de casamento e três filhos — tornou-se inevitável não por ser uma mulher frígida, mas pelo contrário, por ser ela extremamente apaixonada. "Lembra-te de que me casei contigo", diz ela ao marido, "amando-te e desejando-te fisicamente tanto quanto tu me desejavas. Não te censuro, por um instante sequer, pelo que se passou depois, pois agiste apenas de modo egoísta e impensado, e eu também fui bastante boba". Edwin Lutyens havia chegado ao casamento tão inexperiente quanto sua noiva; exigente e dotado de uma disposição sexual altamente desenvolvida, evidentemente ele ejaculava com rapidez sem satisfazê-la, deixando-a logo em seguida, conforme ela contou francamente à sua filha Mary mais tarde, "noite após noite, desapontada e ressentida". Ela queria compartilhar seus pensamentos, sua leitura, seu trabalho. Porém, mesmo ao expressar sua patética e sentida necessidade interior de compartilhar a vida intelectual do marido, fazia-o por meio de metáforas tão vividamente físicas que chamavam a atenção para seus apetites sexuais frustrados: "Não é que eu não te ame — amo-te tanto que quero mais de ti — não teu corpo, mas tua alma, teu intelecto, algo grandioso a que possa me agarrar e que possa compartilhar". Esse algo grandioso a que ela pudesse se agarrar se parecia notavelmente ao seu pênis: "Peço-te encarecidamente que tentes atrair-me a ti enquanto ainda é tempo", escreve ela na mesma carta, "sê paciente e carinhoso comigo — e dá-me um pouquinho de tua vida. Não sou demasiadamente exigente — se apenas me considerasses tão importante para ti quanto o teu cachimbo![7] Ele responde pedindo-lhe que o perdoe, que tenha paciência com ele, mas que seu cachimbo era seu cachimbo e ele jamais havia descoberto como compartilhá-lo com ela, como satisfazê-la. Os dois estavam profundamente apaixonados, e a despeito de todos os altos e baixos, amaram-se cada vez mais à medida que os anos de vida em comum se passavam. No entanto, a ignorância a respeito do sexo constituía um verdadeiro convite às dificuldades, senão à tragédia, e o fato de eles compartilharem essa ignorância tornava o convite ainda mais premente.

A julgar pelo sofrimento de outras pessoas, tão desinformadas quanto Emily Lutyens e seu marido, a apreciação que ela faz da situação das mocinhas de classe média em seu século não é nem excêntrica nem subjetiva. Ao publicar sua autobiografia em 1893, Annie Besant, depois de passar pelo ritualismo cristão, pelo ceticismo, pelo ateísmo, pelo radicalismo sexual, pelo reformismo legal, pelo socialismo e pela teosofia, descreveu o assunto com a lucidez de uma autora experiente. O livro em si vale pela força de suas acusações, pois nele ela censura com toda a franqueza a falta de franqueza que observa à sua volta. Durante o verão de 1866, ela ficou noiva de um clérigo de quem pouco sabia e a quem idealizara muito além de seus méritos. O casalzinho havia passeado a pé e de charrete, mas pouco havia feito além disso, e sobre esse fundamento frágil ela o havia aceito; se bem que ela mesma logo tivesse se arrependido, sua mãe não lhe permitira romper o compromisso solene, e no inverno de 1867 Annie Besant se casou, "não tendo outra idéia das relações conjugais do que teria se tivesse quatro anos ao invés de vinte". Acrescenta: "Minha vida de sonhos, na qual não se havia permitido que penetrasse qualquer conhecimento do mal, na qual eu havia sido mantida completamente inocente de qualquer assunto relacionado ao sexo, não fora uma preparação para a vida de casada, e eu me vi indefesa ao defrontar-me com meu rude despertar".[8]

Rememorando suas atribulações, um quarto de século mais tarde, ela conclui sobriamente que "é impossível cometer uma imbecilidade maior do que preparar uma menina para vida de mulher mantendo-a na ignorância de todas as obrigações e cargas que a vida lhe imporá e deixando-a enfrentá-las sozinha pela primeira vez, longe de todas as suas relações, sem o antigo apoio, e longe do refúgio oferecido pelo seio materno". Se bem que a "total inocência" constituísse "algo muito bonito", era ao mesmo tempo, ela o sabia, "algo perigoso". E ela adverte que "Eva deveria ter o conhecimento do bem e do mal antes de aventurar-se a sair do paraíso que é o amor de mãe". Não lhe foi difícil generalizar a partir de sua própria experiência: "Muitos são os casamentos cuja infelicidade data dos primeiros instantes, do primeiro e terrível choque que se abate sobre o recato e o orgulho de uma mocinha sensível, sobre seu atordoamento desamparado e seu medo". Por terem adquirido uma educação erótica mais ampla, na escola e na vida, os homens poderiam mostrar-se justamente incrédulos diante da "possibilidade de uma tal ignorância pueril em muitas moças", porém Annie Besant assegurava a seus leitores que ela existia, mesmo que não se pudesse dizer com certeza qual sua incidência: "Essa ignorância é um fato, no caso de pelo menos algumas moças, e nenhuma mãe deveria permitir à sua filha que, de olhos vendados, enfie sua cabeça embaixo da canga que é o casamento". Annie Besant libertou-se dessa canga em menos de seis anos; empenhando toda a sua habitual energia e enfrentando com valentia as inevitáveis conseqüências desagradáveis de sua decisão, em 1873 ela obteve a separação. Entretanto, advertia que outras mulheres, menos fortes e menos rebeldes, se sujeitariam à canga matrimonial pelo resto de suas vidas, vítimas de uma falsa delicadeza e de uma vergonha inadequada, e sua sensualidade seria irrecuperavelmente arruinada.[9]

Na realidade, a história de Effie Ruskin — ou melhor, a história de Effie Gray —, tão freqüentemente citada nos anais da sexualidade do século XIX, sugere que uma libido sadia podia sobrepujar a inocência mais delicada e sobreviver à negligência mais completa. A 6 de março de 1854, numa carta franca e pormenorizada, Effie Ruskin revela a seus pais que durante seis longos anos seu casamento jamais se havia consumado: "Não penso que de modo algum eu seja a esposa de John Ruskin — e peço-lhes encarecidamente que me auxiliem a libertar-me da situação antinatural em que me encontro com relação a ele". Ela relembra as condições de sua vida com o marido brilhante porém excêntrico, condições que incluíam a disposição que ele manifestava de conversar sobre sexo por dias a fio, sem qualquer intenção de pô-lo em prática. "Ele alegava diversas razões, o ódio que tinha de crianças, motivos religiosos, um desejo de preservar minha beleza e finalmente, neste último ano, ele me contou a verdadeira razão (que para mim é tão abjeta como todas as outras), que é a de que ele havia imaginado as mulheres muito diferentes da mulher que viu que eu era, e que o motivo de ele não me fazer sua mulher foi ter tido desgosto pela minha pessoa já naquela primeira noite de 10 de abril", de 1848, a noite de núpcias.[10] Seu rompimento definitivo com o marido a deixou profundamente abalada, "uma ruína de nervos tanto na mente quanto no corpo", porém durante seu relato sóbrio e plausível, nem por um instante sequer ela atribui alguma culpa a seus pais por não a terem preparado para a vida sexual e por terem-na deixado vulnerável aos sofismas de John Ruskin. O máximo que ela diz, e isso num comentário marginal, é que "eu jamais havia sido informada das mútuas obrigações das pessoas casadas, de modo que pouco ou nada sabia de suas relações nessa união, a mais íntima de todas na terra".[11] Como amava muito os pais, apesar de toda a sua inteligência e autoconfiança ela não tinha a mínima disposição de revoltar-se ou de nutrir rancores. O fato de ela não se ressentir, ao menos não abertamente, da ignorância em que seu pai e sua mãe a haviam deixado revela muito acerca da cultura da classe média à qual pertencia. E o que revela alguma coisa acerca de sua paixão sexual latente, que ardia em sua ânsia de ser despertada, é o fato de que enfim ela chega a reconhecer que sua situação é "antinatural"; após ter obtido a anulação do primeiro casamento, num processo humilhante e desgastante, ela se casou com o pintor John Millais, formando um matrimônio duradouro, apesar de às vezes tempestuoso, mas ainda assim bastante satisfatório, do qual nasceram oito crianças.

A ignorância era uma péssima preparação para um casamento feliz, conforme Emily Lytton e Annie Besant descobriram. Não era todavia fatal. Quando Mollie Hughes ficou noiva, em meados da década de 1880, sua mãe lhe disse, segundo ela relembra em sua autobiografia (que constitui sua única pretensão a qualquer fama), "certo dia, ao acaso e a propósito de nada em particular, enquanto ela escrevia uma carta e eu estava ocupada com algo em latim: 'Suponho que sabes que terás que dormir com Arthur?' 'Oh, sim', respondi, com o mesmo sorriso de gratidão que acompanhava todos os seus comentários acerca de uma feliz vida conjugal. Agora eu penso que ela deve ter ficado bastante confusa, sem saber se eu sabi muito ou pouco". Nem saberemos nós o quanto ela sabia, pois sua mãe "não foi além em suas sondagens", e Molly Hughes não conta nada mais.[12] De qualquer forma, o que quer que ela soubesse, não o havia aprendido em casa.

Há indícios esparsos de que os franceses não se encontravam em situação muito melhor. Lembremo-nos da reconstrução criativa que Gustave Droz faz do casamento burguês em meados do século. As poucas palavras que a mãe da noiva sussurrava ao ouvido da filha logo após a cerimônia são manifestamente palavras que se dirigem a um imbecil, e as instruções maternas relativas ao "sacrifício" e à "necessidade" eram não só tardias como absolutamente inócuas. Alguns anos antes, em 1843, George Sand havia escrito um "sermão" a seu meio-irmão, Hippolyte Chatiron, com a intenção de prestar-lhe ajuda a tempo. Ela acabara de receber a notícia de que uma amiga havia falecido ao dar à luz, e isso a levara a refletir sobre a conduta conjugal dos homens. A filha de Chatiron estava às vésperas de contrair matrimônio, e George Sand achou que essa seria a hora certa de ele dizer algumas palavras ao futuro marido de sua filha: "Faze com que teu genro evite brutalizar tua filha na noite de núpcias, pois entre moças delicadas muitas fraquezas orgânicas e partos dolorosos não têm outra causa senão essa. Os homens não têm consciência suficiente do quanto seu prazer significa para nós um verdadeiro martírio". Ela o admoesta a dizer a seu futuro genro que seria uma boa idéia "ele moderar um pouco seus ardores e esperar até que consiga que a esposa pouco a pouco compreenda e depois corresponda a esses ardores. Não há nada de mais horripilante do que o terror, o sofrimento e o desgosto de uma pobre criança que ainda não sabe de nada e que de repente se vê violentada por um bruto. Nós as educamos", acrescenta ela melindrosamente, "tanto quanto possível, como santinhas, e depois as entregamos como se fossem potrancas. Se teu genro for um homem inteligente, e se realmente amar tua filha, então compreenderá qual o seu verdadeiro papel e não terá objeção a que converses francamente com ele na noite anterior ao casamento".[13] Assim, diz ela, conclui-se o sermão. Ela obviamente se sentia constrangida em oferecer tal sermão a seu meio-irmão, porém ao mesmo tempo sentia-se impelida a deixar falar a voz da experiência. George Sand, que na opinião dos aristocratas era notoriamente uma mulher liberada, que trocava de amantes como outras trocavam de vestidos, parece ter ingressado no estado conjugal tão pouco preparada quanto Effie Ruskin, e só descobriu os prazeres da sensualidade através da experiência, por vezes dolorosa. Assim como ocorreu com outras mulheres, também no caso de George Sand a inocência mostrou-se perfeitamente curável.

Não se tratava apenas de que no século burguês era difícil obter o mapa da mina do orgasmo; todo o terreno sensual se encontrava envolto numa espessa névoa de delicadezas e melindres. Mulheres casadas esperavam que suas irmãs mais velhas as instruíssem quanto aos mistérios do controle da natalidade; mães de famílias respeitáveis " esclareciam" suas filhas acerca da menstruação com tantos eufemismos que as informações assim transmitidas acabavam por ser mais traumatizantes do que teria sido a ignorância completa. Eis, para tomarmos apenas um exemplo, como Natalie Barney, famosa internacionalmente por sua beleza e uma lésbica exuberante, tomou conhecimento a menstruação por volta de 1886: sua mãe apontou para alguns peixinhos num aquário, que estavam "soltando umas fibras vermelhas: 'Tu também as terás quando fores um pouquinho mais velha. Não deves ficar surpresa por isso' ". Aos doze anos, quando Natalie Barney começou a menstruar, não ficou surpresa, mas sim estarrecida: ela simplesmente desmaiou.[14] Alguns anos mais tarde, a dra. Helen P. Kennedy realizou uma enquete entre 125 secundaristas americanas que já haviam começado a menstruar, perguntando-lhes se haviam "recebido instrução de suas mães ou conversado livremente com elas a respeito desse assunto". Das moças entrevistadas, 36 não haviam falado absolutamente nada com suas mães; 39 *haviam* discutido o assunto, porém de modo bastante constrangido; e cinqüenta haviam abordado a questão com toda a franqueza. A dra. Kennedy achou esses resultados terrivelmente desapontadores: "Menos da metade das meninas se sente à vontade para conversar com suas mães sobre esse assunto de suma importância! Mas isso é uma ignorância nada menos que criminosa", pensava ela, "uma ignorância perigosa, na qual as moças são abandonadas por mães quase tão ignorantes quanto elas!"[15] Tal era a voz angustiada e exigente da reformista. Nós a ouviremos de novo em breve.

Existem outros fragmentos no mesmo sentido, em que invariavelmente a mulher representa o papel de vítima. De fato, o brutamontes no aposento conjugal, o marido sensual que violenta a noiva inocente, acuada, totalmente desinformada, tornou-se um estereótipo da literatura da autocrítica burguesa, notadamente à medida que, em fins do século, a era de Vitória se dissolvia na era de Freud. Com efeito, era uma cena plausível — e, devo dizê-lo, eroticamente excitante — para um melodrama de dois personagens: a mocinha tímida e amedrontada, arrancada aos braços de sua mãe e deixada à mercê do estranho que é o seu marido. E então esse macho exigente, enfim livre de suas algemas e correntes, louco de desejos e impaciente para deleitar-se com os prazeres carnais que por força das convenções fora obrigado a adiar por tanto tempo, fatalmente abandona toda e qualquer ternura e faz valer seus "direitos conjugais", insensível a todas as dores físicas e angústias mentais que atormentam o frágil prêmio que ele acaba de arrebatar. Parece óbvio o motivo por que tantas mulheres eram afligidas por moléstias terríveis e desagradáveis. "Numa de minhas pacientes", escreveu claramente a dra. Mary Wood-Allen em seu compêndio *Ideal Married Life* [A vida conjugal ideal], "descobri um vaginismo que persistia desde a noite de núpcias, quando a noiva se retraíra apavorada diante de uma experiência para a qual estava completamente despreparada. A partir de então, toda vez que marido se aproximava dela, sua vagina se cerrava num espasmo". O dr. Sicard de Plauzoles, um feminista francês que defendia veementemente o direito da mulher de dispor o próprio corpo — incluindo enfaticamente o direito de "aceitar ou recusar o ato sexual, bem como a maternidade" —, também se utilizava da imagem do estupro: "O exercício brutal do poder marital sobre o corpo de sua mulher revolta a consciência de todo homem dotado de mentalidade livre e sensibilidade[16]".

Esse tipo de retórica, a um só tempo sombria e combativa, que considerava a iniciação conjugal um ato hostil e impiedoso, era bem característico dos reformistas sexuais. Já o vocabulário dos textos incontestavelmente conservadores, a despeito de ser mais moderado, não era por isso menos sugestivo; o estupro legalizado que ocorria na noite nupcial parecia ser uma epidemia literária. Esses textos falam freqüentemente dos "sacrifícios" a que a noiva se submete nesse momento supremo de sua vida, da sua "provação necessária" e de sua "rendição". Em um artigo amplamente discutido sobre a prostituição, publicado em 1850, o autor inglês W. R. Gregg assevera sem floreios que, casada ou não, a "mocinha educada segundo as regras do decoro" descobre que seu "primeiro sacrifício, seja ele voluntário ou exigido, ocorre, *em ambos os casos*, num delírio em que se misturam amor e vergonha".[17]

Não tenho a menor dúvida de que tais dramas domésticos traumáticos ocorreram, nem de que eles tinham um preço. Contudo há nessas vinhetas tantas fantasias de desejos irrealizados quanto realidade, talvez até mais fantasias: por mais crédito que tivessem, ou tenham ainda hoje, sua leitura permite vislumbrar claramente a ansiedade dos homens em assegurar seu domínio, corroborado pelo desejo de algumas mulheres de se submeterem ao chicote de um macho dominador. Conhecemos, afinal de contas, muitos noivos do século XIX que tinham bastante paciência e tato: já citei anteriormente os maridos das mulheres entrevistadas pela dra. Clelia Mosher, alguns dos quais adiaram a consumação de seu casamento por períodos que variaram de três dias até um ano inteiro. Além disso, os rapazes freqüentemente careciam de conhecimentos tanto quanto as virgens que desposavam. Embora seja verdade, conforme Annie Besant destaca com toda a razão, que os meninos adolescentes dispunham de muito mais oportunidades de adquirir experiências sexuais do que as meninas: o duplo padrão, que encorajava o rapaz a acumular tais experiências enquanto sua futura esposa aguardava passivamente para receber depois os benefícios de suas pesquisas, não só determinava, mas até mesmo encorajava, alguns comportamentos sexuais.[18] Ao mesmo tempo, os rapazes freqüentemente eram sobrecarregados de informações distorcidas, ou então eram afastados de uma experimentação mais séria por uma imagem feminina que tornava as mulheres quase tão intocáveis quanto suas próprias mães — ao menos ao nível do consciente.

Como de hábito, a educação sexual parecia aos ingleses ser melhor no outro lado da Mancha. Assim, sir Lawrence Jones relembra os tempos que passara em Oxford antes da Primeira Mundial Guerra: "Entre nós, a curiosidade permanecia insatisfeita até uma idade na qual os jovens do Continente, sem exceção, já eram conhecedores de mulheres". As vidas desses estudantes em Oxford ao redor de 1905 eram quase totalmente "livres de mulheres". Sir Lawrence admite que ele e seus companheiros tinham "devaneios; eu tinha minhas próprias fantasias" porém "as moças bonitas eram idealizadas além de seus méritos, as feias despertavam muito mais pena do que desejariam, e o abismo imaginário que separava o homem e a mulher tornava difícil tanto para ele quanto para ela ver no outro simplesmente um ser humano". Inevitavelmente, os relacionamentos com moças "eram formais e bem-comportados, mantinha-se a distância que as convenções exigiam, e os assuntos de conversa eram restritos". Quando sir Lawrence e seus amigos se enchiam de coragem e perguntavam algo sobre o sexo, recebiam de bandeja todas as pieguices culturais dominantes, mesmo quando se dirigiam a peritos. Ele relembra um jantar de estudantes com um médico que todos conheciam bem; quando um de seus amigos perguntou "se as mulheres tinham prazer no ato sexual", o médico, "falando na condição de médico", disse à assembléia de rapazes presentes: "Posso afiançar que nove em cada dez mulheres são indiferentes ao sexo, quando não o repudiam ativamente; e a décima, que tem prazer no ato sexual, será sempre uma meretriz'". Com o distanciamento de alguns decênios, sir Lawrence reconhece que essa informação, transmitida de forma tão dogmática, foi pelo menos perturbadora, quando não perniciosa: "Vinda de uma tal autoridade, nós a aceitamos como se fosse o próprio Evangelho. É difícil imaginar uma mensagem mais nociva para jovens rapazes", pois ao mesmo tempo "recriminava todos os noivos ardentes e caluniava todas as noivas bem-dispostas". Aquele médico, acrescenta sir Lawrence, "era o mais bondoso dos homens, e o mais honesto, e o fato de que um médico pudesse ser tão ignorante dá uma idéia do falso pudor que as convenções exigiam de suas pacientes".[19] Tudo isso é mais uma desculpa do que um diagnóstico; a maioria dos médicos se sentiam perfeitamente à vontade com o falso pudor que suas pacientes demonstravam nos consultórios, e caso elas se mostrassem menos reticentes, nem teriam compreendido a mensagem que elas tentavam transmitir.

No Continente, a despeito do que pudessem pensar estudantes reprimidos como sir Lawrence, a situação era apenas superficialmente diferente. Uma das regras básicas do código colegial francês, bem como da ficção francesa, era a de que por volta dos dezesseis anos de idade todo adolescente já teria visitado algum prostíbulo. Porém nem todas as aventuras desse tipo traziam uma satisfação à altura das expectativas; o jovem Frédéric Moreau, personagem de Flaubert, que dá meia-volta e foge acabrunhado do bordel, é bem mais do que apenas uma personagem de ficção: é um retrato coletivo. As filhas de famílias pias e prósperas da classe média francesa, enviadas aos conventos para estudar, eram mantidas sistematicamente ignorantes de qualquer assunto atinente à fisiologia, quanto mais à sexualidade. E o drama de Frank Wedekind, pioneiro do expressionismo nos palcos alemães, *Frühlings Erwachen* [O despertar da primavera], completado em 1891, sugere que a juventude alemã não se encontrava em situação muito diversa: algumas moças ainda recebiam a informação de que as criancinhas eram trazidas pela cegonha, e os rapazes colegiais sofriam o "despertar da primavera" da puberdade como uma torrente de sentimentos incontroláveis e um tormento de conflitos insolúveis. A animosidade de Wedekind contra o inimigo da *avant-garde* ou seja, contra a hipocrisia burguesa, é tão potente e tão concentrada num único objetivo, que sua sátira histérica não pode ser considerada uma avaliação ponderada dos conhecimentos sexuais disponíveis. Entretanto, ele não é de todo injusto para com a atmosfera que reinava no Império Alemão, onde um romancista sério como Theodor Fontane era censurado por introduzir o adultério em suas obras de ficção.

A *éducation sentimentale* dos jovens certamente incluía fantasias frustrantes, a masturbação embaraçosa e furtiva, e algumas humilhações de efeito permanente. Nos Estados Unidos, conforme revela uma ampla pesquisa realizada entre estudantes universitários por volta de 1914, a maioria dos rapazes adquiria seus conhecimentos a partir de informações dadas por criados ou por amigos, o que com freqüência não representava grande coisa: dos 677 entrevistados, nada menos que 544 responderam que haviam adquirido informações a respeito do sexo de "rapazes com quem tinham alguma ligação", 33 apontaram "moças com quem tinham alguma ligação", e quarenta apontaram fontes diversas, como criados e criadas, conversas e observação dos animais. Segundo concluiu com alguma severidade M. J. Exner, o autor da pesquisa, "91,5 por cento dos entrevistados receberam suas primeiras impressões permanentes sobre sexo de fontes não muito sadias". E, como era de se esperar, praticamente 80 por cento dos entrevistados opinaram que esse modo de aprendizado a respeito dos mistérios da sexualidade havia tido "um efeito decididamente danoso" sobre eles. Poucos anos antes disso, por volta de 1910, médicos alemães estimavam que cerca de um quinto, ou talvez um terço, dos estudantes colegiais das classes adiantadas já haviam tido alguma experiência sexual.[20] Trata-se de meros palpites, baseados na experiência e na impressão dos entrevistadores, sendo que de qualquer forma todos eles nada dizem sobre a qualidade dessas experiências, nem sobre as experiências mal-sucedidas e relembradas com vergonha. Nem o conhecimento sexual nem a atividade sexual constituía garantia de uma sexualidade adequada, muito menos de uma sexualidade triunfante.

O que uma das pacientes de Sigmund Freud, uma neurótica obsessiva, lhe contou sobre sua iniciação sexual revela quão pouco os homens europeus sabiam e quão incompetentes eles podiam se mostrar no momento decisivo. Freud resume assim o relato: "Seu marido havia sofrido na noite de núpcias um infortúnio bastante corriqueiro. Descobriu que estava impotente e, durante a noite, inúmeras vezes correu de seu próprio aposento ao dela a fim de repetir a tentativa e ver se enfim não teria êxito. Pela manhã, ele disse que sentiria vergonha diante da camareira do hotel que fazia as camas e derramou o conteúdo de um tinteiro de tinta vermelha sobre o lençol".[21] Este incidente engraçado, que provocaria boas gargalhadas se não fosse tão triste, sugere mais uma vez que a virgindade da noiva era muito valorizada, e às vezes até mesmo simulada, nas classes médias da época de Freud, e demonstra que um marido podia ser tão canhestro, tão ansioso e tão desinformado como sua noiva. O marido condenado a exibir sua potência talvez fosse tão vítima do trauma da noite nupcial quanto a noiva deflorada em meio a dor e ao terror.

Os contemporâneos, na realidade, estavam muito mais atentos às humilhações que ameaçavam o jovem noivo do que os historiadores posteriores. Descrevendo a aparência de um rapaz seu parente, imediatamente antes das bodas, Alice Belknap relata em 1883 à sua irmã Susan Wright que "como a maioria das moças, ele realmente deixa transparecerem a aproximação de seu casamento, magro e pálido como está". Os próprios homens às vezes reconheciam as apreensões que tal palidez traía. Havendo decidido não consumar seu casamento por um mês, os Kingsley esperavam sua noite nupcial com tranqüilidade. "Estive pensando em teu terror ao me veres despido", escreveu Charles Kingsley à sua noiva Fanny Grenfell vários meses antes do grande dia, "e sinto que eu também devo ter o mesmo sentimento em relação a ti, em menor intensidade, até que eu haja aprendido a suportar as chamas que emanam de tua beleza desnuda. Não imaginas quão freqüentemente um homem fica abatido, tanto na mente quanto no corpo, em sua noite de núpcias". O risco daquilo que Stendhal, ao início do século, havia chamado de "fiasco" era tão grande que alguns homens achavam de bom alvitre negarem de pronto, cabalmente, sua ansiedade. "Chegou finalmente *o dia*", escreveu John Millais no dia do casamento a seu amigo íntimo Charles Collins; "decididamente *não* estou nervoso em absoluto, e sinto-me muito feliz". Esta negação já constitui em si mesma uma afirmação. Millais era bastante franco para admitir que havia muito em jogo: "Sinto-me febril e um pouco fora do meu normal"; e acrescenta: "Como é estranho! Tenho esperança de ter escolhido o rumo certo, o que só a experiência poderá confirmar". Compreendia bem, conforme disse a Collins, que se tratava de "uma prova" por que teria de passar, e conclui, escolhendo inconscientemente suas metáforas de modo bem apropriado: "Há algumas realizações assustadoras, meu velho, como entrever os instrumento do dentista. Minha pobre cabeça e minha alma estão cansadas de se ocuparem com probabilidades desagradáveis, de modo que estou pronto para a luta". O fato de ele trazer à tona os instrumentos do cirurgião-dentista, os boticões castradores, revela seu medo sob a forma mais radical; o fato de ele se ocupar de "probabilidades desagradáveis" o coloca de modo mais realista. Os médicos mais eminentes do país haviam certificado que Effie Gray era ainda uma *virgo intacta*; a ele cabia agora não apenas estar pronto para o embate, mas também desempenhar sua tarefa.[22] Entretanto ele *não* estava nervoso.

O diário de sua mulher conta uma história diferente. Ela se diz confiante e feliz ao assinar o contrato matrimonial, ao passo que seu marido estava "mais agitado. Ele disse, depois", escreveu ela "que estava a ponto de jogar longe a pena e perguntar qual era o drama que estava representando, e a ponto de recusar-se a assinar". Quando estavam ambos a bordo do trem já no início da lua-de-mel, ele desmoronou por completo. "Ele ficou muito agitado, e quando o trem se pôs em movimento, toda a excitação da cerimônia o atingiu de tal modo que, ao invés de eu receber o conforto que suponho que todas as noivas têm necessidade nessas ocasiões, tive que dar a ele toda a minha simpatia. Ele chorou terrivelmente, e disse que não sabia como havia conseguido passar por tudo aquilo, e que se sentia desgraçado; havia envelhecido dez anos, e, ao invés de feliz e alegre, parecia estar desesperado." Numa inversão dos papéis convencionalmente definidos, mostrando-se quase maternal em seus cuidados carinhosos, Effie banhou "suas faces em água-de-colônia, tomou sua cabeça nas mãos e abriu uma janela do compartimento, e logo ele começou a sentir-se melhor".[23]

Tudo isso era mais do que a reação extremada de um artista sensível à iminência de consumar um amor que perseguira com tanta paciência e discrição. Talvez não se tratasse de uma experiência típica, porém não era de modo algum rara. A 20 de outubro de 1869, no dia em que se casou com sir Rainald Knightley, Louisa Bowater anotou em seu diário que "não sentia o mínimo nervosismo — pelo menos eu sentia que havia muita coisa a fazer e em que pensar para deixar-me levar". Seu marido, por outro lado, "o querido Rainald" estava "muito nervoso". Quando o casal chegou à propriedade dele, onde os serviçais os aguardavam em fila e, sob os repicar dos sinos, foi lido um pequeno "discurso de boas-vindas muito bonito e comovente, meu amado marido falou bem e claramente, retribuindo a gentileza, e não desmaiou como eu temia que pudesse acontecer".[24] No conflito entre a ansiedade e as obrigações sociais, estas haviam levado a melhor. Não obstante, a despeito de tudo que possa ser dito, era muito mais provável que a mulher cedesse ao pânico do que o marido. "Tenho medo, tenho medo", disse uma jovem aos irmãos Goncourt em 1856, referindo-se à noite de núpcias que se aproximava. "Eu gostaria de receber uma dose de clorofórmio!"[25]

Não há dúvida de que os homens, tão despreparados para o casamento quanto a moça mais protegida, desejavam não o refúgio de uma insensibilidade anestésica, e sim um estímulo concreto que assegurasse, ou restaurasse, sua potência. A literatura médica sobre a impotência masculina publicada antes que os psicanalistas começassem a estudar essa síndrome é pouco impressionante, porém muito reveladora. Os casos mais espetaculares envolvem homens com deficiências físicas ou o fiasco de homens sexualmente invertidos que buscavam sistematicamente relações heterossexuais que na realidade não desejavam. Entretanto, apesar de sua escassez, os relatos médicos relevantes põem a nu os componentes psicológicos envolvidos nos vãos esforços de alguns homens do século XIX para satisfazerem uma amante ou consumar um casamento. Jean-Martin Charcot e Valentin Magnan reuniram vários desses casos, dos quais pelo menos um, o de um fetichista fixado em toucas de dormir, teria interessado Freud. Certamente interessou William A. Hammond, um eminente neurologista que havia sido cirurgião-chefe do exército dos Estados Unidos. Seu livro *Sexual Impotence in the Male* [A impotência sexual nos homens] constitui nada menos do que uma antologia da literatura corrente.[26] Hammond acrescenta casos correlatos extraídos de sua própria experiência médica, bem como de outras autoridades. Entretanto, por se tratar de perversões, esses casos são, por definição, especiais, atípicos de sua época.

Muito mais comuns e muito mais representativos eram os casos de impotência temporária, dos quais Hammond apresenta dois exemplos. O primeiro era o de "um homem casado, a própria imagem da robustez e da saúde", recentemente casado e "estreitamente ligado à sua mulher". E no entanto, "durante o último ano, todas as vezes que ele tentava manter relações sexuais, algum pensamento, freqüentemente ridículo, se apossava de sua mente, extinguindo todo e qualquer desejo justamente no instante em que se iniciaria o orgasmo". O outro caso era bastante semelhante: um rapaz, jogador profissional, cujo "intelecto era severamente exigido" por sua ocupação, descobriu que sempre que procurava satisfazer seus "fortes impulsos sexuais" após o trabalho era incapaz de fazê-lo: "Algum problema técnico relacionado ao negócio invariavelmente vinha à tona em sua mente, com o que se extinguiam completamente o desejo e, com ele, sua potência". Não tendo ainda conhecimento de diagnósticos de neuroses obsessivas, Hammond diagnosticou esses dois pacientes como excessivamente impressionáveis: a repetição de percepções fortes gerava uma perda de confiança, que por sua vez induzia a impotência. Por conseguinte, Hammond aconselhou o primeiro paciente a mudar-se para um dormitório separado dos aposentos de sua mulher e a evitar relações sexuais durante três meses; e o segundo a empreender uma longa viagem marítima e a não cogitar de relações sexuais antes de seu retorno. "Esse tratamento", relata Hammond com satisfação, "foi tão perfeitamente bem-sucedido que ao termo dos períodos de privação não houve a mínima dificuldade".[27] Houve ocasiões em que esse tipo de psicoterapia primitiva funcionou muito bem. Contudo, quer funcionasse ou não, o importante é que já se reconhecia sua necessidade.

Esses casos, e o espetáculo humilhante do noivo impotente que Freud declarou ser bastante comum, têm implicações que vão muito além dos desastres psíquicos por eles apenas delineados. Aquele personagem teatral e ameaçador do macho bestial no leito conjugal era na verdade bem real; foi o que disse na década de 1870 a sra. Eliza Duffey em seu livro de conselhos, *What Women Should Know* [O que as mulheres devem saber], muito lido e extremamente aterrorizante para muitas mocinhas inocentes: "Freqüentemente somos levadas a considerar se muitos homens não serão apenas brutamontes em tudo o que diz respeito às relações físicas do casamento. As mulheres não costumam reclamar facilmente dos maridos em suas confidências a outras mulheres. Assim sendo, quando uma palavra — uma frase abafada antes de ser completada — é dita, só pode ter sido extraída de seus lábios por meio de uma extrema brutalidade conjugal. O fato de que mulheres, muitas mulheres, sofrem tanto nas mãos dos maridos, brutais nesse aspecto, apesar de carinhosos em todos os outros, não admite dúvidas''.[28] Entretanto esse animal vigoroso e lascivo não é mero retrato composto exclusivamente a partir das experiências femininas; é também uma projeção, feita principalmente pelos homens, cujo objetivo era negar seus fiascos. O casamento constituía um teste para os homens tanto quanto para as mulheres em vários sentidos. E, ironica porém significativamente, essa prova não foi tornada mais simples pelos médicos da época.

2. *UMA PROFISSÃO DE ANSIEDADE*

O espetáculo oferecido pelos fornecedores profissionais de conhecimentos que na realidade funcionavam como cúmplices da ignorância, não constituía novidade alguma. As acusações de egoísmo, exclusivismo e charlatanismo credenciado lançadas às profissões liberais remontam à antigüidade clássica; mais recentemente, aproximando-se o fim do Iluminismo, Condorcet havia colocado no centro de sua interpretação sociológica da história a idéia de que as instituições profissionais, tanto as eclesiásticas quanto as leigas, sempre haviam se empenhado mais em assegurar privilégios e em manter seus monopólios do que em difundir conhecimentos para o bem geral. No século XIX, esse espetáculo apenas se tornou mais evidente, e de certa forma mais patético, do que antes. As ciências naturais estavam fazendo progressos espetaculares; e a medicina, tomando emprestadas cada vez mais informações da química e das disciplinas correlatas, ainda que de forma um tanto hesitante a princípio, se viu forçada pelas contingências a acompanhar o avanço das ciências. Se por um lado as estradas de ferro foram o exemplo mais dramático de como a ciência se pôs a serviço da tecnologia, por outro a medicina registrava inovações quase tão visíveis e possivelmente de maior alcance. Os nomes de Joseph Lister e Louis Pasteur, de Ignaz Semmelweis e sir James Simpson, são até hoje símbolos permanentes de como a medicina do século XIX se aproximou da conquista da infecção e da dor.

A despeito de todos esses triunfos, um número imenso de médicos respeitados, muitos deles verdadeiros ornamentos para a profissão, davam crédito e divulgavam superstições que os qualificam como cavaleiros quixotescos da santa ignorância. Ao se lançarem contra seus moinhos de vento estavam em boa companhia. A aliança que em fins do século XIX seria forjada por médicos, clérigos e educadores para exercerem pressão a favor da educação sexual tinha tido como precursora a frente estabelecida informalmente alguns decênios antes para combater a masturbação, uma prática sexual que eles julgavam perniciosa e temiam que fosse epidêmica. Foi uma campanha reveladora, que condensou admiravelmente as ansiedades das classes médias do século XIX, especialmente as relativas à sexualidade, num mundo em que cada vez menos coisas pareciam definidas e cada vez mais fatos pareciam estranhos.

Durante todo o século XIX, o vício da ''masturbação'', ou da ''autopolução'' impeliu muitos homens e algumas mulheres eruditos a adotarem posturas que denunciavam o quanto eles estavam alarmados; a literatura de aconselhamento médicos e de exaltação moral foi inundada por verdadeiras avalanches de casos macabros e de apelos desesperados e repetidos para que se passasse à ação antes que fosse demasiado tarde. A credulidade dos doutrinadores em assuntos médicos era ainda maior do que seu desejo teológico de ter uma crença; e os temores nervosos paralisavam a capacidade mental de médicos que, em outras áreas de sua experiência, eram muito mais informados. "A questão da masturbação é praticamente inesgotável", declarou Sigmund Freud em 1912.[29] Já fazia um século ou mais que ela se mostrava inesgotável.

De modo bem apropriado, o pai da moderna doutrina que gerou o medo da masturbação parece ter encarnado toda a aliança dos sábios numa única pessoa: parece ter sido um clérigo e curandeiro amador. Quem quer que tenha sido, antes de 1710 publicou um livro que montou o cenário e inventou o vocabulário das loucuras vindouras: *Onania, or the Heinous Sin of Self-Pollution, and all its frightful Consequences, in both Sexes, Considered* [O Onanismo, ou o odioso pecado da autopolução, e considerações sobre todas as suas nefastas conseqüências para ambos os sexos], obra que teve várias edições e logo foi traduzida.[30] Ao cunhar um nome eufônico para uma prática já estabelecida, o autor anônimo inteligentemente reinvindica para seu diagnóstico uma dúbia autoridade bíblica: ao designar a masturbação como um pecado e, mais do que isso, como um pecado odioso, ele hàbilmente mesclou a gravidade religiosa com uma argumentação pseudomédica; ao descrever o "onanismo" como "autopolução", fez com que o ato parecesse não somente perigoso para a saúde e para as perspectivas da salvação, como ainda lhe atribuiu uma conotação de sujeira. O fato de o autor de *Onania* apregoar um remédio secreto que, como ele prometia, aliviaria os males da masturbação, bem como de outros problemas sexuais como a esterilidade e a impotência, pode ter comprometido seu trabalho, mas certamente não influiu negativamente nas vendas.

Onania deve ter constituído uma resposta a uma certa medida de ansiedade latente, pois esteve em evidência na primeira metade do século XVIII. O eminente médico suíço Samuel-Auguste-André-David Tissot opinou que "a *Onania* inglesa é um verdadeiro caos", e que somente as "observações" que continha valiam alguma coisa; "todas as reflexões do autor não passam de trivialidades morais e teológicas". Porém o que contava para um médico, afinal de contas, eram as observações; e o livro do próprio Tissot, *De l'onanisme* [Sobre o onanismo], publicado pela primeira vez em 1758, daria ao nome, assim como às sanções impostas à prática, uma credibilidade que seu precursor anônimo jamais teria alcançado. Sem qualquer análise crítica, Tissot copiou os males que, segundo *Onania*, vitimavam os praticantes da masturbação: deterioração generalizada das faculdades mentais e do vigor físico, acúmulo de dores em todo o corpo, a difusão de bolhas de pus, uma grande variedade de enfermidades que atacavam os órgãos sexuais, incluindo a impotência, a ejaculação precoce e a gonorréia, bem como um desarranjo total dos intestinos. [31] E, copiando fielmente a *Onania*, Tissot tampouco omitiu a loucura, embora tenha ressalvado que ela provavelmente seria relativamente branda e de modo algum generalizada. Esse pavor da masturbação faria história na medicina, e as cautelosas advertências listadas em *Onania* foram sendo pouco a pouco abandonadas. À luz dos temores que os sábios do século XIX espalhariam, o charlatão que escreveu aquele texto definitivo parece moderado e humano.

Enquanto o autor de *Onania* era obscuro e nada desinteressado, Tissot por outro lado era um médico que gozava de sólida reputação em toda a Europa. Figura proeminente do Iluminismo suíço, correspondia-se com médicos célebres como Théodore Tronchin e Albrecht von Haller, e com autores célebres como Voltaire e Rousseau; foi um dos primeiros defensores da vacinação contra a varíola e um respeitado e prolífico autor numa ampla variedade de assuntos médicos. À maneira dos médicos do século XVIII, Tissot tendia a apresentar seus casos de modo subjetivo e exemplificado. Ao mesmo tempo era dotado de um bom senso exemplar; seu livro sobre a saúde dos literatos recomenda-lhes que façam exercícios e cultivem a jovialidade como um antídoto à vida sedentária e aos exageros alimentares.[32] Somente no caso da masturbação o bom senso o abandonou. E no entanto seu pequeno tratado sobre o onanismo gozou de tanto sucesso quanto seus escritos mais racionais, senão de êxito ainda maior; uma tradução do original em latim para o francês, feita por ele mesmo em 1759, esgotou-se com tal rapidez que mais sete reimpressões se seguiram em poucos meses, e traduções para diversas outras línguas, incluindo o inglês, o italiano e o alemão, foram publicadas na década seguinte. De fato, o enorme prestígio de Tissot sobreviveu-lhe por mais de um século. Ainda em 1834, 37 anos depois de sua morte, clamava-se por uma nova edição, "consideravelmente aumentada". Na década seguinte, Amiel ainda citava Tissot como uma autoridade indiscutível, e não foi o último a ceder à força persuasiva de *De l'onanisme*.[33]

Ao passo que para Tissot os tormentos derivados da masturbação fossem de modo geral os que ele havia copiado da *Onania*, posteriormente médicos mais perturbados os ampliaram ainda mais. Em 1812, Benjamin Rush incluiu entre os "efeitos mórbidos" da masturbação, além da loucura, "fraqueza do sêmen, impotência, disúria, tabe dorsal, tísica pulmonar, dispepsia, embaçamento da visão, vertigem, epilepsia, hipocondria, perda de memória, cãimbra nas mãos, imbecilidade e morte".[34] No curso do século XIX, à medida que essa mania erudita se espalhou através de toda a civilização, a lista dos sintomas se modificou, se inflou e se contraiu sem que se pudesse discernir qualquer lógica.

Especialistas respeitados emprestaram seu prestígio à causa, mantendo acesos os ânimos e reforçando o nervosismo agudo. Em 1855, o dr. George R. Calhoun, cirurgião da Howard Association de Filadélfia, um grupo filantrópico dedicado à divulgação de informações médicas junto a pessoas que sofriam de males sexuais, publicou um relatório sobre "espermatorréia, fraqueza sexual e impotência", no qual se confirmam os temores mais extravagantes e as esperanças mais trêmulas daqueles que o haviam fomentado. A primeira conseqüência do "vício solitário", escreve ele, sendo que o lapso de um impressor descuidado ainda sublinha desavisadamente a gravidade do assunto, é "a extinção total das emoções naturais do extinto [instinto] sexual", a masturbação "desmoraliza todo o caráter, e destrói completa e irrevogavelmente a capacidade sexual". A criança se torna pálida, suas faces se encovam, sua mente torna-se indolente e sua resistência enfraquece. A vida se transforma num suplício para quem se masturba; em suma, o "vício solitário é o caminho mais certeiro para chegar à sepultura".[35] E, naturalmente, o dr. Calhoun não omitiu a loucura de seu catálogo de malefícios.

Entretanto o dr. Calhoun ainda tinha esperança de que todos os viciados, exceto os inveterados, pudessem ser curados através de medicamentos e de tratamentos psicológicos tais como "banhos frios, duchas, banhos frios de imersão várias vezes ao dia, alimentos e bebidas frios e em quantidade moderada", que deviam ser suplementados por "colchões duros e pouca roupa", bem como pela ingestão de leite ao invés de chá, café ou outros estimulantes. Tanto as ameaças quanto as promessas do dr. Calhoun se ajustavam bem à sabedoria popular corrente em meados do século XIX, e, agradecidos, os diretores da Howard Association encomendaram cinco mil exemplares do relatório, para que fossem "impressos e distribuídos gratuitamente". Três anos mais tarde, decidiram encomendar uma nova edição, que também seria distribuída sem qualquer ônus.[36] A campanha contra a masturbação não foi apenas extremamente cansativa, mas também muito dispendiosa.

Se bem que, segundo a literatura médica, a loucura encabeçasse durante muito tempo a lista dos males favoritos gerados pela masturbação, seguida de perto pelo tédio e pela epilepsia, nem por isso deixava de ser bastante controversa; no levantamento aprimoradamente consciencioso que fez da literatura médica sobre o assunto em 1900, Havelock Ellis apontou uma diversidade estonteante de opiniões.[37] E alguns médicos, como Henry Maudsley, levaram ao extremo a indecisão generalizada a respeito da etiologia, da sintomatologia e do próprio significado da masturbação. Em 1867, em seu manual sobre fisiologia e patologia da mente, Maudsley somente se refere marginalmente a "estimulação contínua de si mesmo" e diz que ela "gera um tipo particular e desagradável de insanidade".[38] No ano seguinte, num artigo importante que publicou em seu próprio *Journal of Mental Science*, Maudsley observou de perto o onanismo e não gostou do que encontrou. É durante a puberdade, argumenta ele, numa época de turbilhões psicológicos e fisiológicos, que os rapazes e moças se tornam vítimas do "vício", lançando assim as raízes para o colapso nervoso, imediato ou futuro. Assim como outros tantos estudiosos desse flagelo, Maudsley confundia julgamentos e análises; era óbvio que ele detestava o que dizia apenas descrever. Quem se masturba é uma pessoa moralmente pervertida, cuja loucura é extremamente desagradável; torna-se mórbido, egoísta e egocêntrico, decididamente amoral. Se chegar a casar-se, tornar-se-á impotente ou cruel e inevitavelmente enlouquecerá, atormentado por ilusões fugazes e pela megalomania. "Quanto mais cedo descer à sua sepultura desgraçada, tanto melhor será para ele, e para o mundo, que dele estará livre."[39]

Com a passagem do tempo, arrefeceu o entusiasmo de Maudsley por sua cruzada. Ele continuou a argumentar que a masturbação causava a demência, porém já retirava dela o estigma da responsabilidade individual por essa "perversão moral" ao observar a possível influência da hereditariedade. Talvez uma pessoa atacada por tal "neurose maculada" pudesse ser curada, uma vez que "pessoas adequadas" a removessem do seio de sua família.[40] Quaisquer que fossem os prognósticos, o vício não mais podia ser atribuído exclusivamente à pessoa por ele afligida.

Maudsley relutava em vestir o manto de profeta, mas suas opiniões, uma vez que começaram a ser revistas, continuaram a evoluir. Na década de 1890, ele admitiu que os sintomas de loucura dos adolescentes poderiam acompanhar a masturbação sem serem causados por ela. No tom sensato, ainda que tirânico, que lhe era próprio nos anos de maturidade, Maudsley agora recomendava que se deveria "incutir um modo mais viril de pensamento e de sentimento".[41] Contudo, os antigos hábitos de pensamento não desapareceram com facilidade; ainda em 1895, Maudsley era capaz de reiterar que, se a mania masturbatória se encontrava num estágio adiantado, pouco podia o médico fazer para salvar a vida do paciente. Sua educação não o levara a converter-se. O que ela prova, se é que se exige alguma prova, é que a mania de erradicar esse vício tinha raízes muito profundas.

A palavra final de Maudsley sobre a masturbação veio a público depois que os céticos já haviam conseguido se fazer ouvir, e numa época em que a paixão com que se atribuía ao auto-erotismo os sofrimentos mais atrozes e degradantes já se encontrava em declínio. Muito antes, já no ano de 1881, num verbete sobre *Onanisme* estrategicamente publicado no do *Dictionnaire encyclopédique des sciences médicales*, o dr. Jules Christian havia negado com firmeza que tivesse observado qualquer efeito danoso em conseqüência da masturbação; e em 1899 até mesmo um homem como o dr. Hermann Rohleder, cujo zelo e cuja preocupação o faziam viver continuamente apavorado por visões de uma juventude alemã afogada em epidemias de onanismo, já não incluía mais a loucura entre as conseqüências funestas da masturbação.[42]

Não obstante, a imaginação macabra dos médicos havia demonstrado um poder notável de permanência. Na opinião de muitos, começando por Tissot, em meados do século XVIII, a loucura não era o pior que um onanista podia esperar: a sanção definitiva era a da morte prematura. Benjamin Rush havia colocado a morte estrategicamente na derradeira posição de seu catálogo de males, e nas décadas de 1830 e 1840 outros o seguiram, levando adiante a mensagem aterradora. O dr. Léopold Deslandes, cujo livro sobre a masturbação e outros abusos sexuais correlatos foi logo traduzido para o inglês, assim como a maior parte da literatura continental sobre o assunto, recomendava com toda a frieza aos médicos que induzissem seus pacientes a abandonar o hábito da masturbação através de ameaças. Dizer ao onanista que "dentro de três meses serás um homem morto" é freqüentemente muito eficaz: ele "começará a tremer e empalidecerá; seu coração disparará e suas forças o abandonarão. Não deveis ter dó, pois não é através de um encorajamento que o salvareis de si mesmo". Entretanto, ao açoite deve seguir-se um torrão de açúcar: "Acrescentai todavia que dentro de uns poucos meses ele poderá estar se sentindo muito bem, desde que renuncie aos maus hábitos". Esse procedimento, acreditava o dr. Deslandes, devia ser seguido em qualquer circunstância; nos casos mais intratáveis, devia até mesmo ser acompanhado de ilustrações gráficas: quando nem os livros apavorantes nem as intimidações do médico se mostrarem eficazes, "resta ainda um último recurso, que é mostrar ao paciente um onanista morrendo".[43] Vícios peçonhentos exigiam antídotos radicais.

Segundo esses mascates da ansiedade, o onanista, além de muitas vezes deixar esta vida prematuramente, jamais morria em paz. Em meados do século, o médico espanhol Pedro Felipe Monlau y Roca apontava, de maneira típica, em seu livro *Higiene del matrimonio*, que o "vício solitário" freqüente e inveterado provocaria "tísica, aneurisma, palpitações, tremores, convulsões, eclampsia, epilepsia, paralisia, gibosidade ou desvios da coluna vertebral, distúrbios dos sentidos tais como perda de memória, diminuição ou até perda total das faculdades intelectuais, imbecilidade e brutalização". Caso o onanista ainda tivesse a boa fortuna de sobreviver, defrontar-se-ia com "uma saúde precária, uma vida curta, e a mais degradante impotência".[44] Ao prazer fugaz e convulsivo — era o que dizia tal literatura do terror — seguia-se a desgraça irrevogável, as dores mais excruciantes e a morte precoce.

Em total acordo com a maioria de seus confrades médicos, e na realidade retornando aos tempos da *Onania*, o dr. Monlau y Roca asseverava que o flagelo da masturbação estava tão difundido entre as mulheres quanto entre os homens, e com resultados igualmente desastrosos. De fato, alguns médicos se especializaram no tratamento de mulheres que se masturbavam ou escreveram tratados dirigidos explicitamente a esse grupo de leitoras. Um deles, o dr. Samuel Gregory, inicia sua cartilha sobre a "autopolução" para moças no mesmo tom com que outros autores do século XIX se referiam a assuntos delicados: denuncia o "pudor" que "encobria o assunto", que "parecia ofendido à simples menção de tal assunto". Gregory observa que já se tentara "o silêncio e a ignorância", mas isso apenas "favorecia o mal". O único caminho ainda aberto, acreditava ele, era "divulgar o conhecimento", permitindo "que todos sejam esclarecidos", e assegurar com toda a franqueza que a masturbação habitual acabava conduzindo jovens senhorinhas, belas e bem-comportadas, à idiotice total e à morte.[45]

Além de citar e endossar diagnósticos de outros especialistas, o dr. Gregory também prescrevia um regime que evitava, ou neutralizava, uma estimulação excessiva: recomendava o trabalho para combater o ócio — esse solo fértil no qual floresciam pensamentos perversos e sensuais —, uma dieta frugal, o hábito de despertar cedo e de fazer exercícios salutares, o cultivo do intelecto, e que se evitassem espartilhos e roupas apertadas, romances lascivos, camas e colchas fofas, e outros luxos semelhantes. Os "valiosos testemunhos" que o dr. Gregory agregou sob forma de apêndice ao seu livrinho — de superintendentes de asilos de loucos, convenções de crentes batistas, professores de teologia, revistas médicas e jornalistas que o haviam brindado com críticas favoráveis — atestam a pureza das intenções do autor, documentam quão profundamente suas idéias se encontravam arraigadas em sua cultura. Todos os que forneceram testemunhos ao dr. Gregory concordavam com ele: a franqueza era necessária, pois os fatos em si já eram suficientemente aterrorizantes. A hipocrisia era a pior política que se podia adotar.

Os médicos franceses tinham a mesma opinião. Em 1876, um especialista, o dr. Thésée Pouillet, publicou um "ensaio médico-filosófico" muito bem-sucedido sobre a masturbação feminina, no qual apresentava uma lista exaustiva e pormenorizada dos estímulos que induziam ao vício, incluindo (entre muitos outros) a riqueza e a pobreza, confessores mal orientados e estátuas lascivas, romances e dramas malsãos, a impotência do marido, danças, a máquina de costura, e outros perigos engendrados pela civilização moderna. O catálogo das conseqüências apresentado por Pouillet incluía todas as calamidades já esperadas e mais algumas, inesperadas, tais como a ninfomania e, a pior de todas, o suicídio. Temperamento individual, hábitos familiares e costumes sociais, influências artísticas e intelectuais, inovações tecnológicas — em fins do século XIX a bicicleta foi acrescentada à lista das tentações que levavam ao orgasmo —, eram outras tantas fontes de contágio que exigiam observação cuidadosa e constante.[46]

Muitos médicos, obcecados pelo vício da masturbação e engajados na cruzada para esclarecer o público, se viram rodeados por paixões e inundados por hábitos que lamentavam profundamente e que praticamente não lhes davam esperanças de controle. Retornando em 1912 à arena em que ingressara em 1889 com um manifesto contra a masturbação, o dr. Hermann Rohleder lançou um *Esboço de pedagogia sexual* igualmente pessimista, no qual mais uma vez discute as dimensões do perigo. Nesse estudo o sentido de advertência junta-se a uma precisão maníaca. Rohleder cita um colega seu, médico em Colônia, o dr. Meirowsky, que teria dito que 71 por cento de todos os estudantes secundaristas da Alemanha praticavam a masturbação, ao passo que pesquisadores russos, alemães e húngaros teriam descoberto porcentagens ainda maiores e mais estarrecedoras. Um certo professor Oskar Berger teria declarado que o número dos onanistas adolescentes na Alemanha era de 100 por cento, enquanto um "famoso urologista americano", um tal professor "Joung", teria chegado ao mesmo total pesquisando a juventude americana, tanto entre os rapazes quanto entre as moças. O dr. Rohleder dizia ter opiniões um pouco menos sombrias, e se mostrava menos preciso: de acordo com sua "experiência razoavelmente ampla", cerca de nove em cada dez secundaristas, meninos e meninas, eram onanistas. E admite francamente que talvez dois terços dentre esses meninos e meninas pudessem ter "escapado sem maiores perigos para a vida futura".[47] Não obstante, mesmo vendo-se forçados a admitir que o pecado que combatiam deixava ilesos a maioria dos pecadores, alguns desses cruzados se obstinavam em considerar o assunto extremamente desagradável. "O vício solitário", declarou em 1850 o médico americano John Ware, falando em nome de toda a confraria médica, "é um tópico extremamente doloroso para ser discutido; um tópico sobre o qual dificilmente se poderá pensar, ou falar, ou escrever, sem aparentemente participar, pelo menos numa certa medida, de sua poluição".[48] Ainda assim, quando o dever os chamava , os médicos engoliam o orgulho, deitavam fora o desgosto, arregaçavam as mangas e se lançavam bravamente ao encontro do inimigo.

Os remédios draconianos que os médicos e farmacêuticos do século XIX julgavam adequados para curar — ou, mais modestamente, para deter — a masturbação, mostram claramente com que seriedade encaravam o vício solitário e como se sentiam deprimidos diante ele. O psicanalista René Spitz, que fez o levantamento mais abrangente de todos as receitas propostas contra a masturbação, não hesitou em chamá-las de sádicas. Spitz observa que os autores clássicos do século XVIII, do autor anônimo da *Onania* e de Tissot em diante, continham sua agressividade em relação aos pacientes, e não resta dúvida de que recomendavam principalmente exercícios vigorosos, banhos calmantes, colchões duros e uma dieta sensata.[49] Já seus discípulos, utilizando sem qualquer discernimento os perfis clínicos traçados por seus adorados precursores, não permitiram que a disparidade entre diagnóstico e receitas sobrevivesse: o terrorismo dos remédios por eles prescritos se iguala ao terror que o vício lhes inspirava. A partir de meados do século XIX, receitas relativamente inócuas cederam lugar a uma guerra de nervos entre o clérigo e o penitente, entre o mestre e o aluno, entre o médico e o paciente. Os novos remédios incluíam um verdadeiro arsenal de equipamentos mecânicos restritivos que se assemelhavam a instrumentos medievais de tortura, bem como procedimentos cirúrgicos, tais como a cauterização dos órgãos sexuais, a infibulação, a castração e a clitoridectomia. Daniel Gottlob Moritz Schreber, pai do futuro advogado e juiz Daniel Paul Schreber, famoso por sua paranóia que viria a ser analisada por Sigmund Freud em 1910, tinha por hábito enfiar seus filhos dentro de dispositivos metálicos cujo objetivo aparente era ensinar-lhes uma boa postura, mas que também serviam, embora ele não o declarasse explicitamente, para evitar que as crianças se entregassem ao "vicio solitário": só a partir de 1900 é que métodos mais brandos, notadamente os que se baseavam na persuassão, recuperaram gradualmente um certo predomínio.

Contudo, nesse meio século de terrorismo não houve unanimidade, e nem mesmo consenso, entre os médicos no tocante à questão de como combater o "vicio solitário";

volta e meia, textos publicados a partir da década de 1860 retomam o veio benevolente dos decênios anteriores. O dr. E. P. Miller, "médico dos Institutos de Higiene e dos Banhos Turcos" da cidade de Nova York, publicou em 1867 um *Treatise on the Cause of Exhausted Vitality* [Tratado sobre as causas da exaustão da vitalidade] que poderia ter aparecido algumas décadas antes. Assim como todos os demais reformadores, o dr. Miller lamenta a ignorância da qual sofre o mundo, e que seu livreto se destina a aliviar. Sua própria experiência médica, assim como a de outros, lhe provava que tanto moços quantos velhos, tanto mulheres quanto homens, abusavam de suas "funções sexuais", com o que pretendia dizer que eles se entregavam ao trio habitual: masturbação, promiscuidade e "excessos matrimoniais". E a ignorância é particularmente perniciosa porquanto as crianças têm sentimentos eróticos sem disporem contudo das informações essenciais para colocá-los em ação e para controlá-los. "As crianças herdam desejos sexuais intensos", escreveu o dr. Miller três décadas antes de Freud, "cujo significado ignoram; e, não recebendo instrução alguma relativamente a esses desejos, ou se entregam espontaneamente a práticas perniciosas ou então adquirem de companheiros impuros hábitos que mais cedo ou mais tarde as arruinarão". Quanto à lista de enfermidades que, segundo dr. Miller, aguardam o transgressor habitual, ela é totalmente derivada de outros autores; já o estilo lírico com que as expõe, é próprio dele mesmo: o onanista, "irrequieto, desatento, indiferente", descobre que "seu amor pelos livros se perdeu, que a história se tornou um vazio, que as páginas fulgurantes dos romances já não mais o encantam, que a magia do poeta perde seus poderes, que o embalo mágico da música está morto, que a beleza das artes fica à margem de sua vida, que a mais bela das paisagens se transforma num árido deserto".[50]

Tendo em vista tal prognóstico desalentador, ainda que poético, as recomendações oferecidas pelo dr. Miller são extraordinariamente brandas. Parece-lhe eminentemente útil ensinar às crianças a verdade sobre o sexo e sobre seus abusos; preencher-lhes as mentes com idéias puras a fim de combater a tentação das perniciosas; fornecer-lhes bons livros, companhia decente, uma alimentação sadia — e fazer com que se banhem freqüentemente: o médico que atendia aos banhos turcos não seria insensível às propriedades purificadoras das águas. Sobretudo, insistia ele, que retornassem à religião e a Cristo, que é, ao que parecia, o mais formidável adversário dos abusos sexuais que o mundo já conheceu. E isso é tudo: o dr. Miller rejeita enfaticamente os métodos mais drásticos que decerto teria visto aplicados por outros médicos; para ele não havia sentido algum na cauterização de órgãos sexuais ou no seu aprisionamento em jaezes ou dispositivos mecânicos semelhantes.[51]

Muitos outros médicos viam utilidade em tais dispositivos. Algumas das recomendações mais horripilantes foram realmente postas em prática: Spitz relata um caso, que não é absolutamente único, de uma menininha de sete anos, muito nervosa, que persistira na masturbação depois de ter sido submetida a diversos tratamentos, e que conseguira arrebentar as suturas que prendiam seu clítoris; como todas as tentativas de detê-la haviam falhado, foi ela então submetida à clitoridectomia. A pequena parou de masturbar-se; algumas semanas após a operação, depois de uma derradeira tentativa, ela admitiu sua derrota: "Vocês sabem que não tem mais nada aí", disse ela com uma sensatez de partir o coração, "então é claro que eu não poderia fazer mais nada". Isso aconteceu em 1894, em Cleveland, Ohio. Que o historiador deixe bem registrado para a posteridade o nome do cirurgião principal que procedeu à intervenção: foi o dr. Alvin Eyer.[52]

Essa história de horror é verdadeira, e eu poderia desfiar outras mais. Contudo, representam um número relativamente pequeno de intervenções irreversíveis. Muito mais populares do que o bisturi eram os meio restritivos mecânicos: cintos de castidade modernos para as meninas e anéis constritores do pênis para os meninos, ou camisas-de-força para umas e outros, tudo isso projetado para evitar que os pecadores infantis ou adolescentes tivessem acesso a seus corpos. Os fabricantes de equipamentos médicos se adaptavam à demanda, e os dispositivos que lançavam no mercado, conforme as ilustrações constantes dos catálogos, sobrevivem para lembrar-nos de alguns sintomas dessa sandice masturbatória — da parte dos médicos. O dr. Deslandes, que, conforme já vimos, acreditava na eficácia de aterrorizar os pacientes, também recomendava uma supervisão atenta e constante — pois somente uma pessoa deixada sozinha pode abusar de si mesma —, e a utilização de dispositivos e métodos "coercitivos", tais como amarrar as mãos "para mantê-las afastadas dos órgãos sexuais" e prender os pés "de modo a manter afastadas as coxas". Ele também tinha em alta conta coletes especiais "amarrados nas costas", que deixavam "os braços imobilizados junto ao peito", assim como determinado "tipo de funda" resistente, destinada a "preservar as partes sexuais de contatos externos".[53] O impulso para hábitos perversos, personificado pelos reformadores amedrontados como um íncubo que oprimia os jovens, era persistente e incrivelmente habilidoso; o único meio de vencê-lo era tentar sobrepujá-lo passo a passo.

O tremendo fardo dessa missão auto-imposta induziu os mais preocupados dentre os médicos a ingressarem na arena pública, oferecendo manuais de instrução matrimonial e ruminações religiosas; até as décadas de 1870 e 1880, com efeito, a linguagem adotada nos discursos médicos é tão informal que freqüentemente se torna difícil saber se são dirigidos a outros médicos ou a leigos. Alguns desses textos, entretanto, não deixam margem a dúvidas. O dr. William Alcott, cujos manuais de saúde amplamente difundidos constituíam uma mescla habilmente forjada de informação e de exaltação, escrevia com o intuito de antecipar-se a Satanás, cujos emissários divulgariam doutrinas repugnantes a respeito das relações sexuais. A fim de mostrar-se ainda mais astuto, o conselheiro médico guiaria os inocentes e resgataria os perdidos, infundindo-lhes bons hábitos, receitando-lhes uma alimentação adequada, encorajando-os a fazer exercícios salutares, fornecendo-lhes conhecimentos relativos ao sexo e trazendo os jovens para a "prática caridosa dos Evangelhos".[54] Unanimemente convencidos de que no animal humano a mente e a matéria se encontram inextricavelmente interligadas, esses beatos médicos julgavam correto curar não só o corpo de seus pacientes e leitores, como também sua alma. Estavam certos de que salvar a alma equivalia a curar o corpo.

O *Physiology of Marriage* [Fisiologia do casamento], de Alcott, publicado em 1855, constitui um exemplo interessante desse gênero médico-religioso, que teve tantos seguidores leais e gratos até o final do século XIX. Nessas obras Satanás aparece como um ente ameaçador, remoto e um tanto obscuro, que subverte as exigências da vida cristã, quase uma metáfora das "doutrinas libertinas de Byron".[55] Já no livro publicado cerca de quinze anos mais tarde pelo dr. Cooke, *Satan in Society* [Satanás na sociedade], sua presença é mais palpável. O livro é um paradigma de melancolia irremediável e se constitui numa contribuição substancial à visão alarmista da sociedade. Toda a sociedade americana, diz o autor a seus leitores, se encontra no caminho da perdição; sua descida ao inferno se inicia na organização doméstica descuidada, prossegue nas escolas públicas seculares e nos sedutores internatos — "ninhos perfeitos para o vício" —, e atinge seu ápice nos excessos do movimento feminista. *Satan in Society* não é mera lamentação; na realidade, é um tratado substancial que abrange a maioria dos aspectos do comportamento sexual: o aborto, relações sexuais durante a gravidez e o período mestrual, a poligamia, o *coitus interruptus* (todos condenados); inclui também capítulos sobre a condição feminina em países não-cristãos e abrangentes comparações "psicofisiológicas" entre mulheres e homens. Mas em dois dos onze capítulos Cooke discute a masturbação, tanto masculina quanto feminina, e em três outros faz referências a ela — o assunto realmente o preocupava. Seu veredito é apresentado sem vacilação: o ato é vergonhoso, criminoso, freqüente, e mortífero. Mas se por um lado via muitos motivos para desesperar-se, tinha também um bom motivo para a esperança — a religião. Cooke não era de modo algum desumano; entre os "aforismas conjugais" com que conclui o livro encontra-se um que soa como convite à visão igualitária da excitação erótica: "Um marido não deverá jamais entregar-se a prazeres para os quais não tenha o talento de tornar mútuos". Prazeres mundanos, no entanto, mesmo quando recíprocos, não eram suficientes para garantir um casamento feliz àqueles para quem era escrito o livro: "A única receita para uma felicidade permanente no matrimônio", diz ele ao concluí-lo, é "o cristianismo".[56]

Essa conclusão é bastante representativa da época. As igrejas tinham naturalmente um interesse constante na questão da masturbação. O famoso tratado escrito pelo dr. Carl Capellmann sobre a medicina pastoral, originalmente em latim e logo traduzido para muitas outras línguas, inclusive o inglês e o alemão, em meados da década de 1870 — e que ainda se encontrava disponível, em nova edição francesa, em 1926 —, encaminhava a questão da masturbação, conforme esperava o autor, "completamente de acordo com as doutrinas da Santa Igreja Católica Romana". Recorrendo à língua latina sempre que o assunto parecia tornar-se excessivamente indecente, a *Pastoral Medicine* [Medicina pastoral] atacava com valentia o terreno minado dos maus comportamentos sexuais, e dedicava uma porção considerável do texto à masturbação, que dizia ser "aterradoramente comum". Assim como autores seculares, Capellmann compilou uma lista já conhecida de estímulos: ginástica e banhos em conjunto, para não falar da "criadagem maliciosa", de uma "educação afeminada", de uma "literatura enervante" e de "representações artísticas imorais". O mundo é um lugar perigoso, pois o homem decaído é por natureza pecador: conforme o dr. Capellmann observa enfaticamente, em perfeita harmonia com o dr. Samuel Gregory, o ócio — a disponibilidade da energia mental livre e volátil — gera pensamentos malignos e, através deles, ações igualmente malignas. O matrimônio era "obviamente" o melhor remédio, o matrimônio e o reconhecimento de que nenhum padre ou pastor poderia fechar os olhos à masturbação sob qualquer de suas formas.[57]

Assim como os médicos não hesitaram em invadir os domínios de clérigos e educadores, estes por sua vez retribuiram a gentileza intrometendo-se no campo do aconselhamento médico e se uniram médicos no chamamento às armas. Havia o doutor em teologia Sylvanus Stall e O. S. Fowler, provavelmente o mais famoso dos "frenologistas práticos" americanos, que, não satisfeito por ter escrito numerosos tratados sobre o "auto-aperfeiçoamento" e sobre sua ciência em particular, trouxe a público, em 1846, um livreto sobre a *Amativeness*,* no qual não poupava invectivas contra a prevalência da sensualidade e a "prática imunda" do "VÍCIO SOLITÁRIO". As meninas "podem estar menos infectadas" do que os meninos, e no entanto "mulheres, jovens e modestas, estão morrendo aos milhares de tísica, de moléstias femininas, de doenças nervosas ou espinhais, de debilidade generalizada e de outras incontáveis enfermidades, e algumas até de loucura, todas causadas exclusivamente por tal prática". Para dar mais peso às denúncias, Fowler se apoiava também na autoridade "influente" do dr. Alcott.[58] A palavra autorizada de um médico valia ouro para um leigo que procurava fazer-se passar por um iniciado.

O. S. Fowler, frenologista prático, pertencia a uma verdadeira tribo que publicava textos médicos sem credenciamento e que citava médicos em apoio a seus próprias conclusões. Boa parte da autoridade do dr. Alcott se fundava no costume amplamente difundido entre os médicos de se apoiarem reciprocamente. Um exemplo instrutivo dessa transferência de "autoridade" se encontra no livreto do reverendo Smith H. Platt, *Queenly Womanhood* [Régia feminilidade], publicado pela primeira vez em 1877. Adaptando seu trabalho anterior, *Princely Manhood; for Males Only* [Principesca virilidade; só para homens], de modo a ser utilizado pelas mulheres, Platt cita mais profusamente suas fontes e preenche suas páginas com mais citações do que outros autores, em geral mais encantados com

(*) "Amatividade": em inglês, termo integrante do jargão da frenologia: a propensão para amar; em português, aparece com conotações poéticas, muito raramente. (N. T.)

as próprias vozes e mais seguros dos próprios julgamentos. E entre os peritos citados por Platt se encontra o "dr." O. S. Fowler. Esse mesmo "dr." Fowler reaparece mais uma vez na pequena antologia de Platt, como fonte de uma parábola em que uma mãe, procurando chamar a atenção de seus três filhos para os perigos da masturbação, descobre que já era tarde demais nos três casos, embora o mais moço tivesse apenas dez anos quando ela lhe falou do assunto.[59] O reverendo Platt, lendo o que queria ler, promoveu Fowler a entendedor desse delicado assunto porque Fowler estava afinado com médicos respeitáveis. A cruzada empreendida no século XIX contra a masturbação não foi tão maciça quanto parece ter sido; é muito fácil superestimar o número, mas não o fervor, dos cruzados. Boa parte do barulho que faziam consistia na realidade de ecos.

Os educadores se agregaram à campanha ainda em seus primórdios. Na década de 1780, alguns pedagogos europeus, os famosos "Filântropos", já haviam advertido seus pupilos, bem como os pais dos pupilos, a não tocarem no que em alemão se denomina pitorescamente de *Schamteile* [Partes vergonhosas]: "Nada é mais perigoso", escreveu em 1783 Joachim Heinrich Campe, "do que estimular ou brincar de qualquer modo com essas partes secretas dos nossos corpos. Mantende-as secretas não apenas para todas as outras pessoas, mas também para vós mesmos; jamais as toqueis, exceto quando absolutamente necessário, e mesmo nesses casos deveis tocá-las com a máxima circunspecção e a máxima modéstia". A lista que Campe apresenta dos horrendos efeitos da desobediência — de se ceder a um prazer momentâneo, tornando-o habitual — está em perfeita consonância com os prognósticos de Tissot. E, uma década antes de Campe, o grande pedagogo Johann Bernhard Basedow havia estigmatizado os "vícios desnaturados", entre os quais incluía a masturbação, como asquerosos e imorais, além de danosos e perniciosos: não só "arruinam toda e qualquer possibilidade de um casamento feliz", como também "enchem a imaginação de quadros revoltantes e mortificantes", o que torna difícil "resistir a essa sandice no futuro".[60]

Mais de um século depois, quando seus escritos se destacavam diante de um pano-de-fundo de preocupações incessantes entre os educadores, Charles Richmond Henderson, professor de sociologia da Universidade de Chicago, lembrava esses teóricos, assim como Rousseau, como paradigmas cujas "linhas de pensamento educacional" seus discípulos modernos estavam apenas "retomando". Henderson recomendava cautela contra os "charlatães que enriquecem através da propaganda de seus remédios milagrosos, depois de infundirem o terror entre os jovens", porém continuava convencido de que "o vício solitário é a causa de desordens quando repetido com freqüência e quando se torna um hábito continuado". O tom que ele adota é muito menos histérico do que o que predominara durante décadas: até mesmo os educadores podiam ser educados. A minoria de médicos sensatos, que haviam descartado o conceito de que a masturbação é um vício ou uma doença, também tinha conseguido uma audiência; autores tenazes como Havelock Ellis, que denunciara toda a campanha como estupidez perniciosa, vinham obtendo algumas respostas favoráveis. No ano de 1900, o dr. F. R. Sturgis já tinha condições de dedicar seu livro *Sexual Debility in Man* [A fraqueza sexual no homem] aos "ALEIJADOS SEXUAIS DOS ESTADOS UNIDOS, cujas enfermidades em parte contribuíram para a sua sustentação", e de investir, com detalhes reveladores e com palavras ásperas, contra "a sandice" das "denúncias histéricas" que continuavam a perseguir as pessoas que praticavam a masturbação.[61]

Uma década mais tarde, os psicanalistas acrescentaram uma irônica alteração à grande ansiedade que já então se encontrava em fase de declínio: num levantamento sistemático da "masturbação" procedido em Viena, sob a presidência informal de Sigmund Freud, diversos de seus colegas, assim como o próprio Freud, descobriram que a recente absolvição das culpas que anteriormente se imputavam à masturbação era um tanto excessiva. Freud relata que a maioria dos médicos concluíra que o ato em si era provavelmente inócuo. O pêndulo das opiniões havia se deslocado dramaticamente; demasiado dramaticamente segundo Freud e seus seguidores. Parecia-lhes evidente que a masturbação habitual de fato trazia males ao onanista: gerava nele sentimentos de culpa e, em conseqüência, serios conflitos, particularmente numa cultura que condenava o ato; isolava o indivíduo dos objetos de amor desejáveis na vida real, lançando-o numa vida de fantasias; e também trazia algum risco de inflamação ou de infecção dos órgãos sexuais. A masturbação, nos termos pungentes utilizados por Freud, causava um "curto-circuito" no amor.

Essa idéia entretanto tinha pouco em comum com a cruzada antimasturbatória do século XIX: a psicanálise retirou a masturbação das regiões nebulosas da moralidade, da religião e da mera fantasia, colocando-a em seu devido lugar, entre as realidades da sociologia, da psicologia e da fisiologia.[62] Qualquer que fosse o espectro das opiniões por volta de 1910, a campanha havia exaurido todas as suas forças. Porém, até que isso acontecesse, havia tido uma longa vida.

É muito mais fácil documentar do que explicar a persistência do pânico a respeito da masturbação. Tremendamente sobredeterminado, esse pânico foi um sintoma cultural carregado de significados espantosos que atingiu toda a sociedade do século XIX e se infiltrou até os recessos mais recônditos de seu inconsciente, até o âmago de suas preocupações mais perturbadoras. Talvez a causa mais evidente desse pânico tenha sido a ignorância: uma ignorância erudita muito mais resistente do que a mera ausência de conhecimentos, porquanto esta última sempre pode ser abrandada através da aquisição de informações novas e pertinentes. Mas se tratava de uma ignorância oriunda da vontade de não saber, reforçada por um modelo de fisiologia absolutamente falso, construído sobre velhas teorias relativas ao organismo humano, cujas origens remontam a Hipócrates — em suma, tratava-se da pior espécie de ignorância, encapsulada numa verdadeira armadura defensiva contra qualquer tipo de correções ou esclarecimentos.

É bem verdade que um modelo médico que restringe sua rede de relações causais aos limites da natureza não tinha nada de ingênuo; atribuir a insanidade ao auto-erotismo constituía um avanço científico; pior era imputá-la à ação de maus espíritos.[63] A masturbação — e esta era a teoria — era um dispêndio de energias; e se bem que isso seja obviamente verdade no caso dos rapazes, supunha-se que também fosse verdade no caso das mulheres, independentemente de terem elas algum tipo de ejaculação, conforme supunham muitos médicos. O que não deixava margem a dúvidas era o fato de que ambos os sexos eram acometidos por certa fadiga, para não dizer fastio, após o ato da masturbação, como se tivessem feito algum esforço considerável, dispendendo certa quantia de energia. Parecia pois bem razoável a dedução de que os jovens deveriam permanecer "puros", vale dizer celibatários, e que deveriam poupar suas reservas corporais para a tarefa que era o único objetivo de Deus haver implantado no homem o instinto sexual: a geração de crianças no interior do recinto sagrado do matrimônio.

Tissot, o venerado profeta, forneceu ao século burguês uma orientação conveniente nesse assunto como em muitos outros. "Nossos corpos estão sofrendo perdas constantes", escreveu ele no livro sobre a masturbação, "e se não pudermos repará-las, dentro de pouco tempo cairemos num estado de fraqueza mortal". O "material de que é feita a nossa máquina" tem uma constituição tal que os humores corporais essenciais, como o leite e o sangue, precisam ser constantemente repostos. E, dentre esse humores, o "licor seminal" é particularmente precioso: "Os médicos de todas as épocas estão unanimemente de acordo em que a perda de uma única onça desse humor enfraquece mais o corpo do que a perda de quarenta onças de sangue". Ele deturpa o consenso médico do passado, mas muita gente acreditou nele. Amiel, para citar apenas um exemplo, achou irresistível essa idéia de Tissot; ele cita — ou melhor, distorce — essa opinião de que uma única emissão seminal seria equivalente à perda de quatro onças de sangue.[64] Embora sem a mesma precisão, muitos médicos do século XIX, como o dr. William Acton, concordavam em que as emissões de sêmen eram a causa de perdas físicas bastante sérias, por vezes irreparáveis.

Não menos notável do que esse resgate de antigas superstições médicas em pleno século XIX, e uma prova adicional da ignorância erudita, foi a facilidade com que os médicos se permitiram chegar a conclusões levianas com base nas indicações mais vagas e superficiais, ou a conclusões abrangentes a partir de um punhado de exemplos; Benjamin Rush compôs seu perfil aterrorizante do onanista a partir de quatro casos observados num intervalo de quatro anos. É bem verdade que seu catálogo de sintomas antecede em mais de dois decênios o desenvolvimento de estatísticas sociais e as enormes inovações que delas decorreram para a medicina; mas o bom senso por si só deveria ter sido suficiente para mostrar-lhe que suas observações eram absurdamente inadequadas para a obtenção de qualquer quadro clínico, por mais que se tratasse de uma mera hipótese, e especialmente tendo em vista que Rush não dispunha de qualquer meio de provar que a patologia por ele observada era uma conseqüência inevitável da masturbação. Apesar disso, Henry Maudsley, quase repetindo as palavras de Benjamin Rush, se não de forma ainda mais veemente e irada, analisou o "vício solitário" com a mesma confiança leviana meio século mais tarde, quando a lógica das investigações médicas bem como a aplicação da estatística já tinham sido pública e intensivamente estudadas durante 25 anos ou mais. Por conseguinte, se esse tipo de ignorância erudita se mostrava totalmente, ou quase totalmente, invencível, devia-se ao fato de ter sido inconscientemente cultivada. Henry Maudsley não era uma pessoa ignorante.

A aplicação dos princípios da economia ao dispêndio de energia sexual continha, implícita, a inferência de que a fornicação fora dos sagrados laços matrimoniais ou a "excessiva" gratificação dentro deles seria tão debilitante para a economia do corpo quanto a masturbação. Um bom número de cruzados antimasturbatórios estavam ávidos por chegar a essa conclusão. Alguns faziam malabarismos com os números de que dispunham: a maioria recomendava aos casais que levassem prudentemente em consideração a idade, o clima e o calendário. "Durante o inverno", escreveu o dr. Monlau y Roca, dando sua contribuição médica à sabedoria popular, "e em todos os meses que não contêm a letra 'r', é apropriado manter a maior prudência quanto às relações sexuais". Outros concordavam. "Os deleites sexuais excessivos fazem mal à saúde", escreveu O. S. Fowler, atingindo-a de diversas maneiras; exaurem o corpo, enfraquecem a mente, prejudicam a digestão e a circulação, desarranjam o cérebro e o sistema nervoso e engendram a depravação em todas as suas formas. Mas enquanto os que perpetravam a "licenciosidade" seriam "devorados" por "indescritíveis feridas e ulcerações nauseabundas e asquerosas", e ao passo que os "EXCESSOS MATRIMONIAIS" destroem não só a saúde da mulher com também o respeito do marido por ela, nada disso podia se comparar aos horrores gerados pelo vício solitário: a "maior de todas as ruínas" resultava evidentemente da "FORNICAÇÃO SOLITÁRIA — À RAZÃO DE DEZ POR UM!"[65] Fowler pertencia a uma certa classe de charlatães intelectuais, porém outros polemistas, inclusive aqueles muito menos inclinados a capitalizar as ansiedades públicas, também insistiam em que o desperdício sexual era bastante real, e muito ameaçador. Cuidadosamente, estabeleciam distinções e hierarquias entre as diversas formas que tal desperdício podia assumir, e concordavam em que a "autopolução" era mais perniciosa e fatal do que a fornicação, que, por seu turno, tinha mais efeitos danosos do que a lascívia dentro do matrimônio.

A masturbação não era somente o vício sexual de maiores e mais profundas conseqüências; era também o mais imoral. E nisto consistia, em última análise, o xis da questão. À parte meia dúzia de exceções, nem os médicos nem aqueles que lhes seguiam os passos conseguiram vencer a confusão gerada pelo autor anônimo da *Onania*: a masturbação era mais do que um problema médico, era um problema ético e religioso. Por conseguinte, colocava-se no mesmo patamar que a sífilis e o alcoolismo no sentido de ser uma moléstia que os médicos ao mesmo tempo tratavam e xingavam. E, numa época em que a biologia e a geologia, a filologia e a história insuflavam fortes ventos seculares, a cada conversão extraordinária ao materialismo causada por uma leitura de Darwin correspondia um retorno à beata piedade causado por agentes persuasivos mais discretos. Não há dúvidas de que os pios sofredores do século XIX recorriam aos médicos com mais rapidez e com menos conflitos interiores do que seus pios antepassados, porém o clero continuava a reter um amplo reservatório de praticantes muito influentes. O espírito que dominava a época — o espírito da incerteza diante das mudanças — valorizava sobremaneira a moralidade e dava aos moralistas uma liberdade de ação incomparável. Quaisquer que fossem seus resultados, no século burguês houve uma abundância de sérias investigações éticas, bem como de debates acirrados. Os médicos que faziam sermões aos pacientes e ao público em geral estavam apenas se juntando ao coro cada vez mais numeroso de peritos que se sentiam chamados à missão de aperfeiçoar a moral pública, e competentes para tanto.

Ainda assim, a pregação moralista dos médicos tinha características próprias. O didatismo, a prepotência, o sadismo verbal que os médicos desfechavam contra seus pacientes sempre que tocavam no assunto do "vício solitário" ou da "autopolução" — e os próprios nomes já são cápsulas contendo sermões —, eram por demais impertinentes, particularmente porque esses médicos-filósofos eram, afinal de contas, profissionais que se pretendiam cientistas e curadores, duas vocações para as quais o papel de pregador, era mesmo então, considerado inadequado. A idéia de que a verdade científica fomenta diretamente a bondade moral — uma herança legada por cientistas amadores, talentosos mas nesse aspecto enganados como Diderot e Goethe — cedeu lugar, no curso do século XIX, a procedimentos positivistas que estabeleciam uma nítida diferenciação entre fatos e valores. Poucos cientistas ainda duvidavam da superioridade do conhecimento sobre a ignorância, e da franqueza sobre a dissimulação, e sob este enfoque a busca corajosa de conhecimentos científicos tinha implicações morais. Contudo, os cruzados contra a masturbação tentavam provar algo muito diferente: ali estava uma infecção pecaminosa que atingia simultaneamente as fibras físicas e morais do sofredor, e além disso desmoralizava da maneira mais ofensiva não só o próprio sofredor como também sua esposa e, por extensão, a sociedade como um todo. Por conseguinte, mais do que da cura, o onanista necessitava de uma bom sermão. As profecias aterrorizantes, as engenhocas mecânicas e as operações bárbaras infligidas pelos médicos parecem atos de vingança. Num século em que as ciências estavam se libertando triunfalmente do jugo da filosofia e tomavam consciência, de maneira extremamente responsável, de seus métodos, esta era uma péssima ciência.

Mas os jeremias da masturbação raramente eram homens rancorosos, e quase nunca vendedores de poções mágicas; não eram curandeiros, mas sim profissionais inteligentes e conscienciosos. Isso comprova que a ciência por eles praticada se alimentava, nos níveis mais profundos, de ansiedades. E ao que parece, no século burguês, os médicos de modo geral eram vítimas de dois tipos de ansiedade: a que eles experimentavam na condição de médicos, e as que sorviam do meio ambiente e que devolviam, destiladas, à sociedade.

Os médicos do século XIX eram ansiosos em parte porque, havia décadas, freqüentemente se sentiam impotentes diante de enfermidades e epidemias e, com notáveis exceções, relutavam em aceitar essa impotência. "Mais do que qualquer outra classe profissional", escreveu O. S. Fowler na década de 1840, os médicos "precisam ter uma visão liberal e convições abertas que lhes permitam manter-se em dia com os avanços dos tempos e adotar todos os novos aperfeiçoamentos da arte de curar. Nenhuma outra arte é tão imperfeita ou exige tão imperiosamente reformas e avanços".[66] Sentindo de forma indistinta, e por vezes aguda, sua própria futilidade, os médicos se viram na contingência de erigir uma fachada de autoridade radicalmente diferente da verdadeira idéia que tinham de si mesmos. O médico honesto sabia melhor do que seus pacientes que freqüentemente não passava de um espectador, privilegiado e impotente, à cabeceira do doente.

Numa época assolada por enfermidades debilitantes e crônicas, e ocasionalmente devastada por epidemias aterradoras, as perspectivas de doença e de morte prematura cresceram até se tornarem uma preocupação absorvente. Nas cartas e diários íntimos que nos foram deixados pela classe média do século XIX, a saúde e o tempo são os dois assuntos predominantes; as condições momentâneas da autora e de sua família, os patéticos duelos entre a fé e a dúvida em relação às últimas conquistas da medicina, ocupam mais espaço e consomem maiores quantidades de energia emocional nesses escritos do que qualquer outro tópico. Esses apontamentos estão pontilhados de declarações de confiança nos médicos ou, mais freqüentemente, de uma persistente descrença. Em 1850, segundo Louisa May Alcott anotou mais tarde em seu diário, sua família havia sido vitimada pela varíola. "Nós, as meninas, a tivemos de forma branda, porém Papai e Mamãe ficaram muito doentes, e passamos por uma época curiosa de exílio, perigos e dificuldades. Nada de médicos, e tudo terminou bem", uma conclusão um tanto enigmática que deixa aberta a possibilidade de que, se os Alcott houvessem recorrido a médicos, talvez nem todos tivessem se recuperado.

Esse ceticismo era muito comum. Relembrando em 1888 sua longa vida, James Hopkinson, esse marceneiro inglês autodidata, confidencia em sua autobiografia que sempre tivera muito mais confiança nos herboristas do que nos médicos: "Comprovei, além de qualquer dúvida, que a natureza não respeita as pessoas, e que apenas requer um pouco de auxílio. Também comprovei que ela não dispensa maior consideração a uma receita passada em *latim* do que a uma escrita em inglês comum. E, no que diz respeito a diplomas, tenho conhecimento de doenças que foram curadas por homens considerados charlatães depois que médicos carregados de diplomas falharam". Com a austeridade própria de um assíduo freqüentador da igreja, ele conclama seus leitores a "se erguerem acima dos obstáculos que os circundam" e a estudarem "as virtudes medicinais das ervas e das raízes e das cascas de árvores, que uma mão Todo-Poderosa generosamente espalhou por todas as sebes e às margens de qualquer riacho". Com relação aos médicos devidamente credenciados, demonstrava abertamente seu cinismo: "No curso da vida chegaram ao meu conhecimento muitos casos de tratamentos errados e da incapacidade dos doutores. Contudo, por mais incompetentes que possam ser, estão sempre a salvo sob a proteção de seus diplomas". A força desses comentários sardônicos deve-se ao fato de que, a despeito de sua confiança nos herboristas indicar que Hopkinson era um tanto crédulo, seus ataques contra os médicos embora atrasados, chegaram bem perto do alvo, deixando-os em situação constrangedora. Um pouco antes, em maio de 1885, pouco depois de ter sofrido um aborto, Eleanor Rogers havia dito basicamente a mesma coisa, apenas de modo mais lacônico. "Confio mais em vocês do que em cinqüenta médicos", dissera ela às irmãs, "portanto digam-me o que devo fazer que eu tentarei fazê-lo". [67] Este era um pedido de socorro bastante comum, lançado fervorosamente por muitos burgueses instruídos e de mente aberta.

Nessa época de profissionalização e em que era cada vez menor a disposição das pessoas em aceitar resignadamente os golpes do destino, parece que os pacientes das classes médias se sentiam no direito de fazer exigências urgentes e muitas vezes insensatas a seus médicos, que não podiam realizar suas fantasias nem tampouco dissipá-las. Tanto entre as populações pobres das cidades como entre os camponeses, a resistência à intervenção dos médicos era quase uma segunda natureza, enraizada em poderosas superstições, no temor das despesas ou num fatalismo beato. Mas bons burgueses que se orgulhavam de serem receptivos à ciência podiam mostrar-se quase tão primitivos. As esperanças e temores dos sofredores da classe média eram freqüentemente uma transferência pouco sutil. O médico era investido de todos os atributos de um pai carinhoso e onisciente, tornando-se quase uma divindade construída por seus pacientes, que repetidamente se decepcionavam. Entre os burgueses, as expectativas de onisciência do médico se alternavam com o desprezo por sua impotência, de sorte que ora o médico era irracionalmente idolatrado, ora irracionalmente execrado.

Essa desconfiança em relação à profissão médica não deixa de ser irônica: entre os médicos que contribuíram para o descrédito da profissão contavam-se justamente aqueles que, de maneira responsável e baseados em sólidos conhecimentos, diziam a seus pacientes que não esperassem milagres. Não é de admirar que milhares de pessoas tenham seguido os conselhos levianos dos amigos, recorrido à automedicação com remédios caseiros ou se entregado à mercê de curandeiros e charlatães: o medo da morte, sobretudo quando associado à esperança de sobrevivência, aguça maravilhosamente o forte talento que o homem tem de iludir-se. Ademais, a tecnologia informal da difusão de queixas — através de jornais baratos, de serviços postais rápidos, de visitas domiciliares — melhorou em muito a partir da década de 1830; divulgaram-se desse modo com absoluta imparcialidade as críticas à profissão médica e a propaganda dos charlatães. E havia razões de sobra para queixas: até meados do século, e ainda durante algum tempo, muitos médicos continuavam a atacar o corpo de seus pacientes com sangrias exaustivas e com purgantes debilitantes, a infectá-los na mesa de operações ou nos leitos dos hospitais, e geralmente pouco podiam fazer quando a cólera varria as cidades exigindo sua cota de vítimas. A moda do que se chamava, sem ironia alguma, a "medicina heróica" prevaleceu até a década de 1860. Nessa forma credenciada de sadismo, o herói era o paciente, muito freqüentemente celebrado postumamente por seu heroísmo, depois de o médico haver concluído seu trabalho. Relembrando os anos ao redor de 1835 em sua sincera autobiografia, o eminente ginecologista J. Marion Sims descreve a medicina daquela época como "heróica: era puro assassinato".[68] Nem os mais dedicados seguidores da homeopatia ou de outras formas rivais da medicina profissional poderiam tê-lo expressado de modo mais lapidar.

Todas essas difamações, algumas delas autodifamações, devem ter sido suficientes para gerar angústia entre os médicos, principalmente entre os mais prudentes e os mais dedicados. Entretanto, os motivos desse mal-estar eram mais complexos e mais dramáticos. Pois apesar de todos os avanços gratificantes registrados pela medicina na era do Iluminismo, é provável que durante os três quartos de século que vão da ascensão ao trono da rainha Vitória até a eclosão da Primeira Guerra Mundial a medicina haja passado por transformações mais radicais do que em toda a história precedente. Algumas das falhas mais deploráveis cometidas pelos médicos eram pré-requisitos necessários ao progresso, e constituíam estágios desse avanço da ciência médica. Foi o século XIX que modernizou a medicina; o antigo enigma popular que questionava sardonicamente se seria mais seguro para um doente confiar-se a um médico ou evitá-lo podia agora ser resolvido, cada vez mais plausivelmente, a favor do médico.

Os sinais da nova medicina eram claramente visíveis por toda parte, de forma no mínimo tranqüilizante, e na melhor das hipóteses beirando o milagre. Ao chegar a década de 1870, extensas pesquisas, freqüentemente frustrantes, começavam finalmente a produzir os resultados espetaculares que o público aprecia, as anedotas capturam e as estatísticas comprovam. Pouco a pouco, o médico, que durante tanto tempo tinha sido alvo de piadas hostis, passava à condição de herói popular da cultura burguesa. É verdade que o ceticismo ainda subsistiu durante toda a década de 1880 e até quase a virada do século; o corpo humano era uma máquina por demais complicada, a vida ainda era por demais precária, para silenciar definitivamente todos os caluniadores da profissão médica. Mas agora a imagem adorada do médico de família, um sábio de longa barba que tomava paternalmente o pulso do paciente e atendia a um chamado a altas horas da noite, ou do frio cirurgião vestido de branco que salvava vidas com hábeis intervenções, eram fantasias que se tornavam cada vez mais plausíveis nas últimas décadas do século XIX — fantasias que só em parte se fundavam em esperanças beatas ou mágicas.

Foi justamente essa revolução de amplo alcance e por vezes imprevisível no mundo da medicina, e seus êxitos mais do que seus desastres, que gerou conflitos psicológicos bastante perturbadores, se bem que freqüentemente mal perceptíveis, entre os próprios médicos. Conforme sabemos pelos ensinamentos de Durkheim e de Freud, confirmados pelas próprias vidas dos médicos, as boas notícias podiam ter efeitos tão devastadores quanto as más. As ansiedades que os dominavam dispunham de vastas arenas públicas em que podiam bater-se até a exaustão: a educação médica internacional, os novos hospitais-escolas, as clínicas universitárias, os simpósios e congressos profissionais e as revistas médicas e científicas. A ansiedade do médico do século XIX foi por conseguinte muito mais do que o mal-estar de um tolo obrigado a ocultar sua ignorância por trás de uma máscara de sabedoria; tratava-se, antes, da apreensão de um profissional empenhado numa batalha sangrenta, sujeito a enormes pressões do público e dos colegas, e angustiado por sentir-se no limiar de grandes conquistas. As oscilações por que passavam os sentimentos dos médicos dão uma medida dessa incerteza: os comoventes acessos de grandes expectativas em meio a súbitos ataques de fatalismo, o combate entre a fé nas inovações e o conservadorismo das corporações profissionais. Não é mera coincidência que, a partir do instante em que a profissão médica passou a deter o monopólio da arte de curar, consolidando-o em novas associações, escolas e procedimentos, tendo recuperado enfim um quinhão considerável da confiança do público, os médicos tenham podido afrouxar sua campanha contra a masturbação. Com sua própria potência assegurada, demonstrada a todos e reconhecida com gratidão, os médicos puderam finalmente despreocupar-se com a potência dos outros.

Não obstante, a angústia que havia impulsionado os médicos à sua cruzada antimasturbatória no século XIX não era simplesmente uma reação a pressões puramente profissionais. Os médicos, como todo mundo, não tinham como escapar à sua cultura. Eram maridos e pais, tão preocupados como os demais burgueses com a precária santidade de seus lares e com as ameaças que pairavam sobre a inocência de seus filhos. Pertenciam a círculos sociais de elite e a clube fechados, ou, o que era bem mais enervante, ainda aspiravam a pertencer-lhes, e tinham esperança de fortalecer, ou de consolidar, o *status* de cavalheiros. Daí não lhes parecer prudente desafiar a retórica moral dominante, e cada vez mais defensiva, dessa sociedade a que procuravam por todos os meios pertencer. Sua facilidade para aderir a modas tais como a loucura antimasturbatória era apenas um dos sinais de sua insegurança; quem se deixa levar por modismos pode até ter intenção de modificar preconceitos predominantes, mas não tem forças para desafiá-los, muito menos para corrigi-los. Sob muitos aspectos importantes, os médicos do século XIX não se destacavam dos homens comuns; sentiam-se dependentes da boa vontade das demais pessoas e da sociedade como um todo. Conforme o famoso médico e administrador alemão Christoph Wilhelm Hufeland colocou já em 1836, "para ninguém a opinião pública é tão importante quanto o é para o médico. Ele é, na acepção essencial do termo, *o homem do povo*".[69] Caso um autor no campo da medicina optasse por divergir do consenso popular e profissional acerca do problema da masturbação, conseguiria no máximo acrescentar mais uma imagem de cera ao visitadíssimo museu de horrores. Por mais arrogantes e revestidos de autoridade que pudessem parecer, os médicos do século XIX eram realmente homens do povo, inconscientemente — e às vezes conscientemente — trêmulos à espera do veredicto popular.

Por conseguinte, algumas das ansiedades que os médicos impunham a seus pacientes eram justamente as mesmas que eles haviam absorvido daqueles que os consultavam: médicos e pacientes compartilhavam o mesmo nervosismo. Os clínicos profissionais traduziam os temores incipientes de seus pacientes numa linguagem que de certo modo os codificava de acordo com a época. E, amarradas a esses temores, se bem que menos ostensivas, encontravam-se também as esperanças da época. No século XIX, a sexualidade estava na ordem do dia, sobretudo para as classes médias; as tradições de respeitabilidade se achavam em posições defensivas. E, nesse contexto, as pessoas tinham bons motivos para esperar que os médicos se encontrassem na vanguarda das descobertas e da reavaliação. Devido à sua compreensão dos mistérios profissionais, ao seu conhecimento dos segredos do corpo, à sua posse de confidências íntimas, os médicos pareciam ter a vocação apropriada para aliviar os sofrimentos associados à conduta sexual respeitável e para opinar sobre as conseqüências físicas e psicológicas de hábitos sexuais irresistíveis. Essas atribuições pareciam uma carga pesada, porém não excessiva, a ser imposta aos médicos, que, afinal, não eram apenas burgueses comuns, mas também indivíduos especiais.

Tudo isso faz dos médicos testemunhas excepcionalmente valiosas das fantasias de sua cultura. Os comentaristas mais sarcásticos do século XX têm construído imensas argumentações sobre a expressão coloquial inglesa cujo significado é "ter um orgasmo" — *to spend** —, no sentido de que uma cultura capitalista naturalmente consideraria as emissões seminais como uma perda e trataria a gratificação sexual como uma transação financeira. Entretanto tais comentários passam ao largo do assunto. Não só a idéia é muito antiga, antecedendo o advento do capitalismo em mais de 2 mil anos, como também essa linguagem não era aceita indiscriminadamente dentro da própria burguesia. O que deixava médicos e pacientes tão apreensivos com relação à masturbação no século XIX é que ela parecia um desperdício insensato de recursos valiosos e limitados, que tinha por conseqüência, em sentido figurado e muitas vezes também literalmente, a impotência. Constituía uma perda de controle sobre o mundo e sobre a própria pessoa que a praticava. A campanha para erradicar o "vício solitário" foi uma resposta a essa ameaça: um meio de conservar as forças e manter o controle, duas metas muito desejadas e irritantemente fugidias no século XIX. Assim sendo, o argumento de que a "autopolução" constitui um desperdício irresponsável, de sêmen no homem e das energias sexuais na mulher, não passava de uma tentativa desesperada e vã de resguardar os costumes tradicionais diante das possibilidades revolucionárias que se abriam à moralidade. As provas fornecidas pela demografia são irrefutáveis: o desejo levou a melhor sobre o dever. No entanto, essa vitória terminou por custar mais aos vencedores do que aos vencidos, pois deu origem a uma frenética campanha pela difusão de informações sexuais, o que constitui mais um sintoma do que uma solução.

3. *A FUGA PARA O CONHECIMENTO*

A literatura de esclarecimento sexual floresceu em fins do século XIX como jamais havia acontecido antes. E embora possa ter aliviado os sofrimentos de milhares de leitores, forneceu mais esclarecimentos a respeito da cultura em que estava inserida do que a respeito da sexualidade, lançando mais luz sobre a vitalidade das repressões burguesas, que agora se encontravam sob fogo esparso, e sobre preocupações que pouco tinham a ver diretamente com o sexo. Esse gênero literário abrange dois tipos de publicações aparentemente bem diversos: os tratados filosóficos, sociológicos e médicos dirigidos a profissionais e especialistas, e as obras didáticas populares, dirigidas aos pais de crianças e adolescentes. O primeiro tipo procurava estabelecer as questões que necessitavam de esclarecimento; o segundo propunha modelos específicos para alcançá-lo. Mas ambos tinham em comum uma preocupação intensa. Todos os tratados insistiam em que havia uma emergência, e uma emergência aguda. Apesar de admitirem que a ignorância e a desinformação a respeito do sexo não se haviam originado no século da burguesia, descreviam suas preocupações com ambos como questões sem precedentes e insistiam em que o conhecimento era o pré-requisito indispensável à salvação.[70] Os discursos proferidos pelos partidários do esclarecimento, assim como seus panfletos, previam desastres iminentes; eram brados de alerta e chamamentos à ação. "Uma política de dissimulação, de silêncio, de ignorância e de charlatanismo", escreveu em 1909 Charles Richmond Henderson, "deixou atrás de si um legado monstruoso de enfermidades, de miséria e degradação moral. O falso pudor é culpado de boa parte desse gigantesco embuste".[71] O tom adotado por Henderson é típico.

(*) Literalmente, *to spend* significa "despender, gastar, doar", mas também "cansar-se, fatigar-se": é desta acepção — e há ainda outras mais — que surge a metáfora coloquial (e literária) citada pelo autor, antiga e ainda atual. Refere-se à consumação do orgasmo tanto masculino quanto feminino, enfatizando o cansaço dos parceiros após o ato sexual. (N.T.)

A advertência do professor Henderson prefacia uma pesquisa substancial e ambiciosa sobre educação sexual, sobre os erros então correntes e sobre os caminhos para uma pedagogia correta, tudo isso enriquecido por comparações internacionais. Seu objetivo era servir de base para os debates na reunião da Sociedade Nacional para o Estudo Científico da Educação que seria realizada em Chicago. E isso também era típico: já nos primeiros anos do século XX, o interesse pela difusão de informações sobre a sexualidade havia se tornado intenso. Era um assunto debatido inclusive em congressos internacionais destinados ao intercâmbio de informações; tais reuniões acentuaram marcadamente o espírito missionário dos convencionais e forneceu-lhes proveitosos sentimentos de inferioridade, ou de superioridade, com relação aos educadores de outros países.[72] Havia nos Estados Unidos uma Sociedade para a Profilaxia Sanitária e Moral; na Grã-Bretanha, uma Sociedade da Cruz Branca, fundada para advogar a causa da pureza sexual; na Alemanha, uma Sociedade para o Combate das Doenças Venéreas; e na França, o senador René Bérenger, conhecido no anedotário da época pelo apelido de "Père la Pudeur" [Pai pudor], fundou uma Liga Contra a Licenciosidade nas Ruas. Eram dezenas de associações com nomes semelhantes, liderando cruzadas semelhantes, todas elas seriamente engajadas no combate à ignorância em nome da decência. Era como se homens e mulheres capazes, profissionais honestos e competentes, quisessem consertar numa década a negligência cometida ao longo de milênios. A fuga da ignorância transformou-se numa fuga para o conhecimento.

Os anais desses congressos apresentam laços muito claros de um parentesco, como aliás não poderia deixar de ser. Os conferencistas se sentiam animados com a novidade que seus trabalhos representavam, orgulhosos da intensidade de suas preocupações e acossados pela necessidade de agir com presteza. A Federação Americana de Higiene Sexual, para citarmos um dos mais ativos agentes de alarme, foi fundada em 1910. Era uma organização que agregava 27 sociedades e tinha mais de 6 mil membros, uns talvez ligeiramente sonolentos, mas outros, a maioria, bem vigorosos e excitados. A federação promovia congressos e distribuía literatura. Em 1913, suas reuniões tiveram lugar em Buffalo, Nova York, como parte do IV Congresso Internacional de Higiene Escolar, e seus anais resumem os impulsos subjacentes, assim como seus objetivos manifestos, na campanha pela ampla divulgação do conhecimento sexual. Charles W. Eliot, presidente da federação e presidente de honra da Universidade de Harvard — tais associações sempre contaram com muitos educadores de renome —, iniciou seu discurso com a observação de que "durante minha vida bastante longa e ativa jamais vi tantas mudanças na opinião pública, entre pessoas esclarecidas, como as que ocorreram durante os últimos dez anos a respeito da questão da higiene sexual". Durante séculos a fio, havia prevalecido "uma política de silêncio absoluto sobre todas as funções e relações ligadas ao sexo, fossem elas normais ou mórbidas". E agora o silêncio fora quebrado. Outros oradores concordavam com o dr. Eliot e divisavam um "novo interesse na higiene sexual". O dr. Thomas M. Balliet, decano da Faculdade de Pedagogia da Universidade de Nova York, pensava que " a necessidade de alguma forma de educação sexual, tanto dos jovens quanto dos adultos, tornou-se amplamente reconhecida nos últimos cinco ou seis anos". Entretanto esse reconhecimento não trouxera consigo ações correspondentes. Preocupados, os partidários do esclarecimento resumiam a pedagogia que predominava com relação aos assuntos sexuais em três palavras: silêncio, evasivas, mentiras. O dr. Hugh Cabot, um eminente cirurgião urologista, informou à assembléia que os meninos não recebiam "nenhuma instrução nem treinamento sistemático sobre a natureza de sua constituição sexual", e que as meninas recebiam "ainda menos instrução" do que os meninos, de sorte que a maioria dos adolescentes não dispunham "de conhecimento algum a respeito de suas vidas sexuais, nem tampouco da relação entre a vida sexual e a função procriativa". A atitude de pais e de professores em relação às crianças "tem sido 'Nada de perguntas'; caso elas persistissem nas perguntas, nós mentíamos a elas, o que naturalmente constitui uma base espetacular para o aprendizado da verdade".[73] Os delegados presentes ao congresso consideravam tudo isso óbvio. O que lhes chamava a atenção como sendo uma novidade era o fato de médicos e pedagogos sensíveis terem finalmente reconhecido tais falhas e compreendido que a sociedade não podia mais se dar ao luxo de fazer dos fatos da vida um mistério.

Para os defensores da educação sexual, nos Estados Unidos como na Europa, a realidade era clara: qualquer tentativa de fazer da sexualidade um segredo para as crianças estava fadada ao insucesso, como sempre estivera. Mesmo que não tivessem lido Sigmund Freud — e a maioria deles realmente não o havia lido —, os educadores sexuais compartilhavam sua convicção de que a curiosidade sexual das crianças é tão forte e tão ubíqua que se torna quase tão exigente quanto um instinto inato. O dr. Cabot se fez porta-voz de muitos outros quando disse, sem rodeios, que é um engano tratar as crianças como seres inocentes ou ignorantes: "Não existe nessas crianças inocência alguma. Não partamos de tal pressuposição. Nem um por cento delas são ignorantes. A questão a ser debatida é se elas devem obter qualquer coisa que consigam captar, ou se devem receber aquilo que nós podemos lhes dar".[74]

Dez anos antes, o reverendo Edward Lyttelton, diretor do Eton College, havia dito o mesmo em *Training of the Young in Laws of Sex* [A instrução dos jovens nas leis do sexo], uma obra em que, sempre num estilo muito cortês, ele revela suas preocupações. Seus trabalhos anteriores haviam incluído estudos sobre o Sermão da Montanha, mas, conforme ele observa no prefácio, agora se sentia impelido a ingressar no campo da educação sexual porque "a necessidade de se ter à mão algumas das sugestões como as que aqui me aventuro a apresentar se torna mais patente a cada ano que passa". Ele admitia que se tratava de um campo difícil, pois, se de um lado os "perigos de se falar são evidentes mesmo quando se procede a uma reflexão superficial, os perigos muito maiores da reticência não podem ser compreendidos sem uma observação cuidadosa e uma profunda reflexão". A reserva era na realidade o verdadeiro inimigo; o mais insuperável dos obstáculos que se opunham à transferência de informações sólidas a crianças e adolescentes era "a timidez dos progenitores, sendo que a dos pais era maior do que a das mães". Mas a ignorância arruinava a vida familiar: "É bem verdade que a bondade, o amor, e um *felix temperamentum* podem ajudar muita gente a navegar em segurança através desses perigos. Não obstante, uma quantidade imensa de felicidade conjugal é desperdiçada em conseqüência da reserva em relação às questões sexuais, uma perda lamentável que poderia ser evitada. A curiosidade sexual das crianças romperia inevitavelmente todas as barreiras; Lyttelton pensava que, "se bem que em menor medida do que antes, a grande maioria dos jovens de ambos os sexos são obrigados a buscar sozinhos os conhecimentos acerca da sexualidade, o que fazem aleatoriamente, recorrendo a companheiros, a livros ou à observação do mundo animal". Ele sugeria que as meninas — e o diretor de um colégio masculino como Eton talvez não pudesse sugerir coisa diferente —, tinham menos necessidade de instrução sexual do que os meninos. Contudo, nem elas deveriam ser deixadas na ignorância. "Será que algo não lhes deveria ser dito ao se aproximar a época de um possível matrimônio", pergunta Lyttelton, "a fim de evitar que se entreguem ao marido ignorando o pleno significado do casamento?"[75]

Um ano depois da publicação do livro de Lyttelton, o dr. Friedrich Siebert escreveu um guia filosófico sobre a moral e a higiene sexuais, o *Wegweiser* [Sinalizador do caminho correto] . Adotando uma atitude muito semelhante à do dr. Cabot — muito parecida, aliás, à de qualquer outra autoridade nessa área —, o dr. Siebert achava que a "sociedade contemporânea" se ressentia de uma lamentável falta de honestidade: "Tudo o que possa nos lembrar a vida sexual é mantido em segredo, abafado, enterrado, como numa família se enterra a memória de algum evento do qual se prefere não falar, do qual se prefere não lembrar. Somente em casos de emergência as pessoas conseguem falar da união entre um homem e uma mulher".[76] A maioria dos autores que escreviam sobre a educação sexual, fossem eles alemães, franceses ou americanos, se mostravam irados com a sociedade e davam vazão ao sarcasmo; sob esse aspecto, as ponderadas postulações de Edward Lyttelton são excepcionais pela brandura. No entanto, os argumentos desses autores ficam comprometidos por uma inconsistência pertinaz: embora clamassem por franqueza, eram reticentes; embora condenassem os eufemismos, quase não utilizavam outro expediente. A maior parte dessa literatura foge aos assuntos mais delicados e embaraçosos pelo meio mais eficaz: fingindo abordá-los. Trata-se essencialmente de uma solução de compromisso entre a dissimulação que se diz condenar e a franqueza que se diz possuir, sendo esta última em geral a vítima do compromisso.

As hesitações dos reformadores quanto à sua missão freqüentemente os esmagavam. A grande maioria deles promovia reuniões e escrevia livros mais para prevenir ou conter males sociais do que para abrir caminhos ao prazer individual. Se bem que um punhado de rebeldes românticos, como Paolo Mantegazza ou Havelock Ellis, proclamassem que a sensualidade era um dom concedido pelos deuses à humanidade para ser gozado em toda a sua plenitude, a esmagadora maioria dos autores que escreviam sobre sexo não estava exatamente louvando a vida erótica. Poucos mostravam sequer um mínimo de alegria. Exaltavam a pureza e condenavam a luxúria. E a ansiedade deles é perfeitamente compreensível, pois o fato de perceberem a necessidade desesperada de esclarecimentos sexuais gerava neles sérios conflitos entre a reticência convencional e a franqueza ora exigida, conflitos esses que amiúde vinham à tona da consciência. Escrever sobre sexo era para eles uma obrigação, e mal conseguiam disfarçar o constrangimento.

Era muito raro, por conseguinte, que algum partidário do esclarecimento escrevesse para aumentar ou aperfeiçoar as oportunidades de prazer erótico. A literatura que produziam não funcionava como pornografia para aqueles que não tivessem por hábito a leitura pornográfica; para tal era demasiadamente cheia de ansiedades. Na verdade, nada os deixava mais irritados do que a acusação de que suas publicações pudessem ser um convite à sensualidade; de modo geral, tais acusações eram contestadas de antemão nos prefácios, onde os autores deixavam claro que não tinham a menor intenção de serem coniventes com a lascívia. Lyttelton, que incluiu explicitamente a felicidade conjugal entre as conseqüências desejáveis do conhecimento sexual adquirido de maneira correta, falava apenas em nome de uma minoria, e ainda assim sua concepção de felicidade conjugal pareceria morna, tímida, em suma, totalmente inadequada para as mais felizes dentre as entrevistadas pela dra. Clelia Mosher. Mesmo Lyttelton estava mais preocupado em evitar a miséria humana do que em promover a felicidade. Como a grande maioria dos demais autores, Lyttelton era um cristão devoto, empenhado em encontrar um caminho aceitável que tornasse compatíveis as funções fisiológicas e a pureza espiritual. Mas entre os reformadores sexuais havia também descrentes; o dr. Siebert, por exemplo, era um chauvinista alemão que tinha forte inclinação pela ideologia patriótico-populista de "sangue e terra" e que censurava a orientação das igrejas cristãs que pregavam a abstinência e fomentavam a hipocrisia.[77] Até mesmo Lyttelton achou taticamente conveniente estabelecer uma distinção entre suas propostas pedagógicas e a doutrina anglicana da qual era devoto, porquanto, segundo disse engenhosamente, desejava comunicar-se com "um público mais amplo do que aquele que poderia compreender ou aceitar qualquer dos preceitos do cristianismo".[78]

Entre os mais infatigáveis clérigos que laboravam o vasto campo do esclarecimento sexual encontrava-se o prolífico Sylvanus Stall, cuja produção didática — *What a Young Boy Ought to Know*, *What a Young Man Ought to Know*, *What a Young Husband Ought to Know* [O que um menino deveria saber, O que um rapaz deveria saber, O que um jovem marido deveria saber], e assim por diante — era endossada por uma longa lista de "homens e mulheres eminentes". Nem um único murmúrio de suspeita de que talvez ele escrevesse para excitar sentimentos sensuais poderia atingir um doutor em teologia que gozava do apoio de bispos e filantropos, de panfletistas religiosos e de cruzados da temperança, de

Edward W. Bok (editor do *Ladies's Home Journal*) e de Anthony Comstock (o flagelo dos autores pornográficos e dos partidários do aborto nos Estados Unidos), todos testemunhas da pureza de suas intenções e do requinte de seu trabalho. O aval de Comstock, como sem dúvida o editor e o autor bem sabiam, era excepcionalmente gratificante. Era óbvio que os fundamentalistas não estavam menos ansiosos por reparar os danos devastadores causados pela ignorância sexual do que os clérigos dotados de uma educação clássica ou que os pedagogos munidos de uma educação científica. "Estou profundamente impressionado com a necessidade de se instruírem os meninos de hoje em dia", escreveu Comstock, que aliás estava igualmente impressionado com o talento de Stall para apresentar "assuntos delicados" de um modo tal "que as mentes e os pensamentos sejam elevados a um plano superior e sublime". Assim como os reformadores sociais de outras denominações religiosas, Comstock achava que o disciplinamento sexual teria efeitos imediatos sobre a saúde do corpo político: "Há um grande interesse no livro, e tenho esperanças de que ele seja abençoado e possa elevar as mentes e os corações dos meninos desta nação e criar condições sociais melhores e mais elevadas".[79] Nesse plano elevado da ansiedade pública podiam encontrar-se os mais diversos partidários do esclarecimento sexual.

Os livros do dr. Stall sobre o que deveriam saber os meninos e rapazes faziam parte de uma série intitulada "Self and Sex" [O eu e o sexo]. Era atribuição do dr. Stall instruir os homens; as mulheres recebiam instrução de outras mulheres, sobretudo da doutora em medicina Mary Wood-Allen, superintendente do Departamento de Pureza e conferencista da União Nacional das Mulheres Cristãs pela Temperança, esposa e mãe, tão pia e tão produtiva quanto Sylvanus Stall, com quem de vez em quando colaborava. São de sua autoria, entre numerosos outros textos didáticos, *What a Young Girl Ought to Know* [O que uma menina deveria saber] e *What a Young Woman Ought to Know* [O que uma jovem mulher deveria saber]. A intenção religiosa de seus escritos desarmava todo e qualquer ceticismo; exatamente como os escritos de Stall, suas obras eram endossadas por celebridades acima de qualquer suspeita e por resenhas entusiasmadas em revistas religiosas. O objetivo da dra. Wood-Allen, idêntico ao do dr. Stall, era preservar a pureza; vale dizer, evitar a polução. O pessimismo dessa literatura sobre a natureza humana praticamente não tem alívio. Sob esse aspecto crucial, ele reflete as graves ruminações com que os educadores entretinham e alarmavam seus colegas nos congressos. Quando o vício e a virtude se defrontam num combate, a virtude, desamparada, se rende ao adversário regozijante. Sombras semelhantes obscurecem os tratados populares destinados aos pais. Se a criança for deixada sozinha, com muita facilidade dará ouvidos a conselhos maldosos, imitará as más ações, acreditará em histórias imorais e cairá em pecado mortal. Adiar os esclarecimentos equivale a abrir as portas à perdição: "Creio que é um erro", diz a dra. Wood-Allen em *Teaching Truth* [Ensinando a verdade], afastar a criança curiosa com frases como " 'Eu contarei quando você tiver idade suficiente para compreender'. Tais respostas apenas aguçam ainda mais sua curiosidade e a induzem a buscar informações mais completas onde quer que as encontre, e as fontes a que recorrerá freqüentemente deixarão uma impressão indelével do mal em sua alma inocente". E ela conclui a exposição com um alerta triunfal, inconscientemente reforçando sua argumentação com uma metáfora erótica: "Prefiro contar a verdade a uma criança um ano antes do necessário a adiar o esclarecimento até cinco minutos depois de outra pessoa ter lançado as sementes do mal sobre o solo virgem".[80]

Sigmund Freud abominava esse tipo de linguagem dúbia. "J'appelle un chat un chat", escreve ele, com certo orgulho, ao publicar o relato do caso de Dora em 1905. [81] Entretanto a maioria dos demais autores da época chamavam os bois por qualquer outro nome. Os panfletos escritos especificamente para os pais, contendo historietas didáticas ou diálogos habilmente construídos para servir de modelo para as conversas solenes que os pais e as mães deveriam ter com seus filhos a respeito dos mistérios da reprodução humana, transferiam essa inconsistência para a cultura em geral. A caricatura do esclarecimento sexual como "uma conversinha sobre passarinhos e abelhas" está solidamente enraizada na literatura do final do século XIX e do começo do século XX. Dezenas de autores, obviamente aliviados pelo fato de existirem tais comparações, aferravam-se a analogias com flores, aves e animais domésticos: "Ao chegar a hora tranqüila em que a criancinha, cansada de seus folguedos, se achega ao colo da mãe para iniciar uma quieta conversa íntima ou para lhe pedir que conte uma história" — esta é uma citação extraída de *Teaching Truth*, de Mary Wood-Allen —, "a mãe deve aproveitar-se do estado calmo e receptivo da mente da criança para conversar com ela. Imaginemos que ela tenha colhido algumas *morning-glories*,* e, mostrando à criança as pétalas azuladas em forma de cálice, lhe diga: 'Gostaria de ouvir a história do sr. e da sra. Morning Glory e de seus filhinhos?' "[82] Lyttelton é mais sofisticado e menos desajeitado do que Mary Wood-Allen, mas também se refugia nas evasivas. Eis na íntegra a sua sugestão de como explicar o ato sexual: "Tendo atingido o ponto em que se explica como ocorre o início da concepção dentro da mãe, o pai ou a mãe pode então acrescentar que a semente da vida é confiada sabiamente por Deus ao pai de maneira milagrosa, e que após o casamento lhe é permitido entregá-la à sua esposa, sendo esta a parte que cabe a ele no ato de amor que fez com que de início ele a tomasse por sua mulher". Segue-se a já esperada descrição oblíqua de como os sexos diferem entre si, e então ele não resiste a oferecer uma advertência, à qual, aliás, ninguém oporia resistência: "Raramente, e eu imaginaria até que muito raramente, será necessário dizer mais do que isso, sobretudo no caso das meninas. A única diferença, no caso dos meninos, é que se poderá usar, com muita simplicidade e muita delicadeza, os próprios instintos inatos para lhes indicar a que parte do corpo foi confiada a função natural de propagação da vida; e, com base nesses ensinamentos, pode ser dada uma advertência muitíssimo necessária contra o mau uso dessas partes".[83] Ao que parece ninguém havia informado a Lyttelton que nem só os meninos se masturbam; nem tampouco lhe ocorreu questionar a afirmação de que a masturbação era o caminho mais curto e certo para a doença e a morte precoce. E apesar de tudo isso ele se encontra entre os mais sensíveis e bem-informados espíritos de sua época.

A criança, conforme disse em determinada ocasião a dra. Wood-Allen, é um "ponto de interrogação vivo".[84] Porém a verdade que ela e outros educadores pretendiam plantar no solo virgem da mente infantil eram verdades pateticamente incompletas. Em geral, suas brochuras se iniciam por um relato cuidadoso do processo de gestação: a mãe deve aproveitar a perplexidade da criança diante do aparecimento de um irmãozinho para explicar-lhe onde e como nasce o bebê. Essa exposição leva a uma explicação das partes do corpo do homem e da mulher que omite todos os detalhes que uma criança observadora teria notado por si mesma. Nesse clima propício e delicado, os esclarecimentos assim recomendados invariavelmente levam a criança a abraçar carinhosamente sua mãe em lágrimas de alegria; a descoberta de que ela também havia permanecido nove meses naquela "maravilhosa câmara aconchegante dentro do corpo materno" a leva a amar ainda mais sua mãezinha.[85] Nada se diz, ou, com raríssimas exceções, muito pouco é dito mas veladamente, sobre como o bebezinho chegou àquela maravilhosa câmara aconchegante. *The Human Flower* [A flor humana] de Ellis Ethelmer, que apresenta a imagem da câmara aconchegante, anuncia-se em seu subtítulo como "Breve e facilmente compreensível relato da fisiologia do nascimento e das relações entre os sexos". Todavia, esse livreto, como inúmeros outros do mesmo tipo, não cumpre suas promessas: embora seja breve como pretende, de modo algum é facilmente compreensível. Está cheio de evasivas, quando não guarda completo silêncio, a respeito da excitação erótica, e nem toca na mecânica do coito. Ellis Ethelmer não disfarçava seu principal objetivo ao escrever pequenos tratados sobre a sexualida-

(*) Família de trepadeiras *(Ipomoea spp.)* comuns na América do Norte; as flores, assim como as do maracujá, têm forma de cálice e cores azuis de diversos matizes. (N. T.)

de: "Sim, sem sombra de dúvida, a partir de um conhecimento mais amplo surgirá uma pureza maior". Em outro livreto, *Baby Buds* [O desabrochar dos bebês], ela diz que o amor "é o que de mais precioso há na vida", porém refere-se exclusivamente ao amor casto: "Os sábios nos dizem que todo o amor humano jorrou de início da fonte do amor entre a mãe e a criança".[86] Isto foi escrito em 1895. Sigmund Freud diria quase a mesma coisa um ou dois anos mais tarde. Entretanto, as conotações da definição que Ellis Ethelmer dá do amor diferem radicalmente do que diz Freud: nelas não há qualquer ligação com a sexualidade.

Esse é o fato crucial referente à demanda por esclarecimentos sexuais que se tornou uma verdadeira mania nos dias em que Freud fazia suas primeiras descobertas psicanalíticas: o conhecimento sexual parecia essencial não por si mesmo, mas como instrumento de cura das enfermidades sociais através da exposição dos vícios e pecados individuais, mesmo que não pudesse evitá-los. Os reformadores sexuais não criaram o mal-estar que afetou tantos escritores, artistas, filósofos, sociólogos e pedagogos ao aproximar-se a virada do século; apenas o exprimiam. Seus brados por reformas urgentes refletem com muita precisão o generalizado sentimento de inquietação. O quase pânico com que os educadores pregavam a educação sexual e admoestavam os pais por terem falhado em sua função de guias para Eros era um modo de responder aos temores que pairavam sobre sua cultura, temores esses que tinham dimensões políticas, militares e biológicas. Acreditava-se que a sífilis incapacitava muitos jovens para o serviço militar, e por conseguinte os exércitos corriam o risco de se enfraquecerem fatalmente; a ignorância acerca da escolha sexual levaria os elementos "desejáveis" da população a se afogarem em meio a uma torrente populacional de espécies inferiores; rapazes e moças desinformados ou mal-informados poderiam infectar seus parceiros com horríveis doenças e prejudicar a sociedade moderna, quando não a condenassem de todo. O que mais chocava nos *Espectros*, de Ibsen, um drama que disseca as devastações geradas pela sífilis, era o fato de que muitas pessoas do público sabiam exatamente do que ele estava falando. Os panfletos do dr. Hermann Rohleder são particularmente estridentes, porém ele apenas berrava aquilo que a maioria de seus colegas dizia em voz baixa. Utilizando-se de todos os recursos da arte tipográfica alemã, espaçando mais as letras nas sentenças que desejava enfatizar e empregando o negrito para os pontos essenciais, Rohleder defendia enfaticamente uma instrução sexual na família e na escola, a fim de reduzir a incidência de "surtos epidêmicos de onanismo" nas escolas e de alertar os jovens para os "perigos" das relações sexuais. Rohleder descrevia o instinto sexual como um selvagem voraz que precisaria ser domado através do medo e distraído por meios de jogos e brincadeiras. A moralidade individual, a eficiência militar e a própria civilização se encontravam em perigo por causa da ignorância sexual predominante. "Civilização é sifilização", escreveu.[87] Nada poderia ser mais claro.

Tais manifestos e os debates por eles gerados, curiosas misturas de uma retórica dominada pelo pânico e de diagnósticos doutrinários, tiveram profundas reverberações na mitologia da época; vários desses manifestos traem uma obsessão nefasta com a questão da pureza racial e com a ameaça de um suicídio racial.[88] A aliança a favor da divulgação das informações sexuais — incluindo darwinistas e bispos, fundamentalistas e anglicanos, militaristas e idealistas utópicos — parece extremamente heterogênea; porém foi uma aliança firme. Não é de admirar que Sigmund Freud tenha sido bastante severo em relação à literatura por ela produzida, cheia de hesitações e de generalizações, e escrita num tom "solenemente bombástico".[89] Freud tinha toda a razão de suspeitar que esses autores na realidade resistiam às verdades que energicamente diziam defender e tão desanimadamente tentavam divulgar. Alguns dentre eles, como o dr. Hugh Cabot, perceberam o fato inconveniente de que os jovens não podem simplesmente ser mantidos em sua inocência e sabem muito mais do que seria do agrado de adultos cuidadosos e preocupados. Mas no século burguês a ignorância continuava a convocar seus aliados, mesmo entre os paladinos do conhecimento.

V

CONHECIMENTO CARNAL

1. O LIBERALISMO PLATÔNICO

O coito é a mais obviamente carnal de todas as atividades; para desempenhá-la adequadamente não se pressupõe nenhum treinamento, só um mínimo de experiência. No entanto, tal desempenho está ligado a determinados conhecimentos que se adquirem numa escola onde a carne não é estranha. "O amor", escreveu Freud em 1916, "é o grande instrutor".[1] Embutido nas necessidades biológicas mais fundamentais, o desejo sexual pode ser relativamente autônomo; é entretanto estimulado, refinado, orientado e desviado pela educação vivenciada, uma educação que se aprende muito menos através dos livros do que observando e ouvindo atentamente o que ocorre à nossa volta. As fantasias sexuais que estimulam as investigações amorosas do indivíduo ou acompanham a masturbação constituem em geral uma elaboração ou, mais freqüentemente, uma distorção de cenas provocantes testemunhadas, ruídos ouvidos, histórias lidas. O jovem Gustave Flaubert não foi o único menino a ouvir os ruídos provenientes do leito dos pais. O "Homem dos Lobos", famoso paciente de Freud, foi apenas um dentre incontáveis crianças que viram, ou imaginaram ver, seus pais durante o ato sexual; e o único aspecto inusitado no caso de Havelock Ellis é que ele deixou registrado para a posteridade como, aos oito anos, teve conhecimento, através do que lhe dissera outro menino, dos prazeres da masturbação. Boa parte das informações assim recolhidas eram errôneas, porém o engano é tão ou mais eficaz para estimular a pesquisa sexual quanto a verdade. E nem toda educação erótica se origina de atividades sexuais explícitas: as crianças se excitam tanto vendo suas mães desnudas quanto se surpreendessem seus pais em meio ao ato sexual; sua história sexual é formada mais pela observação dos órgãos genitais de irmãos e irmãs do que ante a visão da cópula dos cães. O conhecimento da carne começa pelas solicitações do corpo.

No século XIX, tais solicitações se encontravam por toda parte, mesmo para a burguesia, mesmo para as meninas virginais. Uma infinidade de insinuações, freqüentemente em lugares surpreendentes, transmitiam não tanto informações sexuais propriamente ditas, mas uma atmosfera de sensualidade, de vaga excitação. Em 1878, até mesmo *Daheim*, uma revista familiar cuja respeitabilidade estava acima de qualquer suspeita, imprimia uma gravura intitulada *Wehrlos* [Indefesa]; ela mostra um limpador de chaminés, enegrecido de fuligem e sujeira, beliscando as bochechas reconchudas de uma jovem que tem os braços abarrotados de verduras, deixando-a, como o título indica jocosamente, indefesa diante das iniciativas sexuais do rapazinho.[2] Na realidade, porém, os burgueses nem sempre eram tão vulneráveis aos ataques da sensualidade. Os mais instruídos e os que gozavam de maior conforto sabiam bem mais do que se dispunham a revelar aos outros ou a reconhecer perante si mesmos; os que levavam uma vida mais resguardada podiam coletar conhecimentos sexuais num passeio pelas ruas da cidade, através de uma irmã mais velha, de um colega de escola ou de um romance oportuno. Com uma dose de cinismo, porém com boas razões, Balzac supunha que as mocinhas de classe média adquiriam muitas informações excitantes sobre sexo e talvez até alguma prática, nos internatos: "É possível que uma senhorinha conclua seus estudos no internato ainda virgem. Mas casta? Isso não". Não admira que em 1895, no início de sua carreira como estudante da sexualidade, Sigmund Freud se perguntasse se "até mesmo jovens adolescentes" não teriam muito mais conhecimentos sexuais "do que as pessoas em geral pensam que eles têm ou que eles próprios acreditam ter".[3]

Há indicações de conhecimentos velados em toda parte, mesmo nas obras de ficção mais contidas e decentes e nos tratados mais aflitos escritos pelos pedagogos. Numa cena muito comentada do romance de Anthony Trollope, *The Eustace Diamonds* [Os diamantes Eustace] Lizzie Eustace rapidamente esconde os romances que estavam espalhados por sua sala de estar e coloca no lugar uma Bíblia quando lady Fawn, o paradigma da decência, vem visitá-la. Não devemos atribuir importância demasiada a essa cena, uma feliz invenção de um dos inúmeros caçadores de hipócritas de que o século XIX era farto. No entanto, Trollope não deixa margem a dúvidas: quando não eram interrompidas por alguma lady Fawn, as Lizzies Eustace daquela época cuidavam de se informar muito bem sobre assuntos eróticos. As mais pudicas acreditavam que o casamento era o bilhete de entrada para a universidade da vida. "Faze com que Dorothea leia para ti algumas obras leves", diz mr. Brooke, o bem-disposto porém desajeitado tio de Dorothea, ao fraquejante Casaubon, marido de Dorothea, no romance *Middlemarch* de George Eliot. "Smollett por exemplo, *Roderick Random*, ou *Humphrey Clinker*: não são lá obras muito pudicas, mas bem sabes que agora que ela está casada pode ler qualquer coisa."[4]

De fato, as pessoas respeitáveis podiam ler muita coisa; mas não tudo. Ao se aproximar a virada do século, discussões bastante desinibidas a respeito de assuntos tão delicados como a puberdade transcenderam os círculos restritos das revistas médicas especializadas e atingiram revistas de grande circulação. Na década de 1880, em Paris — e tinha que ser em Paris! — dois romancistas chegaram mesmo a competir pela honraria um tanto dúbia de ser o primeiro a tratar da menstruação em suas obras de ficção. A batalha que travaram não deixa de apresentar toques de humor. "A maldição" era um assunto muito delicado no século burguês, considerado inadequado até mesmo numa conversa formal, quanto mais na ficção. E então, em 1884, Edmond de Goncourt publicou *Chérie* [Querida], um romance baseado em meticulosas pesquisas sobre a vida de uma jovem, no qual ele descreve com pormenores bastante explícitos "o caloroso despertar de um organismo que até então vegetava" e o "terror infundido pelo aparecimento inesperado do sangue" — ou seja, a menarca. Entrementes Zola, pesquisador tão cuidadoso quanto Goncourt, antecipou-se ao seu concorrente quando apresentou o mesmo despertar decisivo em seu romance *La Joie de vivre* [A alegria de viver], cuja publicação havia sido iniciada, em forma de capítulos seriados, em 1883. Goncourt de imediato acusou Zola, esse "plagiador desavergonhado" com a "esperteza de um velho camponês", de haver-lhe roubado esse tema ainda inexplorado; Zola, alegou Goncourt, havia-lhe pedido para ler algumas das passagens mais relevantes do manuscrito de *Chérie*, o que naturalmente foi negado com veemência por Zola. A controvérsia não chegou a fazer da palavra "menarca" um termo de uso comum, tampouco abriu as portas para que ela aparecesse em muitos outros romances; o assunto permaneceu tão afastado da ficção quanto a masturbação.[5] Mas a disputa sublinhou as incertezas que cercavam a decência durante o século burguês, bem como as oportunidades que pouco a pouco se ofereciam para a divulgação do conhecimento carnal.

Os mais afortunados e os mais atentos, em todo caso, tinham muitas fontes de conhecimento à sua disposição. Alguns jornais publicavam relatos sensacionalistas sobre indecentes processos de divórcio, e os autos judiciais relativos a assassinatos por motivos sexuais registravam testemunhos excitantes sobre a impotência dos maridos, casos amorosos clandestinos e as circunstâncias mais pormenorizadas de seduções sexuais. Certamente mais comum e mais influente como educadora era a proverbial criada sedutora, que, se pudermos confiar nos relatos contemporâneos, era mais do que mero provérbio. As anedotas obscenas que os escolares gostavam de contar — assim como os Goncourt e outros membros do seu círculo literário —, realizavam ao mesmo tempo várias funções; serviam para demonstrar maturidade ou destreza sexual, e constituíam emblemas de que se pertencia a círculos exclusivos. Mas além disso, e quase incidentalmente, transmitiam uma grande carga de informações eróticas. Com efeito, de um modo ou de outro, muitas crianças descobriram a diferença entre os sexos, e o seu significado, através de informações de outras crianças. Em sua autobiografia, a romancista norueguesa Sigrid Undset descreve um encontro fortuito que veio a se constituir num acontecimento memorável para ela — afinal de contas, havia acontecido com ela —, mas que é também arquetípico por sua simplicidade e por sua indisfarçada sensualidade. Certo dia ela encontrou um menininho na vizinhança, "e notei que alguma coisa saía da frente de sua calça. Imediatamente o menino exclamou: 'Cuidado! Aqui vem o carro-pipa!', e saiu correndo para o meio da rua, arrastando os pés e levantando uma nuvem de poeira ao seu redor. À medida que corria, lançava um fino jorro d'água que deixava um rastro em ziguezague na poeira". Tendo realizado essa proeza, "ele voltou e declarou orgulhosamente que nenhuma menina era capaz de fazer algo semelhante, mas todo menino podia fazê-lo". A pequena Sigrid se deu conta de que "ele estava certo", e isso, conforme recorda em sua autobiografia a deixou triste, "mas não muito triste". Ela rendeu "homenagens ao melhor equipamento dos meninos, humildemente e sem inveja".[6] Decerto a inveja foi maior do que ela julgava, pois a cena ficou indelevelmente impressa em sua memória.

De seu lado, Logan Pearsall Smith, nascido em 1865 na Filadélfia, de uma família quacre muito devota que procurava mantê-lo afastado do pecado, descobriu que se ficasse literalmente de olhos abertos, poderia adquirir aqueles conhecimentos dos quais seus pais procuravam resguardá-lo. Quando era ainda um menino, o Circo Barnum foi à Filadélfia, e "os quacres discutiram longamente se deveriam permitir às crianças assistirem a essa diversão". A visão de animais exóticos poderia "ajudar a aperfeiçoar as idéias das crianças sobre as maravilhas da criação", porém as "acrobatas em trajes reduzidos" eram algo bem diferente. A solução adotada pela família Smith foi a de permitir que as crianças vissem os animais com a condição de fecharem os olhos sempre que os acrobatas estivessem no picadeiro. "E assim ficamos sentados lá", relembra Logan Pearsall Smith mais de sessenta anos mais tarde, "uma fileira de crianças quacres, de olhos esbugalhados quando se exibiam os elefantes, porém com nossos órgãos de visão cerrados e cobertos por nossas mãos durante os interlúdios menos próprios para nós. Mas um menininho quacre se permitiu uma olhadela pecaminosa por entre os dedos e se admirou com a exibição de membros musculosos que se moviam, lentamente, em colantes cor-de-rosa". A julgar por sua história sexual posterior, a justaposição fortuita de músculos e colantes róseos teve um papel importante na formação, ou na perpetuação, de algumas confusões elementares. Na memória de Smith, essa visão do Pecado foi tão avassaladora que sua concepção do pecado "por muito tempo ficou colorida, em minha imaginação, pelos matizes róseos daqueles membros em lento movimento". Algum tempo mais tarde, durante uma estadia de alguns meses na Inglaterra, ele teve o mesmo tipo de visão memorável que Sigrid Undset também não esqueceria jamais. A maior parte de seus companheiros eram colegiais de Eton, e portanto dificilmente poderiam ser considerados modelos de "pureza imaculada". Um deles levou o jovem Logan "para dentro de uma grande nogueira no bosque de seu pai" e lá lhe ofereceu "uma exibição que, apesar de não me interessar muito na ocasião", foi "como um símbolo da amizade de um menino inglês por um menino americano," nada menos do que "uma demonstração de boa-vontade internacional".[7] O encanto e a desenvoltura do relato de Smith não devem enganar o leitor: os conhecimentos que Logan Pearsall Smith adquiriu naquele circo e depois naquela nogueira estimularam nele um temor de mulheres fortes e potentes e um gosto por homens viris que jamais o abandonariam.

Até mesmo as pseudo-explicações hipócritas dos processos físicos com que se costumava responder às perguntas das crianças, embora distorcidas, estavam fortemente contaminadas por informações carnais. O que os pais decentes do século XIX julgavam correto ensinar a seus filhos, sobre o corpo em geral e sobre a sexualidade em particular, continha, mais ambigüidade e provocava mais desdobramentos do que poderiam ter imaginado.

Todos conhecem a história da cegonha e suas variantes, que, na maioria dos lares respeitáveis, se considerava uma explicação suficiente para a chegada de mais um irmãozinho. Mas a cegonha também trazia consigo, além da encomenda ansiosamente esperada, uma atmosfera de confusão e mistério, sinais de doença e até mesmo de violência. Quando sua mãe estava grávida, o "Pequeno Hans", o famoso paciente infantil de Freud, ouviu de seus pais a história costumeira: a cegonha viria em breve trazer-lhe um irmãozinho ou uma irmãzinha. Ele tinha então três anos de idade, e começava a duvidar das histórias que os adultos lhe contavam. Durante os trabalhos de parto, ouvindo os gemidos da mãe, ele perguntou: "Por que a mamãe está tossindo tanto?", e logo respondeu à sua própria pergunta: "A cegonha com certeza está a caminho". E, vendo a maleta do médico no saguão da casa, estabeleceu as conexões corretas: "Hoje a cegonha chegará". Depois, quando foi chamado ao quarto dos pais para ver a irmãzinha Hanna recém-nascida, ao invés de olhar para a mãe, fixou os olhos nas bacias que se encontravam no chão, "cheias de água sangrenta".[8] Aos três anos e meio, ele percebeu que havia no processo de nascimento mais do que a chegada de uma cegonha antisséptica; ele havia visto o sangue e tirara suas próprias conclusões. As crianças de modo geral sabiam mais do que seus pais lhes contavam, embora seu conhecimento fosse fragmentário, confuso e em boa parte errado. Tendo em vista que as famílias continuaram a ser relativamente numerosas até fins do século XIX, e que a maioria dos nascimentos continuava a ocorrer em casa, as crianças tinham repetidas oportunidades de descobrir como funcionava o corpo humano, e de discutir entre si suas descobertas.

As conversas entre irmãos, apesar de em geral muito mal informadas ao ponto de se tornarem patéticas, eram freqüentemente menos afetadas do que as lições envergonhadas que os pais relutantemente transmitiam aos filhos. O jovem Gustave Flaubert não hesitava em utilizar-se de palavras como "merda" em cartas à irmã, nem em descrever como se limpava em cartas ao irmão; e se bem que Flaubert fosse excepcional por desde muito cedo desafiar os preceitos da polidez e por sua determinação de demonstrar distanciamento de uma burguesia nauseabunda, outros meninos, menos talentosos e menos provocadores do que ele, eram igualmente desbocados e não menos informativos.[9] E a educação carnal doméstica freqüentemente tem aspectos muito mais repugnantes do que as obscenidades confidencialmente trocadas entre as crianças. Os livros em que psicopatologistas do fim do século XIX registravam seus casos incluem relatos pungentes de seduções de crianças, muitos dos quais não são absolutamente frutos da imaginação. Mesmo depois de abandonar sua abrangente teoria de que todas as neuroses são causadas pela sedução das meninas pelos pais, Sigmund Freud ainda acreditava que os relatos de tais seduções correspondiam com bastante freqüência à realidade. É certo que nos registros médicos os incidentes que deixaram marcas representam apenas uma modesta fração das iniciações precoces à atividade sexual, pois a maioria de tais casos jamais chegou ao conhecimento de um clérigo ou de um psiquiatra. As vítimas de tais iniciações ficavam inibidas pela vergonha, ou então reprimiam a experiência vivida sem sofrerem conseqüências imediatamente aparentes.

Entre as escolas de educação erótica, as cidades grandes e as de médio porte constituíam as mais convenientes, ou na realidade, as mais importunas. As prostitutas se exibiam ostentosamente nos quarteirões de má fama, e em muitas cidades também saíam em ronda por zonas extensas e densamente povoadas. Procuravam clientes nos bailes, nas portarias dos hotéis, nas vizinhanças das estações de trem. Em Condet, um arrabalde bem próximo de Limoges, havia um moinho-de-vento que servia de prostíbulo e onde "transeuntes e crianças podem observar as coisas mais escandalosas", conforme se queixou o prefeito local. Em Berlim, por volta da virada do século, as prostitutas que viviam nos bordéis faziam sua higiene matinal à janela, "expondo desavergonhadamente seus corpos seminus aos olhares dos transeuntes. Não eram poucos os rapazes que, a caminho da escola, por ali se esgueiravam, especialmente nas primeiras horas da manhã", a fim de melhor "satisfazerem sua curiosidade". Em outras cidades, as prostitutas rondavam os bairros onde se concentravam teatros e hotéis, abordando os pedestres. Cenas como essas ocorridas em Berlim se repetiam com diversas variações em outras metrópoles e eram observadas nas ruas, relatadas nos jornais, representadas nos palcos. Confiando a seu diário as impressões de uma recente visita a Paris, Amiel confessa que havia sido "seduzido pela curiosidade dos sentidos e por uma espécie de libertinismo platônico dos ouvidos e dos olhos que me arrebatou, ao mesmo tempo que me fazia corar o tempo todo".[10]

Amiel nos poupou a incumbência de descobrir uma expressão adequadamente reveladora para uma experiência bastante comum: libertinismo platônico é exatamente o que as grandes cidades ofereciam a seus habitantes ou visitantes — informações eróticas de acordo com as quais podiam agir ou não, conforme as oportunidades se apresentassem ou suas consciências lhes permitissem. No caso de Amiel, assim como nos casos de milhares de outros que buscavam informações sobre a sensualidade, ver havia tomado o lugar de tocar; porém isso tornava suas investigações mais ativas ainda. E através das conversas divulgava-se o que se havia visto. No começo do ano de 1865, Joseph B. Lyman descreve Nova York numa carta a seu filho Alex, que ainda não completara cinco anos de idade: "Algumas pessoas daqui não são nada comportadas. Num porão há uma dançarina que tira quase todas as roupas e dança na frente dos homens. Os homens comem amendoins e batem palmas". Felizmente, havia uma moral que o pai carinhoso podia agregar a essa vinheta sensual: "Tenho a impressão do que toda essa gente vai terminar naquele lugar horrível onde está aquela moça que pediu a cabeça de João Batista numa bandeja de prata". Naturalmente, nem toda Nova York era tão ruim: "Também há por aqui muita gente boa, que irá para o lugar onde João foi depois que lhe cortaram a cabeça".[11] A vida urbana, conforme a divisou Joseph Lyman, era por si só extraordinária; mas a excitação erótica que ele proporcionava a um menino, alimento para sua imaginação edipiana em franca expansão, era mais extraordinária ainda.

No século XIX, a vitalidade carnal das grandes cidades, para o bem ou para o mal, foi rapidamente incorporada à mania popular de uma autocongratulação nacional, bem como ao reverso dessa medalha, a autoflagelação nacional. Viajantes e jornalistas se deliciavam com a apresentação de pequenos estudos de moralidade, ou imoralidade, comparada. Hippolyte Taine, por exemplo, louvava o bom-senso e a educação das moças inglesas, considerando-as muitíssimo superiores ao produto de seu próprio país, a moça francesa que era mantida num abismo de ignorância a respeito da vida: "Na França, acredita-se com ingenuidade incrível que, se uma mulher deixar de ser boneca, também deixará de ser mulher".[12] Mas a linha de raciocínio oposta, a acusação de que em outros países se sabia mais do que o conveniente a respeito de assuntos sensuais, era mais comum. Em 1872, *Daheim* apontou suas baterias contra a sensualidade francesa e contra a sensualidade americana: as crianças americanas eram empurradas para a sociedade cedo demais; os meninos vestiam roupa a rigor para ostentar a riqueza de seus pais e, aos dez anos, as meninas já participavam de festas como se fossem adultas, inclusive flertando. E Paris, é claro, mostrava-se totalmente imune às regras do decoro e aos apelos da consciência. A imprensa, o teatro e a moralidade burguesa parisiense em geral — *Daheim* relatava com indisfarçado prazer — eram extremamente indecentes; o correspondente da revista tinha particular prazer em apontar um dedo acusador para as "*toilettes* escandalosas" que podiam ser vistas nas ruas da cidade e para os retratos de mulheres, "mais impudicas, mais desnudas e mais desavergonhadas do que nunca".[13] Em Paris, pelo menos, o libertinismo platônico era um convite franco a um libertinismo com maiores conseqüências e mais imoral do que o relativamente inócuo prazer *voyeur* de apenas observar os outros: disso *Daheim* tinha certeza.

Entretanto, a aquisição de informações eróticas não dependia apenas de situações traumáticas ou de sedução. Obviamente, não era necessário ser vítima de um estupro, nem ter por irmão um Flaubert ou por pai um Lyman, para aprender muita coisa a respeito do corpo. As descobertas inocentes, nos monumentos públicos, nas banheiras, nos quintais, foram provavelmente menos dramáticas do que os eventos excitantes que descrevi; ao mesmo tempo, porém, tiveram conseqüências mais profundas e duradouras para a cultura burguesa do século XIX. As pessoas respeitáveis, jovens ou idosas, se encontravam em meio a um conflito. Queriam e ao mesmo tempo não queriam saber das coisas. Os Goncourt, cínicos como sempre, tinham boa parcela de razão quando escreveram em 1855: "Será o fim do mundo quando as mocinhas deixarem de rir de chistes escatológicos."[14]

2. *LIÇÕES DO CORPO*

Numa bela manhã do mês de maio de 1870, o reverendo Francis Kilvert, que na época não passava de um jovem cura de aldeia no condado de Radnorshire, ao se aproximar de um vilarejo próximo, no País de Gales, para visitar um colega, viu que duas de suas filhas "ajudavam na castração dos cordeiros, correndo atrás dos pobres animaizinhos, segurando-os enquanto se procedia à operação, e parecendo se divertir com o espetáculo". Ele, por seu turno, não tinha prazer algum nisso. "Foi a primeira vez que vi filhas de um clérigo ajudando a castrar cordeiros ou mesmo testemunhando essa operação, e de início isso me deixou um tanto desgostoso." Uma das meninas, acrescenta ele, "lutava num cercado com um grande e intrépido carneiro branco, e quando finalmente conseguiu segurá-lo firmemente com as pernas e joelhos aventurei-me a perguntar-lhe por seu pai. Com um aceno de cabeça e uma única palavra, ela me indicou que ele se aproximava por trás de mim" — essa atividade rural não era, pois, nada clandestina, e com certeza gozava da aprovação de sua família. Kilvert refletiu que "as pessoas mais velhas da família" provavelmente não esperavam que "um visitante matinal surpreendesse as moças castrando cordeiros, e certamente teriam escolhido para elas uma ocupação mais adequada caso previssem a chegada de um hóspede". Mas isso é apenas uma conjectura dele. Não há, na verdade, a mais leve indicação de que o clérigo amigo tenha sentido o mínimo constrangimento pela chegada de Kilvert. A reação de Kilvert, por outro lado, leva a marca do moralismo que grassava no século burguês: havendo reprimido muitas de suas experiências infantis, ele se sentia obrigado a proteger os jovens de visões das quais ele mesmo julgava não necessitar proteção. Mas Kilvert rapidamente domina seu desgosto: "levei em consideração as condições rudes em que aquelas crianças tinham sido educadas, de modo que não viam mal no que faziam; e por isso as perdoei".[15] Mas havia na época burgueses que não compartilhavam do rigoroso moralismo de Kilvert e que não teriam visto em tão útil ocupação doméstica nada que exigisse perdão.

Nem toda educação carnal envolvia a sexualidade de modo tão direto. Entretanto, quaisquer que fossem os muros que pedagogos ansiosos ou mães extremosas tentassem levantar entre a criança e o mundo, este permanecia muito próximo dela. Uma suscetibilidade exagerada acompanhada de desmaios, bem como a ignorância fingida, longe de serem estratagemas defensivos universalmente aprovados, eram na realidade desdenhosamente consideradas como uma afetação; atraíam a censura dos estudiosos da moral e as sátiras dos panfletistas.[16] E não poderia ser de outro modo. No mundo das classes médias do século XIX, assim como em outras classes e em outros tempos, crianças nasciam, doentes precisavam de cuidados, e os velhos morriam em suas casas. Era um mundo em que Charles Dickens podia permitir a David Copperfield aproximar-se da mãe, ainda jovem e bela, que amamentava seu meio - irmão, um momento que o ilustrador das obras de Dickens, conhecido pelo pseudônimo "Phiz", escolheria precisamente para retratar uma idílica cena familiar.[17]

De modo geral, as mães e amas-de-leite que amamentavam suas crianças exibiam os seios com certa liberdade; e se boa parte delas não pertenciam às classes médias, freqüentemente tinham testemunhas que provinham dessas classes. Escrevendo de Paris à noiva, em outubro de 1885, Sigmund Freud descreve como as amas-de-leite amamentavam em público as crianças entregues a seus cuidados, e seu relato desinibido à moça educada que era Martha Bernays é tão instrutivo quanto a cena que ele relata.[18] Charles Dickens, a quem sempre se pode recorrer para um teste definitivo do que sua cultura julgava aceitável, via na amamentação um ato casual e despreocupado. Na primeira vez em que David Copperfield encontra mrs. Micawber, "uma senhora magra e murcha, nada jovem", ela está "dando o seio a um bebê". Logo a seguir, somos informados de que o bebê tem um irmãozinho gêmeo, e, conforme acrescenta o narrador em suas lembranças, "devo observar que quase nunca, em toda a minha experiência com a família, vi ambos os gêmeos afastados de mrs. Micawber ao mesmo tempo. Um deles estava sempre tomando seu refresco". Dickens era capaz até mesmo de se valer da amamentação para gracejar sobre a incurável riqueza láctea de mrs. Micawber. "Os gêmeos não retiram mais seu sustento das fontes da Natureza", informa Micawber ao jovem David Copperfield algum tempo depois de seu primeiro encontro, e explica: "em suma, estão desmamados".[19] A amamentação, portanto, constituía uma visão muito comum, tanto nos parques como em trens; no entanto, conforme atestam Daumier e outros artistas gráficos da época, era mais comum em vagões de terceira classe. Talvez August Strindberg tenha sido um tanto provocador quando, num conto de 1884, descreve um marido que observa sua mulher amamentando o primeiro filho, e que, com essa observação, permite que penetrem em sua mente pensamentos sexuais: ali estava "aquele mico vermelho, fedendo a manteiga, deitado no seio que até então fora um brinquedo exclusivamente seu". Entretanto, em outra história publicada no mesmo ano, na qual retrata um solteirão solitário que, passeando num bosque, observa uma família num piquenique, Strindberg apenas registrava em livro uma cena que se podia ver a cada dia, em qualquer parte da Europa: "uma mãe com um bebê ao seio, um seio grande e farto".[20] A cena desagrada o solteirão, porém esse desgosto — quanto a isso Strindberg não deixa a menor dúvida — é uma aberração, um ódio doentio à vida.

Muitas mães burguesas vez por outra realizavam esse dever maternal em presença de amigos, transmitindo assim mais conhecimento carnal e estímulos sexuais do que conscientemente pretendiam. Um incidente desse tipo ficou imortalizado na literatura: Elisa Schlesinger, aos 26 anos, dando de mamar ao seu bebê diante de Gustave Flaubert, então com quinze anos. A visão perseguiu o jovem e sonhador Flaubert, cuja volúpia à época ainda se restringia à imaginação, de modo que ele a inseriu em sua obra autobiográfica da juventude, "*Mémories d'un fou*" [Memórias de um louco], pouco ou nada distorcida. "Maria", o nome com o qual ele apresenta Elisa Schlesinger, mal disfarçada no conto, "tinha uma criança, uma menininha; ela era amada, abraçada, quase sufocada de tantas carícias e beijos". Como ele desejava "arrebatar um único desses beijos" com que Maria cobria a criança! Seus ciúmes fraternos foram aguçados por um convite insuspeito e inadvertido à excitação sexual. "Maria a amamentava ela mesma, e um dia eu a vi quando desnudava o seio e o dava à criança." Esse fato, conforme já notei, realmente ocorrera na estância de Trouville. "Era um seio cheio e rotundo, com pele morena e perpassada de veiazinhas azuis que podiam ser vistas sob aquela carne ardente. Eu jamais havia visto uma mulher nua antes. Oh! a que êxtase único fui lançado pela visão daquele seio; como o devorei com os olhos, o quanto me teria deliciado se pudesse apenas tocá-lo!" Flaubert, ou o personagem que o representa no conto, tinha uma fantasia de morder apaixonadamente aqueles seios, "e meu coração se dissolveu nas delícias de pensar na volúpia que tal beijo me daria".[21] Talvez fosse uma reação inusitada, porém a visão em si era bastante comum.

Outra cena igualmente comum era a de corpos nus, sobretudo às margens de um lago ou nas praias. Os Lyman se davam ao trabalho de procurar uma área deserta na praia, antes de se despojarem das roupas para tomarem banhos de mar.[22] Contudo, era impossível garantir a privacidade. Em 1858, quando passavam uma temporada em Scarborough, os Rothschild descobriram a nudez "em plena luz do dia, ao sol mais radiante. Aqui existe uma completa ausência de vestimentas", anotou uma das jovens Rothschild em seu diário, "como se fosse o Jardim do Éden antes da queda do homem, e centenas de senhoras e cavalheiros ficam admirando os banhistas que mergulham nas ondas revoltas e emergem delas". Isto lhe pareceu escandaloso: "Eu realmente acho que a polícia deveria intervir". Porém a polícia, sabiamente, deixava os banhistas sossegados. Uma década antes, Amiel havia visitado os banhos do Ródano, e ali havia descoberto muito que valia a pena observar: "Águas maravilhosamente belas; banhos em petição de miséria; belas vizinhas, vislumbradas através de uma fresta na parede divisória". Admirando essas lindas jovens "a brincar alegremente nas ondas azuis", ele descreve essa visão como "poética", apesar de ver relativamente pouca coisa. "Gostei do que vi", desculpa-se Amiel perante Amiel, "na condição de pintor, não na de um homem possuído pela volúpia. Os banhos" — acrescenta ingenuamente, de modo a deixar ao historiador a tarefa de tirar suas próprias conclusões — "me arrefeceram bastante".[23] Milhares de *voyeurs* devem ter visto tanto quanto Amiel, e muito mais. Tais visões, longe de serem obtidas com dificuldade, na realidade eram quase inevitáveis, principalmente entre amigos. Não é de admirar que, em *Vanity Fair* [A feira das vaidades], Thackeray fizesse com que uma de suas personagens descrevesse outra, a matreira e linda Becky Sharp, como possuindo "olhos verdes, tez alva, figura bonita, e o famoso desenvolvimento frontal".[24] Desenvolvimentos frontais, fossem eles famosos ou não, eram muito menos misteriosos no século burguês do que os críticos da época, inclusive o próprio Thackeray, supunham.

O século XIX na realidade se viu inundado por evidências de realidades físicas e por relatos referentes aos fatos da vida muito menos agradáveis do que a beleza de uma jovem figura feminina: bicheiras, doenças, miséria, deformidades e morte. Os guardas do presídio de Newgate costumavam mostrar aos visitantes as efígies moldadas em gesso que reproduziam as cabeças dos criminosos que lá haviam sido enforcados; e, de acordo com uma ilustração da época, casais respeitáveis freqüentemente levavam as filhas, que talvez mal passassem dos oito anos, para compartilharem essa diversão. Dentro dessa atmosfera, é compreensível que os advogados pudessem discutir tranqüilamente os méritos do açoitamento e da castração como castigos pelo crime do estupro.[25] E os médicos, que nem sempre escreviam para colegas de profissão, descreviam deformidades físicas aterradoras ou perversões sexuais revoltantes com o olho clínico atento aos mínimos detalhes. Assim, por exemplo, o dr. Auguste Ambroise Tardieu, professor de medicina legal na Faculdade de Medicina da Universidade de Paris, publicou um tratado popular intitulado *Étude médicale-légale sur les attentats aux moeurs* [Estudo médico-legal sobre os atentados aos bons costumes], no qual evita a linguagem técnica e constrói sua exposição nos moldes de um catecismo. Entre as questões que ele faz a si mesmo consta a de ser ou não verdadeira a asserção de que um homem possa curar-se de uma doença venérea por meio de relações sexuais com uma menina ainda criança. Achava "triste" ter que abordar tal assunto, porém mesmo assim sentia-se na obrigação de refutar essa vil superstição explicitamente, de vez que a julgava largamente difundida e profundamente arraigada na mentalidade popular.[26] E Charles Dickens especulava livremente sobre o destino da expedição ao Ártico empreendida sob a direção de sir John Franklin, que desaparecera por completo após uma partida auspiciosa e muito divulgada na primavera de 1845, e que possivelmente se teria entregue ao canibalismo — "o horrendo expediente de um homem devorar os corpos de seus companheiros mortos".[27] Dickens bem sabia que seus leitores tinham condição de absorver tais suposições.

Houve ocasiões em que burgueses não apenas imaginaram, mas presenciaram, cenas pavorosas sem espanto. Um dos casos mais assombrosos que vieram ao meu conhecimento se encontra imortalizado na autobiografia daquele *Bürger* da Baviera, Ferdinand Weyh, escrita em 1920, quando ele tinha setenta anos, numa tentativa de distrair-se em sua velhice. Seu exaustivo relato manuscrito é inundado de trivialidades — endereços das casas onde morou e respectivos aluguéis, nomes de criados e cláusulas de seus contratos de trabalho, e excursões feitas em família a pé ou de bicicleta. Numa única oportunidade surge um laivo de emoção, quando Weyh relembra a morte de seu único filho, Oskar, ocorrida durante a Primeira Guerra Mundial: "Quando o enterraram, enterraram também toda a minha alegria de viver". Weyh, oficial, burocrata, bancário, homem de muitos ofícios e de muitos casos amorosos, havia vagado pelo mundo antes de se fixar em Munique, onde se casou. Em fins de 1889, ainda solteiro, percebeu que sua empregada doméstica, Kathi Lechenbauer, a quem ele estimava como governanta competente e diligente, começava a falar estranhamente de pessoas que a perseguiam. À medida que os sintomas de sua paranóia se tornavam mais elaborados, ela repetia insistentemente que teria que suicidar-se para escapar aos que a atormentavam. Em vista das solícitas recomendações de seu patrão, concordou em internar-se num hospital, porém, ao invés de fazê-lo, confirmou suas ameaças dando cabo à própria vida. Weyh atendeu ao chamado para identificar o corpo, mas ao chegar ao local indicado foi informado de que o corpo já se encontrava a caminho de uma sala de aula, onde seria dissecado numa demonstração para estudantes de medicina. Apesar de não ter absolutamente qualquer qualificação médica, Weyh de pronto se dirigiu ao auditório, que já estava lotado de estudantes, onde imediatamente reconheceu o corpo da empregada já estendido, nu, sobre a mesa de dissecção. O professor que realizava a demonstração "acabara de remover o cérebro do crânio, que havia aberto a golpes de martelo e talhadeira", e, explorando as vantagens do conhecimento *a posteriori*, mostrava ao público presente uma "deformação" que "sem dúvida alguma teria que levar à insanidade". Weyh anota em seguida, sem qualquer outro comentário, que se apresentou ao conferencista, o qual demonstrou muito interesse pela falecida Kathi Lechenbauer. Nessa noite, Weyh passou a noite em companhia de amigos; a única indicação de que a experiência do dia deixou nele alguma marca emocional reside no fato de que não passou a noite em sua própria casa.[28] Não resta a menor dúvida: no século burguês podia-se aprender muito lendo e observando, e muitos eram os burgueses que estavam inclinados a ambas as coisas.

A relevância de tais materiais horripilantes e por vezes asquerosos para a educação sentimental não é imediatamente evidente. Tratava-se entretanto de um modo pertinente, e na verdade indispensável, de esclarecer e enriquecer a experiência erótica. A criança constrói sua identidade sexual e elabora sua agenda sexual provisória observando e tocando o próprio corpo e o corpo de outros, memorizando defeitos e pontos vulneráveis com a mesma intensidade com que memoriza as promessas de prazer. E tais explorações instrutivas terminam por constituir-se num treinamento contínuo, que com toda a certeza prossegue além da puberdade. Configuram uma revelação, ainda que incompleta, das realidades da vida. Ao mesmo tempo que a cultura burguesa do século XIX achava muito mais fácil discutir ou retratar a doença e a morte do que as minúcias de um relacionamento sexual, o realismo franco com que os jovens aprendiam a enfrentar as duras realidades físicas fazia deles, ao menos, pessoas bem menos incapazes do que os imbecis dados a desmaios e enrubescimentos, que se encontram na lenda antiburguesa, e os preparava para as realidades eróticas. A pudica diretora de uma escola feminina em Massachusetts que, de acordo com o capitão Marryat, escondia os "membros" de um piano de cauda entre "recatadas calças" rendadas[29] gozou de imerecida fama póstuma; tornou-se a testemunha favorita na grande campanha organizada para expor o puritanismo e a hipocrisia da burguesia. Todavia, essa diretoria, se é que algum dia existiu, não ocupa o centro do palco da cultura da classe média, mas antes o extremo mais pudico de toda a gama de comportamentos permissíveis, um alvo de chacotas e de um certo desprezo mesmo em sua época.

Essa gama de comportamentos era na realidade muito ampla. Os que desejavam resguardar os jovens, e mais especialmente as moças, do conhecimento das realidades da vida viam-se a braços com os que insistiam em expô-los a tal conhecimento. Duas semanas depois do falecimento prematuro de Georg Büchner, aos 23 anos, sua noiva, Minna Jaegle, relatou sua última visita ao brilhante e precoce dramaturgo. Avisada de que ele se achava acamado com uma perigosa febre gástrica, ela manifestou o desejo de acorrer ao lado dele, mas foi impedida de viajar por faltar-lhe uma acompanhante adequada. "Que sórdida discreção!" Enfim ela simplesmente insistiu em ir, porém o médico de Büchner não queria que ela visse o rosto distorcido do moribundo, e advertiu: "Prepare-se, ele não a reconhecerá". Porém nada poderia impedí-la: ela se debruçou sobre ele, que a reconheceu, e expirou. "Eu lhe trouxe paz. Ele adormeceu docemente, eu lhe cerrei os olhos com beijos, domingo, 19 de fevereiro, às três e meia."[30] E Minna Jaegle, que não era nenhuma donzela trêmula e preocupada em proteger-se, tampouco se considerava uma heroína.

Recolhi esses exemplos na literatura que se atém aos fatos, e os vitorianos, naturalmente, apreciavam considerar-se presos aos fatos. E por toda parte havia fatos desagradáveis. Corpos malvestidos e malformados, cobertos de chagas e dos estigmas de moléstias devastadoras tornaram-se imagens repetidas nos relatórios governamentais sobre as condições de vida dos pobres, sobre a destruição da saúde resultante da miséria e sobre os escândalos que já se haviam tornado endêmicos nos orfanatos. Os resultados desses relatórios eram apresentados em termos simples e de fácil compreensão, numa linguagem suficientemente pungente para incutir nos leitores seus argumentos e seus apelos a uma solução. E esses relatórios estavam disponíveis, gratuitamente, a qualquer um que estivesse disposto a vencer sua repugnância defensiva diante da exposição franca das vítimas do capitalismo moderno.

A literatura de ficção, apesar das limitações de estilo e temática, tampouco era reticente no que dizia respeito às realidades da vida — ou pelo menos a algumas realidades da vida. M. E. Braddon, a prolífica autora inglesa de romances sensacionalistas, adaptando-se de maneira realista ao mercado, disse a seu editor que sabia exatamente o que ele queria: "desfalecimentos ao fim de cada capítulo, papeluchos escondidos em fundos de gaveta, dinheiro e papéis valiosos ocultos sob os tapetes, e pedaços de um corpo já putrefato no depósito de carvão".[31] Embora não seguisse tal receita, Gustave Flaubert se deteve com sensual delícia nas orgias selvagens e nas batalhas sanguinárias de *Salammbô* sem que os leitores levantassem objeções; Rider Haggard, um escritor muitíssimo mais convencional do que Flaubert, retratou em memoráveis detalhes, no romance popular *She* [Ela], a dança festiva de uma tribo exótica que utilizava antigas múmias embalsamadas como tochas: "Assim que uma múmia era consumida até os tornozelos, o que ocorria em cerca de vinte minutos, os pés eram lançados longe e outra múmia ocupava o seu lugar". Os contos que Walt Whitman escreveu na década de 1840 são repletos de lubricidade explícita, apresentando corpos reduzidos a "uma massa mutilada e horrenda — não tendo mais do que uma vaga semelhança com forma humana — toda macerada, cortada e ensangüentada" e "salpicada de coágulos".[32] Mas a época se sentia obrigada a observar certos tabus; seus Podsnaps*

(*) Personagem de *Our Mutual Friend*, de Dickens, que se tornou o modelo dos "filisteus" ingleses, levando aos extremos os seus melindres. (N. T.)

eram, como já mencionei, muito ativos. Não obstante, havia uma demanda muito grande por cadáveres putrefatos nos depósitos de carvão.

Em tal ambiente cultural, o tema da morte fornecia material para um humor mórbido. Em 1885 *Daheim* não teve escrúpulos em publicar um desenho intitulado, com pomposidade propositalmente irônica, *Memento Mori*. Nessa vinheta rural, um punhado de galinhas e um pato olham fixamente para a cabeça negra cortada de um outro pato. Um eloquente elemento do cenário, um machado, se encontra bem visível logo atrás da cabeça decepada. E a legenda dessa ilustração começa, com uma seriedade brincalhona: "*Lembra-te de que um dia morrerás!*"[33]. A decapitação, ao que parece, era um assunto apropriado para a diversão familiar, e para criar a atmosfera levemente solene que propiciava a meditação filosófica. Analogamente, quando Harriet Beecher pediu à irmã Catherine que escrevesse um epitáfio para a lápide do gato da paróquia, Catherine Beecher acedeu calmamente:

> Aqui jaz nosso bichano
> Que teve um xilique
> E ficou meio estranho.
> Levou dois tiros,
> Deu dois suspiros,
> E agora aqui jaz.*

Naqueles anos ninguém pensava em esconder os troféus dos caçadores nem a carne exposta nos açougues. Em 1826, James Ward documentou essa franqueza pintando *The Day's Sport*, onde crianças admiram com olhos esbugalhados a caça abatida. E em 1859 uma revista popular francesa, *Le Journal pour Tous*, publicava uma ilustração que mostrava caçadores no ato selvagem de matar um lobo enfiando-lhe um facão goela abaixo. É claro que em geral a morte era vista de modo mais sombrio e mais solene. Por vezes, servia também como instrumento pedagógico. Antes de atingir os cinco anos de idade, conforme relembrou muitos anos mais tarde a reformadora antialcoólica americana Frances Willard, seu pai a havia pegado no colo para que ela pudesse ver "um homem que morrera na casa vizinha", e que estava exposto no velório, "repugnante na morte." Foi nessa oportunidade que "pela primeira vez meu espírito sentiu medo", pois o pai a manteve "bem próxima ao caixão para que eu pudesse enxergar o que havia dentro dele". A visão a deixou traumatizada. "Jamais um golpe me atingiu tão duramente quanto essa visão; jamais uma queimadura me ardeu tanto, nem uma dor foi tão profunda."[34] Não era um procedimento sádico, ou pelo menos não era considerado como tal; tratava-se meramente de educação.

Em geral, a visão de cadáveres era comum, e não se tentava evitá-la. Em 1829, o pastor episcopal Harry Croswell, reitor da Igreja da Trindade, no centro de New Haven, Connecticut, registrou em seu diário que "fora informado da morte chocante de um dos operários que trabalhavam na igreja e caíra de um andaime". Naturalmente, ele foi "dar uma olhada no cadáver", e conta que "a cabeça estava literalmente esmagada pela queda de um monte de pedras que despencaram depois dele do andaime. Era um homem que já estava perto dos cinqüenta anos, e tinha família no interior". Cumprida sua obrigação, Croswell passa, sem transição alguma, a seus afazeres mais sérios, no caso a preparação das aulas bíblicas: "Passei a maior parte do restante do dia em meus aposentos de estudo". Cinco anos mais tarde, ele visitou um dos paroquianos que se encontrava à morte, algo comum para um clérigo: "Permaneci lá até que a cena estivesse terminada". Por volta dos setenta anos, quando seu filho de 47 faleceu antes dele, em meio ao seu luto ele registra que "a casa foi aberta aos amigos de William para que vissem seus restos mortais, e desde a manhã até a noite foi uma procissão contínua — e jamais eu havia testemunhado tais demonstrações de pe-

(*) Here died our kit/ Who had a fit,/ And acted queer./ Shoot with a gun,/ Her race is run,/ And she lies here.

sar".[35] Teria sido simplesmente inimaginável para Harry Croswell não permanecer junto aos moribundos até que estivessem mortos, ou para os amigos de William Croswell não ir ver seu corpo.

É por isso que Wilhelm Busch, o mais citado e o mais adorado poeta e ilustrador humorístico do Império Alemão, se sentia perfeitamente à vontade para dar vida aos seus populares contos rimados infestando-os com um verdadeiro zoológico de percevejos, besouros e camundongos, que gostava de fazer aparecerem na cama de seus personagens sofredores ou em sua cerveja, com o que obtinha muitas gargalhadas desinibidas de seus leitores. Busch também não hesitava em pontuar seu trabalho de elementos escatológicos, gerando igualmente grande divertimento. Numa carta particular a uma menina muito bem-educada, sua favorita, que ele conhecia desde bebê, e que o chamava de "Tio Wilhelm", em que agradecia um presente que ela lhe fizera, ele inclui um poema escatológico com uma ilustração em que um gordo glutão sonha deliciosamente que um anjo está defecando sobre sua língua.[36] Não havia a mínima intenção de chocar a menina, nem mesmo brandamente; ele sabia o que ela sabia.

É claro que no século XIX, como em qualquer outra época, existiam tipos caracteristicamente nacionais de discurso humorístico. Assim, por exemplo, os alemães eram muito mais dados à escatologia do que seus vizinhos, e injetavam doses de humor anal em suas publicações que teriam feito enrubescer a consciência inconformista de qualquer inglês. Os jovens amigos de Kilvert talvez entendessem, e até apreciassem, os chistes de Wilhelm Busch a respeito das lembrancinhas deixadas por passarinhos, porém os ingleses de modo geral se sentiam mais atraídos pelo horror do que pela escatologia. A sra. Montefiore, filha de um rico agrimensor e agente de imóveis rurais, jamais esqueceu um quadro que seu adorado pai, a quem ela descreve como um distinto e criterioso patrono da pintura, incluiu em sua coleção. Tratava-se da cena em que "mademoiselle de Sombreuil bebe um copo de sangue, que lhe foi passado por um revolucionário com a promessa de que, se ela o bebesse, a vida de seu pai seria poupada. A visão dos rostos da multidão, do aristocrático monsieur de Sombreuil, e da agonia da moça, dividida entre o amor ao pai e a repugnância diante do revoltante suplício, costumava assombrar minha imaginação dias e noites a fio". Ela conjectura que "se o quadro fosse meu, eu o teria mandado destruir, porém" — acrescenta, desculpando rapidamente o pai — "é possível que tal pensamento seja apenas um vestígio de minha impressionabilidade infantil".[37] Francis Fuller, o adorado pai, não perdeu a estima da filha por havê-la exposto a tal cena, e parece que jamais lhe ocorreu que o quadro pudesse atormentar a vida e as fantasias da filha.

O tratamento jocoso ou aterrorizante dispensado a partes do corpo e às funções corporais, também de animais, teve o mérito de servir como uma defesa bem-educada mediante a qual se podia manter certa distância dos fatos chocantes e excitantes da fisiologia humana. Ao mesmo tempo, no entanto, também aproximava esses mesmos fatos do lar, introduzindo-os na sala de estar e, através de incontáveis livros e artigos, também no quarto das crianças e na cozinha. A literatura de conselhos e receitas populares dirigida a donas-de-casa, na verdade, demonstra que o corpo, com todas as suas vicissitudes, estava aberto ao escrutínio dos burgueses do século XIX, e provavelmente mais acessível às mulheres do que aos homens. Em seu *best-seller* publicado em meados da era vitoriana, *The Book of Household Management* [Manual da dona-de-casa], Isabella Beeton página após página confronta as donas-de-casa de sua época com sangue e ossos. A leitora ideal à qual é dirigida essa verdadeira enciclopédia de pedagogia doméstica é a esposa e mãe moderadamente próspera, o que lhe permite entregar parte das fainas da casa a outras pessoas, porém não suficientemente rica para que lhe seja possível delegar a superintendência dessas tarefas a uma governanta. Qualquer que fosse a situação financeira das leitoras, a sra. Beeton achava necessário ensinar-lhes como preparar deliciosas refeições à base de vitela, tartaruga ou porco, sem omitir qualquer minúcia. Para fazer sopa de cabeça de vitela, deve-se "escaldar primeiro a cabeça antes de tirar-lhe a pele, remover então os miolos, amarrar a cabeça num pano, e deixá-la ferver por uma hora". Sua receita para a sopa de tartarugas não é menos explícita: "Para preparar essa sopa com menor dificuldade, corte fora a cabeça da tartaruga na véspera. Pela manhã, abra a tartaruga apoiando todo o peso do animal sobre a ponta de um facão inserido no casco dorsal, enquanto corta fora o casco à volta toda".[38]

De qualquer forma, as circunlocuções não eram necessárias à maioria das mulheres bem-educadas do século XIX. Elas não temiam dissecções. No início do século, Catherine Beecher, ainda uma mocinha, deparou-se com uma carcaça de baleia encalhada na praia, e que estava sendo cortada para fins comerciais. "Parecia um alqueire de carne vermelha afundada na areia", relembra ela em sua autobiografia, "e homens e meninos retiravam imensos pedaços, que levavam embora para utilizá-los como adubo". Cerca de oitenta anos mais tarde, a jovem Emily Lytton pescou um peixe pelo olho: tendo fisgado "uma pequenina carpa", ao retirar o anzol ela "puxou para fora o olho que estava preso a ele. Como o peixe era pequeno, lancei-o de volta à água, e de brincadeira usei o olho como isca. Alguns instantes mais tarde, senti uma mordida, e ao puxar o anzol vi que havia fisgado o mesmo peixe, com a cavidade vazada mostrando onde estivera antes o olho".[39] Ambas as reminiscências razoavelmente desagradáveis aqui citadas foram revividas, com o distanciamento proporcionado pela maturidade, com o intuito de enriquecer escritos autobiográficos; por conseguinte, é óbvio que impressionaram profundamente as meninas. Entretanto, não são lembranças manifestamente horripilantes, não importa a mescla de sentimentos de fascinação que contenham. Não julgo necessário decidir se as experiências relatadas satisfizeram necessidades sensuais ou necessidades agressivas; sem dúvida, o que houve foi uma mistura de ambas. O importante é que um enrubescimento recatado era a última forma de comportamento que essas meninas pensariam em adotar, pois estavam sempre prontas a aumentar seu estoque de informações biológicas. Por motivos facilmente compreensíveis, para os homens era uma questão de honra lastimar a falta de franqueza das mulheres e elogiar a sua própria franqueza; Amiel transforma-se no porta-voz de toda a tribo masculina ao registrar em seu diário, com boa dose de autocomplacência, que "as mulheres, por meio de um complicado mecanismo de dissimulação pudorosa, raramente exprimiam em palavras o que realmente pensavam". Em sua opinião elas eram por natureza dúplices. E se bem que nessa passagem específica pretendesse se referir apenas aos flertes sexuais, Amiel generaliza suas observações de modo a abarcar todo o campo da franqueza, um campo que evidentemente não era o ambiente natural da mulher.[40] Na realidade, sobram evidências de que as mulheres do século XIX eram muito menos pudicas do que os homens, e de que quando estes mostravam seu pudor em nome delas, faziam-no a fim de proteger um ideal e de satisfazer suas próprias necessidades. Enquanto os críticos do sexo masculino protestavam contra as passagens chocantes dos poemas de Walt Whitman, as leitoras achavam nestas mesmas passagens fortes motivos para quererem conhecer o seu autor. De fato, em 1856, ao escrever uma crítica de *Leaves of Grass* [Folhas de relva] Sara Parton tornou claro o seu arrojo: "Minha constituição moral pode ser irremediavelmente maculada — ou talvez seja demasiado sólida para ser maculada, como querem os críticos —, mas confesso que não extraio veneno algum dessas "Folhas", que me têm dado apenas conforto". E conclui com uma metáfora de peso, em que reúne numa só liberdade a liberdade de olhar o corpo e a de ler acerca dele: "Que aquele que for capaz de fazê-lo encubra os olhos da criancinha que mama a fim de evitar que ela veja o seio da mãe".[41] Sara Parton lançava aos leitores, assim como também ao historiador, um lembrete útil, informando-os de que a coleta de conhecimentos carnais se inicia muito cedo.

Por conseguinte, Isabella Beeton podia contar com a simpatia do público quando passava, de modo objetivo, da fisiologia dos animais à fisiologia humana. "Todas as mulheres", diz ela às suas leitoras, que por experiência própria sabiam que ela tinha razão, "numa ou noutra ocasião de suas vidas provavelmente serão chamadas a realizar os trabalhos de uma enfermeira", e por isso é melhor que se preparem bem de antemão, "através da observação e da leitura", para quaisquer emergências em que possam ser chamadas a atuar. Em sua opinião, os "requisitos mais importantes" para uma enfermeira seriam "um bom temperamento, compaixão pelo sofrimento alheio e simpatia pelos sofredores", assim como "mãos hábeis e cuidadosas, modos calmos, amor à ordem, e higiene". Desde que uma mulher possua tais qualidades, e a maioria das mulheres as possui, seu desejo inato de "aliviar o sofrimento" a ajudará a "sobrepujar os desgostos que algumas das tarefas inerentes aos cuidados com doentes podem gerar". Eis aqui um comentário que merece ser destacado: a sra. Beeton não esconde de suas leitoras que cuidar de sangramentos, vômitos e diarréias é desagradável; ela não advoga um estoicismo cego que pretensamente prepararia a enfermeira ocasional para suas tarefas heróicas através da negação pura e simples dos odores e das visões com que se defrontará. Sem dúvida, assim como todos os demais livros de aconselhamento, também o livro da sra. Beeton contém pelo menos em parte uma boa dose de esperança — é menos uma descrição de atitudes do que uma recomendação para que determinadas atitudes sejam adotadas. Entretanto, a percepção que ela tinha do seu público leitor não pode ter sido muito diversa da idéia que esse público fazia de si mesmo, e ela tinha a dona-de-casa inglesa média em conta de uma pessoa que, além de saber ler, dispunha de amplos conhecimentos sobre o animal humano, uma pessoa comparável mais a uma árvore forte e resistente do que a uma frágil plantinha: "Num estado civilizado de sociedade", escreve a sra. Beeton, "poucas são as jovens esposas que se tornam mães sem dispor de algumas concepções, tradicionais ou práticas, de como cuidar dos bebês". Elas não tratarão o corpo, "esse maravilhoso mecanismo", como se fosse algo ameaçadoramente estranho. Se porém tivessem necessidade de uma instrução mais completa, lá estava a sra. Beeton, pronta a fornecê-la sem restrições. Ela aconselha a jovem mãe a ter uma "bomba para os seios, ou uma cânula de vidro, para sugar a superabundância que se acumulou enquanto ela esteve afastada do bebê, bem como o primeiro jorro de leite após um esforço excessivo"; se a jovem mãe deseja manter os bicos dos seios firmes e inteiros enquanto amamenta, evitando "o que se costuma chamar de 'seios rachados'", há várias medidas que pode tomar, e a sra. Beeton lhe conta, com tranqüila e competente exatidão, quais são essas medidas.[42]

A amamentação em geral inspira a sra. Beeton a atingir um alto nível de realismo, e também neste caso ela mais acompanha do que determina as tendências da época. Não causa absolutamente nenhuma estranheza o fato de uma mãe aconselhar outra sobre esse assunto bastante delicado: em fins de 1841, Elizabeth Gaskell insistia que sua cunhada Elizabeth Holland contratasse os serviços "de uma ama-de-leite caso o teu próprio leite falte". Porém o fato de que apenas um ano antes William Ewart Gladstone tivesse encontrado espaço em seu austero e compacto diário para registrar que a cunhada *dele* se achava diante desta dificuldade indica uma franqueza surpreendente na vida doméstica vitoriana: "Mary foi obrigada a abandonar a amamentação".

Assim como a sra. Gaskell e o sr. Gladstone, a sra. Beeton achava que o assunto merecia a mais minuciosa atenção; e assim como eles, ela também recomenda enfaticamente que as mães amamentem seus bebês. Àquela época, as amas-de-leite não gozavam de muito boa reputação. Mas se, "por motivo de doença, falta do leite materno, acidente ou algum outro processo natural, a mãe for privada do prazer de amamentar ela mesma seu bebê", então uma ama-de-leite teria que ser imediatamente contratada. E escolhida e examinada com muito cuidado. "Sua idade, se possível, não deve ser inferior a vinte anos nem superior a trinta, sua saúde deve ser excelente em todos os sentidos, e seu corpo deve estar livre de qualquer doença que se manifeste por erupções e de qualquer mancha. As melhores provas do bom estado de saúde são um rosto franco e de sorriso fácil, uma tez rija, seios grandes, arredondados e elásticos, e sobretudo mamilos firmes e eréteis, que, em qualquer estado doentio do corpo, se tornam frouxos, flácidos e caídos; e neste caso o leite certamente terá uma constituição imperfeita e, conseqüentemente, será deficiente quanto a suas qualidades nutritivas."[43]

A sra. Beeton fornece esses conselhos com a desinibição e a simplicidade de alguém que conversa sobre assuntos corriqueiros. É claro que em suas recomendações estão implícitos os fatos mais rudes da sociedade de classes do século XIX; poucas mulheres de boa condição social teriam discutido, e muito menos examinado, os mamilos de outra mulher de sua classe. Porém a questão é que a sra. Beeton esperava que qualquer dona-de-casa examinasse o corpo de sua criada sem o menor constrangimento. Pelo que pude descobrir sobre sua época e sua classe social, as expectativas da sra. Beeton eram absolutamente realistas.

A desinibição com relação ao corpo humano, sadio ou enfermo, não era privilégio das mulheres que escreviam diários ou trocavam confidências com amigas íntimas. Pais e mães, assim como bons amigos, além, é claro, dos maridos, eram todos admitidos ao círculo íntimo no qual se compartilhava o conhecimento carnal, que se ampliava dessa forma também. Pouco tempo depois de suas núpcias, Sophia Hawthorne relatou à sua mãe que a famosa Margaret Fuller lhe fizera uma visita: "Saltei dos abraços de meu marido, e descobri a rainha Margaret!". E na década de 1860, lady Duff Gordon, nascida em berço de ouro e primorosamente educada, viajou ao Egito para tratar da saúde — pois como se descobrira, ela sofria de tuberculose — e compartilhou suas aventuras, em cartas extensas e inteligentes, com os parentes que haviam ficado na Inglaterra. Entre outros acontecimentos íntimos, ela relata um caso amoroso entre sua criada inglesa e seu serviçal egípcio, do qual resultou uma gravidez ilegítima. O relato é tão minucioso quanto criterioso; ela atribui à criada a culpa de seduzir o rapaz egípcio e depois deixar sua patroa na situação constrangedora de ter de realizar o parto. "Pois é", escreve ela, "a mocinha poderia ter-me poupado as tarefas de ser parteira e ama-seca a bordo de um barco, estando eu ainda por cima bastante atemorizada com tudo isso. É claro que tinha que acontecer à meia-noite e num lugar bem desolado. Contudo, ela deu à luz sem qualquer contratempo e tudo se passou muito bem".[44] Se, de fato, ela estava realmente atemorizada, venceu muito bem os temores para realizar as tarefas de parteira — mais do que a contento, ao que parece —, e ainda escrever sobre o assunto sem lamuriar-se e sem se entregar a condescendências moralistas.

O tom da carta de lady Duff Gordon, assim como seu conteúdo, sugere fortemente que pelo menos algumas pessoas respeitáveis podiam enfrentar as conseqüências da sexualidade, o funcionamento do corpo humano em sua forma mais palpável e escandalosa, com boa dose de liberdade interior. No seio de uma cultura em que muitas mulheres, assim como alguns homens, passavam grande parte do tempo investigando a condição social e o comportamento alheios, onde era comum que famílias respeitáveis se recusassem a receber em casa pessoas divorciadas ou casais que viviam juntos sem a bênção do casamento religioso, havia também aqueles que abriam espaço aos transgressores. Não há indicação alguma de que lady Duff Gordon haja passado um sermão na criada por ela haver comprometido sua virtude de modo tão ostensivo. E outras mulheres não se sentiam mais inclinadas à censura do que lady Duff Gordon. Logo ao início de 1877, Mary Foote escreveu da Califórnia à sua querida amiga Helena Gilder, informando-a de que estava grávida. Seu marido Arthur estava projetando um bercinho que seria suspenso do teto do pátio interno da casa, e conseqüentemente desalojaria o filhinho de Lizzie, a criada. "O bebê de Lizzie dorme na rede, no pátio, e para mim é muito desagradável ter que desalojá-lo de lá, o pobre menininho sem pai! Há algo de muito trágico na vida de Lizzie. Ela nunca me falou de suas desventuras, exceto numa única ocasião, e a título de se desculpar por ter sido um pouco rude com Georgie." De outra feita, quando Mary Foote lhe havia "perguntado se não lhe traria algum alívio falar um pouco", Lizzie respondera que não seria o caso: "É melhor que eu nem comece. Eu poderia contar-lhe muitas coisas se me descontrolasse, e isso não levaria a nada". Quando Lizzie canta para o seu filhinho Georgie, prossegue Mary

Foote, ela "jamais canta alguma canção que contenha uma alusão sequer a um *papai*".[45] Tudo isso parece bem triste, e de fato a nota dominante nesse relato confidencial de Mary Foote é a compaixão.

Essa espécie de delicadeza, completamente feita de amabilidade e onde a vergonha não tinha lugar, também era possível entre homens. "Deixa que te conte algo estranho que se passou comigo em San Francisco", havia escrito um mês antes Mary Foote, também a Helena Gilder. "Era justamente o comecinho da vida do novo forasteirozinho dentro de mim." Ela havia ido à igreja em companhia de dois bons amigos, o sr. Ashburner e o sr. Hague, e durante a primeira parte do serviço religioso "o órgão fez com que eu me sentisse tão estranha... Os sons reverbando pareciam sufocar-me, e pela primeira vez aquele pulsar dentro de mim despertou e passou a reverberar também, tão fortemente que senti faltar-me a respiração". Sentada entre os dois amigos, ela percebeu que estava a ponto de desmaiar. "Tudo escureceu à minha volta e por alguns instantes não percebi mais nada... Não sei quanto tempo passei assim... mas voltei a mim com grandes gotas de suor que me cobriam a fronte e os lábios... Tanto o sr. Ashburner quanto o sr. Hague tiveram a gentileza de não aludirem ao ocorrido." No caminho de volta à casa, outro conhecido juntou-se aos três amigos, e "gentilmente" perguntou a ela se por acaso não se sentira bem, pois parecera estar prestes a ter um desmaio. "Ashburner também pensou isso! Não o notaste também, Hague?" Porém os amigos de Mary Foote não se deixaram cair na armadilha, nem perderam a compostura. "O sr. Hague disse: — 'Sim, ela me pareceu um pouco pálida, mas a igreja estava muito abafada', e logo mudou de assunto." Em seguida, preocupada com o ritmo da nova vida que pulsava em seu corpo, Mary Foote deixa de lado os dois amigos; porém o historiador tem a obrigação de não os perder de vista. Em sua narrativa, ela prossegue descrevendo aquele "*estranhíssimo sentimento*", que não obstante é universal, aquela "dupla pulsação, a vida dentro da vida — eu simplesmente não consigo acostumar-me a isso!"[46] Entretanto é óbvio que o sr. Hague e o sr. Ashburne estavam acostumados a situações desse tipo; leram no semblante dela o que se passava, compreenderam seus sentimentos, e calmamente tomaram as medidas que naturalmente se faziam necessárias a fim de proteger-lhe a privacidade sem descurarem dos sinais indicativos de possíveis problemas. Nenhuma sábia ignorância poderia tê-los feito agir com esse toque ao mesmo tempo tão firme e delicado, com essa feliz mistura de distanciamento e intimidade.

Se amigos eram capazes de mobilizar seu conhecimento carnal de maneira tão natural e sem qualquer constrangimento, era de se esperar que os maridos dispusessem de conhecimentos ainda mais aprofundados e que sentissem ainda menos embaraço ao cuidar das necessidades físicas de sua esposas ou ao falar das partes íntimas dos seus corpos. A bordo de um navio que o levava à Inglaterra, Taine se comovera ao ver "uma jovem sofrendo muito de enjôos: seu marido, que parece ser um caixeiro-viajante, tomou-a nos braços, sustentou-a, procurou ler para ela, em suma cuidou dela com total desinibição e infinita ternura". Esse caixeiro-viajante, cujo nome se perdeu nos meandros da história, não era absolutamente um excêntrico àquela época. Em fins de 1864, quando sua esposa esperava o terceiro filho, Joseph Lyman cuidadosamente tirou suas medidas e as anotou num papelzinho, cujo título é "Laura aos 280 dias". E em julho de 1885, quando Mabel Todd viajava pela Europa, seu marido lhe enviou uma longa carta cheia de conselhos em que lhe pedia que cuidasse da saúde e bebesse somente água fervida, por temer a cólera. "Sabes que confio em ti o suficiente para deixar-te ir sozinha, querida", escreve ele, "mas sabes também que não és tão cuidadosa a respeito dessas coisas quanto eu". A seguir, ele passa ao assunto que realmente o preocupava, "aquele outro assunto sobre o qual te escrevi — aquele que diz respeito a nós dois, quero dizer". As referências aqui são oblíquas, não por qualquer delicadeza exagerada da parte dele, mas sim porque ambos haviam discutido essa questão problemática anteriormente. "Estive pensando bastante a respeito disso, e parece que a origem de tudo deve ter sido algum problema vaginal que tiveste, durante ou pouco depois daquele resfriado violento e da garganta inflamada. A possibilidade de qualquer problema semelhante se repetir será muito reduzida se te habituares a lavar mais freqüentemente ainda a vagina.''[47] Não há aqui nenhum artificialismo, nenhuma idolatria à sacralidade do corpo, apenas um lembrete claro de um parceiro bem-informado ao outro.

A frieza clínica de David Todd, que mal esconde sua ansiedade, não é exatamente típica da correspondência entre marido e mulher no contexto cultural do século XIX. Contudo, a julgar-se pelo diário que William Ewart Gladstone manteve durante toda a vida, a fraqueza com relação à carne não se restringia aos que possuíam uma forte sensualidade. Gladstone era um trabalhador sério, devoto e obsessivo, dono de uma consciência suficientemente forte e severa para suprir um exército inteiro de penitentes; lançava mão de registros diários para protocolar as tentações eróticas, bem como para medir até que ponto deixara de alcançar os padrões de perfeição que exigia de si mesmo. Anotava as leituras, as cartas que havia escrito, os discursos políticos que proferira, os atos de caridade, os preceitos religiosos que havia seguido e sentimentos de demérito e de culpa. E diários também serviam como verdadeiro repositório de domesticidade, que ele via como um misto de prazeres sóbrios e obrigações, que levava tão a sério quanto a vida política e o cristianismo. E o corpo não está ausente das páginas de seu diário.

Em fins de outubro de 1842, pouco depois do nascimento de sua segunda filha, Catherine Gladstone passou a ter dificuldades com o fluxo de leite, um entupimento desconfortável que ameaçava causar entumescimento e possíveis complicações posteriores. Podemos seguir o curso de suas atribulações através das anotações fiéis, apesar de lacônicas, que o marido registrou no diário. A criança nasceu a 18 de outubro, tendo a mãe se mostrado corajosa diante da dor e devota em suas intenções. Por alguns dias o ''querido bebê'' e sua mãe se sentiram muito bem, porém no dia 28 de outubro ''C.'' sentia ''muito desconforto de um lado'', e a 8 de novembro, após algumas melhoras intermitentes, ''sofreu arduamente por causa de uma dor violenta no seio''. Assim sendo, às duas horas da madrugada seu marido saiu em busca do médico, e no dia seguinte já podia anotar no diário: ''C. passando melhor graças a Deus: luta heroicamente pela Natureza'', o que significa que ela persistia em sua resolução de amamentar ela mesma a filha. No dia 14, a ''Querida C.'' ainda tinha ''suas dificuldades'', o que preocupou o médico, e dois dias mais tarde dois outros médicos, concordando com o diagnóstico, declararam que ela tinha ''um coágulo no seio esquerdo, que recebeu um curativo, e a amamentação foi proibida''. E isto causou sofrimento à mãe em muitos sentidos: ''C. me mostrou, com lágrimas nos olhos, que pela primeira vez tinha leite em abundância — e assim obtivemos um pequeno adiamento da sentença''. Durante um período houve sensíveis melhoras, porém a falta intermitente de leite retornou, e a 19 de dezembro, tendo consultado um especialista em Birmingham, o casal resolveu que a menina seria desmamada, uma resolução dolorosa: ''Agora teremos que estar atentos para sabermos se as mãos serão suficientes ou se teremos que contratar uma ama-de-leite''. Na maioria das vezes as mãos que espremiam o leite para evitar que se formasse um abscesso nos seios eram as mãos de William Ewart Gladstone.

Após o nascimento da quarta criança dos Gladstone, Jessy, ''as dificuldades de C. retornaram; porém graças a Deus durante as noites pudemos aliviá-las pelos meios habituais'', e em conseqüência a ansiedade habitual também se desvaneceu. Quando nasceu Mary, a quinta filha do casal, os bicos dos seios de Catherine ficaram feridos, e quando a criança tinha dois dias de idade o pai massageou os seios da mãe, ''o que foi praticamente o primeiro servicinho que tive a oportunidade de realizar para ela''.[48]Após o nascimento da sexta filha do casal, Helen, ele observa com a resignação de um pai de família experiente que ''C. naturalmente se viu emaranhada novamente nas malhas de suas antigas dificuldades'', e que vários ''laxantes experimentados muitas vezes antes'' agora tampouco davam resultado. A resignação entretanto não equivalia de modo algum à indiferença: sempre que manipulações fossem indicadas, Gladstone, um político eminente e ocupado, estava a postos para executá-las. "Muitas massagens contudo (feitas pela sra. Smith e por mim) parecem ter evitado até agora que o órgão direito se tornasse obstinado". No dia seguinte, ele dedicou "muito tempo junto a C., massageando e ajudando-a de outros modos — os remédios fizeram efeito, as massagens também estão tendo resultado, e exceto por algumas pequenas feridas, graças a Deus tudo está bem". A partir daí, as melhoras foram constantes: a 3 de setembro ele já podia registrar: "já não precisamos mais massagear". Por ocasião do nascimento do filho seguinte, Henry, o problema da lactação de Catherine Gladstone mostrou-se mais persistente. "À tarde o fluxo de leite de C. lhe deu motivos para preocupação", registra Gladstone nos primeiros dias de abril de 1852, "e uma longa massagem durante a noite de alguma forma conseguiu trazê-lo de volta". Mas só temporariamente: no dia seguinte, ele administrava à esposa "outra boa massagem durante a noite — e orações, como de costume". Tanto as massagens quanto as orações foram insuficientes: "C. se mantém firme e forte", anota ele três dias mais tarde, "mais massagens: as dificuldades ainda não terminaram". E no dia seguinte: "Continuo massageando C., que também sofre com algumas pequenas feridas: porém está melhor do que em qualquer outra ocasião desde 42". Melhor ainda não significava exatamente bem; a 9 de abril aparece a última anotação no diário antes que a amamentação normal pudesse ser retomada: "C. melhorando continuamente: as massagens já podem ser praticamente dispensadas".[49] Defrontando-se com os repetidos e dolorosos problemas com a lactação de sua esposa, William Ewart Gladstone não era demasiado aristocrático para oferecer-lhe sua ajuda manual, nem Catherine Gladstone era aristocrática demais para aceitá-la.

Todas essas anotações corriqueiras, profundamente sentidas e ao mesmo tempo nada dramáticas, demonstram que, se por um lado as sutilezas das relações sexuais podiam trazer algum mistério para os maridos burgueses do século XIX, por outro lado suas conseqüências em geral os encontravam bem-informados e ativamente comprometidos. Muitos outros registros, não menos corriqueiros nem menos sentidos, fornecem suficientes corroborações. As necessidades e os sentimentos domésticos da burguesia do século XIX tornavam o conhecimento do corpo por parte dos casais uma simples necessidade, um assunto de rotina. Um casal como os Todd era atípico sob muitos pontos de vista, conforme já vimos; porém, no que tange a considerar o corpo do parceiro um altar aberto, assemelhavam-se a outros casais pertencentes à mesma classe social. Pouco depois de confirmada a gravidez de Mabel Loomis Todd, seu amante-marido — que não era um cientista a troco de nada — tentou identificar o sexo da criança que ela levava no ventre utilizando-se de uma inspeção tão direta quanto possível à época: "No domingo, 28 de setembro", relembrava ela pouco tempo depois do fato, "David auscultou as batidas do coraçãozinho abaixo do meu, e as ouviu distintamente, contando 146 por minuto, o que está muito acima da média para um menino. Posteriormente, ele as ouviu diversas vezes mais, sendo que uma vez eram mais freqüentes e creio que duas vezes menos freqüentes do que da primeira vez, porém nunca caíram abaixo das 130 pulsações por minuto", resultados que eles interpretaram, corretamente, conforme ficou comprovado, como sinal de que teriam uma filha. Quando Millicent nasceu, David Todd naturalmente se encontrava presente. A 5 de fevereiro de 1880, Mabel Todd, que estava deitada ao lado do marido, acordou às duas horas da madrugada, assustada por "um curioso fluxo d'água que escorria de mim". Ela forrou o leito com "uma grande toalha felpuda", porém, "como a água continuasse a escorrer, pensei que pudesse tratar-se de algo mais sério, e chamei David". Examinando a toalha à luz do bico de gás, ela viu "uma pequena mancha de sangue", e "após isso David se levantou e disse que talvez fosse melhor forrar a cama com a toalha de borracha para evitar que o colchão se molhasse". Em seguida ela se levantou e David Todd "arrumou a cama". Quando, "pouco antes das três horas, pensou que provavelmente a criancinha estivesse chegando", David subiu ao andar superior para pedir ao pai de sua esposa que ficasse com ela enquanto ele mesmo ia buscar o médico e a parteira. As dores do parto vinham periodicamente, e a cada nova contração aumentavam em intensidade, mas apesar de gritar repetidamente e "sofrer intensamente", ela achou o trabalho de parto suportável. No entanto, ela não percebeu a entrada do dr. Groot e de David no aposento, pois estava muito atenta ao parto e cochilava nos intervalos entre as contrações. "Eu estava *tão* sonolenta!" Pouco antes das seis horas da manhã, "minha preciosa Millicent nasceu!", e as dores cessaram. Quando a placenta deixou de sair por si, o dr. Groot, que não descuidara da paciente, "após talvez uns cinco minutos de espera, puxou-a cuidadosamente pelo cordão umbilical e a removeu", e então cortou o cordão. Durante todo o tempo que duraram os trabalhos de parto, a mãe de Mabel Todd permaneceu em seus aposentos, pois "não se sentia capaz de agüentar ver minhas dores", de modo que foram a enfermeira, o médico, seu pai e seu marido que presenciaram todo o nascimento.[50]

O quão intimamente David Todd participou desse nascimento e seu conhecimento das realidades corporais aparece de modo mais evidente no diário de sua mulher. A anotação de 4 de fevereiro no diário de Mabel Todd foi completada por seu marido; e a partir daí, durante mais de três semanas, foi *ele* quem escreveu o diário dela. A 5 de fevereiro, ele registra o nascimento de sua "pequena Millicent Todd, um ou dois minutos antes das seis horas"; e dois dias mais tarde observa que "o dr. Groot ficou surpreso por ver que já havia uma abundante quantidade de sustento da mãezinha para o bebê". Ele complementa esta notícia agradável no dia seguinte, passado em casa "ao lado da mulherzinha", anotando que ela não "sentia quase nenhuma dor ao dar à bebêzinha seu alimento — que ela tem numa abundância torrencial". Só no dia 27 de fevereiro é que Mabel Todd retoma o seu diário com uma exclamação exuberante: "Eis-me de volta!"[51] A linguagem de David Todd é elaborada e cheia de circunlocuções; ele se abstém de utilizar a palavra "leite", assim como William Ewart Gladstone às vezes omite em seu diário a palavra "seios". Entretanto essa reserva verbal, apesar de ter alguma importância para um diagnóstico, de modo algum indica pudor ou falsa polidez. Nos momentos cruciais da vida das mulheres, por mais embaraçosos que fossem, os maridos do século XIX estavam presentes.

Na vida doméstica burguesa, o nascimento de uma criança constituía mais uma época de sofrimentos compartilhados e de árduos trabalhos do que um período de exaltação poética. Quando Siegfried Wagner nasceu, a 6 de junho de 1869, Richard Wagner presenciou a maior parte dos trabalhos de parto de Cosima von Bülow. O casal ocupava quartos separados, porém nessa noite, por volta de uma hora, ela o acordou para avisá-lo de que as dores estavam começando; ele a acompanhou de volta ao quarto, e ficou de vigília, "muito preocupado". Quando a parteira chegou, por volta das três horas, ele decidiu cochilar um pouco "para fortalecer-se para enfrentar o dia seguinte", mas descobriu que estava tenso demais para dormir e retornou ao quarto de Cosima, encontrando-a "sob os cuidados da parteira e em meio às dores mais furiosas". Assustada pelo súbito aparecimento do marido, Cosima o "expulsou" do quarto, porém ele não conseguia manter-se afastado; ouvindo-a "gemer", ele acorreu de volta ao quarto, e Cosima, sentindo muitas dores, durante algum tempo agarrou-se ao braço dele. Depois ela lhe pediu que a deixasse, e ele permaneceu no aposento vizinho, de onde "ouviu todos os eventos do parto".[52] A cena descrita é um tanto confusa, um tanto melodramática quanto à ação e acanhada quanto à forma da narrativa — ainda assim reflete a seu modo exagerado a experiência vivida pela maioria dos casais do século XIX.

Os diários de William Ewart Gladstone confirmam que, deixando-se de lado a dramatização, o desempenho de Richard Wagner foi razoavelmente representativo do que em geral acontecia. Os nascimentos das crianças dos Gladstone foram acompanhados de maneira bem menos teatral, porém com igual carga emocional. Quando o primeiro filho, Willy, veio ao mundo, seu pai presenciou os "trabalhos lentos, porém favoráveis". Era uma experiência nova para ele, conforme anotou explicitamente, que no entanto não fugiu a ela. Quando da segunda filha, Agnes, Gladstone já não era marinheiro de primeira viagem, mas

1 

2 

(1) Hablot K. Browne ("Phiz"), *Changes at Home*, 1850. Ilustração para *David Copperfield*, cap. 8. O retrato, na parede ao fundo, mostrando um busto avantajado, é indicativo da desinibição mamária desse romance, o mais tipicamente vitoriano de todos. (2) Carl Jutz, *Memento Mori*, *Daheim*, 1884. A crueldade da vida real disfarçada sob forma de erudição pseudocientífica.

1 

(1) James Ward, *A Caçada do Dia*, 1826. Um testemunho involuntário do tipo de cenas que as crianças poderiam observar no século XIX. (2) V. Morland, *Au Salon de Peinture, Petit Journal pour Rire*, 1882. Nos salões se encontravam expostas numerosas senhoras sem blusas. (3) Antonin-Jean-Paul Carlès, *A Morte de Abel*, 1887.

2

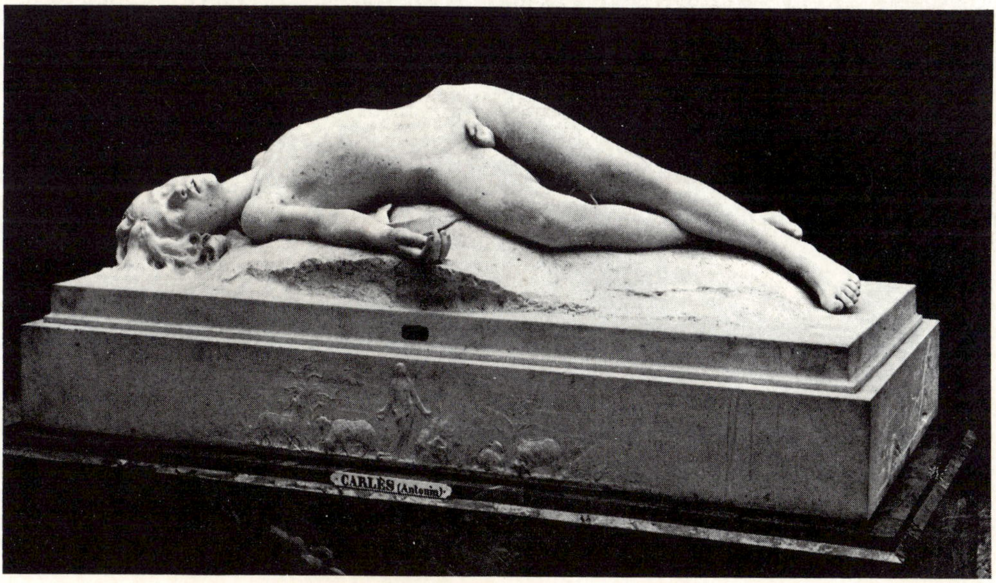

3

1

2

3

(1) Ernest Barrias, *A Eletricidade*, 1889. Um bom exemplo do nu simbólico moderno. (2) Félix Charpentier, *A Bicicleta*, *c.* 1895-1900. (3) Per Hasselberg, *Magnetismo*, *c.* 1884. Um de uma série de altos-relevos em tamanho natural que adornam a Galeria Fürstenberg em Göteborg, na Suécia. Observe-se na pintura de Larsson o seu posicionamento. (4) Carl Latsson, *O Interior da Galeria Fürstenberg*, 1885. Uma verdadeira selva de nus. A estátua de Hasselberg (*Flocos de Neve*) domina o centro; o *Verão*, de Raphaël Collins (1884), preenche totalmente a parede do fundo. Num contraste jocoso, Ernst Josephson é mostrado pintando o retrato de Göthilda Fürstenberg, sentada em pose rígida e vestida de modo conservador. Seu marido, Pontus Fürstenberg — o doador da galeria —, aparece em primeiro plano, lendo o seu jornal.

1

2

3

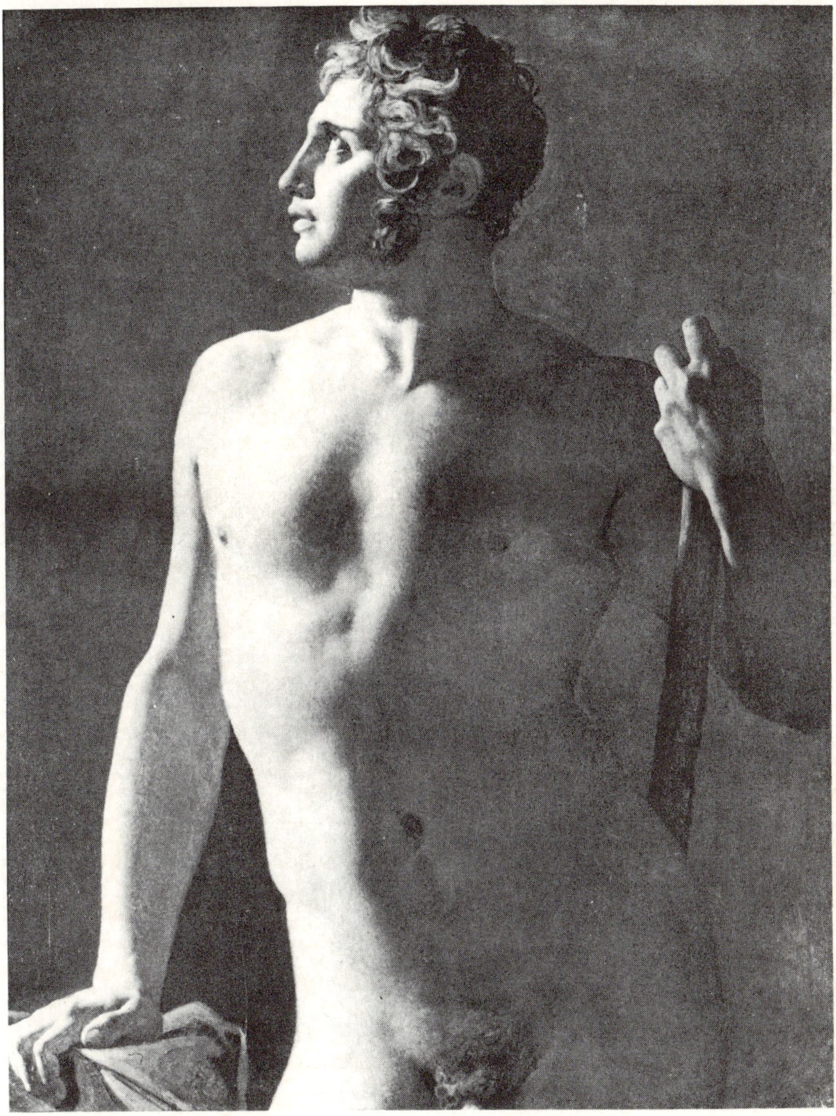

(1) Antônio Teixeira Lopes, *Eça de Queirós*, 1903, Lisboa. Concluída três anos após a morte do eminente romancista português, a estátua revela o bem apessoado escritor acompanhado de uma jovem altamente simbólica e altamente saudável que a ele se oferece. A inscrição no pedestal é adequadamente inócua: "Sobre a forte nudez da Verdade, o diáfano véu da Fantasia", que é a epígrafe de *A Relíquia*. (2) Alexandre Chaponnier, segundo Pierre-Paul Prud'hon, *O Estudo Guiando a Ascensão do Gênio*, 1806 ou antes. Cópia de uma pintura feita para o teto do Louvre em 1801. Erotismo pré-púbere. (3) August Kiss, *Amazona*. Gravura em zinco reproduzindo em tamanho natural um original fundido em bronze, de 1841, em Berlim. (4) Jean Auguste Dominique Ingres, *Torso de um Homem*, c. 1800. Um exemplo de nu masculino fiel, mas constrangedoramente incompleto.

1

(1) Jean Auguste Dominique Ingres, *Os Embaixadores de Agamemnon na Tenda de Aquiles*, 1801. Nudez masculina frontal, um exemplo entre muitos do século XIX. (2) William Etty, *Eis que Vênus Acorda e Desperta Amor*, 1828. Um quadro típico da concentração única e sem desvios de Etty sobre a figura feminina de seios grandes. (3) William Etty, *Andrômeda*, *c.* 1840. (4) William Etty, *Pandora*, 1824.

2

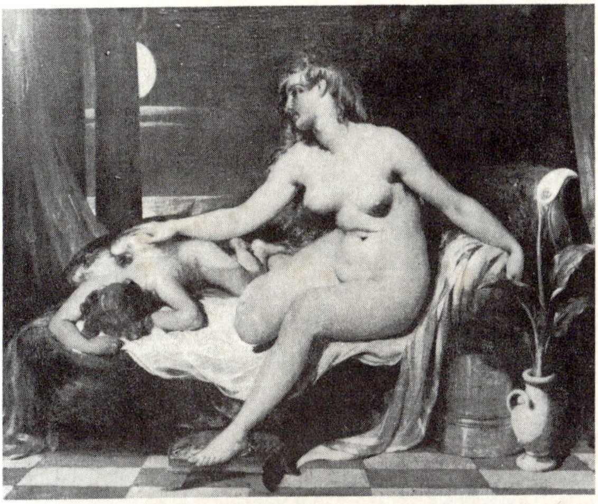

3

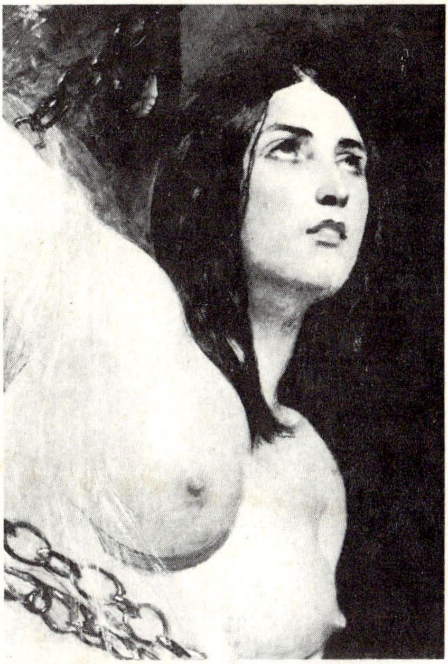

4

Edward Burne-Jones, *Pigmaleão e a Imagem*, 1868-79. Lânguidas e sem ossos que as sustentem, essas personagens modernas repetem o ritual de tempos imemoriais de o homem adorar a mulher que ele mesmo criou.

1

2

(1) Jean Léon Gérôme, *Pigmaleão e Galatéa*, *c*. 1881. Um quadro tipicamente evasivo que esconde a fascinação exercida pelo corpo erótico atrás de alguma história mitológica. (2) Honoré Daumier. *Pigmaleão*, 1842. Pois *esta* Galatéa fila de seu criador uma pitada de rapé. (3) Jean-Baptiste (dito Auguste) Clésinger. *Mulher Mordida por uma Cobra*, depois de 1847. Redução em bronze do mármore que causou um escândalo considerável quando foi exibido pela primeira vez no Salão de Paris de 1847 (a serpente não aparece nesta reprodução). (4) Alexandre Cabanel, *Ninfa Raptada por um Sátiro*, 1860. Exibido no Salão de 1861, o quadro foi imediatamente adquirido por Napoleão III, que adorava esse tipo de arte.

3

4

1

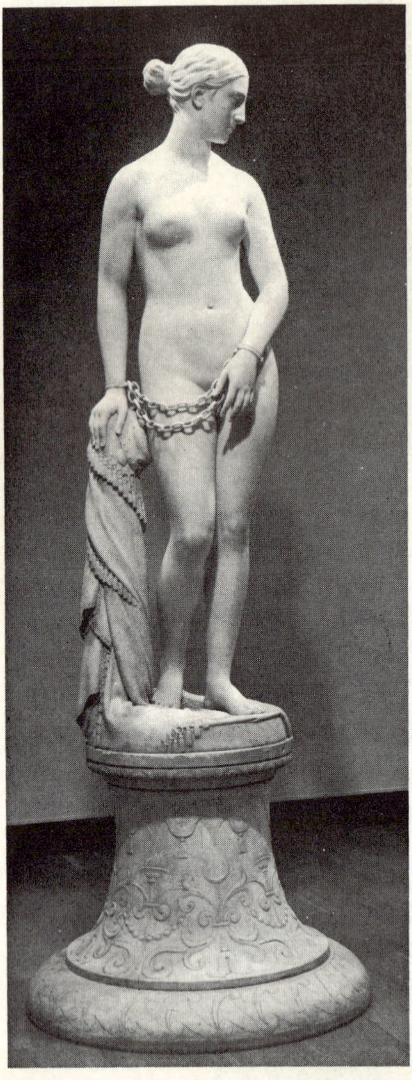

2

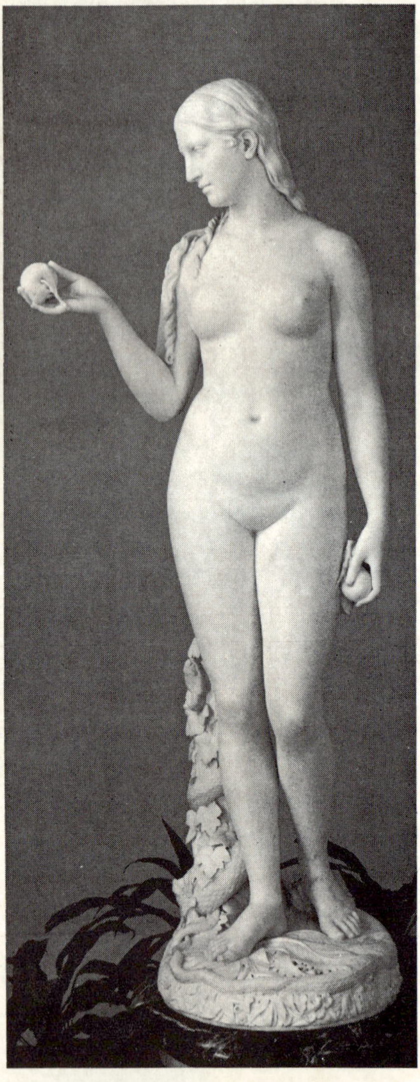

(1) Hiram Powers, *A Escrava Grega*, 1843. Provavelmente o nu mais famoso na América no século XIX. Alguns visitantes à Galeria relataram ter tido uma experiência quase religiosa ao vê-la. (2) Hiram Powers. *A Tentação de Eva*, modelada em 1842. Não obstante ser menos famosa do que a *Escrava Grega*, esta Eva não é menos sensual. (3) George Cruskshank, *Decência, Façam o Favor!*, 1822. Um moralista gozando a moralização excessiva da época. (4) *Uma Moderna Mansão em Estilo Gótico*, conforme, caricaturizada por A. Welby Pugin em *The True Principles of Pointed or Christian Architecture, Set Forth in Two Lectures* (1841). Puguin queria ver a moderna arquitetura gótica como "verdadeira", e não uma caricatura. (5) Sofá com almofadas removíveis. Clarence Cook, *The House Beautiful: Essays on Beds and Tables, Stools and Candlesticks* (1878). Confortos eróticos.

3

To ARTHUR DUKE of WELLINGTON
And his Brave companions in arms
This Statue of Achilles
cast in French Brass
Is inscribed by their Countrywomen!!

4

5

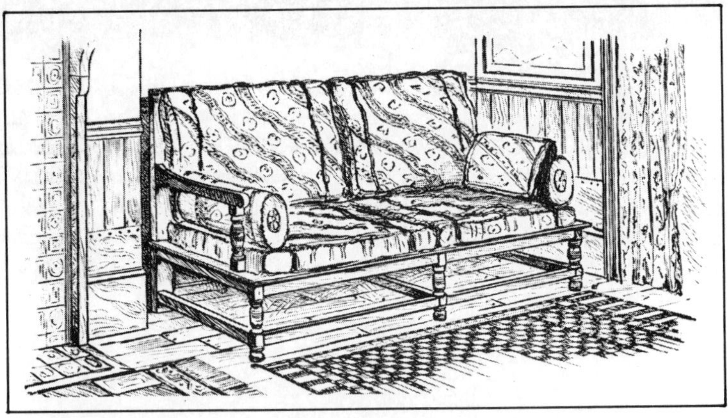

1

2

(1) Antonio Canova, *Venus Italica*, 1812. (2) Antonio Canova, *Cupido e Psiquê*, 1793. Os mármores de Canova, que a maioria dos observadores do século XX acha excessivamente frígidos e estáticos, tiveram muitos admiradores no século XIX, entre eles Heinrich Heine e Gustave Flaubert, a quem pareciam extremamente eróticos.

nem por isso se engajou menos ou deixou de impressionar-se com o maravilhoso espetáculo: "A Querida C.", escreve ele a 18 de outubro de 1842, "tinha dormido bem: porém teve dores ocasionais pela manhã — chegamos à casa entre onze e meia-noite — às três ela subiu e as dores foram aumentando gradativamente até as seis e meia: depois tornaram-se cada vez mais rápidas, durante hora e meia muito agudas, e às oito nasceu uma menina, ainda maior do que Willy quando nasceu. Catherine suportou as últimas dores com perfeita coragem, e não pude deixar de notar como ela esteve bela enquanto esse sofrimento tão severo, mas sem nenhuma amargura, a dominava".[53] Vale a pena relembrar que Catherine Gladstone não pôde contar com o clorofórmio para lhe aliviar as dores, ao contrário do que viria a acontecer com muitas parturientes a partir de meados da década de 1850.

O que empresta credibilidade histórica a tais apontamentos autobiográficos é precisamente a ausência de qualquer artificialidade, a evidência de raízes indisfarçadamente plantadas no cotidiano. A narrativa em que Gladstone massageia solene e carinhosamente os seios doloridos da esposa, e depois anota fielmente os cuidados que lhe dedicara, é absolutamente antiliterária, repetitiva, monótona e quase extemporânea. Entretanto, ele não registra trivialidades; na realidade demonstra que era um bom burguês, amante de sua esposa, que assumia plena responsabilidade pela sua própria vida erótica, assim como pela vida erótica dela. E a imagem de Catherine Gladstone mostrando ao marido, "com lágrimas nos olhos", a abundância de seu leite, fornece uma vinheta fascinante e memorável. O mesmo podemos dizer de David Todd, que cola seu ouvido à barriga dilatada de sua mulher para contar as pulsações cardíacas do bebê ainda por nascer. Incidentes como esses dão vida às estatísticas, que na melhor das hipóteses são fragmentárias e mal legíveis, mas que nem por isso deixam de ter a pretensão de definir a sensualidade da classe média. São tais incidentes que elevam pequenos casos domésticos à estatura de indicadores culturais, pois a partir de eventos particulares conduzem à atmosfera geral; são momentos preciosos de iluminação, que se assemelham bastante ao clímax sutilmente revelado numa cena de um romance de Henry James, na qual muita coisa é esclarecida por gestos vagos e alusões. Embora muito diferentes entre si, tanto no que tange aos sentimentos quanto no que diz respeito à forma, todos esses simples incidentes freqüentemente repetidos nos franqueiam as portas para o conhecimento da experiência erótica da burguesia do século XIX.

Ao mesmo tempo, pouquíssima coisa fica definida através desses incidentes, e com certeza não se pode chegar a uma conclusão definitiva. Por vezes — e suspeito que até com muita freqüência — o súbito aprendizado dos fatos da vida carnal podia ser simplesmente aterrador. Numa noite de 1878, Carey Thomas, à época estudante do curso de graduação da Universidade Johns Hopkins, reuniu-se com duas amigas íntimas para ler rápida e superficialmente *What Women Should Know*, de Eliza B. Duffey, bem como "cerca de quinze" livros de medicina pertencentes a seu pai. Julgavam elas ter "idade suficiente para saber tudo acerca das diversas forças da vida". Carey Thomas tinha 21 anos então. E estava firmemente decidida a ingressar na vida de olhos abertos; "se a paixão e a sensualidade são fatores que sempre estão presentes, então eu queria compreendê-las". Afinal de contas, "para os puros todas as coisas são puras", e com certeza "fenômenos naturais" não podem ser "degradantes". Porém, uma vez concluída a leitura clandestina, as jovens ficaram horrorizadas e revoltadas. "Recolhi-me à cama sentindo-me doente. Absolutamente doente — eu havia comido os frutos da árvore do conhecimento do bem e do mal, e parecia que eu jamais poderia voltar a acreditar na pureza e na santidade, ou purificar novamente a minha mente." O que a impeliu ao desespero — e, conforme ela descobriu, também suas amigas —, foi o choque de defrontar-se com "esse odioso impulso animalesco dos homens"; ela ficou revoltada por ver que "os *sentidos* permanecem, e ao que parece os homens são feitos assim".[54] O que não ficou claro para ela — ou talvez isso tenha sido reprimido rapidamente —, foi que as mulheres também são feitas assim, e por isso ela se sentiu como se tivesse sido estuprada. O conhecimento do corpo por si só certamente não constituía uma garantia de satisfação erótica: a experiência de Carey Thomas é um documento eloqüente das vastas possibilidades de confusão e angústia que podem ser geradas por uma instrução errada.

Isabella Beeton, na cozinha, e Mabel Todd, no quarto de dormir, estavam pois separadas por um longo caminho. Henri Frédéric Amiel recolheu vastíssimas informações sexuais olhando através de frestas em casas de banho e discutindo as mulheres com amigos íntimos, porém nunca chegou a sentir-se à vontade com as próprias necessidades sensuais. O libertinismo platônico, ao qual tanto ele como muito outros se entregavam, era na melhor das hipóteses uma preparação duvidosa para o libertinismo físico. A moça que sabia castrar um carneiro ou abrir a cabeça de uma vitela nem por isso dominava automaticamente as várias técnicas sexuais disponíveis. Há variáveis em demasia, notadamente no que se refere à história psicológica dos parceiros sexuais, para que se possa concluir facilmente que o conhecimento leva à felicidade. Se a ignorância não traz felicidade, tampouco procede a afirmação de que o conhecimento *obrigatoriamente* leva à felicidade. É muitíssimo mais seguro argumentar que o conhecimento constitui uma orientação melhor do que a ignorância para a obtenção de gratificação sexual; e não resta dúvida de que tal conhecimento, a despeito do que possam dizer seus detratores, era abundante no século burguês.

3. LEITORES EM CONFLITO

Além da própria experimentação sexual, o caminho mais tentador para o conhecimento carnal no século XIX era, pelo menos na aparência, a pornografia. Sua produção era maciça e, para os que sabiam onde encontrá-la, fácil de obter; livreiros agrupados em bairros de dúbia reputação mantinham estoques de gravuras e livros obscenos em quantidade suficiente para satisfazer qualquer demanda, por mais ávida que fosse. Em Paris, esse tipo de comércio se concentrava na vizinhança do Palais Royal; Londres tinha a Holywell Street, cujo nome em meados do século já se tornara sinônimo de publicações obscenas em geral. Em 1845, uma batida efetuada num único estabelecimento da Holywell Street trouxe à luz 383 livros, 351 chapas de cobre para impressão, 12 346 gravuras, 188 chapas litográficas e pouco mais de 1,7 tonelada de matrizes tipográficas.[55] A sórdida loja que Joseph Conrad descreve no romance *The Secret Agent* [O agente secreto], com suas janelas imundas cobertas de gordura, mostruários desencapados, títulos sedutores e fregueses furtivos era comum em qualquer grande cidade. Enquanto alguns países tentavam impedir a importação de obras licenciosas — as alfândegas inglesas estavam autorizadas, por uma lei de 1853, a confiscar todo e qualquer tipo de material "indecente" —, os produtos italianos e franceses cruzavam fronteiras com relativa facilidade para atender à demanda de leitores e *voyeurs* em busca de delícias estrangeiras. Para a pornografia, assim como para qualquer outro tipo de mercadoria, era uma época de livre comércio, ainda que não totalmente sem restrições.

Diligentes oficiais de justiça incomodavam bastante os vendedores de livros obscenos; chegaram mesmo a levar alguns deles à bancarrota e outros a um exílio sem remorsos ou a um conformismo tímido. Em dezembro de 1857, lorde Campbell, juiz-presidente do Queen's Bench [Supremo Tribunal da Rainha] e principal arquiteto da Lei das Publicações Obscenas na Inglaterra, aprovada nesse mesmo ano, anotou em seu diário que o sucesso de sua legislação tinha sido "absolutamente brilhante. Holywell Street, que durante muito tempo vinha desafiando a lei e a decência, capitulou depois de vários ataques. A metade das lojas estão fechadas, e o restante delas não comercia senão livros morais e religiosos". Progressos igualmente satisfatórios, acrescenta ele com vivo arrebatamento, haviam sido obtidos em Dublin e "até mesmo em Paris".[56] A falta de realismo de Camppell beirava a ingenuidade. A pornografia continuava facilmente acessível em novas lojas em outros endereços, ou nas mesmas lojas agora mais bem camufladas do que antes. O ajuizamento de ações criminais servia para divulgar títulos picantes e eficientes editores de literatura erótica. Tratava-se de um negócio altamente lucrativo para aqueles que conseguiam permanecer nele. O que mantinha grande parte da pornografia fora do alcance das pessoas menos favorecidas não era tanto o policiamento, mas o preço: as publicações mais famosas do gênero, suntuosamente encadernadas e primorosamente ilustradas, eram oferecidas em edições limitadas, demasiado caras exceto para os ricos apreciadores dessa arte. Mas ricos ou pobres podiam contar com esse comércio. Em 1881, resumindo os primeiros oito anos de seu trabalho purificador, a Sociedade Nova-iorquina para a Supressão do Vício, liderada por Anthony Comstock, relatava, com a meticulosidade que a caracterizava, que havia conseguido destruir 12 511 quilos de livros e confiscar precisamente 203 238 ilustrações obscenas, entre fotografias e gravuras, além de 1 376 939 catálogos, canções, circulares e poemas.[57] Mesmo levando-se em conta que a definição de pornografia segundo Comstock e seus aliados era muito ampla, esses números sugerem claramente que qualquer pessoa que desejasse estimular suas fantasias sexuais lendo ou olhando figuras dispunha de bastante material para satisfazer suas necessidades.

Os defensores da moral, que já estavam praticamente em pânico por causa de outros males sociais, ficaram cada vez mais nervosos ao se darem conta da inundação de publicações indecentes. A invenção e o rápido aperfeiçoamento da fotografia intensificaram ainda mais o pânico. Desanimados, os moralistas descobriram que a tecnologia do século XIX, fonte de tantas bênçãos indiscutíveis para a civilização, também facilitava a disseminação dos venenos morais. Por conseguinte, o ritmo dos processos judiciais se acelerou marcadamente durante o século XIX. O ano crítico foi o de 1857; neste ano Gustave Flaubert, Charles Baudelaire e Eugène Sue foram processados na França por atentados à moral pública, e na Inglaterra foi aprovada a Lei das Publicações Obscenas.

O que por volta desse mesmo ano começou a ser chamado de "vitoriano" já existia muito antes de Vitória, conforme sabemos: a famosíssima Proclamação Real contra o Vício e a Imoralidade, na qual o rei George III, conclamava seus súditos a "suprimir todas as figuras, livros e outras publicações indecentes ou licenciosas", data de 1787; a sempre alerta Sociedade para a Supressão do Vício, que promoveu diversos processos criminais bem-sucedidos na Inglaterra, remonta a 1802. Na França, um decreto real proibindo livros ofensivos "à pureza da moral" data de 1751; os zelosos funcionários do século XVIII freqüentemente confiscavam livros ofensivos; e mesmo na fase mais liberal da Revolução Francesa, em 1791, os policiais municipais estavam autorizados a entregar à justiça os vendedores de "imagens obscenas" e de livros atentatórios "ao recato das mulheres". Alguns decênios antes que a ascensão social da burguesia atingisse o apogeu, uma sucessão de governos já agia com vigor, ainda que de forma esporádica, e não menos zelosamente do que a Igreja ou o Estado, no sentido de proteger os bons costumes da degradação ou da subversão. Promulgavam leis rigorosas, baixavam severas instruções aos censores e orientavam as administrações policiais locais. Durante o Segundo Império Francês, os primórdios da Terceira República, o Reich Alemão de 1871, o fim da época vitoriana na Inglaterra e os anos após a Guerra de Secessão nos Estados Unidos, foram promovidos mais buscas domiciliares, denúncias públicas e processos criminais do que nos períodos que os antecederam. As pressões exercidas na literatura e nas artes plásticas por maior liberdade — que seus assustados e pios detratores chamavam de libertinismo —, aliadas à apreensão generalizada resultante das surpreendentes mudanças que se processavam na época, geraram uma reação defensiva que superou qualquer das campanhas anteriores para a contenção de publicações obscenas. Como sempre, essas campanhas apresentaram inconfundíveis variações tipicamente nacionais: os ingleses, assombrados com o comércio de pornografia que corria solto em seu próprio país, mostravam-se ainda mais indignados com o que denunciavam, com certa complacência, como a licenciosidade desenfreada dos franceses. Todos, porém, inclusive muitos franceses, concordavam em que a obscenidade era uma epidemia moderna que precisava ser erradicada antes que a civilização inteira fosse infectada.

Os cruzados da luta contra a pornografia trouxeram a público centenas de panfletos; os leitores alemães, principalmente, se viram soterrados por uma avalanche de títulos que bradavam contra o perigo que corria a nação apelando às escolas para que combatessem a *Hintertreppenliteratur*, ou "literatura de quintal", em todas as suas formas malignas, e analisando a pornografia como causa da delinqüência e da criminalidade. O nível de irritabilidade generalizada estava muito alto. E não se reduzia nem mesmo diante da resistência de muitos burgueses alemães a essa cruzada: aos olhos desses burgueses, boa parte da literatura que os cruzados definiam com toda a desenvoltura como lixo eram, apesar de sua crueza, inócuas histórias de aventuras, e eles temiam que os filisteus, dando vazão à sua ira nervosa, se lançassem sobre a literatura experimental. Entretanto, de vez que especialmente a partir de 1900 muitas pequenas papelarias e tabacarias de esquina também vendiam abertamente essa lucrativa literatura vulgar, os que lutavam contra a pornografia consideravam-se cobertos de razão: "Enfim o povo já sabe", escreveu em 1909 o dr. Ernst Schultze no prefácio de seu livro *Die Schundliteratur* [A literatura pornográfica], uma obra típica dessa cruzada, "que estamos a braços com um inimigo perigoso — e não um inimigo que possamos apenas ridicularizar". Quatro anos mais tarde, num ensaio sobre a literatura popular e a educação popular, Friedrich van der Leyen falava com desânimo da "fantástica e rápida proliferação de literatura de péssima qualidade", uma proliferação que "deixa muitas pessoas que se preocupam com o futuro espiritual e moral da Alemanha preocupados e horrorizados".[58]

Nessa atmosfera de desalento e de desesperada procura por remédios, associações privadas criadas para combater tais males sedutores começaram a brotar por toda parte. Lideradas por fanáticos e veementes propagandistas, em geral financiadas e patrocinadas por proeminentes figuras da sociedade, essas associações lutavam pela aprovação de leis rigorosas, boicotavam lojas e livrarias que ofendiam seus padrões morais, e pressionavam editores a excluir de seus catálogos as obras consideradas inconvenientes. A conhecidíssima Sociedade Novaiorquina para a Supressão do Vício, fundada por Anthony Comstock, logo passou a gozar de excelente companhia na Europa. Em 1901, Otto von Leixner, jornalista e editor cujos diários juvenis tive oportunidade de citar em capítulos anteriores, fundou a Liga Popular para o Combate à Indecência nas Palavras e nas Ilustrações, ao passo que os franceses logo passaram a dispor da Liga Francesa da Moral Pública, que, unindo-se a suas congêneres, promoveu em 1905 o primeiro Congresso das Sociedades Antipornográficas. Em 1908, esses grupos já haviam realizado seu segundo congresso internacional em Paris. A cada dia mais cidadãos denunciavam vendedores de livros ou fotografias que julgavam obscenas; regulamentos administrativos eram acionados sempre que a legislação nacional parecesse obscura ou pouco apropriada. O movimento para a fundação de bibliotecas públicas gratuitas, que deixou suas marcas na paisagem urbana da Inglaterra, da França, da Alemanha e dos Estados Unidos em fins do século XIX, alcançou um impressionante sucesso por razões tão numerosas quanto eram os países que dele participavam, porém um dos seus impulsos predominantes, conforme deixa claro a literatura polêmica da época, era propiciar alternativas à pornografia barata a que os jovens de todas as camadas sociais se encontravam expostos no mundo da rotativa e da fotogravura. Na campanha contra materiais sexualmente excitantes, assim como em tantas outras, as últimas décadas do século burguês revelaram-se uma época repleta de angústia.

Muitos negociantes de pornografia podem ter prosperado durante o século XIX, porém a maioria deles simplesmente desapareceu. O século anterior, mais empenhado em bloquear a sedição e a blasfêmia, havia deixado a pornografia relativamente desobstruída, ainda que não totalmente livre. No século XIX, porém, os pornógrafos levaram adiante seus negócios na clandestinidade, deixando poucos rastros. Não foi por acaso que os bibliógrafos mais persistentes muitas vezes falharam em sua tentativa de estabelecer a autoria de obras pornográficas de sucesso, nem que trabalhos de ficção pornográficos foram atribuídos a autores eminentes do século XIX, inclusive lorde Byron, E. T. A. Hoffmann, Alfred de Musset, Mark Twain e Guy de Maupassant, para não mencionar autores populares e presumivelmente decentes como Gustave Droz. Algumas dessas atribuições autoriais eram na realidade corretas; mais freqüentemente contudo, tratava-se de boatos sem fundamento ou de embustes desavergonhados e inescrupulosos perpetrados por comerciantes de pornografia. Nesse mundo nebuloso e sombrio era praticamente impossível distinguir entre realidade e fantasia.

Essas pequenas charadas bibliográficas são meros sintomas de enigmas maiores e mais graves. A definição do que seja a pornografia era àquela época, como aliás ainda hoje, proverbialmente fugidia. E os legisladores e magistrados tampouco prestavam qualquer ajuda efetiva; em vez de resolver a controvérsia, apenas a intensificavam. Solicitando o apoio para o projeto da Lei das Publicações Obscenas, lorde Campbell insistia que seriam suprimidas apenas as obras "escritas com o propósito único de corromper a moralidade da juventude" ou "criadas para chocar os sentimentos de decência habituais numa mente bem-equilibrada". Suas intenções, reiteradas e aperfeiçoadas diante de vigorosa oposição tanto na Câmara dos Lordes quanto na dos Comuns, pareciam de fato bastante criteriosas: sua proposta não tinha como alvo clássicos sexualmente explícitos como a *Ars Amatoria* [A arte de amar] de Ovídio ou os dramas da Restauração inglesa. Não obstante, J. A. Roebuck, deputado radical e inflamado orador, enfurecido, retrucou que o projeto de lei de Campbell "era uma tentativa de tornar o povo virtuoso por decreto", e de fato o texto da lei deixava ampla margem a interpretações subjetivas do que seria censurável. Talvez fosse fácil identificar livros escritos com o propósito único de corromper a juventude; muito mais difícil seria medir o impacto dos choques sofridos por mentes bem-equilibradas, se fosse possível definir o que seria uma mente bem-equilibrada — havia na verdade dois critérios distintos. Em 1868, numa sentença que estabeleceria o tom por cerca de um século na Grã-Bretanha, bem como na maior parte dos Estados Unidos, o juiz-presidente Cockburn forneceu ainda mais espaço para que moralistas preocupados e promotores públicos ambiciosos pudessem manobrar: "O teste da obscenidade", escreveu ele, é saber "se a tendência do material objeto da acusação" é capaz de "depravar e corromper aqueles cujas mentes estão abertas a tais influências imorais, e em cujas mãos uma publicação desse tipo tem alguma probabilidade de cair".[59] Estatutos semelhantes a este, bem como suas interpretações, não foram mais precisos em outros países. A lei francesa de 1819, regulamentada em 1881 e 1882 sem que se obtivesse um abrandamento ou uma maior clareza, condenava laconicamente os "atentados à moral pública e religiosa e aos bons costumes"; e o parágrafo 184 do código penal do Império Alemão utilizava o mesmo tipo de linguagem vaga e ressonante: proibia a disseminação de publicações "lascivas". Tal sentenciosidade, apesar de aparentemente adequada à uma fácil compreensão, levantou na realidade infindáveis questões tanto na imprensa quanto nas cortes de justiça: os significados de termos como "depravação", "corrupção" ou "lascívia", e até mesmo "distribuição", ofereciam amplas oportunidades de debate à imaginação fértil de jornalistas e advogados astuciosos.

Conforme temia os críticos de lorde Campbell, seus esforços bem-intencionados para conter a inundação pornográfica teve conseqüências profundas e (pelo menos no nível do consciente) indesejadas em toda parte. Os editores e distribuidores de literatura erótica não poderiam esperar que burocratas ou juízes deixassem de impacientar-se diante de suas desculpas piedosas de que aquelas obras aparentemente ofensivas eram na realidade tratados moralistas destinados a combater justamente aqueles vícios que eram obrigados a explorar. Quando Xavier de Montepin, um francês medíocre e astucioso, autor de romances sensacionalistas, foi processado por sua vasta obra *Les Filles de plâtre* [As moças de gesso], os autos escarnecedores do processo, alegando "a pureza de suas intenções, e que o seu único objetivo era expor e explodir os costumes de determinado grupo social".[60] Foi condenado a três meses de reclusão. Outros juízes, e periódicos de prestígio como a *Saturday Review* de Londres, trataram de maneira igualmente sumária outras pretensões semelhantes.

A alegação mais sinistra de que essas obras duvidosas tinham qualidades literárias suficientes para redimi-las, que prometiam tornar-se no futuro verdadeiros clássicos na tradição de Rabelais, não impressionava quase ninguém que ocupasse um cargo de responsabilidade. Tanto os guardiães particulares da virtude pública quanto os promotores públicos se recusavam terminantemente a estabelecer distinções fundamentais entre obras dedicadas apenas ao relato de cópulas sexuais e as que continham parágrafos esparsos ou versos isolados que eles julgavam indecentes. Entravam pelas portas dos tribunais armados de listas das passagens ofensivas, e muitas das sentenças exigiam não a supressão do livro inteiro, mas sim o seu expurgo: em 1857, Charles Baudelaire e seu editor foram condenados a retirar seis poemas eróticos das *Fleurs du mal* [As flores do mal], e em 1900, ao cabo de um prolongado processo, um tribunal alemão condenou Richard Dehmel, um autor realista orgulhoso e freqüentemente intemperado, a cortar um único poema de sua volumosa coleção de versos desinibidos e apaixonados, *Weib und Welt* [A mulher e o mundo]. Literatura séria, concebida com a intenção de provocar emoções sexuais, compartilhava o banco dos réus com vulgaridades nitidamente destinadas à exploração barata da sexualidade, bem como com panfletos informativos e meticulosamente assépticos. Assim, em 1877, durante o processo que se tornou famoso nos anais jurídicos como o caso Bradlaugh e Besant, o promotor público denunciou os *Fruits of Philosophy* [Frutos da filosofia] de Charles Knowlton, um tratado que versava sobre o controle da natalidade como "um livro imundo, uma porcaria".[61] Censores governamentais, promotores públicos e reformadores morais, decididos a erradicar o vício e apoiados em sentimentos missionários e na urgência em face do perigo, lançavam seus epítetos inclementes indiscriminadamente. Segundo o seu entendimento, um poema lírico-sensual de Algernon Charles Swinburne, um manual sóbrio acerca do controle da natalidade escrito por Robert Dale Owen e uma história pornográfica de um anônimo eram todos farinha do mesmo saco, certamente capazes de corromper e depravar os inocentes. Por conseguinte os processos de obscenidade mais controversos do século XIX não atacavam as produções pornográficas, mas sim poemas, peças teatrais e romances eróticos francos e realistas.

Na verdade, nem todas as acusações foram bem-sucedidas: Flaubert, afinal, foi absolvido, e *Madame Bovary* foi publicado na íntegra. Outros poetas e romancistas, na França e em outros países, também conseguiram ofender as autoridades sem serem presos por isso. A despeito de sua banalidade, a observação de que o caminho de um escritor para alcançar a fortuna passa pela notoriedade não deixa de conter certa dose de verdade. Mas a ameaça de multas e prisão, a humilhante perspectiva de compartilhar o banco dos réus com criminosos comuns e os riscos financeiros a que, estavam expostos gráficos e editores geraram certa autocensura restritiva, uma expectativa angustiada de ações governamentais que interferia acentuadamente nas intenções dos autores de dizerem claramente o que pretendiam sobre a sensualidade. Assim, Swinburne convenceu-se de que seria melhor não publicar seu romance masoquista *Lesbia Brandon*; bibliotecas inglesas moralistas e influentes, como a Mudie's, e redes de livrarias conhecidas por ocuparem lojas nas estações ferroviárias, como a W. H. Smith, exerciam uma certa censura informal sobre os naturalistas do final do século XIX; o arrojado editor Henry Vizetelly, processado por publicar uma tradução inglesa expurgada — porém não suficientemente expurgada — de *La Terre* [A terra] de Zola, foi condenado em 1889, em segunda instância, a três meses de reclusão. Por sua própria natureza, tais ocorrências tinham ampla repercussão pública, e mais intimidavam os autores do que os incitavam à ação. Até mesmo os franceses, mais tolerantes do que seus vizinhos, de vez em quando ofereciam alguma demonstração dos perigos que representam os caprichos da mentalidade dos censores: em 1883, o jovem Louis Desprez foi processado por ter escrito um romance naturalista sério sobre a vida rural, *Autour d'un clocher* [Ao redor do campanário]. Seu co-autor, Henry Fèvre, era jovem demais para comparecer diante de um tribunal, porém Desprez, a despeito do protesto de literatos ilustres como Émile Zola e Alphonse Daudet, e apesar de extremamente frágil e semi-inválido, foi condenado a um mês de prisão e a uma multa de mil francos. Dois anos mais tarde, quando morreu, seus aliados do mundo literário o proclamaram uma vítima de assassinato oficial. Parte da fúria com que as vanguardas literárias e artísticas perseguiram a burguesia no século XIX tem origem nesse fantasma sempre presente, nessa frustração intermitente da vontade artística. Absolvições ocasionais constituíam vitórias momentâneas, motivo para comemorações ruidosas, mas nunca bastavam para dar segurança aos escritores da época. E se mesmo na França os escritores passavam por momentos difíceis, em outras partes a situação era muito pior.

Alguns experimentadores que integravam a *avant-garde*, é verdade, haviam mantido uma postura provocativa desde o início. Insistindo em seu direito de registrar as variedades de sentimentos e comportamentos eróticos, tornaram fácil para os opositores a tarefa de encontrar motivos para suprimir tal direito. Swinburne, para tomarmos apenas um exemplo entre muitos, em *Lesbia Brandon*, se detém com tão indisfarçado deleite nas surras que um tutor varonil administra à jovem pupila, e repete essas cenas com tanta freqüencia e tantas minúcias, que a atração sadomasoquista do romance é quase tão direta quanto a de uma narração puramente pornográfica de flagelação. E os *Poems and Ballads* [Poemas e baladas] que o jovem Swinburne publicou em 1866 contêm versos que passam suavemente de uma excitação dolorida ao canibalismo explícito.

> Quisera eu que meu amor pudesse te matar; sacio-me
> Em ver-te viva, e de bom grado te veria morta —,*

escreve ele em *Anactoria*. E, mais adiante:

> Terei meios atrozes para de ti dar cabo.**

Ao sadismo, opõe-se o masoquismo:

> Matar-me-ás para que eu de beijos não te mate?***

Contudo, pelo menos neste poema, ele prefere matar a ser morto pelo ato de amor:

> Fossem mudos a meus lábios, mas colados
> À rota flor dos alvos seios teus!
> Que para dar às Musas leite fosse eu alimentado
> Com o doce sangue a escorrer de tuas doces feridas!
> Que minha língua as sentisse e degustasse os tênues flocos
> Desde o teu peito até a esbelta cintura!
> Pudesse eu beber das tuas veias vinho, e dos teus seios
> Sugar o mel! De modo que da face aos pés
> Teu corpo fosse acabado e consumido,
> E na minha carne a tua sepultada.****

(*) I would my love could kill thee; I am satiated — With seeing thee live, and fain would have thee dead,
(**) I would find grievous ways to have thee slain.
(***) Ah, wilt thou slay me lest I kiss thee dead?
(****) Ah that my lips were tunelles lips, but pressed — To the bruised bnossom of thy scourged white breast.

Mesmo que algumas das implicações dessas fantasias poéticas fossem compreendidas naquela era pré-psicanalítica, o fato é que os indignados críticos-leitores julgaram ver no poema afinidades estreitas e nocivas com o lixo que se vendia na Holywell Street. Da perspectiva de que hoje dispomos, é fácil perceber a impropriedade desse tipo de crítica virtuosa: nenhum picareta poderia sequer aproximar-se da fluidez, da precisão e da melodia que se encontram tanto na prosa quanto na poesia de Swinburne. Mas as imagens explícitas de que ele se utiliza enevoaram as fronteiras entre a literatura erótica e a mercadoria pornográfica, fronteiras que para a *avant-garde* e seus porta-vozes eram perfeitamente nítidas.

As diversas maneiras pelas quais os leitores reagiam ao que liam contribuem para esclarecer toda essa confusão. O que para um era uma obra-prima, para outro não passava de pornografia. Amiel, que conforme sabemos podia extrair algum prazer sexual mesmo das definições em língua latina nos dicionários jurídicos, ampliou seu conhecimento carnal através de "livros licenciosos", que lia obsessiva, compulsiva e angustiadamente envergonhado. "Como é nauseabunda a raça humana!", exclama ele no diário após confessar que não conseguia parar de ler romances obscenos, que, ao contrário do que diziam seus autores mendazes, só deixariam de excitar os muito velhos. Censurava-se sem piedade: "Como somos vis, quão sórdida deve parecer nossa espécie aos anjos!"[62] Entretanto, a literatura que despertava em Amiel tais paroxismos de autoflagelação incluía as fábulas de La Fontaine e as obras completas de Montesquieu, que, embora não deixassem de ter momentos de ousadia, não podiam ser consideradas exatamente como estímulos à lascívia.

William Ewart Gladstone mostrava-se tão contrito quanto Amiel por ser viciado na leitura de "livros licenciosos", e poucas razões a mais teria para tanto. Julgava um pecado ler Petrônio "por amor ao conhecimento". E Gladstone levava a sério o pecado; considerava uma obrigação imperiosa confessar que por vezes descobria nessa leitura, à qual prometera abdicar expressa e solenemente, "uma influência ao mesmo tempo atraente e repugnante". Na realidade, a escolha do momento, muito mais do que a escolha dos títulos, demonstra eloqüentemente uma falta de tato obsessiva. Por exemplo, ele entregou-se à leitura de certo livro pornográfico logo após o batismo de sua quinta filha e o retorno à Igreja de sua adorada esposa Catherine: nesse dia sagrado, conforme anotou no diário, ele vergonhosamente havia dado "provas" de sua "ingratidão" pelas bênçãos divinas recebidas.[63] No inconsciente de Gladstone, assim como no de tantas outras pessoas, o sagrado e o profano estavam intimamente interligados. Todavia os instrumentos da tentação, por causa dos quais ele literalmente se flagelava, em geral eram obras de Rabelais.

Na verdade, não causa surpresa o fato de que os leitores que desfrutavam francamente esse tipo de estímulo sexual demonstrassem a mesma falta de discernimento. Em princípios de 1887, Thomas Cameron Beer escreveu uma carta a seu irmão William, que evidentemente lhe havia pedido alguns livros apimentados. Thomas Beer tinha na época 27 anos e, sendo filho de um juiz regional, administrava de modo muito responsável as propriedades rurais da família em Ohio. Ele informa a William que lhe enviará um exemplar de *The Devil on Two Sticks* [O diabo de muletas] e, se o irmão assim o desejasse, *Manon Lescaut*, publicado em Berlim. Este último, prossegue ele, "é um dos muitos livros cuja publicação está proibida em nosso país"; ele o havia encontrado numa livraria em Cincinnati, e havia pago "por ele os olhos da cara". Esse romance do abade Prévost lhe provocava recordações: "Ainda te lembras", pergunta ele ao irmão, que certa vez tomara emprestado o livro a um amigo, "de como recebeste do papai uma *chuva de trovões*?" Até mesmo os rapazes,

— Ah that may mouth for Muses' milk were fed — On the sweet blood thy sweet small wounds had bled! — That with tongue I felt them and could taste — The faint flakes from thy bosom to the waist! — That I could drink thy veins as wine, and eat — They breasts like honey! that from face to feet — Thy body were abolished and consumed, — And in my flesh thy very flesh entombed.

ao que parece, precisavam ser muito discretos quanto à escolha de sua leitura na década de 1880. Sua própria biblioteca, acrescenta ele, estava "começando a crescer, com obras como 'Rabelais' ilustrado por Doré — o *Heptameron* da rainha Margarida de Navarra — o *Decameron* de Boccacio — e a famosa obra-prima de Aristóteles — *Conselhos às parteiras*". Parece uma lista convencional, bastante previsível. Porém Thomas Beer estava muito orgulhoso de seu arrojo. "Alguma vez já viste coleção tão ousada? Imagino que eu não seja muito diferente de outros jovens solteiros."[64]

Precisamente pelo fato de Beer não diferir, nessa postura ousada e viril, de outros solteiros burgueses da época, sua carta é extremamente reveladora. Trata-se de um espécime raro: poucos dentre os contemporâneos de Beer deixaram provas do que especificamente os excitava. *Gargantua e Pantagruel*, com ou sem as ilustrações de Gustave Doré, o *Decameron* e seu eco muito menos fascinante do século XVI, o *Heptameron*, constituíam um alimento adequado para os jovens instruídos que procuravam insinuações sexuais que não fossem demasiado escandalosas: a grosseria dessas obras era redimida pelo distanciamento, e sensualidade, pelo senso de humor. Embora Comstock e seus aliados indiciassem estes mesmos títulos entre as maiores ameaças que pairavam sobre os jovens, ainda assim eles *eram* clássicos. Comparado a eles, *Le Diable boiteux* [O diabo manco] de André René LeSage, freqüentemente reimpresso e várias vezes traduzido, é realmente muito brando, pouco mais que uma travessura. Uma coletânea solta de contos picarescos vagamente baseados em originais espanhóis, esse romance outrora famoso, publicado em sua versão final em 1725, promete mais erotismo do que na realidade oferece.[65] Para que se ache LeSage eroticamente estimulante é necessário que se tenha uma imaginação ativa, facilmente sugestionável e, provavelmente, faminta.

O único item do pequeno catálogo de Thomas Beer que pode remotamente assemelhar-se a algo pornográfico é a "obra-prima de Aristóteles", e mesmo assim só remotamente. Somente este, dentre os títulos citados, poderia fornecer aos inocentes e aos curiosos conhecimentos carnais em abundância. É um compêndio informal do século XVII, muitas vezes reescrito por várias mãos anônimas e fraudulentamente atribuído a Aristóteles; suas extensas explicações, informativas e por vezes até mesmo confiáveis, a respeito da frigidez, da impotência, da gravidez e da contracepção são entremeadas de versos leves e elegantes que celebram os prazeres da comunhão sexual. Publicado pela primeira vez nas colônias da América nos anos imediatamente anteriores à Guerra da Independência, esse livro já havia recebido várias dezenas de edições e um quase igual número de versões diferentes quando o jovem Thomas Beer o incluiu em sua ousada coleção.

A biblioteca de Thomas Beer, pois, ilustra bem a suscetibilidade dos leitores do século XIX a matérias bastante brandas, a cenas eróticas e escatológicas espalhadas por entre dramas, cenas de humor e suspense. É óbvio que qualquer pessoa que tenha necessidade de excitação o fará a partir das palavras, frases ou figuras mais inócuas: qualquer coisa, inclusive termos técnicos encontrados nos dicionários, pode servir de combustível para fantasias sexuais. A libido à procura de expressão encontrará, e caso não encontre construirá, aquilo de que necessita, e tecerá os cenários mais elaborados para a masturbação a partir das sugestões mais tênues e insuspeitas. As libidos burguesas no século XIX não constituíam exceção a essa propensão humana.

Em suma, a pornografia da época vitoriana não criou gostos sexuais; apenas concentrou, canalizou e liberou desejos subjacentes. Sem dúvida adaptou-se bem a certos momentos críticos da vida, auxiliando a imaginação sexual. Isso explica a atração que ela exercia sobre adolescentes solitários, solteiros frustrados e libertinos já maduros. O mero conhecimento de títulos pornográficos aos quais se pudesse fazer referência fortalecia o ego da mesma forma que as fantasias eróticas eram fortalecidas através da leitura de textos pornográficos. Muitos leitores, no entanto, estavam completamente imunes a tais textos; alguns eram protegidos por um mecanismo de reação que transforma um desejo intenso numa intensa repugnância, e outros, por não se disporem a desafiar as pressões culturais contrárias a tal leitura libidinosa. Outros, ainda, não precisavam dessa literatura: tendo já adquirido sua educação sexual, sabiam onde obter satisfação sexual.

Os relatos de homens que foram seduzidos por livros, no século XIX, são por conseguinte a um só tempo pouco freqüentes e bastante implausíveis. O mais curioso desses relatos é possivelmente o que se refere a um jovem inglês muito rico, Frederick Hankey, que conseguiu a façanha de surpreender os irmãos Goncourt quando com eles se encontrou em Paris, em 1862. Hankey tinha então cerca de trinta anos, vivia de rendas substanciais e colecionava objetos de arte e livros eróticos com o olho discriminador de um perito em encadernações e em ilustrações: foi Hankey quem forneceu a maior parte da biblioteca erótica seletíssima do político e bibliófilo inglês Monckton Milnes. Ao falar de certos bordéis em Londres onde os fregueses podiam submeter jovens prostitutas a maus-tratos, e de como ele mesmo já pagara para ter um bom posto de observação de onde pudesse apreciar uma execução enquanto "fazia coisas" com mocinhas, Hankey pareceu aos Goncourt "um doido, um monstro" que demonstrava, através de sua insistência nas abominações, "os piores instintos da humanidade". Esse "discípulo prodigioso e dedicado de *Justine*", observam eles no retrato excessivamente pitoresco que dele pintam, não apenas pregava as doutrinas do mestre como também as punha em prática. Ele havia lido Sade aos catorze anos, relatam eles, e dali em diante permanecera encantado com o que lera. Contudo, é indiferente se de fato Hankey mutilava meninas de treze anos espetando alfinetes em seu corpo e colecionava peles de mocinhas africanas esfoladas vivas, ou se meramente gostava de gabar-se desses prazeres; o certo é que a leitura de Sade reduziu suas inibições ao ponto em que ele não mais reprimia pensamentos e talvez até atos para os quais ele se sentia inclinado muito antes de escolher seu mestre.

Na pedagogia erótica do século XIX, por conseguinte, a pornografia desempenhou apenas um modesto papel coadjuvante. E não poderia ser diferente: a pornografia não era escrita e vendida para transmitir informações sexuais, mas sim para gerar excitação sexual. As orgias repetitivas e esquematizadas carecem de todos os matizes e da ambigüidade que poderiam aproximá-las da vida. A experiência sexual humana é um complexo drama psicológico e fisiológico que evolui continuamente; nele se embaralham sucessos e fracassos, lembranças recapturadas e atrações recentes, desejos importunos e regulamentos sociais. Conflitos inconscientes adormecidos e repentinamente despertados por novos apetites fazem com que o curso de uma conquista sexual, exatamente como o curso de um verdadeiro amor, seja bem acidentado. Até mesmo as primeiras e desajeitadas experiências do adolescente de classe média — sua iniciação por uma criada obsequiosa em casa ou por uma garçonete depravada na cidade —, transforma-se, na vida real, num verdadeiro ninho de ambivalências e racionalizações, de excitações confusas e explosões de pânico. Tais iniciações tornaram-se a matéria-prima indispensável da pornografia do século XIX, porém sob forma de caricaturas extremamente grosseiras. Tudo o que a pornografia poderia fazer era demonstrar aos consumidores palpitantes que qualquer combinação de seres vivos podia desempenhar o ato sexual numa imensa variedade de formas diferentes. Reduzindo os protagonistas a meras máquinas de fornicar, a órgãos genitais ambulantes — ou, mais freqüentemente, parados na horizontal —, a pornografia funcionava principalmente como um grotesco estimulante à satisfação sexual solitária ou compartilhada, uma forte cotovelada nas costelas dos tímidos, dos inexperientes e dos pervertidos. Apesar de seguirem à risca o roteiro-padrão otimista e entusiasmado — pois na pornografia os orgasmos são sempre momentos de uma felicidade suprema, indescritível —, há sempre algo de desolador nesses mercadores de fantasia erótica, uma ausência mortal de qualquer contexto humano, de sentimentos, de alguma diferenciação. É por esse motivo que os verdadeiros celebrantes da sensualidade como D. H. Lawrence, ficavam ainda mais irados com os mercadores da sordidez do que com os defensores do decoro. As personagens da ficção pornográfica se encontram presumivelmente empenhadas no mais liberado dos folguedos, na mais natural de todas as atividades humanas, e no entanto parecem estar prisioneiras de algum apetite insaciável, que ao mesmo tempo não é humano nem natural. No universo frio e impessoal da pornografia, todas as camas, todos os pênis e todas as vaginas são iguais. Nessas páginas, a separação entre o desejo sexual e o amor, que outros antes de Sigmund Freud estigmatizaram como patológica, é total. Os irmãos Goncourt, a despeito de se mostrarem um tanto crédulos em relação ao "monstro" Hankey, tinham sensibilidade suficiente para perceber alguma coisa desse estado patológico: apesar de sua polidez refinada, de seus modos impecavelmente aristocráticos, Hankey deu-lhes a impressão de sofrer de alguma "lesão interior", que lhe dava um ar "impessoal" e a animação mecânica de um robô.[66]

É facílimo, por conseguinte, estabelecer um plano de instruções para que um anônimo qualquer do século XIX produza suas obras-primas de acordo com as especificações de algum livreiro da Holywell Street. (1.º) Uma mulher, se bem que talvez precise ser despertada pelo seu primeiro e decisivo encontro sexual, é tão excitável quanto qualquer homem, se não mais. Pode ser vantajoso contar a história do ponto de vista da mulher, de preferência na primeira pessoa, porquanto seu apetite sexual forte e insaciável, especialmente na felação, será ainda mais excitante para o leitor. (2.º) Um pênis é sempre agigantado, parecendo ao mesmo tempo ameaçador e excitante para a mulher que o vê e acaricia; é tão grosso que ela mal consegue segurá-lo com a mãozinha delicada, e — vibrante — lhe dá uma amostra dos êxtases vindouros. Para as noviças que acabam de embarcar numa carreira dedicada à perseguição ininterrupta de oportunidades sexuais, o pênis pode ser demasiado brutal para lhes dar prazer imediato. Mas a dor que ele causa, em si mesma excitante, logo se transforma em puro prazer quando o homem impulsiona o formidável instrumento até o fundo de seu corpo receptivo. (3.º) Todos os participantes são atletas sexuais infatigáveis; os homens estão prontos para novo coito alguns minutos após terem ejaculado, e as mulheres sempre ansiosíssimas por repetir os embates extáticos — não necessariamente com o mesmo parceiro. (4.º) O freguês da pornografia é um *voyeur* que observa às escondidas os deliciosos delírios sexuais de outros, apenas assistindo passivamente à cena ou participando ativamente dela através da masturbação. Sua procura desenfreada de novos conhecimentos e excitação pode ser satisfeita se ele for levado a observar o maior número possível de situações diferentes. Preposto e modelo do leitor, escondido atrás da moita ou olhando através do buraco da fechadura, o *voyeur* aprenderá as gloriosas realidades da vida e prontamente as incorporará ao seu próprio comportamento. (5.º) O jorro de esperma lançado pelo homem no ânus, na boca ou na vagina da parceira é sempre torrencial, uma verdadeira inundação, que também constitui um elemento culminante indispensável para a satisfação de sua parceira. A mulher também apresenta uma espécie de descarga durante o orgasmo, de modo que o casal, depois da ejaculação, fica banhado na prova úmida e gotejante do delírio compartilhado. (6.º) Uma mulher freqüentemente tem sonhos sexuais, nos quais repassa encontros sexuais anteriores e que a excitam e a levam, em transe, a um doce orgasmo; o homem com quem ela sonha geralmente está de fato a seu lado a observá-la, para acordá-la em seguida e mostrar-lhe que a realidade é ainda mais doce do que o sonho. (7.º) Se bem que nem toda história precise conter algum caso incestuoso, a violação desse sagrado tabu humano, sobretudo se envolver um pai viril e sua filha pubescente, fornece um acasalamento capaz de manter o interesse do leitor no mais alto grau de intensidade. (8.º) Se bem que seja conveniente acentuar em cada história uma só linha de preferências sexuais, a versatilidade é sempre estimulante; a excitação preliminar, especialmente oral, deve ser freqüentemente emancipada do coito para servir como um verdadeiro clímax; os casais devem expandir suas atividades de modo a incluir outros parceiros e mesmo grupos. Orgias nunca cansam. (9.º) Fregueses que tenham gostos sádicos ou masoquistas precisam de histórias que destaquem flagelações, mutilações, uma atmosfera de degradação e a escravização de um dos parceiros pelo outro. Mas mesmo histórias convencionais que se limitam ao ato sexual entre um homem e uma mulher podem beneficiar-se de um toque de crueldade: a atrocidade da primeira sedução, a violência da defloração, são bons momentos para reunir terror e êxtase. (10.º) Se bem que possa ser eventualmente útil esboçar o ambiente social e econômico dos protagonistas, tais assuntos só têm utilidade até o ponto em que sirvam para reforçar a excitação: orgias sexuais que atravessem as fronteiras entre as classes sociais, assim como as que violem o tabu do incesto, acrescentam mais um prato apetitoso ao banquete da narrativa. Mas não se deve permitir que o desenvolvimento de uma personagem, as complexidades dos afetos e emoções, ou as sutilezas da probabilidade invadam o espaço necessário para a única coisa realmente importante: o encontro sexual.

Os autores pornográficos do século XIX não dispunham de tempo — nem tampouco do talento necessário — para imprimir alguma individualidade à mercadoria que produziam; as raras tentativas de variar tons e estilos foram mecânicas e tímidas. Numerosos textos faziam uso de exclamações soltas, sexuais e escatológicas, para aumentar a excitação do leitor com a provocativa imitação das exclamações que são comuns durante um coito na vida real. Outros introduziam variações jocosas: numa cena em que a lasciva e sádica madame de Chaudeluze está sendo masturbada por um rapaz travestido de mulher (extraio a citação de *Schwester Monika* [Irmã Mônica], uma pequena obra sadomasoquista de 1815, falsamente atribuída a E. T. A. Hoffmann), ela grita: "*Vite*! *Mon enfant*! *Ha*! *Petit héros*! *Vi-te-ah*! *Je me con-fonds*!" Outros ainda recatadamente escreviam "ca____lho" ou "bu____ta", criando com tal decoro uma tensão premeditada em confronto com as orgias desinibidas em que esses órgão genitais desempenhavam tão brilhantemente suas funções. Outros ainda, numa imitação da restrição auto-imposta que John Cleland foi o primeiro a utilizar em *Fanny Hill*, evitavam por completo a linguagem grosseira ou explícita e descreviam os órgãos genitais e a comunhão sexual através de metáforas, eufemismos e circunlocuções literárias. Entretanto, também esses jogos lingüísticos inevitavelmente se tornariam enfadonhos para qualquer leitor, exceto um ou outro fanático; os nomes que os autores pornográficos, por mais fértil que fosse sua imaginação, podiam inventar para descrever os órgãos sexuais do homem e da mulher, bem como o seu emprego, não eram ilimitados, e todos guardavam acentuada semelhança entre si. Eram variações previsíveis sobre um tema igualmente previsível. O órgão masculino era um instrumento, e o órgão feminino, um receptáculo, ambos constantemente palpitantes e ansiosos por entrar imediatamente em ação. Outras artimanhas estilísticas tampouco apresentavam qualquer novidade surpreendente: um ou outro espécime do século XIX mostrava pretensões de parentesco com uma literatura mais elevada, lançando mão de frases "elegantes" e pretenciosamente tomando emprestadas epígrafes aos clássicos franceses e ingleses. *Suburban Souls* [Almas dos subúrbios], uma volumosa obra publicada pela primeira vez em Londres em 1901, e na qual a felação é objeto de descrições excruciantemente longas e explicitamente detalhadas, tem suas páginas adornadas com versos de Shakespeare, Musset, Rossetti e outros mais, e termina com uma cena flagrantemente inspirada em *Vanity Fair* de Thackeray, em que o "sr. Contra-Regra" é solicitado a "baixar o pano" à conclusão do drama, e na qual são invocados a mortalidade humana e o "Grande Diretor de Cena". A maioria, entretanto, desdenhava tais roupagens transparentes e, cortando todos os vínculos com a cultura um pouco mais aprimorada, ia direto ao assunto.

E seus assuntos eram ao mesmo tempo muito flexíveis e muito limitados. Os produtores pornográficos se desdobravam para atender a todo e qualquer apetite imaginável: a pedofilia, o fetichismo, o incesto, a bestialidade, o homossexualismo, e até mesmo o assassinato como clímax do coito — é assim que Musset conclui *Gamiani*. À semelhança de proprietários de restaurantes que não têm um estilo culinário próprio, os fornecedores que abasteciam o mercado pornográfico diversificavam seus cardápios de maneira a atrair a clientela mais vasta possível. Sabiam que seus fregueses mais fiéis eram especialistas que jamais se cansavam de repetir as mesmas cenas, e que cada um deles tinha uma especialidade. A história que Gustave Droz conta sob forma epistolar, *Un Eté à la campagne* [Um verão na província], publicado em Bruxelas em 1868, coloca em evidência o "titio", um pênis artificial do qual uma mulher casada se serve todas as noites para consolar-se pela ausência do marido, e com o qual uma jovem lésbica presta serviço a uma mocinha que a atrai mas que prefere homens. Tais virtuosismos literários eram valorizados, mas de modo algum necessários. O orgasmo, independentemente do modo pelo qual fosse atingido, era só o que importava.

Não é possível elaborar um mapa confiável que atravesse o espaço e o tempo da pornografia do século XIX: muito se perdeu, especialmente dos títulos mais baratos, e as valiosas coleções de diletantes ricos, hoje trancadas a sete chaves nas grandes bibliotecas do mundo, não são necessariamente representativas. Aqui e ali há leves indicações de estilos nacionais. Na Inglaterra, por exemplo, produziram-se e importaram-se vastas quantidades de literatura de flagelação, dirigida principalmente a ex-alunos das escolas públicas que relembravam as chicotadas recebidas com envergonhado deleite. Entretanto não seria um inglês, e sim um austríaco, Leopold von Sacher-Masoch, que emprestaria seu nome a esta perversão em particular. E ainda que os estudiosos do gênero tenham percebido uma certa evolução da dependência de uma literatura refinada à autonomia completa, que incluía um referencial próprio, os textos sobreviventes publicados por volta de 1900 e mesmo mais tarde imitam os estilos literários de modo tão matreiro quanto o faziam os livros surgidos duas ou três gerações antes — lembro-me de *Suburban Souls*, publicado em Londres em 1901. Parece que há um aumento da violência explícita, especialmente do tratamento brutal dispensado às mulheres; entretanto o herói que deu seu nome ao sadismo havia morrido já nos idos de 1814. Embora se vanglorie de um repertório impressionante de façanhas acrobáticas, a pornografia continua sendo a mais monótona espécie de literatura de quantas já existiram.

E não há como fugir disso, porque a pornografia visa à satisfação de necessidades regressivas imutáveis e profundas. Ela é produzida por e para aqueles em quem os desejos inconscientes primitivos entraram em erupção, tornando-se conscientes de modo intermitente ou permanente. A regressão pornográfica reaviva os desejos arcaicos que ainda sobrevivem, apesar de estarem normalmente bem controlados e bem disfarçados, na mente do adulto. A pornografia, em suma, toma um atalho pelo qual se desvia das defesas psicológicas construídas com infinita paciência; e rapidamente desfaz todo o trabalho da sublimação. Mas uma regressão desse tipo jamais pode ser um retorno inocente a antigas formas de pensamento; o adulto não pode jamais despojar-se da carga de seus anos. Trata-se, antes, de um reaparecimento furtivo de questões irresolvidas, uma recapitulação de migalhas desintegradas de pensamentos e sentimentos excitantes. Freud estabeleceu em 1905 que o instituto sexual é um emaranhado de diversos instintos que, à medida que a criança vai crescendo, se agregam, como excitação preliminar ou suplementar, ao redor do objetivo principal do adulto que teve a felicidade de conseguir atravessar os mares bravios de seu desenvolvimento: uma afetuosa comunhão genital com um parceiro do sexo oposto. Na pornografia, tal integração madura entra em colapso, e a sexualidade infantil obstinadamente se impõe.

Essa pressão, que faz com que o leitor retorne às suas primeiras experiências, torna enganosamente fácil atravessar o palco da narrativa evidente e chegar aos bastidores das mensagens latentes. E sob diversos aspectos tais mensagens são de fato bastante claras: a maioria dos textos obscenos carecem de qualquer valor artístico, são simples e imediatos, quase sem a mínima distorção. Boa parte deles na realidade parece um plágio de fantasias infantis, e nada mais. O predomínio de pais que copulam com suas filhas, sem por isso terem sentimentos de culpa, é um exemplo disso; a presença constante do *voyeur* que, narrativa após narrativa, expressa sua procura pela cena primordial através da observação furtiva de casais entregues a abraços amorosos, é outro exemplo; e um terceiro exemplo é fornecido pelo deleite na sujeira, apenas levemente deslocado através da substituição da descarga dos órgãos genitais pela descarga anal. Em *Eveline*, um exemplo desse tipo de literatura vitoriana que, ao que tudo indica, teve muitas edições e gozou de muita popularidade por vários decênios, uma linda jovem cuja especialidade é a felação, e que desfruta do ato sexual com seus criados, seu irmão e seu pai, num momento de alta tensão masturba seu adorado papai mantendo as mãos calçadas com luvas novas de criança: "Eu sabia, por meio de todos os sintomas habituais, que ele estava a ponto de atingir o seu clímax. E o clímax chegou. Ele se retesou todo. Segurei com firmeza a minha vítima. Ele lançou o seu jorro. O esperma quente e grosso escorreu por toda a minha mão. Minha luva deslizou por entre o eflúvio ardente. Ele empurrou o corpo para cima, ao encontro de meus movimentos rápidos, até haver emitido as últimas gotas". Quem diz isso não passa de uma criança num corpo adulto, e dispondo das oportunidades que se oferecem aos adultos.

Não há prova mais conclusiva desse infantilismo do que os sonhos estereotipados que os autores pornográficos do século XIX gostavam de imputar às personagens femininas. Deitada nua na cama, uma ninfomaníaca nos oferece a seguinte récita em *The Three Chums: A Tale of London Everyday Life* "[Os três camaradas: uma história da vida cotidiana londrina]:

> Uma noite, estendida em minha fofa cama,
> Dissolvendo-me em sonhos de amor, se bem que só uma ama,
> Meus vivos pensamentos me mostram bem a gosto
> Um moço despido, de quem eu bem conheço o rosto,
> Tirando a camisa branca e vindo em todo o esplendor
> Ao leito, como um noivo terno em pleno e total vigor.*

e assim por diante, até o orgasmo. Tal como sonhos infantis, essa satisfação sexual obtida por uma mulher através de sonhos constitui uma indisfarçável satisfação de desejos e sintetiza toda a produção pornográfica. Crianças pequenas têm o desejo de possuir, de dominar, de monopolizar, de incorporar, de destruir. Qualquer parte de seus corpos pode servir como um *playground* para a gratificação erótica, e sua capacidade para distinguir entre libido e agressão é, na melhor das hipóteses, rudimentar. No restrito universo da primeira infância, tocar e beijar, acariciar, morder e engolir são atos de amor. Freud capturou bem esta qualidade ao dizer que as crianças são polimorficamente perversas. E a pornografia elabora essa capacidade infantil de modo a adequá-la a consumidores adultos.

Essa perversidade polimorfa — e nisto há mais uma demonstração de fantasias regressivas estimuladas pela pornografia —, bem como a total e evidente ausência de amor na pornografia, atestam a coexistência entre a ira e o apetite sexual. A violência perpetrada pelos "amantes" nessas histórias — geralmente por homens contra mulheres — constitui um testemunho do sadismo infantil que a pornografia procura satisfazer nas cenas sexuais mais chocantes. O leitor encontra ali uma válvula de escape tanto para sua agressividade quanto para suas necessidades eróticas. E a agressividade e o erotismo são ainda inseparáveis nos estupros, açoitamentos e torturas refinadas que constituem a especialidade de numerosas obras pornográficas.

O que talvez seja ainda mais importante é que a criança não pode esperar, e mais uma vez a pornografia traz ao palco adulto uma cena infantil, que os psicanalistas chamam de processo primário de pensamento. O clímax pornográfico é sempre um momento de impulsividade incontrolável. Os protagonistas freqüentemente não terão tempo nem mes-

(*) One night, extended on my downy bed,/ Melting in am'rous dreams, although a maid,/ My active thoughts presented to my view,/ A youth undrest, whose charming face I knew,/ Stript to his shirt, he sprang to me in white,/ Like a kind bridegroom on the nuptial night.

mo de se despir antes de saciarem a sede sexual; e desafiarão todos os riscos de serem descobertos, não apenas para incrementar os estremecimentos vibrantes da cópula, mas simplesmente porque não são capazes de suportar qualquer espera. Perpetuamente transbordando de excitação sexual, exploram os interlúdios mais tênues que se lhes ofereçam para obter mais uma rodada. "Não me venhas com mais poréns!", exclama uma narradora inflamada ao seu amante habilidoso e infatigável, "ordeno-te que te apresses e que me dês tudo até o fim, ou não mais te amarei". E logo em seguida: "Faze já o que quero!" Alguns dias mais tarde, quando passeavam com o marido dela e são por ele deixados a sós por alguns minutos: " 'Anjo', diz ele, 'aproveitemos este instante!' 'Estás louco.' 'Não, eu te amo, deixa que faça o que desejo.' 'Meu Deus, seremos descobertos! Estou perdida.' 'Não se te apressares. Abaixa-te!'" Extraio essas citações de *Voluptuous Confessions of a French Lady of Fashion* [Confissões voluptuosas de uma senhora francesa da alta sociedade], publicado em capítulos em *The Boudoir*, uma revista inglesa pornográfica de meados da era vitoriana que conseguiu chegar a seis números; poderia ter citado numerosos outros exemplos. Nessas histórias, o mais breve intervalo entre o desejo e sua satisfação é para os amantes um momento de tormento e de privação indescritíveis. O adiamento do ato sexual, que constitui para outros o cerne da racionalidade e da consideração, a prova de amor, não tem lugar no universo mental desses amantes.

Entretanto tem que haver algo mais além disso na pornografia — nem todos os seus significados são tão patentes, tão visíveis na superfície. O fato inelutável de que a produção e o consumo de pornografia são, afinal de contas, atividades adultas nos assegura que as suas dimensões manifesta e latente não coincidem de todo. As ocasionais e surpreendentes pequenas gentilezas sutis — uma heroína pouco disposta a executar suas façanhas durante a menstruação, ou um final em que as proezas sexuais cedem lugar a boas ações redentoras — apenas sublinham a necessidade de uma análise mais aprofundada. E outro estímulo para que assim procedamos é a relativa imunidade da imaginação febril dos autores pornográficos a um tabu crucial, o incesto entre mãe e filho.

O desejo que o menino tem de possuir sua mãe, apesar de complicado pela ira contra ela e por sua admiração pelo pai, é o mais reprimido de todos os desejos infantis embora de forma apenas rudimentar. A repressão é tão eficaz que esse desejo raramente vem à tona indisfarçado, mesmo na pornografia, que é — literalmente — a mais desavergonhada de todas as formas literárias. Quando o autor pornográfico do século XIX inclui na orquestração de suas cópulas o naipe das combinações entre mãe e filho, invariavelmente é a mãe que seduz o filho — outro desejo que, assim desnudado, alivia o sentimento de culpa do leitor do sexo masculino. Mais comum, entretanto, é que tais necessidades edipianas sejam disfarçadas; em todos os poemas, anedotas e contos obscenos publicados no *The Boudoir*, para tomarmos apenas um de muitos exemplos disponíveis, tal incesto é mascarado por inúmeras evasivas: um rapazinho "faz a coisa" com a lasciva e experiente senhoria de meia-idade; outro descobre uma governanta muito obsequiosa e excitável de quarenta anos, mas que, por vaidade e para afastar insinuações, garante não ter mais que 33; outro ainda é iniciado nos deliciosos mistérios do amor por uma generosa viúva francesa de trinta anos. Nos demais casos, é o incesto entre pais e filhas que fornece uma inversão conveniente daquele outro desejo, ao qual é perigoso até mesmo fazer qualquer menção.

Essa reserva excepcional com relação ao incesto entre mãe e filho reforça a opinião comum, aliás verdadeira, à parte uma ou outra exceção extraordinária, de que a pornografia era escrita por homens e para homens. Não resta dúvida de que, na pornografia, é ao homem que cabe o papel predominante: o herói dramatiza os desejos do menino, monstruosamente ampliados e repetidamente concedidos. O medo de fracassar é estrangulado pelas incessantes repetições de sucessos sobre-humanos. Seu pênis gigantesco, de comprimento, grossura e dureza incomparáveis, ostentando todo o seu poderio em desempenhos fantásticos, é um emblema da supremacia masculina, uma prova e ao mesmo tempo uma arma. Se bem que a sensualidade feminina seja ávida, insaciável, as mulheres são apresentadas muito mais freüentemente do que os homens como objetos de degradação. São defloradas com crueldade, estupradas da maneira mais atroz e, mesmo quando desmaiam de tanto prazer, são mais vítimas do que vencedoras. Sua lubricidade palpitante é um sintoma de sua dependência do soberbo garanhão que pode lhes dar aquilo de que necessitam.

As mulheres na pornografia por conseguinte representam, em sua forma mais extremada, a metade desprezada da imagem partida da primeira mulher, e de certa forma sempre a mais importante, na vida de um homem: sua mãe. O menino ainda não conseguiu integrar numa só imagem esse ente querido que a um só tempo o alimenta e o deixa frustrado: a mãe que pela tarde ele quer matar, à noite ele deseja desposar. E sua ira ao descobrir que a mãe, o paradigma perfeito, faz *aquilo* com um homem, apesar de ser rapidamente reprimida, permanece como tom fundamental de sua desilusão: já que ela não é mais um anjo, decerto será uma rameira. Alguns adultos têm a sorte de fundir as várias imagens maternas num todo realista e harmonioso — nem anjo nem rameira, mas uma pessoa complexa, imperfeita, porém digna de ser amada. Entretanto, o leitor habitual de pornografia, quer adore conscientemente sua mãe ou a deteste, está entre aqueles que jamais irão curar a dor provocada pela rigorosa divisão infantil da mãe: a mais pura e a mais desprezível das mulheres. Ele é perseguido não somente por conflitos edipianos não-resolvidos, como também por conflitos mais antigos, arcaicos, pré-edipianos. Por isso lhe é necessário imaginar a mais vulgar, a mais vil das mulheres, para experimentar algum prazer e para gozar uma consumação sexual. "A principal medida de proteção" contra a impotência adotada por tais pessoas sexualmente deficientes, observou Sigmund Freud em 1912, "consiste no *aviltamento* psicológico do objeto sexual". Uma vez que hajam conseguido isto, "sua sensualidade pode exprimir-se livremente, registrando inclusive uns desempenho sexual satisfatório e um prazer intenso". E, conforme Freud acrescenta significativamente, tais homens "geralmente levam uma vida amorosa um tanto rude; são escravos de seus objetivos sexuais pervertidos".[67] Essa descrição, a despeito de não ter sido concebida explicitamente como um retrato do leitor de obras sórdidas, cabe perfeitamente ao viciado em pornografia, quer ele procure aliviar-se por meio da masturbação ou visitando prostitutas. Voltando à famosa formulação de Freud, quando ele ama é incapaz de desejar, e quando deseja é incapaz de amar.

Nada disso o torna menos humano. Ao contrário. A seu modo perverso, a pornografia constitui um tributo à permanência e à simplicidade última da natureza humana. Todos os seres humanos abrigam no íntimo as fantasias que a pornografia explora abertamente em todas suas inflexíveis elaborações. *The Lascivious Hypocrite* [O hipócrita lascivo], *Venus im Pelz* [A Vênus das peles] e milhares de obras semelhantes são sondas lançadas no inconsciente humano. E, a julgar pelos pronunciamentos daqueles que mais se preocupavam de modo obsessivo com os males da pornografia, suas fantasias eram apenas imagens ligeiramente sublimadas e distorcidas daquelas mesmas obras de ficção por cuja eliminação clamavam. Sua necessidade de examinar detalhadamente a literatura à procura de passagens obscenas, de olhar detidamente as fotografias em busca de posturas obscenas, revela a existência de desejos inconscientemente transformados em temores. Esses cruzados, raramente afligidos pela maldição da introspecção, negavam com toda a indignação e sinceridade qualquer acusação nesse sentido sempre que tais afinidades ocultas chamavam sua atenção.

Pois de fato elas lhes chamavam a atenção. As subjacentes obsessões pornográficas dos que atacavam a pornografia não foram uma descoberta dos psicanalistas. O insigne moralista bostoniano Godfrey Lowell Cabot, membro assíduo da Watch and Ward Society [Sociedade de Alerta e Prevenção] e autor de ardentes cartas libidinosas à sua mulher, tornou-se alvo de comentários escarnecedores já durante sua vida em virtude de sua preocupação com o sexo. As sociedades dedicadas à pureza, tanto as religiosas quanto as seculares, eram freqüentemente ridicularizadas em caricaturas irreverentes. O alvo que mais se prestava a tais gozações maliciosas foi, com certeza, Anthony Comstock; desde que iniciou suas atividades, tanto as revistas humorística quanto as vítimas mais desenvoltas de suas investidas o caracterizaram como um homem de mente suja, que adorava atolar-se no estrume. E nada melhor do que sua própria linguagem para atrair tal diagnóstico psicológico vingativo: Comstock considerava-se imbuído da missão de "remover refugos e rejeitos" da sociedade; precisava proteger os inocentes de "pensamentos impuros" e acreditava-se um perito em sentir o "cheiro" do "lixo" mesmo que embelezado em encadernações requintadas. Em 1915, no último ano de sua vida, retomou ainda uma vez sua imagem favorita, a de uma chuva de fezes inundando o mundo: "Se abrirdes vossas portas a qualquer coisa, a imundície encherá vossas casas e a degradação da juventude a acompanhará".[68] Era com tal material fétido e repugnante que Comstock havia convivido por mais de quatro décadas, a serviço do bem maior, demonstrando a quase todos, exceto a si próprio, que o autor pornográfico e seu justiceiro persecutor habitavam o mesmo universo mental e se debatiam com os mesmos problemas sexuais primitivos.

Por volta da virada do século, quando Sigmund Freud forneceu a tais análises hostis seu embasamento científico e seu vocabulário neutro, elas já haviam se tornado corriqueiras entre os burgueses aborrecidos com a mentalidade tacanha dos censores. Já ao início do século XIX, Sydney Smith, prelado, magistrado e dono de um espírito incomparável, observara: "Homens que têm o ofício de pegar ratos adoram pegar ratos; o exterminador de insetos se delicia ao capturar um inseto; e o censor se gratifica imensamente quando descobre o vício". Desde seus primeiros números, a *Saturday Review* insistia nesse mesmo ponto. Em 1858, censurando severamente a imprensa inglesa pelos relatos extremamente detalhados de julgamentos de crimes revoltantes, a *Saturday Review* comentou: "Temos reiteradamente expressado nosssa opinião, que as publicações por nós acusadas fortemente confirmam, de que uma forte corrente de indecência (provavelmente inconsciente) corre entre muitos daqueles que se orgulham de uma moralidade impecável". Em 1864, o prolífico romancista inglês Charles Reade, um autor corrosivo e combativo, inveterado escritor de cartas aos jornais, deu ao parceiro "puro" dessa inesperada aliança entre moralistas e pornógrafos um nome: "*the prurient prude*" [o puritano impuro]. Os que se denominavam guardiães da moral, argumentava Reade, liam apenas para encontrar passagens condenáveis, retirá-las de seu contexto, levantar sobre elas interpretações obscenas, exagerar-lhes a importância, e então acusar o autor de indecência. O "puritano impuro" é, segundo a caracterização de Reade, um (ou uma) hipócrita lascivo, "que passa por cima de tudo o que é doce, puro ou inocente num livro, com genuína repugnância, para fixar-se avidamente em qualquer coisa que uma mente imunda possa interpretar errônea ou exageradamente como indecência". Em seguida "passa a fazer arbitrários acréscimos ao significado pretendido pelo autor, acrescentando-lhe as indelicadezas que satisfaçam seu próprio gosto, que, este sim, se satisfaz com o que é indelicado". Tudo isso a fim de voltar-se contra o autor, "a quem deturpou", e chamá-lo de sujo. "E isso de fato o pobre autor é", conclui Reade, utilizando uma imagem excretórica quase inevitável para atingir seu objetivo. "Mas por quê? Porque um monte de esterco humano caiu sobre sua cabeça e o desfigurou."[69] A imagem dos Comstocks e Campbells defecando sobre as cabeças dos autores é surpreendente, original, e até mais acertada do que o próprio Reade imaginaria.

No inconsciente os extremos se encontram. Os puristas e os expurgadores — e como são reveladoras estas duas denominações! — do século XIX não eram, a despeito de qualquer direito que se arrogassem, porta-vozes da opinião das classes médias de seu tempo. Ao contrário, precisamente como os autores pornográficos, e apesar de apresentarem distorções bem diferentes, esboçavam uma caricatura das preocupações prevalentes entre os burgueses com relação ao domínio das paixões e à segregação entre pensamentos limpos e pensamentos sujos; os limites que os censores e seus instigadores traçavam para as formas de expressão permissíveis eram demasiado restritos, e a abertura por onde se poderia divulgar os processos naturais junto ao público demasiado estreita, para serem verdadeiramente representativos da cultura de classe média. Eles agiam como um superego cultural punitivo e exigente.

É claro que os eloqüentes manifestos libertários contra a repressão policial compostos por Algernon Swinburne e George Moore na Inglaterra, por Edmond de Goucourt e Émile Zola na França, e por um pequeno exército de autores inflamados na Alemanha, não eram de todo desinteressados. Muitos dos seus autores haviam caído em desgraça junto às autoridades ou às bibliotecas públicas. Porém a sua postura confiante, ainda que em boa medida implícita, no sentido de que falavam em nome de uma parcela significativa da burguesia instruída não era adotada simplesmente em causa própria. Tinham eles o apoio de numerosas pessoas influentes, de muitos leitores que não temiam, nem em relação a si mesmos nem quanto a sua cultura, uma boa dose de conhecimento carnal.

O século burguês, em resumo, nos apresenta um amontoado de atitudes diversas com relação à delicada questão da educação sexual através da ficção, seja ela decente ou indecente. Muitos homens de bom senso procuraram em vão conciliar as convicções liberais com a indignação moral, redefinindo constantemente as fronteiras entre a literatura que lhes parecia ofensiva e a literatura que desejavam ver suprimida pela lei. A meu ver, esta foi a perspectiva mais caracteristicamente burguesa, um liberalismo inconsistente e vago, provavelmente mais capaz de reagir aos acontecimentos — um romance escandaloso ou uma condenação estúpida —, do que de criá-los. Essas pessoas vacilavam, hesitavam, se contradiziam. Houve porém, especialmente a partir da década de 1850, demasiados esforços de infantilizar a ficção — a esplêndida filípica de George Moore, em 1885, levava o título de *Literature at Nurse* [Literatura de berçário] — para que a animosidade dos liberais não permanecesse acesa, e irada. E no entanto, qualquer que fosse o partido que tomassem, tanto os censores como os liberais eram leitores em conflito.

4. A DOUTRINA DO DISTANCIAMENTO

Se a leitura a respeito do sexo produziu mais conflitos do que informações aos burgueses do século XIX, a observação de nus artísticos na pintura e na escultura, às vezes masculinos porém na vasta maioria das vezes femininos, provou ser um meio quase completamente agradável de aprimorar o conhecimento do corpo humano. Incontáveis anedotas tiveram como tema o papel pedagógico da arte para crianças e adolescentes. O meninote da caricatura de Morland, publicada no *Petit Journal pour Rire* em 1882, tinha muitos irmãozinhos e irmãzinhas: admirando um nu feminino em tamanho natural no Salão de 1882, que visitava com os pais, ele pergunta ingenuamente ao pai: "Quem fez aquela linda senhora que está sem blusa?"[70] Na realidade os nus estavam expostos por toda parte durante todo o século XIX. Decoravam jardins e chafarizes; eram uma presença constante tanto nas exposições quanto nas fachadas dos edifícios públicos. Encontravam-se em nichos, recobriam paredes, espalhavam-se pelos tetos. Podiam representar, alegorizar, celebrar ou simbolizar praticamente qualquer pessoa ou qualquer coisa: deitado de costas, com os órgãos genitais flácidos em evidência — eis Abel morto; jovial e espirituosa — a Eletricidade; exuberante, juvenil, vestida apenas com meias sedutoras — a Bicicleta.

Na década de 1880, Per Hasselberg, que à época era o mais conhecido dos escultores suecos, sobretudo em função de seus nus sensuais, criou um grupo de esculturas simbólicas, em cada um dos quais um par de expressivos nus em posturas agachadas, capturados em meio a uma ação vigorosa ou mesmo melodramática, celebra uma conquista da moderna tecnologia: a dinamite, a fotografia, a locomotiva, o telefone. E em 1903, três anos após o falecimento de Eça de Queiróz, o escultor português Teixeira Lopes homenageou seu famoso compatriota, um romancista realista dotado de extraordinária imaginação, com uma escultura que nada fica a dever em sensualidade a qualquer obra do escritor: o romancista, belo, maduro, um tanto janota, observa atentamente uma mulher desnuda que, devolvendo-lhe com adoração o olhar, abre os braços num gesto que ao mesmo tempo indica confiança e rendição sexual. Não é de admirar que alguns observadores sensíveis achassem tais nus esculpidos mais excitantes do que as figuras humanas reais. "Dizes que não tens uma mulher", escreveu o jovem Gustave Flaubert em 1841 a seu amigo íntimo Ernest Chevalier. "E isso, por Júpiter, é bem sensato, considerando que toda a espécie me parece bastante tola. A mulher é um animal vulgar que o homem tem idealizado demais. O gosto pelas estátuas nos transforma em masturbadores; a realidade nos parece demasiado reles."[71] O gosto se modificava, mesmo com relação a nus, mas o gosto *pela* nudez permaneceu inalterado através dos tempos.

O teto pintado por Pierre-Paul Prud'hon, *O Estudo Guiando a Ascensão do Gênio,* constitui um exemplo esplendidamente representativo do gênero. Foi pintado em 1801, quando Napoleão Bonaparte era primeiro-cônsul, para o salão do Louvre que à época abrigava o *Laocoön* [Laoconte]; sua popularidade sobreviveu a Napoleão e a Prud'hon por décadas. Napoleão tinha muito apreço pelas alegorias delicadamente sensuais de Prud'hon, e por isso o cobriu de encomendas e de honrarias. A pintura em que um menino e um menina ainda bem pequenos ascendem juntos ao céu, a menina segurando sugestivamente um porta-lápis, é um exemplo bastante revelador do gosto do imperador. Porém o público da classe média apreciou igualmente esse casalzinho até os dias da Terceira República. Já os irmãos Goncourt, homens de gosto apurado que dificilmente poderiam ser considerados tipicamente burgueses, se viram um tanto confusos diante de Prud'hon: "Às vezes parece um grande poeta, o único poeta em todo o império — e outras vezes nos perguntamos se ele não estaria nos enganando, se não passa de um pintor de cartazes sorridentes destinados a atrair fregueses às perfumarias". A observação capta com fineza as ambigüidades do erotismo habilmente executado por Prud'hon, porém de modo geral o público consumidor da arte não se mostrava tão hesitante: o teto por ele pintado foi copiado, e muito elogiado, durante todo o século XIX. E reproduzido em gravuras e litografias. Vários decênios mais tarde, Pierre Gauthiez, um dos biógrafos de Prud'hon, opinava tratar-se de uma obra "freqüente, mas não suficientemente, reproduzida, nunca tão admirada quanto mereceria ser", ao passo que Charles Clément, outro biógrafo, chamou-a de "aquela obra admirável, uma das mais conhecidas de Prud'hon, uma obra-prima de requinte. Aqui temos Prud'hon na plenitude de seu vigor e de sua graça, de sua imaginação original e poética, de sua sensibilidade formal altamente individualizada, de seu toque terno e de suas cores encantadoras. Essas duas crianças são simplesmente perfeitas".[72] E estão também frontalmente e indubitavelmente nuas. Os nus produzidos no século XIX muitas vezes chocaram o gosto do século XX, que os considerava grandiloqüentes ou afetados, e na maioria das vezes ligeiramente ridículos. Somente uns poucos nus apresentam os órgãos genitais completos, com os pêlos púbicos; em geral tem-se a impressão de estar olhando crianças altas e robustas demais para a sua idade. Alguns nus, de fato, se mostram totalmente desprovidos de órgãos genitais. Entretanto, não é nada rebuscado supor que justamente essas distorções despertavam fantasias incandescentes nas mentes daqueles que os contemplaram pela primeira vez. A informação física transmitida pelos nus é patente e, de certo modo, intemporal; ao mesmo tempo em que dá uma forma particular aos seios, ao púbis ou à postura do corpo, cada artista transmite uma parte do conhecimento carnal. Todavia, os sentimentos gerados pelos nus variam bastante de acordo com as vicissitudes da história pessoal e cultural dos espectadores: o que um experimentará como estímulo à contemplação estética ou à gargalhada escarnecedora representará para outro um convite à excitação erótica. Tanto nos é impossível legislar sobre a excitação quanto prever a indiferença. Entre as pessoas respeitáveis do século XIX, muitas parecem ter-se excitado à simples visão de um tornozelo ou alimentado fantasias diante de extravagâncias como a famosa *Amazona* do professor Kiss, de Berlim, da qual uma cópia em zinco adornava a Grande Exposição de 1851. Essas imagens visuais dificilmente excitariam a sensibilidade erótica do século XX, e reconstituir a maneira pela qual as pessoas reagiam a elas apenas cem anos atrás exigiria uma boa dose de imaginação histórica.

A maneira como foram recebidos os mármores de Antonio Canova, antigamente muito admirados, nos dá uma idéia da variedade de reações estéticas possíveis. A maioria dos observadores modernos despreza ou ridiculariza Canova por considerá-lo um perito em privar seus nus de qualquer poder erótico sobre o espectador; Kenneth Clark resume bem esse consenso quando chama Canova de "um brilhante retratista e mestre da elegância contemporânea", e o acusa de ser a fonte original da falsa escultura de nus do século XIX devido a seu "classicismo bem-comportado", do qual as técnicas mecanicamente utilizadas haviam "removido os últimos vestígios de qualquer palpitação erótica. É mais fácil gerar uma criança na raiz de uma mandrágora do que ver nas Vênus marmóreas dos vitorianos objetos de desejo". É bem verdade que sobre Canova há opiniões de que "os nus, quando são puros e imbuídos de uma beleza requintada, afastam-nos das paixões mortais e elevam nossas almas à contemplação de objetos divinos". E Charles Dickens, sem dúvida inadvertidamente, ecoa esse adjetivo "requintado", bastante inócuo e delicadamente assexual, em sua apreciação das estátuas de Canova; achava-as excepcionais por sua "graciosidade e beleza requintada". Entretanto, no extremo oposto, Heinrich Heine e Gustave Flaubert testemunharam que julgavam as estátuas de Canova a encarnação do erotismo. Heine redescobriu o amor redivivo na *Vênus* de Canova: "Freqüentemente penso agora naquela estátua; às vezes sonho que ela está desfalecida em meus braços e pouco a pouco retorna à vida e enfim susurra-me algo com a voz de Francesca". E a adoração de Flaubert era ainda mais impulsiva: quando ia à Villa Carlotta, ele freqüentemente admirava apenas a estátua de *Eros e Psyche* de Canova, cego a todas as outras obras de arte da galeria; em sua última visita, relata ele, "beijei sob as axilas aquela mulher desfalecida, que estende a Amor seus longos braços de mármore".[73] Heine e Flaubert eram ambos peritos em sensualidade — ou pelo menos escreviam como se o fossem; talvez detectassem, abaixo da superfície gélida dos mármores de Canova, o intenso calor que outros, demasiado obtusos, não conseguiam perceber, e talvez projetassem suas próprias necessidades sensuais nas imagens límpidas e controladas de Canova. Quaisquer que tenham sido seus verdadeiros sentimentos, entretanto, seria anti-histórico impor à arte do passado nossos padrões atuais de excitabilidade. Mas isto é certo: por mais variados e desconcertantes que fossem seus efeitos, a forma humana estava facilmente acessível à vista durante todo o transcurso da era da respeitabilidade.

Alguns artistas plásticos do século XIX se colocaram além de qualquer controvérsia a esse respeito; seus nus eram investidos da mesma vitalidade carnal que caracterizava as modelos opulentas de Rubens. Delacroix e Courbet, Manet e Renoir exaltavam o corpo feminino com tal zelo que ninguém seria capaz de interpretar erroneamente suas telas como meros exercícios acadêmicos ou como fugas da realidade. São documentos do desejo tecnicamente perfeitos. E Degas, cujo propósito não era exaltar mas sim registrar a vida tal como ele a via, retratou dezenas de tipos de prostitutas obesas de meia-idade, nada atraentes, geralmente nuas exceto por um colar de veludo que lhes adorna o pescoço, relaxadamente estendidas em divãs ensebados à espera de fregueses, de pernas abertas, exibindo com entendiada indiferença espessos tufos de pêlos púbicos. Mas esses artistas, é claro, jamais poderiam ser considerados representantes da burguesia; eram rebeldes, ou tratados como se o fossem. Mesmo que não tivessem a intenção de ofender o gosto refinado, as pessoas de gosto refinado insistiam em se sentir ofendidas pelos indiscretos retratos carnais de seus contemporâneos. Os nus de Courbet e Manet fixam para a posteridade momentos de absoluto prazer sensual, porém podemos também interpretá-los como mensagens de protesto contra o convencionalismo e a afetação da arte acadêmica. Por conseguinte, nada fazem para refutar o ponto de vista predominante no século XX, de que os burgueses do século XIX eram hipócritas e puritanos.

Já os nus que Ingres desenhou e pintou são muito mais problemáticos. Levanta questões sobre a reputação de que gozava a burguesia, de negar a sensualidade. O mais impecável de todos os artistas acadêmicos, Ingres preocupou-se com o corpo do início ao fim de sua carreira — uma longa e ininterrupta caminhada em direção ao sucesso. O guia Baedeker de Paris, de 1891, diz que Ingres era "considerado indiscutivelmente o maior pintor francês da atualidade", e observa, sem qualquer desaprovação, que ele "venera a antigüidade e é um admirador entusiástico da forma feminina desnuda". Ingres não era um realista fotográfico; um pedante conhecedor de anatomia acharia falhas em sua maneira de alongar o dorso de um modelo para melhor captar a sinuosa curva de suas costas, ou a forma pela qual ele apresenta o nus, antecipando-se em um século a Picasso, a partir de diversas perspectivas ao mesmo tempo: deslocando sutilmente costas, bustos e ventres, ele parece caminhar à volta do modelo para capturar sua encantadora topografia ondulada. Ingres era um homem instruído, profundo conhecedor da literatura clássica e das tradições da pintura; segundo ele mesmo insistia, embora a Natureza fosse a fonte de sua inspiração, ele sujeitava a realidade às exigências de sua arte. Ao contrário de seus admiradores e discípulos, Ingres pregava que o artista tem o privilégio de optar pela primazia das considerações arquitetônicas sobre a imitação pura e simples. *La Source* [A fonte], que o Baedeker destaca como "talvez o mais perfeito exemplo de como se trata o nu na pintura moderna"[74] era um nu de corpo inteiro muitas vezes revisado e durante muitos anos abandonado pelo artista, que o havia iniciado em 1820 e somente o completaria 35 anos mais tarde, com o auxílio de alunos. Nele Ingres deliberadamente despreza as proporções realistas. Uma de suas primeira telas, pintada por volta de 1800, quando ainda estudava com David, é um torso masculino frontal, ligeiramente de perfil para dar maior movimento à figura, que oferece o corpo à livre observação do espectador; o formato de três-quartos dá a Ingres a oportunidade de pintar cuidadosamente um triângulo de pêlos púbicos — o que, conforme já observei anteriormente, constituía algo bastante raro na arte do século XIX. Seria ingênuo supor que a escolha de um torso por Ingres seja uma fuga consciente ao retrato da potência; parece muito mais adequado à atmosfera criada por esse quadro ver nisso um excitante estímulo ao exercício da imaginação.

É certo que os nus retratados mais tarde por Ingres são indubitavelmente explícitos. Na tela neoclássica com que ganhou o Prêmio de Roma, *Os embaixadores de Agamênon na tenda de Aquiles*, ele exibe na nudez frontal de Pátroclo o que anteriormente havia negado aos espectadores no torso de estúdio. Com a mesma franqueza, e com muito maior freqüência, Ingres acaricia os contornos e sugere as carnes macias da figura feminina, convidando os espectadores a passear pelo corpo da modelo e a sentir, através dos olhos, suas pródigas delícias. *O banho turco*, pintado, conforme ele mesmo anuncia orgulhosamente, quando já tinha 82 anos, é mais um exercício de memória do que o registro de um desejo, mas nem por isso deixa de ser uma antologia convincente do erotismo graças à gratificação dos cinco sentidos que a água, o chá, a música, os perfumes, um luxuriante espreguiçar-se e a suave pressão de mãos femininas sobre a carne feminina podem proporcionar. Já a escolha do formato, o *tondo*, demonstra e intensifica a mensagem sensual. Essa tela, o quadro mais famoso do artista, foi o testamento de Ingres à beleza como ele a concebia, uma síntese de sua arte, uma junção característica entre o sensual e o ideal. "Talvez só mesmo monsieur Ingres, o *petit éléphant bourgeois*", sugere Kenneth Clark, "com sua cadeira na Academia, sua casaca e suas opiniões absurdamente ortodoxas, poderia ter convencido a opinião pública a aceitar uma evocação tão flagrante do erotismo", num tempo em que "a pudicícia do século XIX atingia o ponto culminante".[75] Este é com efeito um aspecto interessante, porém o reverso da medalha é mais interessante ainda: é bem indicativo da mentalidade burguesa da época o fato de que um cidadão tão respeitável como Ingres pudesse dedicar-se a uma arte tão nitidamente sensual. No caso da obra em questão, uns poucos espectadores ficaram chocados, mas a maioria a aprovou.

Não obstante havia também muita gente no século XIX, e de modo algum apenas evangelistas sisudos e filisteus sectários, que denegria essa exibição sem contragimento da beleza corporal, taxando-a de tipicamente francesa, vale dizer, previsivelmente imoral. Entretanto, artistas imbuídos da mais alta moralidade — belgas, americanos, alemães e até mesmo suíços —, longe de trancafiarem a sete chaves seus conhecimentos a respeito da carne, compartilhavam-nos com todos aqueles que tinham olhos para ver. Turner, que guardava para si, as cenas eróticas que esboçava, é uma exceção, não tanto por recusar ao público acesso a seus desenhos de relações sexuais — outros artistas, como William Mulready, fizeram o mesmo —, mas por abster-se de pintar qualquer nu destinado a um público mais amplo. A maioria dos artistas plásticos do século XIX não tinha tais escrúpulos, notadamente William Etty, o mais prolífico pintor de nus na Inglaterra do século XIX. Dizer que a nudez era sagrada para Etty constituiria um exagero, mas não estaria muito longe da verdade. Nascido em York em 1787, Etty era um metodista devoto que no fim da vida se converteu ao catolicismo, principalmente por motivos estéticos. A devoção e a moralidade lhe ocupavam constantemente os pensamentos. "Tenho duas ambições", disse ele a seu irmão Walter, que generosamente o sustentou durante os anos de sua juventude: "a primeira é tornar-me um bom homem, e a outra, ser um grande pintor". A busca da bondade e a da grandeza convenientemente se tornaram coincidentes, para Etty, na nudez feminina. "Ao descobrir que a mais gloriosa de todas as obras do Senhor é a MULHER", escreveu em sua breve autobiografia, que publicou em 1849, ano em que veio a falecer, "que nela se acham concentradas todas as belezas humanas, resolvi dedicar-me à pintura — não como um Milliner ou um Draper, mas sim retratando a mais gloriosa das obras de Deus mais primorosamente do que jamais até então se fizera". Para melhor compreender a mais gloriosa de todas as obras divinas, Etty, desafiando os costumes e o gosto de sua época, assistia assiduamente a aulas com modelos vivos, tanto em Londres como em York, muito tempo depois de já se haver tornado um pintor bem-sucedido e próspero. Nem todo o seu voyeurismo estético era tão puro quanto ele costumava afirmar: "As pessoas podem pensar que sou libidinoso", assegura ele, em tom de desculpas, em sua autobiografia, "porém jamais pintei por motivos lascivos".[76]

Etty decerto relatava honestamente seus sentimentos conscientes. Entretanto, a arte podia oferecer-lhe aquilo que a vida tendia a negar-lhe. Um solteirão bastante inibido e tímido durante toda a vida, muito ligado à mãe, além de acanhado ele era pouco simpático. "Não admira que tenha sido infeliz no amor", comentou um de seus biógrafos do século XIX. Socialmente, ele era "um enigma", e "sua aparência pessoal impressionava tão pouco favoravelmente quanto sua língua. Vestindo-se com desleixo, baixo e desajeitado de corpo, com uma cabeça desproporcionalmente grande, mãos e pés enormes, as faces cobertas pelas cicatrizes da varíola, uma juba de cabelos descoloridos, longos e revoltos", era uma criatura muito estranha aos olhos das jovens. Ninguém suspeitaria tratar-se do "criador de obras de uma beleza refinada e original". Esse requinte, entretanto, se encontrava em boa medida nos olhos do biógrafo. As mulheres desnudas pintadas por Etty mais parecem ordenhadeiras desgrenhadas — em nenhuma delas há nada de clássico, muito menos algo divino. Sem dúvida ele apreciava a anatomia feminina mais do que o exigia seu trabalho de pintor. Certa feita recomendou a John Constable — que com isso se divertiu a valer — uma "jovem figura" que "desejava muito tornar-se modelo" e que tinha a seu favor os contornos: "*toda a sua dianteira*", escreveu Etty a Constable, era "*notavelmente boa*".[77] O "famoso desenvolvimento frontal" que Thackeray atribuiu a Becky Sharp era o assunto predileto dos estudos de William Etty. Para esse amante da beleza, o prazer e o dever se confundiam; seu superego não lhe exigia demais.

Dar à obra divina o merecido valor parecia uma justificativa suficiente para pintar mais e mais mulheres nuas. Etty entretanto ainda oferecia outra justificativa, de cunho profissional: ambicionava tornar-se um pintor histórico, e como tal, para melhor traduzir artisticamente os momentos dramáticos do passado ou da mitologia, precisava ter muita intimidade com todas as contorções do corpo humano. Essa foi uma ambição que Etty concretizou; além de muitas telas que retratam mulheres nuas solitárias, contemplando cestos de frutas, indecisas quanto a se arriscarem a um mergulho numa lagoa, ou simplesmente em repouso, ele produziu um bom número de obras neoclássicas, bem providas de corpos nus, capturados em plena atividade ou congelados em posturas contemplativas, além de várias Madalenas devotas — e nuas. Etty assegurava que estudava mulheres nuas a fim de aprimorar as composições clássicas, mas estou convencido de que ele pintava composições clássicas a fim de poder estudar mulheres nuas.

E isso não é mera conjetura histórica. Em 1875, um quarto de século depois da morte de Etty, o eminente crítico e editor de arte inglês Philip Gilbert Hamerton publicou uma apreciação cuidadosa e abrangente da obra de Etty em sua revista, *Portfolio*, e observou, de passagem, que especialmente nos anos de sua maturidade, ele havia se dedicado a assuntos que lhe "ofereciam um bom pretexto" para nus. "Quanto mais tempo vivia", escreveu Hamerton, "menos ele se sentia inclinado a desistir de sua especial superioridade na pintura da carne, de modo que escolhia na mitologia ou na história antiga assuntos que lhe davam a oportunidade de realizar o tipo de pintura que lhe porporcionava maior prazer". Esse prazer de Etty ofereceu a Hamerton material para algumas reflexões de ordem mais geral. "Tem sido dito que o gosto pelos nus implica algum tipo de inferioridade intelectual, de vez que não são os braços e as pernas, mas sim a face e sua expressão, que revelam o intelecto de um homem. A isto pode-se retrucar que Etty decididamente *não* era um intelectual, embora sem dúvida possuísse forte personalidade artística; estas duas esferas mentais eram separadas em seu caso, como de resto vemos freqüentemente. Por conseguinte, ele procurava os temas que melhor exprimissem sua simples natureza artística. Ele não pintava pensamentos, mas tão-somente a beleza física, que a seus olhos se apresentava sob a forma mais pura na nudez e era motivo suficiente para sua arte."[78] Hamerton estava quase elogiando Etty por ter seguido sua inclinação ao escolher o gênero.

Vale a pena determo-nos um pouco sobre a inocência de Hamerton. Pode-se ser condescendente com sua inabilidade em reconhecer, ou com sua necessidade de negar, os evidentes desejos eróticos que orientaram a paixão de Etty pela nudez. Afinal, Etty não se interessava por braços e pernas. Porém seria mais vantajoso reconhecer na generosidade de Hamerton para com a "simples natureza artística de Etty" uma atitude bem típica, apesar de pouco notada, da era vitoriana em relação à sensualidade, uma atitude nem particurlamente pudica nem tampouco lasciva. A bem da verdade seja dito que embora alguns críticos do século XIX também dessem valor aos dons de Etty, questionavam seu gosto e suas motivações. Thackeray, que se concentrava enfaticamente na decência e ao mesmo tempo tinha a mente bem aberta a formas sedutoras, demonstra bem a mistura de sentimentos que Etty provocava. Considerava-o um "grande e original colorista", quase "tão delicioso quanto Rubens e tão rico quanto Ticiano". Todos os anos, observou Thackeray em 1844, "as exposições cintilam com as magníficas pequenas telas, obras desse infatigável admirador da Beleza rude". Esta avaliação precisa e perspicaz fornece uma indicação tanto das admiráveis qualidades de Etty quanto de suas características mais problemáticas. Com efeito, Thackeray levanta a objeção de que nas telas "voluptuosamente belas" expostas por Etty em 1844, entre as quais se incluía sua "composição mais nobre, uma *orgia* clássica e pictórica", a "figura feminina é freqüentemente retratada de forma demasiadamente expansiva".[79] Essa observação é típica dos comentários que Etty provocava: elogios entusiasmados entremeados de moderada desaprovação.

O pintor C. R. Leslie, amigo de Etty, achava "sua escolha de temas e o tratamento que lhes dispensava" bastante "peculiares", e estava convencido de que "o tratamento voluptuoso que ele dava a seus temas ... era uma recomendação maior do que sua Arte admirável". Já o pintor Thomas Uwins, que não era seu amigo, explicava com mordacidade que as rendas consideráveis auferidas por Etty durante seus últimos cinqüenta anos resultavam dos lucros que ele obtinha satisfazendo os desejos libidinosos de uma multidão vulgar de colecionadores novos-ricos: "A antiga nobreza e os fidalgos donos de terras se extingüiram. Seu lugar está sendo ocupado por especuladores das ferrovias, donos de minas de ferro, usineiros de Sheffield etc, e por mercadores e comerciantes de Liverpool e Manchester". Tais consumidores não apreciam os verdadeiros clássicos das artes. "O caráter voluptuoso da obra de Etty condiz com o grau de inteligência moral e mental dessa gente, o que explica seu sucesso." E muitos críticos de arte, apesar de admirarem a perícia de seu traço e de seu colorido, por vezes censuravam a nudez de suas figuras. Em 1822, comentando os quadros de Etty expostos na British Gallery, o crítico do *Times* se arrogou o direito de aconselhá-lo a "não se deixar seduzir por um estilo que só pode satisfazer o gosto mais depravado". As "figuras desnudas" só podiam ser "toleradas" quando pintadas "com a pureza de Rafael". Mas "a nudez sem pureza é ofensiva e indecente", e os nus pintados por Etty não passavam de "mera carne imunda". Estas restrições constituíam uma crítica de arte desavergonhadamente moralizante; Etty já deveria saber, concluía o crítico, "que o único sinônimo de um gosto refinado é o sentimento moralmente puro". Seis anos depois, quando Etty teve o grande prazer de ser recebido na Royal Academy, novamente o *Times* o repreendia: se bem que sua *Vênus agora desperta, e desperta Amor* tinha um traço admirável e um colorido natural, Etty manipulou o tema "de maneira excessivamente exuberante (e poderíamos com toda a propriedade usar um termo mais áspero) para os olhos do público em geral".[80] A nudez era controversa, mesmo quando apresentada por um artista habilidoso e conceituado, mesmo quando suas intenções fossem indiscutivelmente classicistas. Mas embora os nus de Etty fossem criticados por serem demasiado exuberantes para os olhos do público, aos olhos do público eles permaneceram expostos, mesmo na Inglaterra, mesmo durante os anos em que a sisuda e virtuosa consciência não-conformista se encontrava no auge de sua influência. Etty foi um pintor profissional que, trabalhando num gênero respeitável, quebrou as regras e ultrapassou os limites impostos à liberdade artística. De modo que seus críticos, sentindo-se esbofeteados por sentimentos conflitantes, lidaram com esse conflito de maneira bem simples: não fazendo nada.

O modo como foram recebidos Ingres e Etty apenas prova que as atitudes do século XIX em relação à nudez nas artes abrangiam desde uma aceitação descontraída até o constrangimento tenso. Enquanto a maioria das pessoas respeitáveis ia pouco além de uma supervisão da leitura de suas filhas e, talvez, de suas visitas a museus, os fanáticos se punham em marcha para remodelar a arte à imagem da moralidade pura. Não era à toa que os integrantes das cruzadas contra a masturbação costumavam incluir pinturas, esculturas e fotografias lascivas entre os indiscutíveis estimulantes do vício solitário. Anthony Comstock era apenas o mais enérgico dentre esses pessimistas inabaláveis, em relação à natureza humana, convencidos de que "da infância à maturidade, os caminhos da criança estão repletos de tentações peculiares ao mal". Era necessária, por conseguinte, uma perpétua vigilância para resgatar os jovens das "armadilhas clássicas e artísticas", que deixavam bem em evidência, sedutoramente, a nudez pintada, esculpida e — o pior de tudo — fotografada. Por si mesma, admitia Comstock, "a nudez nas artes não é necessáriamente lasciva, obscena ou indecente". Contudo, era muito provável que fosse tudo isso, sobretudo se de origem francesa. É por isso que Comstock vociferava contra os liberais que sustentavam que "expor à vista do público figuras nuas de mulheres constitui um modo de 'educar a mente pública'". Tal exposição, argumentava ele, "poderá educar a mente pública quanto às formas da beleza feminina, porém criam um apetite pelo que é imoral; sua tendência é a degradação; e em muitos casos constituem-se em verdadeiras pragas para a moral dos jovens e dos inexperientes". E foi por isso que Comstock levou Herman Knoedler à prisão, acusado de exibir, em sua galeria situada na Quinta Avenida, fotografias da "libidinosa arte francesa — um inimigo estrangeiro". Entretanto até mesmo Comstock, esse fanático sem qualquer senso de humor, viu-se obrigado a admitir que o nu tinha seu lugar — nos museus.[81]

Se até mesmo um Comstock, situado nos limites extremos da mentalidade censora, cedia um modesto lugar ao nu dentro de seu esquema de decência, pode-se concluir com toda a segurança que o burguês mediano, menos inclinado que Comstock a ver pecado em toda parte, menos atormentado do que ele por impulsos de voyeurismo, se sentia bastante à vontade diante de tudo o que as artes ofereciam, inclusive atraentes corpos despidos. A idéia de que as artes constituíam um veículo de informação carnal era, afinal de contas, bem antiga; nos idos da década de 1770, Basedow já havia incluído "estátuas de Hércules e pinturas" entre os meios de educação erótica dos jovens.[82] Fica bem claro, pois, que as artes provocaram emoções conflitantes nas mentes burguesas em boa parte pelo fato de os artistas, criadores dos nus, constituírem uma raça tão aventureira, tão misteriosa, tão... pouco burguesa. É bem verdade que ilustres artistas acadêmicos tinham trânsito livre em círculos de reputação impecável, e muitas vezes freqüentavam os salões da aristocracia. A grande maioria deles era considerada perfeitamente aceitável, quer como convidados de jantares elegantes, quer como membros de clubes seletos. Os mais prósperos construíram mansões suntuosas e desfrutavam de seleta companhia. Até mesmo a alta sociedade da Alemanha, tão meticulosa quanto as dos países vizinhos no tocante a sutis discriminações sociais, considerava muitos pintores e escultores absolutamente salonfähig, e agraciava os mais proeminentes e inofensivos com incumbências lucrativas, encomendas de obras para as casas reais e títulos nobiliárquica. Franz Lenbach, que produziu uma profusão de retratos elegantes e era amigo íntimo de Bismarck, tornou-se Franz von Lenbach; Franz Stuck, autor de alegorias violentamente sensuais e o "príncipe dos pintores" de Munique na virada do século, tornou-se Franz von Stuck.

Ao mesmo tempo, os burgueses cediam à tentação de se escandalizarem — vale dizer, de se sentirem estimulados — ao contemplarem a vida desregrada e boêmia que muitos artistas deveriam levar, com seus horários tardios, suas festas orgiásticas, suas modelos completamente nuas. A delicada questão das modelos nuas excitava fantasias ainda mais desregradas e, em conseqüência, ansiedades ainda mais intensas, do que a questão da rumorosa vida social desinibida dos artistas. Um amigo de Ruskin lhe disse certa vez que "a mulher que se dispõe a servir de modelo numa academia não pode ser virtuosa", uma austera opinião que Ruskin transmitiu devidamente à sua esposa Effie, que mais de uma vez havia posado para John Millais, por sinal completamente vestida. Animada pelo mesmo espírito, a Royal Academy de Londres não permitia que jovens solteiros com menos de vinte anos de idade assistissem às aulas com modelos vivos. Não resta dúvida de que a má reputação das modelos, de forma alguma totalmente imerecida, podia ser utilizada na grandiosa campanha contra a sensualidade. Pintores conservadores, bem como aqueles ansiosos por agradar, não divergiam muito dessa postura: William Mulready, que desenhou e pintou algumas mulheres sedutoramente despidas, achava "perigosa a profissão de modelo", uma profissão para a qual "pobres criaturas inocentes" precisavam ser cuidadosamente preparadas. Entretanto, o autocontrole responsável de um homem podia parecer a outro um vício incurável: foi Mulready, precisamente, a pessoa que Ruskin destacou por ter retratado mulheres nuas "degradadas e bestiais". Também sobre os Estados Unidos se abateu a furiosa controvérsia sobre a exposição da carne feminina a lascivos olhos da juventude, sempre em nome da arte clássica ou de tentativas de tornar clássicas as artes: na Filadélfia, durante todo o século XIX, aqueles que se chocavam diante de nus pintados a partir de modelos vivos se defrontaram com aqueles que insistiam em que o retorno à natureza era o único modo adequado de pintar e esculpir; já no ano de 1812, *Aurora*, uma revista local, se queixava de "uma espécie de modéstia, como é geralmente chamada, ou de melindres ou falsa modéstia, como nós certamente a chamaremos", um "espírito farisaico" que se opunha "à exibição da figura humana reproduzida em giz ou em gesso!" E o suposto mundanismo dos pintores e escultores realmente deixava os fariseus muito inseguros. Amiel anotou no diário, após um jantar em companhia de artistas, que homens sensíveis pareciam viver de maneira desagradavelmente próxima à sensualidade — uma proximidade desagradável para ele, Amiel. "Houve muita alegria", escreve ele, "mas que pena!, mesmo sem ser puritano, toda essa alegria me pareceu singularmente rude, indecente e, em alguns momentos, vulgar". Sentiu-se "humilhado" ao descobrir "onde os representantes da beleza e das artes iam buscar sua gratificação," em particular com relação a anedotas e canções de gosto duvidoso. Talvez, especulou para acalmar-se, o artista fosse em geral "um homem natural, uma raça selvagem em seu vigor, mas também em sua leviandade".[83] Ele foi mais feliz nesse julgamento do que poderia ter imaginado: exatamente porque os artistas, e suas obras, estavam tão próximos da natureza é que eles, eram tão atraentes, e tão perigosos.

Não obstante, é conveniente observar que apesar de toda a sua sinceridade, todo o seu alarido e toda a sua indubitável influência, o sucesso da campanha contra a sensualidade foi muito limitado. A maior parte dos cidadãos respeitáveis, por mais mal-estar que sentissem, não adotavam os métodos grosseiros de Comstock. Nem possuíam tampouco a fina sensibilidade de Amiel. Satisfazia-lhes uma espécie de acordo tácito entre o artista e o público, o que pretendo chamar de "doutrina do distanciamento". Esta doutrina, um exemplo impressionante de como funciona um mecanismo de defesa cultural, estabelece que, quanto mais generalizada e idealizada a representação do corpo humano na arte, quanto mais envolta em associações sublimes, menor será o choque sobre os espectadores. Na prática, isso significa abstrair a nudez da experiência íntima e contemporânea, emprestando-lhe o esplendor alheio proveniente dos títulos ou das poses oferecidos pela história, pela religião, pela mitologia ou pelo exótico. Para alguns beatos, nem mesmo a mitologia ou a antigüidade eram capazes de proteger o público dos maus pensamentos: "Nossas damas e nossos cavalheiros somente *se arrebanham*", escreveu em 1834 William Dunlap, "para ver figuras desnudas se o tema por elas representado tiver sido extraído das escrituras sagradas ou for nitidamente moral".[84] Entretanto, muitos amantes das artes estavam prontos a absolver um nu pouco sensual, desde que o artista pudesse persuadir o público de que a obra estava "vestida" de uma pureza própria.

Há algo de paradoxal nesta ideologia, o que é muito instrutivo, pois onde existe um paradoxo freqüentemente se esconde um conflito. O distanciamento, não importa o modo como fosse gerado, tornava uma obra de arte ao mesmo tempo menos e mais erótica. Menos erótica porque supostamente o espectador não reagia a um convite sexual, mas sim a uma mensagem literária ou histórica; e mais erótica porque, vendo a nudez envolta em seus trajes adequados, o espectador podia olhá-la com uma malícia que os corpos nus com os quais privava jamais lhe permitiriam. A burguesia do século XIX, numa palavra, se sentia segura ao afastar suas necessidades eróticas para tão longe de casa — literalmente — quanto possível. "Um quadro é sempre, até certo ponto uma idealização", conforme a colocação da *Saturday Review* em 1858. "Uma Graça, uma Ninfa, ou uma Vênus, é um ser irreal, convencional, que costumamos associar tão-somente com as galerias de arte."[85] As classes médias encontraram muita dificuldade para resolver seus conflitos referentes às fronteiras da sensualidade permissível. Quando porém a nudez se apresentava sob um disfarce impecável, cheio de distorções e ocultações, demonstrou ser útil, e muitas vezes oportuna, na educação do século burguês.

Quaisquer que fossem suas limitações e seus matizes, pois, a doutrina do distanciamento foi um mecanismo que permitiu aquilo que em circunstâncias comuns seria proibido. O século burguês, assim como outros séculos também, tinham um estoque abundante de afirmativas de que "judias", ou ciganas, ou outras mulheres "exóticas", tinham "sangue quente", e de que as ruivas eram muito apaixonadas — sobretudo porque essas mulheres eram criaturas raras. Figuras distanciadas no espaço, no tempo ou simplesmente na aparência podiam proporcionar alívio de desejos sexuais e vencer, ou pelo menos reduzir substancialmente, as inibições que restringiam as fantasias eróticas. Essa ideologia de autodefesa era uma instituição da própria civilização, e a civilização, conforme já tive oportunidade de dizer, é, entre outras coisas, um fosso que impede a travessia para o incesto. O distanciamento afastava as ameaças de desejos incestuosos. Uma mocinha sentada em atitude provocadora, escassamente vestida, num umbral argelino era exótica; a mesma mocinha na mesma atitude, mas num umbral parisiense, teria sido obscena. Um sugestivo nu exibindo um corpo perfeito e chamada "Vênus" era uma obra de arte; o mesmo nu, na mesma postura, porém obviamente proveniente de um ambiente doméstico, teria sido uma afronta a muitos visitantes de museus. Não sei se com cinismo ou com resignação, William Mulready expressou esse princípio em seu caderno de rascunhos: "A beleza e a inocência femininas serão muito discutidas e venderão bem. Desde que sejam *veladamente* excitantes". Entretanto é importante lembrar que, se por acaso "a excitação pareça ser o objetivo", os "hipócritas gritarão e esbravejarão até afastar os sensualistas".[86] O elegante Jean-Léon Gérôme podia expor aos olhos do público uma modelo delicadamente sinuosa e sensual pelo fato de estar ilustrando um conto clássico, *Pigmaleão e Galatéa*; Daumier era capaz de prescindir desse artifício, o qual continuou sendo eficaz. O ilustre pintor belga Antoine Wiertz, um especialista em grandiosos temas históricos e questões filosóficas obscuras, podia exibir em *La Belle Rosina* uma robusta modelo completamente nua, porque a estava usando para transmitir a sombria mensagem do *memento mori*. E Arnold Böcklin, que em determinada época foi um dos favoritos entre os burgueses amantes das artes na cultura germânica, incluindo Sigmund Freud, podia explorar os mistérios da anatomia feminina em quadros de bucólicas e saltitantes sereias, pois elevava suas vivazes criaturas à categoria de protagonistas de algum drama mitológico de sua própria concepção.

Os que se atrevessem a persistir nas ofensas contra a doutrina do distanciamento podiam preparar-se para sermões e denúncias. Como todos sabem, tal foi o destino de Manet. A recepção dispensada às suas telas pioneiras do começo da década de 1860 constitui um lembrete de que a idéia de uma França frívola, erótica, corrompida, não passava de uma invenção de estrangeiros chocados e provavelmente invejosos. Camadas bastante influentes do público francês eram extremamente tacanhas e insistiam em que a carne feminina somente poderia ser exibida quando fossem obedecidas as regras tradicionais do decoro. Manet ofendeu esses círculos porque as figuras de seus quadros *Déjeuner sur l'herbe* [Almoço na relva] e *Olympia* eram evidentemente figuras vivas, e, o que era pior, francesas: a maior objeção levantada contra a obra-prima que é o *Déjeuner sur l'herbe* foi, precisamente, a de que a jovem nua e seus acompanhantes mostrados no primeiro plano eram retratos perfeitamente reconhecíveis de contemporâneos de Manet. "Uma mulher comum do baixo mundo, tão nua quanto possível, refestelando-se desavergonhadamente entre dois janotas vestidos até os dentes" foi uma das críticas inclementes que Manet teve que ler; "é uma brincadeira de mau gosto, uma vergonhosa ferida aberta que não devia ser exibida dessa forma". E *Olympia* não teve melhor sorte. Apesar de Manet declarar abertamente que sua *Olympia* devia muito à *Vênus* de Ticiano, e talvez em boa parte por isso mesmo, ela foi considerada picante, indecente, ridícula, uma zombaria. Detendo-se com desgosto na feiúra de Olympia, em seu corpo magro e na serena indiferença de seus olhos escuros, os criticos fundamentavam seu veredicto no realismo do modelo. Como freqüentemente ocorria à época, nesse caso também, a crítica de arte se dissolvia num julgamento moral: os críticos que acusavam Manet por se recusar a idealizar, ou seja, distanciar, a jovem nua retratada compreendiam melhor os motivos do artista do que eles mesmos imaginariam. Manet era um pintor moderno que oferecia ao público uma moça moderna, precisamente como ele a via. E isso era algo que, tanto do ponto de vista ético quanto estético, provocava ansiedade extrema naqueles que, pelo menos em público, preferiam que informações sexuais fossem diluídas ou embelezadas. Em 1867, ao defender o "novo estilo de pintura" de Manet, Émile Zola simplesmente descartou as acusações de imoralidade, que considerava irrelevantes, através do expediente de submeter *Déjeuner sur l'herbe* e *Olympia* a uma análise puramente formal. O que interessava a Manet, segundo a argumentação de Zola, eram as relações entre as cores e a complexidade da composição. Foi uma defesa inteligente, e ao mesmo tempo uma escapada reanimadora da obsessão da crítica pela valoração ética de uma obra de arte. Entretanto, Zola estava tratando Manet com a devida justiça — ou melhor, com menos justiça do que ele mereceria. Pois Manet não era um mero formalista: insistia em exibir a contemporaneidade de seus modelos, e assim, sendo um grande pintor, fez história.[87] A doutrina do distanciamento jamais foi a mesma depois de *Olympia*.

Em sua forma mais simplificada, essa ideologia ainda assim constituía uma solução de compromisso bem complexa. Etty, afinal de contas, foi tão severamente criticado por suas composições neoclássicas quanto pela nudez desinibida das modelos: havia nele uma certa dose de exibicionismo sensual que a doutrina do distanciamento não tinha capacidade de encobrir. Por mais que tentasse, Etty jamais conseguiu aquietar as suspeitas de estar jogando com a sensibilidade erótica do público, mesmo quando dava aos nus títulos como *At the Doubtful Breeze Alarmed* [Receios por causa da brisa duvidosa]. Os seios das mulheres nuas de Etty eram demasiado cheios e proeminentes para que os espectadores se sentissem completamente à vontade. Contudo, a maioria dos amantes das artes, que não tinha muita paciência para sutilezas, ficou bastante contente com essa permissão de deleitarem seus olhos com a nudez.

Denominei a doutrina do distanciamento de um "acordo tácito" porque de modo geral as negociações não chegavam ao conhecimento do grande público. Mas os críticos de arte mais atentos, os diretores de institutos de arte que empregavam modelos, e os moralistas ansiosos estavam conscientes do compromisso que essa doutrina representava, e por vezes se sentiam inseguros quanto aos seus limites. Quando Jean-Baptiste Clésinger exibiu a sua exuberante e arrebatadoramente sensual escultura de uma mulher nua em tamanho natural, *Mulher picada por uma cobra*, no Salão de Paris de 1847, Théophile Gautier comentou explicitamente essa violação de uma regra conhecida e aceita, sem no entanto demonstrar qualquer desaprovação: Clésinger, escreve Gautier em sua crítica, "teve a audácia, sem precedentes em nossos dias, de exibir, sem mascará-la com um título mitológico, uma obra-prima que não é nem deusa nem ninfa ... mas simplesmente uma mulher". A idéia da cobra, informa Gautier a seus leitores, havia surgido posteriormente ao artista, justamente para fornecer o tipo de disfarce exigido pela doutrina do distanciamento. Obviamente, era um disfarce muitíssimo fraco. Frédéric Chopin, que de modo algum foi o único visitante do salão ao sentir-se ultrajado pelo realismo erótico de Clésinger, escreveu que a escultura "mostra uma mulher nua numa atitude que é mais do que indecente — tanto assim que, para justificar a pose em que a apresenta, ele se viu obrigado a enrolar uma serpente numa das pernas da estátua".[88] Numa época familiarizada com o simbolismo freudiano como a nossa, o subterfúgio de Clésinger não deixa de ser irônico: a escultura de uma robusta mulher contorcendo-se em êxtase sexual se torna mais erótica ainda se a ela se acrescenta uma serpente fálica. Para a época, entretanto, aquela serpente constituía a desculpa necessária para tornar esse nu aceitável no salão.

Trinta e cinco anos mais tarde, o crítico Henry Houssaye voltava a enunciar a doutrina do distanciamento. Opinando sobre o Salão de 1882, ele lamentava particularmente "a ausência de cenas da mitologia ou da história antiga, os únicos temas adequados ao nu".[89] Alguns artistas mais cínicos do século XIX, ávidos por ceder ao gosto depravado, exploraram essa doutrina criando títulos esotéricos ou camuflando na mitologia cenas em que claramente era Eros quem se manifestava. Mas até mesmo artistas de intenções relativamente puras descobriram que a doutrina do distanciamento era excepcionalmente maleável. Tratava-se, afinal, muito menos de uma ação fria e calculista do que de uma reação impulsiva ao conflito generalizado que envolvia a sensualidade, um conflito que pintores e escultores percebiam e que em parte também sofriam, e que além disso guiava seu pincel ou cinzel quando acrescentavam mais uma Vênus ou um Cupido aos já existentes.

A flexibilidade dessa defesa mostrou-se eficaz; alguns espectadores do século XIX se escandalizavam por praticamente qualquer coisa, enquanto outros raramente se escandalizavam. A maioria se encontrava entre esses extremos; mostrava-se receptiva aos atrativos da beleza estética e pronta a suspender os julgamentos moralizantes se pudesse ser convencida, ou convencer-se, de que aquilo que estava diante de seus olhos era uma arte sublime, e não apenas uma obra obscena habilmente executada. Havia nessa doutrina camadas e mais camadas de percepções e sentimentos em ação — um recato consciente minado por necessidades inconscientes, uma pudicícia em choque com desejos instintivos. Por conseguinte, as contradições estavam na ordem do dia. As famílias mais respeitáveis podiam introduzir em suas salas de estar bustos que expunham explicitamente fartos seios. E os júris acadêmicos podiam aplaudir cenas que o senso comum e um julgamento isento de servilidade teriam reconhecido e condenado como uma arte francamente corrompida. A *Ninfa raptada por um fauno*, de Alexandre Cabanel, por exemplo, representa, claramente falando, o prelúdio de um estupro. Exposto no Salão de Paris de 1860 e imediatamente comprado por Napoleão III, o quadro não deixa margem a qualquer dúvida quanto a seu significado. O sátiro de olhos cheios de malicioso desejo, de pele escura e sedento de prazer carnal, e a ninfa relutante de corpo alvo e cabelos esvoaçantes constituem um convite tão flagrante à excitação sexual que se pode considerar o quadro uma obra de esmerada e astuta pornografia. Naturalmente, o que emprestava a essa voluptuosa tela o prestígio de obra de arte era seu tema. E no entanto pelo menos um crítico, Charles Blanc, editor da *Gazette des Beaux-Arts*, elogiou o quadro precisamente por encontrar nele figuras encantadoramente familiares: "Esses seres mitológicos, cujas formas ... são primorosas e cuja coloração é delicadamente matizada, não cresceram nas florestas das fábulas; vêm da cidade, são parisienses".[90] O veredicto de "puro" ou "degradado" dependia de muitos fatores: o modo pelo qual o artista manejava seu explosivo material erótico, as pressões exercidas pelos defensores da "pureza", a atmosfera dominante numa determinada década ou fatores aleatórios, como as ambições políticas de algum promotor público. As distâncias estipuladas pela doutrina do distanciamento variavam enormemente.

O modo como funcionava essa doutrina, assim como sua flexibilidade, estão magnificamente demonstradas numa das mais famosas esculturas americanas do século XIX, *A escrava grega*, um nu em mármore, em tamanho natural, de Hiram Powers. Powers, nascido em Woodstock, Vermont, em 1805, mudou-se em 1837 para Florença onde, seis anos mais tarde, cercado de esculturas clássicas e neoclássicas por todos os lados, lhe veio a feliz inspiração de criar um nu que não pudesse ser censurado nem mesmo pelo mais melindroso dos moralistas. Premeditadamente, ele escolheu um tema extraído da história recente que certamente provocaria a indignação do público comprador de estátuas: durante a Guerra da Independência da Grécia, observa Powers, os turcos haviam aprisionado muitos cristãos, entre os quais havia "lindas moças", que eram vendidas "a quem oferecesse o maior lance". E uma cena tão inspiradora, Powers bem o sabia, tornava imperativa a "completa nudez". "A escrava", diz ele, "é obrigada a pôr-se de pé, completamente nua, a fim de ser julgada no mercado dos escravos — e isto é um fato histórico". E acrescenta que teve o cuidado de "evitar qualquer coisa que, por sua forma ou por suas implicações, possa ofender a mais pura das mentes", o que requeria uma situação na qual a moça nua não se desse conta de sua nudez. Powers encontrou esse motivo de que necessitava na aflição da jovem grega: tendo sido sua família provavelmente morta pelos turcos, seus sentimentos em relação aos bárbaros captores só podia ser da mais pura repugnância; e, embora terrivelmente ansiosa quanto ao próprio futuro, ela encontrava conforto em sua "confiança na bondade de Deus". "Juntem-se todas essas aflições", conclui Powers, "e acrescentem-se a elas o ânimo inquebrantável e a resignação de um cristão, e não sobrará espaço para a vergonha'' na mente do espectador, nem tampouco, ele deixa implícito, para idéias maliciosas ou lascivas.[91]

A previsão de Powers, menos calculista do que pode parecer, se realizou plenamente. O público admirador de sua *Escrava grega* ultrapassou todas as expectativas e era formado de pessoas das mais variadas classes, porém quase sem exceção de tendências líricas; em pouco tempo foram feitas seis cópias em tamanho natural, três versões de meio corpo, cerca de setenta bustos, incontáveis reproduções em mármore, cerâmica, porcelana fina, gravuras e fotografias, além de inevitáveis paródias, que deram à estátua uma divulgação sem precedentes para uma obra do gênero. O maior de todos os triunfos foi conquistado na Grande Exposição de 1851, onde ela foi aclamada como ''uma 'celebridade''', como ''um dos trabalhos mais requintados'', como ''um dos mais bem-sucedidos esforços da escultura moderna''. Mas mesmo antes de 1851, na Inglaterra e na Itália os admiradores se extasiavam diante da pureza e da imaculada beleza da peça. Como relatou um jornal londrino em 1845, ''quando a viam pela primeira vez, os homens admiravam a *Escrava grega* da mesma forma como a Vênus de Médici foi admirada por aqueles que a desenterraram''. No mesmo ano, C. Edwards Lester, depois de visitar o estúdio de Powers em Florença, elogiou a estátua, juntamente com outro nu desinibido, *Eva*, por estimular ''aquela linda emoção que permanece longamente em nosso íntimo como uma forma ideal que, às vezes, durante um tranqüilo cochilo matinal na primavera, esvoaça através de nossa fantasia e jamais será esquecida''. O americano Philip Hone considerava o mármore de Powers superior ao de Praxíteles: ''Certamente jamais vi coisa mais linda em toda a minha vida''.[92] No caso da *Escrava grega*, tais apreciações superlativas eram muitas vezes acompanhadas de um sentimento de profunda reverência; o distanciamento produzido pelas correntes, ou pelas algemas que em algumas reproduções as substituíam, sufocava qualquer pensamento lascivo que a nudez da moça pudesse excitar, gerando em seu lugar uma delicada aura de santidade. Ao mesmo tempo, a representação de uma bela jovem acorrentada, indefesa diante de admiradores sensuais, deve ter suscitado desejos sádicos — ao menos em alguns de seus muitos admiradores. Mas se tal foi o caso, tais satisfações especulativas, remotas e consideradas revoltantes pelas pessoas respeitáveis, não deixaram rastro nas apreciações dadas a público, e permaneceram ocultas no inconsciente dos espectadores.

Houve umas poucas vozes discordantes, reprovadoras, que também merecem ser aqui registradas. Em 1854, um certo William Peters endereçou um panfleto, *The Statue Question* [A questão das estátuas], ao diretor-geral da Crystal Palace Company, queixando-se, indignado, das ''estátuas indecentes, intencionalmente indecentes'', que vinham sendo exibidas desde a Grande Exposição de 1851. Segundo ele, a mais ''inquestionavelmente indecorosa'' dessas estátuas era a *Escrava grega*. Peters havia descoberto, horrorizado, que ''o processo utilizado para obter tais estátuas perfeitas consistia em copiar os corpos nus e fazer moldes das formas naturais''. Julgava correto ''informar as senhoras, e através delas as filhas da Inglaterra, de que mulheres são costumeiramente contratadas para se exporem ao olhar concupiscente dos rabiscadores''. Eis aí uma observação sagaz: como já observei, fantasias de modelos nuas seduzindo os artistas que as retratavam ou sendo por eles seduzidas faziam parte da bagagem imaginativa dos burgueses mais ansiosos. Peters porém era um lunático, autor de um panfleto que atacava a teoria de Newton e de outro em que demonstrava a quadratura do círculo.[93]

Já o crítico do *Cosmopolitan Art Journal* se mostrou mais responsável quando denunciou a *Escrava grega*, em 1860, como ''mais lasciva do que qualquer coisa que nos tenha sido legada pela arte grega''. Contudo também este crítico desapareceu sob a avalanche de admiração extasiada. Eis como Caroline Kirkland, que em determinada época gozou de excelente reputação como ensaísta especializada em temas ligados à expansão para o oeste, descreveu a atmosfera reinante numa das muitas exibições públicas da estátua: ''Os homens tiram os chapéus, as mulheres se sentam em silêncio, quase inconscientemente; e em geral passam-se minutos antes que uma palavra seja proferida. Qualquer conversa passa a ser murmurada apenas, e ao partir todos têm um semblante sério". Mais do que qualquer outro nu do século XIX, a *Escrava grega* suscitava comentários redentores de que na realidade a estátua estava completamente vestida: "A *Escrava grega*", escreveu o reverendo Orville Dewey, está inteiramente vestida de sentimentos, que a abrigam e a protegem dos olhares profanos". Com a mesma idéia, um certo H. S. C. inicia um poema publicado na *Knickerbocker Magazine*:

Nua porém em castidade envolta,
Ei-la.*

A recíproca também era considerada verdadeira. Em 1893, Mary MacMonnies apresentou à sra. Bertha Palmer seus esboços para um grande mural, destinado à exposição comemorativa de Colombo em Chicago. Quando a sra. Palmer, presidente da Comissão Diretora do Pavilhão Feminino fez objeções à nudez, Mary MacMonnies defendeu seu projeto para a obra "Mulheres primitivas" alegando que "a timidez e a fragilidade" estariam deslocadas, sobretudo numa exposição para a qual escultores homens estavam preparando enormes nus alegóricos. E ademais, insistiu ela, "uma figura envolta em panos da cabeça aos pés pode facilmente tornar-se mais provocante do que uma figura inteiramente nua". [94] Os sofismas inocentes e insinuantes que caracterizam a doutrina do distanciamento dificilmente poderiam ir muito além de tal observação, que, é claro, contém certa dose de verdade psicológica; certas roupagens podem ser mais excitantes do que a nudez. Por conseguinte, era permitido olhar; não despreocupadamente, porém já se podia olhar.

As classes médias do século XIX se viram pois em condições de gozar os prazeres do corpo nas artes dentro de alguns limites, ainda que mal definidos e cheios de lacunas. Flaubert aborda o assunto com pungência característica numa carta dirigida à sua amante, Louise Colet: "As pessoas andam acusando de sensualidade escultores que criam mulheres verdadeiras, com seios que podem dar leite e quadris que podem conceber crianças. Mas se, ao invés disso, concebessem drapejamentos cheios de algodão e figuras chatas como tabuletas de anúncios, seriam chamados de idealistas e espiritualistas. 'Ah sim!, é verdade', diriam, 'ele negligencia as formas, mas é um pensador!' — e assim o burguês expressará sua admiração e se forçará a admirar aquilo que o entedia". O julgamento de Flaubert se encontra emaranhado em suas predileções antiburguesas; contudo, a despeito de todo o escárnio, ele concede implícita e quase involuntariamente ao burguês um arrojo de sensualidade sob o pudor exterior: aqueles peitos chatos, aquelas tabuletas vestidas que sua moralidade exigia realmente o entediavam. E alguns bons burgueses admiravam abertamente as formas despojadas de véus. Escrevendo à noiva no início de 1886, de Paris, Sigmund Freud descreve os convidados a uma recepção oferecida por Charcot à qual também estivera presente; entre eles estavam "o principal assistente de Charcot e sua esposa, que estava num estado de certa nudez que, entretanto, não pode ser censurado numa beldade. Aliás", acrescenta ele, associando significativamente suas formas encantadoras e altamente visíveis à arte da escultura, "ela permaneceu muda como uma estátua".[95] Já outras pessoas respeitáveis eram de opinião de que nem mesmo folhas de figueira eram suficientes: o grande caricaturista inglês George Cruikshank, ele mesmo um moralista de boa envergadura, satirizou esses extremistas numa caricatura de 1822 em que o grande pastor evangélico William Wilberfore escondia, com uma cartola, os órgãos genitais de Aquiles na enorme estátua

(*) Naked yet clothed with chastity, she stands.

do herói grego erigida no Hyde Park em homenagem ao duque de Wellington; a piada residia no fato de que o escultor já ocultara aqueles órgãos com uma folha de figueira.[96] Outros ainda obtinham um prazer nada inocente, embora até certo ponto velado, na contemplação dos corpos desnudos de meninas pré-púberes. Lewis Carroll foi apenas o mais conhecido dos fotógrafos do século XIX a preferir meninas de oito anos como modelos. A franqueza descomplicada do sr. Crotchet, personagem de um romance de Thomas Love Peacock, era relativamente rara; obviamente um porta-voz autor, o sr. Crotchet colecionava imagens de Vênus, admirava os nus esculpidos na antigüidade por considerá-los uma "verdadeira escola de recato", e se declarava disposto a permitir que sua bonita filha "servisse de modelo a um Canova". Mas, como já disse, ele era uma raridade: em agosto de 1871, quando a jovem Mabel Loomis, que ainda não completara quinze anos, visitou o Atheneum de Boston, olhou "de relance para dentro da 'Sala de Leitura' (que está cheia de figuras nuas ... várias Vênus e outras semelhantes) e vimos o sr. Lovejoy sentado numa das poltronas ao fundo, lendo um jornal. Ficamos envergonhadas porque podíamos ser vistas ali, e por isso saímos e nos sentamos".[97] Ela estava pronta, e até mesmo ansiosa, para obter conhecimentos a respeito de sexo, porém parecia-lhe impróprio que outras pessoas, principalmente homens, percebessem tal interesse. Mabel Loomis não teria posado para Canova; não se fosse do conhecimento de seus pais.

O acordo que franqueou aos nus a entrada em círculos respeitáveis tinha o seu lado provocador. Mulheres desnudas aceitáveis eram, de maneira geral, pagãs. E se essa origem por um lado permitia certa licenciosidade, por outro também era motivo de afrontas. Recordo a intransigente e descrente Sue Bridehead, em *Jude the Obscure* [Judas, o Obscuro], de Thomas Hardy: saindo para passear, do "estabelecimento eclesiástico" onde vivia, em Christminster, ela encontra por acaso um mascate e dele compra uma Vênus e um Apolo, "as maiores figuras expostas no tabuleiro". Era um ato de desafio. "Por ter um temperamento nervoso, ela tremia por sua ação", pois as figuras "pareciam agora, que ela as possuía, incrivelmente grandes, e incrivelmente nuas". Cuidadosamente, ela as embrulha e leva "sua carga pagã para dentro da mais cristã das cidades do país", dizendo que eram estatuetas de São Paulo e Santa Maria Madalena, para então, na calada da noite, desembrulhá-las e fitá-las timidamente enquanto lia a obra de Gibbon sobre o imperador Juliano, o Apósta.[98] Dir-se-ia — se bem que em Hardy não haja sequer a mais leve insinuação nesse sentido — que *The Decline and Fall of the Roman Empire* [Declínio e queda do Império Romano] seria uma obra pornográfica, e que as pequenas estatuetas nuas provocariam na leitora pensamentos impuros, e talvez atos impuros. Aqueles que, como Comstock, pensavam que a nudez artística tinha poderes de sedução não estavam de todo enganados.

Dispomos entretanto de algumas evidências, recolhidas entre as comoventes anotações autobiográficas de Edith Wharton, de que, se o ambiente fosse adverso, até mesmo uma verdadeira floresta de nus forneceria pouca ou nenhuma informação útil. A mãe de Edith Wharton, rica e elegante senhora, praticamente tinha uma fobia com relação à sexualidade, o que a levou a ignorar os sentimentos que começavam a desabrochar na filha: "E durante todo esse tempo a Vida, a verdadeira Vida" — relembra Edith mais tarde — "vibrava em meus ouvidos, fervia meu sangue, corava minhas faces e esvoaçava meus cabelos — enviando-me mensagens e sinais a partir de qualquer rosto bonito e qualquer voz musical, inundando-me de vagos tremores quando cavalgava meu pônei ou quando nadava através das pequenas marolas na baía, ou quando corria e dançava e dava cambalhotas com 'os meninos'. Eu não sabia nada — e se, por acaso, me deparasse com a sombra de alguma realidade, e perguntasse a minha mãe 'O que significa isso?', ela sempre me dizia 'Ainda és muito pequena para entender', ou então 'É feio perguntar sobre essas coisas'". Ainda bem pequena, ela lembra, "aos sete ou oito anos, ouvi de uma prima mais velha que os bebês não são encontrados nas flores, e sim nas pessoas. Esta informação não fora solicitada, mas como mamãe me dizia que 'era feio' perguntar sobre esses assuntos, tive uma vaga sensação de pecado, e fui imediatamente confessar minha ofensa involuntária''. Por aceitar sem questionamento as regras impostas pela mãe, ela recebeu ''uma severa admoestação, que me deixou um profundo sentimento de 'coisa feia'' e me manteve afastada de qualquer pesquisa ulterior, de modo que literalmente era só isso que eu sabia sobre os processos da procriação até diversas semanas depois do meu casamento''. E foi exatamente isso que ela quis dizer: ''Alguns dias antes do meu casamento'', relembra, ''fui tomada de um tal pavor diante de todo esse mistério obscuro, que juntei todas as minhas forças para conseguir apelar à minha mãe, e lhe pedi encarecidamente, com o coração batendo tão forte que parecia sufocar-me, que ela me dissesse 'como era ser casada'. Seu rosto de imediato se cobriu daquele gélido olhar desaprovador que eu mais temia. 'Jamais ouvi uma pergunta tão ridícula!', disse-me com impaciência; e percebi imediatamente o quanto ela me julgava vulgar. Todavia o extremo a que eu havia chegado me fez persistir: 'Sinto muito, mamãe — eu preciso saber o que acontecerá comigo!' ''

''A frieza de sua expressão acentuou-se a ponto de demonstrar sua repugnância. Por um terrível instante ela permaneceu calada; depois, com evidente esforço, e com as narinas reagindo como a um cheiro desagradável, disse: 'Já viste muitos quadros e estátuas em tua vida. Não notasse que os homens ... são feitos de modo diverso das mulheres?' 'Sim', respondi hesitante, com a mente em branco. 'Bem, e então ... ?' Fiquei em silêncio, simplesmente porque não compreendia nada, e ela então concluiu asperamente: 'Então pelo amor de Deus, não me venhas mais com perguntas tolas. Não é possível que sejas tão boba quanto queres parecer!' ''[99]

As imagens da nudez que essa mocinha confusa da alta sociedade novaiorquina havia visto em quadros e estátuas nada lhe haviam dito, pois ela nunca soubera — ou melhor, havia sido forçada a reprimir — o que lhes perguntar. Houve muitas Edith Wharton, e outros tantos rapazes, no século XIX; alguns foram parar nos consultórios de Sigmund Freud. Não obstante é bom lembrar que durante toda aquela era, apesar de normalmente idealizadas, as partes íntimas das pessoas eram de domínio público.

VI

SÓLIDAS DEFESAS PARA A PERSONALIDADE

O domínio público exerceu inegavelmente uma influência ponderável sobre a formação da sensualidade das classes médias no século XIX. O mundo inteiro estava repleto de advertências e convites, de fracassos que fortaleciam as inibições bem como de incitações que as derrotavam. A experiência vivida ressuscitava lembranças sensuais infantis e definia desse modo as necessidades, as oportunidades e as frustrações do adulto. Em sua crônica sobre a formação de um jovem, *L'Éducation sentimentale* [A educação sentimental] — cujo título tomei emprestado para este volume —, Gustave Flaubert expõe seu protagonista passivo e razoavelmente desprovido de princípios a uma seqüência de instrutores de vida, quase todos bastante remotos de sua origem familiar: submete-o assim a uma educação sensual plena de desilusões, mas que não deixa de ser característica da formação dos jovens da época. A sociedade fornece portanto muitas lições, constantemente renovadas e freqüentemente contraditórias, para os egos e superegos em amadurecimento; alimenta e frustra, ou, numa palavra, educa os sentidos.

De vez que as paixões e as ansiedades eróticas amadurecem dentro da esfera restrita, protegida e parcialmente reprimida, da vida pessoal, retornarei agora ao indivíduo, depois de ter excursionado por circuitos mais amplos. Reduzirei novamente o foco de nossa atenção para explorar a suposta tendência da burguesia para a hipocrisia — uma submissão mentirosa e covarde aos ditames de uma opinião pública despótica; seu instrutor jamais esquecido, a família; e o refúgio silencioso e discreto de sua vida íntima inviolável, o diário. Esse percurso circular — partindo de Mabel Todd para retornar enfim a Mabel Todd — é particularmente útil ao historiador da burguesia do século XIX. Nenhuma outra classe, em qualquer época da história, dedicou-se com maior empenho ou mais ansiosamente às aparências, à família e à privacidade; nenhuma outra classe construiu muralhas tão altas para defender a personalidade.

1. EM BUSCA DE SEGURANÇA

As manobras defensivas das classes médias do século XIX lhes valeram, rapidamente, uma reputação nada invejável de hipocrisia, que de resto elas detêm até hoje. Não resta dúvida de que o século burguês estava repleto de professores da negação que instruíam seus contemporâneos na arte da reticência, da evasiva e do silêncio diante dos fatos da vida. Essas estratégias deixaram impressas suas marcas no gosto artistico geralmente aceito, na educação das crianças, nos sermões dos moralistas e, sobretudo, na cautela com que se tratava a sexualidade. À sua maneira oblíqua, a hipocrisia também era uma educadora dos sentidos, instruindo como disfarçar sentimentos e convicções de forma a torná-los aceitáveis pela sociedade. Em 1911, George Santayana batizou a infeliz era vitoriana que chegava ao fim com um nome que, de modo zombeteiro, captava bem esse vício da duplicidade peculiar das classes médias. Em sua palestra, freqüentemente citada até hoje, "The Genteel Tradition in American Philosophy" [A tradição cavalheiresca na filosofia americana], cuja amplitude é bem maior do que o título sugere, Santayana descreve a cultura das pessoas educadas como tendo sido atacada, durante um século, pelos males do convencionalismo, da fuga premeditada à vida. Alimentados outrora pelo pessimismo dos ensinamentos calvinistas, os americanos haviam jogado fora a essência das idéias de Calvino e retinham tão-somente sua retórica; mais recentemente, abalados pelas formulações ambiciosas do transcendentalismo, haviam vulgarizado aquelas idéias, transformando-as num instrumento capaz de desviar sua atenção das verdades desconfortáveis que os cercavam. E as conseqüências disso se espraiavam visivelmente por toda a paisagem cultural americana: a superficialidade, a insinceridade, a falta de ingenuidade, a ausência total de seriedade. E Santayana deixava claro que a cultura refinada européia havia seguido um curso bastante semelhante. Entretanto, não se mostrava pessimista: o que ele oferecia não era um diagnóstico, e sim uma autópsia; isto porque, concluía ele, três americanos notáveis haviam subvertido efetivamente as ilusões predominantes no século XIX: Walt Whitman, o rebelde boêmio; Henry James, o analista sútil; e William James, o intrépido investigador. "O monopólio ilegítimo que a tradição de polidez havia estabelecido sobre tudo o que se deveria supor e sobre tudo o que se deveria esperar foi destruído."[1]

As radiantes esperanças de Santayana quanto ao futuro próximo destacavam-se contra o pano-de-fundo desbotado da hipocrisia do século XIX. No entanto, as circunlocuções e os eufemismos não eram privilégio exclusivo do século XIX, nem tampouco da burguesia. Já em 1634, sir Thomas Herbert, um inglês que viajara bastante pelo Oriente, relatava que na Índia Oriental "as mulheres andam geralmente quase nuas," exceto por "um pano que lhes envolve os quadris" para "esconder aquelas partes que foram feitas para serem íntimas". Alguns anos mais tarde, uma mulher americana, acusada de bruxaria, teria supostamente "uma teta aparente em suas partes secretas".[2] Mais ou menos à mesma época, Milton ridicularizava os "hipócritas" que, com relação a assuntos sexuais,

> austeramente falam
> De pureza e propriedade e inocência*,

enquanto La Rochefoucauld apresentava sua imortal definição da hipocrisia, que evidentemente ele julgava abundante em sua época, como "a homenagem que o vício presta à virtude". E Molière criou o Tartufo, o arquétipo do hipócrita, em meio ao reinado de Luís XV. A própria Era do Iluminismo também tinha seus cantos escondidos e empoeirados, seus acessos de timidez, suas indiretas veladas. Como as telas de Greuze, que um observador desinibido como Denis Diderot valorizava por sua moralidade elevada, como obras de arte de uma astuta inocência, de um sugestivo erotismo vestido de pureza virginal. E a tímida reticência, sincera ou fingida, era muito prezada naqueles tempos de total franqueza. Em 1700 um médico de nome John Jones descreveu os prazeres sensuais do ópio, comparando-os, "com boas razões, ao estado permanente de languidez propiciado por aquele Prazer que o Recato me impede de citar pelo nome". No romance *Tristram Shandy*, Laurence Sterne, zombando como sempre dos hipócritas, declara que, "nesse mundo de cantilena",

(*) Austerely talk/ of purity and place and innocence.

a "cantilena da hipocrisia pode ser a pior de todas". Foi com o objetivo de estigmatizar essa cantilena que o dramaturgo Thomas Morton colocou nos palcos ingleses, em 1798, a puritana bisbilhoteira sra. Grundy. "Todo homem que tenha mulher e filhos", escreveu John Stuart Mill em 1869, "está vulnerável à sra. Grundy."[3] A essa altura, porém, aquela prepotente e ridícula personagem já dominava o palco da vida, onde proferia seus sermões havia mais de meio século.

No século burguês, os aristocratas, que tão freqüentemente eram alvo da indignação da classe média em razão de sua suposta indiferença quanto à vergonha e à diminuição das demonstrações de sensibilidade, viram-se do lado dos atacantes. Em abril de 1839, a jovem rainha Vitória anotava em seu diário que lorde Melbourne havia levantado objeções ao *Oliver Twist* de Dickens, apesar de ela mesma haver "defendido muito" o livro, "porém em vão". Melbourne não queria nem saber do assunto. "Eu não *gosto* dessas coisas", teria dito ele. "Faço o que posso para evitá-las; não gosto delas nem na *realidade*, e por conseguinte também não quero vê-las representadas."[4] Mas se por um lado os burgueses do século XIX não foram os primeiros nem os únicos Tartufos, por outro lado conseguiram constituir a cultura que apresentou a maior concentração de Tartufos que o mundo conheceu. Pelos menos é o que diziam seus detratores.

É claro que a era vitoriana também encontrou seus defensores, mesmo entre aqueles que a criticavam. A *Saturday Review*, uma revista semanal londrina escrita com muito vigor e com feroz agressividade, argumentava, desde sua fundação, em 1855, que, embora a mendacidade social merecesse sem dúvida o açoite dos moralistas, as provas de decência, de piedade e de sinceridade das camadas sociais medianas eram dignas de confiança, e até mesmo impressionantes. "A relativa ignomínia das diversas cantilenas que são entoadas neste mundo de cantilenas", escreveu em 1856 um colaborador anônimo, obviamente ecoando *Tristram Shandy*, "tem sido o assunto preferido das especulações"; inegavelmente, "o decoro exterior freqüentemente encobre os mais terríveis abismos de maldade". E certamente esta era uma verdade da qual o mundo "precisava ser lembrado, com particular insistência, de vez em quando". Se, porém, a *Saturday Review* se vangloriava de chamar a atenção dos leitores para essa realidade, nem por isso tinha muita paciência com os Jeremias que sumariamente taxavam a civilização da época de "mera hipocrisia". Com efeito, "em qualquer comunidade, a coexistência entre uma grande torpeza e um excessivo decoro não é absolutamente surpreendente". Por conseguinte, "publicar longos relatos de crimes e dos criminosos que os cometeram sob a alegação de que é preciso denunciar a hipocrisia da sociedade e expor os pontos fracos de 'Nossa Civilização', mas tendo na realidade o objetivo de satisfazer precisamente aquela curiosidade mórbida pela maldade, que constitui um dos mais vis apetites da natureza humana", é por si só "uma mistura sumamente desagradável de imoralidade e hipocrisia".[5] Os piores hipócritas, em suma, eram aqueles que perseguiam obsessivamente a hipocrisia a fim de satisfazer necessidades escusas.

A melhor defesa pode realmente ser o contra-ataque, mas os equívocos preparados com frio calculismo pela *Saturday Review*, apesar de muito bem-recebidos pelas pessoas instruídas e abastadas que formavam seu público fiel, não silenciaram os críticos culturais. Ao mesmo tempo em que a burguesia se empenhava na negação durante e depois da era vitoriana, a hipocrisia também gerava reações poderosas à mesma época e nas mesmas classes. Romancistas satíricos, poetas subversivos, filósofos aristocráticos e psicólogos tendenciosos, todos eles zombeteiros, e a maioria deles irados, denunciavam sua época como um tempo de quase intolerável falta de sinceridade. O historiador inglês J. A. Froude detectou em 1849 "um divórcio completo entre o que se pratica e o que se prega, de tal maneira que toda a vida moderna na Inglaterra se transformou numa imensa mentira".[6] As cartas de Flaubert, os relatos de Heine e, um pouco mais tarde, os dramas de Ibsen, deixam claro que na França, na Alemanha e nos países escandinavos, especialmente entre as classes médias, a vida parecia a esses implacáveis analistas tão mentirosa quanto na Inglaterra. A indústria da autocrítica do século XIX, cuja importância crescia com a passagem das décadas, dedicou o melhor de sua inteligência e aplicou seus epítetos mais seletos à repugnante prática burguesa de dizer uma coisa e fazer outra. Através dos tempos, profetas e filósofos desde Isaías e Socrates haviam descoberto que sua vocação consistia precisamente na exposição da falsidade beata de mercadores desavergonhados e sensualistas desonestos; não há nada de moderno na descoberta decepcionada de que os homens escondem as ações mais vis por trás das palavras mais nobres e usam expressões excelsas para ocultar os desejos mais grosseiros. O que chama a atenção, contudo, no século XIX, é que a lista de moralistas — romancistas, poetas e filósofos — que se dedicaram à detecção e à denúncia da hipocrisia está repleta de talentos extraordinários: inclui o trio implacável formado por Gustave Flaubert, Heinrich Heine, e Henrik Ibsen, além de Charles Baudelaire, William Morris e Walt Whitman, John Ruskin, Georg Brandes e Sören Kierkegaard, Jacob Burckhardt, Thomas Carlyle e Matthew Arnold, para não falar em Friedrich Nietzsche e Karl Marx, Thorstein Veblen, George Bernard Shaw, August Strindberg e Sigmund Freud. Seus alvos eram muitos e podiam ser atingidos facilmente, mas seus hipócritas prediletos eram os flageladores oficiosos da imoralidade: Anthony Comstock, os cavalheiros da Sociedade para a Supressão do Vício e todos os demais membros dessa raça preocupada e preocupante. Com efeito, o século burguês parecia uma terra muito fértil para a proliferação desse tipo desagradável de gente.

Não resta dúvida de que o século burguês foi uma época de caça sem trégua aos hipócritas. Os românticos se lançaram nela bem cedo, décadas antes da ascensão da rainha Vitória ao trono. A poesia e a própria vida de lorde Byron, as sardônicas investigações sociais de Stendhal, os escarnecedores retratos do burguês cercado de segurança pintados por E. T. A. Hoffmann eram dardos atirados, às vezes indiretamente e outras explicitamente, contra a hipocrisia burguesa, que esses inimigos do filistinismo julgavam irritante e sufocante. "Todas as nossas palavras, nossos costumes, nossa religião e nossa moral, e toda a nossa mente e nossa existência giram sobre um único eixo na Europa moderna", escreve Byron, "e a este eixo os ingleses denominam, numa só palavra bastante expressiva, '*cant*'*". Stendhal ficou tão impressionado com essa frase que a citou e endossou sutilmente num artigo dirigido especialmente ao público inglês publicado no *London Magazine*. Caçadores de hipócritas posteriormente voltaram a adotar essa mesma linha de ataque. Revistas humorísticas e satíricas — como *Kladderadatsch* na Alemanha, *Punch* na Inglaterra, ou *Judge* nos Estados Unidos — encheram suas páginas de caricaturas nada lisonjeiras de pessoas respeitáveis exercendo suas atividades hipócritas. Douglas Jerrold, que durante vários anos foi o mais produtivo e o mais popular dos marimbondos existentes no verdadeiro vespeiro que era a *Punch* — mais prolífico e mais mordaz que Thackeray — cravava seus ferrões venenosos nos bispos mundanos, nos comerciantes mercenários, nas virgens beatas, nos fiéis que só saím das igrejas para explorar impiedosamente seus inquilinos e discursar incansavelmente sobre a caridade. Em *The Condition of the Working Class in England in 1844* [A condição da classe trabalhadora na Inglaterra em 1844], Friedrich Engels atacou a hipocrisia burguesa com o prazer incontido do radical que explora os pontos fracos de seu adversário e se delicia com o que encontra: os ricos e bem-situados nada querem saber da miséria social pela qual são amplamente responsáveis e tomam todas as precauções para jamais conhecê-la. O próprio zoneamento das grandes cidades industriais inglesas, observa Engels, lhes permite levar uma vida de confortável negação da realidade: a "aristocracia financeira" de Manchester pode caminhar de suas suntuosas mansões a seus escritórios sem atravessar qualquer das favelas que marcam a cidade como cicatrizes da varíola. Engels julgava

(*) *Cant* abrange um grande número de significados, impossíveis de serem traduzidos numa única palavra em português: gíria, jargão; fingimento, hipócrisia, beatice; canto, cantilena, choradeira. (N. E.)

esse "planejamento urbano hipócrita" bem característico de seu inimigo predileto. E cita um exemplo clássico, uma carta dirigida ao *Manchester Guardian* por alguém que se assinava "uma lady". A carta se queixa dos "enxames de mendigos" que tomam de assalto "nossas ruas principais", "farrapos humanos" que "tentam despertar a piedade dos transeuntes de uma maneira absolutamente desavergonhada e insultuosa, expondo seus andrajos, sua aparência doentia, suas repugnantes feridas e deformidades". A missivista pergunta lamuriosamente se aqueles que como ela pagam impostos destinados a programas sociais e contribuem generosamente para as instituições de caridade não mereceriam o direito de "serem poupados de tais aborrecimentos desagradáveis e insolentes". Por que a polícia municipal não era capaz de protegê-la de tais cenas?[7] Alegremente, Engels investe sobre essa carta, a seu ver uma esplêndida manifestação da falta de sinceridade defensiva tão comum na burguesia.

Acusações semelhantes proliferavam nas artes. Augustus Welby Pugin, o mais criativo e talentoso dos arquitetos responsáveis pelo renascimento da arquitetura gótica nos primeiros anos do reinado de Vitória, usou de todos os recursos da cólera moral para denunciar a preguiçosa simplicidade e a superficialidade da arquitetura contemporânea: "O julgamento particular perdeu as estribeiras; qualquer arquiteto tem suas próprias teorias, um belo ideal de sua autoria; um disfarce com que revestir os prédios que edifica". Tais desvios da verdade do projeto violam a função orgânica dos prédios, que é fornecer abrigo. "Atualmente *adotam-se* estilos ao invés de criá-los", observa Pugin desalentado, "ornamentos e projetos são *adaptados aos* prédios ao invés de serem *gerados pelos* próprios edifícios". Pugin tinha demasiado interesse no que considerava a verdade arquitetônica para contentar-se com o triunfo dúbio de seu estilo preferido. A maior parte do estilo gótico do século XIX, tal como era visto nas páginas de manuais populares como a *Encyclopaedia* de Loudon, era na opinião de Pugin, impreciso, inadequado e, o que ainda era pior, corrupto. Na mais conhecida dentre as suas diversas réplicas polêmicas, *The True Principles or Pointed or Christian Architecture* [Os verdadeiros princípios da arquitetura gótica ou cristã], Pugin satiriza as fantasiosas fachadas de Loudon apresentando um impossível prédio gótico, ao qual não falta nem mesmo uma ridícula estufa, e comenta que nele "tudo é somente uma máscara, e todo o edifício uma mentira transparente".[8] De modo análogo, à época de Pugin e de Engels, habilidosos criadores de tipos burgueses — Thackeray, Daumier, Heine, Dickens — tinham um público vasto e freqüentemente elogioso, que reconhecia prontamente os alvos de seu escárnio. Digo "freqüentemente", porquanto pelo menos Dickens se defrontou com um ceticismo forte e bem-informado entre seus leitores quando passou do humor leve e descompromissado de *Pickwick Papers* [As aventuras do sr. Pickwick], à sátira social de *Little Dorrit* [A pequena Dorrit], e de seus romances da maturidade; suas caricaturas pareciam tão remotas, tão afastadas da realidade, que por vezes deixavam de atingir seus alvos contemporâneos. Não obstante, muitas sátiras antiburguesas, mesmo as de Dickens, atingiam seus alvos.

Certamente houve também efetivas caçadas aos hipócritas no século burguês. Boa parte delas se desenvolviam num nível de abstração elevado e exigiam, para ser compreendidas, considerável dose de acuidade filosófica: caçadores dessa estirpe viam no otimismo cósmico de um Hegel ou de um Ranke, assim como no pessimismo social dos economistas clássicos, uma sofisticada apologia da inércia. Se o mundo é como tem que ser, tão cheio de esperanças como o pintam os filósofos ou tão sombrio como o mostram os economistas, então qualquer ação social será inútil ou desnecessária, já que as forças dominantes continuarão tranqüilamente a exercer seu domínio. Várias doutrinas tomadas emprestadas a Malthus e ao liberalismo econômico se tornaram, para muitos homens práticos, simples conjuntos de racionalizações convenientes; nenhuma teoria poderia ser mais alentadora para um grande industrial ou financista do que as que louvavam o combate generalizado, denegriam a generosidade por considerá-la contraproducente e combatiam salários decentes como contrários às leis naturais. Já para as vítimas, a exploração nada perdeu de sua força por ser chamada de liberalismo econômico.

Entretanto o alvo mais vulnerável eram as atitudes burguesas em relação à sexualidade. Quando Effie Ruskin estava a ponto de separar-se de seu marido, John Millais lamentou o sofrimento paciente e silencioso a que ela se submetera numa eloqüente carta que escreveu à mãe dela, na qual censurava a hipocrisia cruel de seu tempo com relação às "boas maneiras" eróticas: "É apenas a maldade da Sociedade que nos faz atribuir demasiada importância a revelações desse tipo, levando milhares de pessoas a suportar um martírio interior por anos a fio em vez de sofrer uma rápida e temporária exposição aos fatos". Thackeray, lançando um olhar nostálgico para a vigorosa época de Henry Fielding, informa a seus leitores, com uma ponta de inveja, no prefácio de *Pendennis*: "Depois que o autor de *Tom Jones* foi sepultado, a nenhum ficcionista foi permitido retratar um HOMEM na plenitude de sua força. Temos que envolvê-lo, dissimulá-lo e dotá-lo de uma certa timidez convencional. A sociedade se obstina em não aceitar o Natural nas Artes. Muitas senhoras se revoltaram e muitos assinantes me abandonaram, porque no curso da narrativa de Pendennis descrevi como um jovem resiste à tentação e é por ela afetado".[9]

O próprio Thackeray, como os leitores mais perspicazes não deixaram de notar, sentia-se mais à vontade dentro de um tímido convencionalismo do que lhe seria necessário e, apesar da veemência de suas sátiras, poderia seguramente ter-se permitido maior liberdade, especialmente no tocante à sexualidade. "Sinto-me grato", escreve ele com sua habitual incoerência, transformando-se num verdadeiro Podsnap, "por viver numa época em que os homens não são mais tentados a escrever de forma a fazer corar as faces das senhoras". Conforme se queixou Charlotte Brontë, grande admiradora de Thackeray, utilizando-se de uma sutil metáfora sexual, ele tinha uma certa propensão a "manter a cauda da sereia abaixo do nível das ondas".[10] Boa parte da censura moral no século XIX era autocensura.

As fronteiras entre o permitido e o proibido, na realidade eram imprecisas e pouco foram exploradas. Outros além de Thackeray, tanto na Inglaterra quanto em outros países, foram igualmente discretos. Em 1886, em sua tradução de *Ana Karênina* para o inglês, Nathan Haskell Dole reproduz, decorosamente, uma frase crucial do original russo: diante de seu amante Vronski, envergonhada de seu segredo vital, Ana Karênina finalmente cede à insistência dele e lhe diz o que a perturba: "*Ya béremenna*!" Conforme o leitor pode deduzir facilmente do contexto, ela está lhe transmitindo a informação de que se encontra na condição que os vitorianos costumavam chamar de "estado interessante". Somente bem mais tarde os tradutores passaram a acreditar que os leitores de língua inglesa eram capazes de absorver essa informação diretamente. Ainda em 1901 Constance Garnett preferiu uma formulação delicada: "Estou esperando uma criança"; só na versão de Louise e Aylmer Maude, de 1918, toda a força do original russo viria a emergir: "Estou grávida!" A tradução alemã de Hans Moser, da década de 1890, também faz uso, como a de Constance Garnett, de um meio-termo elegante: "*Ich bin gesegnet.*"[11] Os leitores alemães facilmente se dariam conta de que estar "abençoada" significava que Ana Karênina estava grávida, porém o impacto de sua declaração se perdera. Tais formas de negação soterraram a franqueza do início ao fim do século. Em 1824, ao criticar *Wilhelm Meister*, De Quincey puritanamente censura Goethe por seu evidente prazer na "sujeira pessoal" e pela riqueza de detalhes com que descreve o quarto de dormir de Mariana, que "supera qualquer imaginação"; na opinião de De Quincey, as referências de Goethe à parafernália do vestuário e dos cosméticos femininos eram tão repugnantes que ele julgou o trecho "demasiadamente ruim para ser citado".[12]

Os críticos ingleses não foram os únicos leitores a acusar Goethe de grosseria. Até mesmo Jules Michelet, apesar de não ser de todo avesso a deleitar-se com a lascívia de bruxos e bruxas, declarou que Goethe era "nobre na forma, porém não no espírito".[13] E o próprio Goethe, poeta e dramaturgo cuja linguagem coloquial e forte não recuava diante de menções ao cu, também era capaz de sair pela tangente dos eufemismos: ao traduzir *Le Neveu de Rameau* [O sobrinho de Rameau], suavizou a famosa formulação de Diderot ao descrever o complexo de Édipo, "*et coucherait avec sa mère*", preferindo uma forma menos ameaçadora: "e desonraria sua mãe".[14] Não era necessário ser um filisteu burguês para descobrir os limites do que era permitido dizer.

Dentro desse clima, que na última década do século não diferia fundamentalmente do que fora nas primeiras décadas, qualquer ataque proposital às convenções de reticência geralmente aceitas teria que estar preparado para denúncias sistemáticas e furiosas. Em 1891, quando da estréia dos *Espectros* de Ibsen em Londres, a peça foi bombardeada com epítetos entre os quais predominavam imagens anais e suas derivadas. Estava claro que esse drama, que desmascarava os pecados das pessoas respeitáveis, inclusive casos amorosos ilícitos e a loucura sifilítica, havia atingido um nervo exposto. O autor e produtor teatral William Archer, que fora responsável pela introdução das peças de Ibsen na Inglaterra, recebeu um fétido buquê de pronunciamentos puritanos enviados à *Pall Mall Gazette*, que depois George Bernard Shaw maldosamente reproduziu em seu livro *The Quintessence of Ibsenism* [A quintessência do ibsenismo]: um crítico chamou a peça de "uma representação repugnante"; "uma fossa aberta", "uma nauseabunda ferida exposta", "um ato imundo executado em público", disseram outros. A peça era "franca imundície" e "grosseria indecorosa, quase pútrida", "puro asco" e "uma mistura tão torpe e indecente que jamais se permitiu viesse desonrar um palco inglês". O próprio Ibsen foi descrito como" louco, insensato", não apenas "consistentemente sujo, como também deploravelmente enfadonho". E alguns críticos tinham certeza de que esse segmento sólido do público — que esperavam fosse desprezivelmente pequeno — que realmente gostava de assistir a tal nojeira era constituído de "pessoas de mentes torpes, cujo prazer em discutir assuntos imundos é exatamente proporcional à própria imundície". Atingindo o cerne da questão, insinuavam que aqueles que apreciavam Ibsen só podiam ser pervertidos sexuais: "os assexuados", as "mulheres não-femininas, as fêmeas assexuadas, todo um exército de loucas sem atrativos e metidas em anáguas", sem falar de "homens afeminados" e "mulheres masculinas".[15] Nem mesmo obras técnicas estavam a salvo desses ataques. Em 1904, ao publicar o manual *The Human Body* [O corpo humano], do dr. H. Newell Martin, escrito de maneira impecavelmente profissional, a Editora Henry Holt estava apta para atender a encomendas especiais do livro sem o último capítulo, que tratava da reprodução humana.

De modo geral, os editores do século XIX desenvolveram um faro bastante sensível para detectar o que o público aceitaria. A carreira de Thomas Hardy é uma longa história de concessões impostas por editores preocupados. Os editores desculpavam-se perante Hardy dizendo que *eles mesmos*, naturalmente, não eram pudicos, mas que os leitores, de cujas boas graças dependiam seus negócios, não tolerariam as narrativas explícitas. Até mesmo suas leves sugestões eram demasiadamente sugestivas. Em 1874, Leslie Stephen, à época editor da prestigiosa *Cornhill Magazine*, confessou a Hardy que havia "retirado uma ou duas linhas do último lote de provas" de *Far from the Madding Crowd* [Longe da multidão ensandecida], "devido a um pudor excessivo do qual eu mesmo me envergonho; porém somos forçados a adotar atitudes absurdamente meticulosas". Mais tarde, em 1886, Mowbray Morris, editor da *Macmillan's*, chamava a atenção de Hardy para os riscos de sequer insinuar alguma irregularidade sexual: seus clientes, escreveu ele, eram "bons escoceses tementes a Deus, que se ofendem com muita facilidade". Morris também levantou objeções aos capítulos de *Tess of the d'Urbervilles* que havia lido por deixarem transpirar demasiada "suculência".

Visto da perspectiva desses beatos cautelosos, Hardy era moderno, e "moderno" era sinônimo de "imundo", de uma literatura capaz de corromper a mente dos leitores. Por conseguinte, seus editores habitualmente o admoestavam de que seus romances se detinham excessivamente "naquelas relações entre o sexos sobre as quais o convencionalismo está habituado (com sabedoria ou por estupidez) a lançar um véu''. Hardy então resmungava contra a ''tirania da sra. Grundy'', porém obedecia e fazia as alterações que lhe eram solicitadas para a publicação seriada, reservando a grande maioria (mas não a totalidade) de sua formulações originais para a publicação final em livro. E, se *Tess* ofendeu sensibilidades, *Jude the Obscure* as exasperou. Em 1894, H. M. Alden, editor da *Harper's New Monthly Magazine*, a despeito de assegurar a Hardy que ''se sentia verdadeiramente envergonhado'' por intervir na publicação, julgou-se obrigado a lembrar a Hardy seu ''compromisso'' de não publicar ''nada que não pudesse ser lido em voz alta em qualquer círculo familiar''.[16]

Se bem que tal timidez agressiva frente à sexualidade fosse característica da consciência não-conformista na Inglaterra e do puritanismo fundamentalista nos Estados Unidos, os franceses podiam mostrar-se tão ansiosos pela dissimulação e por uma pureza artificial como qualquer outro povo. Pouco tempo depois da morte de Zola, sua viúva reuniu toda a correspondência dele que conseguiu encontrar e espurgou-a antes de entregá-la à publicação; seu vandalismo foi particularmente violento em relação às passagens que deixavam entrever que ela havia vivido com Zola durante alguns anos antes de seu casamento.[17] E a franqueza rude de Zola também desagradou alguns de seus companheiros literatos. Ao redor de 1890, por ocasião da visita costumeira ao eminente *littérateur* Xavier Marmier, membro da Academia Francesa, para solicitar-lhe o voto para ocupar uma cadeira vaga, Zola foi recebido com uma recusa fria. Marmier disse que admirava o talento de Zola, sua energia, seus esforços para infundir vida nova ao romance francês. ''O senhor produziu livros excelentes'', sentenciou, ''porém não lhe perdoarei ter espalhado grosseria e horrores em suas obras. Em *La Terre* [A terra], em *L'Assomoir* [A taverna], em *Germinal*, o senhor sujou cenas admiráveis com manchas que a moral e o bom gosto condenam''.[18] Zola jamais foi eleito para a Academia Francesa.

Um poeta timidamente anticonvencional como Walt Whitman, em cuja obra pululavam relações homossexuais e pegajosos atos de amor carnal, também preferia revelar seus segredos — para utilizarmos sua própria expressão — através de ''pálidas indiretas''. Essas indiretas eram ainda assim por demais diretas para o gosto de alguns dos leitores mais cultos e preconceituosos, como Ralph Waldo Emerson. Quando Emerson sugeriu que ele podasse algumas folhas das *Folhas de relva,* Whitman recusou-se a fazê-lo: ''Se eu houvesse suprimido o sexo'', diria ele anos mais tarde sensatamente, ''ter-se-ia tornado indiferente suprimir também todo o restante''. E ele exprime bem a animosidade de todos os caçadores de hipócritas quando lamenta a ''respeitabilidade'' prevalecente à época: ''O livro mais sujo do mundo é o livro expurgado. O expurgo é uma desculpa — sim, uma rendição — sim, uma confissão de que alguma coisa estava errada''.[19]

O expurgo podia ser uma sujeira ou uma confissão de culpa, mas era comum àquela época. Alguns, como Hippolyte Taine, se anteciparam a seus biógrafos e aos olhares curiosos da posteridade queimando seus documentos e deixando instruções explícitas de que seus ''assuntos particulares'' fossem deixados em paz. Mas a maioria podia ter certeza de que seus biógrafos autorizados suprimiriam as ocorrências embaraçosas, especialmente aquelas que já se encontravam no duvidoso campo dos boatos e mexericos; os editores de coletâneas de cartas eliminavam aquelas que considerassem não serem da conta de ninguém. Escritores castravam as próprias obras, e seus biógrafos não se queixavam disso. Em 1889, ao escrever a biografia de Louisa May Alcott, Ednah Dow Cheney observou explicitamente em seu prefácio que ''é impossível compreender as obras da srta. Alcott em sua totalidade sem conhecer sua vida e suas experiências''; felizmente, ''sendo ela por natureza extremamente franca e honesta, deu-nos a oportunidade de conhecê-la sem disfarces''. No entanto, aparentemente incapaz de reunir um mínimo de coerência, acrescenta que ''a srta. Alcott procedeu a várias revisões de seus diários nos últimos anos da vida, eliminando tudo o que fosse demasiado pessoal para ser visto por outros olhos que não os seus, e destruindo muita coisa que sem dúvida seria muito interessante".[20] Os sentimentos de pesar de Ednah Cheney são na verdade muito fracos: obviamente ela achava que o público não tinha o mínimo direito de conhecer o material que Louisa May Alcott desejava ocultar.

Dentre as vítimas dessa atitude protetora, Charles Dickens foi apenas a mais famosa, mas não a única. Ele faleceu em 1870; oito anos mais tarde, sua cunhada, Georgina Hogarth, e sua filha mais velha, Mamie Dickens, solicitaram a posse de suas cartas para uma edição com a qual contestariam, de forma expurgatória, a famosa e para elas definitiva biografia escrita por John Foster, *The Life of Charles Dickens* [A vida de Charles Dickens]. Trabalhando com rapidez e eficiência, em 1880 as duas editoras publicaram uma coletânea de cartas escolhidas, em dois volumes, aos quais dois anos mais tarde se seguiu um suplemento e, ainda em 1882, uma nova edição revista e condensada. "Fizemos cortes e condensamos *sem remorso*", escreveu Georgina Hogarth em fins de 1881, "e penso e espero que tenhamos agido *bem e sabiamente*". A paráfrase de *Otelo* praticamente exige que se lhe replique que ela e sua companheira editora haviam na verdade cortado e condensado sem sabedoria, mas extremamente bem. As omissões a que procederam poderiam formar um antologia do que elas julgavam por demais frívolo, ou escandaloso, para ser absorvido com segurança pelo público do final da era vitoriana: algumas anedotas sofisticadas que demonstram o forte preconceito anti-semita de Carlyle e a razoavelmente moderada malícia de Dickens em relação a um bom amigo, o interesse absorvente de Dickens pela hipnose, e sua separação da esposa. Algumas cartas que as duas editoras acharam "*demasiadamente* pessoais" também foram vitimadas pela sua implacável discreção.[21] Foi com a mesma intenção que Sophia Hawthorne mutilou os diários de seu marido, e Fanny Kingsley fez amputações na correspondência de seu marido: a fim de proteger a privacidade. Todas essas editoras beatas estavam modelando seu material de modo a poder expô-lo ao público num altar, e não exibindo, muito menos dissecando, cadáveres ilustres.

Houve ocasiões em que a ânsia de ocultar ou corrigir as anotações sobreviventes levou a uma interpretação idiossincrática, inconcebivelmente severa do que teria sido o bom comportamento vitoriano. A edição de *Journey to Germany, Autumn 1858* [Viagem à Alemanha no outuno de 1858], de Thomas Carlyle, publicada por seu sobrinho Alexander Carlyle, é uma verdadeira caricatura desse tipo de revisão moralista. Numa passagem em que Carlyle relata como durante uma visita se recolheu ao leito enfermo, encheu-se de calomelanos, recebeu os cuidados de um mordomo que balbuciava incompreensivelmente e uma boa dose de óleo de rícino pela manhã, seu editor suprime tanto o mordomo quanto o óleo de rícino. Quando Carlyle, em seus próprios apontamentos particulares, se abstém de escrever com todas as letras a palavra "meretriz" e qualifica Ninon de l'Enclos, a célebre cortesã francesa, de "aquela velha mer-triz", Alexander Carlyle reforça ainda mais a discreção do tio substituindo "mer-triz" por "mulher". Mais adiante, quando Carlyle descreve como os cidadãos de Liegnitz comparecem em massa à estação ferroviária "com a intenção de cheirar o príncipe da Prússia", o sobrinho resolve que seria uma demonstração de melhor comportamento, por parte da multidão, reunir-se para "ver" o príncipe. E quando Carlyle se expande em detalhes pitorescos sobre a estátua de são João de Nepomuk em Praga — "particularmente odiosa para mim"; "toda a história é apenas uma mentira *premeditada*"; com o "*Christkin* esparramado em seus braços, a cabeça contorcida do santo e o sorriso exageradamente bondoso com que olha para o pequeno fenômeno dourado, tem sempre a fisionomia de uma mulher nada feminina vestindo calças"; uma "insolência Detestável; filho do Diabo é o que é, com toda a certeza" —, seu editor desnorteado, preocupado em não ofender a quem quer que fosse, preferiu suprimir a passagem por inteiro.[22] É interessante que haja sido justamente Dickens quem exemplificou melhor esses mecanismos de defesa cultural e sugeriu, de maneira muito perspicaz, suas razões de ser ao conceber a brilhante personagem da sra. General. É este formidável paradigma que a família Dorrit, recentemente enriquecida, contrata para ensinar-lhe boas maneiras: "A mente verdadeiramente refinada'', diz ela a seus empregadores e pupilos, é ''aquela que sempre parecerá ignorar a existência de qualquer coisa que não seja perfeitamente decente, plácida e agradável''. Sua doutrina de negação contrasta nítida e irreconciliavelmente com a teimosia de Arthur Clennam, o protagonista de *Little Dorrit*, em descobrir a verdade acerca de seu passado, por mais tenebrosa que possa ser: ''Eu quero saber''. Dickens compreendia intuitivamente, ainda que não fosse capaz de expressar com clareza, as necessidades e os ideais em conflito que tornavam a burguesia da época bem diferente de uma falange sólida de hipócritas. A despeito de tudo isso, no século burguês havia muita gente que simplesmente não queria saber. Ao que tudo indica, Tartufo teria se sentido muito à vontade nos dias de Dickens.

O Tartufo de Molière era notável por tratar-se de um padre, cuja sensualidade e cujo oportunismo se mantinham extremamente ativos sob a capa de uma piedade exemplar. Entretanto os tartufos não eram absolutamente desconhecidos no século burguês. Em 1870, quando ainda não passava de um obscuro empregado da Divisão de Estatística do Tesouro Nacional e levava uma vida pacata e feliz com sua Lizzie, Lester Ward redigiu uma carta furiosa a um hipócrita que havia violado, com conseqüências funestas, a santidade de sua casa — um tal de W. G. Marts, um rapaz prestes a ordenar-se pastor da Igreja congregacional. ''Senhor'', inicia rispidamente Ward sua missiva, lançando-se imediatamente à acusação sem perder tempo com preliminares polidas: ''a patifaria que o senhor cometeu em minha casa já há muito tempo é do meu conhecimento''. Porém Ward havia esperado algum tempo antes de decidir-se a agir. ''Agora, entretanto, e atendendo ao pedido especial que me faz a mãe de sua criança mulata e bastarda, que está sofrendo as conseqüências dos atos de *piedade* que o senhor cometeu e passando por necessidades prementes, escrevo-lhe para exigir, sob pena de expor seu delito e desgraçá-lo por toda a eternidade, que comece imediatamente a fazer o que a lei exige de tais canalhas e o que qualquer canalha menos beato do que o senhor já de há muito teria feito, a saber: comece a mandar à mãe de sua criança dinheiro suficiente para sustentar ambas confortavelmente.'' Ward, que manejava com facilidade as palavras e era por vezes eloqüente, mas nada histriônico, aqui, arrebatado pela indignação, se utiliza de um estilo melodramático: ameaça Marts com a revelação de seu delito e com a eterna desgraça, e chama-o de ''canalha beato''. Essa retórica lança alguma luz sobre o tom do teatro e da ficção da época: a linguagem do melodrama não estava tão longe da crua realidade do mundo em que Ward vivia. Ward oferece a Marts ''um prazo razoável'' para enviar seu primeiro pagamento. Mas, ''se ele não for cumprido, publicarei sua imunda devassidão aos quatro ventos''. Ameaça informar os professores de Marts e persegui-lo ''até que o senhor peça a seu Deus que o engula nas entranhas da terra''. Pelo bem da ''pobre mulher negra e ignorante a quem o senhor seduziu, e pelo bem da inocente criança gerada pela sua lascívia cristã'', Ward se dispunha a manter o caso em segredo desde que Marts pagasse ''generosamente'' e enquanto continuasse a pagar. ''Por algum tempo'', pensava Ward, Marts teria que ''compensar o descaso que até o momento o senhor demonstrou. O senhor deveria comprar para ela uma casa e um terreno. Não pense que por ser ela uma mulher negra será permitido ao senhor permanecer em inteira liberdade. Neste país'', acrescenta ele, deixando-se levar pelo seu otimismo igualitário — pois, afinal de contas, era a época da Reconstrução —, ''não há distinções de cor''.

Só então é que Ward se inflama com o tema crucial da carta, a ''lascívia cristã'' de Marts. É patente que ele estava gozando plenamente a sua cólera. ''Farei tudo o que disse e ainda muito mais. Eu o perseguirei e o levarei ao ostracismo por todo o país. O senhor é realmente um belo espécime de cristão! Membro da Associação Cristã de Moços! Sempre fazendo sermões a todo mundo em prol da religião! Hipócrita! Religião! É esta a sua religião, a de seduzir a criada negra de seu hospedeiro e depois sumir? Cristão! O cristianismo o ensina a agir com tal torpeza? Membro da Igreja! É esta a influência civilizadora sobre a qual o senhor está sempre tagarelando, o poder que a Igreja detém sobre seus membros? Não é uma recomendação gloriosa para a Igreja, mesmo depois de se terem aceito todas as atenuantes possíveis.'' E ao concluir Ward reitera as ameaças: ''Prometo-lhe que todas as pessoas em Washington, e fora de Washington também, até onde me for possível alcançá-las, todos os que jamais ouviram falar do senhor saberão de sua patifaria dentro de seis meses caso o senhor não atenda incontinenti às minhas exigências''.[23] Marts sobreviveu a esse episódio, casou-se e foi ordenado pastor congregacional; porém as melhores anedotas de Douglas Jerrold e as mais eloqüentes caricaturas de Charles Dickens empalidecem diante da profunda indignação de Lester Ward.

Entre as sardônicas testemunhas da hipocrisia das classes médias encontrava-se Sigmund Freud. Já citei anteriormente sua declaração, em 1898, de que ''em assuntos que dizem respeito à sexualidade, nós todos, tanto os sãos quanto os doentes, somos hipócritas hoje em dia''. Em 1915, referindo-se à guerra que então devastava o mundo, disse-o novamente: à medida que a sociedade civilizada impõe padrões morais elevados e por conseguinte força as pessoas a suprimirem suas tendências instintivas, ela produz neuroses, deformações de caráter, e uma pressão quase irresistível para que obtenham satisfação através de outros instintos que suplicam por alívio. ''Qualquer um que seja obrigado a reagir constantemente de acordo com preceitos que não exprimem suas tendências instintivas, vive, psicologicamente falando, além de suas capacidades e pode ser objetivamente chamado de hipócrita, quer tenha consciência de sua incoerência quer não.'' Freud sugere em seguida que ''não se pode negar que a nossa cultura favorece a formação desse tipo de hipocrisia com uma intensidade extraordinária''. E conjectura se ''um determinado grau de hipocrisia cultural não será indispensável à manutenção da civilização''.[24]

Tais especulações são promissoras. Com efeito, sabemos que no centro da teoria freudiana da sociedade se encontra a idéia fundamental de que toda civilização, por menos repressiva que seja, exige sacrifícios dos impulsos instintivos, fazendo com que determinadas gratificações sejam atenuadas, adiadas ou abandonadas. Uma vez que toda e qualquer cultura, não só a do século XIX, tem que impor ao indivíduo algumas concessões dolorosas, todas elas são obrigatoriamente sentidas como uma carga, pois todas violentam em maior ou menor escala alguns desejos humanos fundamentais. Assim sendo, uma certa medida de ''hipocrisia cultural'' é, conforme disse Sigmund Freud, indispensável para a manutenção da civilização. Não obstante, o vasto panorama descortinado pelo pensamento de Freud levanta algumas questões bastante difíceis. Caso a ''hipocrisia'' constitua uma característica essencial de qualquer civilização, e se ela pode ser, conforme sugere Freud, inconsciente, então o termo perde toda a sua especificidade e toda a sua carga moral. O verdadeiro hipócrita sabe o que está fazendo, e o faz em seu próprio benefício. O hipócrita inconsciente é simplesmente um homem dentro da civilização. E se a ''hipocrisia cultural'' tem um destino histórico próprio, então o que o historiador quer compreender não é sua existência em si, mas sua intensidade, suas formas precisas, seus componentes conscientes e inconscientes e suas funções defensivas.

Ao mesmo tempo em que lançava os alicerces teóricos dessa nova perspectiva sobre a falsidade cultural, Freud estava sobremaneira ocupado reunindo exemplos persuasivos para procupar-se com a invenção de algum termo novo, mais neutro. Dois anos depois de ter sucintamente estigmatizado a hipocrisia sexual burguesa, ele analisou durante alguns meses uma adolescente histérica conhecida na literatura psicanalítica como ''Dora''; sua história fornece uma visão extremamente desabonadora da moralidade santimoniosa da classe média de então. O sr. K., um amigo íntimo de Dora e de sua família, havia feito duas investidas francamente sexuais sobre ela, a primeira quando ela tinha apenas catorze anos de idade. Quando ela relatou as cenas em casa, o pai alegou que ela devia tê-las imaginado. Sua interpretação, cínica porém correta, foi que seu pai fingir não crer no que ela lhe relatara porque àquela época estava vivendo um caso apaixonado com a sra. K. — em suma, o pai de Dora estaria disposto a vender sua filha ao sr. K. a fim de poder continuar o romance clandestino com a esposa dele.

Tudo isso, e muita coisa semelhante, era verdade no século da burguesia. Quando, em 1905, Freud resolveu publicar o histórico de Dora, prefaciou-o com algumas palavras ásperas dirigidas a uma sociedade que o obrigava a apresentar uma justificativa — que no entanto não continha desculpas — sobre sua necessidade de falar francamente sobre órgãos do corpo humano e sobre as relações sexuais.[25] Até mesmo uma alma tão livre quanto Mabel Loomis Todd restringia as delícias eróticas que compartilhava com o marido, e a paixão arrebatadora que vivia com o amante, a seus diários íntimos; apesar de mostrar-se freqüentemente negligente com relação às regras sociais vigentes, ela continuava a respeitá-las. Essa forma de autoproteção era típica da época de Mabel Todd, porém não conseguiu deter o modismo, que se tornou quase obrigatório, de chamar os outros de hipócritas e de proclamar orgulhosamente, sobretudo em prefácios, a própria isenção com relação à hipocrisia. "A verdadeira modéstia", escreveu em 1877 Smith H. Platt, autor de vários tratados destinados ao aprimoramento pessoal, "oriunda de pensamentos puros, exige palavras claras e significados definidos e indisfarçados". Suspeitando que seus leitores tivessem se tornado exageradamente suscetíveis devido ao "silêncio do passado", ele os advertia de que, caso desejassem seguí-lo em sua franca exploração da sexualidade humana, teriam que "deixar de lado essa falsa delicadeza".[26] Bazófias acauteladoras como esta se tornaram corriqueiras.

O próprio Sigmund Freud nos deixou algumas provas fascinantes de que momentos de reticência e de evasão podiam revelar não um propósito definido, mas antes um conflito. Na *Interpretação dos Sonhos* ele observa, de passagem, que "costumamos exaltar a felicidade da infância porque ela desconhece os apetites sexuais" — isto justamente no livro em que ele esboça o complexo de Édipo, e dito justamente pelo cientista que pretendia fazer da sexualidade infantil a proposição central de sua teoria psicológica. A afirmação é um resquício de suas opiniões anteriores, mais convencionais: o reflexo da persistente ação sabotadora de antigas ilusões sobre novas percepções desagradáveis, uma ação capaz de atingir até mesmo o cientista que fazia mais do que qualquer outra pessoa para subverter a proverbial era vitoriana.[27] Não há nenhuma duplicidade nessa afirmação de Freud, nenhuma intenção de bajular leitores melindrosos, nenhuma hipocrisia, mas apenas uma resistência inconsciente.

Alguns dos contemporâneos mais perspicazes de Freud estavam conscientes das ambigüidades psicológicas que geram contradições verbais e uma aparente insinceridade. A verdadeira hipocrisia, declarou o economista e publicista inglês J. A. Hobson, pretendendo talvez aprimorar uma distinção que à mesma época Freud começava a aprofundar, "implica discernimento e calculismo". Hobson estava convencido de que o comportamento mais obviamente hipócrita tinha raízes mais profundas. "A desonestidade, no sentido de alguém manifestar sua crença em algo em que realmente não acredita, é sempre uma raridade."[28] O outro tipo de desonestidade, aquela que permanece inconsciente, é na verdade muito mais corriqueiro e muito mais interessante do que a desonestidade consciente.

Essa rejeição de Hobson revela muita coisa. Sem dúvida, muita gente no século burguês tinha atividades sexuais clandestinas; muita gente ocultava seu mal-estar sexual. Conforme as acusações de Freud, os médicos freqüentemente dispensavam a seus pacientes banalidades melífluas e pias sobre o sexo, bem como ameaças absurdas quanto às conseqüências fatais da masturbação ou do excesso de atividade sexual — banalidades e absurdos que eles mesmos, em seus momentos de menor ansiedade, devem ter achado pouco críveis. E também sabemos que os pais muitas vezes negavam aos filhos qualquer informação sobre a fisiologia e a psicologia do sexo. Henry James, ele mesmo um mestre na arte da sutileza e da obliqüidade, acusava os romancistas da época de deixarem o "ato de amor" fora de suas obras de ficção e de dispensarem à "constante renovação do mundo" apenas "um tratamento extremamente reservado" — o que por si só já é um modo extremamente reticente de se referir ao coito. Segundo Henry James, nas obras desses romancistas "muitas fontes de interesse eram desprezadas — categorias inteiras de costumes, classes e províncias diminutas, verdadeiros museus de caráter e de condição social, jamais eram visitadas''. James porém não se contentou com essa queixa, e seu diagnóstico é muito mais do que meramente arguto. Tais ficcionistas reticentes, diz ele, ''erroneamente supõem que a segurança reside em todo esse material impreciso, tênue e superficial que constantemente reaparece sob formas padronizadas e tristemente desgastadas pelo uso''.[29] E é esta exatamente a questão. As evasivas, a tendenciosidade, a pudicícia e a hipocrisia não passavam de mecanismos de defesa numa época tumultuada, de uma procura desesperada de segurança.

E é por isso que o historiador, sobretudo o historiador familiarizado com as idéias de Freud, precisa questionar a utilidade da ''hipocrisia'' como instrumento para a obtenção de diagnósticos que lhe permitam compreender qualquer cultura, inclusive a cultura das classes médias do século XIX. Falando das paixões secretas que, a seu ver, desfiguravam a vida da maioria dos cristãos de sua época, o dr. Paul Paquin, médico e publicista, perguntava em 1891: ''Podemos chamar de hipócritas a maioria das pessoas que aparentemente fingem? Deve um homem que luta sozinho em segredo contra as paixões que se criaram dentro dele sem o seu conhecimento, ajudadas pelo ambiente externo, ser classificado junto aos ignóbeis dissimuladores da verdade? De modo algum!''[30] Apesar de um tanto melíflua, essa argumentação mostra muita percepção. Permite ao historiador retirar as negações e contradições da classe média do campo do moralismo indignado e levá-las para o campo da observação objetiva. Sem dúvida, muitos burgueses instruídos e influentes do século XIX acreditavam sinceramente, baseados em razões teológicas que lhes pareciam suficientemente sólidas, que a sensualidade era algo intrinsecamente mau, e, segundo as melhores provas psicológicas de que dispunham, que histórias ou quadros eróticos eram capazes de seduzir inocentes. Os conceitos freudianos de sublimação, de formação reativa e de outras defesas ainda faziam parte do futuro. Tampouco era verdade que todo burguês puritano e dominador abrigava em seu íntimo fortes necessidades lascivas — ou, pelo menos, não mais do que o normal em qualquer adulto.

Não pretendo negar que a impostura moral oferecia recompensas materiais e psicológicas. A capacidade do impostor de fugir à responsabilidade por seus atos também o aliviava do fardo de defrontar-se consigo mesmo. Desse modo, sua punição era menos severa do que a de um sintoma neurótico, que vem à tona quando um desejo proibido é profundamente reprimido mas persiste em exigir gratificação. Contudo o impostor não podia desfrutar desses benefícios em paz. Era típico da cultura das classes médias do século XIX o fato de os internatos, obcecados com o catálogo de pecados aos quais os adolescentes pareciam ser suscetíveis, estigmatizarem a mentira como o pior de todos os pecados. Respondendo a um questionário, Charles Kingsley não tinha qualquer dúvida sobre esta questão: ''A Virtude que você mais admira? A VERDADE. O Vício em relação ao qual você é mais tolerante? TODOS, EXCETO A MENTIRA''.[31] Muitas vezes a hipocrisia não era somente a conseqüência de conflitos aniquiladores, mas também a sua causa.

Nem mesmo os burgueses que se entregavam à hipocrisia em benefício próprio e à ostentação de sua caridade, nem mesmo aqueles que se diziam seguidores de doutrinas puristas dogmáticas a respeito da sexualidade e ao mesmo tempo mantinham ligações ilícitas ou visitavam prostíbulos, eram necessariamente impostores. Eram pessoas que, em geral, estavam em luta consigo mesmas. Hobson tinha razão: um hipócrita verdadeiro é uma ave rara, mais comum, talvez, no século burguês do que em outras épocas, porém ainda assim uma ave bastante rara.

Esse ''divórcio entre a teoria e a prática'' que J. A. Froude lamentava tão vigorosamente era — parafraseando a definição de La Rochefoucauld para a hipocrisia — o tributo que no século XIX o ego pagava ao superego. A consciência burguesa jamais fora tão exigente, tão insistentemente persecutória, como o foi na era vitoriana. O evidente tremor diante do espectro da opinião pública constitui um de seus sintomas mais opressivos. As pressões exercidas pelo Outro não eram puramente imaginárias; encarnavam-se em freiras iradas que puniam suas pupilas por reagirem com risinhos a uma historieta ligeiramente licenciosa; em leitores indignados que cancelavam suas assinaturas em protesto contra um romance seriado demasiado mundano; em promotores públicos ambiciosos que arrastavam um poeta vanguardista aos tribunais.

Contudo, o medo diante da opinião pública, analogamente ao que ocorre com os sentimentos do analisando em relação a seu psicanalista, era uma manifestação de transferência; atribuíam-se àquela abstração poderes que ela não tinha e emoções que não merecia. ''Podem falar à vontade da tirania de Nero ou de Tibério'', escreveu Walter Bagehot, espirituoso e objetivo como de hábito, em meados do século, ''mas a tirania real é a tirania do vizinho da casa ao lado''. A opinião pública, pensava ele, ''exige obediência'', forçando homens e mulheres adultos a ''pensar os pensamentos de outrem, a dizer as palavras de outrem, a adotar os hábitos de outrem''. É claro que era possível desafiar tais pressões, e não haveria nenhuma sanção formal, nenhuma punição cruel, porém o transgressor seria taxado de ''excêntrico''; e haveria também ''comentários sussurrados sobre 'idéias extremamente infelizes', sobre 'um jovem um tanto estranho', 'bem-intencionado, devo confessá-lo; porém muito inseguro, meu caro senhor, muito inseguro mesmo' ''.[32] Tais censuras brandas não teriam impedido ninguém de ter ou expressar uma idéia excêntrica ou insegura se não houvessem atingido de algum modo o onipresente sentimento de culpa burguês. O século XIX, conforme venho insistindo, foi uma era em que as grandes promessas se transformaram em grandes ameaças; uma era em que as mudanças, mesmo quando eram mudanças para melhor, provocavam grande ansiedade, porquanto indicavam que desejos ocultos e perigosos poderiam tornar-se realidade. A temível voz do Outro, que se procurava aplacar por meio de um conformismo apenas aparente, era a exteriorização de uma voz interior. Todavia essa voz parecia tão real, e tão terrivelmente ameaçadora, porque não havia sido sempre uma voz interior; havia soado pela primeira vez aos ouvidos da criança através das imposições e das reprimendas de pais onipotentes, de irmãos mais velhos, de governantas e preceptores. Era a voz prepotente da família, efetivamente interiorizada e depois devolvida ao mundo sob uma forma ampliada e distorcida, uma voz repleta de ameaças irracionais e ilimitadas. Contra tal poderio ruidoso, a busca da segurança parecia perfeitamente natural, e o lugar onde se poderia encontrá-la era precisamente aquele onde a insegurança tivera origem: no lar.

2. AS CIÊNCIAS SOCIAIS COMO UM SINTOMA CULTURAL

A família mostrava uma instituição tão antiga, tão ubíqua e tão necessária que todos aqueles que lhe dedicassem algum pensamento julgavam-na virtualmente eterna, uma estrutura inalterável e sem história. Tudo isso entretanto viria a mudar nos dias da rainha Vitória, com as especulações acerca da evolução, o fascínio por comparações culturais, a exploração nervosa, ou talvez prazerosa, das dramáticas turbulências sociais, que pareciam tornar tudo novo, ou pelo menos inseguro. Desde tempos imemoriais, a família havia sido o centro organizador de paixões desenfreadas, o núcleo da preservação de estimadas crenças, o instrumento preferido da socialização. Era a família que estabelecera as regras, garantira a obediência aos tabus e dirigira as energias eróticas. No século XIX a família de classe média era a responsável por tudo isso. Contudo, no curso do século, tornar-se-ia controvertida. E por bons motivos: a família burguesa vitoriana apresentava algumas sutis características distintas que a afastavam das que a haviam precedido.

A história da família traz à tona a intensa preocupação do historiador com a dialética banal, porém sumamente importante, de continuidade e mudança. Como formadora e provedora das necessidades humanas básicas a família tem mostrado uma persistência impressionante; já ao movimento das correntes mais profundas da experiência humana ela tem se adaptado com lentidão e relutância. Contudo, dentro do espectro magnificamente diversificado de suas possibilidades de expressão, na maneira instável como tem lidado com a intimidade e o distanciamento, a disciplina e afeição, a família flutua nas agitadas ondas da moda. E assim comprova, uma vez mais, que os ingredientes essenciais da natureza humana são ao mesmo tempo muito simples e muito resistentes, e também que há muitos meios de se fazer determinada coisa.

Os poetas e pintores do século XIX idealizaram esses meios, os cientistas sociais os dissecaram e os ideólogos os submeteram a julgamento. Meia dúzia de feministas emancipadas e radicais preferiram desfazer-se da família por completo; socialistas utópicos ofereceram planos pelos quais ela poderia ser substituída; os marxistas diagnosticaram-na como instituição transitória que, àquela época, se tornara exploradora, hipócrita, e condenada ao desaparecimento. Entretanto as críticas mais implacáveis à família moderna surgiram não da esquerda, mas da direita, de conservadores que pouco discerniam além das ameaças à sua integridade e do declínio de sua importância histórica. Esses conservadores preferiam ver a família ao mesmo tempo como um santuário e como uma fonte de infecções — um refúgio contra a feiúra, o materialismo e a imoralidade, que vinha sendo progressivamente contaminado pela decadência que dele deveria manter-se afastada. Não é casual que os dois fundadores da sociologia da família (ou, mais precisamente, seus precursores mais conhecidos), Frédéric Le Play e Wilhelm Heinrich Riehl, foram mercadores da nostalgia e profetas da catástrofe.

Considerando-se as marcantes diferenças entre Le Play e Riehl, o fato de estarem de acordo quanto aos graves perigos que corria a família é ainda mais espantoso. Le Play era um engenheiro que resolveu se dedicar à área da pesquisa sociológica e das reformas sociais; Riehl era um jornalista que se transformara num historiador cultural acadêmico e num propagandista. Le Play, escritor dotado de uma viva imaginação e de uma consistente metodologia, organizou congressos e fundou escolas para divulgar suas opiniões; Riehl, um impressionista por intuição, elaborou suas convicções e preconceitos sociais sob a forma de historietas, novelas e em alguns ensaios bastante fluentes. Le Play realizou intensivos trabalhos de campo através de toda a Europa e Ásia, estudou orçamentos, incentivou pesquisas estatísticas e escreveu monografias; Riehl de vez em quando empreendia uma andança pela Alemanha, levando sua caderneta de apontamentos, solicitava investigações empíricas e escrevia tratados.

Contudo, esses homens que se proclamavam médicos da sociedade também tinham muito em comum. Eram contemporâneos: Le Play nasceu em 1806, Riehl em 1823; o primeiro viria a falecer em 1882; o segundo em 1897. E ambos, tendo experimentado turbulências bem semelhantes, entregaram-se por princípio a uma eloqüente nostalgia do passado. Em sua fúria sentimental, dispunham-se a arrasar a Revolução Francesa e um século de mudanças sociais, cada qual a seu modo, porém com uma única finalidade. Os livros que lhes renderam sua reputação, *Les Ouvriers européens* [Os trabalhadores europeus] de Le Play e *Die Familie* [A família] de Riehl, foram ambos publicados em 1855. E nem um nem outro jamais conseguiu desligar-se de suas origens pitorescas: tanto o pequeno vilarejo normando de La Rivière-Saint-Sauveur se revela nas monografias de Le Play, como a pequena vila renana de Biebrich se faz presente nos tratados de Riehl. Se bem que suas carreiras os obrigassem a viver em grandes capitais — Paris e Munique respectivamente —, ambos se mostraram pouco amáveis para com estas cidades, explorando-as como documentos inexauríveis da decadência social que não apenas vitimava as modernas famílias de classe média — disso estavam convencidos —, como também, lamentavelmente, gozava da conivência dessas mesmas famílias. Caso a houvesse lido, Le Play decerto teria endossado com todo o vigor a sentença lacônica e desagradável de Riehl: "Paris é o abscesso continuamente supurado da França".[33]

Se bem que o sectarismo explique boa parte de sua popularidade, ambos garantiram suas reputações através do expediente de alicerçarem opiniões políticas numa ornamentação característica e por vezes — especialmente Le Play — na realidade das ciências sociais. Lançando mão de exemplos cuidadosamente compilados, Le Play descobriu três tipos de família através de toda a história e das sociedades, famílias que coexistem e se sobrepõem, porém demonstram uma evolução bem caracterizada: a família patriarcal, a família entroncada e a família instável. A família do primeiro tipo, ainda bastante comum nos países do Oriente, era autoritária, tradicionalista e numerosa. A do segundo tipo, a *famille souche*, menos ramificada e menos tirânica do que sua parente patriarcal, constituía a encarnação da proteção responsável, na qual três gerações viviam juntas e duas trabalhavam juntas. A família do último tipo, a família nuclear, reduzida ao mínimo de pais e filhos, havia escapado à ramificação experimentada através dos tempos — e por isso mesmo havia sofrido danos irreparáveis. Isolada, obstinada, egocêntrica, ela se desfazia tão logo as crianças crescessem o suficiente para fundarem suas próprias uniões igualmente precárias, indiferentes tanto a seus irmãos e irmãs quanto a seus pais idosos. E Le Play temia que essa família moderna, a qual ele argutamente designara pelo nome de "instável", já se houvesse tornado dominante na civilização ocidental, especialmente entre a burguesia. O pior era que não se tratava de algo acidental nem de uma anomalia; a forma que assumira e os valores que transmitia refletiam fielmente a realidade social da época: a destruição em ampla escala gerada pela industrialização e o desastroso sucesso de que gozavam as doutrinas individualistas.

Riehl era apenas levemente menos sombrio. Sentia-se confortado pela existência esparsa de algumas famílias que se atinham às tradições nas regiões ao norte da Alemanha. *Die Familie* se equilibra precariamente entre esperanças esporádicas e um desalento constante. Em 1881, ao proceder à revisão do livro para a nona edição, ele teve o prazer de observar que a família alemã havia resistido admiravelmente às mudanças que se processavam no Estado e na sociedade; algumas das "esperanças" que ele expressara em 1855 haviam se transformado, um quarto de século mais tarde, em "profecias realizadas". Entretanto ele não alterou significativamente o equilíbrio precário de *Die Familie*: análises sombrias continuaram a fundamentar suas exortações. Riehl escrevia muito menos para comunicar os resultados de observações científicas do que para inculcar ideais sociais e para influenciar a ação pública: o título completo de sua obra era, reveladoramente, *Uma história natural do povo como alicerce para uma política social alemã*. Trata-se ao mesmo tempo de uma lamentação e de um idílio, que idealiza os resquícios do mais valioso tesouro, "o lar alemão", e lamenta os dias já distantes quando as famílias ainda eram verdadeiros organismos abençoados com *Gemütlichkeit* [conforto] e disciplina, com uma moral sólida e uma sincera piedade.[34]

Assim como Le Play, Riehl também reconhecia a existência de três tipos de família e considerava o tipo intermediário — a "família entroncada", nos termos de Le Play — a fonte da perfeição social. "Em condições puramente patriarcais", escreve Riehl, "o indivíduo é virtualmente destruído", mas nos tempos modernos, "entre nós" a família "praticamente se dissolve quando o indivíduo rompe as correntes que o prendem". Riehl achava terrível que as famílias modernas vivessem em moradias impessoais: "*O lar orgânico tem um nome; o lar simétrico tem um número*".[35] Como freqüentemente acontecia no mundo revolucionário em que Riehl se via forçado a viver, a quantidade havia expulsado a qualidade, e o calculismo levara a melhor sobre os sentimentos.

Riehl não se surpreendia de que a autoridade paterna, necessária a uma vida familiar sadia, viesse sendo continuamente erodida. Nos velhos tempos a esposa aceitava voluntariamente a supremacia do marido, simbolizando a rendição ao abandonar seu nome e adotar o dele. E as crianças reconheciam o direito absoluto do pai a uma obediência total. A religião do chefe da casa era a religião de todos os membros da família. E assim o primeiro fator essencial da vida familiar, a autoridade, se ligava ao segundo, a piedade, definida por

Riehl como "uma devoção carinhosa e reverente".[36] Nos bons dias do passado, as crianças eram educadas em casa, por seus pais. Esta pedagogia doméstica instilava respeito, fomentava a amizade e o afeto, e garantia a continuidade dos princípios familiares. Mas as famílias modernas da classe média, seduzidas pelos convites irresistíveis à satisfação desmesurada, haviam cedido ao Estado esse elemento vital do espírito do lar.[37] E isto constituía, na opinião de Riehl, apenas mais um sintoma dos muitos perigos a que a moderna família vinha se expondo.

Boa parte dessas análises não passa de ficção; e todas elas são tendenciosas. A bem da verdade deve ser dito que Le Play e Riehl capturaram uma realidade do passado que vinha sendo desprezada: a despeito de todas as aparências, a vida familiar na Europa não era necessariamente fria, distante, cruel ou calculista. O comportamento formal que prevalecia entre os mais instruídos e os mais abastados, o espantoso desperdício de vidas de recém-nascidos e de suas mães, e os direitos quase ilimitados dos maridos sobre as esposas e dos pais sobre os filhos não inibiam a afeição nem obrigavam à impessoalidade. Assim como seus descendentes no século XIX, nas primitivas famílias modernas freqüentemente havia espaço para a ternura. Até mesmo os puritanos, ao contrário do que se deduziria das anedotas a seu respeito, tinham sido capazes de amar, apaixonada e afetuosamente. "Minha doce esposa", escreveu John Winthrop, o ilustre governador da colônia de Massachusetts Bay, "deleitemo-nos com nosso amor recíproco, o maior de todos os confortos terrenos".[38] E Winthrop não era excepcional nesse compromisso entusiasmado, ainda que convenientemente piedoso, para com sua doce esposa.

Ao mesmo tempo, as famílias da era pré-industrial não haviam sido nem tão numerosas, nem tão idílicas, quanto os criadores de mitos gostavam de pintá-las: a família nuclear, supostamente uma invenção da modernidade, havia sido uma realidade, embora não um ideal, nos lares dos séculos XVII e XVIII. Ademais, as famílias de classe média do século XIX viviam em um nível de intensidade emocional e possuíam um poder emocional que seus detratores não perderam tempo em negar-lhes. Essas famílias na realidade lançavam sua rede de amor e rivalidade muito além do grupo familiar imediato, abrangendo rebanhos inteiros de primos, tias e tios.

Muitos contemporâneos percebiam com satisfação tudo isso: os pessimistas não monopolizavam a opinião pública bem-informada a respeito da família. Significativamente, os burgueses do século XIX jamais conseguiram chegar a um consenso quanto às condições e ao futuro da família; também nesse ponto prevaleceu o impressionante espectro de convicções e preconceitos que torna a cultura do século XIX tão rica e tão difícil de ser compreendida. O que Riehl e Le Play deploravam como decadência e isolamento, outros recebiam alegremente como um aperfeiçoamento e uma concentração de forças. Na década de 1820, Christophe de Villeneuve, prefeito de uma cidadezinha no sul da França, observava que as famílias mais prósperas de Marselha desfrutavam plenamente a vida doméstica. "Antigamente", opina ele, "havia um grande distanciamento entre marido e mulher, entre pais e filhos". Naqueles dias, "as conversas não eram fáceis, os relacionamentos humanos eram menos íntimos, os vínculos mais distanciados". Agora, entretanto, o pai se sentia feliz ao retornar do trabalho para descansar junto de seus entes queridos. "Todos se reúnem à sua volta. Ele fica radiante ao ver os folguedos das crianças; orgulha-se de conhecê-las bem e as suas realizações são para ele uma fonte de alegria." Villeneuve tornava-se cada vez mais lírico à medida que seguia por essa nova vereda: "As noitadas em que a família se reúne são" para o pai "horas da mais completa e da mais pura felicidade". Quatro décadas mais tarde, John Stuart Mill ecoava esse diagnóstico agradável numa passagem que se tornou famosa. "A associação de homens e mulheres na vida cotidiana", escreveu, "é muito mais íntima e mais completa do que jamais foi antes. A vida dos homens é mais doméstica. Anteriormente, seus prazeres e suas ocupações preferidas eram exclusivamente masculinos"; agora, porém, "o progresso da civilização e a mudança de opinião, que já se volta contra as diversões grosseiras e os excessos daquele convívio que antigamente ocupavam a maioria dos homens durante os momentos de lazer", aliados "(deve-se frisar) à valorização dos sentimentos modernos com relação à reciprocidade de obrigações que estabelece maiores liames entre marido e mulher — tudo isso atraiu o homem muito mais para o lar e para o convívio íntimo, em busca de satisfações pessoais e sociais". Apesar de estar argumentando contra a sujeição das mulheres, e por conseguinte pressionado a exagerar a angústia de sua condição, Mill, debatedor honesto que era, admitia que a vida familiar se tornara menos rude e mais íntima. Algum tempo antes Macaulay havia canonizado essa visão otimista no famoso terceiro capítulo de sua história da Inglaterra. Em 1685, os senhores açoitavam seus criados; os mestres, seus pupilos; os maridos, suas esposas. Agora, em meados do século XIX, tudo isso havia mudado: "É com prazer que nos damos conta de que a mentalidade pública na Inglaterra se abrandou e amadureceu, e de que com o passar do tempo nos tornamos um povo não somente mais sábio, como também mais meigo".[39] Aqueles retratos familiares estereotipados e resplandecentes, produzidos por pintores, poetas e jornalistas para o consumo da burguesia e publicados em periódicos cuja linha editorial era obrigatoriamente alegre não eram de todo fictícios. Havia realmente tais cenas provincianamente burguesas, bastante comoventes em sua atitude um tanto insegura de orgulhoso bem-estar: pais e filhos bem-nutridos e sorridentes, harmoniosamente reunidos em volta da lareira aconchegante ou sob um caramanchão no jardim, em que vez por outra é capturado o olhar benevolente de um avô ou de uma avó, em que todos exibem uma atitude de companheirismo, sorrindo cordialmente uns para os outros, ocupados em atividades comuns, sem o menor sinal de conflito ou neurose.

Esses estereótipos demonstram o êxito da campanha empreendida através dos séculos para tornar a família mais cordial e mais gentil. A campanha se havia originado nos livros de boas maneiras comuns durante toda a Renascença e culminado, nos primórdios do século XVIII, nos discursos seculares que Addison e Steele espalharam por suas revistas, *Spectator* e *Tatler*, ambas muito influentes. Tanto eles como seus imitadores do Continente, entre estes notadamente Prévost e Marivaux na França, atestam quanto era insaciável o apetite por esse tipo de instrução moralizante. E os alemães explicitamente denominavam suas versões do *Spectator* de "semanários morais" — *moralische Wochenschriften*. E todos esses periódicos, redigidos com fluência e resolutamente complacentes, exaltavam as virtudes domésticas: uma doce moderação, uma linguagem decente, uma conduta gentil e cortês, cordialidade para com a esposa, paciência para com as crianças. O tom adotado por esses moralistas em relação às mulheres era, e ainda por muito tempo continuaria sendo, condescendente; mais tarde uma das tarefas dos feministas do século XIX viria a ser a de criticá-lo e, se possível, modificá-lo. Entretanto, apesar das hesitações e dos tímidos vacilos, o *Spectator* e outras revistas que lhe seguiram contribuíram para impor a cordialidade à repressão. Já existiam famílias gentis e afetuosas, mas agora seu estilo doméstico era exibido na agenda cultural para servir de paradigma para as demais famílias.

Os pedagogos também se associaram a esse movimento; Locke e Rousseau, e mais tarde Basedow e Pestalozzi, se empenharam a fundo em persuadir os leitores burgueses de que as crianças não são nem pequenos adultos nem tampouco pequenos selvagens, que o raciocínio é a última das capacidades humanas a desenvolver-se, e que um aprendizado por meio da repetição estultificante e de tratamentos severos produzirá apenas marionetes amorfos, e não adultos confiantes. No século XIX, apesar de pais e educadores ainda poderem conversar calmamente sobre "quebrar a teimosia" das crianças, apesar de a palmatória continuar a ser largamente utilizada e apaixonadamente defendida, cada vez mais famílias de classe média recorriam a admoestações verbais e confiavam mais no amor do que no respeito — que em geral significava medo — como principal instrumento para assegurar a ordem doméstica. E isso era algo que poderia levar os adeptos da rigorosa autoridade paterna ao desespero.

As sombrias previsões de Le Play e de Riehl, por conseguinte, dizem respeito não somente à história da família como instituição, mas também à vastíssima literatura pedagógica que inundou o século burguês, uma literatura que distribuía conselhos legais, teológicos, médicos e morais a homens e mulheres que quisessem estabelecer um lar ou que tivessem esperanças de preservá-lo. As conclusões, a argumentação, a própria retórica dessas obras de aconselhamento, publicadas ou inéditas, são notáveis pela simplicidade, ingenuidade e monotonia. Essa literatura tornou-se padrão para a ficção, tanto a instrutiva quanto a destinada apenas à diversão, para a poesia e para o teatro. Forneceu temas para sermões circunspectos, muitos dos quais acabaram sendo impressos. Representou uma fonte inexaurível de materiais para advogados, médicos e pedagogos sequiosos de se tornarem também autores. Tornou-se um pressuposto axiomático em incontáveis conversas. E pouco variou através da civilização ocidental ou através das décadas, como se seus defensores esperassem desesperadamente que a simples força de seus sortilégios pudesse deter a onda das modernas idéias de emancipação e igualdade. Os ideólogos da família não eram originais, e nem pretendiam ser. Repetiam a si mesmos, e uns aos outros, não só por carecerem de idéias próprias, mas porque contavam com a obviedade de suas mensagens para facilitar-lhes a tarefa de persuasão. Eram missionários que extraiam seus sermões de um catecismo comum.

Os franceses, que haviam conquistado notoriedade universal em função de sua literatura imoral, achavam-se também entre os mais incansáveis propagandistas da piedade doméstica. Na série de preleções que publicou sob o título de *La Famille* em 1856, o filósofo Paul Janet capturou impecavelmente esse tom em sua mensagem, que de imediato a *Saturday Review* resumiu e adatou aos interesses dos ingleses: "Desconfie do homem que caçoa do lar e da lareira. De uma fonte corrupta não pode jorrar água pura". As lições proferidas por Janet não poderiam ser ignoradas impunemente. "Se quisermos fortalecer os alicerces da Inglaterra e promover o reino da paz e da felicidade, da verdade e da justiça, da religião e da piedade, teremos que dar tudo de nós para cultivar a reverência pelos deuses do lar. São eles a família, a pátria, a humanidade — porém o maior de todos é a Família. Esta é a moral que devemos extrair da obra que se encontra diante de nós."[40]

Enfaticamente apoiado pela critica da *Saturday Review*, que aliás não tinha nenhum espírito crítico, Janet não deixava margem a dúvidas quanto à família que defendia: era a família patriarcal. Numa notícia que se seguiu às resenhas iniciais, e cujo objetivo era sublinhar ainda mais a importância ímpar do livro de Janet, a revista acentua "o poder e a autoridade" que têm que ser mantidos pelo "chefe da família", ou seja, pelo pai, em obediência ao supremo princípio hierárquico. As mulheres têm os seus direitos; elas não são meros homens que não chegaram a desenvolver-se. Porém os sexos masculino e feminino representam "os princípios ativo e passivo respectivamente". Ao passo que a esfera de ação do homem é "fora de casa", a da mulher é "dentro do lar".[41]

Houve literalmente milhares de pronunciamentos como esse espalhados pelas publicações de todos os países civilizados. *A Revue des Deux Mondes* o disse ao início da década de 1840, o *Magasine Pitoresque* o reiterou meio século mais tarde; o mesmo fez *The Girl's Own Paper*, a revista inglesa sumamente respeitável lançada em 1880 sob os auspícios da Religious Tract Society [Sociedade Para a Prática Religiosa] de Londres. Prelados alemães que escreviam tratados de aconselhamento para casais disseram-no a seu modo, assim como pastores americanos que escreviam cartas pessoais a seus paroquianos. Mulheres romancistas copiavam o que diziam os romancistas homens, confirmando essa ideologia familiar. John Ruskin o disse, e W. S. Gilbert também: a verdadeira vocação da mulher se encontra dentro de casa; ela é o anjo-da-guarda que transforma o pequeno reino doméstico no reino de Deus sobre a terra. O lar é o reino da mulher; o mundo exterior é um terreno estranho e perigoso para ela. Promover agitação em favor da emancipação da mulher das suas sagradas tarefas domésticas constituía uma ofensa contra as leis de Deus e dos homens.[42]

O cimento que agregava todas as variantes dessa ideologia era aquilo que M. Carey Thomas furiosamente chamara de "bobagens e asneiras" sobre a natureza do homem e da mulher, o mito masculino criado em benefício próprio, o mito da especialização: os dois sexos diferem muitíssimo entre si quanto à resistência física, às capacidades intelectuais, à forma de exteriorizar suas emoções e à sensibilidade moral.[43] Quando cada um ocupa a esfera que lhe é destinada, ambos funcionam bem; a invasão da esfera de um sexo pelo outro está fadada a ter conseqüências catastróficas para ambos. As tarefas atribuídas à mulher — a gerência da casa, a alocação dos recursos domésticos, a supervisão dos criados e a educação das crianças — são difíceis e dignas; e o homem tem à sua espera a extenuante labuta no mundo exterior, o das profissões, da política, da indústria e do comércio. De qualquer forma, falar da escravidão das mulheres demonstra uma total incompreensão da dinâmica oculta que controla as relações entre o macho e a fêmea da espécie humana. A mulher em casa é livre, pois lá ela cumpre seu destino; vindo a público a mulher torna-se inconscientemente escrava de uma filosofia momentaneamente em voga. Além do mais, a mulher é tão forte e poderosa quanto o homem, se não mais: sua influência, exercida sem alarde nos bastidores, constitui um tema comum em inúmeros ensaios, maliciosos ou sérios, assim como em incontáveis anedotas.

Os homens do século XIX não se cansavam de afirmar que a mulher fora agraciada pela natureza com dons ocultos que definem sua feminilidade. A mulher vibra com mais sensibilidade do que o homem diante da beleza e da verdade; como disse a escritora francesa Daniel Stern, ela está mais próxima da natureza do que jamais o homem conseguiria chegar. O dr. Otto Funcke, pastor e escritor, tinha absoluta certeza de que a intuição feminina é nada menos do que sobrenatural; o "instinto feminino" quase nunca falha. E quando falha, o que só raramente ocorre, a mulher consegue convencer o marido do contrário com astúcia, favores e lágrimas. "As mulheres", disse em meados do século o médico espanhol Monlau y Roca, tornando-se porta-voz da maioria, "as mulheres nunca são mais fortes do que quando se armam de sua própria fraqueza".[44]

Estes porta-vozes da idéia do poder secreto da mulher parecem ter transferido o espanto que sentiam diante do mistério da sexualidade feminina, tão maravilhosamente oculta nos órgãos internos de seu corpo e tão visivelmente revelado durante a menstruação, para o impacto da mulher sobre o mundo. O medo da ascensão da mulher foi, conforme já observei, um tema popular e banal durante a era vitoriana, apesar de freqüentemente dissimulado. "É fácil dizer-me", escreveu o pai de John Ruskin ao pai de Effie Ruskin, "que um homem deve controlar sua esposa e ditar-lhe o que fazer". Ele se recusava a acreditar que "o senhor ou John sejam capazes" de fazer com que Effie Ruskin "leve uma vida diferente daquela que ela mesma tenha decidido levar". O próprio John Ruskin justificaria, em algumas passagens famosas, sua visão idílica da mulher domesticada e obediente, justamente em virtude de ela já dispor de tantos poderes quanto poderia utilizar com segurança. Decerto foi isso o que alguns dos mais fiéis leitores de Ruskin, como o estudante de teologia americano Lester Bradner, extraíram dos trabalhos do mestre. "Dificilmente haverá uma influência mais forte entre duas pessoas", escreveu Bradner a Edith Murray, com quem compartilhava suas leituras e seus pensamentos, "do que a exercida por uma mulher sobre qualquer homem que lhe queira bem. Ele se esforçará ao máximo para fazer o que ele acredita possa agradar-lhe, e assim ele é geralmente levado pela vontade dela. Se as moças apenas se dessem conta da responsabilidade que têm nesse sentido, e fizessem valer sua verdadeira nobreza, viveríamos em circunstâncias bem diversas".[45] Eis a voz do burguês mediano.

Muitos homens se dispunham a ser mais severos do que Ruskin, asseverando que às mulheres não faltavam poderes mas, ao contrário, já os tinham em demasia. Não era verdade, conforme dissera o duque no *Rigoletto* de Verdi, que "*la donna è mobile*"? E William Ewart Gladstone, apesar de ser bem mais capaz do que a maioria dos homens de conversar sensatamente com mulheres, fez-se porta-voz daqueles que procuravam colocá-las em seu devido lugar ao comentar em seu diário, no início de 1840, uma discussão que tivera com lady Braybrooke a respeito da Irlanda e da Igreja irlandesa: "Esta é a mais bonita visão que se poderia imaginar: ela é tão arguta, sincera, séria, perspicaz, brincalhona e inconsistente: suas proposições se baseiam em instintos diferentes e mutuamente contraditórios, que jamais são submetidos a uma comparação ou a uma revisão através do raciocínio. Numa palavra, tipicamente feminina".[46] Sendo um homem capaz de aprender com a experiência adquirida, Gladstone mais tarde atenuou suas opiniões. Outros, entretanto, mais obstinados e mais angustiados do que ele, ativeram-se ferrenhamente a suas convicções.

O ambiente opressivo gerado por esse coro de defesa masculina só ocasionalmente era aliviado por indicações de que talvez a natureza e os papéis atribuídos a cada um dos sexos não estivesse irrevogavelmente estabelecidos, e de que a mudança dos tempos talvez também os alterasse. Um que outro prelado inglês poderia excepcionalmente reconhecer que o movimento feminista constituía uma reação perfeitamente compreensível da parte de mulheres das classes médias, impacientes por ampliar seu círculo de atividades; uma que outra mocinha bem-educada poderia eventualmente sentir-se angustiada diante da questão de como combinar sua carreira com um casamento. Em 1878, um ano antes de se casar com David Todd, Mabel Loomis abordou essa questão em seu diário. "Eu gostaria de saber por que motivo Deus dá talentos às mulheres? Parece absurdo que elas os tenham, porquanto, para realizá-los de alguma forma, para que cheguem a algum resultado, elas precisam permanecer solteiras, e isso decerto não é certo para todas." Caso as mulheres talentosas permanecessem solteiras, estudassem, viajassem à Europa, levassem adiante suas carreiras artísticas, apenas as "mulheres mais comuns" se tornariam mães, o que significaria o fim de "filhos inteligentes e brilhantes, pois é a mãe que faz o filho". E se, por outro lado, as mulheres talentosas se casassem, ver-se-iam obrigadas a abandonar "quaisquer trabalhos e realizações importantes nas artes plásticas, na música ou no que quer que seja". Ela confessa que a questão a deixava constantemente agitada. "Por que", pergunta ela, "por que terão sido dados à mulher dois elementos conflitantes que a puxam para o leste e para o oeste ao mesmo tempo? Por que elas têm talentos e inclinações afetuosas também?"[47] Para Mabel Loomis, que se proclamava uma radical, era muito difícil até mesmo conceber a idéia de que uma mulher fosse capaz de conjugar harmoniosamente a total realização de seus talentos com a dedicação completa a seu amor.

A questão foi se tornando ainda mais incômoda à medida que o tempo ia passando, pois as possibilidades de uma mulher ter uma vida fora da esfera doméstica adquiriam contornos cada vez mais realistas. Até mesmo *The Girl's Own Paper* começou a publicar artigos sobre mulheres que trabalhavam fora de casa, a elogiar as mulheres ativas, a recusar qualquer reminiscência nostálgica dos dias em que as senhorinhas não faziam nada de útil, e a vislumbrar um futuro em que a causa da educação superior para as mulheres seria vitoriosa. Em tons ribombantes, a revista exigia que a trabalho igual correspondesse salário igual e criticava a fantasia masculina que persistia em ver na esposa a um só tempo uma dona-de-casa dedicada e uma companheira bela e frívola.

Apesar de bastante numerosos na última década do século XIX, até mesmo esses veementes defensores de uma nova ordem raramente repudiavam a ideologia familiar predominante. Para questionar os dogmas dessa ideologia era necesário ser um ferrenho e corajoso feminista. Quando, em 1879, a Nora Helmer de Ibsen abandonou a *Casa de bonecas* que era seu casamento, deixou estupefato não só o incrédulo marido, mas toda uma geração de aficionados do teatro. O final feliz em que Nora retorna à casa, ao marido e aos filhos, e que foi uma solução de compromisso forçadamente adotada em muitas produções da peça de Ibsen constitui um testemunho da tenacidade dessa ideologia e, ao mesmo tempo, de sua fragilidade.

Embora mais arrojada do que a maioria de suas contemporâneas, Mabel Loomis queria tão-somente pôr à prova seus talentos, e não afirmá-los à custa do amor. *The Girl's Own*

Paper, não obstante todo o seu impulso juvenil de abrir as janelas do mundo para suas leitoras, ainda tendia a definir os direitos da mulher como sinônimos do dever de purificar seu pequeno reino e de ser um anjo de bondade em meio a uma sociedade cruel e adversa. A revista se dispunha até a abrir espaço para articulistas que se questionavam, abertamente, se era ou não realmente desejável a educação superior para as mulheres. Entrava-se numa nova era, e tais revoltas ambíguas contribuíram para dramatizá-la e para impulsioná-la para diante.[48] No entanto, apesar de duramente combatida e muito emendada, a ideologia familiar se mantinha firme.

Seus defensores, porém, estavam um tanto confusos. Numa de suas primeiras peças, *Pigmaleão e Galatéa*, estreada em 1871, W. S. Gilbert ilustra bem como resquícios de um cavalheirismo medieval podiam ser recuperados e postos em ação em prol de uma causa em perigo. "O que *é* um homem?", pergunta ingenuamente Galatéa a seu criador, e Pigmaleão lhe responde, sem titubear,[49] que um homem é:

Um ser de sólida armação dotado
p'ra à mulher servir e proteger
de todo mal que a força ou a coragem
possam bravamente enfim deter
Um ente que por ela enfrenta a faina
a fim de que ela possa descansar
Um ente que por ela chora e sofre
p'ra que ela possa rir e se esbaldar
Um ente que por ela luta e morre
a fim de que ela possa bem viver!*

A alegria é tanta que o ridículo parece ter sido intencional. Quando, entretanto, os irmãos Goncourt louvam a "brilhante observação" feita por uma amiga, de que "a mulher deve exalar um leve perfume de escravidão",[50] a necessidade imperiosa que o homem sente de aviltá-la a fim de não ser por ela dominado se torna um pouco mais palpável.

Não resta dúvida de que o que Riehl denominava de "conservadorismo familiar" se encontrava sob fortes pressões. Numa curiosa coda de seu livro *Die Familie*, ele procurou amenizar a dor provocada pelo desvanecimento de seu ideal elaborando uma fantasia na qual anteviu um século XX melhor, no qual a família burguesa reconquistaria suas antigas qualidades esplendorosas. Nesse cenário imaginário, a família de classe média ocupa uma casa inteira, onde cede espaços aos avós, recebe parentes que a visitam por longos períodos, reúne amigos para festas e comemorações, pesquisa sistematicamente seu passado, faz música em conjunto — tocando Bach e Haydn, não Wagner —, reza em uníssono e marcha à igreja em ensolaradas manhãs dominicais como uma tropa afetuosa e bem-comportada.[51] O que lhe escapou à observação foi que milhares de famílias de classe média, na Alemanha e em outros países, já realizavam seu pungente sonho em quase todos os aspectos.

O motivo pelo qual esse fato lhe escapou foi que ele estava por demais angustiado, e por demais ocupado, juntamente com outros valorosos cavalheiros, em empurrar o gênio do feminismo de volta para sua garrafa. Riehl era perfeitamente explícito sobre seus receios e seus remédios. Le Play apresenta matizes mais variados e sutis do que Riehl, porém ao final das contas também chega a resultados inequívocos. Sem mostrar-se de todo insensível à necessidade da mulher do século XIX de trabalhar fora do lar, ainda assim jul-

(*) A being strongly framed,/ To wait on woman, and protect her from/ All ills that strength and courage can avert;/ To work and toil for her, that she may rest;/ To weep and mourn for her, that she may laugh;/ To fight and die for her, that she may live!

gou óbvio que ela realizava melhor suas tarefas dentro de casa, pois seu destino é ser esposa e mãe. Embora reconheça ser impossível recuperar o passado sem mudança alguma, a nostalgia domina seu projeto de desenvolvimento social. A liberdade individual poderia ser desejável, mas só na medida em que permanecesse atrelada "à mais forte autoridade paterna possível". Uma vez que "todos os sentimentos que mantêm a família em atividade" tivessem sido esquecidos, os homens decairíam a condições "inferiores às dos animais selvagens". E era exatamente isso que estava acontecendo na França, onde os homens já abandonavam todo e qualquer senso de respeito e obediência a seus "superiores sociais", num nivelamento pernicioso cujas origens se encontravam no contínuo enfraquecimento da autoridade paterna.[52]

Le Play não hesitava em clamar pelo exercício da autoridade do marido sobre a mulher na mesma medida em que clamava pela autoridade do pai sobre os filhos. Para ele, os feministas eram visionários utópicos. "O lar é, sob vários aspectos, um mundo completo, cujo governo exige todos os cuidados da mãe de família." As mulheres que "se desviaram do caminho da retidão não hesitam em sobrepujar os homens em perversidade e estão se transformando nos mais eficientes auxiliares do espírito do mal". Era muito triste, na opinião de Le Play, ter de assistir às mulheres modernas tentando "obliterar as fronteiras até hoje bem — demarcadas entre o vício e a virtude".[53] Com muita perspicácia, ele atribui a ascensão dessa nova mulher à rapidez com que ocorriam as mudanças na sociedade e na tecnologia, porém a perspicácia apenas evidenciava as saudades que sentia do passado e tornava mais difícies de acalmar sua ansiedade quanto à mulher moderna.

Riehl expressava as mesmas preocupações, só que de forma bem mais mordaz e vulgar do que Le Play. Já citei seu brado de alerta para que os homens "se emancipassem da mulher", da mulher moderna e masculina, cuja cabecinha frívola transbordava de idéias de fama literária, influência política e outras fantasias igualmente nefastas. "A história de nossa miséria política", escreve ele, "segue um curso paralelo ao da história das mulheres pedantes e afetadas". E dá rédea solta ao desdém pelas mulheres que "levam nomes alemães e cultivam hábitos franceses", que exibiam em público o modo como "uma mulher emancipada come, bebe, fuma e se mete em encrecas com a polícia". Achava ele que "já é tempo de se arejar o ambiente".[54]

Assim sendo, as políticas familiares insistentemente recomendadas por Riehl, Le Play e seus seguidores eram motivadas por um medo intenso, que eles expressavam sobretudo através de gracejos selvagens ou nervosos: o medo da nova mulher. Sequiosa de publicidade, completamente desavergonhada, ela ostentava em público aquilo que em épocas mais decentes e no âmbito da família patriarcal havia sido mantido em segredo e sob rígido controle: o eterno poder que a mulher exerce sobre o homem. Conforme já expus detalhadamente, esta é uma antiqüíssima obsessão masculina, que entretanto só o século XIX, encorajando a subjetividade e a auto-expressão, permitiu que viesse à tona livremente. As mulheres temiam os homens, e para tanto não lhes faltavam motivos. A história das leis e dos costumes é, afinal de contas, a história do domínio masculino, um domínio que havia muitos séculos vinha sendo exercido de maneira absoluta, sem qualquer consideração e até mesmo com crueldade. Dentro do claustro íntimo que era a família, no entanto, a autoridade tradicional e legal do homem estava muito vulnerável à guerra psicológica, aberta ou velada; podia ser subvertida por uma doce afetuosidade do homem ou pelas impressionantes qualidades maternais da mulher. Sob este prisma, a família constituía ao mesmo tempo a causa das ansiedades sexuais masculinas e a cura para elas. Por conseguinte, o que Riehl e seus aliados queriam era uma metade da família sem a outra: que a causa do mal se transformasse simplesmente em sua cura. E, quanto a este desejo, sem dúvida eram também porta-vozes de muitos outros homens: apenas expressavam melhor do que seus leitores angústias profundamente arraigadas. E isso transformou sua ciência social num sintoma cultural bastante revelador.

A constelação edipiana que esses sociólogos da família julgavam desejável — se bem que obviamente jamais tivessem utilizado essa terminologia — fazia da mãe a encarnação da pureza, e do pai a encarnação do poder; uma eternamente fora do alcance amoroso do filho, e o outro eternamente a salvo de seus desafios agressivos. As sofisticadíssimas defesas desses sociólogos, elaboradas em causa própria, nem por isso eram menos autênticas; a saudade da família entroncada criada por sua imaginação nostálgica não passava de um esforço para evitar a perda da masculinidade num mundo cheio de perigos. A perda dos privilégios e do domínio masculinos pairava sobre eles como se fosse a perda da própria potência masculina. Esses nervosos cientistas sociais e conselheiros não eram mais hipócritas do que o restante dos mortais; o fato de as ameaças com que se defrontavam serem essencialmente imaginárias não reduzia o seu potencial de gerar ansiedades.

Boa parte das acusações contra a família moderna, particularmente com relação às insinuações sexuais, não passavam de calúnias friamente premeditadas. Marx e Engels, bem sabemos eram capazes de dizer que "nossos burgueses, não contentes por terem ao seu dispor as esposas e as filhas dos proletários, para não falar das prostitutas comuns, usufruem um extremo prazer seduzindo uns as esposas dos outros". Com efeito, "o casamento burguês é na verdade um sistema da posse comunal das esposas", um vasto comércio de seduções recíprocas que, "de forma hipócrita", oculta a comunidade de mulheres que sempre existiu e que os comunistas propunham estabelecer formalmente por via da lei.[55] Ora, tal acusação era grosseira, extravagante, e não meramente absurda. Não obstante, embora decisiva, a participação da família na formação da sensualidade burguesa foi reconhecidamente equivocada.

O ambicioso trabalho pedagógico empreendido pela família de classe média tem sido um tema constantemente abordado nestas páginas. Os Ward, os Gladstone e seus companheiros europeus cujas vidas examinei eram ao mesmo tempo professores e aprendizes da sexualidade em sua vida doméstica, um aprendizado que eles transmitiam ou recebiam através de mensagens conscientes ou inconscientes. Os Lyman transmitiram a atmosfera amorosa que os caracterizava a seus meninos. Os Todd geraram em sua filha os conflitos que um espetáculo de promiscuidade e adultério obrigatoriamente despertará num espectador imaturo e impotente. De um lado temos Joseph Lyman retratando em cores vivas as dançarinas de *strip-tease* nova-iorquinas para seu filho de cinco anos, estimulando fantasias eróticas que não se tornaram menos excitantes pelo fato de terem sido acompanhadas de pesadas lições morais. E do outro lado temos Millicent Todd espremida entre a mãe jovem e alegre e seu amante de meia-idade na boléia de uma charrete em passeios pelos campos; Millicent estava aprendendo continuamente, envolta em dores e confusões. Algumas pessoas, como Annie Besant ou George Sand, estavam convencidas de terem adquirido o conhecimento dos fatos da vida sexual já em idade adulta, mas certamente já muito antes haviam apreendido as noções essenciais, que no entanto mantiveram reprimidas durante anos a fio. Foi só depois dos vinte anos que Carey Thomas veio a conhecer formalmente os terrores da paixão sexual através da leitura clandestina dos textos médicos encontradas na biblioteca do pai. Mais ou menos à mesma época, ela tomou conhecimento dos terrores de uma gravidez indesejada lendo com atenção os diários de sua tia. Mas muitas descobertas importantes sobre a sexualidade e o amor tinham-lhe ocorrido já na infância, quando ano após ano, enciumada e impotente, assistia ao nascimento de mais um irmão, mais um adorável rival a disputar com ela as carinhosas atenções de seus pais.

As lições sensuais domésticas raramente eram instruções claras sobre como perseguir um alvo sexual ou como mentir sobre experiências sexuais. Na verdade, transmitiam um mínimo de informações, ainda que desesperadoramente anticientíficas, sobre os meios de evitar perigosas tentações sexuais. De modo geral, os pais educavam seus filhos em subterfúgios, fomentando neles a ambição ou a dependência; inculcavam-lhes uma sensibilidade exagerada para perceberem sutis gradações sociais, que mais tarde viria a restringir suas possibilidades de escolher um companheiro amoroso aceitável, ou transformar essa escolha num motivo de sérios conflitos interiores ou familiares. Uma indiferença estudada ou uma solicitude excessiva por parte da mãe ou do pai freqüentemente produziam seres permanentemente inválidos sob o prisma erótico; de modo algum se poderia dizer que toda instrução oferecida pelos pais, ainda que imposta com a melhor das intenções, abria caminho para uma futura felicidade amorosa.

Embora continuasse a se alimentar das experiências eróticas de sua infância, o adulto logo descobriria na família que ele mesmo constituía um instrutor que não podia ser ignorado. Solteirões inveterados, quer fossem tímidos como Amiel ou mundanos como os Goncourt, obviamente não podiam contar com essa família para orientá-los em seus estudos da sensualidade. Mas aqueles que ingressavam no matrimônio podiam aplicar à sua vida conjugal as lições aprendidas em seus primeiros anos de vida. David e Mabel Todd ensinaram um ao outro as potencialidades sensuais inerentes à alimentação e ao calor, às ausências e aos reencontros. Os Lyman dedicaram horas preciosas a ampliar as fronteiras de seu apetite sexual escrevendo-se cartas excitantes e banhando-se nus nas estimulantes praias do Atlântico. Catherine Gladstone, sorridente e estóica durante as dores de parto, proporcionou vasto material para que seu marido refletisse sobre as diversas conseqüências de coitos repletos de gratificação. George Sand aperfeiçou seu famoso estilo erótico através de experimentações com uma sucessão de amantes.

Tais experiências constituíam variações sobre um tema cultural comum. O famoso ditado de Tolstoi precisa ser modificado: famílias felizes educam-se cada qual à sua maneira, precisamente como o fazem famílias infelizes. Pois a família é como uma corrida de obstáculos para as emoções, em que o temperamento dos pais, muitas vezes neurótico, pode modificar, distorcer ou até mesmo impedir a transmissão de valores sociais. A guerra de nervos empreendida por médicos, prelados, educadores — e pais — contra a masturbação'' habitual é um exemplo revelador de tal diversidade. Pais e mães das classes médias, contaminados pelos sentimentos de alarme que haviam contribuído para gerar, tentariam por todos os meios salvar suas crianças do horripilante destino que esperava os masturbadores encenando conversinhas sérias, infligindo castigos corporais aos reincidentes ou prendendo os filhos em dispositivos projetados para evitar que pudessem ter qualquer contato com os órgãos genitais à noite. Mas o grau exato de ansiedade, a escolha de meios dissuasivos e a severidade das sanções impostas eram assuntos particulares de cada família. Se a família do século XIX era uma escola privada para o amor, não dispunha, ao contrário de escolas profissionalmente administradas, de um programa coerente. Nem deixaria um legado inteiramente previsível.

3. A DEMOCRATIZAÇÃO DO CONFORTO

O impacto erótico provocado pela família variava portanto de acordo com a situação geográfica, o *status* social e filiação religiosa, e até mesmo de uma família para outra. Os novos-ricos às vezes davam mais atenção à elegibilidade dos possíveis parceiros matrimoniais de seus filhos do que algumas famílias patrícias de linhagem secular. Empresários comerciais e industriais continuavam a consolidar os alicerces de sua prosperidade através de alianças matrimoniais convenientes numa época em que o casamento por amor estava se tornando moda entre os burgueses. De modo geral, entretanto, a educação sensual doméstica se desenvolvia numa atmosfera de instabilidade, em que a apreensão se misturava à euforia diante do espetáculo das novidades.

A mais visível de todas as novas realidades que as famílias de classe média tinham que enfrentar talvez tenha sido a que eu gostaria de chamar de "a democratização do conforto". Bens de consumo e utilidades domésticas, invenções que enriqueciam e complicavam as normas de conduta à mesa, os divertimentos noturnos ou os momentos de intimidade, vinham se infiltrando na cultura ocidental a um ritmo alucinante desde a Renascença — guardanapos e fornos, tecidos de algodão e assoalhos de madeira-de-lei, roupas quentes e banheiros privativos. A privacidade, essa descoberta maravilhosa, tornou-se uma possibilidade real que rapidamente passou a arrastar consigo quem dela tomasse conhecimento, estabelecendo-se já no século XVIII como uma necessidade para os ricos e uma aspiração para os pobres.[56] Agora, no século XIX, estes e outros artefatos do conforto estavam ao alcance de muitas famílias prósperas, ultrapassando as fronteiras dos enclaves privilegiados dos muito ricos; profissionais liberais, negociantes e funcionários públicos se habituaram a casas confortáveis, a uma alimentação farta e saudável, e a uma ampla oferta de roupas, móveis e objetos de decoração. Muitos podiam dar-se ao luxo de trabalhar menos tempo e de exercer atividades menos extenuantes do que antes. Nesses burgueses, sólidos exemplos da ética protestante, que insistiam em trabalhar dia e noite, boa parte dessa compulsão foi gerada a partir de seu próprio interior. Mas outros, menos vitimados por essa ética, agora podiam exigir os antigos luxos a título de necessidades a que tinham direito pelo lugar que ocupavam na sociedade: algumas horas de lazer e de relaxamento, uma viagem de vez em quando, e sobretudo as bênçãos do conforto doméstico.

A maioria dos beneficiários do conforto teria negado, com indignação e com absoluta sinceridade, que ele oferecia sutis estímulos eróticos. Todavia, a sensualidade dos artefatos e das condições materiais se impunha, e com freqüência nos locais mais inesperados. Laura Lyman excitava o marido ausente com descrições convidativas de como se encontrava deliciosamente limpa e perfumada após seu banho semanal; Mabel Todd lembrava o ambiente sedutor de sua cabine no navio em que excursionava. Quadros, estatuetas e presentes despertavam reminiscências excitantes ou sentimentais de momentos amorosos do passado. Móveis e acessórios criavam um clima sensual e satisfaziam todos os sentidos ao mesmo tempo. Acariciavam os olhos com a textura da madeira polida e com os intrincados desenhos dos tapetes turcos; deleitavam os ouvidos com melancólicas melodias tocadas ao piano ou cantadas em coro; deliciavam o paladar com doces em calda ou frutas suculentas; agradavam o olfato com flores e sachês e com o aroma da boa comida; e satisfaziam o tato — sempre o tato — com a superfície de objetos habilmente esculpidos, tecidos, tricotados. Deixar-se cair no abraço de uma poltrona bem estofada era afagar a própria musculatura, regredir aos mimos oferecidos ao próprio corpo.

Os comentaristas que escreviam sobre a casa e o lar eram muitas vezes bastante francos quanto às implicações eróticas dos objetos: numa série de artigos originalmente publicados na *Scribner's Monthly* e reunidos em forma de livro em 1878, Clarence Cook, jornalista de sucesso, procedeu a um levantamento dos móveis de cada cômodo de uma casa, e se desfez em elogios sobre um sofá em particular, com almofadas móveis e tudo, cujo assento de madeira era "côncavo e recurvado, escavado com tal perfeição que parecia ter sido feito de material muito macio, amoldando-se perfeitamente às formas de alguém que tivesse hábitos sedentários". A descrição oferecida por Clarence Cook para esse aconchegante receptáculo para o corpo é extremamente sensual: "os braços fofos se alargavam e se arredondavam nas bordas de modo a oferecer um objeto agradável e suave ao toque das mãos".[57] Um ambiente confortável podia transformar-se facilmente num afrodisíaco para as pessoas mais respeitáveis.

Acompanhando essas brandas seduções, a literatura de ficção da época transborda de sugestões inocentes. Elizabeth Gaskell, uma romancista de linguagem mais franca do que a maioria de suas contemporâneas, mas que dificilmente poderia ser considerada uma fomentadora da luxúria, dotou a heroína de seu romance *North and South* [Norte e sul] de um gosto especial pelos confortos materiais: conforme a autora explica aos leitores, Margaret Hale "gozava intensamente todos os prazeres sensuais" oferecidos por objetos que ela era pobre demais para adquirir porém suficientemente sensível para desejar. E da sensibilidade à sensualidade era um passo, mesmo em tempos vitorianos. O próprio ar que Margaret Hale respirava a excitava: durante um passeio, significativamente em companhia de seu amado papai, ela "se sentia pronta a dançar ao longo do caminho, estimulada pelo frescor do ar da noite". Certa vez, quando servia de modelo para que sua prima rica, Edith, experimentasse seus vestidos, ela "se viu de relance refletida no espelho colocado acima da lareira e sorriu para a imagem — as formas que ela conhecia bem nos trajes de uma princesa. Ela tocou de leve os xales que, soltos, lhe pendiam dos ombros, gozando em toda a plenitude a maciez dos tecidos e o brilho de suas cores". O simples ato de despir-se lentamente dessas vestes lhe proporcionava estímulos sensuais. "E assim Margaret se ergueu e começou a despir-se vagarosamente, gozando toda a luxúria de fazê-lo lentamente." Elizabeth Gaskell não reserva essa volúpia inconsciente apenas a Margaret Hale. O sr. Lennox, um de seus admiradores, chega a um clímax verdadeiramente orgásmico ao elogiar a atividade de comer peras ao ar livre: "Não há nada mais delicioso do que enterrar os dentes na fruta firme e suculenta, morna e perfumada ao sol. O pior da história é que os marimbondos são sempre tão impertinentes, querendo disputar conosco a fruta até mesmo quando chegamos ao apogeu do gozo".[58] Tal linguagem, mais apropriada aos aposentos íntimos do que ao jardim, não era rara nem constituía motivo de escândalo àquela época. Tomado em conjunto com inúmeras outras referências ao deleite sensual oferecido por objetos cotidianos, essa passagem refuta a noção corriqueira de que os burgueses do século XIX eram seres anestesiados, máquinas frias destinados apenas à obtenção de lucros.

A injunção horaciana para que se una o útil ao agradável constituía de fato um artigo de fé incontestavelmente aceito pela burguesia do século XIX. Os objetos, além de bonitos, deveriam ser úteis; uma de suas funções devia ser precisamente dar prazer. "Um chapéu tem que ser", escreveu em 1878 Eliza Haweis, uma autoridade em vestuário feminino, "primeiro, bem assentado; segundo, belo; e terceiro, útil."[59] Décadas antes, numa de suas primeiras críticas à cultura industrial, Thomas Carlyle já havia observado que a paixão sensual pela ostentação vinha logo após e freqüentemente se igualava à necessidade da sobrevivência: "A função primeira do Vestuário", escreveu ele em *Sartor Resartus* [O remendeiro remendado], "não foi prover calor nem tornar decente quem o usa, mas sim enfeitar". Uma vez satisfeitas as necessidades "da Fome e da Vingança", o homem se dedicaria "não ao Conforto, mas sim à Decoração".[60] E muitos dos contemporâneos mais abastados de Carlyle consideravam o conforto e a ornamentação não como meras alternativas, mas sim como companheiros inseparáveis de suas vidas.

Em suma, o conforto material conferia benefícios não apenas materiais; os objetos burgueses tornaram-se veículos para sentimentos burgueses. Escrevendo a Martha Bernays em 18 de agosto de 1882, Sigmund Freud demonstra esses intangíveis dividendos numa encantadora fantasia que teceu ao redor de sua futura vida doméstica. Havia dois meses que estavam noivos, e bem sabiam que ainda teriam uma longa espera pela frente antes que suas expectativas pudessem tornar-se realidade. Entrementes, Freud redigiu uma lista das coisas que julgava essenciais para seu "pequeno mundo de felicidade". Quando estivessem casados, precisariam de "dois ou três pequenos cômodos" para si mesmos e para seus hóspedes, um fogão sempre pronto para o preparo de refeições, e aposentos contendo "mesas e cadeiras, leitos, espelhos, e um relógio", além de tapetes e "uma gostosa poltrona onde passar uma hora em tranqüilos devaneios". Haveria também "toalhas de linho com delicadas fitas numa cômoda, e vestidos de acordo com a última moda, e chapeuzinhos cobertos de flores, quadros nas paredes, copos para água e cálices para vinhos finos, pratos e travessas", e uma "pequena despensa, para o caso de sermos surpreendidos por um apetite súbito ou por um hóspede inesperado, e um enorme molho de chaves que precisa tilintar ruidosamente". E muitas outras coisas lhe excitavam a expectativa dos dias vindouros: "a biblioteca, a mesinha de costura e a costumeira lâmpada de leitura". Enquanto alguns objetos domésticos "testemunhariam o trabalho sério que mantém a casa em funcionamento", outros menos solenes, testemunhariam "o amor às artes, o carinho para com os amigos de quem gostamos de nos lembrar, as cidades que visitamos, as horas que gostamos de recordar". O lar seria um porto seguro, um armazém de memórias, uma fonte de prazer. E tudo isso seria imbuído de afeto. "Devemos atrelar nossos corações a tais coisinhas?", pergunta Freud, e responde que sim, "sem receio algum".[61] Não há quem possa acusar Sigmund Freud de ser um burguês mediano ou representativo de sua classe. Não obstante, seu afetuoso catálogo — os chapeuzinhos floridos, as ceias sempre prontas, as memórias tão queridas — é puro convencionalismo burguês: o conforto, para ele e para milhares de outras pessoas, constituía o cenário para o amor.

Os estimulantes eróticos mais caros — perfumes raros, manjares exóticos, música sedutora, vestidos exuberantemente tentadores — continuariam a ser privilégio de poucos. Mas os bons burgueses já podiam contar com réplicas mais modestas dos mesmos agentes excitantes e, sobretudo, com uma combinação de elementos que favoreciam enormemente a imaginação e a atividade erótica: uma higiene sadia, boa saúde e tempo livre para o lazer. Se bem que as enfermidades e a invalidez continuassem a pairar como espectros medonhos sobre as classes médias do século XIX e a impedir o bem-estar sensual, os burgueses viviam em condições bem melhores que seus antepassados ou seus contemporâneos mais pobres.[62]

E a nova riqueza também produziu mudanças acentuadas e sensualmente significativas nas tarefas familiares. As prósperas famílias burguesas já podiam se dar ao luxo de liberar a esposa de qualquer trabalho fora de casa. E essa restrição das funções econômicas e produtivas à atividade estritamente doméstica não foi de todo benvinda. Apesar de contarem com uma criadagem, muitas esposas descobriram que cuidar da casa era tão cansativo e bem menos interessante do que dividir os afazeres de uma pequena loja ou de uma pequena indústria caseira. Entretanto, à medida que sua presença pública fenecia, a esposa e mãe via crescer sua autoridade no âmbito doméstico e acentuar-se sutilmente seu encanto decorativo para o marido. Se por um lado não resta dúvida de que a nova riqueza freqüentemente estimulava o companheirismo entre marido e mulher, bem como entre pais e filhos, por outro instrumentos segregadores como os internatos, os clubes exclusivamente masculinos, o preceptor ou a governanta, demonstram terem existido também burgueses que optaram por não aproveitar essa oportunidade sem precedentes para um contato mais íntimo. Entretanto muitas famílias de classe média estabeleceram horários privilegiados para passarem algum tempo juntos, e as conseqüências eróticas dessa nova intimidade foram muito ricas. William Ewart e Catherine Gladstone cantavam juntos à noite, davam longos passeios, jogavam xadrez, conversavam sobre todo e qualquer assunto, inclusive a política, ensinaram a seus filhos religião e latim, e se amaram.

Os novos limites traçados pela burguesia para a agressividade permissível e a autoridade legítima no âmbito familiar foram favorecidos pela forma como o moderno amor romântico atingiu a vida doméstica. Esse processo fascinante ilustra adequadamente o modo como determinadas idéias são utilizadas pode se opor diametralmente às suas intenções originais. Os poemas, os romances e os manifestos filosóficos dos românticos europeus — ingleses, franceses, alemães, escandinavos — lançados na virada do século XVIII e dali para a frente haviam sido produzidos mais como ataques à conduta burguesa do que como material que viesse a consolidá-la. As classes médias — argumentavam os românticos — eram incapazes de amar; tinham o espírito por demais mesquinho e convencional para permitir que seus desejos eróticos e suas opções conjugais se elevassem ao nível das ternas paixões. E os mais subversivos dentre os românticos — Friedrich Schlegel, Percy Bysshe Shelley, para não mencionar lorde Byron — censuravam furiosa ou espirituosamente a mais sacrossanta das instituições burguesas, o matrimônio, e ainda por cima dramatizavam essa propaganda expondo ao público suas escandalosas vidas particulares. A doutrina romântica do amor era uma doutrina criada para os jovens, uma celebração da espontaneidade apaixonada. E um burguês, segundo as mordazes insinuações dos românticos, jamais era jovem. Mas a juventude entediada e descontente que adquiria as obras dos românticos e as conhecia de cor, além de por vezes tentar uma pálida imitação do comportamento nelas imaginado, incluía predominantemente burgueses. O amor romântico não jorrava do nada; sua existência dependia do bem-estar, da saúde, do lazer e dos objetos estimados que mencionei. Porém tudo isso significava apenas que, à medida que a riqueza alcançava círculos cada vez mais amplos das classes médias, o amor apaixonado, apesar de na realidade ser freqüentemente mais tímido do que na ficção, já não era privilégio de uns poucos espíritos privilegiados.[63]

Muitos burgueses, é claro, continuavam a desaprovar a paixão amorosa, que lhes parecia uma forma de negligenciar o sério dever de encontrar um parceiro adequado para o matrimônio. E muitas esposas se utilizavam de sua incapacidade para experimentar paixões eróticas como um forma de controle da natalidade. Não obstante, para um número cada vez maior de burgueses do século XIX a inclinação amorosa se tornava um componente indispensável na escolha de um cônjuge, e os pais, apesar de ainda se intrometerem nos namoros dos filhos, aprenderam a ter paciência e a se resignarem diante de sua escolha. O amor e o lucro caminhavam de mãos dadas, como de hábito: Alfred Tennyson e George Meredith, entre muitos outros, citavam aquele famoso dito familiar que aconselhava um jovem à procura de uma noiva a não se casar por dinheiro, mas a ir procurá-la onde houvesse dinheiro. Mas a maioria dos leitores de classe média que consumiam avidamente a literatura romântica de sua época teriam rejeitado tais táticas cínicas, e até mesmo se recusado a praticá-las. Os burgueses do século XIX não inventaram o amor, assim como não inventaram o sexo; a antiqüíssima e incrivelmente rica história dos contos e poemas de amor atestam essa afirmação.[64] No entanto, forneceram ao amor carinhoso uma ideologia consistente e convincente, assim como um vocabulário que teria parecido a seus bisavós, e talvez a seus avós, bastante ousado e com certeza muito mundano.

Tais compromissos românticos geraram um mundo de novos problemas, todos eles seriamente discutidos. O ponto-chave desses debates era nada menos do que o próprio caráter da natureza humana. Não havia casamento perfeito entre o secularismo e a defesa do companheirismo, por um lado, e a piedade e defesa do patriarcado por outro. É bem verdade que aqueles que levavam a sério a doutrina da depravação humana e que interpretavam a queda de Adão e Eva como a ocorrência mais decisiva de toda a história da humanidade se sentiam na obrigação de clamar por ordem e disciplina no lar e de citar as Sagradas Escrituras no que se referia ao papel invariavelmente doméstico, e de preferência silencioso, que cabia à mulher. "A negação do pecado original", escreveu em 1881 Frédéric Le Play, "constitui o equívoco que mais seriamente ameaça o futuro da Europa".[65] Porém os religiosos podiam cada vez mais lançar mão de interpretações teológicas liberais dos deveres domésticos cristãos e assim chegar pouco a pouco à idéia de uma parceria conjugal — não, contudo, sem um certo sentimento de culpa.

Porque o conforto e a intimidade recém-adquiridos não se encontravam ainda a salvo da exigente consciência burguesa. Deleitar-se com bens terrenos, quer fossem considerados eróticos ou não, era visto como uma negligência imoral do Cristo e das obrigações caridosas; concentrar-se na vida doméstica era fugir irresponsavelmente às obrigações sociais. Críticos sociais como Disraeli advertiam severamente que o culto do Lar era o inimigo da comunidade. Em seu romance *Sybil*, ele escreve que "o lar é uma idéia bárbara; um método próprio de uma era rude; o lar é isolamento e, por conseguinte, anti-social".[66] Ainda mais alarmante, embora pouco compreendido e pouco notado à época, era o fato de que a moderna família de classe média constituía um solo fértil para a proliferação de rivalidades sexuais. O amor e o ódio transcendem o tempo; não foi por acaso que Freud foi buscar num herói mitológico da antigüidade o nome para o complexo de Édipo. Contudo, a família de classe média do século XIX, mais íntima, mais informal e mais *concentrada* do que nunca, emprestou a essas complicações humanas universais uma amplitude excepcional e complexas configurações. Os poderosos sentimentos de ambivalência entre marido e mulher, entre pai e filho, as tremendas lutas entre amor e ódio, que eram profundamente sentidos porém raramente admitidos, deram motivo a uma censura mais severa, ao tipo de repressão que gera neuroses. As exigências dos pais em relação às filhas, bem como das mães em relação aos filhos, as afirmações categóricas de autoridade ou as exigências de uma devoção que freqüentemente se ocultava por trás de uma máscara de uma afetividade excessiva, tudo isso adquiriu novas forças justamente quando começavam a ruir os fundamentos legais da autoridade. Cada vez mais, os embates familiares ocorriam, por assim dizer, não mais nas cortes de justiça, mas no foro íntimo de cada indivíduo. As vítimas das emoções, cujas histórias enchem os relatórios médicos, os autos dos tribunais e os cadernos de apontamentos dos biógrafos, se tornaram vítimas no seio de suas famílias. E não estou me referindo ao incesto, a mais extrema de todas as violências perpetradas contra a intimidade; o incesto continuou a ser o tabu supremo também entre as classes médias, e só ocorria em casos extremamente patológicos, que constituíam raríssimas exceções. Estou me referindo a feridas infligidas mais sutilmente.

Não obstante, embora o relacionamento dentro da maioria das famílias nucleares estivesse sob rígido controle e fortes exigências o que acarretava riscos e provocava sanções, a família de classe média do século XIX era algo mais do que um palco de conflitos emocionais e catástrofes sexuais. As figuras do marido e pai tirano e da esposa e mãe vampira eram muito mais raras do que a ficção dramática parece sugerir. Na família constituíam-se pequenos mundos sensuais, onde se lançavam os alicerces para ligações afetivas, sobre as quais mais tarde outras ligações afetivas podiam ser construídas, e na melhor das hipóteses assim se coletavam recursos para posteriores empreendimentos autônomos e adultos no amor.

4. A EXPERIÊNCIA PRIVADA

Quer a temessem ou festejassem, todos os observadores contemporâneos concordavam em que a família burguesa do século XIX era o porto mais seguro para a privacidade. Por trás de sua muralhas protetoras era possível retirar-se e fechar a porta a magistrados intrometidos, vizinhos mexeriqueiros e até mesmo prelados inoportunos. Sobretudo tendo em vista o inescrupuloso exame a que se havia submetido o comportamento sexual apenas dois séculos antes, e que continuava em ação em vilarejos mais distantes dos grandes centros, o ambiente doméstico moderno oferecia uma proteção inigualável contra a bisbilhotice indesejada. Alguns, contemplando esse magnífico invento, se entregaram a pensamentos profundos, ou até mesmo à filosofia. "Por trás da vida exterior de cada homem, da vida que ele leva em público", escreveu Walter Bagehot em 1853, "há uma outra vida que ele leva sozinho, e que carrega consigo fora do alcance das pessoas com quem convive. Dos nossos vizinhos vemos apenas uma face, assim como vemos apenas uma face da lua". Ao fim das contas, "todos nós descemos à sala de refeições, porém cada um tem seu dormitório".[67] Bagehot refletia sobre a capacidade dos grandes "retratistas do homem" — referia-se especificamente a Shakespeare — para a solidão. Mas sua metáfora doméstica era particularmente apropriada. O século XIX foi uma era em que os membros das classes médias aspiravam a ter, cada um, seu próprio aposento.

Mesmo no interior do reduto da vida familiar, contudo, a privacidade estava muito longe de ser completa, visto que os pais cediam à sua própria bisbilhotice. Abriam as cartas escritas por seus filhos ou a eles endereçadas, supervisionavam sua leitura, acompanhavam-nos em suas visitas e inspecionavam suas roupas íntimas. Ao exigirem uma total sinceridade dos filhos, os pais muitas vezes estavam mascarando uma rígida imposição da autoridade do adulto, uma invasão arrogante, e às vezes lasciva, da vida dos jovens. E além do mais, assim como o conforto, também a privacidade dependia do ambiente físico e dos objetos materiais, e as condições materiais muitas vezes eram bastante inadequadas para que a privacidade pudesse subsistir. A privacidade exigia uma porta que pudesse ser fechada, uma hora que pudesse ser desfrutada como bem se desejasse, uma escrivaninha que pudesse ser trancada; e muitos burgueses, jovens ou idosos, não dispunham de todos esses requisitos, e às vezes nem de um só deles. E a muitos que deles dispunham não era permitido desfrutá-los.

Nem mesmo os diários, essa proverbial encarnação da privacidade, estavam completamente a salvo de invasões, permitidas ou desautorizadas. Nem só nos romances os pais e maridos se aproveitavam da ausência do dono do diário para tomarem conhecimento de segredos que não eram destinados a seus olhos. Na primavera de 1866, Mary I. Barrows, estudante num internato em Connecticut, anotou em seu caderno de apontamentos íntimos: "Passei boa parte da manhã de hoje no quarto de Etta, lendo o diário dela e o meu". Mas quando Etta lhe pediu para "ler o meu", Mary Barrows não lhe deu permissão.[68] É claro que não eram poucos os que já escreviam tendo em mente que o faziam para uma audiência — para um marido, para um neto ou para a posteridade. Cosima Wagner escrevia seu diário tanto para Richard Wagner quanto para si mesma. As meninas da família Alcott escreviam com vistas à família: "Passando os olhos pelos nossos diários", observa Louisa May Alcott, "papai diz que 'o de Anna é sobre outras pessoas, enquanto o de Louisa é sobre ela mesma'".[69] Mabel Todd contava com um público privilegiado na pessoa de David Todd — além de Austin Dickinson. No entanto, embora imperfeito como confessionário protetor, o diário íntimo do século XIX continua a ser um valioso objeto histórico, pois permite acesso à característica que mais claramente define a moderna experiência burguesa. Sabemos que a grande maioria das culturas estabelece limites, mais ou menos nítidos, entre as esferas pessoal e pública. Entretanto a cultura da classe média do século XIX dava particular ênfase a essa distinção, tornando o abismo que separa as duas esferas o mais amplo possível. Numa cultura como essa, o diário íntimo estava destinado a florescer, e foi com justiça que o século XIX veio a ser considerado sua época áurea.

Obviamente não foi uma inovação do século XIX escrever e manter diários, uma ocupação que já contava com uma história longa e ilustre. Leonardo da Vinci deixou um célebre diário cheio de especulações científicas, projetos arquitetônicos, registros financeiros, esboços do corpo humano, e uma única lembrança de infância, no entanto bastante reveladora; os diários de John Evelyn e de Samuel Pepys constituem tesouros valiosos da literatura inglesa; incontáveis dezenas de puritanos dos séculos XVIII e XIX anotavam suas ações cotidianas ou, com maior ansiedade, seus progressos de cada dia no caminho da piedade. James Boswell registrou suas conversas memoráveis e suas explorações sexuais com a imparcialidade de um colecionador nato, preservando-as em detalhes meticulosos e com uma exatidão invejável. Por outro lado, num século introspectivo, individualista e reticente como o XIX, os diários foram particularmente bem recebidos, tornando-se companheiros inseparáveis de uma classe que dispunha de um mínimo de lazer. Os professores aconselhavam seus pupilos a escrever diários, uma atividade louvável e sadia; os adolescentes divulgavam entre os amigos o gosto por essa forma de exibicionismo escrita e restrita. E os pais presenteavam seus filhos com livros em branco, muitas vezes ricamente encadernados e adornados, para encorajar os jovens a escreverem crônica de seus dias e de suas pequenas aventuras.

A 19 de março de 1874, Edward Tallmadge Root ganhou de presente um desses livros que, conforme nos diz a página de rosto através da caligrafia de sua mãe, foi "um presente de aniversário da Mamãe". O primeiro registro dá o tom do diário, que não deixa de ter um toque de humor: "Hoje faço nove anos, ganhei este livro pra escrever nele e um doce em forma de passarinho, uma caixa de lápis de cor e alguns livros para colorir e um resfriado forte". A 8 de abril, a sra. Root deu um presente igual ao irmão menor de

Edward, Willie, evidentemente uma criança bem precoce: "Hoje é o dia do meu aniversário", escreveu Willie, com caligrafia e ortografia perfeitas, deixando a desejar apenas quanto à pontuação, "ganhei este livro e um par de sapatos novos uma gaita-de-boca e um pente Tenho sete anos". Os dois irmãos escreveram sobretudo acerca de gatinhos, mas não esqueceram as viagens, o tempo, as visitas e alguns eventos excepcionais: "O sr. Golden dono do bar rendeu-se às senhoras da Liga da Temperança", registrou a 12 de abril de 1874 Edward Root, um perfeito filho de pregador. E no dia seguinte: "As senhoras foram ao bar hoje e conseguiram fazer o sr. Golden prometer não beber nem vender bebidas". Três anos depois abriu novamente espaço para a religião: "Eis minha Resolução", escreveu solenemente em abril de 1877, aos doze anos de idade. "Eu amo Jesus e é minha intenção servi-lo durante toda a minha vida. Edward T. Root." Espalhados por todo o mundo ocidental, milhares de meninos como ele rabiscavam seus diários, geralmente com lápis mal apontados, censurando-se por não os manterem conscienciosamente em dia e prometendo melhorar. "Pobre diário", escreve Edward Root em janeiro de 1879. "Já faz tanto tempo desde que escrevi pela última vez." E era verdade: o registro anterior fora escrito sete meses antes. Contudo, ele não melhorou. Em maio de 1879, ele se queixa: "Pobre diário, faz muito tempo desde que escrevi em ti".[70] Era como se ele se desculpasse junto a um amigo longamente relegado ao esquecimento.

Os adultos freqüentemente recriminavam-se por sua indolência em termos bem semelhantes. Porém muitos eram assíduos, fiéis a seus amigos silenciosos. De modo geral, as mulheres se mostravam mais propensas a manter em dia seus diários. Apesar de ocupadas com as exaustivas tarefas de esposas e mães, usavam os poucos instantes de quietude de que dispunham para refletir, por escrito, sobre o dia passado. Entretanto, também homens escreviam seus diários, nos quais fixavam laconicamente suas experiências, mesmo as mais íntimas, para poderem perscrutá-las mais tarde.

Tais registros pessoais prestaram muitos serviços. Houve quem os utilizasse como uma forma de terapia: Harriot K. Hunt, a primeira mulher a graduar-se em medicina nos Estados Unidos e a mais religiosa dentre as pessoas que escreveram autobiografias, lembrava pelo menos um caso em que havia aconselhado uma paciente a exercitar sua introspecção por escrito. Fria, isolada, egocêntrica, deprimida, essa jovem paciente havia dado as costas aos ensinamentos morais de sua mãe para adotar uma vida de acordo com a moda. "Abandone todos os remédios", disse-lhe Harriot Hunt, "e comece a escrever um diário; volte aos cantinhos do seu passado, e aí retome as lições de sua mãe". E os resultados foram milagrosos. Revelações desse tipo também eram muitas outras coisas: um superego benigno, um repositório de lembranças, a matéria-prima para uma autobiografia formal, uma arena íntima onde debater problemas religiosos, éticos e sexuais, um ensaio para posteriores identificações com figuras idealizadas. E, acima de tudo, apesar de por vezes escritos segundo fórmulas padronizadas e com a consciência prejudicada pela inibição, os diários eram alguém com quem se podia falar: Leonardo dirigia-se a si mesmo em seu diário na segunda pessoa, comportando-se, conforme expôs Sigmund Freud, como alguém acostumado a confessar-se diariamente a outra pessoa. O mesmo ocorria com Henry James, que insistia em conversar com seu alter ego: "*causons, causons, mon bon*".* Como gênero literário, o diário exigia responsabilidade e sinceridade. Um diário, adverte Frieda von Kronoff em *Töchteralbum* de 1902 a suas jovens leitoras, não deve ser um aglomerado de trivialidades, nem uma lista dos namorados e de presentes recebidos, nem tampouco um depósito de fantasias e sonhos adolescentes egoístas, mas "um amigo que oferece e exige a verdade".[71] Tanto no século XIX como em qualquer outra época, alguns desejos e temores eram tão excitantes ou tão apavorantes que ninguém se atrevia a admiti-los mesmo perante

(*) "Conversemos, meu caro, conversemos".

si mesmo, de modo que somente chegavam ao consciente através dos meandros dos sonhos ou por um descuido da fala. Havia assuntos tão confidenciais que somente podiam ser sussurrados a uma pessoa muito íntima — a uma irmã predileta, a uma colega de escola em quem se pudesse confiar, e, mais tarde, a um marido compreensivo e amoroso. O diário podia substituir vários desses possíveis confidentes ao mesmo tempo. Era discreto, paciente, sempre receptivo, e jamais censurava as confidências nele depositadas.

Houve ocasiões em que alguns autobiógrafos secretos não confiaram totalmente em seu amigo silencioso — ou em si próprios — para confessar pequenos pecados sexuais em sua própria língua; diaristas desde Pepys até Gladstone recorriam a expressões de outras línguas para registrarem pecadilhos nos quais dificilmente conseguiriam pensar, quanto mais expressar. Ainda assim, quaisquer que fossem as reservas residuais que o recurso a uma língua estrangeira pudesse veladamente revelar, de modo geral as pessoas preferiam o diário ao mais íntimo dos amigos. Henri-Frédéric Amiel chamava seu volumoso, sutil, e torturado *Journal intime* [Diário íntimo], que freqüentemente saquei no curso destas páginas, de "minha conversa, minha sociedade, meu companheiro, meu confidente". Era também "meu consolo, minha memória, o carregador dos meus fardos, meu eco, o reservatório de minhas experiências interiores, meu itinerário psicológico, minha proteção contra o mofo mental, minha razão de viver, praticamente a única coisa de útil que poderei legar". Dois anos depois de sua morte, em 1881, uma versão resumida e meticulosamente expurgada de seu consolo, seu eco e seu itinerário foi publicada, primeiro em francês e logo depois numa tradução inglesa da romancista sra. Humphry Ward; alcançou um sucesso que certamente teria surpreendido Amiel, que havia escrito para si mesmo, para criar um ouvinte a quem pudesse confessar tudo. Em 1876, poucos anos antes de a morte pôr fim à sua luxuriante autobiografia informal, ele mais uma vez esclareceu o lugar que seu diário ocupava em sua vida: "Meu diário ocupa o lugar do confidente, isto é, o do amigo e o da esposa".[72] Pelo menos para Amiel, nós o sabemos, isso era verdade.

À maneira de outras pessoas, Amiel freqüentemente se dirigia a seu diário como a um interlocutor. "Eu te deixei abandonado por um longo tempo, meu pobre diário", anota ele em 1839. E repete o comentário um ano mais tarde, utilizando-se praticamente da formulação do pequeno Edward Root: "Pobre diário! Já faz muito tempo desde que te pus em dia". E não tinha escrúpulos em censurar-se por isso: "Continuo o mesmo, esquecido e desatento". Desculpas como essa eram corriqueiras: em junho de 1867, quando era ainda estudante, Otto von Leixner anotou: "Por mais de dois meses venho negligenciando meu diário, meu amigo". E em seguida observa que ter confessado a seu amigo diário o quanto se sentira abatido num baile, fizera-o sentir-se extraordinariamente aliviado: "É maravilhoso — agora me sinto pelo menos mais tranqüilo por ter compartilhado esses sentimentos com meu diário".[73] Ao que parece, não lhe teria sido possível compartilhá-los com qualquer outra pessoa.

Nessa atmosfera de solidão compartilhada, os diários muitas vezes se tornavam objetos de profunda afeição, e até mesmo de verdadeira paixão sensual. A famosa Marie Bashkirtseff, uma talentosa, ambiciosa e teimosa russa, condenada a uma morte precoce pela tuberculose, vivia para seu diário. "Meu diário!", exclamava ela. "Ele é a metade de mim." Um tanto acabrunhada, consciente de que não tinha muito tempo de vida, ela observa que o diário constituía o seu legado para a posteridade: "A idéia de que meu diário possa ser de pouco interesse ... me atormenta". Igualmente angustiada, a romancista sueca Victoria Benedictsson despejava em seu adorado "Grande Livro" seus desejos de liberdade e de amor: chamava-o de "Meu querido velho livro". Mesmo espíritos menos tempestuosos do que esses eram capazes de tratar seus diários com verdadeira e sincera emoção, lançando neles o tipo de afeto que habitualmente se reserva a pessoas de carne e osso. "E então adeus, meu livrinho": assim Mabel Todd conclui seu diário de viagem à Europa em 1885. "Muito me ajudaste e alegraste, e foste para mim um amigo compreensivo, embora sempre silencioso." Em termos bastante semelhantes, lady Knightley relembra, num esboço autobiográfico que escreveu em idade já avançada, como no dia 25 de abril de 1856, seu décimo quarto aniversário, "comecei a escrever o diário que desde então tem sido meu fiel companheiro".[74] Tratava-se de muito mais do que simples retórica convencional; tudo isso revela um investimento emocional profundo nesse amigo compreensivo e silencioso a quem se podia confiar quaisquer desejos não-realizados e sentimentos reprimidos.

Esse antropomorfismo inocente, porém significativo, encontra encantadora forma de expressão no diário iniciado em 1899 pela menina precoce Karen Horney. "É fácil explicar por que comecei a escrever um diário", assim começa ela, aos treze anos. "É que fico entusiasmada com tudo o que há de novo e agora tenho também vontade de levá-lo adiante, de modo que mais tarde, em anos vindouros, eu possa lembrar os dias da minha juventude." Como seria de se esperar, eram dias de pequenos amores afoitos e desilusões rápidas, relatados com confiante intimidade. "A ti, meu diário", escreve ela, "confessarei que enviei ao sr. Schulze" — um professor adorado, que se achava enfermo, de cama — "seis garrafas de vinho". Entretanto, um mês depois ela dispensa seu companheiro sem qualquer sentimentalismo: "Adeus, meu diário, não há mais espaço para ti em meu baú". A infidelidade foi contudo temporária, conforme demonstram seus diários posteriores. Em 1901, aos quinze anos de idade, chamava o diário que estava escrevendo de "gatinho", como trataria algum coleguinha de escola de quem estivesse enamorada. E, assim como tantas outras, ela também se arrependia quando deixava de cuidar de seu gatinho: "Muitas vezes já tive a pena na mão para abrir o coração para ti, meu querido diário, porém nunca encontrei suficiente tranqüilidade e tempo para fazê-lo".[75] A atividade e a manutenção de um diário eram, em geral, antagônicas.

Felizmente para os historiadores, a atividade no século XIX raramente era suficientemente absorvente para quebrar por completo o hábito de manter um diário. Esse hábito era, afinal de contas, sintomático do estilo burguês de pensamento: ordenado, apesar de aberto à individualidade e à liberdade, e autocrítico, apesar de aberto a efusões de esperança e de auto-estima. Dessa forma, ele exemplifica o grande compromisso burguês, às vezes patético porém freqüentemente louvável, entre a necessidade de recato e a capacidade de manifestar emoções. E também põe à mostra o dom burguês geralmente desdenhado de não só experimentar as excitações eróticas como também de registrá-las. O diário era o recurso dos solitários, freqüentemente abandonado por ocasião do casamento. Podia ocupar o lugar do amigo e da esposa, como dissera Amiel. E não obstante grandes autores de diários os tratavam não como substitutos para a atividade sexual ou rivais de seus amantes, mas como companheiros fiéis. William Ewart Gladstone manteve um diário durante toda a vida, não deixando de fazer anotações diárias mesmo em meio às mais exigentes ocupações domésticas e à mais ativa carreira que um político inglês conheceu. O diário mantido por Lester Ward em francês, no qual deixou registradas suas atividades sexuais mais íntimas, sobreviveu a seu casamento. E Mabel Loomis Todd retornava freqüentemente a seu diário lírico e informativo, fazendo nele anotações francas e sinceras antes e durante o casamento. Muitos autores de diários, de fato, descobriram no matrimônio mais um incentivo para auto-revelações eloqüentes do que um motivo para parar de escrever: é claro que o lugar exato reservado ao diário na experiência de privacidade da classe média variava de indivíduo para indivíduo. Tomados em conjunto, todavia, esses registros servem para definir as fronteiras, por mais flexíveis que tenham sido, entre a revelação e a reticência durante o século burguês. A reserva mantida pela classe média emprestou alguma sustentação às suspeitas de que a burguesia do século XIX forjou uma conspiração de silêncio. Mas não havia conspiração alguma, nem tampouco, como o provam os diários, nenhum silêncio. O que havia era circunspecção, sobretudo quanto aos assuntos realmente importantes.

As questões mais importantes giravam em torno de Eros — a sexualidade, o amor, o corpo, a saúde —, e estas estavam proibidas a qualquer pessoa não-autorizada. E os bons burgueses, príncipes da prudência, tendiam a definir como "não-autorizada" praticamente qualquer pessoa exceto o cônjuge devidamente sacramentado ou um irmão gêmeo. Cartas escritas em muitas línguas, por sorte preservadas até nossos dias, trazem a séria advertência de que sejam mantidas "Pessoais e Confidenciais", quando não destruídas: "Não leia a presente em voz alta, e queima-a assim que a tiver lido".[76] As noções de decência variavam num espectro bastante amplo, porém a regra de que certos assuntos eram por demais delicados, e certos sentimentos demasiadamente sacrossantos, para serem discutidos mesmo no âmbito estritamente familiar, era observada rigorosamente pelas pessoas respeitáveis. "Querida Sophie", escreveu a sra. Peabody à sua filha, de quem sentia muitas saudades, pouco depois de ela ter-se tornado a sra. Nathaniel Hawthorne, "eu poderia encher páginas e mais páginas com tudo que transborda de meu coração, sobre vários assuntos; porém estou cada vez mais convencida de que este mundo não é o local adequado para abrirmos nossas almas sem reserva". Certos assuntos pessoais eram quase literalmente sagrados, vale dizer, dotados de todos os poderes ambíguos e obscuros de um tabu. Respondendo a uma carta de amor de sua noiva, Nathaniel Hawthorne lhe conta que, tendo recebido a carta, pusera-a no bolso, "pois sempre sinto que tuas cartas são por demais sagradas para serem lidas em meio a muita gente — e (hás de sorrir) jamais as leio sem antes lavar cuidadosamente as mãos!" O fato de ele reconhecer que ela poderia sorrir de seu ritual de purificação sugere inadvertidamente quão problemática a sexualidade havia se tornado à época de Hawthorne. Era problemática e, mais do que isso, um assunto particular: "É extraordinário que a flor de nossa afeição haja desabrochado em meio à neve e aos ventos gelados do inverno — acompanhamentos que nenhum poeta ou romancista de que eu tenha conhecimento jamais introduziu numa história de amor. Nada como a nossa história jamais foi escrito — nem será", disse Hawthorne a Sophia Peabody pouco tempo depois, "pois não nos sentiremos propensos a fazer do público nosso confidente; porém, se ela pudesse ser contada, creio que seria uma história que os anjos se deleitariam em ouvir".[77]

Essa era a postura adotada pelos amantes das classes médias no século XIX: não negavam — pelo contrário, tinham em alta conta — suas fortes emoções, porém este era um assunto que não dizia respeito a ninguém mais. Emily Dickinson, que levava uma vida reclusa e visionária resumiu este estilo social — ou melhor, anti-social — de uma forma ímpar.

> Conte toda a Verdade, mas conte-a oblíqua,
> Pois o Sucesso está em seus Desvios.*

Os conflitos gerados pelas diversas definições de decência foram ainda exacerbados por disputas banais, porém freqüentemente ferozes, sobre os padrões de decência para homens e mulheres. Não havia muitas dúvidas de que as mulheres, sendo do sexo mais gentil, teriam de mostrar-se mais recatadas que os homens, mas o que nunca ficou muito claro foram os limites desse recato. Na primavera de 1870, o jovem cientista social William Graham Sumner, à época um prelado em franca ascensão, começou a cortejar Jeannie Elliott e prontamente confessou-lhe o apetite que sentia por sua presença. "Dá-me logo pelo menos a côdea de uma carta", escreveu-lhe ele a 5 de maio; "peço pouco, porém estou realmente muito faminto". Por pouco que exigisse, insistia entretanto nos direitos de corresponder-se com ela e de ir visitá-la. E é nesse ponto que as escaramuças sobre os limites da decência para homens e mulheres se tornam inevitáveis. "Tua mãe, em Guilford", escreveu Sumner a Jeannie a 12 de maio, "mostrou-se bastante conservadora. Ela disse que poderias receber minhas atenções 'até certo ponto'. Até que ponto? Não lhe pedi que mo definisse".[78] Não obstante ele disse a Jeannie que teria protestado contra qualquer restrição que o impedisse de vê-la.

(*) Tell all the Truth but tell it slant,/ Success in Circuit lies.

Vencida esta primeira barreira, outra muito mais alta, a do recato de Jeannie, obstruía o caminho de Sumner para a consumação de seu amor. Sendo de certo modo um psicólogo amador, Sumner queria que Jeannie Elliott desenvolvesse uma personalidade independente e se abrisse ao amor apaixonado segundo seu próprio ritmo. Por mais de um ano, e praticamente até o dia do casamento, ele insistiu com ela para que derrubasse as barreiras de seu recato. E com toda a franqueza, ela lhe respondeu que não lhe seria fácil. "Não sou uma pessoa expansiva, jamais o fui." Ainda assim, ela esperava ser "uma mulher sensível e verdadeira, antiquada até certo ponto". Ele dizia compreendê-la. "Sei que todos esses novos sentimentos devem abalar-te bastante", escreveu-lhe em meados de maio de 1870. "És pouco expansiva, nisto concordamos. Vejo porém pela carta de ontem que chegaste ao ponto em que sentes que deverias e querias ser mais demonstrativa." A seguir ele procura aliviar a ansiedade que ela sentia por estar tão ansiosa. "Jamais uma mulher amou um homem sem passar por esses temores" — os temores de não amar de modo suficientemente apaixonado. O próprio Sumner estava dividido e ansioso apesar de seu aparente autocontrole. Jeannie lhe havia contado de seu descontentamento por sentir-se incapaz de "dar" a ele mais do que ele lhe dava. Ao que ele pergunta: "Estará teu coração despertando, Jeannie, lutando contra tua disposição recatada, contra esses hábitos de 'decência' sobre os quais conversei contigo?" Ao colocar entre aspas o termo "decência" ele questionava os hábitos defensivos de que ela estava imbuída e implorava-lhe que percebesse que "chegou a hora de tuas reservas desabarem pelo menos com uma pessoa" — valia dizer, com ele. Ele tentou persuadi-la com carinho a libertar-se eroticamente ocultando por trás de uma linguagem religiosa, socialmente aceitável, seus desejos amorosos. Ele poderia ter-se mostrado mais "exigente" para com ela, disse-lhe um tanto sombriamente, porém preferira contentar-se com as provas de amor relativamente escassas que ela lhe havia concedido. Essas provas lhe bastavam: "Eu aliás lhes dou todo o valor do mundo. Algumas são tão sagradas que mal posso mencioná-las até mesmo a ti". Enquanto isso, ela lhe suplicava: "Sê paciente comigo". E de certa forma ele estava sendo. Ele havia percebido, e depois de algum tempo alegava ter decifrado, determinado gesto intrigante dela: esse gesto "parecia exprimir exatamente tua perplexidade. Usaste-o imediatamente após eu ter dito algo muito carinhoso e terno, e imagino que ele signifique precisamente tuas dúvidas, ou teus receios".[79]

A fome de Sumner entretanto persistia e crescia cada dia mais. "Receio ser insaciável", escreveu ele a 23 de maio; embora mais uma vez tentasse tranqüilizá-la afirmando que os homens eram muito mais impetuosos eroticamente que as mulheres, ele previa — num desejo traduzido em previsão hipnótica — que "enfim te deixarás arrebatar completamente... e abandonarás toda a tua reserva, todo o teu recato orgulhoso". A 26 de maio, voltando obsessivamente ao mesmo tema, ele estava disposto a denegrir as defesas de respeitabilidade que se ensinavam às gentis senhorinhas do século XIX: "Quando chegar a hora em que teu coração te impulsione para diante, não mais te freiarás por causa de qualquer falso orgulho, de qualquer falso recato, nem de qualquer falsa decência". Por mais que ele continuasse lhe oferecendo compreensão e simpatia — tendo mesmo, conforme lhe disse, "sondado" seus amigos, que lhe haviam informado que "durante seus próprios noivados todos perceberam em suas noivas a mesma perturbação" —, a frieza dela obviamente começava a importuná-lo sobremaneira. "Eu te quero tanto, durante o tempo todo", disse ele a Jeannie Elliott; e embora tencionasse dizer apenas que sentia a sua falta quando ela não se encontrava junto dele, outras saudades mais arrojadas e agudas reverberam nessa patética declaração. Enredado em sua frustação, ele recorre ao velho estereótipo referente ao mistério do sexo feminino. "O coração da mulher é um enigma", escreve ele; e pergunta, impotente: "Será que sempre oscila assim, entre os extremos da esperança e do temor — da paz e da ansiedade?"[80] Ele a havia tido em seus braços, porém, ao que tudo indica, mais para confortá-la e dar-lhe apoio emocional. E o restante teria que esperar.

E o restante chegou, ainda que muito imperfeito em sua realização. Uma vez casada, Jeannie Sumner, perpetuando e intensificando sua resistência virginal, apresentou sintomas nervosos debilitantes, buscou alívio nas drogas e refugiou-se em clínicas de tratamento. Seu marido permaneceu tão atencioso, e sensualmente tão agressivo, quanto ela lhe permitia, porém ela habilmente se defendia através de enfermidades e crises de exaustão nervosa. Não obstante, a despeito de tantas uniões tumultuadas como essa, de tantas vítimas de maus casamentos sob o ponto de vista erótico, que por vezes alcançavam o nível de verdadeiras tragédias, as classes médias continuavam a cultivar suas paixões.

E freqüentemente faziam-no de maneira um tanto canhestra. O sentimentalismo distorcia boa parte dos poemas publicados, dos tratados moralizantes, da correspondência íntima. O mesmo ocorria com a defesa mais comum contra o sentimentalismo, uma espécie de reticência acanhada. Embora corriqueiros, esses extremos não passaram despercebidos nem deixaram de ser bastante criticados. Nathaniel Hawthorne descreveu a Sophia Peabody o que ele denominava significativamente de "a estranha reserva com relação a assuntos sentimentais" que prevalecia em sua família; sua descrição não deixa dúvida de que ele seria capaz de imaginar formas de reserva menos estranhas, o que valia dizer, menos severas: "Temos consciência dos sentimentos dos outros, sempre; contudo parece existir uma lei tácita que nos proíbe falar dos nossos sentimentos mais profundos. Não posso permitir que eles jorrem em presença de outras pessoas — não posso tomar meu coração nas mãos e mostrá-lo a eles. Há dentro de mim um sentimento (se bem que eu saiba que é um sentimento tolo) de que fazê-lo seria tão indecoroso quanto mostrar-lhes meu peito desnudado". Esse tipo de reserva dominava muitas pessoas das mais diversas camadas sociais: "Meu pai", lembra Aleksandr Herzen, "desprezava todo e qualquer tipo de *abandono*, qualquer franqueza; a tudo isso ele chamava de intimidade, assim como chamava qualquer sentimento de sentimentalismo".[81] Hawthorne e Herzen atestam a vitalidade dos sentimentos no século XIX, mesmo que muitas pessoas fossem incapazes de evitar a sua repressão.

Era precisamente em defesa desses sentimentos que os comentaristas sociais ridicularizavam os puristas e os pedantes que racionavam tanto as informações como a própria excitação sexual. Em 1891, *Punch*, que não era uma revista particularmente aberta a posturas morais avançadas, mostrava a caricatura de uma "Jovem noiva casada há três horas (e prestes a iniciar sua viagem de núpcias)" em frente a uma livraria na estação ferroviária, apontando com a mão enluvada um livro na vitrine e exclamando a seu marido: "Oh, Edwin querido! Ali está *Tom Jones*. Papai me disse que eu não deveria lê-lo antes de me casar. Chegou o grande dia ... enfim! Compra-o para mim, Edwin querido". Há uma certa pungência no fato de uma mulher casada pedir ao marido que lhe compre um livro ao invés de comprá-lo ela mesma, porém o ponto-chave da caricatura é obviamente outro: o absurdo de se proibir a uma jovem respeitável que leia um clássico. Até mesmo William Ewart Gladstone, que durante decênios foi um dos pilares das instituições religiosas e políticas da Inglaterra, percebeu que a defesa apaixonada da privacidade havia ultrapassado os limites do razoável. Ao ler a longa biografia que J. W. Cross, marido da romancista George Eliot, acabava de publicar sobre ela, Gladstone se queixou de que "isto não é de modo algum uma Vida. É uma Reticência em três volumes".[82] Quando até um Gladstone lamenta os excessos da reticência, podemos ter certeza absoluta de que esta excedeu os limites de uma defesa racional.

Se bem que tais lapsos de excessiva delicadeza fossem comuns e às vezes ridículos, seu significado continua difícil de ser decifrado. Ainda desta feita procuro auxílio junto aos Hawthorne. O casamento de Nathaniel e Sophia Hawthorne foi uma união extática de duas almas gêmeas, tão gratificante sob o aspecto físico quanto sob o intelectual. Sophia Peabody, uma jovem culta e instruída, extremamente sensível, que sofria profundamente de uma variedade estonteante de sintomas psicossomáticos, notou que sua condição começou a apresentar melhoras por ocasião de seu noivado; após o casamento alguns sintomas se desvaneceram por completo. Uma vez que se estabelecera formalmente o noivado, ela podia permitir a si mesma e ao noivo liberdades eróticas, ao que parece todas exceto o coito propriamente dito. Ele podia escrever-lhe cartas ardentes, às quais ela podia responder quase, mas ainda não de todo, à altura. "Oh, minha querida", escreveu-lhe Nathaniel Hawthorne, envolvendo escrupulosamente sua excitação sexual em hábeis deslocamentos, "anseio por ti, e meu coração se ergue palpitante quando penso em ti... palpita e cresce (o meu coração) como algumas vezes já o sentiste junto a teu corpo, quando nele descansavas tua cabecinha ou teu peito. Nesses momentos ele desperta das profundezas. Então nossos dois corações oceânicos misturam suas marés". Sophia Peabody não tinha objeções a tal estilo de prosa, e respondia num tom igualmente turbulento. Numa de suas cartas, ela lhe conta ter tido um sonho horrível no qual ele a tratava numa carta por "minha querida irmã"; este sonho o deixou também angustiado, mas não mais do que a ela. Sua imaginação erótica era aguçada pelas frustrações que as regras burguesas para o jogo do namoro lhe infligiam, porém ele não hesitava em contar-lhe tudo acerca dessas frustrações: "Pombinha, vem ao meu peito — que está mais ansioso do que nunca por receber-te. Quando me recolher ao leito, juntarei os braços sobre o peito e tentarei imaginar que estás juntinha do meu coração. Esposinha travessa, que direito tens de estares longe de mim? Quantas palavras doces eu murmuraria em teus ouvidos na calada da noite — e quantos beijos sagrados imprimiria em teus doces lábios". É claro que seriam sagrados, mas ainda assim eram beijos; e Hawthorne transferia seus desejos para uma realidade sonhada através do expediente de chamar sua noiva de esposa: "Sophia Hawthorne"; ainda durante o noivado, ele se refere a um de seus abraços como "conjugal". Noutra ocasião, ele lhe diz: "Tenho um apetite extremamente humano e terreno". Ele estava se referindo a um jantar, porém tinha em mente outro alimento bem mais excitante. Após algum tempo, ele não mais se dava ao trabalho de disfarçar sua impaciência para chegar à consumação. "Já deixamos para trás todas as expressões do nosso amor — pelo menos as que podem ser transmitidas por pena e tinta. Até mesmo as palavras já se tornaram inadequadas. Olhares — a pressão dos lábios e das mãos — o aperto de um peito contra o outro — tudo isso constitui uma linguagem um pouco melhor; porém pouco a pouco nossos espíritos passarão a exigir formas de expressão mais apropriadas do que estas."[83] Em sua mente não podia haver dúvida quanto ao que pretendia dizer — e nem tampouco na dela.

O matrimônio, de fato, veio a fornecer a seu amor a expressão mais adequada pela qual ambos ansiavam. Costumavam dormir abraçados — "Deixei os braços da minha Sophia às cinco horas desta manhã", anotou ele no diário, num registro que sua atenta viúva permitiu que permanecesse intacto —, e Sophia Hawthorne nada ficava a dever ao marido em satisfação erótica.[84] Ela anotou no diário dele, para o qual contribuiu freqüentemente durante os primeiros anos de casamento, que "apenas o pensamento interior" poderia fazer do corpo "algo material ou algo angélico". E, citando as Sagradas Escrituras, ela esclarece: "'Não sois vós o templo do Deus redivivo?', diz o apóstolo. Ah, sim — eu também suponho que algumas pessoas sejam o covil do arquiinimigo, e que através delas esta forma milagrosa tenha caído em desonra. Antes de nosso casamento eu nada sabia de suas capacidades de realização e somente os verdadeiramente casados podem saber quão maravilhoso é este instrumento para os propósitos do coração". Ela era severa para com aqueles que se casavam por "conveniência" ou por "capricho"; decerto "os profanos jamais poderão gozar as alegrias dos Campos Elísios, pois é uma alegria espiritual que eles são incapazes de perceber".[85] Aquela forma milagrosa, o maravilhoso instrumento que serve aos propósitos do coração, a alegria dos Campos Elísios, cujas verdadeiras possibilidades somente o casamento podia revelar, era nada mais nada menos que um lícito e afetuoso ato sexual.

No entanto, pouco depois da morte de Hawthorne, em 1864, seu editor pediu à viúva que preparasse os diários para a publicação, ela censurou tanto o texto do falecido marido quanto o seu próprio com uma pena pronta a riscar palavras e uma tesoura igualmente pronta a cortar trechos inteiros. Qualquer nudez, mesmo a das suas crianças, era por demais vulgar para sobreviver ao seu olho crítico; algumas das expressões mais agudas utilizadas pelo marido, como "rameira" ou "proxeneta", bem como o fato de que uma vez ou outra ele gostava de fumar um charuto ou tomar um trago, não passaram por seu rigoroso escrutínio. É claro que ela era igualmente severa, senão mais severa ainda, com o que ela mesma escrevera: por exemplo, mutilou sua pequena ode à conjunção sexual como se fosse uma vergonhosa aberração.[86] Porém seu gozo erótico parece ter sido persistente e relativamente puro; embora sua saúde houvesse permanecido instável, ao menos as enxaquecas haviam desaparecido por completo. E alguma coisa, talvez a lembrança da felicidade passada, deteve sua tesoura e permitiu que pelo menos algumas indicações de seu prazer sexual sobrevivessem.

E esse é naturalmente o ponto-chave desta vinheta, deste volume, e na realidade dos dois volumes que estou dedicando à sensualidade e ao amor burgueses no século XIX. Esse encontro tão precioso e tão miraculoso, o feliz congresso sexual impregnado de ternura, era da conta dos amantes e de ninguém mais. O próprio mistério que o envolvia, freqüentemente interpretado como um sintoma da vergonha com a qual burgueses pudicos encaravam o leito conjugal, era na verdade um tributo à alta consideração devotada ao prazer erótico e ao amor. Tudo isto agora deve estar bem claro: a experiência burguesa foi muitíssimo mais rica do que suas formas de expressão, por mais ricas que tenham sido; e incluía uma boa dose de franqueza e sensualidade para ambos os sexos — dentro de ambientes protegidos. Seria um equívoco grosseiro julgar que os burgueses do século XIX não conheciam, não praticavam, ou não gozavam, aquilo que não discutiam.

A parcela de afeição duradoura inerente ao prazer erótico é óbvia, mas vale a pena enfatizá-la uma vez mais. Bons e respeitáveis burgueses não consideravam a conjunção entre o que Freud denominava de "as duas correntes do amor" uma vaga forma de protesto ou um ideal remoto. "Oh doce amor por um ser precioso", exclamou o alemão Heinrich Graetz, o historiador do judaísmo, em seu diário da juventude, por sinal bem revelador, "quão celestiais são teus prazeres, que nos elevam acima das paixões mundanas!"[87] A formulação é de fato um tanto bombástica, mas nem por isso deixava de ser sincera ou constituía exceção atípica de sua classe e de seu tempo.

A reserva, o recato, a reticência e a decência burguesas, para não mencionar a pudicícia e a hipocrisia, concediam às classes médias tempo e espaço para organizar e reorganizar sua reação a um mundo em constante transformação. Em conjunto, todos esses artifícios formavam uma grandiosa armadura de táticas defensivas, dentro da qual se encontrava um amplo e privilegiado espaço para experiências excitantes, ainda que perturbadoras. Esses artifícios, a um só tempo pessoais e culturais, mantinham a sensualidade bem viva, porém oculta da vista do público, como a cauda da sereia (parafraseando o que Charlotte Brontë dissera sobre Thackeray) sob as vagas do oceano. E, conforme já tive oportunidade de dizer, longe dos olhos não equivalia a longe do pensamento. A vida privada tornou-se a gruta secreta onde homens e mulheres podiam curar suas feridas, recuperar suas forças e entregar-se às suas paixões assumindo riscos calculados.

Essas reflexões colocam a educação sensual burguesa dentro de um contexto mais amplo, o do lugar que o indivíduo ocupava na cultura das classes médias do século XIX. Em 1893, citando um autor inglês anônimo, Sigmund Freud sugere que o homem que primeiro lançou um insulto a seu inimigo ao invés de atirar-lhe uma lança foi o fundador da civilização. Ao aproximar-se a era da rainha Vitória, sobretudo nas classes médias, a capacidade de autocontrole e de sublimação já estava altamente desenvolvida. Os temas principais do presente livro — as aflições geradas pelo sexo, as pressões exercidas pela evolução tecnológica, as ansiedades dos médicos, os riscos da gravidez, a paixão pela privacidade, sem esquecermos o medo do homem diante da mulher — estão todos eles relacionados com a maneira pela qual os burgueses do século XIX organizaram suas vidas numa época tumultuada. O espectro da revolta das classes inferiores, sintetizado na Revolução Francesa e periodicamente ressuscitado em levantes posteriores através de toda a Europa, é apenas o mais espetacular e o mais amplamente discutido dos motivos da ansiedade das classes médias. O medo dos burgueses diante das massas de camponeses e operários descontentes era inteiramente consciente e claro. Outras ansiedades eram menos visíveis, e pelo menos em parte inconscientes. Nem por isso entretanto eram menos poderosas; em meio a progressos materiais e sucessos políticos, as classes médias estavam apreensivas com relação à condição social, às regras morais, às tradições religiosas, aos conflitos familiares e, resumindo todas estas questões, às mudanças culturais. Esses problemas induziram a burguesia a pôr em campo algumas defesas novas, bem como a aperfeiçoar outras mais antigas, que estudarei no próximo volume. Os burgueses imprimiram um caráter de urgência às investigações do amor e ensaiaram através da ficção as várias dimensões do amor, tanto as permitidas quanto as proibidas; elaboraram estratagemas capazes de conferir respeitabilidade à sexualidade e descobriram os perigos e as ameaças inerentes a um gosto sexual não-ortodoxo. E estavam muito preocupados com o nervosismo, que consideravam a enfermidade arquetípica da idade moderna, o castigo merecido.

Podemos por conseguinte usar o século burguês como o teste mais severo das teorias culturais de Freud. Argumentava ele, conforme sabemos, que as instituições, fossem elas estabelecidas pela sociedade ou pela mente, controlam as paixões e ao mesmo tempo satisfazem as necessidades humanas. O homem não consegue viver sem tais instituições, mas tampouco é capaz de conviver com elas mantendo uma total serenidade. É por isso que as restrições que elas impõem são simultaneamente indispensáveis e impopulares. Na melhor das hipóteses, tais restrições servirão não para frustrar, mas para fomentar a satisfação pessoal. Porém a melhor hipótese é evidentemente muito rara, mesmo entre burgueses bem situados.

Justamente pelo fato de as oportunidades oferecidas pela cultura burguesa não terem tido precedente, suas falhas foram profundamente investigadas e se tornaram alvo dos mais ruidosos ressentimentos. E nem todas as suas experiências no embate com a sensualidade foram bem sucedidas; Freud foi o porta-voz de muitos outros ao interpretar sua cultura como uma cultura em que as inibições impostas aos comportamentos sexuais haviam excedido em muito os limites do racional. A época, afinal de contas, exigia muitas respostas ainda não testadas, para que as parcelas de liberdade e de obrigações fossem estabelecidas ou reajustadas, e para que as relações entre os instintos humanos fundamentais, freqüentemente conflitantes, recuperassem o equilíbrio. A despeito de tudo isso, havia bons motivos para o otimismo, que muitas vezes eram dolorosamente frustrados e outras tantas vezes plenamente realizados; havia razões para esperar que a selvageria fosse domada por um Eros civilizador, que "a força sensual" fosse "controlada pelas paixões espirituais", conforme o disse George Eliot, a lascívia dominada pelo amor.

Apêndice

SÍMBOLOS ADOTADOS POR MABEL LOOMIS TODD EM SEUS DIÁRIOS

Mabel Todd deixou alguns sinais altamente informativos, se bem que nada fáceis de serem lidos, relativos à sua atividade sexual. Nos diários, ela registra seus períodos menstruais (inicialmente apenas o primeiro dia) com um "x"; mais tarde, ela usa um ponto envolvido num círculo (o seu "período"), com maior precisão, e denota o fim da menstruação por um "st.", significando "stop".* Ela assinalava as relações sexuais — que mereciam ser lembradas tanto por razões de prudência como por motivos passionais, visto que o casal confiava numa combinação do método do ritmo com o do *coitus interruptus* — com o símbolo [americano] de "número" (#),** seguido de um número cuja seqüência progredia durante o ano. Às vezes, esses números eram seguidos de abreviaturas, algumas evidentes — "f.m." significando, por exemplo, *for me* [para mim] —, e algumas mais difíceis de serem decifradas. Acredito que "f.m." significa que ela teve um orgasmo, da mesma forma como provavelmente seja este o significado da letra "o.". Assim, a 28 de abril de 1881 ela anota: "Felicíssima noite com David — meu querido. # 15 (o)"; e a 1º de maio: "8:30 da manhã. Que felicidade vivi hoje desde as cinco da manhã", sendo que esta anotação é seguida, ao final do dia, por "# 16 (o)". (Diário de 1881, caixa 39, MLT.) Suponho que a ascensão e o declínio rítmicos desses registros, bem como algumas anotações isoladas, confirmam minha hipótese. Já fiz menção a uma noite marcada por dois símbolos sucessivos (ver acima, p. 83) eis aqui outra, a de 22 de setembro de 1882, logo depois que David se reúne à esposa em Washington, D.C.: "Estou tão feliz... # 40 f.m., 41 f.m." (Diário de 1882, caixa 39, MLT).

Não obstante, tal simbolismo não deixa de ter seus enigmas. Assim, por exemplo, a 30 de junho de 1882 David Todd escreve à mulher pedindo-lhe que "assinale para mim no seu livrinho referente ao dia de ontem, algo de que você bem sabe"; conseqüentemente, no diário dela encontramos anotado no dia 29, porém obviamente inserido depois: "# 25/a." (Diário de 1882.)

Além disso — e é este o motivo pelo qual interpretei com bastante cautela a expectativa expressa por David Todd quanto à "primeira noite de amor", sugerindo que Mabel Loomis se casou "tecnicamente" virgem —, aparecem alguns símbolos # seguidos de números em anotações feitas durante a ausência do marido, e há também um outro símbolo, "Sem.", igualmente seguido de um número, que aparece várias vezes, sendo que o primeiro registro deste símbolo antecede a data do casamento, 5 de março de 1879. "Sem. l" aparece no diário de Mabel Loomis a 14 de janeiro de 1879, na letra

(*) O termo inglês empregado mais comumente para "menstruação", tanto na linguagem coloquial quanto na mais erudita, é *period* [período]; o mesmo termo tem uma acepção totalmente diferente, gramatical, que é o sinal do "ponto" (.): daí o símbolo do ponto envolvido por um círculo. (N. T.)

(**) O símbolo "# " corresponde à nossa abreviatura "nº". (N. T.)

de seu noivo. A 7 de março, dois dias depois do casamento, a anotação inteira é escrita por David no diário dela, e inclui o seguinte: "Uma tarde conjugal linda e tranqüila. Sem. 8". O dia 15 de maio do mesmo ano, data da concepção de sua filha, apresenta "Sem. 28". Posteriormente, durante o mês de agosto de 1879, enquanto David Todd estava distante, numa expedição, Mabel Todd usa o símbolo repetidamente, como por exemplo no dia 4 de agosto, numa carta ao marido: "Sem. 45 (A)", e novamente uma semana depois, a 11 de agosto, "Sem. 46 (a)". (Diário de 1879, caixa 39, MLT.)

Minha interpretação desse último símbolo é que o casal usou "Sem." de maneira um tanto inconsistente. Antes do casamento, ao que me parece, significava carícias muito íntimas levando ao orgasmo; a partir de março de 1879, passou a significar relações sexuais; e mais tarde ainda, nas ocasiões em que o casal estava separado, parece ter registrado masturbação, sendo que o "a" ou o "A" queria dizer *alone* [só]. Se esta suposição for correta, então a carta que David Todd escreveu à mulher naquele 30 de junho de 1882 seria um pedido para que ela anotasse a masturbação *dele*. Ele sabia que essa solicitação causaria desgosto a ela, e ainda assim a fez, e sua insistência revela uma obsessão com seu desempenho sexual que sem dúvida alguma era algo profundamente pessoal. Porém ao mesmo tempo constitui um reflexo da opinião geralmente (senão universalmente) difundida tanto entre médicos quanto entre leigos "bem-informados", segundo a qual o orgasmo masculino, qualquer que fosse o meio pelo qual fosse atingido, era um "dispêndio" de sêmen valioso, que, se "excessivo", traria sérias conseqüências tanto físicas quanto psicológicas.

NOTAS

ABREVIAÇÕES

BU-JHL Brown University, John Hay Library [Biblioteca John Hay da Universidade Brown]

DPT David Peck Todd Papers [Documentos de David Peck Todd]

G. W. Sigmund Freud, *Gesammelte Werke,* Anna Freud, E. Bibring, W. Hoffer, E. Kris, O. Isakower (eds.), em colaboração com Marie Bonaparte, 18 vols. (1940-52).

LF Lyman Family Papers [Documentos da família Lyman]

MLT Mabel Loomis Todd Papers [Documentos de Mabel Loomis Todd]

MTB Millicent Todd Bingham Papers [Documentos de Millicent Todd Bingham]

SC-WHA Smith College, Women's History Archive [Arquivo da história das mulheres do Smith College]

S.E. Sigmund Freud, *The Standard Edition of the Complete Psychological Works,* traduzido sob a Editoria Geral de James Strachey, em colaboração com Anna Freud, auxiliado por Alix Strachey e Alan Tyson, 24 vols. (1953-74).

SF Silliman Family Papers [Documentos da família Silliman]

SS Sophia Smith Collection [Coleção Sophia Smith]

St.A. Sigmund Freud, *Studienausgabe,* Alexander Mitscherlich, Angela Richards, James Strachey (eds.), 11 vols. (1969-75).

Stabi Staatsbibliothek [Biblioteca do Estado]

Y-MA Yale University Library, Manuscripts and Archives [Seção de manuscritos e arquivos da Biblioteca da Universidade de Yale]

INTRODUÇÃO GERAL

ORIENTAÇÕES

(1) Na abertura de seu livro *Eminent Victorians* (1918), Lytton Strachey, como sempre em busca de paradoxos, viu na vasta quantidade de informações disponíveis um obstáculo quase insuperável: "A história da Era Vitoriana jamais será escrita: nós a conhecemos bem demais". Um dito espirituoso, sugestivo e cruel.

(2) Carta de Freud a Fliess, 8 de outubro de 1897. Sigmund Freud, *Aus den Anfängen der Psychoanalyse: Briefe an Wilhelm Fliess, Abhandlungen und Notizen aus den Jahren 1887-1902*, ed. Ernst Kris et al. (1950), p.233; *The Origins of Psycho-Analysis: Letters to Wilhelm Fliess, Drafts and Notes: 1887-1902*, trad. Eric Mosbacher e James Strachey (1954), p. 219.

(3) William James, *The Principles of Psychology,* 2 vols. (1890), vol. II, p. 620.

(4) "'Toda experiência', como diz Clifford Geertz, 'é uma experiência construída'". William H. Sewell Jr., *Work and Revolution in France: The Language of Labor from the Old Regime to 1848* (1980), p. 10. A citação é de Geertz, *The Interpretation of Cultures* (1973), p. 405.

(5) "Das Interesse an der Psychoanalyse" (1913) (não incluído em *St.A.*), *G.W.*, vol. VIII, p. 415; "The Claims of Psycho-Analysis to Scientific Interest", *S.E.*, vol. XIII, pp. 185-6.

(6) *Das Ich und das Es* (1923), *St.A.*, vol. III, p. 302; *The Ego and the Id, S.E.*, vol. *XIX*, p. 34.

I. ESFORÇOS PARA UMA DEFINIÇÃO

(1) Ao fim do cap. 9, em *The Works of William Makepeace Thackeray*, Centenary Biographical Edition, 26 vols. (1910-1), I, p. 104.

(2) Tradução manuscrita, datada de 1893, de texto extraído de *Die Hygiene der Keuschheit,* do dr. Theodor G. Kornig (1890; 2ª ed., 1891), notas de rodapé às pp. 166-7, Zeta Collection, Yale Sterling Library.

(3) Heinrich August Winkler, *Mittelstand, Demokratie und Nationalsozialismus* (1972), pp. 21-6.

(4) Roger B. Henkle, *Comedy and Culture: England 1820-1900* (1980), p. 3.

(5) Jeanne MacKenzie, *A Victorian Courtship: The Story of Beatrice Potter and Sidney Webb* (1979), p. 69.

(6) Asa Briggs, "The Language of 'Class' in Early Nineteenth-Century England", in Briggs e John Saville (eds.), *Essays in Labour History* (1967), p.43.

(7) Carta de Morris a Fred Henderson, vereador de Norwich, 19 de outubro de 1885. E. P. Thompson, *William Morris: Romantic to Revolutionary* (1955), p. 878.

(8) Briggs, "Language of 'Class' ", p. 59.

(9) *Allgemeines Landrecht für die Preussischen Staaten von 1794,* ed. Hans Hattenhauer (1970), parte II, título 8º, p. 452.

(10) Denis Poulot, *Le Sublime, ou le travailleur comme il est en 1870 et ce qu'il peut être* (1870; ed. 1980), p. 36.

(11) Robert Forster, "The Survival of the Nobility during the French Revolution", *Past and Present,* nº 37 (julho de 1967), p. 84.

(12) Michel Chevalier, *Society, Manners, and Politics in the United States: Letters on North America* (3ª ed., ampliada, 1838), ed. John William Ward (1961), pp. 380-3.

(13) Colette Becker, "prefácio a *Au bonheur des dames* de Zola (1883; ed. 1971), p. 14.

(14) Ver John R. Gillis, *The Prussian Bureaucracy in Crisis, 1840-1860* (1971), p. 11. O mesmo podia se dizer da França: ver Theodore Zeldin, *France, 1848-1945,* 2 vols. (1973-7), vol. I, *Ambition, Love, and Politics,* parte I, passim.

(15) Discorrendo sobre o Código Civil promulgado no século anterior por Frederico, o Grande, Alexis de Tocqueville observa que "entre o nobre e o *burgher* há uma classe intermediária, constituída por funcionários que não são nobres, sacerdotes e professores de escolas, ginásios e universidades". Esta era uma classe intermediária, não mais exatamente burguesa, porém ainda não nobre, e que se sentia pouco à vontade quanto ao. *status* próprio. *The Old Regime and the Revolution* (1856; trad. inglesa de Stuart Gilbert, 1955), p. 229.

(16) Gillis, *Prussian Bureaucracy,* p. 33.

(17) Benny Green, *P. G. Wodehouse: A Literary Biography* (1981), pp. 11-5.

(18) As minhas fontes principais para estes parágrafos foram as seguintes: Wolfgang Köllmann, *Sozialgeschichte der Stadt Barmen im 19. Jahrhundert* (1960), pp. 94-131; David F. Crew, *Town in the Ruhr: A Social History of Bochum, 1860-1914* (1979), cap. 3, "Social Mobility"; W. D. Rubinstein, *Men of Property: the Very Wealthy in Britain since the Industrial Revolution* (1981), passim; e Adeline Daumard, *Les Bourgeois de Paris au XIXᵉ siècle* (1970), passim.

(19) Peter Böttger, *Die Alte Pinakothek in München* (1972), p. 20; Asa Briggs, *The History of Birmingham,* vol. II, *Borough and City, 1865-1938* (1952), p. 100.

(20) Heinrich Bihrle, *Die Musikalische Akademie München, 1811-1911* (1911), p. 28.

(21) Henry James, "Criticism" (1891), in *Selected Literary Criticism,* ed. Morris Shapira (1963), pp. 167-71.

(22) Eduard Hanslick, *Geschichte des Konzertwesens in Wien,* 2 vols. (1869-70), vol. I, p. 67.

(23) E. D. Mackerness, *A Social History of English Music* (1964), p. 221.

(24) Roger Price, *The Second French Republic: A Social History* (1972), p. 42; Gillis, *Prussian Bureaucracy,* p. 22.

(25) Joel Mokyr, *Industrialization in the Low Countries, 1795-1850* (1976), p. 83.

(26) *British Quarterly Review,* fevereiro de 1849. Douglas Johnson, *Guizot: Aspects of French History 1787-1874* (1963), pp. 223-4.

(27) O eminente pedagogo alemão Karl Friedrich von Klöden, também historiador da cidade de Berlim, lembrava anos mais tarde que, quando fora trabalhar para seu tio, um ourives dono de mísera oficina e que não tinha um aprendiz sequer, irritara profundamente à tia e à mãe desta por referir-se ao "ofício da ourivesaria". As mulheres, assim narra ele, "se empinaram como se houvessem sido picadas por marimbondos. Não era um ofício, disseram, mas sim uma 'arte' ou uma 'vocação'". Max Jähns (ed.), *Jugenderinnerungen Karl Friedrich von Klödens* (1874), p. 174.

(28) Donald Fanger, *Dostoevsky and Romantic Realism: A Study of Dostoevsky in Relation to Balzac, Dickens, and Gogol* (1965), p. 279.

(29) Henry J. Gibbons, "Georg Brandes: The Making of an Aristocratic Radical" (tese de doutoramento na Universidade de Yale, 1979), p. 203.

(30) "Aus dem Nachlass der achtziger Jahre", *Werke,* ed. Karl Schlechta, 5 vols. (1972), vol. IV, p. 188.

(31) Daumard, *Les Bourgeois de Paris,* p. 5.

(32) Jeffrey L. Sammons, *Heinrich Heine: A Modern Biography* (1979), p. 324; Leon Edel, *Henry James: The Middle Years, 1882-1892* (1962), p. 160; Marcel Proust, *Du côté de chez Swann,* in *A la recherche du temps perdu,* ed. Pierre Clarac e André Ferré, 3 vols. (1954), vol. I, p. 92.

(33) *Les Bourgeois conquérants* (1957; trad. inglesa, 1966).

(34) Chevalier, *Society, Manners, and Politics in the United States,* p. 382.

(35) *The Condition of the Working Class in England in 1844* (1845; trad. inglesa de Florence K. Wischnewetzky, 1885, ed. 1892), nota de rodapé à p. 95; "On Historical Materialism", in Marx e Engels, *Basic Writings on Politics and Philosophy,* ed. Lewis S. Feuer (1959), p. 63.

(36) *Heinrich Heines Sämtliche Werke,* ed. Ernst Elster, 7 vols. (1887-90), vol. VI, pp. 392-3.

(37) Sammons, *Heine,* p. 324. O fato de James Watt não ter sido exatamente um fiandeiro de algodão, mas sim o brilhante modernizador da máquina a vapor, pode

servir como uma pequena crítica à capacidade de Heine de perceber os fatos, mas certamente não abrandaria sua cólera visceral contra as classes médias.

(38) Dormer Creston (pseud.), *Fountains of Youth: The Life of Marie Bashkirtseff* (1937), p. 285.

(39) Freud, "Beiträge zur Psychologie des Liebeslebens, II, Über die allgemeinste Erniedrigung des Liebeslebens" (1912), *St. A.*, vol. V, p. 202; "On the Universal Tendency to Debasement in the Sphere of Love (Contributions to the Psychology of Love)", *S.E.*, vol. XI, p. 183.

(40) 22 de julho de 1856, Edmond e Jules de Goncourt, *Journal; mémoires de la vie littéraire 1851-1896,* ed. Robert Ricatte, 22 vols. (1956-8), vol. II, p. 21.

(41) Ranke, *Tagebücher* (1814), ed. Walther Peter Fuchs (1964), p. 138.

(42) *Manifesto of the Communist Party* (1848); trad. inglesa de Samuel Moore, 1888; introdução de A. J. P. Taylor, 1967), p. 101.

(43) Engels, *Condition of the Working Class,* p. 276.

(44) Philip Spencer, *Flaubert: A Biography* (1952), p. 160.

(45) *Die bürgerliche Gesellschaft,* (1851; 9ª ed., 1897), p. 199.

(46) *The Complete English Tradesman* (1726), p. 376.

(47) Ambos, Mill e Brougham, in Harold Perkin, *The Origins of Modern English Society, 1780-1880* (1969), p. 230.

(48) Prölss, "Zur 200-jährigen Geburtstagsfeier Georg Friedrich Händels", *Gartenlaube*, vol. XXXIII, n.º 7 (1885), p. 113.

(49) Needham, tradução manuscrita de Kornig, *Hygiene der Keuschheit,* nota de rodapé à p. 167 n.

(50) *Manifesto,* p.13.

(51) "Honoré de Balzac", in James, *French Poets and Novelists* (1878; 2ª ed., 1884), pp. 102-3.

(52) Holbrook Jackson, *The Eighteen-Nineties: A Review of Art and Ideas at the Close of the Nineteenth Century* (1913; ed. 1966), p. 134.

(53) Peter d'Alroy Jones, *The Christian Socialist Revival, 1877-1914: Religion, Class, and Social Conscience in Late-Victorian England* (1968), notas de rodapé às pp. 85-6.

(54) Introdução ao romance *Hard Times* de Dickens (ed. 1912), in George H. Ford e Lauriat Lane Jr., *The Dickens Critics* (1961), p. 126.

(55) "Confession of Faith: Metternich's Secret Memorandum to the Emperor Alexander" [15 de dezembro de 1820]. in *Memoirs of Prince Metternich 1815-1829,* ed. príncipe Richard Metternich, trad. inglesa da sra. Alexander Napier, 5 vols. (1881), vol. III, p.468.

II. *ARQUITETOS E MÁRTIRES DAS MUDANÇAS*

(1) John Morley, *The Life of William Ewart Gladstone*, 3 vols. (1903), vol. I, p. 4.

(2) "Confession of Faith: Matternich's Secret Memorandum to the Emperor Alexander" [15 de dezembro de 1820], in *Memoirs of Prince Metternich 1815-1829,* ed. príncipe Richard Metternich, trad. inglesa da sra. Alexander Napier, 5 vols. (1881), vol. III, pp. 458-67.

(3) Nikolaus Pevsner, *High Victorian Design: A Study of the Exhibits of 1851* (1951), pp. 16-7.

(4) J. W. Burrow, *Evolution and Society: A Study in Victorian Social Theory* (1966), p. 248.

(5) Nem todas as exposições deram origem a tanto otimismo como a Grande Exposição londrina de 1851. Em visita a Paris no verão de 1889, o jurista e positivista inglês Frederick Harrison encontrou um amigo francês, que denunciava a exposição comemorativa do centenário da Revolução Francesa como "uma feira lamentável", como "um bazar monstruoso montado pelos vendedores propagandistas no Campo de Marte, como se fosse uma imitação do Império, tal a correria de exibições vulgares!" Impressionou-o da mesma forma negativa como se fosse um "cartaz gigantesco anunciando as mercadorias de um grande comerciante", o que "qualquer republicano honesto" vê "envergonhado e indignado", ao passo que os operários franceses "vêem como o Bezerro de Ouro defronte a cujo altar a *bourgeoisie* presta suas homenagens". De "A Breakfast-Party in Paris", in *The Nineteenth Century*, n.º CL (agosto de 1889), pp. 173-4.

(6) Jeffrey L. Sammons, *Heinrich Heine: A Modern Biography* (1980), p. 166.

(7) "Signs of the Times", in *Latter-Day Pamphlets, Characteristics, etc.*, Library Editon (1885), p. 29.

(8) Mill, *Essays on Politics and Culture,* ed. Gertrude Himmelfarb (1962), pp. 3 e 43; Zola, carta ao seu amigo íntimo Jean-Baptistin Baille, datada de 2 de junho de 1860, na *Correspondance*, ed. B.H. Bakker, 3 vols. até o presente (1978 -...), vol. I, p. 169.

(9) *Die Traumdeutung* (1900), *St.A.*, vol. II, p. 268; *The Interpretation of Dreams*, *S.E.* vol. IV, p. 264.

(10) Peter Gay, *A Loss of Mastery: Puritan History in Colonial America* (1966), pp. 11 e 130-1.

(11) Hofstadter, *The Age of Reform from Bryan to F. D. R.* (1955), p. 23.

(12) Conforme citado por Paul Bourget, "Discours" à Academia Francesa, *Oeuvres*, 9 vols. (1899-1911), vol. I, p. 514.

(13) Guy Chapman, *Culture and Survival* (1940), p. 125.

(14) H.J. Dyos, *Victorian Suburb: A Study of the Growth of Camberwell* (1961), pp. 51 e 54-5.

(15) Cartas de Burckhardt a Johanna Kinke e a Louise Burckhardt, datadas respectivamente de 23 de agosto de 1843 e de 5 de abril de 1841. *Briefe*, ed. Max Burckhardt, 9 vols. (1949 a 1980), vol. II, p. 42 e vol. I, p. 162, respectivamente.

(16) *The Eighteen-Nineties* (1913), pp. 21-3.

(17) *Studien zur Kritik der Moderne* (1894), p. 96.

(18) *Physics and Politics* (1872), p. 1.

(19) *Im Lichte der Freiheit* (1947), p. 107.

(20) Dr. Hermann Rohleder, *Grundzüge der Sexualpädagogik* (1912), p. xi.

(21) Citação de abertura de Roger Shattuck, *The Banquet Years: The Origins of the Avant-Garde in France, 1885 to World War I* (1958; ed. revista, 1968), p. 1.

(22) Escoffier, *A Guide to Modern Cookery* (1903; 2.º. ed., 1909), p. vii.

(23) Zola, *Salons*, ed. F. W. J. Hemmings e Robert J. Niess (1959), p. 148.

(24) B. G. Orchard, *The Clerks of Liverpool* (1871), p.7.

(25) Theodore Zeldin, *France 1848-1945*, 2 vols. (1973-7), vol. I, *Ambition, Love, and Politics*, p. 105; Emil Lederer e Jakob Marschak, "Der Neue Mittelstand", in *Grundriss der Sozialökonomik*, IX, n.º 1 (1926), p. 127. Os números citados são arredondados.

(26) Harold Perkin, *The Origins of Modern English Society 1780-1880* (1969), p. 123.

(27) "Um grupo de homens", escreveu Benjamin Orchard, "com acentuados traços característicos, e ainda assim incontáveis, mal cuidados, mal compreendidos ou de todo incompreendidos, mesmo por aqueles que têm contato mais próximo com eles — de fato, incompreendidos até por si mesmos". *The Clerks of Liverpool*; citado como egíprafe por David Lockwood, *The Black-Coated Worker: A Study in Class Consciousness* (1958), p. 12.

(28) Pierre Sorlin, *La Société française*, vol. I, *1840-1914* (1969),p. 79.

(29) "Aus dem Nachlass der Achtziger Jahre", in *Werke*, ed. Karl Schlechta, 5 vols. (1972), vol. IV, pp. 217-8.

(30) Shaw, *The Quintessence of Ibsenism* (1891; ed. 1912), p. 3.

(31) Ver registro de 28 de novembro de 1861 em: Edmond e Jules de Goncourt, *Journal: mémoires de la vie littéraire 1851-1896*, ed. Robert Ricatte, 22 vols. (1956-58), vol. V, p. 29.

(32) *Otto von Leixner. Eine Studie* (1897), p. 3.

(33) Georges Duveau, *1848: The Making of a Revolution* (1965; trad. inglesa de Anne Carter, 1967), p. 27.

(34) Disraeli, *Coningsby* (1844; ed. 1948), p. 78 [Livro II, cap. 1]; Lamartine, "Declaration of Principles", e Clifford Geertz, "Ideology as a Cultural System", in Geertz, *The Interpretation of Cultures* (1973), p. 221.

(35) "Prefácio do Autor para a Primeira Edição", *The Rules of Sociological Method* (1895; trad. inglesa de Sarah A. Solovay e John H. Mueller, ed. George E. G. Catlin, 1938), p. xl.

(36) Carta de Zola a Jean-Baptistin Baille, 2 de junho de 1860, *Correspondance*, vol. I, p. 169.

(37) *The Journals of Lady Knightsley of Fawley*, ed. Julia Cartwright (Mrs. Ady) (1915), p. 39. Essa comparação também foi comentada por W. L. Burn em *The Age of Equipoise: A Study of the Mid-Victorian Generation* (1964), p. 101.

(38) Registro de 13 de janeiro de 1854, *The Letters of John Stuart Mill*, ed. Hugh S. R. Elliot, 2 vols. (1910), vol. II, p. 359.

(39) Registros de 6 de setembro de 1851 e de 18 de janeiro de 1857, *Journal intime*, ed. Bernard Gagnebin e Philippe M. Monnier, 4 vols. até o presente (1976-...), respectivamente vol. I, p. 1063 e vol. II, pp. 72-3.

(40) Cartas de Burckhardt a Bernhard Riggenbach, 11 de fevereiro de 1873; Burckhardt a Friedrich von Preen, 20 de julho de 1870; *Briefe*, vol. V, p. 190 e pp. 104-5 respectivamente.

(41) Carta de Bülow a Luise von Weltz, 15/27 de fevereiro de 1874, *Briefe*, ed. Marie von Bülow, 8 vols. (1895-96), vol. V, p. 143. O termo usado por Hans von Büllow é *Courierzüge*.

(42) Carta de Billroth a Hanslick, 9 de maio de 1876. Hanslick, *Aus meinem Leben*, 2 vols. (1894), vol. II, p. 314.

(43) "De Juventute", in *Roundabout Papers, The Works of William Makepeace Thackeray*, Centenary Biographical Edition, 26 vols. (1910-11), vol. XX, p. 73.

(44) *Limoges*, 23 de maio de 1878. Devo esta referência a John Merriman.

(45) E. B. Tylor, *Primitive Culture: Researches into the Development of Mythology, Philosophy, Religion, Art, and Custom*, 2 vols. (1871), vol. II, p. 410.

(46) Asa Briggs, *Victorian Cities* (1963; ed. 1968), p. 104; Dickens, *David Copperfield* (1850; ed. 1966), p. 880 cap. 57; Stephan Thernstrom, *Poverty and Progress: Social Mobility in a Nineteenth-Century City* (1964; ed. 1969), p. 71. Não é necessário ser filósofo para fazer tal afirmação; comprova-o o comentário feito em 1780 por William Hutton, um impressor de Birmingham: "Todo homem tem nas próprias mãos a sua sorte". T. S. Ashton, *The Industrial Revolution 1760-1830* (1948), p. 17.

(47) Registro de 9 de maio de 1840. *The Gladstone Diaries*, ed. M. R. D. Foot e H. C. G. Matthew, 8 vols. até o presente (1968-...), vol. III, p. 28. Em 1856, George Templeton Strong, ilustre novaiorquino e escritor de um diário espirituoso, dava indicações ingênuas sobre as motivações eróticas da experiência burguesa. Caminhando pela cidade num dia movimentado de janeiro, em meio à neve, observando as "ferrovias urbanas" que considerava "veículos loucos", viu em toda aquela cena de multidões turbulentas uma "bacanal de inverno", nada menos do que um "orgasmo de locomoção". Se bem que provavelmente seja exagerado tomar as metáforas de Strong ao pé da letra, não obstante elas condensam a conjunção das mudanças e da sensualidade que constitui o tema do presente tomo e do que se lhe segue. *Diary*, registro de 8 de janeiro de 1856; ed. Allan Nevins e Milton Halsey Thomas, 4 vols. (1952), vol. II, p. 251.

A EDUCAÇÃO DOS SENTIDOS

EXPERIÊNCIAS BURGUESAS, I: UM REGISTRO ERÓTICO

(1) "Millicent's Life", I [p. 1], caixa 46, MLT, Y-MA.

(2) Carta de Mabel Todd a David Todd, 4 de setembro de 1879, caixa 112, DPT, Y-MA.

(3) Registros de 30 de novembro e 5 de dezembro de 1877, Diário II, caixa 46, MLT; de 16 de julho de 1871 e 7 de novembro de 1872, Diário I, caixa 45, MLT; de 5 de março de 1879, Diário II.

(4) Registros de 14 de outubro de 1877, Diário II; de 2 de maio de 1873 e 21 de janeiro de 1874, Diário I; de 11 de novembro de 1877, Diário II.

(5) Registros de 3 de julho de 1885, Diário IV, caixa 46; de 10 de fevereiro de 1890, Diário V, caixa 46; de 14 de abril de 1878, Diário II.

(6) Em novembro de 1877, logo após haver completado 21 anos, ela se viu obrigada a recusar um convite para uma viagem à Europa em companhia de amigos,

mesmo tendo condições de financiá-la — "só 400 dólares" — com seus próprios recursos, pois "papai não me permitiu ir sem que ou ele ou a minha mãe me acompanhasse... Tive que desistir. Mas foi uma dura prova. Chorei profusamente". Ela chorou, porém obedeceu. Registro de 30 de novembro de 1877, Diário II.

(7) Registro de 22 de setembro de 1879, Diário II.

(8) Registros de 5 de julho, 9 de agosto e 21 de novembro de 1872, e de 8 de fevereiro de 1873, Diário I.

(9) Registro de 6 de janeiro de 1878, Diário II.

(10) Registros de 20 de setembro de 1872, Diário I; e 6 de janeiro de 1878, Diário II.

(11) Registro de 14 de outubro de 1879, Diário II.

(12) *Yeast* (1851; ed. 1899), p. 25. Quanto aos diversos usos do termo "delícia", ver a seção correspondente a este capítulo, no Ensaio bibliográfico ao final do volume.

(13) Carta de Alice James a Annie Ashburner, 10 de maio (1876?), citada por Jean Strouse, *Alice James: A Biography* (1980), p. 164.

(14) Registros de 26 de agosto e 15 de dezembro de 1876, e 30 de novembro de 1877, Diário II. O flerte, ou "namorico", constituía uma infração séria, e jovens atraentes freqüentemente sentiam a consciência pesada quando descobriam que haviam levado algum rapaz enamorado a fazer-lhes declarações frívolas. Daí a resolução tomada por Louisa Bowater, uma jovem extremamente popular entre os rapazes "elegíveis", ao pensar num jovem capitão: "Preciso tentar ser uma boa menina e não namoricar"; e, mais adiante: "Não posso retribuir-lhe os sentimentos que ele tem por mim, e ele merece algo bem melhor do que o que posso lhe dar. Mas isso me custa bastante, e de vez em quando sinto que lancei fora minha felicidade. Que Deus me perdoe se namoriquei com ele". Registros de 6 de junho e de 14 de julho de 1864, *The Journals of Lady Knightley of Fawsley*, ed. Julia Cartwright (Mrs. Ady) (1915), pp. 80-6.

(15) Registro de 14 de abril de 1878, Diário II. Ela estava obviamente considerando a possibilidade de chamar o novo pretendente pelo prenome: no registro de 21 de março de 1878 ela se refere a ele como "o sr. Todd", revelando um interessante conflito íntimo. Diário II. Na Europa, esse gesto parece ter tido um significado muito menos profundo: durante o ano de 1878, uma jovem amiga de Otto von Leixner passou seu braço pelo dele, conforme ele anotou no diário, sem que daí adviesse a mínima conseqüência. *Tagebuch*, 1868, Leixner Nachlass, Stabi, Berlim. — Na Inglaterra, tratava-se tão somente de um gesto cortês (ver George Eliot, *Middlemarch*, cap. 29).

(16) Registros de 20 de setembro de 1872 e 13 de dezembro de 1873, Diário I; e 9 de novembro de 1878, Diário II.

(17) Registro de 27 de outubro e 5 de dezembro, Diário de 1878, caixa 108; DPT; de 25 de abril e 14 de abril de 1878, Diário II.

(18) Registros de 3 de agosto de 1878, Diário II; de 5 de janeiro, Diário de 1879, caixa 39, MLT.

(19) Howe: Robert Latou Dickinson e Laura Beam, *The Single Woman: a Medical Study in Sex Education* (1934), p. 130; Nason: Ellen K. Rothman, "Sex and Self-Control: Middle-Class Courtship in America, 1770-1870", *Journal of Social History*, XV, 3 (primavera de 1982), p. 409; Mabel Loomis: 22 de setembro de 1877, Diário II. Dickinson e Beam estimam que na virada do século XIX para o século XX cerca de uma quarta parte das noivas respeitáveis não eram mais virgens (p. 135).

(20) *Physical Life of Woman* (1869; ed. 1888), p. 65.

(21) Registro de 16 de janeiro, Diário de 1879; Carta de David Todd a Mabel Loomis, 30 de janeiro de 1879, caixa 3, MLT; carta de Mary A. Loomis a Mabel Todd, caixa 31, MLT.

(22) Shaw, *Man and Superman*, 3º ato, in *The Bodley Head Bernard Shaw: Collected Plays with Their Prefaces*, vol. II (1971), p. 670.

(23) Registro de 24 de agosto de 1879, Diário III, caixa 46, MLT.

(24) Registro de 11 de dezembro de 1881, Diário III. Ver a carta que Mabel Loomis Todd escreveu, durante a lua-de-mel, à sua mãe, datada de 16 de março de 1879: "Quanto a David — bem, ele se levanta de manhã e me traz maçãs ou laranjas para comer antes do desjejum, todas as manhãs ..." — uma descrição um tanto depurada porém nem por isso menos sugestiva de sua vida noturna. Caixa 31. Talvez os Todd tenham aprendido alguns desses truquezinhos nos livros: Becky Sharp aquece os chinelos do marido (*Vanity Fair*, cap. 17), e Sophie Traddles faz o mesmo (*David Copperfield*, cap. 61). Por outro lado, como as noites eram muito frias naquela região setentrional, é bem possível que a vida haja sido sua mestra neste caso.

(25) Registro de 12 de maio, Diário de 1879; cartas de Mabel a David Todd em 1º de agosto de 1879 e 18 de dezembro de 1882, caixa 12, DPT; cartas de David a Mabel Todd, 20 de agosto de 1879 e 9 de dezembro de 1881, caixa 35, MLT.

(26) Registros de 10 e 11 de setembro, Diário de 1879; de 19 de agosto e 12 de dezembro, Diário de 1880, caixa 39; de 3 de junho, Diário de 1881, caixa 39; de 28 de fevereiro e 21 de março, Diário de 1882, caixa 39; carta de David a Mabel Todd, 8 de dezembro de 1882, caixa 35, DPT.

(27) Registro de 7 de agosto de 1885, Diário IV.

(28) "Millicent's Life", I [p. 20]

(29) Ibid, pp. 1-2.

(30) Ibid, pp. 6-7.

(31) Ibid, pp. 13, 15-6.

(32) Cartas de Mary A. Loomis a Mabel Todd, 30 de agosto e 12 de agosto de 1879; cartas de Mabel Todd a Mary A. Loomis, 16 de agosto e 3 de setembro de 1879. Todas na caixa 31, MLT.

(33) Registro de 12 de setembro, Diário de 1879; registro de 6 de outubro de 1879, Diário III. É de bom alvitre não tomarmos a frase sobre "a sua vida estar em seu marido" totalmente ao pé da letra; tratava-se de uma expressão convencional, e ela era por demais independente para assumir um papel tão fortemente "colado" ao marido — um papel que lhe parecia mais adequado aos mortais comuns, de quem ela se julgava bastante diferente.

(34) Carta de David a Mabel Todd [fins de agosto de 1879], caixa 3, MLT; "Millicent's Life", I, p. 18.

(35) Carta de David a Mabel Todd [junho de 1885?],

caixa 36, MLT. Ver registro de 10 de setembro, Diário de 1879, MLT.

(36) Registro de 3 de fevereiro de 1883, Diário III.

(37) Registro de 20 de janeiro de 1882, Diário III.

(38) Registro de 15 de agosto, Diário de 1882. O registro de 28 de julho, que se segue imediatamente ao retorno do marido, relata as conseqüências plenas de êxtase — dois orgasmos para ela, "28 e 29 f.m.".

(39) Registros de 17 de junho e 3 de julho de 1885, Diário IV.

(40) Diário de 1889, folha de papel inserida entre os registros de 14 e 15 de agosto, caixa 40, MLT. Ela experimentou duas vezes este nome imaginário de casada, escrevendo-o de um lado do papel a lápis e do outro a caneta.

(41) Carta de Mabel Todd a Austin Dickinson, abril de 1890, caixa 100c, MLT.

(42) Registro de 11 de setembro, Diário de 1882, caixa 101, MLT. Dentro do diário encontra-se uma folha de papel com rascunhos de diversas anotações, posteriormente transcritas muito semelhantemente. No mesmo dia, lemos: "... uma noite com M — e o Rubicão". E o diário de Mabel Todd registra, no mesmo dia, aparentemente escrito a lápis por Austin Dickinson: "Rubicão".

(43) Engels, *Condition of the Working Class*, p. 276.

(44) Philip Spencer, *Flaubert: A Biography* (1952), p. 160.

(45) *Die bürgerliche Gesellschaft* (1851; 9.ª ed., 1897), p. 199.

(46) *The Complete English Tradesman* (1726), p. 376.

(47) Ambos, Mill e Brougham, in Harold Perkin, *The Origins of Modern English Society, 1780-1880* (1969), p. 230.

(48) Prölss, "Zur 200-jährigen Geburtstagsfeier Georg Friedrich Händels", *Gartenlaube*, vol. XXXIII, n.º 7 (1885), p. 113.

(49) Needham, tradução manuscrita de Kornig, *Hygiene der Keuschheit*, nota de rodapé à p. 167.

(50) Registro de 6 de fevereiro de 1890, Diário V.

(51) Richard B. Sewall, *The Life of Emily Dickinson*, 2 vols. (1974), I, p. 301; 26 de novembro de 1911, Diário XII, caixa 48, MLT; registro de 2 de outubro de 1933 no Diário de Millicent Todd Bingham, p. 13, caixa 131, MTB. A 28 de abril de 1929, David Todd, escrevendo num hospital psiquiátrico, relembra: "Quando eu era um jovem pai, todas as menininhas, *exceto ela* [Millicent], gostavam muito de mim. *Por que* sempre foi um mistério para mim — e aliás continua sendo. Não tenho a mínima idéia do que seja o ciúme, mas creio que cheguei perto de senti-lo numa determinada ocasião, quando um amigo meu tinha sua filha — que devia ter os seus catorze anos — sentada em seu colo, trocando com ele carinhos e beijinhos. É claro, já por uma questão de necessidade, que um tal relacionamento é benéfico tanto para o pai quanto para a filha, pois trata-se de um amor assexuado — um amor puramente platônico". Carta de David Todd a Emma Cecilia Thursby, cópia datilografada; caixa 112, DPT.

(52) Carta de David a Mabel Todd, de julho de 1885, caixa 36 MLT; carta de Mabel a David Todd, 14 de abril de 1883, caixa 12, DPT.

(53) Registros de 3 de agosto de 1884 e 6 de janeiro de 1885, Diário III; de 16 de dezembro de 1885, Diário V; carta de Austin Dickinson a Mabel Todd [março? de 1883], caixa 98, MLT.

(54) Registro de 4 de março de 1885, Diário III.

(55) Registro de 13 de maio de 1890, Diário V.

(56) Registro de 24 de agosto de 1879, Diário III.

(57) 18 de outubro de 1870, "Volume I of my youthful Journal", caixa 3, MLT. Para outras anotações igualmente ardentes, ver as de 19 de outubro de 1871, 26 de setembro e 11 de novembro de 1872, 30 de maio, 21 de junho e 18 de julho de 1873, 30 de junho, 14 de agosto e 30 de agosto de 1874, Diário I.

(58) Carta de Mabel Todd a Mary A. Loomis, 3 de setembro de 1879; registro de 11 de abril de 1910, Diário XII.

(59) Registro de 12 de junho de 1876, Diário II; de 6 de novembro de 1876, véspera de seu décimo segundo aniversário; de 11 de novembro de 1884, Diário III; de 12 de janeiro de 1877 e 18 de janeiro de 1878, Diário II.

(60) Carta de Mabel Todd a Mary Loomis, 16 de março de 1879, caixa 31, MLT; registros de 15 de setembro de 1882 e 3 de agosto de 1884, Diário III.

(61) Dois dentre muitos exemplos se encontram a 10 de novembro de 1886, o dia em que ela completou trinta anos e a 4 de junho de 1896, quase um ano após a morte de seu amante, no Diário V. Sua filha mais tarde se lembrou de ter ouvido a mãe chamar Austin Dickinson de "meu rei" em sua própria casa. Sewall, *Emily Dickinson*, vol. I, p. 298.

(62) Quanto a Victoria Benedictsson, ver o cap. I do presente livro: "Doces Comunhões Burguesas".

(63) Dora B. Montefiore, *From a Victorian to a Modern* (1927), pp. 12-4.

(64) Um Médico [N.F. Cooke], *Satan in Society* (1871), pp. 169-70; Gardner, *Conjugal Sins Against the Laws of Life and Health, and their Effects upon the Father, the Mother, and the Child* (1870), p. 171 e cap. II, "Marriage between Old Men and Young Girls".

(65) Millicent Todd Bingham, *Emily Dickinson's Home: The Early Years, as Revealed in Family Correspondence and Reminiscences, with Documentation and Comment* (1955); edição corrigida, 1967), p. 411.

(66) "Talk with Frances Hersey", pp. 1-2. MTB; Sewall, *Emily Dickinson*, vol. I, pp. 298-9 e 295.

(67) Registro de 12 de novembro de 1890, Diário V, MLT, de 2 de outubro de 1933, Diário, MTB.

(68) MacGregor Jenkins, *Emily Dickinson, Friend and Neighbour* (1930), pp. 70-2.

(69) Sewall, *Emily Dickinson*, I, p. 108.

(70) Com referência a este incidente, ver o diário de Mabel Todd de 1889, registros de 15 e de 18 de maio. Foi Sharon White quem me chamou a atenção para este episódio significativo.

(71) Jenkins, *Emily Dickinson*, pp. 12-3.

I. *DOCES COMUNHÕES BURGUESAS*

(1) "Die Sexualität in der Ätiologie der Neurosen" (1898), *St. A.*, V, 18; "Sexuality in the Aetiology of the Neuroses" S.E., III, p. 266.

(2) Ver "Millicent's Life", I [p. 21], caixa 46, MLT, Y-MA.

(3) *Tagebuch* iniciado a 10 de junho de 1867, p.3; *Tagebuch* II, 16 de setembro de 1869; *Kleines Reisetagebuch*, junho e julho de 1887. Todos na caixa 2, Leixner Nachlass, Stabi, Berlim.

(4) Registros de 20 de agosto de 1839, 31 de maio de 1841 e 21 de novembro de 1848, *Journal intime*, ed. Bernard Gagnebin e Philippe M. Monnier, 4 vols. até o presente (1976 - ...), vol. I, pp. 133, 189 e 375. Ver também os registros de 5 de março, 16 de outubro e 1º de novembro de 1840, vol. I, pp. 146, 164 e 178.

(5) Registro de 23 de fevereiro de 1834, *Aus Andersens Tagebüchern*, ed. e trad. alemã de Heinz Barüske, 2 vols. (1980), I, p. 189. As verdadeiras preferências sexuais de Andersen ainda permanecem um tanto obscuras.

(6) Registro de 31 de março de 1871, citada por Lucien Maury, *L'Amour et la mort d' Ernst Ahlgren (Victoria Benedictsson), le roman vécu d'une romancière suédoise*, (1945), pp. 72, 24.

(7) E[dmund] G[osse]; "Swedish Literature", *Encyclopaedia Britannica* (11.ª ed., 1911), XXVI, p. 220.

(8) "Vergonha": Maury, *L'Amour*, pp. 18-9. Com relação a pseudônimos masculinos, ver p. XXX. "Diabos!" (2 de março de 1887): Fredrik Böök, *Victoria Benedictsson och Georg Brandes* (1949), p. 147.

(9) Ibid., pp. 42, 46, 44, 99.

(10) Ibid., pp. 171, 163, 83.

(11) Ibid., pp. 162-3, 243, 248-9.

(12) Ibid., pp. 68, 105, 162.

(13) Ibid., pp. 240, 192, 262. Freud: "Üeber infantile Sexualtheorien" (1908), *St.A.*, V, p. 178; "The Sexual Theories of Children", *S.E.*, IX, p. 218.

(14) Maury, *L'Amour*, pp. 145-6; Böök, *Victoria Benedictsson*, pp. 136 e 201.

(15) A 16 de abril de 1821, Shelley havia escrito a Byron que "o jovem Keats" havia morrido "das conseqüências da ruptura de um vaso sangüíneo, em paroxismos de desespero por causa dos ataques cheios de desprezo a seu livro, que haviam caracterizado a crítica da *Quarterly Review*". Byron, que havia também criticado Keats, replicou sensatamente: "Eu não acreditava que uma crítica pudesse ser arma tão mortífera". Leslie A. Marchand, *Byron: A Biography*, 3 vols. (1957), II, p. 905.

(16) Böök, *Victoria Benedictsson*, pp. 201, 281 e 287.

(17) Relembrando a trágica morte do marido após duas décadas de vida conjugal, Molly Hughes escreveu: "De fato, nós jamais tentamos expressar em palavras o amor que sentíamos um pelo outro — até o fim". Ele "foi atropelado na Chancery Lane e levado para o interior de Bart's para morrer. Eu o alcancei lá a tempo de vê-lo com vida por meia hora ainda, e esta meia hora ele a passou toda a externar em jorros todas as expressões de amor que tinha dentro de si e que ainda tinha forças para por para fora, repetindo incessantemente a palavra 'glorioso'. Em minha própria angústia, não tive forças para responder-lhe com a mesma linguagem, mas pude apenas implorar-lhe que lutasse por manter sua vida. 'Não, Molly, estou acabado', disse ele, e retomou novamente os seus cânticos triunfais". M. Vivian Hughes, *A London Girl of the Eighties* (1936), pp. 202-3, 261.

(18) Quanto aos Kingsley, ver o meu próximo volume, *The Tender Passion* cap. 4; com referência aos Hawthorne, ver pp. 326-8.

(19) Lois W. Banner, *Elizabeth Cady Stanton: A Radical for Woman's Rights* (1980), p. 35.

(20) Registros de 1º de março de 1853, 13 de novembro de 1880, 22 de fevereiro de 1881, 28 de agosto de 1884, 6 de setembro de 1883 em *Elizabeth Cady Stanton, As Revealed in Her Letters, Diary and Reminiscences*, ed. Theodore Stanton and Harriot Stanton Blartch, 2 vols. (1922), II, pp. 48, 178, 183, 220 e 210.

(21) *Victorian Cabinet Maker: The Memoirs of James Hopkinson, 1819-94*, ed. Jocelyne Baty Goodman (1968), pp. 55-6. Considerando-se a instrução limitada de Hopkinson, vale a pena registrar que ele se considerava decididamente integrante da classe média, autodenominando-se em seu testamento de "cavalheiro" (p. 110).

(22) Leon Harris, *Only to God: The Extraordinary Life of Godfrey Lowell Cabot* (1967), p. 228. Harris fornece tanto os originais como também uma tradução, porém preferi traduzi-los eu mesmo [para o inglês].

(23) Ibid., pp. 229-30. Um dos irmãos Goncourt havia tido um sonho espantosamente semelhante meio século antes. Ele se encontra num salão imenso, suntuosamente decorado ao estilo de Luís XV, e lá se encontra com uma mulher: "Encostei minha boca à dela e casei minha língua à sua. Experimentei um prazer infinito, como se toda a minha alma houvesse subido aos meus lábios para ser inalada e bebida por aquela mulher. Um prazer todo especial durante o sonho, além do prazer da realidade. Um coito ideal". Novembro de 1854, Edmond e Jules de Goncourt, *Journal; mémoires de la vie littéraire 1851-1896*, ed. Robert Ricatte, 22 vols. (1956-58), vol. I, p. 157.

(24) Ao que parece, segundo o que Minnie Cabot contou à filha, a lua-de-mel do casal havia sido desastrosa. Harris, *Only to God*, pp. 33 e 137.

(25) Registro de 17 de outubro de 1865, caixa 4, LF, Y-MA.

(26) Registro de 1º. de novembro de 1865, caixa 4, LF. Em 1867, o casal Lyman publicou um tratado longo e substancial, *The Philosophy of Housekeeping: A Scientific and Practical Manual for the Preparation of All Kinds of Food, the Making Up of All Articles of Dress, the Preservation of Health, and the Intelligent and Skilful Performance of Every Household Office*. O subtítulo resume com habilidade e adequação o conteúdo do livro e sugere o seu tom.

(27) Registro de 14 de fevereiro de 1865, caixa 3, LF; [11 de março de 1865], caixa 4, LF.

(28) Cartas de Joseph a Laura Lyman [11 de março], 13 e 23 de março de 1865; de Laura a Joseph Lyman, 11 e 23 de março de 1865; todas em LF, caixa 4.

(29) Laura Lyman, "Locust Hill and Our Life There". O início é o seguinte: "Jamais houve um retiro mais agradável onde amantes pudessem saborear o cálice dourado do Amor recém-consumado do que Locust Hill. Escondida entre colinas solitárias no coração de uma terra montanhosa, nenhum olho desavisado ou grosseiro de um mundo desavisado e grosseiro poderia descortiná-la para espreitar as delícias naturais e transbordantes de um casal que acabava de unir-se nesse Éden de suas vidas fun-

didas numa vida só ..." O leitor que desejar prosseguir com a leitura encontrará o manuscrito em LF, caixa 11.

(30) *Historia Erotica*, LF, caixa 8. Cartas de Laura a Joseph Lyman, 11 de março de 1865, de Joseph a Laura Lyman, 21 de março de 1865, e de Laura a Joseph Lyman, 24 de março de 1865, todas em LF, caixa 4.

(31) Registros de 5 de agosto e 19 de agosto de 1860. O diário, escrito originalmente em francês, intitulado "Journal des affaires particulières et générales", do qual extraio as citações aqui apresentadas, não tem as páginas numeradas. Em 1935, Bernhard J. Stern publicou uma tradução, intitulada *Young Ward's Diary*. Esta publicação é útil e de modo geral bastante precisa, de sorte que acrescentei referências a ela, entre parênteses (no caso presente, 6-7). Contudo, o texto de Stern freqüentemente omite frases inteiras e apresenta alguns lapsos. Por isso lancei mão, sempre, do original francês, que se encontra entre os papéis de Lester Frank Ward, na BU-JHL.

(32) Registros de 11 de outubro de 1860, p. 13; de 21 de outubro de 1860, pp. 14-5. Excitado como estava, Ward escreveu "*insensensé*" ["insensensato"].

(33) Registros de 23 de novembro de 1860, p. 22.

(34) Registro de 9 de fevereiro de 1861, p. 35; de 25 de outubro de 1861, pp. 80-1. É interessante observar que aos dezesseis anos James Boswell utiliza uma linguagem bem semelhante para descrever a consumação sexual, quando tinha um caso amoroso bastante arrojado com uma mulher de boa família, onze anos mais velha do que ele: "Chá", escreve ele em seu diário a 16 de dezembro de 1761, "paraíso. Pensando nisso esta noite". Frederick A. Pottle, *James Boswell: The Earlier Years, 1740-1769* (1966), p. 79.

(35) Registro de 13 de agosto de 1862, p. 114.

(36) Ver registros de 19 de agosto, 6 de setembro e 3 de novembro de 1863, pp. 118, 121, 124; 12 de março de 1865, p. 64; 4 de março de 1866, p. 193; 4 de agosto de 1867, p. 236.

(37) *Dynamic Sociology, or Applied Social Science as Based Upon Statical Sociology and the Less Complex Sciences*, 2 vols. (1883), vol. I, pp. 632-3, 639; *Psychic Factors*, p. 72 e caps. 9 e 26. Ver também *Dynamic Sociology*, pp. 602-9.

(38) Registros de 5 de junho de 1842, caixa 8, e de 11 de agosto de 1861, caixa 9, Poor Family Papers, Radcliffe College, Schlesinger Library.

(39) Registros de 22 de abril de 1838, caixa 1, Karl Koch (1809-79) Nachlass, Stabi, Berlim; 17 de maio de 1843, caixa 2, ibid.

(40) *Das Sexualleben unserer Zeit in seinen Beziehungen zur modernen Kultur* (1907; 5ª ed., revista e ampliada, 1908), p. 90.

(41) *On Sterility in Women* (1884), p. 90 e tabela à p. 99.

(42) Ibid., pp. 90, 91, 92 e 94.

(43) Ibid., pp. 96 e 100.

(44) Kathryn Allamong Jacob, "Clelia Duel Mosher", *Johns Hopkins Magazine* XXX, 3 de junho de 1979, p. 16.

(45) "Estas conferências sobre a higiene pessoal", escreveu ela em 1926, dois anos antes de aposentar-se da Universidade de Stanford aos 65 anos de idade, "estão me deixando mais exausta do que deveriam. Até que ponto devo ir? Meu senso de decoro vitoriano fica chocado a todo instante, porém minha secretária diz que não estou demonstrando nada disso". Carl N. Degler, na "Introdução" de *The Mosher Survey: Sexual Attitudes of Forty-Five Victorian Women*, ed. James MacHood e Kristine Wenburg (1980), p. xviii.

(46) *Mosher Survey*, p. 263.

(47) Nº 12, p. 138; Nº 47, p. 453; Nº 41, p. 415; Nº 27, pp. 302-4. Não há números mais difíceis de se extraírem desta pesquisa do que os que se referem ao coito durante a gravidez. Nove das entrevistadas simplesmente não responderam à pergunta; apenas cinco disseram, mais ou menos categoricamente, que não haviam tido relações sexuais durante a gravidez. As respostas de muitas outras não permitem que se tirem conclusões.

(48) Ver, pela ordem: Nº 22, p. 251; Nº 43, p. 426; Nº 15, p. 174.

(49) Nº 32, p. 351. A resposta da Nº 9 (à p. 102) não esclarece bem esta questão.

(50) Nº 24, p. 277. Os Goncourt, cínicos como sempre, chamavam os lares de casais legalmente unidos de "concubinato proclamado": 24 de maio de 1858, *Journal*, vol. II, p. 237. De um modo mais pungente e mais indireto, Mary Chesnut, muito observadora e autora de diários também, da Confederação [dos Estados Sulinos, na Guerra Civil], igualava a escravidão à prostituição, comentando a seguir: "Não há, no fim das contas, escravidão comparável à de uma esposa"; e, mais adiante: "Todas as mulheres casadas, e todas as crianças e mocinhas que vivem na casa de seus pais são escravas". A conclusão que se tira daí é bastante óbvia. 9 de maio de 1861 e 25 de fevereiro de 1865 (na versão dos anos de 1880), *Mary Chesnut's Civil War*, ed. C. Vann Woodward (1981), pp. 59, 729; ver também a introdução de Woodward, p. li.

(51) Nº 24, pp. 276-7.

(52) Nº 5, p. 66; Nº 11, p. 126-7.

(53) Nº 14, p. 162. Ela acrescenta, significativamente: "Eu acho que não é correto arriscar-se a pôr crianças no mundo a menos que as circunstâncias sejam as mais favoráveis possíveis". Ela mesma tinha três filhos.

(54) Nº 2, pp. 24-25; Nº 41, pp. 415-6.

(55) Nº 19, p. 224; Nº 5, p. 67; Nº 23, p. 264; Nº 30, p. 340.

(56) Nº 19, p. 224. Degler já notara este lapso. "What ought to be and What Was: Women's Sexuality in the Nineteenth Century", *American Historical Review*, vol. LXXIX, nº 5 (dezembro de 1974), p. 1486.

(57) Nº 45, p. 442; Nº 3, p. 44; Nº 29, p. 328; Nº 44, p. 435. A Nº 15 não é menos eloqüente: "Em termos gerais, o hábito ideal seria o que mais perfeita e completamente servisse para expressar fisicamente a união espiritual entre marido e mulher". Ela observa que ela mesma e seu marido ainda não haviam descoberto o "hábito ideal" após quatro anos de vida conjugal. Entretanto prossegue: "Acreditamos no sexo como um objetivo em si mesmo — desejamo-lo para nós mesmos e sentimos falta quando não temos relações, mais espiritualmente do que fisicamente, porque o sexo é a mais nobre, a mais sagrada expressão de nossa unicidade", p. 176.

(58) Nº 17, p. 197; Nº 12, pp. 138-9; Nº 10, pp. 113-4.

(59) Nº 22, p. 254.

(60) *Das Sexualleben unserer Zeit*, p. 89.

(61) Ver pp. 215-31.

(62) Siebert: *Sexuelle Moral und Sexuelle Hygiene* (1901), p. 47; Moreau: *Des aberrations du sens génésique* (1880; 3.º ed., 1883), p. 317; Ribbing: *Sexuelle Hygiene und ihre ethischen Konsequenzen* (1892), p.43.

(63) Mary S. Hartman, *Victorian Murderesses* (1977), p. 192.

(64) Roubaux: *Traité de l'impuissance et de la stérilité chez l'homme et chez la femme, comprenant l'exposition des moyens recommandés pour y remédier*, 2 vols. (1855), II, pp. 449-50; Scott: *The Sexual Instinct: Its Use and Dangers as Affecting Heredity and Morals* (1899), pp. 126-7 e 119.

(65) Registros de 13 de junho de 1858, 1.º e 16 de novembro de 1859, *Journal*, vol. II, pp. 246-7, e vol. III, pp. 161 e 168. (As reticências se encontram no original.) O registro que se segue imediatamente, no dia 16 de novembro, ecoa os ritmos sexuais que acabavam de ser registrados: "A Civilização vem do Oriente, do Sul para o Norte: é como a pulsação do globo que retorna".

(66) Registro de 22 de agosto de 1849, *Journal intime*, vol. I, p. 514.

(67) Intitulada "*Sexually*", esta é a avaliação "sexual" feita por Bartlett, aqui reproduzida em seu inteiro teor. Caixa 10 LF.

(68) *Monsieur, madame et bébé* (1866), pp. 137 e 154.

(69) Debay, *Hygiéne et physiologie du mariage* (1848), pp. 14-5. Ver também Debay, *Philosophie du mariage. Études sur l'amour, le bonheur, la fidélité, les sympathies et les antipathies conjugales. Jalousie — adultère — divorce — célibat* (1849).

(70) *Hygine et physiologie du mariage*, pp. 101-2.

(71) Ibid., pp. 103-4, 221-5 e 80.

(72) Ibid., pp. 106, 108-9 e 354-78.

(73) *The Natural Laws of Sexual Life: Medical-Sociological Researches* (original sueco, 1904; trad. inglesa de Carl Sandzen, 1906), pp. 150-1 e 157-61.

(74) *The Functions and Disorders of the Reproductive Organs, in Childhood, Youth, Adult Age, and Advanced Life, Considered in their Physiological, Social, and Moral Relations* (1857). Revisado diversas vezes, com mudanças sem importância nos subtítulos, e consideravelmente ampliado. Extraí minhas citações da terceira edição (1865), pp. 133-5 e 103.

(75) *Psychopathia Sexualis, mit besonderer Berücksichtigung der conträren Sexualempfindung* (1886; 9.º ed., 1894), pp. 11 e 14; *Neue Forschungen auf dem Gebiete der Psychopathia Sexualis. Eine medicinisch-psychologische Studie* (1890; 2.º ed., 1891), p. 38.

(76) *The Human Body: An Account of Its Structure and the Conditions of Its Healthy Working* (8.º ed., 1904). Martin era professor de biologia na Universidade Johns Hopkins e professor de fisiologia na Faculdade de Medicina da mesma universidade. O dr. Alexandre Meyer, uma autoridade reconhecida na França, usou expressões muito semelhantes num longo capítulo dedicado à "Mulher", em seu livro *Des rapports conjugaux considérés sous le triple point de vue de la population, de la santé, et de la morale publique* (1848; 4.º ed., 1860), especialmente às pp. 210 e 215.

(77) Alcott: *The Physiology of Marriage* (1855), pp. 45-6; [W. R. Greg]: "Art. VII-I. De la prostitution dans la ville de Paris, par Parent-Duchâtelet ...", in *Westminster Review*, vol. LIII (junho de 1850), pp. 456-7. Greg reconhece que algumas mulheres sentem, obscuramente, algo que se parece com excitação sexual.

(78) *Queenly Womanhood. A private treatise; for females only, on the sexual instinct, as related to moral and Christian life* (1875; 2.º ed., 1877), pp. 13-4 e 132-3. Para uma opinião bem semelhante, ver as observações do dr. William A. Hammond: "as mulheres, tomadas em conjunto, demonstram uma intensidade muito menor do que a dos homens quanto aos desejos sexuais. Conforme notou um autor inglês [sem dúvida o dr. Acton], é bom para manter-se a santidade da família que assim seja". *Sexual Impotence in the Male and Female* (1887), p. 278. Ao mesmo tempo, porém, o dr. Hammond se viu obrigado a tratar da frigidez como uma disfunção.

(79) *The Women of England, Their Social Duties, and Domestic Habits*, dois volumes em um (1839), vol. II, p. 197.

(80) *The Physiologist; or Sexual Physiology Revealed* (4.º ed.; trad. inglesa, 1846), pp. 68 e 82.

(81) *Counsel to Parents on the Moral Education of Their Children, in Relation to Sex* (1879; 4.º ed. revista, 1881), pp. 62 e 76.

(82) *The Human Element in Sex: Being a Medical Inquiry into the Relation of Sexual Physiology to Sexual Morality* (1884; ed. 1894), pp. 14 e 49-51.

(83) *The Physical Life of Woman: Advice to the Maiden, Wife and Mother* (1869; 3.º ed., 1888), pp. 21-2, 96-7.

(84) *The Transmission of Life. Counsel on the Nature and Hygiene of the Masculine Function* (1871), p. 173.

(85) *Die mangelhafte Geschlechtsempfindung des Weibes: Anaesthesia sexualis feminarum. Dyspareunia. Anaphrodisia* (1904), p. 124 (Adler cita Duncan às pp. 67-9), pp. 13-5.

(86) Ibid., pp. 146, 22 e 109-14.

(87) *Functions of Reproductive Organs*, p. 134.

(88) *Sexual Neurasthenia*, ed. A.D. Rockwell (1884; 5.º ed., 1900), pp. 126-7. Quanto a Beard, ver o meu próximo volume, *The Tender Passion*, cap. 5.

(89) "Üeber die Berechtigung, von der Neurasthenie einen bestimmten Symptomenkomplex als 'Angstneurose' abzutrennen" (1895), *St.A.* VI, p. 43; "On the Grounds for Detaching a Particular Syndrome from Neurasthenia under the Description 'Anxiety Neurosis'", *S.E.* III, p. 109; os grifos são meus.

(90) Corriam naqueles anos debates internacionais acalorados sobre a capacidade que teriam os homens jovens de suportar os rigores da instrução em cursos superiores, e havia o medo amplamente difundido de se sobrecarregarem suas jovens mentes. Entretanto, as mulheres sempre foram consideradas mais vulneráveis.

(91) *New York Herald* (edição londrina), 14 de agosto de 1889; in Hartman, *Victorian Murderesses* p. 252.

(92) *Drei Abhandlungen zur Sexualtheorie, St.A.* V, 61; *Three Essays on Sexuality, S.E.* VII, 134; "Die Weiblichkeit", *Vorlesungen zur Einführung in die Psychoanalyse, Neue Folge, St.A.* I, 547; "Femininity", *New Introductory Lectures on Psychoanalysis, S.E.* XXII, pp. 116.

(1) Harriot Hunt, *Glances and Glimpses, or Fifty Years Social, Including Twenty Years Professional Life* (1856), p. 4.

(2) Hume: carta a William Mure de Caldwell, 14 de novembro (1742), in *The Letters of David Hume*, editadas por G.Y.T. Greig [pseudônimo] em 2 vols. (1932), vol. I, p. 45; Amiel: registros de 3 de dezembro de 1849 e de 4 de fevereiro de 1850, *Journal intime*, ed. Bernard Gagnebin e Philippe M. Monnier, 4 vols. até o presente (1976-...), vol. I, pp. 584-5 e 648; Dumas: *L'Homme-Femme* (1872), pp. 3-4; Cooke: *Satan in Society*, pp. 280-1; Freud: *Die Frage der Laienanalyse, St.A.*, vol. XI, p. 303; *The Question of Lay Analysis, S.E.*, vol. XX, p. 212.

(3) Jules Michelet, *L'Amour*, (1858; 4.º ed., 1859), pp. 16 e 351.

(4) Ver *Woman's Rights* (1867), de John Todd, um pastor congregacionalista muito solicitado para conferências; também Mary A. Dodge, sob o pseudônimo de Gail Hamilton, *Women's Wrongs: a Counter-Irritant* (1868).

(5) *Diaries, Miscellaneous,* vol. 12, caixa 1, Y-MA.

(6) Duncan Crow, *The Victorian Woman* (1972), p. 21.

(7) "Criminals, Idiots, Women, and Minors", *Fraser's Magazine for Town and Country,* vol. LXXVIII (1868), pp. 777-94.

(8) John Stuart Mill, *The Subjection of Women* (1869), pp. 55 e 57-9.

(9) Rosalie Ulrica Olivecrona, "Sweden", in *The Woman Question in Europe: A Series of Original Essays,* ed. Theodore Stanton (1884), p. 211 e nota de rodapé à mesma página.

(10) Marianne Weber, *Ehefrau und Mutter in der Rechtsentwicklung. Eine Einführung* (1907), p. 413.

(11) Helene Lange, *Lebenserinnerungen* (1921), p. 112.

(12) Carta de Freud a Martha Bernays, 5 de novembro de 1883, in Ernest Jones, *The Life and Work of Sigmund Freud*, vol. I, *1856-1900, The Formative Years and the Great Discoveries* (1953), p. 176.

(13) Marie Calm, "II, The National Association of German Women", in Stanton, *The Woman Question in Europe*, nota à p. 159.

(14) Verbete "Mulheres", vol. XXVIII, p. 785.

(15) H. Ellis, *The New Spirit* (4.ª ed., inalterada mas com novos prefácios, 1926), p. 10.

(16) E.H. Kossmann, *The Low Countries 1780-1940* (1978), p. 327; Aristide Astruc, "Le Suffrage universal en Belgique" *La Nouvelle Revue,* vol. XXI (1883), pp. 39-63. Quanto a Mary A. Dodge, ver também a nota n.º 4 acima. Nem toda a oposição ao voto feminino era conservadora: os radicais de países católico-romanos como a França e a Itália temiam que as mulheres, notoriamente dominadas pela influência dos padres, engrossassem as hostes dos partidos reacionários em eleições nacionais.

(17) Theodore Stanton, em comentário editorial a Kristine Frederiksen, "Denmark", in *The Woman Question in Europe,* nota de rodapé à p. 230.

(18) Hunt, *Glances and Glimpses*, pp. 102-4.

(19) Ibid, p. 153.

(20) "Die Frauen und der ärztliche Berug", *Gartenlaube*, vol. XXXVIII (1890), pp. 654-6.

(21) Elise van Calcar, "Holland", in Stanton, *The Woman Question in Europe*, p. 165 e nota de rodapé à mesma página.

(22) Mary Roth Walsh, *"Doctors Wanted: No Women Need Apply": Sexual Barriers in the Medical Profession, 1835-1975* (1977), pp. 181 e 187; Millicent Garrett Fawcett, "Women in Medicine", in Stanton, *The Woman Question in Europe,* pp. 63-89.

(23) Lida R. McCabe, *The American Girl at College* (1893), p. 108. Ela também observa que 11718 moças estudavam em *colleges* coeducacionais [onde o convívio acadêmico, tanto curricular como extracurricular, é completamente integrado, permanecendo a segregação entre moças e rapazes apenas no tocante aos alojamentos (N.T.)], a maioria dos quais fazia parte de universidades estaduais (pp. 108-9). O indicador mais importante de todos, contudo, talvez seja a percentagem de mulheres entre os formandos: em 1870, cerca de 15 por cento dos estudantes que obtiveram o grau de bacharel nos *colleges* e nas universidades americanas eram mulheres; em 1890, alcançavam 17 por cento; e em 1910, quase uma quarta parte do total, 23 por cento.

(24) "La Femme aux Etats-Unis", *Revue des Deux Mondes,* vol. XCIII (1889), pp. 349-74, 432-64; as citações se encontram às pp. 353-4.

(25) Carta a Mary Garrett, 2 de janeiro de 1898, in *The Making of a Feminist: Early Journals and Letters of M. Carey Thomas,* ed. Marjorie Housepian Dobkin (1979), p. 16.

(26) Dobkin, "Introduction", ibid., p. 17.

(27) Registros de 17 de dezembro de 1877, janeiro de 1860, 6 de janeiro de 1871 e 20 de junho de 1871; ibid., pp. 123, 32, 48-9 e 55 respectivamente.

(28) Registro de 1.º de outubro de 1871; ibid., p. 58.

(29) Registro de 6 de janeiro de 1871; ibid., pp. 48-9.

(30) Registro de 26 de fevereiro de 1871; ibid., pp. 50-1.

(31) Ver a carta de M. Carey Thomas a Mary Garrett, em julho de 1879, citando ou parafraseando A. D. White, bem como a carta de A. D. White ao dr. James Carey Thomas, de 4 de julho de 1879; ibid., pp. 163-4.

(32) Carta de M. Carey Thomas à sua mãe, de 7 de fevereiro de 1880; ibid., p. 208.

(33) Cartas ao pai, de 29 de fevereiro de 1880, e à mãe, de 1.º de fevereiro de 1880; ibid., pp. 211-2 e 207 respectivamente.

(34) Carta à mãe, sem data; ibid., pp. 257 e 260-4.

(35) Carta à mãe, 30 de novembro de 1882; ibid., p. 265.

(36) Ver *The Political Economist; and Journal of Social Science*, n.º 11 (janeiro de 1857), p. 85.

(37) Ver Breuer, "Case Histories ... Case 1, Fräulein Anna O.", in Freud, *S.E.*, vol. II, p. 21.

(38) Rosalie G. Grylls, *Queens College, 1848-1948* (1949), pp. 2-3.

(39) Mandeville. *History of Woman Suffrage,* ed. Elizabeth Cady Stanton, Susan B. Anthony e Matilda Joslin Gage, vol. I (2.º ed., 1889), p. 486; Davis: ibid., p. 515; *New York Herald*, 7 de setembro de 1853, ibid., pp. 556-7.

(40) *Albany Register,* 7 de março de 1854, ibid., pp. 608-9; *New York Herald*, 12 de setembro de 1852, ibid pp. 852-4. A seu modo característico, o *Herald,* no mesmo editorial, estabelece a ligação entre os movimentos abolicionista e feminista: "Como é que de início a mulher ficou subordinada ao homem, como o é hoje no mundo inteiro? Por sua própria natureza, por seu sexo, da mesma forma como o negro é e sempre será, até o fim dos tempos, inferior à raça branca, ficando por isso condenado à opressão" (p. 854).

(41) *History of Woman Suffrage,* vol. II (1881), nota de rodapé à p. 101. A mesma linha foi adotada pelo autor de *Satan in Society*, [citado na nota 2 acima], o dr. Nicholas Cooke: a mulher de personalidade forte é "uma espécie de engano da Natureza. Tais mulheres em geral são desprovidas das qualidades que inspiram amor a um homem, de sorte que, analogamente ao que acontece por harmonia de todas as coisas, a força se aliando à fraqueza, estas mulheres masculinas quase sempre se aliam a homens tíbios, fracos tanto física quanto mentalmente, capazes de aceitar a autoridade que suas esposas precisam exercer". (p. 280).

(42) Cópia do discurso na caixa 2, *Anti-Suffrage*, SS, SC-WHA.

(43) Registro de 19 de fevereiro de 1862, Edmond e Jules de Gouncourt, *Journal; mémoires de la vie littéraire 1851-1896*, ed. Robert Ricatte, 22 vols. (1956-58), vol. V, p. 57.

(44) *Les Causes de la folie* (1896), p. 53, in Susanna Barrows, *Distorting Mirrors: Visions of the Crowd in Late Nineteenth Century France* (1981), nota de rodapé à p. 49.

(45) Agénor de Gasparin, *L'Ennemi de la famille* (1874; 4º ed., 1875), p. 313. Ver também Dumas Filho, *L'Homme-Femme* e Jules Bois, *L'Eve nouvelle* (1896), p.8.

(46) "Female Education", *Quarterly Review,* vol. CXXVI (1869), in Patricia Hollis, *Women in Public, 1850-1900: Documents of the Victorian Women's Movement* (1979), pp. 144-6.

(47) *Punch*, nº XXI (1851), pp. 20, 22, 35, 141, 155, 157.

(48) E.L. Sambourne, "The Angel in the House", ibid., vol. LXXXVI (1884), p. 279.

(49) O exemplo mais notável da interpretação feminista do darwinismo por Shaw se encontra, naturalmente, em *Man and Superman*, de 1903; a "Epistle Dedicatory" a Arthur Bingham Walkley, apesar de ser em boa parte irônica e também em parte perversa, merece ser lida.

(50) Vol. I, nº 6 (1844), p. 46; vol. IV, nº 85 (1846), p. 102, e nº 89 (1846), p. 135.

(51) Diário 1867-1868, pp. 7 e 14; *Tagebuch III*, registro de 16 de dezembro [de 1877], caixa 2, Leixner Nachlass, Stabi, Berlim. Leixner admite, com toda a justiça, que as mulheres parecem possuir uma sensibilidade especial: "Tenho que reconhecer que moças freqüentemente acharam qualidades em meus versos que os homens nem notavam, ou mal notavam". Mas isso não desfaz o chavão desdenhoso, apenas o confirma.

(52) Carta de Raabe a Ernst Eckstein, 10 de agosto de 1878. *Briefe Wilhelm Raabes (1848-1910)*, ed. Wilhelm Fehse (1940), pp. 162-3.

(53) Runge, *Das Weib in seiner Geschlechtsindividualität* (1896; 2ª ed., revisada, 1897), p. 18.

(54) Richard J. Evans, *The Feminists: Women's Emancipation Movements in Europe, America, and Australasia, 1840-1920* (1977), p. 112.

(55) *Bath Express*, 29 de abril de 1865, in Mary S. Hartmann, *Victorian Murderesses* (1977), p. 126.

(56) Amiel: registro de 24 de fevereiro de 1851, *Journal intime*, vol I, p. 895; Levertin: Mary Sandbach, "Introduction" a *Getting Married* de August Strindberg (1884, 1886; trad. inglesa de Mary Sandbach, 1972), p. 26.

(57) Registro de 14 de julho de 1883, *Journal*, vol. XIII, pp. 45-6.

(58) Registros de 5 de novembro de 1855 e de 22 de novembro de 1856, ibid., vol. I, p. 231, e vol. II, p. 56 respectivamente. — Os antropólogos descobriram que o medo primordial da *vagina dentata* se encontra nos mitos de muitos povos. E a idéia vaga e aterrorizante de uma vagina armada de dentes, pronta a castrar qualquer homem bastante temerário para penetrá-la, também aparece, normalmente de modo encoberto, nos sonhos e nas fantasias de adultos na civilização ocidental.

(59) Neste parágrafo e no anterior, devo muito à obra justamente respeitada de Mario Praz, *The Romantic Agony* (1930; trad. inglesa de Angus Davidson, 2ª ed., 1951), sobretudo aos caps. 2 e 4.

(60) O historiador e crítico de arte Quentin Bell tem uma resposta caracteristicamente moderna a esta série de quatro óleos, que lhe parecem repulsivos e inconscientemente obscenos. Os quadros de *Pigmaleão,* escreve ele, são "uma espécie de hino à sexualidade nas artes. O escultor cria uma imagem em mármore, passa a adorá-la, e a deusa se transforma numa mulher real e viva — feita de sabão, como Pigmaleão também é feito de sabão —, de sorte que nos dá náuseas a idéia de seus abraços tristes, frios, viscosos, saponáceos". *Victorian Artists* (1967), p. 68.

(61) Pater, *The Renaissance: Studies in Art and Poetry* (1873; ed. Modern Library, s. d.), p. 103.

(62) Vigny: "La Colère de Samson", escrito a 7 de abril de 1839, *Poèmes*, ed. Robert Abichard (1966), p. 251; Amiel: registro de novembro de 1851, *Journal intime*, vol. I, pp. 1110-1.

(63) Praz, *Romantic Agony*, p. 204.

(64) Robert Rosenblum, *Ingres* (1967), pp. 80-1.

(65) "Vorrede zur dritten Auflage", *Buch der Lieder*, in *Sämtliche Werke*, ed. Oskar Walzel, et al. 11 vols. (1911-20), vol. I, pp. 3-4.

(66) Carlyle teria dito isto segundo o que escreve John Everett Millais à sra. George Gray (10 de maio de 1854), Mary Lutyens, *Millais and the Ruskins* (1967), p. 210.

(67) Brian H. Harrison, *Separate Spheres: The Opposition to Women's Suffrage in Britain* (1978), pp. 59 e passim.

(68) Cópia em caixa 2, *Anti-Suffrage*, SS.

(69) *Nineteenth Century*, nº CXLVIII (junho de 1889), pp. 781-8. Uma separata se acha na caixa 2, Anti-Suffrage, SS. No número de julho seguinte, *The Nineteenth Century* publicou "The Appeal Against Female Suffrage: A Reply", das feministas Millicent Garrett Fawcett e M. M. Dilke (nº CXLIX, pp. 86-103).

(70) *My Apprenticeship* (1926; ed. 1971), p. 354. As enormes complexidades do antifeminismo emergem com força extraordinária nas primeiras obras de August Strindberg. Freqüentemente citado pelos retratos cheios de veneno (e de ansiedade) da mulher fatal, tanto em suas peças como em seus contos, e também como um adversário desdenhoso de Ibsen, o feminista — pois é assim que ele o faz parecer — Strindberg era capaz ao mesmo tempo de esboçar uma espécie de "declaração de direitos da mulher", defendendo vigorosamente uma série de medidas que teriam assegurado às mulheres muitos dos direitos que os feministas mais agitados exigiam. Ver *Getting Married*, com especial atenção ao prefácio do próprio Strindberg, pp. 19-50.

(71) Anna Freud, *The Ego and the Mechanisms of Defense* (1936; trad. inglesa de Cecil Baines, 1937), cap. 9.

(72) A respeito da "ideologia da família", ver cap. 6, pp. 308-13, mais adiante.

(73) Herbert Van Thal, *Eliza Lynn Linton: The Girl of the Period* (1979), pp. 47 e 74.

(74) "The Girl of the Period", in E. Lynn Linton, *Modern Women* (1888), pp. 25-30.

(75) "The Education of Girls", *Transactions of the National Association for the Promotion of Social Science,* 1865, in Patricia Hollis, *Women in Public,* p. 143.

(76) *Sex in Mind and in Education* (1874), pp. 7-8.

(77) Clarke, *Sex in Education* (1873), p. 63. Ver Mary Roth Walsh, *"Doctors Wanted",* pp. 117-28.

(78) *Sex in Education*, pp. 47, 69 e 84.

(79) Ibid., pp. 79-84.

(80) "Present Tendencies in Women's College and University Education", *Publications of the Association of Collegiate Alumnae*, vol. III (fevereiro de 1908), in William L. O'Neill, *The Woman Movement: Feminism in the United States and England* (1969), p. 170.

(81) George F. Comfort, e Anna Manning Comfort, *Woman's Education, and Woman's Health: Chiefly in Reply to "Sex in Education"* (1874), p. vii.

(82) Defronte à página de rosto de Edward H. Clarke, *The Building of a Brain* (1874).

(83) *The Building of a Brain,* p. 64.

(84) Comfort e Comfort, *Woman's Education*, vii-viii.

(85) Ibid., pp. 17, 91 e 155

(86) Julia Ward Howe, "Introduction" a *Sex and Education. A Reply to Dr. E. H. Clarke's 'Sex in Education'*, editado por Julia Ward Howe (1874), p. 6. — Três décadas mais tarde, o eminente psicólogo americano G. Stanley Hall ainda era capaz de aprovar aquela sinfonia dissonante: se bem que "possivelmente ele haja tocado sua sinfonia de modo muito desafinado", escreve Hall, "E. H. Clarke tinha razão". Mary Roth Walsh, *Doctors Wanted*, nota de rodapé à p. 124.

(87) Julia Ward Howe, *Sex and Education*, pp. 99, 102-4, 191-5.

(88) Mary Putnam Jacobi, *The Question of Rest for Women During Menstruation* (1877).

(89) Charles F. Thwing, *The College Woman* (1894), p. 10.

(90) Josephine Kamm, *How Different from Us: A Biography of Miss Buss and Miss Beale* (1958), p. 97.

(91) Jules Rochard, "L'Éducation des filles", *Revue des Deux Mondes*, vol. LXXXV (1888), p. 645.

(92) Isabel Maddison, *Handbook of British, Continental, and Canadian Universities with Special Mention of the Courses open to Women, for the Graduate Club of Bryn Mawr* (1896; 2ª ed., 1899), pp. 62-4.

(93) Arthur Kirchhoff (ed.), *Die Akademische Frau. Gutachten hervorragender Universitätsprofessoren Fraunlhrer und Schriftsteller über die Befähigung der Frau zum wissenschaftlichen Studium und Berufe*, (1897), pp. x, 320, 322.

(94) Ibid., pp. 225; 23; 27.

(95) Ibid., pp. 222-3.

(96) Ibid., pp. 13, 95, 77, 73. — Os alemães adoravam citar, ou pelo menos mencionar, esta última linha da Segunda Parte do *Fausto* de Goethe, relativa ao exaltador eterno feminino.

(97) Professor doutor em filosofia Julius Lessing, diretor do Museu Real de Artes e Ofícios em Berlim, ibid., p. 231; professor doutor em medicina Ottomar Rosenbach, interno na Universidade de Bratislava, ibid., pp. 82-3; professor W. Panzerbeiter, que lecionava num *Realgymnasium* em Berlim, ibid., p. 297; e professor doutor Julius von Sachs, diretor do Jardim Botânico da Universidade de Würzburg, ibid., pp. 280-81.

(98) Ibid., pp. 256-57.

III. *AS PRESSÕES DA REALIDADE*

(1) Caixa 53, SF, Y-MA. A própria Alice Belknap, segundo consta de uma carta que ela escrevera à irmã no ano anterior, já havia tido mais do que um aborto. "Ainda estou acamada, porém espero já estar de pé amanhã. Tive outro aborto menos de dois meses depois, e dessa vez a coisa foi mais séria porque a placenta não saiu por si e teve que ser retirada com o fórceps. Felizmente escapei de uma intoxicação sangüínea bem como da hemorragia, e espero agora estar a caminho de uma condição melhor." Julho de 1884, ibid.

(2) 28 de maio de 1885, ibid.

(3) *Vierzig Jahre*, 8 vols. (1843-50), vol. I, p. 1.

(4) Sobre a Bíblia, impressa em 1836, que evidentemente foi um presente de casamento, ver caixa 21, Chauncey Family Papers, Y-MA. O desnorteamento do viúvo não é mera especulação. No mesmo dia do falecimento da sra. Chauncey, W. H. Dillingham escreveu a seu amigo Theodore Dwight Woolsey: "Nosso caro amigo, seu e meu, o sr. N. Chauncey, encontra-se diante da maior de todas as aflições terrenas, a perda de sua querida esposa. ... Nosso amigo, é claro, está abaladíssimo com o choque que sofreu; ele me pede que comunique essa notícia melancólica, tão cedo quanto possível, à família dos primos de sua falecida esposa". Caixa 12, Woolsey Family Papers, Y-MA.

(5) Sarah Freeman, *Isabella and Sam: The Story of Mrs. Beeton* (1978), pp. 137, 140, 222-3, 233-4. É claro que tais histórias podem ser multiplicadas ao infinito, tanto entre aristocratas e a realeza quanto na burguesia: a princesa Charlotte, filha única do futuro rei Jorge IV da Inglaterra, faleceu em novembro de 1817, aos 21 anos, após dar à luz um filho natimorto. Ver Cecil Woodham-Smith, *Queen Victoria: From her Birth to the Death of the Prince-Consort* (1972; ed. 1974), p. 16.

(6) Gênesis, 3:16. A versão alemã é ainda mais dura: "*Du sollst mit Schmerzen Kinder gebähren*". [Esta é a tradução de Lutero; a paráfrase do autor é baseada na versão do rei James, que realmente é mais branda; adotei a versão católica, traduzida do grego para o francês pelos abades de Douay, e do francês e do grego para o português. (N.T.).]

(7) Barnes: *Lancet*, vol. II (1850), p. 39, in A. J. Youngson, *The Scientific Revolution in Victorian Medicine* (1979), p. 11; Euphemia ("Effie") Ruskin, carta a Rawdon Brown, 21 de março de 1855, in Mary Lutyens, *Millais and the Ruskins* (1967), p. 254. Ainda no ano de 1882, o filósofo alemão Eduard Haeckel achava necessário cantar os louvores da anestesia na França, como se a aceitação ainda não estivesse completa. Ver Edouard Haeckel, "Les Anesthésiques et la douleur", *La Nouvelle Revue*, vol. XIV (janeiro e fevereiro de 1882), pp. 80-90.

(8) Tyler Smith, citado em F. B. Smith, *The People's Health 1830-1910* (1979), p. 21; Simpson: *Anaesthetic Midwifery: Report on its Early History and Progress* (1848), in Youngson, *Scientific Revolution in Victorian Medicine*, pp. 125 e 114.

(9) 29 de março de 1859, pasta 1028.1, Garrison Family Papers, SS.

(10) *Handbuch der Populationistik oder der Völker — und Menschenkunde nach statistischen Erhebnissen* (1841), pp. 233-4, 244-8 e 301.

(11) *Vital Statistics: A Memorial Volume of Selections from the Reports and Writings of William Farr*, ed. Noel A. Humphreys (1885), pp. 186, 190 e 191-3.

(12) Grays: Lutyens, *Millais and the Ruskins*, nota de rodapé à p. 7. Diemer (1867-1939): Documentos de Michael Zeno Diemer, Aba 433, pasta I, 1, Handschriften Abteilung, Stabi, Munich. Whitman: Justin Kaplan, *Walt Whitman: A Life* (1980), pp. 85-6.

(13) Cartas de Brandes a Alexander L. Keilland, 19 de dezembro de 1890, e a Jonas Lie, 8 de janeiro de 1891, in *Georg og Edvard Brandes, Brevveksling med nordiske Fortattere og Videnskabsmoend*, ed. Norten Borup, 8 vols. (1939-42), vol. IV, parte 2, pp. 364-5 e 451-2. Devo esta referência a Henry Gibbons.

(14) Carta de Millais a Effie Ruskin, 26 de julho de 1854, in Lutyens, *Millais and the Ruskins*, p. 238.

(15) Bernoulli, *Handbuch der Populationistik*, p. 301. Smith, *People's Health*, pp. 65-9.

(16) Siegfried Wichmann, *Franz von Lenbach und seine Zeit* (1973), pp. 8-10. William Millais, o irmão do pintor, casou-se em 1860 e enviuvou dois anos mais tarde quando sua mulher, Judith, faleceu ao dar à luz sua segunda criança. Lutyens, *Millais and the Ruskins*. Os efeitos prolongados de uma gestação, mesmo quando a mãe sobrevivia ao parto, eram freqüentemente muito severos e dolorosos. Cecilia Bishop, amiga de Effie Ruskin, ainda sofria muito com esses efeitos um ano depois de ter dado à luz. Ibid., p. 116.

(17) Bernoulli, *Handbuch der Populationistik*, p. 283; Farr, *Vital Statistics*, pp. 269-81.

(18) Sir William J. Sinclair, *Semmelweis: His Life and His Doctrine; A Chapter in the History of Medicine* (1909), pp. 29-33, 45 e 51.

(19) Numa análise dos óbitos de mães, no parto e no puerpério, na Inglaterra e no País de Gales na década de 1880, F. B. Smith observa que, em Londres, "as paróquias mais abastadas como a de Hampstead e a de Saint George's em Hanover Square, apresentavam índices de febre puerperal e de mortalidade pós-parto mais altos do que as paróquias miseráveis de Saint Giles e Saint George, na região leste". Ele conclui que "as classes que empregam serviçais domésticos e que contratam *parteiros* caros compravam desse modo maior paz de espírito, mas nenhuma redução considerável de sua vulnerabilidade". *People's Health*, pp. 14 e 56.

(20) Diário, registro de 1º de setembro de 1878, *The Making of a Feminist: Early Journals and Letters of M. Carey Thomas*, ed. Marjorie Housepian Dobkin (1979), p. 149.

(21) Carl N. Degler, *At Odds: Women and the Family in America from the Revolution to the Present* (1980), p. 60.

(22) 30 de janeiro de 1823. *Correspondance*, vol. I, *1812-1831*, ed. Georges Lubin (1964), p. 103.

(23) James Petrie, *The Marriage Gift* (1864), p. 76.

(24) Havelock Ellis, "The Psychic State in Pregnancy" (1906), *Studies in the Psychology of Sex*, 2 vols. (1936), vol. II, p. 229.

(25) J. P. Nettl, *Rosa Luxemburg*, 2 vols. (1966), vol. I, pp. 143-4.

(26) Esta expressão feliz, "uma crise normal", tomo-a emprestada a Grete Bibring et al., "A Study of the Psychological Processes in Pregnancy and of the Earliest Mother-Child Relationship", *Psychoanalytic Study of the Child*, vol. XVI (1961), pp. 9-72. É bem esclarecedor lançar-se os olhos sobre as notas de rodapé agregadas ao ensaio de Hevelock Ellis, "The Psychic State in Pregnancy": enquanto alguns autores — inclusive o próprio Ellis — desperdiçam boa quantidade de papel par enfocar delicada questão das "impressões maternais", estudos bastante sérios e responsáveis começavam a ganhar espaço na literatura médica européia e americana a partir de fins da década de 1880.

(27) Quanto a Anna O., ver Breuer, *Studies on Hysteria* (1895), *S.E.*, vol. II, pp. 21-47; os comentários de Freud se encontram em "On the History of the Psychoanalytic Movement" (1914), *S.E.*, vol. XIV, pp. 11-2.

(28) Carta de Mary Anna Gibbs a Horatio P. Van Cleve, 5 de julho de 1849; caixa 13, Ebenezer Alfred Johnson Family Papers, Y-MA.

(29) Cartas de Joseph a Laura Lyman, 12 de fevereiro de 1865; de Laura a Joseph Lyman, 14 de fevereiro de 1865; de Joseph a Laura Lyman, 15 de fevereiro de 1865; todas na caixa 3, LF; Diário, registro de 15 de fevereiro de 1865, caixa 6, LF, Y-MA.

(30) Carta de Laura a Joseph Lyman, 16 de fevereiro de 1865, LF.

(31) Carta de Joseph a Laura Lyman, 17 de fevereiro de 1865, ibid.

(32) Carta de Joseph a Laura Lyman e seus dois filhos, 22 de fevereiro [de 1865], ibid.

(33) 14 de junho de 1884, caixa 53, SF; *Making of a Feminist*, p. 38.

(34) Root Family Papers, Y-MA.

(35) *The Gladstone Diaries*, ed. M R. D. Foot e H. C. G. Matthew, 8 vols. até o presente (1968-...), vol. III, pp. 33-4.

(36) Ibid., pp. 231-2.

(37) Ibid., vol IV, pp. 2 e 242.

(38) Ibid., pp. 196-201 e 239.

(39) Ibid., pp. 648-57.

(40) Ver John Morley, *The Life of William Ewart Gladstone*, 3 vols. (1903), vol. II, pp. 543-4.

(41) Hélène Bergues, "L'Attitude de l'église: Respect de la vie et de la nature", in Bergues et al., *La Prévention des naissances dans la famille, ses origines dans les temps modernes* (1960), pp. 229-30.

(42) Tomei emprestadas essas citações bastante reveladoras a James C. Mohr, *Abortion in America: The Origins and Evolution of National Policy* (1978), pp. 93-9 e 101.

(43) H. S. Pomeroy, *The Ethics of Marriage* (1888), p. 57.

(44) "Die Sexualität in der Atiologie der Neurosen" (1898), *St.A.*, vol. V, p. 27; "Sexuality in the Aetiology of the Neuroses", *S.E.* vol. III, p. 276.

(45) C. R. Drysdale (ed.) *Malthusian Tracts*, n.º. 2 (1879).

(46) Em 1891, George Noyes Miller publicou uma pequena fantasia feminista, uma espécie de *Lisístrata* moderna, na qual todas as mulheres negam o acesso a seus corpos: *The Strike of a Sex*.

(47) Carta de Catharine Beecher a Mary Perkins, outono de 1837, in Kathryn Kish Sklar, *Catharine Beecher: A Study in American Domesticity* (1973), p. 320.

(48) Livro I, cap. 12 (1865; ed. 1908), p. 138.

(49) Cartas a 7 e 12 de dezembro [de 1876]; Mary Hallock Foote Papers, Biblioteca da Universidade de Stanfor. (Carl Degler utilizou-se das mesmas passagens no citado *At Odds*, p. 224.)

(50) Caixa 53, SF.

(51) Journal III, caixa 56, MLT, Y-MA. Tendo em vista o fracasso de Mabel Todd quando tentara proceder ao controle da natalidade — lembremo-nos de que pelo menos em parte Millicent Todd resultara da utilização equivocada do método do ritmo —, é importante frisarmos que Mabel Todd não se encontrava de modo algum sozinha em sua ignorância: a maioria dos médicos do século XIX estava extremamente confusas acerca do ciclo menstrual das mulheres. Partindo da suposição de que as mulheres se assemelhavam às fêmeas dos animais quando no cio, aconselhavam-nas a evitar o coito imediatamente após a menstruação e diziam-lhes que era seguro manter relações sexuais no meio do ciclo. "O tempo intermediário entre duas menstruações sucessivas é o mais adequado para a consumação do casamento", escreveu em meados da década de 1860 o dr. George H. Napheys. "Esta é a época da esterilidade." *The Physical Life of Woman* (1869; ed. 1888), p. 91. Pode-se imaginar quantas crianças terão nascido no século XIX em virtude desses conselhos.

(52) J. A. Banks, *Prosperity and Parenthood: A Study of Family Planning Among the Victorian Middle Class* (1954), p. 153.

(53) Francis Place, *To the Married of Both Sexes of the Working People* e *To the Married of Both Sexes in Genteel Life*, reprodução em fac-símile in Norman E. Himes, *Medical History of Contraception* (1936; ed. 1970), pp. 214-6.

(54) *Moral Physiology; or A Brief and Plain Treatise on the Population Question* (1831; 8.ª ed. 1835), pp. 27-8; *Malthusian Handbook* (1893; 5.ª ed., 1911), p. 1.

(55) *To the Married of Both Sexes of the Working People*, in Himes, p. 214.

(56) *Moral Physiology*, pp. 61-2.

(57) Ibid., nota de rodapé à p. 61.

(58) Charles Knowlton, doutor em medicina, *Fruits of Philosophy; or The Private Companion of Young Married People* (2.ª ed., c.1833), p. 34.

(59) L. F. E. Bergeret, *Des fraudes dans l'accomplissement des fonctions génératrices* (1868). A tradução inglesa, feita pelo dr. P. de Marmon a partir da terceira edição, leva o título alarmante e exaustivo que se segue: *The Preventive Obstacle, or Conjugal Onanism. The Dangers and Inconveniences to the Individual, to the Family, and to Society, of Frauds in the Accomplishment of the Generative Function* (1870).

(60) Banks, *Prosperity and Parenthood*, p. 155 e nota de rodapé à mesma página.

(61) "Manuskript B: Die Ätiologie der Neurosen" (8 de fevereiro de 1893), *Aus den Anfängen der Psychoanalyse: Briefe an Wilhelm Fliess, Abhandlungen und Notizen aus den Jahren 1887-1902*, ed. Ernst Kris et al. (1950), p. 81; "Draft B: The Aetiology of Neuroses", *The Origins of Psycho-analysis: Letters to Wilhelm Fliess, Drafts and Notes: 1887-1902*, trad. inglesa de Eric Mosbacher e James Strachey (1954), p. 72. "Über die Berechtigung, von der Neurasthenie einen bestimmten Symptomenkomplex als 'Angstneurose' abzutrennen" (1895), *St.A.*, vol. VI, p. 36; "On the Grounds for Detaching a Particular Syndrome from Neurasthenia under the Description 'Anxiety Neurosis'", *S.E.*, vol. III, p. 100. Escrevendo a Fliess mais tarde, em 1893, Freud submete o seguinte diagnóstico extremamente sucinto de uma paciente, de 24 anos de idade e mãe de duas crianças pequenas: "Marido é vendedor viajante; esteve em casa na primavera, assim como também mais recentemente, permanecendo nessas ocasiões por algum tempo. No verão, durante as viagens do marido, absoluto bem-estar. *Coitus interruptus* e muito medo de ter filhos, daí a histeria". "Manuskript B" p. 88; "Draft B", p. 78.

(62) Os demógrafos exploraram, e ainda hoje continuam a explorar, outras causas possíveis para o declínio das taxas de natalidade — uma diminuição da fertilidade natural, efeitos perniciosos para a fertilidade decorrentes da vida em regiões urbanas industriais, e assim por diante. Entretanto, todos estão de acordo, quanto à afirmação de que o fator mais significativo, de longe, foi a contracepção.

(63) Levasseur, *La Population française*, 2 vols. (1889-92), vol. I, pp. 215 e 222.

(64) Nadaillac, *Affaiblissement de la natalité en France, ses causes et ses conséquences* (1885; 2.ª ed., 1886), pp. V-VI e 2.

(65) Ibid., pp. 6, 8-9, 17-9, 20, 70-1 e 110-2.

(66) Gourrier, *L'Avenir du mariage, ou l'Usage et l'Abus dans l'union des sexes. Propositions et développements rédigés aus points de vue médical, philosophique, et théologique* (1871), pp. 30, 38, 77 e 89. Gourrier, muitíssimo mais crédulo do que a maioria dos médicos de sua época, parece ter acreditado que "a população está

crescendo a olhos vistos"; porém, adverte ele, "a espécie está se degenerando" (p. 97).

(67) Seeberg, *Der Geburtenrückgang in Deutschland. Eine sozialethische Studie* (1913), pp. 75-6 e I. O título do livro de Schrenk era *Notsignal für das Deutsche Volk* (1913); e o nome da organização por ele proposta era "Deutscher Bund für Volkserhaltung"[Federação alemã para a preservação do povo]. Ver também Felix A. Theilhaber, *Das Sterile Berlin. Eine Volkswirtschaftliche Studie* (1913).

(68) Seeberg, *Geburtenrückgang in Deutschland*, pp. 12, 20 e 33-8.

(69) Nadaillac, *Affaiblissement*, pp. 111-12. Freud, "Manuskript B", p. 81; "Draft B", p. 72.

(70) Escrevendo em 1895 para o *Journal de la Société de Statistique*, Jacques Bertillon observa que na França contemporânea a população paupérrima apresentava uma taxa de natalidade de 108 crianças por mil pessoas; a população pobre, 95; as pessoas mais prósperas ficavam na faixa de 72 a 75; os ricos, ao redor de 53; e os muito ricos, 43 crianças por mil pessoas. Estes números foram submetidos a um exame rigoroso por K. A. Wieth-Knudsen cerca de um decênio mais tarde, em *Natalité et Progrés: Synthèse économique, démographique et biologique* (1908; trad. francesa, 1938), pp. 152-3; e é verdade que Bertillon havia deixado de levar em consideração variáveis importantes — a questão de mães solteiras e mães casadas, participação ou não em associações religiosas e a afiliação religiosa em si etc. Naquela época já havia, como continua havendo aliás, enclaves de famílias ricas fortemente ligadas à Igreja, fosse ela a católica ou uma das protestantes.

(71) R. P. Neuman, "Working Class Birth Control in Wilhelmine Germany", *Comparative Studies in Society and History*, vol. xx, n.º 3 (julho de 1978), p. 414.

(72) Jean-Louis Flandrin, *Families in Former Times: Kinship, Household and Sexuality* (1976; trad. inglesa de Richard Southern, 1979), p. 225.

(73) Wright, *Marriage and Parentage: or, The Reproductive Element in Man, as a Means to his Elevation and Happiness* (1854; 2.ª ed., 1855), pp. 243, 246, 248 e 255.

(74) Ambas as citações em Degler, *At Odds*, respectivamente às pp. 195-6 e 268.

(75) *Die Traumdeutung*, *St.A.*, vol. II, p. 144; *Interpretation of Dreams, S.E.*, vol. IV, p. 126.

IV. *A IGNORÂNCIA ERUDITA*

(1) Se bem que seja muito difícil encontrar documentação de ameaças reais de castração, a literatura psicanalítica fornece alguns exemplos aplicáveis. "O Pequeno Hans", o menino de cinco anos de idade que Freud tratou em 1908, quase que totalmente à distância aliás, havia sido advertido diretamente por sua mãe: "Quando ele tinha três anos e meio, sua mãe o encontrara com a mão no pênis. Ela o ameaça: 'Se continuares a fazer isso chamarei o dr. A.; ele cortará fora o teu pipi'" — a palavra usada pelo Pequeno Hans para designar seu pênis —, "'e então como é que vais fazer pipi?'" A resposta do Pequeno Hans, nem um pouquinho assustado "Pelo bumbum". "Analyse der Phobie eines fünfjährigen Knaben (Der Kleine Hans)" (1909), *St.A.*, vol VIII, p. 15; "A Phobia in a Five-Year-Old Boy (Little Hans)", *S.E.*,vol. x, pp. 7-8. Outros pacientes de Freud, notadamente o "Homem dos Ratos", relataram ameaças semelhantes; porém o que torna o incidente ocorrido com o Pequeno Hans de significação tão extraordinária é o fato de que tanto seu pai quanto sua mãe eram seguidores declarados e esclarecidos da psicanálise, e ainda assim se mostraram incapazes de evitar as advertências tradicionais.

(2) J. Matthews Duncan, *On Sterility in Women* (1884), p. 94. Ver p. 104.

(3) Siebert, *Sexuelle Moral und Sexuelle Hygiene* (1901), p. iii.

(4) Registro de 1.º de fevereiro de 1859 no diário, Derek Hudson, *Munby: Man of Two Worlds* (1972), p. 19.

(5) O desenho era de Mulready. Ver Kathryn Moore Heleniak, *William Mulready* (1980), p. 158.

(6) *A Blessed Girl: Memories of a Victorian Girlhood, 1887-1896* (1953), p. 10; cartas de Emily Lytton ao reverendo Whitwell Elwin, 2 e 3 de setembro de 1893, ibid., pp. 228-9.

(7) Mary Lutyens, *Edwin Lutyens* (1980), pp. 242-96, 97 e 77-8. "Ambos se encontravam no auge da paixão física, porém Ned não tivera experiência alguma e Emily não recebera nenhuma instrução de sua mãe, além da recomendação de jamais recusar o que quer que fosse a seu marido e da sugestão de sempre ter à mão, ao lado do leito, um pote de vaselina", p. 56.

(8) Annie Besant, *An Autobiography* (1893), p. 70.

(9) Ibid, p. 71.

(10) Carta de Effie Gray — conforme ela assina deliberadamente neste caso, apesar de obviamente ainda estar casada oficialmente com John Ruskin — a seu pai, in Mary Lutyens, *Millais and the Ruskins* (1967), pp. 155-6. Originalmente Mary Lutyens, assim como os muitos outros que se detiveram neste caso irresistivelmente atraente, pensava que Ruskin sentia uma repulsão pela visão dos pêlos púbicos de sua mulher, para o que, segundo escreve Mary Lutyens, "nada o havia preparado" (nota de rodapé à p. 156). Porém ela corrige esta opinião no livro que escreveu mais tarde, *The Ruskins and the Grays* (1972), observando que em Oxford Ruskin tivera "oportunidade de ver quadros e desenhos eróticos" que lhe teriam revelado toda a verdade sobre o corpo de uma mulher adulta (nota de rodapé à p. 108).

(11) Mary Lutyens, *Millais and the Ruskins*, p. 155. Algo bem semelhante ocorreu com a famosa defensora de reformas sexuais e do controle da natalidade, a americana Marie Stopes, que descobriu alguns meses depois de casada que seu marido ainda não havia consumado o casamento. Keith Briant, *Marie Stopes: A Biography* (1962), pp. 66-77.

(12) M. Vivian Hughes, *A London Girl of the Eighties* (1936), p. 303.

(13) [Meados de fevereiro de 1843], George Sand, *Correspondance*, ed. Georges Lubin, vol. VI, *1843-June 1845* (1969),p.43.

(14) Jean Chalon, *Portrait of a Seductress: The World of Natalie Barney* (1976; trad. inglesa de Carol Barko, 1979), p. 7.

(15) Dra. Helen P. Kennedy, "Effect of High School Work upon Girls During Adolescence", *Pedagogical Seminary*, vol. III (junho de 1896), pp. 469-82.

(16) Mary Wood-Allen, *Ideal Married Life* (1901), p. 155; Sicard de Plauzoles, *La Fonction sexuelle. Au point de vue de l'éthique et de l'hygiène sociales* (1908), pp. 344 e 347.

(17) [W. R. Greg], "Prostitution", *The Westminster Review*, vol. LIII (julho de 1850), p. 473.

(18) Por outro lado, a "literatura da pureza" freqüentemente insistia em que os homens não ingressassem no matrimônio em estado menos virginal do que as mulheres.

(19) L. E. Jones, *An Edwardian Youth* (1956), pp. 162, 37 e 163.

(20) M. J. Exner, *Problems and Principles of Sex Education: A Study of 948 College Men*, panfleto publicado pela Associação Cristã de Moços, Y.M.C.A. (1915), pp. 6-7; ver também dr. Hermann Rohleder, *Grundzüge der Sexualpädagogik für Arzte, Pädagogen und Eltern* (1912), pp. 15 e 85.

(21) "Zwangshandlungen und Religionsübungen" (1907), *St.A.*, vol. VII, p. 16; "Obsessive Actions and Religious Practices", *S.E.*, vol. IX, p. 121.

(22) Alice Belknap: 27 de maio de 1883, suplemento de julho de 1979, caixa 53, SF, Y-MA. Kingsley: Susan Chitty, *The Beast and the Monk: a Life of Charles Kingsley* (1975), p. 86. Millais: 2 de julho de 1855, in Mary Lutyens, *Millais and the Ruskins*, pp. 260-1. Mary Lutyens acredita que, assim como sua noiva, Millais era virgem ao casar-se. O processo de anulação do casamento proposto por Effie Gray Ruskin exigia dela que se submetesse ao exame de dois médicos peritos, os quais atestaram que "os sinais habituais da virgindade estão perfeitos, e ela é bem formada conforme a natureza e a adequação de seu corpo ..." Descrevendo os procedimentos numa carta à sua mãe (a 20 de maio de 1854), ela diz, sensatamente: "Reservo maiores detalhes", pp. 263 e 218.

(23) Ibid., pp. 262-3.

(24) *The Journals of Lady Knightley of Fawsley 1856-1884*, ed. Julia Cartwright (Mrs. Ady) (1915), pp. 171-3.

(25) Registro de 22 de setembro de 1856, Edmond e Jules de Goncourt, *Journal; mémoires de la vie littéraire 1851-1896*, ed. Robert Ricatte, (22 vols., 1956-58), vol. II, p. 32.

(26) William A. Hammond, *Sexual Impotence in the Male* (1883), pp. 40-2.

(27) Ibid., pp. 16-9.

(28) Eliza Duffey, *What Women Should Know* (1873), pp. 116-7.

(29) *Die Onanie, Diskussionen der Wiener Psychoanalytischen Vereinigung* (1912), [não incluído em *St. A.*] *G.W.*, vol. VIII, p. 345; "Concluding Remarks, to a Discussion on Masturbation", *S.E.*, vol. XII, p. 254.

(30) Já em 1746 havia uma versão alemã, cujo título retinha todas as insinuações lúgubres e aterrorizantes do original inglês: *Onania oder die Schröckliche Sünde der Selbstbefleckung mit allen ihren entsetzlichen Folgen.*

(31) Tissot, *De l'onanisme* (1758; ed. 1834), pp. 17-20.

(32) Tissot, *De la santé des gens de lettres* (1768).

(33) Registro de 13 de junho de 1841. Henri-Frédéric Amiel, *Journal intime*, ed. Bernard Gagnebin e Philippe M. Monnier, 4 vols. até o presente (1976-...), vol. I, p. 193. Ainda em 1870, o dr. N. F. Cooke sugeria àqueles dentre seus leitores que julgassem exagerado o quadro que ele pintava do "vício solitário masculino e feminino" que adquirissem o livro de Tissot. "Um Médico", *Satan in Society* (1870), p. 17.

(34) *Medical Inquiries upon Diseases of the Mind* (1812), in E. H. Hare, "Masturbatory Insanity: the History of an Idea", *Journal of Mental Science*, vol. CVIII (janeiro de 1962), p. 4.

(35) George R. Calhoun, *Report of the Consulting Surgeon on Spermatorrhoea, or Seminal Weakness, Impotence, the Vice of Onanism, Masturbation, or Self-Abuse, and Other Diseases of the Sexual Organs* (c.1858), pp. 4-6.

(36) Ibid., pp. 6-7, 16 e 23.

(37) Havelock Ellis, *Studies in the Psychology of Sex*, vol. II, *The Evolution of Modesty, The Phenomena of Sexual Periodicity, Auto-Eroticism* (1900), pp. 199-231.

(38) Henry Maudsley, *The Physiology and Pathology of the Mind* (1867), p. 248. Maudsley define a loucura como uma espécie de regressão, como o incontrolável retorno de "instintos, apetites ou paixões" fundamentais, pp. 281-3.

(39) "Illustrations of a Variety of Insanity", *Journal of Mental Science*, vol. XIV (julho de 1868), pp. 152, 153, 155 e 161. Maudsley era vitoriano, mas certamente não era nada pudico. Um dos casos que ele apresenta refere-se a um "cavalheiro" que atacava com veemência "essa situação tão perversa em que tantas mulheres belas teriam de ser degradadas para gratificar os mais vis desejos dos homens". Sua receita para curar "tantos pecados e tanta miséria" consistia na eliminação do sêmen, o agente de toda essa corrupção, sendo que seu modo de realizá-la — a receita que ele mesmo seguia e que recomendava a todos os outros — era "masturbar-se todos os dias de manhã cedo, lançando o esperma numa caneca de água, que em seguida bebia". O paciente era obviamente um onanista inveterado que, conforme sugeria Maudsley, tinha uma obsessão por "assuntos sexuais" e que por isso havia tramado, "não através de um raciocínio qualquer, mas a partir de sua hipocrisia inconsciente, uma desculpa para o vício que havia arrasado sua vida", p. 160. Este diagnóstico constitui uma esplêndida mistura de uma compreensão perspicaz, profunda, e baseada na simpatia, e dos resíduos do dogmatismo do próprio Maudsley.

(40) Maudsley, *The Pathology of the Mind* (a 1.ª ed., de 1879, é a 3.ª ed. da segunda parte de *The Physiology and Pathology of the Mind*, 1867), pp. 276, 453 e 462.

(41) Maudsley, *The Pathology of the Mind* (ed. 1895), pp. 399 e 407.

(42) Ver Rohleder, *Die Masturbation; Monographie für Ärzte und Erzieher* (1899).

(43) Deslandes, *Manhood: The Causes of Its Premature Decline* (1835; trad. inglesa, 1843), pp. 231-2.

(44) Monlau y Roca, em tradução livre e revista do dr. Paul Emile Garnier, *Hygiène de la génération. Le Mariage dans ses devoirs, ses rapports et ses effets conjugaux au point de vue légal, hygiénique, physiologique et moral* (1853; 4.ª ed., 1885), p. 614.

(45) Samuel Gregory, *Facts and Important Information for Young Women, on the Subject of Masturbation; with Its Causes, Prevention, and Cure* (1847), p. 5.

(46) Thesée Pouillet, *Essai médico-philosophique sur les formes, les causes, les signes, les conséquences et le traitement de l'onanisme chez la femme* (1876; 2ª. ed., ampliada, 1877), quadro sinótico às pp. 136-7.

(47) Hermann Rohleder, *Grundzüge der Sexualpädagogik*, pp. 11-2.

(48) John Ware, *Hints to Young Men on the True Relation of the Sexes* (1850), in dr. Horatio Robinson Storer, *Is It I? A Book for Every Man* (1867), p. 65.

(49) René A. Spitz, "Authority and Masturbation: Some Remarks on a Bibliographical Investigation", *Psychoanalytic Quarterly*, vol. XXI, nº. 4 (outubro de 1952), pp. 490-527.

(50) E. P. Miller, *A Treatise on the Cause of Exhausted Vitality; or, Abuses of the Sexual Function* (1867), pp. iii, 79-88, 35, 37 e 39.

(51) Ibid., pp. 117, 120, 124-6 e 121-2.

(52) Spitz, "Authority and Masturbation", p. 125.

(53) Deslandes, *Manhood*, pp. 232-4.

(54) William A. Alcott, *The Physiology of Marriage* (1855; ed. 1856), p. 245.

(55) Ibid., p. 45.

(56) "Um Médico", *Satan in Society*, pp. 62, 91, 409 e 412.

(57) Carl Capellmann, *Pastoral Medicine* (1866; trad. inglesa do reverendo William Dassel, 1879), pp. v e 70-3.

(58) *Amativenees; Or Evils and Remedies of Excessive and Perverted Sexuality, Including Warning and Advice to the Married and Single* (1846), pp. 12, 13, 15 e 16.

(59) S. H. Platt, *Queenly Womanhood, A Private Treatise: For Females Only, on the Sexual Instinct, as Related to Moral and Christian Life* (1877), pp. 21-5 e 119-20.

(60) Campe: *Kleine Kinderbibliothek*, vol. II (1783), in *Kinderschaukel I: Ein Lesebuch zur Geschichte der Kindheit in Deutschland, 1745-1860*, ed. Marie-Luise Könneker (1976), p. 85. Basedow: *Elementarwerk* (1774-76), ed. Theodor Fritzsch, 3 vols. (1909), vol. I, p. 533. [Esta obra contém um sistema novo (à época) para a educação primária, com dois objetivos fundamentais, o de ensinar a criança a pensar e o de aproximá-la da realidade; com ela Basedow adquiriu uma reputação que permanece viva até hoje, apesar de a instituição fundada em Dessau para a implantação prática do sistema sob a direção do próprio Basedow ter sido extinta já em 1793. (N. T.)]

(61) *Education with Reference to Sex, Pathological, Economic and Social Aspects: The Eighth Yearbook of the National Society for the Scientific Study of Education* (1909), Parte I, p. 10. Sturgis, *Sexual Debility in Man* (1900), p. 9.

(62) *Protokolle der Wiener Psychoanalytischen Vereinigung*, ed. Herman Nunberg e Ernst Federn, vol. II, *1908-1910* (1977), pp. 502-28.

(63) Ver Hare, "Masturbatory Insanity", p. 11.

(64) Tissot, *De l'onanisme*, p. xiv; Amiel, registro de 13 de junho de 1841 no *Journal intime*, vol. I, p. 193.

(65) Garnier, *Mariage*, p. 235; Fowler, *Amativeness*, pp. 41, 43 e 47.

(66) O. S. Fowler, *Memory and Intellectual Improvement Applied to Self-Education and Juvenile Instruction* (c.1845; 25ª ed., ampliada, 1846), p. 219.

(67) Louisa May Alcott: Ednah D. Cheney, *Louisa May Alcott* (1889), p. 60. James Hopkinson: *Victorian Cabinet Maker: The Memoirs of James Hopkinson, 1819-1894*, ed. Jocelyne Baty Goodman (1968), p. 70. Eleanor Rogers: carta de 28 de maio de 1885, caixa 53, SF.

(68) J. M. Sims, *The Story of My Life* (1884), p. 150.

(69) Edith Heischkel-Artelt, "Die Welt des praktischen Arztes", in *Der Arzt und der Kranke in der Gesellschaft des 19. Jahrhunderts*, ed. Walter Artelt e Walter Rüegg (1967), p. 14.

(70) William T. Foster, "The Social Emergency", palestra proferida nas sessões sobre educação sexual do IV Congresso Internacional sobre Higiene Escolar e do encontro anual da American Federation for Sex Hygiene [doravante, essas palestras serão indicadas por "Anais da *AFSH*"] (1913), pp. 45-54. Dr. Hugh Cabot, "Education versus Punishment as a Remedy for Social Evils", ibid., p. 35.

(71) C. R. Henderson, *Education with Reference to Sex*, parte I, p. 7.

(72) Tomando um exemplo entre muitos, ver a dra. Laura Satterthwaite, "The Great Need for the Moral Crusade", palestra proferida no Congresso Nacional da Pureza de 1895, in *The National Purity Congress: Its Papers, Addresses, Portraits*, ed. Aaron M. Powell (1896), pp. 58-64.

(73) C. W. Eliot, "Public Opinion and Sex Hygiene", Anais da *AFSH*, pp. 13-6. T.M. Balliet, "Points of Attack in Sex Education", ibid., p. 25. H. Cabot, "Education versus Punishment", ibid., pp. 36-7.

(74) "General Discussion"., p. 102.

(75) E. Lyttelton, *Training of the Young in the Laws of Sex* (1900), pp. vii, 104, 14-5, 3 e 65.

(76) Dr. F. Siebert, *Sexuelle Moral und Sexuelle Hygiene*, prefácio e pp. 35 e 62.

(77) Ibid., pp. 36-9 e 95.

(78) Lyttelton, *Training of the Young*, nota de rodapé à p. 97.

(79) Entre as "Commendations ... From ... Eminent Men and Women", uma coleção de tributos, cada qual numa página e com um retrato, ao livro do dr. Stall. Sylvanus Stall, *What a Young Boy Ought to Know* (1897).

(80) Mary Wood-Allen, *Teaching Truth* (1892), p. 7.

(81) "Bruchstück einer Hysterie-Analyse" (1905), *St.A.*, vol. VI, p. 123; "Fragment of an Analysis of a Case of Hysteria", *S.E.*, vol. VII, p. 48.

(82) Mary Wood-Allen, *Teaching Truth*, pp. 10-2. Gordon Hart [pseud.], *Woman and the Race* (1907), contém a citação desta "doce historieta" na íntegra, apresentando-a como o paradigma de como se deve ensinar a verdade às crianças, pp. 31-2.

(83) Lyttelton, *Training of the Young*, pp. 85-6.

(84) Mary Wood-Allen, *Child-Confidence Rewarded* (1896), p. 4.

(85) Ellis Ethelmer [pseud.], *The Human Flower: Being a Brief and Plain Statement of the Physiology of Birth and the Relations of the Sexes* (1894), p. 34. Ellis Ethelmer parece ter sido a sra. Wolstenholme Elmy, e

talvez também seu marido, Ben Elmy. Ela era a secretária da Women's Emancipation Union. Ver J. A. Banks e Olive Banks, *Feminism and Family Planning in Victorian England* (1965), nota de rodapé à p. 101.

(86) Ellis Ethelmer, *Human Flower*, p. 35; *Baby Buds* (1892), p. 42.

(87) Rohleder, *Grundzüge der Sexualpädagogik*, pp. 70, 77 e 112.

(88) "O incremento da liberdade para todas as classes integrantes da comunidade parece fomentar a procriação rápida de pessoas defeituosas, irresponsáveis e viciosas." Charles W. Eliot, "Public Opinion and Sex Hygiene", Anais da *AFSH*, p. 16. "O suicídio racial e o divórcio são sintomas de uma desordem social, indubitavelmente gravíssima e certamente muito evidente, cujos remédios a meu ver consistem no direcionamento da instrução de meninos e meninas para prepará-los para as funções de pais e mães." Professora Marion Talbot, decana das mulheres na Universidade de Chicago (1908), in Henderson, *Education with Reference to Sex*, Parte I, p. 8.

(89) Freud, "Zur sexuellen Aufklärung der Kinder" (1907), *St.A.*, vol. V, p. 166; "The Sexual Enlightenment of Children", *S.E.*, vol. IX, p. 137.

V. *CONHECIMENTO CARNAL*

(1) "Einige Charaktertypen aus der psychoanalytischen Arbeit" (1916), *St.A.*, vol. X, p. 232; "Some Character-Types Met With in Psycho-Analytic Work", *S.E.*, vol. XIV, p. 312.

(2) *Daheim*, vol. XIV (1878), p. 229.

(3) Balzac, *Physiologie du mariage* (1829), ed. Maurice Regard (1968), p.94; Freud, em colaboração com Josef Breuer, *Studien über Hysterie* (1895), [não incluído em *St.A.], G.W.*, vol. I, p. 195; *Studies on Hysteria*, *S.E.*, vol. II, p. 195.

(4) Trollope, *The Eustace Diamonds* (1873; ed. 1947), p. 84; [cap. 9]; George Eliot, *Middlemarch* (1871-72; ed. 1965), pp. 320-1 [cap. 30].

(5) Edmond de Goncourt, *Chérie* (1884), p. 137. Edmond e Jules de Goncourt, registro de 2 de novembro de 1883 no *Journal; mémoires de la vie littéraire 1851-1896*, ed. Robert Ricatte, 22 vols. (1956-58), vol. XIII, p. 59. Quanto à réplica de Zola, ver Henri Mitterand, "Étude", in Zola, *La Joie de vivre; Les Rougon-Macquart: Histoire naturelle et sociale d'une famille sous le second Empire*, ed. Armand Lanoux, 5 vols. (1960-67), vol. III pp. 1767-9. A imagem mais explícita da masturbação na ficção não-pornográfica do século XIX se encontra no romance *Een Liefde*, do holandês Lodewijk van Deyssel, de 1887: pensando apaixonadamente em seu marido, uma jovem mulher, num estado de quase alucinação, se masturba em seu jardim num quente dia de verão. A descrição, explicita e desagradável, não foi recebida favoravelmente, e Van Deyssel prontamente recuou de seus arrojos. (Devo esta referência a J. W. Smit.)

(6) Sigrid Undset, *The Longest Years* (1934; trad. inglesa de Arthur G. Chater, 1935), p. 105.

(7) Logan Pearsall Smith, *Unforgotten Years* (1938), pp. 21-2 e 47.

(8) "Analyse der Phobie eines fünfjährigen Knaben" ["Der kleine Hans"] (1909), *St.A.*, pp. 16-7; "Analysis of a Phobia in a Five-Year-Old Boy" ["Little Hans"], *S.E.*, vol. X, p. 10.

(9) Cartas de Gustave Flaubert à sua irmã Caroline (escrita depois de 10 de dezembro de 1842) e a seu irmão Achille (de 26 de abril de 1844), *Correspondance*, ed. Jean Bruneau, 2 vols. até o presente (1973-...), vol. I, pp. 135 e 206 respectivamente.

(10) John Merriman, *Urbanization, Social Change, and Class Politics: Limoges and the French Nineteenth Century* (em preparação), cap. III. Hans Ostwald, *Das Berliner Dirnentum*, 2 vols. (1907), vol. I, p. 25. Amiel, registro de 15 de outubro de 1851 no *Journal intime*, ed. Bernard Gagnebin e Philippe M. Monnier, 4 vols. até o presente (1976-...), vol. I, p. 1071.

(11) Carta de Joseph B. Lyman a seu filho Alexander, escrita a 7 de fevereiro de 1865, caixa 3, LF, Y-MA. Esta passagem constitui um lembrete útil de que a Bíblia, que alguns censores pretendiam expurgar, era um guia para os conhecimentos carnais que estava sempre à mão.

(12) Taine, *Notes on England* (1872; trad. inglesa de Edward Hyams, 1958), p. 76.

(13) "Frühreife Kinder in den Vereinigten Staaten", *Daheim*, vol. VIII (1872), p. 431; H. K., "Die Moderne Pariser Bühne", ibid., p. 384.

(14) Setembro de 1855, *Journal*, vol. I, p. 217.

(15) *Kilvert's Diary*, ed. William Plomer (reedição de 1969), vol. I, p. 127.

(16) Assim, por exemplo, em 1839 Sarah Stickney Ellis escreveu que entre os hábitos mais repugnantes das jovens da época se achavam a afetação de requinte e ignorância. O primeiro as tornava excessivamente delicadas: "São incapazes de *tocar* o rude material que supre nossas necessidades corporais ou nosso conforto pessoal. Manifestam asco à mera menção daqueles compostos culinários, que não obstante seus delicados lábios concedem em admitir à boca; e arrepiam-se horrorizadas diante da idéia vulgar de que os antigos deveres de suas avós de manter limpa uma cozinha e acender um fogo na lareira para um marido ou um irmão possam tornar-se por algum acaso também a sua sina". Ainda mais irresponsável, na opinião de Sarah Ellis, era a "afetação de ignorância com relação às coisas mais corriqueiras", o que tinha por conseqüência o orgulho por "não saberem fazer qualquer tarefa familiar ou cotidiana". *The Women of England: Their Social Duties, and Domestic Habits*, dois volumes em um (1839), vol. II, pp. 147-9.

(17) *David Copperfield* (1850), cap. 8; a ilustração é intitulada *Mudanças em Casa*.

(18) Carta a Martha Bernays, 19 de outubro de 1885: Sigmund Freud, *Briefe 1873-1939*, ed. Ernst L. Freud (1960), p. 167.

(19) David Copperfield (ed. 1966), pp. 212 e 315 [caps. 9 e 18].

(20) Strindberg, "Compensation" e "Needs Must", in *Getting Married* (1884, 1886; trad. inglesa de Mary Sandbach, 1972), parte I, pp. 129 e 111 respectivamente.

(21) Flaubert, "Mémoires d'un fou", in *Oeuvres de jeunesse inédits*, ed. Conard, 3 vols. (1910), vol. I, pp. 509-10.

(22) Joseph Lyman, memorando particular de 6 de agosto de 1865, caixa 4, LF.

(23) Lucy Cohen, *Lady de Rothschild and Her Daughters, 1821-1931* (1935), p. 93. A autora deixa de esclarecer se a citação é extraída do diário de Constance Rothschild ou do diário de Annie Rothschild. Amiel: registro de 8 de junho de 1849 do *Journal intime*, vol. I, p. 475; (ver também as pp. 996 e 1063).

(24) Thackeray, *Vanity Fair* (1848; ed. 1950), p. 190 [cap. 19].

(25) Alan Delgado, *Victorian Entertainment* (1971), p. 69. Simeon E. Baldwin, "Whipping and Castration as Punishment for Crime", *Yale Law Journal*, vol. VIII (junho de 1899), pp. 371-86.

(26) Auguste Ambroise Tardieu, *Étude médicale-légale sur les attentats aux moeurs* (1850-60; 6.ª ed., 1873), p. 115.

(27) "The Lost Arctic Voyagers", *Household Words*, 2 e 9 de dezembro de 1854, in *The Works of Charles Dickens*, National Library Edition, *Miscellaneous Papers, Plays and Poems*, 2 vols. (s.d.), vol. I, pp. 462-92.

(28) Weyh, "Erinnerungen", pp. 53 e 360-2, Ana 364, Weyh Nachlass, Stabi, Munique.

(29) Frederick Marryat, *A Diary in America, with Remarks on Its Institutions*, 2 vols. (1839), vol. II, p. 45.

(30) Carta de Minna Jaegle a Eugen Boeckel (cerca de 5 de março de 1837) in Ernst Johann, *Büchner* (1958), p. 160.

(31) Winnifred Hughes, *The Maniac in the Cellar: Sensation Novels of the 1860s* (1980), p. 121.

(32) Rider Haggard, *She: A History of Adventure* (1887; ed. 1925), p. 212. Whitman, "Wild Frank's Return", in *Whitman: Poetry and Prose*, ed. Justin Kaplan (1982), p. 1105.

(33) *Daheim*, vol. XXI (1885), p. 57.

(34) Beecher: Kathryn Kish Sklar, *Catharine Beecher: A Study in American Domesticity* (1973), p. 281. *Le Journal pour Tous*, 21 de maio de 1859. Frances E. Willard, *Glimpses of Fifty Years: The Autobiography of an American Woman* (1889), pp. 6-7.

(35) Registros de 16 de junho de 1829; 2 de julho de 1834; caixa 2; e 11 de novembro de 1851, caixa 5, Harry Croswell Papers, Y-MA.

(36) Carta de Wilhelm Busch a Nanda Kessler, 24 de dezembro de [18] 96], *Sämtliche Briefe*, ed. Friedrich Bohne, 2 vols. (1969), vol. II, p. 84. O desenho citado se encontra reproduzido defronte à p. 84.

(37) Dora B. Montefiore, *From a Victorian to a Modern* (1927), p. 29.

(38) Sra. Isabella Beeton, *The Book of Household Management; Comprising Information for the Mistress, Housekeeper, Cook, Kitchen-Maid, Butler, Footman, Coachman, Valet, Upper and Under House-Maids, Lady's Maid, Maid-of-all-Work, Laundry-Maid, Nurse and Nurse-Maid, Monthly, Wet, and Sick Nurses, etc., etc; Also, Sanitary, Medical, and Legal Memoranda; With a History of the Origin, Properties, and Uses of All Things Connected with Home Life and Comfort* (1861; publicado inicialmente em suplementos mensais na *Englishwoman's Domestic Magazine*, a partir de 1859), pp. 89 e 98.

(39) Beecher: Skalar, *Catharine Beecher*, p. 9. Lytton: Lady Emily Lutyens, *A Blessed Girl: Memoirs of a Victorian Girlhood Chronicled in an Exchange of Letters, 1887-1896* (1954), p. 7. Em fins de 1870, antes de completar catorze anos, M. Carey Thomas matou um camundongo para ver seu esqueleto. Corajosamente, dissecou o animalzinho em presença de uma amiga intima. As duas meninas levaram o camundongo morto até o quintal e lá "iniciaram as operações". Infelizmente, "o horrendo camundongo tinha o pêlo tão macio que não pudemos fazer nele um furo, e além disso sentimo-nos nauseadas, e nossas mãos tremiam tanto que não pudemos fazer absolutamente nada. Como entretanto chegamos à conclusão de que tudo isso era uma tolice *feminina*, fizemos uma perfuração e através dela esprememos para fora as entranhas do camundongo. Foi a coisa mais repugnante que jamais fiz. Retiramos a pele, que saiu facilmente como se fosse uma luva". Em seguida as meninas ferveram a carcaça, "retiramos dela toda a carne, guardando a língua e os olhos para depois os observarmos através do microscópio, e então o camundogo realmente passou a parecer com um esqueleto de verdade". A despeito de toda a sua repugnância evidente e de seu comportamento antifóbico — mostrando-se viril para que não a julgassem feminina —, Carey Thomas disse ter apreciado a experiência: "Prefiro cortar camundongos", conclui, "a tecer lã". 26 de novembro de 1870, *The Making of a Feminist: Early Journals and Letters of M. Carey Thomas*, ed. Marjorie Housepian Dobkin (1979), pp. 44-5.

(40) Amiel, registro de 13 de novembro de 1851 no *Journal intime*, vol. I, p. 1096; ver também p. 1101.

(41) Justin Kaplan, *Walt Whitman: A Life*, (1980), p. 217.

(42) Sra. Isabella Beeton, *Book of Household Management*, pp. 1017, 1060, 1025, 1026, 1036 e 1039. Há confirmações em abundância, provenientes de muitos países, de que a sra. Beeton avaliou corretamente seu público leitor da classe média. Pouco depois de informar a irmã Sue de que havia tido um aborto, Eleanor Rogers lhe disse que seu marido Will também precisava de cuidados. "O outro pulmão de Will começou a incomodá-lo no domingo, e apesar de ele ter passado o dia inteiro no escritório, recolheu-se ao leito assim que chegou à casa. Ainda preciso passar iodo nele; e ungüentos de mostarda, seguidos de pomadas de clorofórmio, aplicados com flanelas quentes são necessários todos os dias, a fim de manter seu pescoço suficientemente firme para que ele possa mover a cabeça." 28 de maio de 1885, SF, Y-MA. E a esposa do egiptólogo e romancista alemão Georg Ebers, que durante os dois últimos decênios de sua vida sofreu de vários males, manteve um minucioso relatório de todos os cuidados que lhe dispensava, inclusive os ataques que o acometiam, como urrava de dor, vomitava, despedia-se melodramaticamente de sua família, recebia injeções de morfina, e assim por diante. "Georg Ebers' Krankheit. Aufzeichnungen von Antonie Ebers, 1887-1898", caixa 25, Georg Ebers Nachlass, Stabi, Berlim.

(43) Elizabeth Gaskell: [fins de 1841], *The Letters of Mrs. Gaskell*, ed. J. A. V. Chapple e Arthur Pollard (1966), pp. 40-1. Gladstone: 19 de julho de 1840, *The Gladstone Diaries*, ed. M. R. D. Foot e H. C. G. Matthew, 8 vols. até o presente (1968-...), vol. III, p. 47. Sra. Beeton: *Book of Household Management*, pp. 1022-3.

(44) Sophia Hawthorne: Carta de 22 de agosto de 1842, in James R. Mellow, *Nathaniel Hawthorne in His Time* (1980), p. 211. Lady Duff Gordon: *Letters from Egypt 1862-1869*, ed. Gordon Waterfield (1969), p. 189.

(45) 28 de janeiro [de 1877], documentos deixados por Mary Hallock Foote Papers, Coleções Especiais, Biblioteca C. H. Green, Universidade de Stanford.

(46) 21 [de dezembro de 1877], ibid.

(47) Taine, *Notes on England*, p. 6. Lyman: caixa 8, LF. Todd: 10 de julho de 1885, caixa 36, MLT.

(48) Registros de 28 de outubro; 8, 9, 14 e 16 de novembro; 19 de dezembro de 1842; 28 de julho de 1845 e 25 de novembro de 1847, *Gladstone Diaries*, vol. III, pp. 234, 237, 238, 239, 247, 472 e 671.

(49) Registros de 30 e 31 de agosto; 3 de setembro de 1849, 4, 7, 8; e 9 de abril de 1852, *Gladstone Diaries*, vol. IV, pp. 151, 152 e 418-9.

(50) "Millicent's Life", vol. I [pp. 23, 34], vol. II [pp. 1-3], caixa 46, MLT.

(51) Diário de 1880, caixa 39, MLT.

(52) Cosima Wagner, *Die Tagebücher*, ed. Martin Gregor-Dellin e Dietrich Mack, vol. I, *1869-1877* (1976), pp. 103-4; aqui Richard Wagner escreve no diário de sua mulher (assim como David Todd escreveu no de Mabel), referindo-se a si mesmo na terceira pessoa.

(53) Registros de 3 de junho de 1840 e 18 de outubro de 1842, *Gladstone Diaries*, vol. III, pp. 33 e 231.

(54) 7 de abril de 1878, *The Making of a Feminist*, pp. 142-3.

(55) H. Montgomery Hyde, *A History of Pornography* (1964), p. 167.

(56) Diário, registro de 17 de dezembro de 1857; Honorável Sra. Hardcastle (ed.), *Life of Lord Chancellor Campbell, Lord High Chancellor of Great Britain. Consisting of a Selection from his Autobiography, Diaries, and Letters*, 2 vols. (1881), vol. II, p. 356.

(57) James Jackson Kilpatrick, *The Smut Peddlers* (1960), p. 243.

(58) Schultze, *Die Schundliteratur. Ihr Wesen, Ihre Folgen, Ihre Bekämpfung* (1909), p. 7. Van der Leyen, "Volksliteratur und Volksbildung" (1913), separata especial da *Deutsche Rundschau*, vol. XIV, n.º 1 (outubro de 1913), p. 49.

(59) Norman St.John Stevas, *Obscenity and the Law* (1956), pp. 66-70.

(60) Alexandre Zévaès, *Les Procès littéraires au XIX e siècle* (1924), p. 69.

(61) S. Chandrasekhar, *"A Dirty, Filthy Book": The Writings of Charles Knowlton and Annie Besant on Reproductive Physiology and Birth Control and an Account of the Bradlaugh-Besant Trial* (1981), p. 39.

(62) Registro de 14 de janeiro de 1850, *Journal intime*, vol I, p. 627.

(63) Registros de 15 de janeiro e 15 de dezembro de 1847, *Gladstone Diaries*, vol. III, pp. 594-5 e 677.

(64) Carta de Thomas Cameron Beer a William Collins Beer, 8 de fevereiro de 1887; caixa 18, Beer Family Papers, Y-MA. Participando de uma batida policial numa editora em Nova York, em 1894, Anthony Comstock encontrou, entre outros livros "obscenos", obras de Boccaccio, de Rabelais e da rainha Margarida de Navarra. Kilpatrick, *Smut Peddlers*, p. 46. Para os padrões vigentes à época, a lista de Thomas Beer, era afinal de contas bastante ousada.

(65) O demônio Asmodeus, que, conforme a exposição apropriada de George Saintsbury feita em 1917, constitui o núcleo do romance, poderá ser justamente aquele demônio cuja jurisdição específica é a sensualidade. No entanto, "quaisquer temores ou esperanças que possam ser eventualmente levantados por esta descrição, assim como as circunstâncias da ação, serão motivo para desapontamentos. Lesage apresenta muitíssimas situações arriscadas, porém a linguagem que adota é estritamente bem-comportada". *A History of the French Novel (to the Close of the Nineteenth Century)*, 2 vols. (1917), vol. I, nota de rodapé à p. 330.

(66) Registro de 7 de abril de 1862, *Journal*, vol V, pp. 89-91.

(67) "Über die allgemeinste Erniedrigung des Liebeslebens" (1912), *St.A.*, vol. V, pp. 202-3; "On the Universal Tendency to Debasement in the Sphere of Love", *S.E.*, vol. XI, p. 183.

(68) Ver Kilpatrick, *Smut Peddlers*, p. 36; também a "Introdução do Editor", Robert Bremner, para o livro de Anthony Comstock, *Traps for the Young* (1883; ed. 1967), pp. xxviii e xxiv.

(69) Smith: D. R. M. Bennett, *Anthony Comstock. His Career of Cruelty and Crime* [capítulo extraído de seu livro *The Champions of the Church* (1878), p. 1013]; também "The Purity of the Press", na *Saturday Review*, vol. V (26 de junho de 1858), p. 657. Reade: "'A Terrible Temptation', To the Editor of the 'Daily Globe', Toronto", outubro de 1871, in *Readiana. Comments on Current Events* (1883; ed. 1896), p. 261.

(70) V. Morland, "Au Salon de Peinture", *Petit Journal pour Rire*, vol. XXVI, 3.ª série, n.º 347 (1882), p. 6. Devo essa ilustração a Dan Sherman.

(71) Carta de 28 de março de 1841, in *Correspondance*, vol. I, p. 78.

(72) Os Goncourt: 28 de maio de 1858, *Journal*, vol. II, p. 239. Prud'hon: Gauthiez, *Prud'hon* (1886), p. 34; Clément, *Prud'hon; sa vie, ses oeuvres et sa correspondance* (1872; 3.ª ed., 1880), pp. 282-3.

(73) Kenneth Clark, *The Nude: A Study in Ideal Form* (1956), p. 162; Mario Praz, "Canova: Ice and Fire", in Thomas B. Hess e John Ashbery (eds.), *Academic Art* (1971), pp. 165-66; Angus Wilson, *The World of Charles Dickens* (1970), p. 194; Robert M. Adams, *The Roman Stamp: Frame and Facade in Some Forms of Neo-Classicism* (1974), pp. 169-70. [As traduções de Heine e Flaubert para o inglês são do autor. N.T.]

(74) Professor Anton Springer, "Remarks on French Art", in K. Baedeker, *Paris and Environs with Routes from London to Paris* (1891), p. xxxvi; Baedeker, ibid., p. 120.

(75) Clark, *The Nude*, p. 161.

(76) Dennis Farr, *William Etty* (1958), pp. 56, 62-3 e 106-7; W. Gaunt e F. Gordon Roe, *Etty and the Nude: The Life Art and of William Etty, R.A., 1787-1849* (1943), p. 22.

(77) T. F. Thiselton-Dyer, *The Loves and Marriages of Some Eminent Persons*, 2 vols. (1890), vol. I, p. 279; Farr, *Etty*, p. 77.

(78) Hamerton, "Etty", *Portfolio Papers* (1889), pp. 83-84.

(79) "May Gambols; or, Titmarsh in the Picture Galleries", *Fraser's Magazine* (1844), in *The Works of William Makepeace Thackeray*, Centenary Biographical Edition, 26 vols. (1910-11), vol. xxv, p. 298. "Completamente alheio ao pudor demonstrado nas altas esferas sociais (conforme as chamam os jornais)", escreveu Thackeray no ano seguinte, "o sr. Etty segue seu caminho gozando dos mesmos prazeres a que já está acostumado". Em sua opinião o colorido de Etty era magnífico, apesar de as suas "Vênus" estarem se expandindo "mais do que nunca segundo as linhas da beleza huguenote; seu traço e seu colorido são agora ainda mais audaciosos do que já eram". Entretanto a admiração de Thackeray por Etty em nada diminuía por isso — Thackeray achava Etty, em síntese, "um GRANDE pintor". "Picture Gossip", *Fraser's Magazine* (1845), in *Works*, vol. xxv, p. 331. É fácil descobrir em Thackeray citações apoiando diversos lados das controvérsias que cercavam Etty; nada ilustra melhor a dificuldade de traçar os contornos da sensualidade da classe média no século XIX do que vasculhar Thackeray em busca das citações mais adequadas a fortalecer a argumentação desejada. Assim, por exemplo, Eric Trudgill cita uma frase muito severa sobre uma *Ninfa adormecida* de Etty: "Tão nua que melhor seria nem apresentá-la a pessoas de respeito que visitem uma exposição". *Madonnas and Magdalens: The Origins and Development of Victorian Sexual Attitudes* (1976), p. 4. Os conflitos entre os historiadores apenas refletem os conflitos que agitaram o século XIX.

(80) Gaunt e Roe, *Etty and the Nude*, p. 22; Farr, *Etty*, pp. 95, 31 e 52.

(81) *Traps for the Young* (1883), ed. R. Bremner (1967), pp. 168-72; *Morals versus Art* (1887), pp. 8-9.

(82) Johann Bernhard Basedow, *Elementarwerk*, ed. Theodor Fritzsch, 3 vols. (1909), vol. I, p. 128.

(83) Carta de John a Effie Ruskin, 15 de dezembro de 1854, in Mary Lutyens, *Millais and the Ruskins* (1967), nota de rodapé à p. 54; Mary Lutyens relata (à p. 54) que de fato Effie Ruskin foi censurada por ter posado como modelo. Kathryn Moore Heleniak, *William Mulready* (1980), p. 158. *Aurora*, 23 de junho de 1812, in David Sellin, *The First Pose, 1876: Turning Point in American Art* (1976), p. 22. Amiel: registro de 15 de dezembro de 1851, in *Journal intime*, vol. I, p. 1136.

(84) Dunlap, *History of the Rise and Progress of the Arts of Design in the United States*, 2 vols. (1834), vol. I, pp. 417-8, citado por Sellin, *First Pose*, p. 25.

(85) "Holywell-Street Revived", *Saturday Review*, vol. VI (21 de agosto de 1858), p. 180.

(86) Kathryn M. Heleniak, *Mulready*, p. 149.

(87) George Heard Hamilton, *Manet and His Critics* (1954; ed. 1969), p. 45; Peter Gay, *Art and Act: On Causes in History — Manet, Gropius, Mondrian* (1976), cap. 2.

(88) Peter Fusco e H. W. Janson (eds.) *The Romantics to Rodin: French Nineteenth-Century Sculpture from North American Collections* (1980), pp. 175-6.

(89) Hamilton, *Manet*, p. 253.

(90) *The Second Empire: Art in France under Napoleon III* (1978), p. 263.

(91) C. Edwards Lester, *The Artist, the Merchant, and the Statesmen of the Age of the Medici, and of Our Own Time*, 2 vols. (1845), vol. I, pp. 86-8.

(92) C. H. Gibbs-Smith, *The Great Exhibition of 1851, Commemorative Album* (1850; ed. revista, 1964), p. 129. Lester, *Artist, Merchant, Statesmen*, pp. 12-3. Registro de 13 de setembro de 1847, em *The Diary of Philip Hone, 1828-1857*, ed. Allan Nevins, dois volumes em um (1927), p. 818.

(93) William Peters, *The Statue Question; A Letter to the Chairman of the Crystal Palace Company, Dated 8th July, 1854* (1854), pp 8-10. Ver também Peters, *Newton Rescued from the Precipitacy of His Followers* (1846), e *The Quadrature and Exact Area of the Circle Demonstrated* (1851).

(94) Margaretta Lovell, "Hiram Powers' *The Greek Slave:* Virtue in Chains", in Yale Art Gallery, *American Arts and the American Experience* (s.d.), pp. 27-9; Jeanne Weimann, *Fair Women: The Woman's Building, Chicago, 1893* (1981), p. 211. Devo esta referência a Nancy Cott. A 3 de maio de 1843, o escultor americano Henry K. Brown, conhecido principalmente por sua estátua de George Washington, que se encontra na Union Square em Nova York, escreveu a um cliente em potencial, o sr. E. A. Prentice, informando-o de que brevemente lhe enviaria os desenhos de uma escultura que, assim esperava, Prentice lhe compraria: "Acredito que o senhor levantaria apenas uma objeção, e é quanto à nudez; ela não está envolta em absolutamente nada, e imagino que, quando o senhor a vir, vai querer que ela assim permaneça. Parece-me que ninguém pode vê-la e achar que lhe falta alguma vestimenta. Creio que compreendo seus sentimentos acerca desse assunto, e que aquilo que o senhor admiraria em alguma outra circunstância não gostaria de colocar em sua própria sala-de-estar". Manuscrito 669, vol. 2, p. 368, Henry Kirke Brown Paper, Biblioteca da Faculdade de Artes e Arquitetura, Universidade de Yale.

(95) Flaubert: [18 de setembro de 1846], *Correspondance*, vol. I, pp. 350-1. Freud: 10 de fevereiro de 1886, *Briefe*, p. 201.

(96) "Making Decent — !!" (1822), in Ian Bradley, *The Call to Seriousness: The Evangelical Impact on the Victorians* (1976), ilustração após a p. 160.

(97) Peacock: *Crochet Castle*, cap. 7. Todd: 25 de agosto de 1871, *Journal*, vol. I, caixa 45, MLT.

(98) Hardy, *Jude the Obscure* (1896), parte 2, cap. 2.

(99) "Life and I", pp. 33-5, Arquivos de Edith Wharton, Biblioteca Beinecke de Manuscritos e Livros Raros, Universidade de Yale. Algumas passagens dessa extensa confissão aparecem reproduzidas em R. W. B. Lewis, *Edith Wharton: A Biography* (1975), p. 53.

VI. *SÓLIDAS DEFESAS PARA A PERSONALIDADE*

(1) "The Genteel Tradition in American Philosophy", in *Winds of Doctrine* (1913, ed. 1957), p. 211.

(2) T.H. Esquier [sir Thomas Herbert], *A Relation of Some Yeares Travaile, Begunne Anno 1626. Into Afrique and the Greater Asia, especially the Territories of the Persian Monarchie: and some parts of the Orientall Indies and Iles Adjacent* (1634), p. 41; John Putnam Demos, *Entertaining Satan: Witchcraft and the Culture of Early New England* (1982), p. 82.

(3) Milton: *Paradise Lost*, Livro IV, pp. 744-5. La Rochefoucauld: *Réflexions, sentences et maximes morales*, ed. G. Duplessis, segundo a 5.ª ed., de 1678 (1853), p. 60. John Jones: *The Mystery of Opium Reveal'd*, in Alethea Hayter, *Opium and the Romantic Imagination* (1968), p. 24. Sterne: *Tristram Shandy*, Livro III, cap. 12. Mill: *The Subjection of Women* (1869), p. 167.

(4) Registro de 7 de abril de 1839. *The Girlhood of Queen Victoria: A Selection from Her Diaries, 1832-40*, ed. visconde Esher, 2 vols. (1912), vol. II, p. 144.

(5) "Our Civilization", *Saturday Review*, vol. II (edição de 28 de junho de 1856), p. 195.

(6) "The Nemesis of Faith", in Walter E. Houghton, *The Victorian Frame of Mind, 1830-1870* (1957), p. 405.

(7) Geoffrey Strickland, *Stendhal: The Education of a Novelist* (1974), p. 8. Engels, *Condition of the Working Class in England in 1844* (1845; ed. 1892), pp. 46-7 e 278-9.

(8) Pugin, *An Apology for the Revival of Christian Architecture* (1843), pp. 1-2. John Gloag, *Victorian Taste* (1942), p. 53.

(9) Millais: 18 de abril de 1854, in Mary Lutyens, *Millais and the Ruskins* (1967), p. 178. Thackeray: *The History of Pendennis. His Fortunes and Misfortunes, His Friends, and His Greatest Enemy* (1850). *The Works of William Makepeace Thackeray*, Centenary Biographical Edition, 26 vols. (1910-1), vol. III, pp. liv-lv.

(10) Mario Praz, *The Hero in Eclipse in Victorian Fiction* (1952; trad. inglesa de Angus Davidson, 1956), p. 260.

(11) *Ana Karênina* (1875-77), parte II, cap. 22. Na tradução de Dole a passagem citada se encontra à p. 199; na tradução de Constance Garnett (1901; 2.ª ed., 1916), à p. 212; na dos Maude (1918; revista em 1939, ed. 1958), à p. 212; e na de Moser para o alemão, em 2 vols. (c.1890), no vol. I, p. 259.

(12) Praz, *The Hero in Eclipse*, p. 77.

(13) Ver Michelet, *La Sorcière*, ed. Jules Refort, em 2 vols. (1952), vol. I, p. 25.

(14) O termo utilizado por Goethe, que não é muito delicado porém impreciso, é *entehrte* [desonrou].

(15) Archer, "Ghosts and Gibberings", *Pall Mall Gazette* de 8 de abril de 1891, apud Shaw, *The Quintessence of Ibsenism* (1891; ed. 1912), pp. 93-6.

(16) Michael Millgate, *Thomas Hardy: A Biography* (1982), pp. 160, 274, 300-1, 304-6 e 349.

(17) Para informações mais detalhada ver Zola, *Correspondance*, ed. B. H. Bakker et al., 3 vols. até o presente (1978-...), vol. I, pp. 43 e 451; bem como F. W. J. Hemmings, "The Making of a Naturalist", *T.L.S.*, 3 de outubro de 1980, p. 1107.

(18) Conforme relatado pelo jornalista Charles Formentin em *Echo de Paris* de 21 de setembro de 1890, após uma entrevista com Marmier. Ver Xavier Marmier, *Journal (1848-1890)*, ed. Eldon Kaye, 2 vols. (1948), vol. II, p. 49. Desde o começo de sua carreira de escritor, Zola foi tachado de obsceno, e não gostou nada dessa pecha. Ver a carta de Zola a Louis Ulbach, de 9 de setembro de 1872, em *Correspondance*, vol. II, pp. 318-9.

(19) Justin Kaplan, *Walt Whitman: A Life* (1980), pp. 235, 249 e 252.

(20) Taine: Susanna Barrows, *Distorting Mirrors: Vision of the Crowd in Late Nineteenth-Century France* (1981), p. 82. Alcott: Ednah Dow Cheney, *Louisa May Alcott* (1889; reimpressão da edição de 1890, com introdução de Ann Douglas, 1980), p. xxxii.

(21) Devo esta passagem a Madeline House e Graham Storey (eds.), *The Letters of Charles Dickens*, Pilgrim Edition, vol. I, *1820-1839* (1965), pp. ix-x.

(22) Ver Thomas Carlyle, *Journey to Germany, Autumn 1858*, ed. Richard Albert Edward Brooks (1940), pp. xvi-xix e 90-3.

(23) 23 de maio de 1870. A carta aqui reproduzida é sem dúvida alguma um rascunho: escontrei-a entre os documentos de Lester Frank Ward, BU-JHL, e o montante que Ward achava justo que Marts pagasse está em branco, como se Ward ainda estivesse pensando sobre o assunto, William Gosser Marts nasceu em 1841, estudou no Knox College de Galesburg, Illinois, e na Faculdade de Teologia de Yale, e finalmente graduou-se pelo Union Theological Seminary; faleceu em 1914. (Estas informações foram obtidas com Lynn Metz, curadora dos arquivos de College Knox, em 15 de abril de 1981.)

(24) "Zeitgemässes über Krieg und Tod" (1915), *St.A*, vol. IX, p. 44; "Thoughts on War and Death", *S.E.*, vol. XIV, p. 284. Ver também o parágrafo com o qual inicio o primeiro capítulo deste livro ("Doces Comunhões Burguesas").

(25) "Bruchstück einer Hysterie-Analyse" (1905), *St.A.*, vol. VI, pp. 87-9; "Fragment of an Analysis of a Case of Hysteria", *S.E.*, vol. VII, pp. 7-9.

(26) S. H. Platt, *Queenly Womanhood, A Private Treatise: For Females only, on the Sexual Instinct, as Related to Moral and Christian Life* (1877), pp. 7-8.

(27) *Die Traumdeutung* (1900), *St.A.*, vol. II, p. 148; *The Interpretation of Dreams*, *S.E.* vol. IV, p. 130.

(28) Hobson, *The Psychology of Jingoism* (1901), pp. 70 e 99.

(29) "The Future of the Novel" (1899), in Henry James, *The Future of the Novel, Essays on the Art of Fiction*, ed. Leon Edel (1956), p. 40.

(30) *The Supreme Passion of Man; or the Origin, Causes, and Tendencies of the Passions of the Flesh* (1891), p. 53. Paquin era o diretor de um asilo de loucos no Estado da Carolina do Norte e escreveu diversos livros sobre desajustamentos da personalidade.

(31) David Newsome, *Godliness and Good Learning: Four Studies on a Victorian Ideal* (1961), nota de rodapé à p. 47.

(32) "The Character of Sir Robert Peel", in Houghton, *Victorian Frame of Mind*, p. 397.

(33) Riehl, *Land und Leute* (1854), p. 75.

(34) Riehl, *Die Familie* (1855), pp. xiii, 208 e viii. Este volume é o terceiro da tetralogia de Riehl, *Die Naturgeschichte des Volkes als Grundlage einer Deutschen Sozial-Politik*, da qual *Die Familie* é a pedra-de-toque.

(35) Ibid., pp. 140 e 194. Vale a pena notar que o termo empregado por Riehl, *Haus*, é ambíguo, podendo ser relativo tanto ao prédio quanto ao lar.

(36) Ibid., pp. 124-5. O termo utilizado por Riehl é *Hingebung*, que tem conotações levemente sensuais.

(37) Para Riehl, como para muitos outros, os Estados Unidos eram o país do futuro, e por conseguinte o país que se encontrava na vanguarda a caminho da perdição. "Na América do Norte, onde a vida familiar praticamente se extinguiu em meio à caça ao dinheiro, a edu-

cação doméstica é praticamente desconhecida." As mulheres americanas, "em geral demasiado grandiosas para dirigirem suas próprias casas", tornam-se por isso cada vez mais relutantes em educar, quanto mais disciplinar, sua "prole travessa". Riehl, que somente se ausentara da Alemanha numa única ocasião, numa rápida viagem à Itália, uniu-se de corpo e alma às hostes de peritos que o século XIX produziu sobre os Estados Unidos; o desdém americano pelo "exercício rígido da autoridade doméstica como se esta fosse um remanescente 'feudal'" havia produzido "a juventude das ruas" nas grandes cidades americanas, "a juventude mais brutal e perversa que existe". Ibid., p. 137.

(38) Edmund S. Morgan, *The Puritan Family: Religion and Domestic Relations in Seventeenth-Century New England* (1944; 2.ª ed., 1966), p. 50.

(39) Villeneuve: Edward Shorter, *The Making of the Modern Family* (1975), pp. 229-30. Mill: *Subjection of Women*, pp. 175-6. Thomas Babington Macaulay: *The History of England from the Accession of James II* (1848), cap. 3.

(40) "The Family", *Saturday Review*, vol. I (ed. de 19 de abril de 1856), p. 503.

(41) "The Family, Second Notice", ibid., vol. II (ed. de 10 de maio de 1856), p. 43.

(42) Alguns exemplos: Anônimo, "Les Femmes moralistes", *Revue des Deux Mondes* vol. IV (1843), p. 52; Pierre Goy, "La Vocation des femmes", ibid., p. 355; reverendo C. I. H. Fletcher, *Woman's Equality with Man in Christ*, sermão proferido na igreja de Santa Maria Madalena em Oxford, a 19 de março de 1871 (1871), p. 1. Ver também a extensa carta de admoestação que o reverendo Anthony Schuyler enviou do norte do Estado de Nova York, a 4 de fevereiro de 1864, para uma jovem paroquiana, Alice Loney, a quem ele conhecia desde que ela nascera e que acabava de se casar — um exemplo primoroso do mal-estar masculino. Manuscritos diversos, n.º 386, Y-MA.

(43) Ver acima, pp. 156-7.

(44) Stern: "De la femme", *Revue du Nouveau Monde* vol. I (1850), p. 321. Dr. Otto Funcke, *Vademecum für junge und alte Eheleute* (1908). Pedro Felipe Monlau y Roca: *Hygiène de la génération. Le Mariage dans ses devoirs, ses rapports et ses effets conjugaux, au point de vue légal, hygiénique, physiologique et moral*, em tradução livre para o francês, revista e aumentada pelo dr. P. Garnier (1853; 4.ª ed., 1885), p. 140.

(45) Ruskin: 21 de abril de 1852, in Mary Lutyens, *Millais and the Ruskins*, p. 6. Bradner: 25 de janeiro de 1890, caixa 1, Lester Bradner Papers, Y-MA.

(46) Registro de 3 de janeiro de 1840. *Gladstone Diaries*, ed. M. R. F. Foot e H. C. G. Matthew, 8 vols. até o presente (1968...), vol. III, p. 1.

(47) Registro de 6 de janeiro de 1879, Journal II; caixa 46, MLT, Y-MA.

(48) Como exemplos representativos desses conflitos no *Girls' Own Paper*, ver, entre outros artigos e poemas: M. P. S., "The Disadvantages of Higher Education", no vol. III (18 de fevereiro de 1882), p. 112; "Education for Women at Oxford", no vol. V (4 de agosto de 1884), p. 240; Nora C. Usher, "How to Secure a Situation", no vol. XIII (30 de julho de 1892), p. 657; Helen Marion Burnside, "Women's Rights", no vol. XIV (7 de janeiro de 1893), p. 680; "One of Them", "The Girls of Today", no vol. XXI, (2 de dezembro de 1899), p. 1040.

(49) *Pygmalion and Galatea, An Entirely Mythological Comedy em três atos* (1871), [Ato I], pp. 11-2.

(50) 20 de fevereiro de 1858, Edmond e Jules de Goncourt, *Journal; mémoires de la vie littéraire 1851-1896*, ed. Robert Ricatte, 22 vols. (1956-58), vol. II, p. 200.

(51) Riehl, *Die Familie*, pp. 297-303.

(52) M. F. Le Play, *Les Ouvriers européens. Etudes sur les travaux, la vie domestique et la condition morale des populations ouvrières de l'Europe* (1855), pp. 286, 18, 287.

(53) M. F. Le Play, *La Réforme sociale en France, déduite de l'observation comparée des peuples européens*, 2 vols. (1864), vol. I, pp. 186-90.

(54) Riehl, *Die Familie*, pp. 56-7.

(55) Karl Marx e Friedrich Engels, *The Communist Manifesto* (1848; trad. inglesa de Samuel Moore, 1888; introd. de A. J. P. Taylor, 1967), p. 101. Ver também a "Introdução Geral" da presente obra.

(56) Fernand Braudel, *Les Structures du quotidien: le possible et l'impossible* (1979), p. 269.

(57) Clarence Cook, *The House Beautiful: Essays on Beds and Tables, Stools and Candlesticks* (1878), pp. 59-60.

(58) Elizabeth Gaskell, *North and South*, (1855; ed. 1970), pp. 49, 220, 39, 106-7 e 59 [caps. 2, 21, 1, 8, e 3.]

(59) Eliza Haweis, *The Art of Beauty*, p. 128. Devo a Valerie Steele ter-me chamado a atenção para esta passagem.

(60) *Sartor Resartus: The Opinions of Herr Teufelsdröckh* (1833; ed. 1908), p. 37. Livro I, cap. 5.

(61) Carta de 18 de agosto de 1882. *Briefe*, 1873-1939, ed. Ernst L. Freud (1960), p. 29.

(62) Dedicarei um capítulo inteiro — o último — do segundo volume da presente obra a este tema importantíssimo das comparações invejosas, odiosas; pelo menos em parte, a burguesia do século XIX definia-se eroticamente, através da observação da aristocracia, das classes trabalhadoras e dos camponeses de sua época.

(63) Explorarei as visões românticas do amor no capítulo de abertura do próximo volume da presente obra.

(64) Ver a resenha de Alan Macfarlane para a obra de Lawrence Stone, *The Family, Sex and Marriage in England 1500-1800*, in *History and Theory*, vol. XVIII (1979), n.º 1, p. 113.

(65) M. F. Le Play, *La Constitution essentielle de l'humanité* (1881), p. 172.

(66) Disraeli, *Sybil, or The Two Nations* (1845; ed. 1926), p. 197. Livro III, cap. 9.

(67) Bagehot, "Shakespeare — the Man", in *Literary Studies*, 2 vols. (ed. 1911), vol. I, p. 134.

(68) 8 de maio de 1886, Registro Particular, 1885-1886. (Cortesia de Susanna Barrows.)

(69) Maio de 1850. Ednah Dow Cheney, *Louisa May Alcott*, p. 60.

(70) Registro de 19 de março de 1874, diário de Edward Tallmadge Root, Root Family Papers, Y-MA; registro de 8 de abril de 1874, diário de Willie Scott Root, Root Family Papers; registros de 12 e 13 [de abril de 1877],

e de 2 de janeiro e 10 de maio de 1879, do diário de Edward Root.

(71) Harriot Hunt: *Glances and Glimpses; or, Fifty Years Social, Including Twenty Years Professional Life* (1856), p. 401. Leonardo: Sigmund Freud, "Eine Kindheitserinnerung des Leonardo da Vinci" (1910), *St.A.*, vol. x, nota de rodapé à p. 128; "Leonardo da Vinci and a Memory of his Childhood", *S.E.*, vol. XI, nota de rodapé à p. 102. James: Edmund Wilson, "The Ambiguity of Henry James", in *The Triple Thinkers* (1938; ed. 1952), p. 123. Frieda von Kronoff: Siegfried Bernfeld, *Trieb und Tradition im Jugendalter* (1931), p. 129.

(72) 20 de setembro de 1864, *The Private Journal of Henri-Frédéric Amiel*, trad. inglesa de Van Wyck Brooks e Charles Van Wyck Brooks, com introdução de Bernard Bouvier (1935), p. xlv; 26 de julho de 1876, *Amiel's Journal: The Journal Intime of Henri-Frédéric Amiel*, trad. inglesa da sra. Humphry Ward (1887), p. 213.

(73) Amiel: registros de 14 de outubro de 1839 e 8 de outubro de 1840, Henri-Frédéric Amiel, *Journal intime*, ed. Bernard Gagnebin e Philippe M. Monnier, 4 vols. até o presente (1976-...), vol. I, pp. 137 e 154 respectivamente. Leixner: registros de 10 de junho de 1867 e 3 de janeiro de 1868, caixa 2, Leixner Nachlass, Stabi, Berlim.

(74) Marie Bashkirtseff: Dormer Creston [pseud.], *Fountains of Youth: The Life of Marie Bashkirtseff* (1937), pp. 90 e 168. Victoria Benedictsson: Lucien Maury, *L'Amour et la mort d'Ernest Ahlgren* (1945), p. 72; ver também pp. 112-7. Mabel Todd: registro de 27 de setembro de 1885, Journal IV, caixa 46, MLT. Lady Knightley: *The Journals of Lady Knightley of Fawsley 1856-1884*, ed. Julia Cartwright (sra. Ady) (1915), p. 3.

(75) Registros de 7 e 16 de junho, de 7 de julho de 1899, e de 3 de abril de 1901, *The Adolescent Diaries of Karen Horney* (1980), pp. 3, 6, 8, 36.

(76) Ver a carta de John James Ruskin a George Gray, datada de 16 de fevereiro de 1854; Mary Lutyens, *Millais and the Ruskins*, p. 134. Ver também a referência à carta de Eleonor Rogers à sua irmã Susan Wright, de 27 de abril de 1885, à p. 227-8.

(77) [Por volta de 15 de julho de 1842], James R. Mellow, *Nathaniel Hawthorne in His Time* (1980), p. 203. 15 de julho de 1839 e 3 de janeiro de 1840: Hawthorne Papers, Henry E. Huntington Library and Art Gallery, San Marino, Califórnia.

(78) Caixa 36, William Graham Sumner Papers, Y-MA.

(79) Cartas de Jeannie Elliott a William Graham Sumner, 5 e de 21 de maio de 1870, caixa 25, Sumner Papers; de Sumner a Jeannie Elliott, [15 de maio?] 16 e 17 de maio de 1870, caixa 36, Sumner Papers.

(80) Cartas de Sumner a Jeannie Elliott, 23 e 26 de maio e 8 e 10 de junho de 1870, caixa 36, Sumner Papers.

(81) Hawthorne: 27 de fevereiro de 1842, Hawthorne Papers, Huntington Library. Herzen: *My Past and Thoughts: The Memoirs of Alexander Herzen*, trad. inglesa de Constance Garnett, revista por Humphrey Higgins, abreviada e editada por Dwight MacDonald (1973), p. 68.

(82) E. F. Benson, *As We Were* (1930), p. 111.

(83) Cartas de 26 de maio, 30 de abril, 23 de setembro e 3 de outubro de 1839, e 20 de janeiro de 1842, Hawthorne Papers, Huntington Library.

(84) 24 de agosto [de 1842], *The American Notebooks, Centenary Edition of the Works of Nathaniel Hawthorne*, 16 vols. até o presente (1962-...), vol. VIII, p. 344.

(85) Por volta de 11 de abril de 1843, manuscrito n.º 580, Hawthorne Papers, Pierpont Morgan Library, Nova York.

(86) Ver Claud M. Simpson, "Historical Commentary", *American Notebooks*, pp. 682-90; também Mellow, *Hawthorne*, p. 584.

(87) [1834-35], Graeltz, *Tagebuch und Briefe*, ed. Reuven Michael (1977), p. 8.

ENSAIO BIBLIOGRÁFICO

Este ensaio é parcial nas duas acepções do termo: é fragmentário — consultei muito mais títulos do que os que aparecem nessas páginas — e polêmico; nele estão registradas apenas as fontes às quais eu mais devo e aquelas com relação às quais tenho as divergências mais acentuadas. Apresento aqui polêmicas sucintas, e, além disso, reuni algum material em apoio a minha argumentação, mas que poderiam ter sobrecarregado as notas ao texto.

INTRODUÇÃO GERAL

ORIENTAÇÕES

Minha dívida intelectual maior é obviamente para com Sigmund Freud. Na árdua tarefa de traduzir os escritos de Freud, James Strachey e seus companheiros realizaram um trabalho heróico, mas não isento de falhas; sua linguagem é rígida e formal, características que o esplêndido estilista Sigmund Freud jamais teve, e eles também cunharam termos desajeitados, artificiais, irritantes, tais como "cathexis" e "anaclítico". Por conseguinte, fiz minha própria tradução das citações que extraio de Freud, porém, tendo em vista que a *Standard Edition — Standard Edition of the Complete Psychological Writings of Sigmund Freud* — se tornou exatamente o que diz seu título, ou seja uma edição-padrão, também me refiro a ela nas notas de rodapé e sempre que for cabível. A *Studienausgabe* alemã — "Edição para Estudos e Referência", —, editada por Alexander Mitscherlich, Angela Richard e James Strachey em 11 vols. (1969-75), é incompleta e infelizmente ordenada segundo os tópicos abordados, porém se baseia na mencionada *Standard Edition*, editada por James Strachey et al. em 24 vols. (1953-75). Os escritos isolados de Freud, bem como as compilações de sua correspondência extremamente instrutiva a que me refiro amiúde, aparecem em seus respectivos lugares no presente livro. O mesmo ocorre com relação a outros trabalhos psicanalíticos de Freud.

As famosas cartas de Freud a Fliess se encontram reunidas em *Aus den Anfängen der Psychoanalyse: Briefe an Wilhelm Fliess, Abhandlungen und Notizen aus den Jahren 1887-1902*, ed. Ernst Kris et al. (1950), trad. inglesa de Eric Mosbacher e James Strachey com o título *The Origins of Psycho-Analysis: Letters to Wilhelm Fliess, Drafts and Notes: 1887-1902* (1954). Estas duas versões omitem passagens e cartas inteiras; uma edição crítica, mais fiel, está atualmente [1984] em preparação. Para um relato dos primórdios da psicanálise, ver Peter Gay, "Sigmund Freud: a German and His Discontents", em *Freud, Jews and Other Germans: Masters and Victims in Modernist Culture* (1978), esp. pp. 36-7 e 72-5; Max Schur, *Freud: Living and Dying* (1972), cap. 3 e 4; Ernest Jones, *The Life and Work of Sigmund Freud, vol. I, The Formative Years and the Great Discoveries* (1953), caps. 13 e 14 — algo tendenciosa, de estilo canhestro, porém ainda assim uma biografia exemplar, maravilhosamente bem-informada. Frank J. Sulloway, em *Freud: Biologist of the Mind. Beyond the Psychoanalytic Legend*, obra excessivamente argumentativa, irritantemente complacente consigo mesma, sugere algumas revisões do relacionamento entre Freud e Fliess nos caps. 5 e 6. O psicanalista Bertram Lewin sugeriu que o fato de Freud usar o latim na carta em que relata a Fliess o sonho em que vira sua *matrem nudam* atesta "a sinceridade de Freud, porque o uso do latim constitui o jargão de médicos e de estudiosos da medicina", indicando uma certa "confidência e fraternidade". Esta opinião é engenhosa, mas não convincente; o latim pode ter provocado um sorriso típico de conhecedores tanto no autor da carta quanto em seu destinatário, porém, a meu ver, a função distanciadora do uso desta língua é inequívoca e primária. Ver "The Train Ride: A Study of One of Freud's Figures of Speech" (1970), em *Selected Writings of Bertram D. Lewin*, ed. Jacob A. Arlow (1973), pp. 377 e 371-2.

A excursão mais pertinente que Freud empreendeu

no campo da sociologia é o trabalho quase desconhecido "Das Interesse an der Psychoanalyse" (1913), [não incluído em *St.A.*] *G.W.*, ed. de Anna Freud et al., 18 vols. (1940-68), vol. VIII, pp. 389-420; traduzido para o inglês sob o título "The Claims of Psycho-Analysis to Scientific Interest", *S.E.*, vol. XIII, pp. 165-90. Freud nega que haja alguma diferença real entre a psicologia individual e a psicologia social, e a argumentação mais específica a esse respeito se encontra no ensaio *Massenpsychologie und Ich-Analyse* (1921), *St.A.*, vol. IX, pp. 61-134, esp. p. 65, respectivamente *Group Psychology and the Analysis of the Ego*, *S.E.*, vol. XVIII, pp. 67-143, esp. p. 69. Ver Heinz Hartmann, "Psychoanalysis and Sociology" (1944), e "The Application of Psychoanalytic Concepts to Social Science" (1950), ambos em *Essays on Ego Psychology: Selected Problems in Psychoanalytic Theory* (1964), pp. 19-34 e 90-8. W. G. Runciman, "Sociology in Its Place", em *Sociology in Its Place and Other Essays* (1970), pp. 1-44, é um ensaio convincente, no qual o autor afirma que a sociologia é essencialmente um parasita da psicologia.

Este não é o lugar apropriado para uma exploração minuciosa da psico-história. Eu já defendi a utilização da psicologia pelo historiador de modo um tanto dogmático, para não dizer agressivo, no folheto, *The Historian as Psychologist* (1983), e espero desenvolver minha argumentação num livro que pretendo lançar em breve, provisoriamente intitulado "Freud for Historians". Algumas réplicas cáusticas e irritadas à psico-história são decididamente merecidas. O catálogo dos erros que refletem suas falhas — inclusive as conhecidas acusações de reducionismo e de crimes contra o bom-senso, contra os procedimentos científicos, contra as regras de comprovação, e contra a língua inglesa — não deixa de ter suas razões. As especulações precipitadas, baseadas em provas muito tênues ou em interpretações forçadas, não melhoraram o desempenho dos psico-historiadores nem sua reputação. Ao mesmo tempo, as atitudes nitidamente defensivas que historiadores coléricos demonstraram em suas tentativas de estrangular a psico-história constituem menos um tributo à sua acuidade como historiadores do que aos estragos que os historiadores de orientação psicanalítica fizeram em suas couraças. A literatura psico-histórica responsável pode ser ainda pequena, mas está se avolumando.

Se bem que possa parecer indelicado escolher alguns títulos, gostaria de listar os que, a meu ver, melhor conseguiram integrar métodos psicanalíticos e métodos historiográficos: E. R. Dodds, *The Greeks and the Irrational* (1951), uma obra clássica de um estudioso dos clássicos, significativamente bem recebida por seus colegas quando da primeira publicação; Alexander L. George e Juliette L. George, *Woodrow Wilson and Colonel House: A Personality Study* (1956), uma interpretação despretenciosa e convincente que sobreviveu a todos os ataques desfechados pelos defensores de Woodrow Wilson; John Demos, *A Little Commonwealth: Family Life in Plymouth Colony* (1970), um estudo sucinto, despretencioso e responsável, e Demos, *Entertaining Satan: Witchcraft and the Culture of Early New England*, um magnífico trabalho ao mesmo tempo sintético e analítico; Maynard Solomon, *Beethoven* (1977), uma verdadeira jóia de investigação psicanalítica que não violenta a genialidade de Beethoven. É claro que há outras obras também.

Em sua obra pioneira, se bem que eivada de graves falhas, *Young Man Luther: A Study in Psychoanalysis and History* (1958), Erik H. Erikson definiu um amplo e generoso programa para, através de um caso psicanalítico, chegar ao evento histórico, enfocando o grande homem como o encontro entre a mente e sua época. Entretanto, nem Erikson nem seus seguidores conseguiram realizar plenamente as promessas contidas nessa exposição. Ver a respeito Roger A. Johnson (ed.), *Psychohistory and Religion: The Case of 'Young Man Luther'* (1977), que inclui a devastadora resenha escrita por Roland H. Bainton.

A rejeição do reducionismo tornou-se um artigo de fé para qualquer empreendimento de psico-historiografia. "É o inter-relacionamento da vida, da personalidade e do pensamento social de Burke que aqui estudaremos", escreve Isaac Kramnick no prefácio de *The Rage of Edmund Burke: Portrait of an Ambivalent Conservative* (1977). E eis o que diz Bruce Mazlich na Introdução de seu livro sobre os Mill, pai e filho: "John Stuart Mill não é um paciente, e a psico-história, na forma como procuramos exercê-la, não tem por objetivo tratá-lo como tal". *James and John Stuart Mill: Father and Son in the Nineteenth Century* (1975), p. 8. Intenções louváveis, mas um tanto negligenciadas quando de sua execução. O notável trabalho de William L. Langer, recomendando a psicanálise à atenção dos historiadores, foi apresentado pela primeira vez como um discurso do presidente da Associação Histórica Americana a 29 de dezembro de 1957, publicado pela primeira vez na *American Historical Review* de janeiro de 1968 (vol. LXIII, pp. 283-304) e convenientemente reimpresso numa coletânea dos trabalhos de Langer, *Explorations in Crisis: Papers on International History* (1969), Carl E. Schorske e Elizabeth Schorske (eds.), pp. 408-32.

Entre os muitos ataques contra a psico-história, são particularmente impiedosos os de Jacques Barzun, *Clio and the Doctors: Psycho-History, Quanto-History and History* (1974), e de David E. Stannard, *Shrinking History: On Freud and the Failure of Psychohistory* (1980). Este último é um trabalho notavelmente inteligente, porém viciado pela tendenciosidade com relação à escolha de provas e documentação e pela sua fúria acusadora. Um simpósio reproduzido na *Psychohistory Review* no inverno de 1980 (vol. IX, n.º 2, pp. 136-61), que inclui uma longa réplica de Stannard, reproduz com fidelidade sua ira, porém me parece inconclusivo. A psico-história tem seus problemas — assim como a psicanálise —, mas não creio que o caminho escolhido por Stannard seja o correto para abordá-los, muito menos para resolvê-los.

Na defesa da psico-história, os melhores textos são a resenha sóbria e tranqüila de Peter Loewenberg, "Psychohistory", em Michael Kammen (ed.), *The Past Before Us: Contemporary Historical Writing in the United States* (1980), pp. 408-32, e a concisa, despretenciosa e convincente obra de Saul Friedländer, *History and Psychoanalysis* (1975; trad. inglesa de Susan Suleiman, 1978). Outra obra que certamente merece uma leitura cuidadosa é "History and Psychoanalysis: The Explanation of Motives", de H. Stuart Hughes, em *History as Art and as Science* (1964), pp. 42-67; Hughes sugere que alguns historiadores mais jovens sejam analisados ou trabalhem em clínicas psiquiátricas — uma sugestão que não teve praticamente nenhuma aceitação entre os historiadores. Intelectualmente, essa sugestão se acha no mesmo nível da exigência razoável de que o historiador se informe sobre o terreno que pretende explorar, assim como Samuel Eliot Morison, o grande estudioso das viagens de Cristóvão Colombo, reencenou suas arrojadas aventuras. A objeção maior à sugestão de Hughes parece ser de ordem financeira.

A investigação histórica da sexualidade na classe média do século XIX se encontra hoje numa situação curiosamente paradoxal. Nossa liberdade de expressão, que admite o emprego de palavras de baixo calão e a franca descrição de atividades sexuais, inclusive as perversões mais pitorescas, no contexto de obras históricas sérias, serviu apenas para perpetuar os chavões com os quais os rebeldes eduardianos e seus sucessores rotularam seus pais "vitorianos". O que a maioria dos livros atuais apresentam como a realidade do século XIX é uma superfície afetada e hipócrita e um submundo ilícito e muitas vezes perverso, eternamente separados um do outro. Nestas exposições francas, as senhoras respeitáveis permanecem sexualmente anestesiadas; e seus maridos, entediados e frustrados, têm que buscar alívio fora de casa.

Os títulos de alguns desses livros são por si mesmos reveladores: apesar de oferecer alguns comentários sensatos em sua introdução (pp. 1-18), Ronald G. Walters editou uma antologia bastante convencional intitulada *Primers for Prudery: Sexual Advice to Victorian America* (1974); tendo já publicado o volumoso panorama *The Worm in the Bud: The World of Victorian Sexuality* (1969), Ronald Pearsall deu à luz *Public Purity, Private Shame: Victorian Sexual Hypocrisy Exposed* (1976), obra na qual opina (com razão) que "é imprudência de nossa parte atirar pedras sobre os vitorianos em razão de sua hipocrisia relativa ao sexo, e impertinente de nossa parte olhá-los de cima para baixo com a vantagem de vivermos mais tarde ..." (p. 7). Mas em seguida procede, sem se deixar perturbar, à análise da "hipocrisia" vitoriana e da "conspiração generalizada do silêncio" (p. 8-9), incluindo capítulos sobre "The Cult of Abstinence" e sobre "A Grounding in Hypocrisy". Stephen Kern, *Anatomy and Destiny: a Cultural History of the Human Body* (1975), apesar de repleto de detalhes interessantes, recai na postura tradicional ao argumentar que "aqueles vitorianos que dominavam a moralidade pública vieram a encarar seus corpos como uma ameaça à respeitabilidade", e que "sua atitude em relação a eles foi uma combinação de privações, distorções e medo" (p. 1).

Tudo isso é verdadeiro em alguns casos, mas não em outros. *Prudery and Passion* (1971), de Milton Rugoff, foi uma tentativa pioneira de romper o silêncio tímido dos historiadores acerca da "sexualidade vitoriana"; dedica seu extenso capítulo inicial à "Prudery: The Denial of Eros", e o terceiro e último aos "Hidden Fires", pretendendo assim revelar "as evasões e as escapadas mais ou menos furtivas das proibições e dos tabus" (pp. 7-8). Duncan Crow, em *The Victorian Woman* (1972), acentua a "civilização pela ignorância" (pp. 22-6) numa extensa "Anatomy of Prudery"; Crow acha necessário contar uma antiga anedota de gosto no mínimo duvidoso: "Idealmente as mulheres deveriam gerar crianças por partenogênese; não sendo possível, a impregnação pelo homem deveria ocorrer num dormitório bem escuro, no qual o homem penetraria subrepticiamente para criar seus descendentes em total silêncio, enquanto a mulher se submeteria à cópula num estado de coma" (p. 25). Num dos poucos textos recentes que conseguem libertar-se de tais tolices, *Silent Sisterhood: Middle Class Women in the Victorian Home* (1975), Patricia Branca ridiculariza esse mito (p. 7). *The Dark Angel: Aspects of Victorian Sexuality* (1977), de Fraser Harrison, a despeito do título portentoso, é bem mais equilibrado. Ver também Eric Trudgill, *Madonnas and Magdalens: The Origins and Development of Victorian Sexual Attitudes* (1976) — parece que os autores modernos que se dedicam a estudar a sexualidade do século XIX apreciam títulos aliterativos. Apesar de ter produzido uma obra inteligente e rica em materiais úteis, o autor não resiste à inclusão de capítulos maliciosos, como "The British Goddess: Sleek Respectability". As informações contidas nessas monografias são com freqüência confiáveis, porém sua ênfase e seu tom, esse aspecto demasiado sutil, em geral são bastante enganosos: provocam um sentimento de pena para com a burguesia do século XIX, e um enorme desdém. Há excelentes julgamentos independentes sobre a sexualidade feminina na deliciosa e informativa obra de Mary S. Hartman, *Victorian Murderesses* (1977). E, a despeito de toda a sua hostilidade e de todo o seu desprezo para com a burguesia, Eric J. Hobsbawm, em *The Age of Capital* (1975), inclui algumas páginas inteligentes sobre o amor burguês (pp. 232-37).

A reputação de que goza o trabalho de Peter T. Cominos, "Late-Victorian Sexual Respectability and the Social System", publicado na *International Review of Social History*, vol. VIII, n.os 1 e 2 (1963), pp. 18-48 e 216-50, apesar de seu mérito como uma das primeiras investigações, não é merecida. Ele superestima a fineza da sexualidade e se escora excessivamente em julgamentos sociológicos, uma falha tendenciosa que é difícil de ser relevada devido à confiança que Cominos deposita em Erich Fromm. Já *The Victorian Frame of Mind 1830-1870*, de Walter E. Houghton, é um pequeno clássico (1957); não obstante, o capítulo que trata do amor (e do sexo, pp. 341-93), embora revele com rica e farta documentação o lado obscuro da pudicícia e da reticência vitorianas, deixa de iluminar os aspectos (igualmente importantes) da sensualidade plena de alegrias de que gozava a classe média; além disso, ele se apóia demasiadamente no dr. William Acton (pp. 365-68).

O contraste entre os estudos convencionais e psicanalíticos está instrutivamente demonstrado em dois trabalhos curtos, o do historiador H. L. Beales e o do psicanalista Edward Glover, ambos intitulados "Victorian Ideas of Sex" e publicados na mesma coletânea, *Ideas and Beliefs of the Victorians: An Historic Revaluation of the Victorian Age* (1966), respectivamente pp. 351-8 e 358-64. *Sex, Politics and Society: The Regulation of Sexuality since 1800* (1981), de Jeffrey Weeks, trata apenas da Grã-Bretanha; além de muito útil pela visão geral que oferece da literatura recente, é fartamente anotada.

Há numerosas histórias gerais da sexualidade que, naturalmente, incluem capítulos extensos sobre o século XIX. São de valor muito variável, e impressionam mais pela abrangência do que pelo conteúdo. *Sexual Variance in Society and History* (1976), Vern L. Bullough, é útil, esp. caps. 18-20. *Eros Denied: Sex in Western Society* (1964), de Wayland Young, é uma denúncia veemente porém muito informativa da repressão. *Sex in Society*, de Alex Comfort, (1963), conforme seria de se esperar, é uma defesa viva e enérgica da sexualidade, acrescida de comentários bastante úteis sobre a história. Academicamente sólido e de leitura agradável é o livro de Jean H. Hagstrum, *Sex and Sensibility: Ideal and Erotic Love from Milton to Mozart* (1980), cujo alcance é bem mais amplo de que faz supor o título; o mesmo pode-se dizer de Edward LeComte, *Milton and Sex* (1978). Também tirei proveito dos escritos de Jean-Louis Flandrin, especialmente *Le Sexe et l'occident: évolution des attitudes et des comportements* (1981). Como exemplo típico de uso ingênuo da erudição histórica na história literária, Rusell M. Goldfarb, *Sexual Repression and Victorian Literature* (1970), repleto de citações do dr. Acton e de Steven Marcus — ver logo adiante —, talvez não tenha concorrente. Mesmo historiadores profissionais reconhecidamente responsáveis não se mostram sempre imunes aos chavões que há tanto tempo vêm obstruindo nosso campo de visão: especulando sobre a vida íntima da rainha Vitória, Pauline Maier insinua que ela deve ter-se sentido perturbada pela "perspectiva do contato sexual, uma obrigação desagradável para gerações inteiras de mulheres, às quais se havia ensinado que somente mulheres anormais experimentavam desejos". *New York Times Book Review*, 16 de maio de 1982, p. 10. Esse tipo de coisa não morre facilmente.

O mais conhecido dos reincidentes nesse sentido é Steven Marcus, cujo livro amplamente divulgado e citado, *The Other Victorians: A Study of Sexuality and Pornography in Mid-Nineteenth Century England* (1966), imortalizou a acomodada condescendência com que o século XX encara a anestesia sexual das mulheres do século XIX. A argumentação de Marcus se apóia quase exclusivamente em duas fontes de referência: o livro anônimo *My Secret Life*, um relato extenso, obsessivamente repetitivo e a seu modo fascinante, das proezas sexuais de um homem, e o livro do dr. William Acton, *Functions and Disorders of the Reproductive Organs* (1857, revisado diversas vezes). Se *My Secret Life* for uma autobiografia razoavelmente precisa, como parece acreditar Marcus, então não é absolutamente representativo: seu autor teria que ser um homem profundamente neurótico e um atleta sexual incrivelmente potente. E se for, como estou inclinado a pensar, essencialmente uma coleção de fantasias sexuais elaboradas a partir de um mínimo de experiências eróticas, *My Secret Life* fornece menos indícios da vida sexual da Inglaterra vitoriana do que da imaginação sexual de um inglês vitoriano. Quanto à opinião de Acton de que o apetite sexual da mulher é normalmente muito limitado, se é que algum dia chega a ser despertado, exposta tanto em *Functions and Disorders* quanto em *Prostitution* ... (1857), Marcus acha que ela "pode representar a visão oficial que a sociedade vitoriana tinha da sexualidade" (p. xiii). Entretanto a realidade é exatamente o oposto. Enquanto Acton, dono de um estilo fluente e agradável, gozava de ampla popularidade, médicos contemporâneos expressavam sérias dúvidas quanto às suas opiniões e questionavam até mesmo sua competência. Apesar de tudo isso, os pontos de vista defendidos por Acton mantiveram sua influência: "Naquela época", escreve Mary Lutyens, geralmente bem-informada, referindo-se à década de 1850, "as esposas sexualmente satisfeitas devem ter sido uma minoria bem pequena, por mais ardorosos que fossem seus maridos; acreditava-se que a geração de crianças satisfizesse todas as necessidades físicas e emocionais da mulher. Uma mulher sente o que a sociedade espera que ela sinta". *The Ruskins and the Grays* (1972), pp. 216-7. E alguns historiadores *ainda hoje* tratam Acton como se fosse uma autoridade: "William Acton, o médico", escreve Bruce Mazlich, "expressava a convicção típica da era vitoriana, [relativa à anestesia sexual feminina], em seu *The Functions and Disorders of the Reproductive Organs*". E Mazlich cita Marcus em seu *James and John Stuart Mill*, p. 454.

Mas esta posição não estava totalmente livre de ataques. Ver o esplêndido e conciso ensaio de F. Barry Smith, "Sexuality in Britain, 1800-1900. Some Suggested Revisions", em Martha Vicinus (ed.), *The Widening Sphere: Changing Roles of Victorian Women* (1977), pp. 182-98; especificamente em relação a Steven Marcus, ver pp. 184-7. Ver também o importante artigo de Carl N. Degler, "What Ought to Be and What Was: Women's Sexuality in the Nineteenth Century", publicado em *American Historical Review*, vol. LXXIX, nº 5 (dezembro de 1974), pp. 1467-90, ao qual muito devo, bem como Patricia Branca, *Silent Sisterhood*. Eu mesmo critiquei Marcus em "Victorian Sexuality: Old Texts and New Insights", em *American Scholar*, vol. XLIX, nº 3 (verão de 1980), pp. 372-8. Considerando o trabalho de acadêmicos do porte de Smith, Branca, Degler e Hartman, não é difícil perceber que não estou sozinho. Preciso entretanto mencionar ainda outro "aliado" um tanto insólito: Michel Foucault. Em *The History of Sexuality,* vol. I, *An Introduction* (1976; trad. inglesa de Robert Hurley, 1978), desenvolvendo seus temas habituais do "discurso" e da "tecnologia do poder", Foucault levanta algumas questões acerca do que denomina "a hipótese repressiva". É claro que ele criou uma polêmica: o presente volume, assim como o que se lhe seguirá, constitui uma única e extensa argumentação contra sua hipótese. Mas o procedimento de Foucault é anedotal e quase totalmente destituído de fatos; fazendo uso de sua técnica habitual — que nos lembra o princípio subjacente ao humor de Oscar Wilde —, de virar as idéias aceitas de ponta-cabeça, ele acaba por mostrar-se correto, em parte motivado por razões particulares. (Para uma opinião muito mais favorável, ver "The Archaeology of Sex", de Hayden White, em *Times Literary Supplement*, 6 de maio de 1977, p. 565.)

Sobre a "construção da experiência", ver Clifford Geertz, "The Impact of the Concept of Culture on the Concept of Man" (1966), e "Ideology as a Cultural System" (1964), ambos incluídos em *The Interpretation of Cultures: Selected Essays* (1973), respectivamente pp. 33-54 e 193-233. O psicólogo James J. Gibson demonstrou primorosamente a eficiência da percepção sensual em *The Senses Considered as Perceptual Systems* (1966). Dentre os psicanalistas, os chamados psicólogos do ego (que, a despeito de sua alcunha enganosa, sempre permaneceram freudianos "ortodoxos"), são aqueles a quem mais devo. Quero mencionar em particular Heinz Hartmann, *Ego Psychology and the Problem of Adaptation* (1937; trad. inglesa de David Rapaport, 1958), além dos ensaios "On Rational and Irrational Action" (1947), "Comments on the Psychoanalytic Theory of Instinctual Drives" (1948), "Comments on the Psychoanalytic Theory of the Ego" (1950) e "Notes on the Reality Principle" (1956), todos incluídos no volume *Essays on Ego Psychology*, pp. 37-68, 69-89, 113-41, e 241-67. Igualmente importantes (apesar de mais difusos) são os *Selected Papers* de Ernst Kris (1975), em particular "The Recovery of Childhood Memories in Psychoanalysis" (1956), pp. 301-40.

Também devo muito a alguns trabalhos preparados para simpósios e seminários por Hans W. Loewald, nos quais ele elabora (e revê) algumas das proposições de Hartmann através de sua análise dos impulsos, que ainda se mostram praticamente indiferenciados por ocasião do nascimento e que por isso precisam da experiência para se formarem e se desenvolverem. O processo de maturação humana, conforme demonstra Loewald, é ao mesmo tempo um trabalho de absorção e de eliminação: o bebê vai gradualmente se dissociando do mundo exterior, passando de um gozo ilusório da onipotência infantil para o estabelecimento de limites entre o seu ser e os outros — tornando-se, por assim dizer, "menor" à medida que vai se tornando maior. E ao mesmo tempo a criança assimila e incorpora as lições que, consciente ou inadvertidamente, pessoas importantes para sua vida lhe transmitem. Ver "Ego and Reality" (1951), "On Motivation and Instinct Theory" (1971) e "Instinct Theory, Object Relations, and Psychic Structure Formation" (1978), todos recolhidos em *Papers on Psychoanalysis* (1980), respectivamente pp. 3-20, 102-37 e 207-18. Estas formulações têm suas raizes (conforme os autores reconhecem com gratidão) nos trabalhos da maturidade de Freud, notadamente *The Ego and the Id* (1923) e *Civilization and Its Discontents* (1930). Ver a esse respeito Hartmann, "The Development of the Ego Concept in Freud's Work" (1956), em *Essays on Ego Psychology*, pp. 268-69. Finalmente, o lúcido e substancial *Aspects of Internalization* (1968), de Roy Schafer, tornou-se importante para mim, assim como dois estudos técnicos de Edith Jacobson, *The Self and the Object World* (1964), e *Psychotic Conflict and Reality* (1967).

I. *ESFORÇOS PARA UMA DEFINIÇÃO*

De vez que neste e nos próximos volumes pretendo explorar as diversas encarnações da burguesia e a sua reputação, apresento aqui somente uma listagem dos títulos que poderão servir de introdução à literatura pertinente. A despeito de sua abundância (monografias, biografias, ensaios), até o presente momento não existe ainda uma obra que enfoque satisfatoriamente e de maneira geral a burguesia do século XIX. "Nada é mais difícil de definir do que o burguês, e de início é preciso aceitar que a idéia seja necessariamente vaga." Theodore Zeldin, *France 1848-1945*, vol. I, *Ambition, Love and Politics* (1973), p. 12. Concordo. "A burguesia francesa", escreveu Richard Cobb, pensando nos dias de Daumier, "era de fato excepcionalmente egoísta, hipócrita, autocomplacente, e, quando amedrontada, incrivelmente cruel". "Flaying the Fat", *Times Literary Supplement*, 14 de agosto de 1981, p. 932. Trata-se de uma percepção exemplar, que não se restringe à burguesia francesa, e que foi muitas vezes reiterada e raramente contestada. No entanto, o modo pelo qual o próprio Cobb encara a "burguesia" é um exemplo típico do quanto é difícil evitar as generalizações, mesmo para historiadores que sistematicamente se esforçam por rejeitá-las. Numa resenha do livro de Michael B. Miller, *The Bon Marché: Bourgeois Culture and the Department Store, 1869-1920* (1981), Cobb se queixa de que "em todo o livro, o autor se refere à 'burguesia' como se esta fosse um ente fisicamente palpável, dotado de uma vontade forte e de uma astúcia considerável. A 'burguesia' do professor Miller é um tipo de abelha sempre ocupada com uma coisa ou outra". *New York Review of Books*, 16 de julho de 1981, p. 35. Fico tentado a citar o ditado popular de que ninguém vê a trave em seu próprio olho.

Entre as abordagens gerais, o antigo tratado de Werner Sombart, *Der Bourgeois: Zur Geistesgeschichte des modernen Wirtschaftsmenschen* (1913; trad. inglesa de M. Epstein, com o título de *The Quintessence of Capitalism*, 1915), contendo uma profusão de informações superficiais, só tem interesse como curiosidade. Charles Morazé, no popular *The Triumph of the Middle Classes*, realizou uma pesquisa corajosa, porém pouco aprofundada (1957; trad. inglesa, 1966). J.-F. Bergier, "The Industrial Bourgeoisie and the Rise of the Working Class, 1700-1914" (trad. inglesa de Roger Greaves), em Carlo M. Cipolla (ed.), *The Fontana Economic History of Europe*, vol. III, *The Industrial Revolution*, (1973), pp. 397-451, é extremamente resumido, como exige uma obra desse tipo, e dedica apenas 22 páginas à burguesia; o fato de Bergier citar o *Bourgeois* de Sombart como "um estudo clássico" (p. 449) serve apenas para diminuir ainda mais nossa confiança em seus argumentos.

Quanto à denominação "século burguês", ver Hans-Joachim Henning, citado adiante, p. 473. Embora o trabalho de John Seed, "Unitarianism, Political Economy, and Antinomies of Liberal Culture in Manchester, 1830-1850", *Social History*, vol. VII, n.º 1 (janeiro de 1982), pp. 1-25, se concentre numa cidade e numa época em particular, nem por isso seus comentários sobre a burguesia em geral deixam de ser estimulantes. Paul E. Corcoran, em "The Bourgeois and Other Villains", publicado em *Journal of the History of Ideas*, vol. XXXVIII, n.º 3 (julho a setembro de 1977), pp. 477-85, trata muito resumidamente, porém com eficácia, alguns dos problemas da terminologia e das valorações negativas das classes médias. Ver também G. D. H. Cole, "The Conception of the Middle Classes", em *British Journal of Sociology*, vol. I (1950), pp. 275-90, uma tentativa de estabelecer uma diferenciação entre as classes médias e a burguesia, análoga à que fez Charles Needham. Há um comentário equilibrado a respeito dessa confusão generalizada em William Weber, "The Muddle of the Middle Classes", em *Nineteenth-Century Music*, vol. III (1979), pp. 175-85. O tipo de indefinição encontrado nesses termos pode ser fartamente documentada. Eis um exemplo: um historiador da arte, o dinamarquês J. B. Hartmann, num livro sobre Copenhague, descreve o rei da Dinamarca, Frederico VI (1808-39), como "um monarca absolutista apesar de burguês, que adorava seus súditos e os uniformes brilhantes, e que era um janota apesar da baixa estatura e da aparência comum". Citação extraída de Mario Praz, *Conversation Pieces: A Survey of the Informal Group Portrait in Europe and America* (1971), nota de rodapé à p. 121.

No que se refere às discussões teóricas sobre a estrutura de classes, o compêndio mais acessível das opiniões de Max Weber se acha em *From Max Weber: Essays in Sociology*, trad. e ed. por H. H. Gerth e C. Wright Mills (1948). As opiniões mais maduras de Marx se encontram no vol. I do *Capital* (1867). Dois livros recentes de Anthony Giddens são extremamente úteis: *Capitalism and Modern Social Theory: An Analysis of the Writings of Marx, Durkheim, and Weber* (1971), e *The Class Structure of Advanced Societies* (1973). Ver também o estudo sucinto de R. J. Morris, *Class and Class Consciousness in the Industrial Revolution, 1780-1850* (1979).

Os estudos das classes médias em países isolados são muito melhores do que os mais abrangentes. Com referência à França há a tese exemplar de Adeline Daumard sobre Paris, *La Bourgeoisie parisienne de 1815 à 1848* (1963), também disponível em forma resumida, *Les Bourgeois de Paris au XIX siècle* (1970). A história da França de Zeldin, *France, 1848-1945*, em 2 vols. (1973, 1977), esp. os caps. 1-8 e 11-3, traz boa massa de informações. Pierre Sorlin, *La Société française*, vol. I, *1840-1914* (1969), é uma pesquisa relativamente informal que não omite as classes médias.

Entre os estudos mais especializados, Odette Voillard, *Nancy au XIX siècle, 1815-1871: une bourgeoisie urbaine* (1978), é uma pesquisa sobretudo da política e da economia. Ver também o ensaio de Charles Morazé, *La France bourgeoise, XVIII-XX siècles* (1946), e a extensa pesquisa histórica de Régine Pernoud, *Histoire de la bourgeoisie en France*, em 2 vols. (1960-62), que só na metade do seu maciço segundo volume chega à burguesia francesa do século XIX, que então é descrita simples, brusca e facilmente como estando "no poder" (cap. 10). Com a vantagem de poder fazer uma retrospectiva mais distanciada, Jesse R. Pitts apresenta alguns comentários sugestivos em "Continuity and Change in Bourgeois France", em Stanley Hoffmann et al., *In Search of France: The Economy, Society, and the Political Systems in the Twentieth Century* (1963), pp. 235-304. Algumas páginas chamam a atenção por seu grande valor no manual de Gordon Wright, *France in Modern Times, 1760 to the Present* (3ª ed., 1981). Se bem que Emmanuel Beau de Loménie demonstre uma atitude especulativa, tendenciosa e hostil em *Les Responsabilités des dynasties bourgeoises*, em 3 vols. (1943-54), a obra traz muitas informações acerca das grandes famílias de banqueiros e de comerciantes da França do século XIX. André-Jean Tudesq, *Les Grands Notables en France: Étude historique d'une psychologie sociale* (1964), é um estudo magistral e monumental. F. W. J. Hemmings, *Culture and Society in France, 1848-1898: Dissidents and Philistines* (1971), oferece uma visão inteligente do confronto entre a cultura da vanguarda e a sociedade — em parte — burguesa. Um ensaio interessante a respeito do uso do termo *bourgeoisie* como um vocábulo carregado politicamente é o de Mechtild Fischer, *Mittelklasse als politischer Begriff in Frankreich seit der Revolution* (1974). Apesar de esforçadamente popular, Pierre Guiral, *La vie quotidienne en France à l'age d'or du capitalisme, 1852-1879* (1976), inclui material valioso. O mesmo ocorre com *La Mode de Vie des familles bourgeoises* (1961), de Marguerite Perrot. *La Grand Bourgeoisie au pouvoir (1830-1880)* (1960), pertence à controvérsia sobre o "século burguês", mas, independentemente disso, é muito substancial. Quem quiser informações detalhadas sobre uma história familiar deve ler a obra de Pierre Barral, *Les Perier de l'Isère au XIX siècle, d'après leur correspondance familiale* (1964); e, sobre a vida de uma pessoa influente, o trabalho de Jean Maurain, *Un bourgeois français au XIX siècle: Baroche, ministre de Napoleon III* (1936).

Existem boas histórias gerais sobre a França do século XIX; invariavelmente, todas elas fazem menção à burguesia francesa. A melhor de todas é a *Nouvelle Histoire de la France contemporaine*, obra de diversos autores, notadamente os vols. 6 e 7, de André Jardin e André-Jean Tudesq, *La France des notables 1815-1848* (1973); o vol. 8, de Maurice Agulhon, *1848 ou l'apprentissage de la république 1848-1852* (1973); o vol. 9, de Alain Plessis, *De la fête impériale au mur des fédéres, 1852-1871* (2ª ed., 1976); e o tomo 10, de Jean-Marie Mayeur, *Les Débuts de la III République, 1871-1898* (1973).

Com relação à Inglaterra, a história social um tanto controvertida de Harold Perkin, *The Origins of Modern English Society, 1780-1880* (1969), é ao mesmo tempo informativa e sugestiva. As contribuições de Asa Briggs se destacam particularmente pela enorme erudição, pelo senso de humor e pelos juízos precisos. Dentre todas sobressai *The Age of Improvement, 1783-1867* (1959), especialmente os caps. 4-6, 8 e 9. Seu artigo "The Language of 'Class' in Early Nineteenth-Century England", que se encontra em *Essays in Labour History* (1967), editado pelo próprio Briggs e por John Saville, lança algumas sementes. Dentre os demais livros, são particularmente relevantes no presente contexto *The History of Birmingham*, vol. II, *Borough and City, 1865-1938* (1952), e *Victorian Cities* (1968). Utilizei igualmente passagens de muito discernimento em *Mid-Victorian Britain, 1830-1900* (1967), de G. Kitson Clark. *The Rise of Industrial Society in England, 1815-1885* (1964), de S. G. Checkland, é uma síntese agradabilíssima e muito bem informada; o livro todo foi muito útil para mim, porém mais especialmente os caps. 4 e 8. Também aprendi muito com W. L. Burn, *The Age of Equipoise: a Study of the Mid-Victorian Generation* (1964). *The Growth of Victorian London* (1976), de Donald J. Olsen, é um estudo elegante das classes médias inferiores, ainda que um pouco condescendente em relação a elas. Digno de nota é o trabalho de L. D. Schwarz, "Social Class and Social Geography: the Middle Classes in London at the End of the Eighteenth Century", *Social History*, vol. VII, nº 2 (maio de 1982), pp. 167-85, muito preciso e bastante enriquecido por dados estatísticos.

Dentre as muitas histórias gerais da Inglaterra que não deixam à margem as classes médias, a melhor é a de R.

K. Webb, *Modern England from 1760 to the Present* (2.ª ed., 1980); os volumes da magistral *History of the English People in the Nineteenth Century* de Élie Halévy, notadamente o esplêndido *England in 1815* (1913; trad. inglesa de E. I. Watkin e D. A. Barker, 1924), continuam sendo uma valiosa obra de consulta. Outro pequeno clássico moderno é também indispensável: G. M. Young, *Victorian England: Portrait of an Age* (2.º ed., 1953).

Sobre a relutância dos ingleses à idéia de naturalizarem palavras como *bourgeoisie*, ver George Watson, *The English Ideology: Studies in the Language of Victorian Politics* (1973), esp. cap. 10. E com relação ao estilo anti-industrial dos cidadãos ingleses do século XIX, que é típico do "caráter burguês", ver Martin J. Wicher, *English Culture and the Decline of the Industrial Spirit, 1850-1980* (1981), um trabalho interessante ainda que não totalmente convincente.

A sociedade e a cultura da classe média alemã ainda estão à espera de seu historiador. Entrementes, dispomos de estudos especializados. James J. Sheehan, em *German Liberalism in the Nineteenth Century* (1978), traz observações relevantes sobre a política e a autopercepção do *Bürgertum* alemão. Outras observações igualmente relevantes, apesar de mais restritas à produção literária, são as de Ernest K. Bramsted em *Aristocracy and the Middle Classes in Germany: Social Types in German Literature, 1830-1900* (ed. revista, 1964). Estas observações podem agora ser suplementadas com as de Ilsedore Rarisch em *Das Unternehmerbild in der deutschen Erzählliteratur der ersten Hälfte des 19. Jahrhunderts* (1977). Os ensaios completos de Wolfram Fischer, *Wirtschaft und Gesellschaft im Zeitalter der Industrialisierung* (1972), apesar de voltados sobretudo às questões do desenvolvimento econômico, são ricos em detalhes úteis. No que diz respeito ao fenômeno fugidio que é o servidor público alemão, John R. Gillis, em *The Prussian Bureaucracy in Crisis 1840-1860* (1971), vai muito além do que indica o título; e o brilhante ensaio de Otto Hintze, "Der Beamtenstand" (1911), em *Gesammelte Abhandlungen*, vol. II, *Soziologie und Geschichte* (2.ª ed. ampliada, 1964), continua insubstituível. Sobre os empresários, ver o meticuloso livro de Friedrich Zunkel (apesar de não estar totalmente livre dos chavões anti-semitas utilizados indiscriminadamente por Sombart), *Der Rheinisch-Westfälische Unternehmer, 1834-1879* (1962). Um ótimo complemento a Zunkel é o tratamento particularmente instrutivo dado à burguesia instruída da Alemanha por Hansjoachim Henning, *Das Westdeutsche Bürgertum in der Epoche der Hochindustrialisierung 1860-1914. Soziales Verhalten und Soziale Strukturen*, vol. I, *Das Bildungsbürgertum in den Preussischen Westprovinzen* (1972). Henning também escreveu uma história mais breve, *Sozialgeschichtliche Entwicklungen in Deutschland, 1815-60* (1977), que se torna particularmente útil se for lida em conjunto com sua antologia compacta, *Quellen zur Sozialgeschichtlichen Entwicklung in Deutschland von 1815 bis 1860* (1977). Há muita coisa a ser aproveitada no livro de Heinrich Heffter, *Die deutsche Selbstverwaltung im 19. Jahrhundert. Geschichte der Ideen und Institutionen* (1950), assim como na monografia de Hartmut Kaelble, *Berliner Unternehmer während der frühen Industrialisierung. Herkunft, sozialer Status und politischer Einfluss* (1972). Ludwig Schorott, *Biedermeier in München: Dokumente einer schöpferischen Zeit* de (1963), compreende uma vasta coleção de testemunhos da vida burguesa numa capital real. Há boas visões gerais da burguesia alemã em Eda Sagarra, *A Social History of Germany, 1648-1914* (1977): ver os caps. 3-5, que incluem uma discussão da terminologia utilizada. Ludwig Beutin, "Das Bürgertum als Gesellschaftsstand im 19. Jahrhundert", in *Gesammelte Schriten*, ed. Hermann Kellenbenz (1963), é um ensaio justamente famoso.

A história urbana da Alemanha precisa receber muito maior atenção do que até o momento lhe tem sido dispensada. Entre os estudos de maior envergadura, e de maior relevância para o presente capítulo, estão os de David F. Crew, *Town in the Ruhr: A Social History of Bochum, 1860-1914* (1979), e de Wolfgang Köllmann, *Sozialgeschichte der Stadt Barmen im 19. Jahrhundert* (1960). Um estudo de âmbito local, bastante revelador do patriciado e de seus hábitos, é o de Gerhard Hirschmann, *Das Nürnberger Patriziat im Königreich Bayern, 1806-1918. Eine Sozialgeschichtliche Untersuchung* (1971); no mesmo sentido, ver também *Die Hamburgische Bürgerschaft in alter und neuer Zeit* (1959), de Jürgen Bolland, e *Frankfurt und Hamburg. Des deutschen Reiches Silber- und Goldloch und die allerenglischste Stadt des Kontinents* (1968), de Helmut Böhme. Ver também estudo de Mack Walker, *German Home Towns: Community, State, General Estate, 1648-1871* (1971).

Existem alguns estudos gerais sobre a burguesia de outros países. Tirei proveito dos seguintes, entre outros: Joel Mokyr, *Industrialization in the Low Countries, 1795-1850* (1976), um estudo responsável; E. H. Kossmann, *The Low Countries, 1780-1940* (1978), apesar de ser tristemente decepcionante para uma história "geral" moderna; Georges-H. Dumont, *La Vie quotidienne en Belgique sous le règne de Léopold II (1865-1909)* (1974), prolixo porém útil. Interessante é o livro mais antigo de Henri Charriaut, *La Belgique moderne. Terre d'expériences* (1910), que inclui uma seção notável sobre as classes médias. Sobre a Itália, temos o opinoso Benedetto Croce em *A History of Italy, 1871-1915* (trad. inglesa de C. M. Ady, 1929); ver também Denis Mack Smith, *Italy: A Modern History* (ed. revista, 1969), e de J. A. Thayer, *Italy and the Great War: Politics and Culture 1870-1915* (1964). Alexander Gerschenkron, "Notes on the Rate of Industrial Growth in Italy, 1881-1913", publicado em *Journal of Economic History*, vol. XV (1955), pp. 360-75, como seria de se esperar, é um estudo muito esclarecedor. E *Capitalism and Politics in Russia: A Social History of Moscow Merchants, 1855-1905*, de Thomas C. Owen, é uma monografia instrutiva. Ver também *Social Class in Scotland, Past and Present* (1976), de A. A. MacLaren.

Sobre os ricos, ver o estudo primoroso e bastante conciso de W. D. Rubinstein, *Men of Property: The Very Wealthy in Britain Since the Industrial Revolution* (1981). Bonnie G. Smith, *Ladies of the Leisure Class: The Bourgeoises of Northern France in the Nineteenth Century*, apesar de severamente restrita por categorizações sociológicas muito em voga, como a da "retórica da reprodução", apresenta alguns materiais úteis sobre os hábitos educacionais e maritais das jovens ricas do norte da França. Tudesq (ver acima) é excepcionalmente valioso a esse respeito. *The Best Circles: Society, Etiquette, and the Season* (1973), de Leonore Davidoff, é brilhante tanto no conteúdo quanto no método.

Meu ceticismo com relação à idéia de uma burguesia sempre em ascensão não é, de forma alguma, original. Ver David Thomson, *Democracy in France since 1870* (5ª ed., 1969). E, em contrapartida, ver também "The Middle Class in Western Europe, 1815-1848", de Leonore O'Boyle, publicado em *American Historical Review*, vol. LXXI, nº 3 (abril de 1966), pp. 826-45, em parte uma réplica aos hábeis argumentos revisionistas de Alfred Cobban em *The Social Interpretation of the French Revolution* (1964), e que levou Cobban a responder por sua vez com um artigo brilhante, ainda que não de todo convincente, "The 'Middle Class' in France, 1815-48", em *French Historical Studies*, vol. V, nº 1 (primavera de 1967), pp. 41-52. Uma exposição oblíqua de como a lenda funcionou num século anterior e num único país se encontra em "The Myth of the Middle Class in Tudor England", de J. H. Haxter, publicado em *Reappraisals in History* (1961), pp. 71-116. A pré-história da burguesia que se "elevou" até a posição alcançada no século XIX é obviamente vasta. Alguns exemplos: Isaac Kramnick, "Children's Literature and Bourgeois Ideology: Observations on Culture and Industrial Capitalism in the Later Eighteenth Century", in Perez Zagorin (ed.), *Culture and Politics from Puritanism to the Enlightenment* (1980), pp. 203-40, uma tentativa de tratar da socialização aos valores burgueses. *The Ancient Regime: French Society, 1600-1750* (1969; trad. inglesa de Steve Cox, 1973), de Pierre Goubert, fornece um resumo excelente, completamente confiável (esp. pp. 323-60). "Nobles, Bourgeois, and the Origins of the French Revolution" de Colin Lucas, publicado em *Past and Present*, nº 60 (agosto de 1973), pp. 84-126, chega à conclusão surpreendente de que "a Revolução fez a burguesia, mesmo que a burguesia não tivesse feito a Revolução" (p. 126). Uma avaliação interessante, feita ainda no século XIX, é a de Agénor Bardoux, "La Bourgeoisie française sous le Directoire et le Consulat", publicado na *Revue des Deux Mondes*, vol. LXXIV (1886), pp. 307-36. A obra de Michel e Mireille Lacave, *Bourgeois et marchands en Provence et en Languedoc* (1977), dá uma panorâmica interssante até o século XVIII. *Les Familles genevoises* (1956), de Louis Henry, é um trabalho pioneiro a respeito de uma cidade-estado burguesa, escrito por um grande demógrafo.

A Holanda do século XVII, essa grandiosa cultura burguesa, é obviamente fascinante, e ainda não há sobre ela um estudo adequado. Não obstante, os títulos referidos a seguir se mostraram bastante úteis: *The Dutch Nation, An Historical Study* (1944), de G.J. Renier; *The Dutch Seaborne Empire, 1600-1800* (1965), um estudo refinado de Charles R. Boxer; *Dutch Civilization in the Seventeenth Century and Other Essays*, de J. H. Huizinga (trad. inglesa de Arnold J. Pomerans, 1968), é um clássico, sobretudo o ensaio que dá o título ao livro. Ver também o trabalho de Violet Barbour, *Capitalism in Amsterdam in the Seventeenth Century* (1950).

Quanto à questão correlata e muito debatida de se "a burguesia" tomou o poder político no século XIX ou se pólos tradicionais da autoridade, como a aristocracia, mantiveram pelo menos em parte o controle, os debates continuam acalorados. Duas contribuições criteriosas são o estudo aprofundado do ano de 1832 na Inglaterra, de Michael Brock, *The Great Reform Act* (1973), e o argumento de David H. Pinkney, bem-elaborado porém não totalmente convincente, de que a monarquia "burguesa" de Louis Philippe no fundo era mesmo bonapartista, em *The French Revolution of 1830* (1972). Essa questão apareceu em quase todos os artigos incluídos na antologia *1830 in France*, compilada por John M. Merriman (1975).

Relativamente à fantasia de a burguesia se integrar à monarquia, ver Michel Denis, "Le Monarchisme libéral", publicado em *Annales de Bretagne*, vol. LXXVII (1970), pp. 391-415. Conforme menciono no texto, a opinião predominante continua sendo (especialmente no caso da França) a de que realmente a burguesia detém o poder a partir de 1830. Ver, como exemplo adicional, Jean Bouret, *The Barbizon School and 19th-Century French Landscape Painting* (trad. inglesa, 1973): "Entre os anos de 1830 e 1870, ou seja, no período em que a Escola de Barbizon esteve em atividade, a burguesia era todo-poderosa" (p. 10). Mas, por outro lado, ver o artigo esclarecedor de Patrice C. R. Higonnet e Trevor B. Higonnet, "Class, Corruption, and Politics in the French Chamber of Deputies, 1846-48", *French Historical Studies*, vol. V, nº 2 (1967), pp. 204-24, rico em estatísticas e favorável à influência dos aristocratas. *Lords and Landlords: The Aristocracy and the Towns, 1774-1967* (1980), de David Cannadine, documenta com muita competência a persistência do envolvimento dos nobres e seus familiares na política urbana e na cultura urbana da Inglaterra, até os dias atuais. Burn, em *The Age of Equipoise* esp. às p. 21, 22, 226, 253, 265-6 e 304-12, demonstra também essa persistência do poder da aristocracia, em meados do século XIX, na Inglaterra. Com efeito, Arthur Marwick argumenta, em *The Deluge: British Society and the First World War* (1965), que as classes médias inglesas não chegaram ao poder antes do fim da Primeira Guerra Mundial.

A campanha antiburguesa é muito antiga: ver Jean V. Alter, *Les Origines de la satire anti-bourgeoise en France, moyen âge — XVI siècle* (1966), e as diversas histórias da burguesia a que me referi anteriormente. No que se refere a Flaubert, sobre o qual existe vastíssima literatura, basta citarmos os excertos reveladores coletados por Victor Brombert em *Flaubert par lui-même* (1971), bem como, também de Brombert, as ponderadas observações em *The Novels of Flaubert: A Study of Themes and Techniques* (1966). (Eu tratarei de Flaubert detalhadamente num de meus volumes seguintes.) As melhores discussões sobre Heine se encontram nos livros de Jeffrey L. Sammons, aos quais muito devo, *Heinrich Heine: The Elusive Poet* (1969), e *Heinrich Heine: A Modern Biography* (1979). Ver também o ponderado estudo de William Rose, *Heinrich Heine: Two Studies of His Thought and Feelings* (1956).

Sobre o ataque generalizado da *Avant-garde*, ver o sociólogo Cesar Graña, no livro *Bohemian vs. Bourgeois* (1964), e na sua coletânea *Fact and Symbol: Essays in the Sociology of Art and Literature* (1971). De Geraldine Pelles temos o inteligente *Art, Artists, and Society: Ori-*

gins of a Modern Dilemma (1963), que trata dos pintores ingleses e franceses entre 1750 e 1850. O mais interessante dos estudos gerais dispensados ao assunto é o de Renato Poggioli, *The Theory of the Avant Garde* (trad. inglesa de Gerald Fitzgerald, 1968), um estudo significativo. Do lado da "oposição", há a magistral e aprofundada pesquisa de Helmut Kreuzer, *Die Boheme: Beiträge zu ihrer Beschreibung* (1968). Quanto ao caso específico da Rússia, ver sobretudo a obra de Nicholas V. Riasanovsk. *A Parting of Ways: Government and the Educated Public in Russia, 1801-1855* (1976). Este livro deve ser lido em conjunto com o fascinante *Origins of the Russian Intelligentsia: The Eighteenth-Century Nobility* (1966), de Marc Raeff, que usa com muita circunspecção os conceitos psicológicos.

A acusação de que a burguesia é incapaz de amar se encontra implícita na maioria esmagadora das obras mencionadas, e explícita em muitas delas. Para ter uma listagem abrangente de autores de inclinações utópicas e que — também implícita e explicitamente — criticavam os meandros da burguesia em relação ao Eros, ver a panorâmica obra de Frank E. Manuel e Fritzie P. Manuel, *Utopian Thought in the Western World* (1979). Com relação aos adeptos de Saint-Simon, temos *The New World of Saint-Simon,* de Frank Manuel (1956); já Carel Lodewijik de Liefde, em *Le Saint-Simonisme dans la poésie française entre 1825 et 1865* (1927), se expande bem além dos estreitos limites indicados pelo título. A respeito do socialista utópico francês Etienne Cabet e de seus seguidores, dispomos agora da impressionante monografia de Christopher H. Johnson, *Utopian Communism in France: Cabet and the Icarians, 1839-51* (1974). E sobre os visionários da sexualidade, ver Louis J. Kern, *An Ordered Love: the Shakers, the Mormons and the Oneida Community* (1981); a respeito dos mesmos três grupos, porém adotando uma abordagem diferente, Lawrence Foster, *Religion and Sexuality: Three American Communal Experiments of the Nineteenth Century* (1981). Estes sonhos de comunidades sexualmente organizadas clamam por um tratamento psicanalítico, porém até o momento há somente uma boa monografia na linha freudiana: a de Robert David Thomas, *The Man Who Would Be Perfect: John Humphrey Noyes and the Utopian Impulse* (1977).

A documentação pormenorizada dos estilos burgueses — o de Manchester *versus* o de Munique — fica adiada para um dos próximos volumes.

II. *ARQUITETOS E MÁRTIRES DAS MUDANÇAS*

A respeito da questão psicológica da passagem da passividade à ação, ver os trabalhos perspicazes de David Rapaport, "Some Metapsychological Considerations Concerning Activity and Passivity" (1953), e "The Theory of Ego Autonomy: A Generalization" (1958), em *The Collected Papers of David Rapaport* (1967), Merton M. Gill (ed.), pp. 530-68 e 722-44. Tratei desta abordagem em termos de sua expressão cultural no primeiro capítulo de meu livro *The Enlightenment: An Interpretation*, vol. II, *The Science of Freedom* (1969).

No âmbito da abundante literatura sobre teorias do progresso, o antigo estudo de J. B. Bury, *The Idea of Progress* (1920), conserva muito de sua validade; ainda só em parte foi suplementado por Robert A. Nisbet em *History of the Idea of Progress* (1980). O artigo de Morris Ginsberg, "Progress in the Modern Era", no *Dictionary of the History of Ideas: Studies in Selected Pivotal Ideas,* Philip W. Wiener (ed.), vol. III, (1973), pp. 633-50, é sucinto e objetivo. Um aspecto particular do "pensamento progressista" é abordado de maneira brilhante por J. W. Burrow, *Evolution and Society: A Study in Victorian Social Theory* (1966; nova edição, em brochura, com uma nova introdução, 1970). No que tange a Saint-Simon, refiro-me novamente ao *New World of Saint-Simon*, de Frank Manuel, a ser lido juntamente com *The Prophets of Paris* (1962), do mesmo autor.

Sobre a anomia como o preço a ser pago pelas mudanças, ver *Emile Durkheim, His Life and Work: A Historical and Critical Study* (1972), obra de Steven Leikes repleta de informações; *Emile Durkheim, with Selected Essays* (1965), uma antologia de Robert A. Nisbet bastante diversificada; e o extenso capítulo dedicado por Raymond Aron a Durkheim em *Main Currents in Sociological Thought*, vol. II (1967; trad. inglesa de Richard Howard e Helen Weaver, 1967), que constitui uma importante avaliação crítica.

Apesar de enfatizar a continuidade, Sigmund Freud tinha uma percepção extremamente aguda das mudanças impostas pela história. No texto deste volume, refiro-me ao exemplo dramático oferecido por sua comparação do complexo de Édipo no *Édipo Rei* de Sófocles e no *Hamlet*, contida em *Die Traumdeutung, St.A.*, vol. II, pp. 265-70; *The Interpretation of Dreams, S.E.*, vol. IV, pp. 261-6. Richard P. Appelbaum, em *Theories of Social Change* (1970), resume secamente uma gama diversificada de opiniões; Thomas C. Cochran, o decano dos historiadores econômicos nos Estados Unidos, ultrapassa instrutivamente as fronteiras da história econômica em *Social Change in America: The Twentieth Century* (1972), Bruno Bettelheim e Morris Janowitz, em sua fascinante obra *Social change and Prejudice* (1964) na qual incorporam estudos anteriores publicados em *The Dynamics of Prejudice*, aplicam seus profundos conhecimentos psicanalíticos à questão dos conflitos sociais. A ênfase que dão à realidade é congruente com a posição que desenvolvo nestes volumes.

Para uma análise resumida da visão antiga e ansiosa de que as inovações trazem consigo desastres, ver meu trabalho *A Loss of Mastery: Puritan Historians in Colonial America* (1966), pp. 130-1. Ver também o de H. G. Barnett, *Innovation: The Basis of Cultural Change* (1953), em especial a Parte IV. Um trabalho psicanalítico muito esclarecedor, que se estende muito além do assunto anunciado no título, é o de Harold Searles, "Anxiety Concerning Change, as Seen in the Psychotherapy of Schizophrenic Patients — With Particular Reference to the Sense of Personal Identity" (1961), em *Collected Papers on Schizophrenia and Related Subjects* (1965), pp. 443-64. A última visão de Sigmund Freud sobre a ansiedade se encontra descrita em seu ensaio *Hemmung, Symptom und Angst* (1926), *St.A.*, vol. VI, pp. 227-308; *Inhibitions, Symptoms and Anxiety, S.E.*, vol. XX, pp. 77-174. Um compêndio clássico das defesas psicológicas é o de Anna Freud, *The Ego and The Mechanisms of Defense* (1936; trad. inglesa de Cecil Baines, 1937).

Embora eu não tenha pretendido sobrecarregar o texto com evidências de que as mudanças eram predominantes na mentalidade do século XIX, posso aqui acrescentar mais duas obras corroboratórias. Em sua exaltação emocional e banal dos modernos poetas ingleses, Vida D. Scudder observou, em fins do século passado, que "uma grande poesia vem acompanhando nosso século de rápidos desenvolvimentos tanto nas ações quanto nos pensamentos". *The Life of the Spirit in the Modern English Poets* (1895), p. 1. E em 1873 o editor, político e filósofo Auberon Herbert, declarou ao *Times* de Londres que os cientistas, na condição dos principais engenheiros do novo, haviam produzido um "caos moral" e destruído, sem escrúpulos, "os antigos pontos de referência e as regras da vida". Eles ouviam por toda parte "o clamor de perplexidade de homens e de mulheres", porém mostravam-se indiferentes à "questão de como as pessoas deveriam encarar o antigo fato que se chama vida dentro do novo mundo que nascia". *The Times*, 17 de janeiro de 1876, citado em Richard D. French, *Antivivisection and Medical Science in Victorian England* (1975), p. 8.

Com respeito às forças que impulsionaram as mudanças — a industrialização, a urbanização e outras mais —, menciono a seguir uma amostragem resumida de trabalhos sobre as cidades. O antigo levantamento quantitativo realizado por Adna Ferrin Weber, *The Growth of Cities in the Nineteenth Century* (1899), continua válido. *The Study of Urban History* (1968), editado por H. J. Dyos, constitui uma coletânea pioneira que ainda hoje é valiosa. O mesmo pode ser dito de *Nineteenth-Century: Essays in the New Urban History* (1969), editado por Stephan Thernstrom e Richard Sennet. Também fiz uso de *An Urban World* (1974), editado por Charles Tilly. *French Cities in the Nineteenth Century* (1982), editado por John M. Merriman, inclui algumas contribuições de primeira linha — o ensaio introdutório do editor coloca a nova e a novíssima histórias urbanas num contexto adequado —, bem como boas bibliografias. Alguns estudos especializados dignos de nota são os seguintes: *Sisters of Liberty: Lyon, Paris, and the Reaction to a Centralized State, 1868-1871* (1971), de Lewis Greenberg; *Napoleon III and the Rebuilding of Paris* (1958), de David H. Pinkney; *The Victorian City: Images and Realities*, editado por H. S. Dyos e Michael Wolff em 2 vols. (1973), inclui alguns artigos espetaculares; *Victorian Suburb: A Study of the Growth of Camberwell* (1961), de H. S. Dyos. Ver também os títulos anteriormente citados, como os de Crew, Köllmann, Olsen e Briggs, bem como o de Daumard.

Por motivos historicamente óbvios, a "nova" classe média é a que tem recebido a maior atenção dos historiadores, e nem só dos marxistas. Sabemos da previsão feita por Marx e Engels de que o *Mittelstand* seria rebaixado ao nível do proletariado, o que simplificaria a classe média; a não-realização dessa previsão foi uma das razões cruciais que levaram alguns marxistas a se tornarem revisionistas. Ver a respeito meu trabalho *The Dilemma of Democratic Socialism: Eduard Bernstein's Challenge to Marx* (1952). Sobre a Inglaterra, ver Gregory Anderson, *Victorian Clerks* (1976), e David Lockwood, *The Black-Coated Worker: A Study in Class Consciousness* (1958). E, a partir de uma perspectiva diferente, ver Robert Q. Gray, "The Labour Aristocracy in the Victorian Class Structure", em *The Social Analysis of Class Structure* (1974), editado por Frank Parkin, pp. 19-38, e Geoffrey Crossick, *An Artisan Elite in Victorian Society: Kentish London 1840-1880* (1978).

As primeiras partes da monografia criteriosa e exaustiva de Heinrich August Winkler, *Mittelstand, Demokratie, und Nationalsozialismus: Die politische Entwicklung von Handwerk und Kleinhandel in der Weimarer Republik* (1972), tratam em profundidade, e com todo o peso da autoridade do autor, da evolução do termo *Mittelstand*. "Der Neue Mittelstand" de Emil Lederer e Jakob Marschak, "Der Neue Mittelstand" "Mittelstandsfragen", de L. D. Pesl, são ensaios mais antigos porém ainda válidos e úteis, e se encontram ambos no estudo de G. Albrecht et al. *Grundriss der Sozialökonomik*, vol. IX, parte I, *Die Gesellschaftliche Schichtung im Kapitalismus* (1926), pp. 120-41 e 40-119.

Tendo em vista a infeliz reputação adquirida pelo guarda-chuva como melancólico instrumento burguês — imagine-se Louis Philippe ostentando o seu e lembrem-se das caricaturas de Daumier que mostram burgueses armados com eles —, seria interessante ter-se um estudo sério dessa ferramenta; *A History of the Umbrella* (1970), de T. S. Crawford não passa de um esboço.

A EDUCAÇÃO DOS SENTIDOS

EXPERIÊNCIAS BURGUESAS, I: UM REGISTRO ERÓTICO

Extraí a maior parte do material deste capítulo dos vastíssimos e magníficos documentos deixados por Mabel Loomis Todd e por sua filha, Millicent Todd Bingham, bem como dos documentos apenas menos extensos de David Peck Todd, Austin Dickinson (estes embaralhados em meio aos de Mabel Todd), e da família Loomis; todos estes documentos se encontram nos Arquivos de Manuscritos e Documentos da Universidade de Yale.

No que se refere a Mabel Todd, ver o resumo lúcido porém nada crítico e muito sucinto de Millicent Todd Bingham, *Mabel Loomis Todd: Her Contributions to the Town of Amherst* (1935), bem como, também de Millicent Todd Bingham, *Ancestors' Brocades: The Literary Debut of Emily Dickinson* (1945), que contém bom material. O mesmo pode ser dito de *The Editing of Emily Dickinson: A Reconsideration* (1967), de R. W. Franklin.

Também se encontram capítulos consideráveis sobre Mabel Todd no trabalho de Richard B. Sewall, *The Life of Emily Dickinson*, 2 vols., (1974): vol. I, caps. 6, 9, 10 e 12 e mais o apêndice II. Algumas das passagens que utilizei em meu texto podem ser encontradas nessa obra realmente digna de um estudioso do porte de Sewall, uma investigação completa e requintada da vida, da obra e do mundo de Emily Dickinson; Sewall omitiu praticamente todo o material erótico. E mesmo quando deixa que vá ao prelo uma passagem amorosa (como no vol. I, p. 181), cita as frases relativas ao amor e expurga as frases decisivas sobre a sexualidade. De qualquer modo, a interpretação de Mabel Todd neste capítulo não é dele, e sim minha.

Outros textos, mais ou menos valiosos, são: MacGregor Jenkins *Emily Dickinson, Friend and Neighbour* (1930), especialmente com relação a Austin Dickinson; Martha Dickinson Bianchi, *Emily Dickinson Face to Face* (1932), cujos apêndices reproduzem vários obituários elogiosos de Austin Dickinson, sendo que a maior parte deles vão muito além das pieguices obrigatórias em tais discursos. Millicent Todd nos apresenta uma visão tendenciosa e efusiva, mas nem por isso totalmente desprovida de informações, do pai de Mabel Loomis Todd, em *Eben Jenks Loomis, 11 de novembro de 1828 a 2 de dezembro de 1912* (edição particular, 1913); também de Millicent Todd, ver *Emily Dickinson's Home: The Early Years, as Revealed in Family Correspondence and Reminiscences, with Documentation and Comment* (1955; edição corrigida, 1967).

A literatura de aconselhamento a pais e filhas, bem como a casais formados por homens de meia-idade e mocinhas, é bastante substancial. *Conjugal Sins*, do dr. Gardner, que cito no texto (p. 103), se apóia na popularíssima obra do dr. Alexandre Mayer, sobretudo *Des rapports conjugaux, considérés sous le triple point de vue de la population, de la santé, et de la morale publique* (1848; 4ª ed., corrigida e ampliada, 1860). Para o conhecimento de uma "vítima", ver *Margaret Sanger: An Autobiography* (1938), e David M. Kennedy, *Birth Control in America: The Career of Margaret Sanger* (1970). Os laços estreitos que uniam pais e filhas constituem uma das matérias-primas da ficção do século XIX; restrinjo-me a citar a obra de Elizabeth Gaskell, *North and South*, cujos traços finos com que ela delineia um apego quase fatal de pai a filha têm passado praticamente desapercebidos em vista das pressões exercidas pelos temas que se têm imposto com maior evidência. Considerando a literatura psicanalítica, as obras possivelmente de maior interesse são as de Phyllis Greenacre, "Child Wife as Ideal: Sociological Considerations" (1947), em *Emotional Growth* 2 vols., (1971), vol. I pp. 3-8, e de René Spitz, "Ein Beitrag zum Problem der Wandlung der Neurosenform: Die Infantile Frau und ihre Gegenspieler", em *Imago*, vol. XIX (1933), pp. 454-67.

A questão dos noivados no século XIX ainda exige pesquisas muito mais aprofundadas, de preferência comparativas. Entrementes, Ellen K. Rothman, "Sex and Self-Control: Middle-Class Courtship in America, 1770-1870", *Journal of Social History*, vol. XV, nº 3 (primavera de 1982), pp. 409-25, apresenta uma argumentação sólida e uma documentação exaustiva referente aos Estados Unidos; e o mesmo pode se dizer de sua tese "'Intimate Acquaintance': Courtship and the Transition to Marriage in America, 1770-1900" (Brandeis, 1980).

A confusão generalizada no século XIX acerca do período "seguro" para relações sexuais é dissecada com lucidez por Carl N. Degler, em *At Odds: Women and the Family in America from the Revolution to the Present* (1980), pp. 212-15. Ver também *From Private Vice to Public Virtue: The Birth Control Movement in American Society Since 1830* (1978) obra detalhada e criteriosa de James Read.

Estabeleço meu diagnóstico de Mabel Todd como uma mulher histérica a título provisório. A literatura que versa sobre este distúrbio camaleônico é vasta e irregular. Os casos clássicos descritos por Freud e Breuer, *Studies on Hysteria* (1895), *S.E.*, vol. II, precisam hoje de uma revisão e de uma suplementação que os tornaria mais complexos. A obra de Ilza Veith, *Hysteria: The History of a Disease* (1965), fornece uma visão sensata, abrangente e bem resumida, concentrando-se nos séculos que antecederam a Freud; *Hysteria: The Elusive Neurosis* (1978), é um tanto canhestro e muito breve, porém confiável, e inclui uma bibliografia seleta: sublinha a grande variedade de enfermidades que foram abarcadas numa única denominação. Aprendi bastante com David Shapiro em *Neurotic Styles* (1965), cap. 4. O texto publicado em 1945 por Otto Fenichel, *The Psychoanalytic Theory of Neurosis* já se tornou um pouco obsoleto, porém os relevantes capítulos sobre as questões da histeria e da conversão (caps. 11 e 12) continuam merecendo uma leitura cuidadosa e atenta. Da literatura técnica mais recente que enfatiza a complexicidade da histeria, acho que da maior importância são: Judd Marmon, "Orality in the Hysterical Personality", *Journal of the American Psychoanalytic Society*, vol. I (1953), pp. 656-71; Leo Rangell, "The Nature of Conversion", ibid., vol. VII (1959), pp. 632-62; e, principalmente, Elizabeth Zetzel, "The So-Called Good Hysteric", *International Journal of Psycho-Analysis*, vol. XLIX (1968), pp. 256-60.

Com relação ao adjetivo "delicioso" aplicado a algo diferente de alimentos, ver o romance de Charles Dickens, *Our Mutual Friend* (1864; ed. 1953), livro IV, cap. 5, p. 659, no qual uma menina chora de alegria. Whitman utilizou "delicioso" para descrever o fraseado da gíria americana. *Walt Whitman: A Life* (1980), de Justin Kaplan, p. 229. Amiel era capaz de qualificar o episódio de um romance como "*délicieux*"; e ver finalmente o diário de Mary I. Barrows, escrito quando ela era ainda aluna no Internato Santa Margarida, em Connecticut: "A geometria é *deliciosa*". (7 de outubro de 1885; Anotação pessoal, 1885-6, cortesia de Susana Barrows.)

I. *DOCES COMUNHÕES BURGUESAS*

Deixei documentadas as fontes que me levaram à convicção de que Mabel Todd não era um caso isolado citando os Wards e outros nas notas. O trabalho de F. Barry Smith, "Sexuality in Britain", mostrou-se mais uma vez inestimável. Sobre Elizabeth Cady Stanton encontram-se informações adicionais em Lois W. Banner, *Elizabeth Cady Stanton, A Radical for Women's Rights* (1980), obra curta porém confiável, já a obra editada por Theodore Stanton e Harriot Stanton, (*Elizabeth Cady Stanton*), é rica, informativa, mas incompleta. A edição das memórias de Hopkinson publicada por Jocelyne Baty Goodman, *Victorian Cabinet Maker: The Memoirs of James Hopkinson, 1819-1894* (1968), é um paradigma. Embora o livro de Leon Harris, *Only to God: The Extraordinary Life of Godfrey Lowell Cabot* (1967), seja extremamente abundante em informações, as especulações psicanalísticas são minhas.

Devo dreclarar que, na interpretação dos sonhos de Hopkinson (ou de Cabot ou ainda de qualquer outra pessoa), todas as minhas colocações são provisórias. Não estou procurando fugir à minha responsabilidade como intérprete das evidências; contudo estou também perfeitamente consciente de que é quase impossível oferecer uma interpretação abalizada de um sonho quando o sonhador não está presente para acrescentar-lhe associações, maiores detalhes e lembranças correlatas. O melhor que podemos esperar é um alto grau de probabilidade e de persuassão.

Sobre Joseph Lyman, ver Richard B. Sewall, *The Lyman Letters: New Light on Emily Dickinson and Her Family* (1965), bem como do mesmo autor, *Emily Dickinson*, vol. I, pp. 134-40 e vol. II, pp. 422-7. Ambas as obras são extremamente competentes do ponto de vista acadêmico, porém omitem todo o material relativo à sexualidade, que achei tão valioso na documentação legada pela família Lyman. O *status* que tinha a frenologia à época dos Lyman se encontra muito bem pesquisado em John D. Davies, *Phrenology, Fad and Science: A Nineteenth-Century American Crusade* (1955), assim como em Madeleine B. Stern, *Heads and Headlines: The Phrenological Fowlers* (1971).

Extensos excertos dos diários e apontamentos íntimos de Victoria Benedictsson (1949), e excertos muito mais curtos em Lucien Maury, *L'Amour et la mort d'Ernst Ahlgren* (1945); ambos fornecem detalhes de grande interesse para uma interpretação. Ainda não tive oportunidade de ver o estudo de Tora Sandström sobre Victoria Benedictsson, que leva o título promissor de *En Psykoanalytisk Kvinnostudie* (1935). E quanto a Lester Ward, ver *Lester F. Ward: A Personal Sketch* (1922), de Emily P. Cape, *Lester Ward, the American Aristotle: A Summary and Interpretation of His Sociology* (1939), de Samvel Chugerman. Também o cap. 4, "Lester Ward: Critic", in Richard Hofstadter, *Social Darwinism in American Thought* (2ª ed., 1955), é sucinto e brilhante.

No que se refere a pesquisadores do sexo e da sexualidade no século XIX, um assunto que deve atrair muitos estudos ainda, ver o capítulo sobre Havelock Ellis em Paul A. Robinson, *The Modernization of Sex* (1976). A antiga biografia escrita por Arthur Calder-Marshall, *Havelock Ellis* (1959), tornou-se obsoleta com a publicação do recente trabalho de Phyllis Grosskurth, *Havelock Ellis: A Biography* (1980), equilibrada e repleto de informações. Quanto à autora do Relatório Mosher, expresso mais uma vez a minha gratidão para com o artigo de Carl Degler, "What Ought to Be and What Was". Ver também Degler em sua "Introdução" para *The Mosher Survey: Sexual Attitudes of 45 American Women* (1980), editado por James MaHood e Kristine Wenburg, bem como o ensaio biográfico de Kathryn Allamong Jacob, "Clelia Duel Mosher", em *Johns Hopkins Magazine*, vol. XXX, nº 3 (junho de 1979), pp. 8-16. Pelo menos uma dentre as muitas pessoas que se dedicam ao estudo da sexualidade, Lilian Faderman, não ficou convencida pela interpretação dada por Degler a esse material e é pouco provável que concordasse com a minha: ver, de sua autoria, *Surpassing the Love of Men: Romantic Friendship and Love Between Women From the Renaissance to the Present* (1981), p. 440.

Dos médicos do século XIX que escreveram sobre a sexualidade feminina, o que causou os maiores danos aos historiadores foi dr. William Acton. Pesquisadores que trabalhavam no campo da sexualidade em outros países que não a Inglaterra (onde a sua reputação era um tanto dúbia), evidentemente se deleitaram com a sua mensagem e a citaram, ou parafrasearam, profusamente. O dr. Otto Adler se utiliza freqüentemente e sem qualquer constrangimento dos escritos do dr. Acton, e muitas vezes omite até mesmo as aspas em suas citações; e outros consumidores gratos incluem: o dr. Seved Ribbing, autor de *Sexuelle Hygiene und ihre ethischen Konsequenzen* (1892), pp. 54-5; a dra. Elizabeth Blackwell, *Counsel to Parents on the Moral Education of Their Children* (1878; 4ª ed., 1881); a dra. Mary Wood-Allen, *Ideal Married Life: A Book for All Husbands and Wives*, cap. XXIV; e o dr. Horatio Robinson Storer, *Is It I? A Book for Every Man* (1868), pp. 30-2 e 141-3. Apesar de o livro do dr. Acton ter obtido grande sucesso em sua época, sua recente reputação deve-se fundamentalmente ao lugar de destaque que lhe é concedido em Steven Marcus, *The Other Victorians*.

As interpretações mais controvertidas sobre a sexualidade feminina, em tempos modernos, são sem sombra de dúvida as expostas por Freud. A controvérsia vem sendo levada adiante no âmbito restrito da comunidade psicanalítica. Uma amostra significativa deste fato é que a importante crítica de Mary Jane Sherfey às idéias de Freud sobre o orgasmo feminino, *The Nature and Evolution of Female Sexuality* (1972), foi publicada pela primeira vez na revista *The Journal of the American Psychoanalytic Association*. Harold P. Blum editou o compêndio *Female Sexuality: Contemporary Psychoanalytic Views* (1977), no qual atualiza a discussão. A história das idéias de Freud sobre a mulher, na íntegra, ainda está por ser escrita. Zenie Odes Fliegel, "Feminine Psychosexual Development in Freudian Theory: A Historical Reconstruction", em *Psychoanalytic Quarterly*, vol. XLII, nº 3 (julho de 1973), pp. 358-408, nos oferece um relato confiável dos acirrados debates entre analistas na década de 1920, sobre essa delicada questão, debates nos quais os jovens Karen Horney e Ernest Jones defenderam com muito empenho a posição da mulher não como um homem que falhou em seus objetivos, mas sim como um ser que estava desenvolvendo sua própria sexualidade. Ver sobretudo Karen Horney, "On the Genesis of the Castration Complex in Women" publicado em *International Journal of Psychoanalysis*, vol. V (1924), pp. 50-65, e "The Flight from Womanhood", ibid., vol. VII (1926), pp. 324-39; e o de Ernest Jones, "The Early Development of Female Sexuality" (1927) e "The Phallic Phase" (1933), ambos incluídos em *Papers on Psychoanalysis* (1961), respectivamente pp. 438-51 e 452-84. Entretanto, prevaleceu a postura adotada por Freud já em sua maturidade, estabelecida em dois ensaios curtos (e que até certo ponto podem ser vistos como provisórios): "Einige psychische Folgen des anatomischen Geschlechtsunterschieds" (1925), *St. A.*, vol. V, pp. 253-66; "Some Psychical Consequences of the Anatomical Distinction Between the Sexes", *S.E.*, vol. XIX, pp. 243-58; e "Über die weibliche

Sexualität" (1931), *St. A.*, vol. v, pp. 273-92; "Female Sexuality", *S.E.*, vol. xxi, pp. 223-43. Outros psicanalistas que adotaram a mesma linha de Freud são, notadamente, Helene Deutsch, em *The Psychology of Women*, 2 vols. (1944-45), e Marie Bonaparte, *Female Sexuality* (trad. inglesa de John Rodker, 1953). Por toda parte feministas têm criticado essa postura com relação à sexualidade feminina; um título recente, bem representativo, é *Women: Psychology's Puzzle* (1979), de Joanna Bunker Rohrbaugh; à luz desses ataques furiosos, o livro da feminista Juliet Mitchell, *Psychoanalysis and Feminism: Freud, Reich, Laing, and Women* (1974), uma defesa polêmica e bem-informada de Freud, é tanto mais notável.

É impossível deixar de lado um belo ensaio escrito por Nancy F. Cott, "Passionlessness: An Interpretation of Victorian Sexual Ideology, 1790-1850", publicado na obra editada por Nancy F. Cott e Elizabeth H. Pleck, *A Heritage of Her Own: Toward a New Social History of American Women* (1979), pp. 162-81. Devo também observar que na questão de haverem ou não os moralistas assumido a vanguarda nos debates sobre a sexualidade feminina em fins do século xix, discordo frontalmente da monografia de Robin Haller, *The Physician and Sexuality in Victorian America* (1974), da qual tirei muito proveito (eles acreditam que os moralistas venceram, e disso eu discordo).

Sobre o dr. Napheys, ver o esboço biográfico que serve de prefácio ao seu livro *The Physical Life of Woman: Advice to Maiden, Wife, and Mother* (1869; 3ª ed. 1888).

Rosalind Rosenberg escreveu uma monografia muito interessante, *Beyond Separate Spheres: Intellectual Roots of Modern Feminism* (1982), que chegou ao meu conhecimento justamente quando eu estava corrigindo as provas deste livro. Suas páginas a respeito do Relatório Mosher (pp. 98-99 e 180-7) são simplesmente fascinantes; já sua interpretação é um pouco mais sombria do que a minha.

II. *MULHERES AGRESSIVAS E HOMENS DEFENSIVOS*

Sobre o medo que o homem sente diante da mulher, duas obras são informativas e interessantes: H.R. Hays, *The Dangerous Sex: The Myth of Feminine Evil* (1964), e, mais ainda, Wolfgang Lederer, *The Fear of Women* (1968), ambas atravessando eras e culturas. O trabalho sucinto de Sigmund Freud referente ao terror inspirado pelos órgãos genitais femininos também é relevante nesse aspecto: "Das Medusenhaupt" (1922) [não incluído em *St. A.*], *G.W.*, vol. xvii, p. 47; "Medusa's Head", *S.E.*, vol. xviii, pp. 273-4. Entre outros trabalhos da literatura psicanalítica, foram de grande valia para mim Edith Jacobson, "The Development of the Wish for a Child in Boys" em *Psychoanalytic Study of the Child* vol. v (1950), pp. 139-52; Géza Róheim, "Aphrodite or the Woman with a Penis", em *Psychoanalytic Quarterly*, vol. xiv (1945), pp. 350-90; Karen Horney, "The Dread of Women. Observation on a Specific Difference in the Dread Felt by Men and by Women Respectively for the Opposite Sex" em *International Journal of Psychoanalysis*, vol. xiii (1932), pp. 348-60; Robert Gessain, "Vagina dentata", *Psychanalyse* (Paris), vol. iii (1957), pp. 247-95, bem como *Le Motif vagina dentata* (1958); e finalmente o de Verrier Elwin, "The Vagina Dentata Legend", em *The British Journal of Medical Psychology*, vol. xix (1941), pp. 439-53, sendo este último artigo pesquisa antropológica impressionante. Também se encontra muito material útil em Daniel S. Jaffe, "The Masculine Envy of Woman's Procreative Function", em *Journal of the American Psychoanalytic Association*, vol. xvi (1968), pp. 121-48. Muito sugestivo é o manifesto de Dorothy Dinnerstein, *The Mermaid and the Minotaur: Sexual Arrangements and Human Malaise* (1976). Joseph C. Rheingold, *The Fear of Being a Woman: A Theory of Maternal Destructiveness* (1964), é um tratado amplo e eclético, contendo muitas informações interessantes. O destino de uma mulher simbólica, Marianne, é seguido de maneira extremamente intrigante por Maurice Agulhon em *Marianne into Battle: Republican Imagery and Symbolism in France, 1789-1880* (1979; trad. inglesa de Janet Lloyd, 1981); um segundo volume nos é prometido para breve. Natalie Zemon Davis, "Women on Top", em *Society and Culture in Early Modern France* (1975), pp. 124-51, merece uma boa leitura pela dimensão comparativa que introduz.

A literatura referente à situação, ressentimentos e aspirações da mulher no século xix já é hoje muito volumosa. Um levantamento abrangente, que leva em conta tudo o que se tem publicado a respeito, é o de Priscilla Robertson, *An Experience of Women: Pattern and Change in Nineteenth-Century Europe* (1982), incluindo bibliografia completa. Também são de utilidade Louise Tilly e Joan W. Scott, *Women, Work, and Family* (1978), e Lee Holcombe, *Victorian Ladies at Work: Middle-Class Working Women in England and Wales, 1850-1914* (1973) a estas obras acrescento ainda o antigo, porém nem por isso menos informativo, *The Woman Question in Europe; a Series of Original Essays* editado em 1884 por Theodore Stanton, e o levantamento igualmente instrutivo da situação das mulheres sob o ponto de vista legal realizado por Marianne Weber, *Ehefrau und Mutter in der Rechtsentwicklung* (1907); e Edith Abbott, *Women in Industry* (1909).

Quanto ao recuo das mulheres no início do século xix, uma obra que continua a ser de importância é a de Ivy Pinchbeck, *Women Workers and the Industrial Revolution, 1750-1850* (1930; edição com novo prefácio, 1969). Doris May Stenton, em *The English Woman in History* (1957), dá uma rápida visão panorâmica da história da mulher até o século xix inclusive. Mary Roth Walsh, *"Doctors Wanted: No Women Need Apply": Sexual Barriers in the Medical Profession, 1835-1975* (1977), é uma avaliação irada, justa e rica em informações; aprendi muito com ela. Outras indicações marginais, significativas e fascinantes, se encontram no livro de Jean Donnison, *Midwives and Medical Men: A History of Inter-Professional Rivalries and Women's Rights* (1977). A edição de Marjorie Housepian Dobkin dos diários de M. Carey Thomas, apesar de bastante fragmentária, fornece uma leitura eletrizante: *The Making of a Feminist: Early Journals and Letters of M. Carey Thomas* (1979). Lembro também o notável livro de Charlotte Perkins Gilman, *Women and Economics: A Study of the Economic*

Relation Between Men and Women as a Factor in Social Evolution (1899), ed. Carl Degler (1966).

Sobre governantas, ver M. Jeanne Peterson, "The Victorian Governess: Status Incongruence in Family and Society", em Martha Vinucis (ed). *Suffer and Be Still: Women in the Victorian Age* (1973), pp. 3-19, um ensaio bastante substancial. Ver também o trabalho de Katharine West, *Chapter on Governesses: A Study of the Governess in English Fiction, 1800-1949* (1949), assim como o de Rosalie G. Grylls, *Queens College, 1848-1948* (1949).

Existem diversas boas reportagens sobre como algumas mulheres ascenderam à política e às profissões liberais. Tirei bastante proveito da de Richard J. Evans, *The Feminists: Women's Emancipation Movements in Europe, America, and Australasia 1840-1920* (1977), um trabalho sucinto e confiável. *At Odds*, de Degler, tem alguns capítulos muito bons. Ver também: Eleanor Flexner, *Century of Strugle: The Woman's Rights Movement in the United States* (1959); Aileen S. Kraditor, *The Ideas of the Woman Suffrage Movement 1890-1929* (1965); Léon Abensour, *Histoire générale du féminisme des origines à nos jours* (1921); Richard Evans, *The Feminist Movement in Germany 1894-1933* (1976); e a bela dissertação de Amy Hackett, "The Politics of Feminism in Wilhelmine Germany 1890-1918" (Columbia University, 1976). Amy Hackett publicou alguns dos resultados que obteve: "The German Women's Movement and Suffrage, 1890-1914: A Study of National Feminism", em *Modern European Social History* (1972), pp. 354-86. Margrit Twellmann, *Die Deutsche Frauenbewegung im Spiegel repräsentativer Frauenzeitschriften. Ihre Anfänge und erste Entwicklung (1843-1888)* (1972), acompanha de maneira interessantíssima o movimento feminista alemão através dos periódicos dirigidos ao público feminino.

Considerando-se que a história das mulheres é um campo de estudos relativamente recente, a antologia tanto de fontes de referência quanto de artigos ocupa nela um lugar central. Boa parte das investigações dos últimos tempos, apesar de seu ímpeto combativo, tem sido de alto gabarito. Entre boas e vastas coleções que enumeram fontes diversas temos, por exemplo: a obra editada por Erna Olafson Hellerstein, Leslie Parker Hume e Karen M. Offen, *Victorian Women: A Documentary Account of Women's Lives in Nineteenth-Century England, France, and the United States* (1981); *Women in Public, 1850-1900: Documents of the Victorian Woman's Movement* (1979); *Strong-Minded Women and Other Lost Voices from Nineteenth-Century England* (1982), excelente assim como os outros compêndios citados, porém, conforme demonstra o título, um tanto matizado pela autopiedade, de vez que as "vozes perdidas" incluem as da rainha Vitória e de Florence Nightingale; o resumido *The Woman Movement: Feminism in the United States* editado por William L. O'Neill (1969); e o de Julia O'Faolain e Lauro Martines, *Not in God's Image* (1973), um belo passeio pela história.

As melhores coleções de ensaios modernos incluem o já referido *Suffer and Be Still*, de Martha Vicinus, assim como o mais recente *A Widening Sphere, Changing Roles of Victorian Women* (1977), da mesma autora; e dois de Nancy F. Cott, *Root of Bitterness: Documents of the Social History of American Women* (1972), e *A Heritage of Her Own*.

Quanto aos "antifeministas", ver o livro compacto e totalmente convincente de Brian Harrison, *Separate Spheres: The Opposition to Women's Suffrage in Britain* (1978). Também de Harrison, o impressionante "Women's Health and the Women's Movement in Britain: 1840-1940", em Charles Webster (ed.), *Biology, Medicine, and Society 1840-1940* (1981), pp. 15-71. E ainda de Harrison, a coletânea de ensaios *Peaceable Kingdom: Stability and Change in Modern Britain* (1982) contém muitos trechos simplesmente admiráveis sobre o movimento feminista na Inglaterra.

O *Struwwelpeter*, esse clássico da literatura infantil alemã transbordante de sadismo e castrações, ainda está à espera de um historiador psicanalista. Entrementes, podemos citar o livro interessante, se bem que tendencioso, de Marie-Luise Könneker, *Dr. Heinrich Hoffmann's "Struwwelpeter", Untersuchungen zur Entstehungs- und Funktionsgeschichte eines bürgerlichen Bilderbuches* (1977). No tocante a mulheres castradoras na literatura do século XIX, ver o magistral *The Romantic Agony* de Mario Praz (1930; trad. inglesa de Angus Davidson, 1951), no qual me baseei com muita confiança. Acerca de Pater, ver sobretudo Michael Levey, *The Case of Walter Pater* (1978). A sra. Linton, uma complexa antifeminista, é submetida a um exame apurado na obra de Herbert Van Thal, *Eliza Lynn Linton, The Girl of the Period* (1979), bem como no livro mais antigo de G.S. Layard, *Mrs. Lynn Linton: Her Life, Letters, and Opinions* (1901). Vale a pena também estudar o estranho "romance" autobiográfico em que ela se reveste de um personagem masculino, *The Autobiography of Christopher Kirkland* (1853).

Com relação a alguns dos artistas plásticos que abordo no presente texto, destaco as seguintes obras de uma literatura muitíssimo mais vasta: Robert Rosenblum, *Ingres* (1967), um texto embrionário; David Sonstroem, *Rossetti and the Fair Lady* (1970); Jean Paladilhe e José Pierre, *Gustave Moreau* (1972); Virginia Surtees, *The Paintings and Drawings of Dante Gabriel Rossetti (1828-1882)*, 2 vols. (1971), um catálogo altamente revelador e muito bem estruturado; Heinrich Voss, *Franz von Stuck, 1863-1928. Werkkatalog der Gemälde mit einer Einführung in seinen Symbolysmus* (1973); *Edvard Munch: Symbols and Images* (1978), um compêndio informativo com participação de diversos ensaístas brilhantes e com uma introdução de Robert Rosenblum; Ulrich Weisner (ed.), *Munch: Liebe, Angst, Tod: Themen und Variationen* (1980), um esplêndido catálogo; Max Schmid, *Klinger* (1901), datado mas ainda útil; e *Max Liebermann in seiner Zeit* (1979), contendo ensaios de Matthias Eberle e outros, um catálogo realmente exaustivo das obras desse pintor que já foi dos mais famosos artistas judeus-alemães.

III. *AS PRESSÕES DA REALIDADE*

No tocante ao clorofórmio e aos pioneiros da anestesia, ver Myrtle Simpson, *Simpson the Obstetrician* (1972), e J.A. Shepherd, *Simpson and Syme of Edinburgh* (1969). Sobre a dramática luta empreendida pelo dr. Ignaz Semmelweis para tornar mais seguros os partos nos hospitais, há a biografia bem substancial de Sir William J. Sinclair, *Semmelweis: His Life and His Doctrine: A Chapter in the History of Medicine* (1909), a qual deve ser complementada pela leitura do interessante estudo de políticas médicas escrito por Sherwin B. Nuland, "The Enigma of Semmelweis — An Interpretation", em *Journal of the History of Medicine and Allied Sciences*, vol. XXXIV, nº 3 (julho de 1979), e do livro de Erna Lesky, *Ignaz Philipp Semmelweis und die Wiener Medizinische Schule* (1964).

Detalhes confiáveis dos históricos individuais explorados no presente livro podem ser encontrados em Sarah Freeman, *Isabella and Sam: The Story of Mrs. Beeton* (1978); e Mary Lutyens, *The Ruskins and the Gray* (1972), especialmente no apêndice III, que se refere ao destino das crianças dos Gray. Sobre a família real inglesa, destaco, de uma literatura abundante, a obra de Cecil Woodham-Smith, *Queen Victoria: From Her Birth to the Death of the Prince Consort* (1972). O eloqüente diário de William Ewart Gladstone (*The Gladstone Diaries*, impecavelmente editados por M.R.D. Foot e H.C.C. Matthew, 8 vols. até o presente, 1968-...), pode ser lido em conjunto com S.G. Checkland, *The Gladstones: A Family Biography, 1764-1851* (1971) e com Deryck Schreuder. "Gladstone and the Conscience of the State" em Peter Marsh (ed.), *The Conscience of the Victorian State* (1979), pp. 73-134. A história da família Lenbach é apresentada numa visão panorâmica por Siegfried Wichmann, em *Franz von Lenbach und seine Zeit* (1973).

Sobre os grandes estatísticos do século XIX, há Maurice Halbwachs, *La Théorie de l'homme moyen: essai sur Quetelet et la statistique morale* (1912), cuja leitura deve ser complementada pelo trabalho de Paul F. Lazarsfeld, "Notes on the History of Quantification in Sociology: Trends, Sources, and Problems". *Isis*, vol. LII (1961), pp. 277-333, e pelo verbete de Lazarsfeld e David Landau, "Quetelet, Adolphe", publicado na *International Encyclopaedia of the Social Sciences* (1968), vol. XIII, pp. 247-55. Farr é estudado adequadamente por John M. Eyler em *Victorian Social Medicine: The Ideas and Methods of William Farr* (1979); a já antiga antologia editada por Noel A. Humphreys, *Vital Statistics: A Memorial Volume of Selections from the Reports and Writings of William Farr* (1885), é tão completa quanto criteriosa.

Freud abordou o estreito relacionamento entre as precauções sexuais e o bem-estar mental em toda a sua obra; ver um de seus primeiros trabalhos, "Über die Berechtigung, von der Neurasthenie einen bestimmten Symptomenkomplex als 'Angstneurose' abzutrennen" (1895), *St. A*, vol. VI, pp. 25-49; "On the Grounds for Detaching a Particular Syndrome from Neurasthenia under the Description 'Anxiety Neurosis'", *S.E.*, vol. III, pp. 261-85; neste ensaio, Freud trata da ansiedade de homens que praticam a abstenção sexual ou o *coitu interruptu* e sofrem por falta da consumação de sua excitação. Ver também "Die Sexualität in der Ätiologie der Neurosen" (1898), *St.A.*, vol. V, pp. 11-35; "Sexuality in the Aetiology of the Neuroses", *S.E.*, vol. III, pp. 261-85. Já o sucinto e importante trabalho publicado por Freud um pouco mais tarde, "Die 'kulturelle' Sexualmoral und die moderne Nervosität" (1908), *St.A.*, vol. IX, pp. 9-32 — "'Civilized' Sexual Morality and Modern Nervous Illness", *S.E.*, vol., IX, pp. 181-204 — fornece uma visão preliminar de muitos dos argumentos centrais para a caracterização da civilização como um sacrifício, que Freud expõe em *Das Unbehagen in der Kultur* (*Civilization and Its Discontents*) (1930).

Dentre os estudos psicanalíticos sobre a gravidez, tirei o máximo proveito de Therese Benedek, "On the Organization of the Reproductive Drive", em *Psychoanalytic Investigations: Selected Papers* (1973), pp. 408-45; Grete L. Bibring, "Some Considerations of the Psychological Processes in Pregnancy" em *Psychoanalytic Study of the Child*, vol. XIV (1959), pp. 113-21; e do trabalho de Grete L. Bibring, Thomas F. Dwyer, Dorothy S. Huntington e Arthur F. Valenstein, "A Study of the Psychological Processes in Pregnancy and the Earliest Mother-Child Relation-ship", ibid., vol. XVI (1961), pp. 9-72. Sobre o caso de "Anna O.", na realidade Bertha Pappenheim, ver o minucioso histórico apresentado por Josef Breuer (em colaboração com Sigmund Freud) em *Studien über Hysterie* (1895), *G.W.*, vol. I, pp. 77-312; "Studies on Hysteria", *S.E.*, vol. II, pp. 21-47; os comentários de Freud se encontram em "Zur Geschichte der Psychoanalytischen Bewegung" (1914), *G.W.*, vol. X, pp. 44-5; "On the History of the Psychoanalytic Movement", *S.E.*, vol. XIV, pp. 11-2. Um relato bastante popular dessa paciente famosa é dado por Lucy Freeman em *The Story of Anna O.* (1972). Marion A. Kaplan, em *The Jewish Feminist Movement in Germany: The Campaigns of the Jüdischer Frauenbund 1904-1938* (1979), trata da fascinante carreira posterior de Bertha Pappenheim. Já uma perspectiva diferente, antropológica, pode ser encontrada em Sheila Kitzinger, *Women as Mothers* (1978).

Nas últimas quatro ou cinco décadas, historiadores e demógrafos têm ficado muito atentos à questão bastante fugidia do controle da natalidade. Entre os pioneiros, os que maior influência têm tido sobre os historiadores são Louis Henry, especialmente em sua obra *Anciennes familles genevoises. Etude démographique, XVI-XX siècles* (1956), em seu *Manuel de démographie historique* (1967), e, em colaboração com M. Fleury, em *Des régistres paroissiaux à l'histoire de la population. Manuel de dépouillement et d'exploitation de l'état civil ancien* (1965); David V. Glass, *Population Policies and Movements in Europe* (1940), bem como D.V. Glass e D.E.C. Eversley (eds.), *Population in History: Essays in Historical Demography* (1965), que contém trabalhos importantes quanto à metodologia; e outros historicamente detalhados. A pequena pérola de E.A. Wrigley, "Family Limitation in Pre-Industrial England" que, publicada pela primeira vez na *Economic History Review* de Utrecht em 1966, desde então vem sendo incluída em numerosas antologias, dentre as quais se destaca a editada por Michael Drake, *Population in Industrialization* (1969), uma magnífica coletânea cuja ênfase se concentra nas controvérsias recentes. Ver também Wrigley, *Population and History* (1969), e T.H. Hollingsworth, *Historical Demography* (1969). Possivelmente o primeiro de todos os estudos demográficos modernos é o de Christoph Bernoulli, duplamente útil tanto como documento legado pelos primórdios do século XIX quanto como instrumento para sua investigação: *Handbuch der Populationistik oder*

der Völker — und Menschenkunde nach statistischen Erhebnissen (1841). Derek Llewellyn-Jones, em *Human Reproduction and Society* (1974), fornece-nos uma visão abrangente e aprofundada dos nossos conhecimentos atuais acerca das forças reprodutivas.

Quanto a resumos e síntese generalizadas dos trabalhos recentes e de seus resultados, vide a obra de André Armengaud, "Population in Europe, 1700-1914" (trad. inglesa de A. J. Pomerans), em Carlo M. Cippolla (ed.), *The Fontana Economic History of Europe*, vol. III, e *The Industrial Revolution* (1973), pp. 22-76; ver também Jacques Dupaquier, "Population", em *The New Cambridge Modern History*, (1964), contém excelentes ensaios curtos sobre a Suécia, a França, a urbanização, a industrialização, a Alemanha do século XIX, e vários outros.

O livro de Edward Shorter, *The Making of the Modern Family* (1975), muito embora seja bem controvertido e, a meu ver, bastante grosseiro, inclui bons materiais baseados em levantamentos histórico-demográficos. No entanto, a extensão e a intensidade que podem atingir tais controvérsias, referentes à viabilidade da aplicação de tais levantamentos e estudos demográficos à história, vêm claramente à tona através de Robert I. Rotberg e Theodore K. Rabb (eds.), *Marriage and Fertility: Studies in Interdisciplinary History* (1980), que coloca diversos historiadores, como Shorter e Flandrin, em confronto direto com seus críticos. Um ensaio interessante que faz parte desta antologia é o de George D. Sussman, "Parisian Infants and Norman Wet Nurses in the Early Nineteenth Century: A Statistical Study", pp. 249-65.

A proposição de que o desejo de evitar a concepção remonta à Antigüidade, e de que a "revolução" ocorrida no século XIX não passa da satisfação mais ou menos bem sucedida das necessidades correspondentes, é apresentada com bastante força no clássico um tanto desconjuntado, porém indispensável por suas ricas anotações, *Medical History of Contraception* (1936; ed. 1970), de Norman E. Himes. Outro clássico, este já bem mais elaborado, é o de John T. Noonan, *Contraception: A History of Its Treatment by the Catholic Theologians and Canonists* (1965), bem mais abrangente do que indica o seu título. Por fim, ver também Frédéric Sipperstein, *La Grêve des naissances en Europe et ses problèmes* (1939).

Quanto aos estudos referentes a países específicos achei úteis, com relação à França: o antigo e polêmico trabalho de Emile Levasseur, *La Population française*, 2 vols., (1882-92); o de K.A. Wieth-Knudsen, *Natalité et progrès: synthèse économique, démographique, et biologique* (1908; trad. francesa de 1938), extremamente útil para desemaranhar as anteriores estimativas francesas, imprecisas e freqüentemente resultantes de trabalhos desleixados. Os controversos estudos clássicos que foram levados a cabo no âmbito temporal do presente trabalho, são, sobretudo, os seguintes: de Arsène Dumont, *Dépopulation et civilisation: étude démographique* (1890) e *Natalité et démocratie* (1898); de Jacques Bertillon, *La Dépopulation de la France* (1911); e de Paul Leroy-Beaulieu, *La Question de la population* (1913). Franceses muito preocupados já haviam denunciado anteriormente a família de duas crianças; note-se por exemplo a obra de Henri Medile Gourrier, *L'Avenir du mariage ou l'usage et l'abus dans l'union des sexes. Propositions et développements rédigés aux points de vue medical, philosophique, et théologique (1871).* Os debates se encontram bem resumidos na obra de Theodore Zeldin, *France*, vol. II, *Intellect, Taste, and Anxiety*, cap. 19.

O malthusianismo francês, seus defensores e seus opositores têm sido estudados proveitosamente: ver Hélène Berger e outros, *La Prévention de naissances dans la famille, ses origines dans les temps modernes* (1960). A "greve dos ventres" é bem analisada em Francis Ronsin, "Liberté-Natalité; Réaction et répression anti-malthusiennes avant 1920", em *Recherches* nº 29 (dezembro de 1977). Estudos demográficos modernos (que naturalmente incluem a questão dos métodos anticoncepcionais), são, entre outros, o de Philippe Ariès, *Histoire des populations françaises et de leurs attitudes devant la vie depuis le XVIII siècle* (1948; edição resumida porém ao mesmo tempo também ligeiramente aumentada, 1979), e os competentes trabalhos de André Armengaud, *Les Français et Malthus* (1975) e *La Population française au XIX siècle* (1971). A história do controle da natalidade na França antes do século XIX é discutida em alguns ensaios notáveis de Jean-Louis Flandrin, *L'Eglise et le contrôle des naissances* (1970), bem como, em conjunto com outros temas de maior generalidade, em seu *Families in Former Times: Kinship, Household, and Sexuality* (1976; trad. inglesa de Richard Southern, 1979). Ver também Orest e Patricia Ranum (eds.), *Popular Attitudes Toward Birth Control in Pre-Industrial France and England* (1972).

Com relação a Zola, e mais especificamente a *Fécondité*, ver: F.W.J. Hemmings, *Emile Zola* (1953; 2ª ed. 1966), pp. 290-6; o estudo psicológico realizado por John C. Lapp, "The Watcher Betrayed and the Fatal Woman: Some Recurring Patterns in Zola", em *P.M.L.A.* vol. LXXIV (1959), pp. 276-84; e o intrigante ensaio de Chantal Bertrand-Jennings, *L'Éros et la femme chez Zola. De la chute au paradis retrouvé* (1977).

Himes naturalmente inclui farto material sobre a Inglaterra em suas obras, e esse material tem sido estudado também com muito afinco, embora também nesse caso persistam as controvérsias. *Prosperity and Parenthood: A Study of Family Planning Among the Victorian Middle Classes* (1955), de J.A. Banks, e *Feminism and Family Planning*, de J.A. Banks e Olive Banks, procuram habilidosamente estabelecer ligações entre o controle da natalidade de um lado e estruturas e idéias sociais do outro. O artigo de N.E. Himes, "Bentham and the Genesis of Neo-Malthusianism", *Economic History*, vol. III (1937), pp. 267-76, é um tanto exagerado ao expor a clareza e o engajamento de Bentham; para corrigir e equilibrar esta tendenciosidade, ver William L. Langer, "Origins of the Birth Control Movement in England in the Early Nineteenth Century", *Journal of Interdisciplinary History*, vol. V, nº 4 (primavera de 1975), um ótimo resumo. Dois estudos repletos de informações publicados recentemente tratam da mortalidade infantil e da mortalidade puerperal relacionado as atitudes sociais: A.J. Youngson, *The Scientific Revolution in Victorian Medicine* (1979), e — a meu ver muito importante — F.B. Smith, *The People's Health, 1830-1914 (1979).* Outro trabalho excelente é o de D.E.C. Eversley, *Social Theories of Fertility and the Malthusian Debate* (1959). A evolução da organização entre os malthusianos ingleses é bem apresentada por Rosanna Ledbetter, em *A History of the Malthusian League 1877-1927* (1976); uma boa leitura suplementar é o ensaio de F. D'Arcy, "The Malthusian League and the Resistance to Birth Control Propaganda in Late Victorian Britain", em *Population Studies*, vol. XXXI (1977), pp. 429-48. O famoso julgamento de Bradlaugh e Besant, já referido pormenorizadamente nos livros dos Banks e alhures, dispõe agora de documentação específica: S. Chandrasekhar, *"A Dirty, Filthy Book": The Writings of Charles Knowlton and Annie Besant on Reproductive Physiology and Birth Control and an Account of the Bradlaugh-Besant Trial* (1981). O trabalho de Angus McLaren, *Birth Control in Nineteenth-Century England* (1978), é mais confiável no que diz respeito as idéias do que em relação aos números que apresenta. O estudo anterior, efetuado por John W. Innes, *Class Fertility Trends in England and Wales, 1876-1934* (1938), estabelece distinções importantes e continua sendo uma obra que merece ser lida e consultada. O ensaio de R. Sauer, "Infanticide and Abortion in Nineteenth-Century Britain", *Population Studies*, vol. XXXII (1978), pp. 81-94, argumenta que o número de abortos aumentou à medida que o aborto foi se tornando mais seguro.

Sobre a história da anticoncepção antes do século XIX, ver o trabalho de Peter Laslett e seus colegas de Cambridge, notadamente as obras pioneiras *The World We Have Lost* (1965) e *Family Life and Illicit Love in Earlier Generations: Essays in Historical Sociology* (1977). Há também abundantes informações no livro editado por Laslett, Karla Oosterveen e Richard M. Smith, *Bastardy and Its Comparative History: Studies in History of Illegitimacy and Marital Nonconformism in Britain, France, Germany, Sweden, North America, Jamaica, and Japan* (1980).

Existem vários estudos de peso sobre os Estados Unidos: James C. Mohr, *Abortion in America: The Origins and Evolution of a National Policy* (1978), é uma história jurídica da qual tomei emprestadas várias passagens; um bom complemento para esta obra é o artigo de R. Sauer, "Attitudes to Abortion in America, 1800-1973", em *Population Studies*, vol. XXVII (1974), pp. 53-68. E ver também a obra rica em informações de James Reed, *From Private Vice to Public Virtue: The Birth Control Movement and American Society Since 1830* (1978). O estudo de Linda Gordon, "Voluntary Motherhood: The Beginnings of Feminist Birth Control Ideas in the United States" em Mary Hartman e Louise W. Banner (eds.), *Clio's Consciousness Raised: New Perspectives on the History of Women* (1974), pp. 54-71, é excelente. O mesmo pode se dizer do livro da mesma autora, *Woman's Body, Woman's Right: A Social History of Birth Control in America* (1976). E mais uma vez podemos citar a obra de Degler, *At Odds*, especialmente no caso presente os caps. IX e X, muito informativos. O ensaio de Daniel Scott Smith, "Family Limitation, Sexual Control, and Domestic Feminism in Victorian America", em *Feminist Studies*, vol. I (1972-73), pp. 40-57, sugere a emergência de algo que ele chama de "feminismo doméstico" ao redor da questão da anticoncepção. E o trabalho de David Kennedy, em *Birth Control in America: The Career of Margaret Sanger*, muito embora apresente uma tendência acentuada para repetir as frases-feitas do "antivitorianismo" a respeito da sexualidade do século XIX, diz o que precisa ser dito sobre aquela pioneira do controle da natalidade nos Estados Unidos.

A Alemanha mostra uma riqueza superabundante de uma literatura alarmista e freqüentemente recheada de estatísticas sobre a anticoncepção até a primeira Guerra Mundial. Cito, entre outros: Reinhold Seeberg, *Der Geburtenrückgang in Deutschland: Eine sozialethische Studie* (1913); Elias Schrenk, *Notsignal für das deutsche Volk* (1913); Felix A. Theilhaber, *Das Sterile Berlin. Eine Volkswirtschaftliche Studie* (1913); Julius Wolf, *Der Geburtenrückgang* (1913); Jean Bernhard Bornträger, *Der Geburtenrückgang in Deutschland; Seine Bewertung und Bekämpfung* (1913); Max von Gruber, *Ursachen und Bekämpfung des Geburtenrückgangs in Deutschland* (1914). Já Fritz Winters, em *Die Deutsche Beamtenfrage* (1918), reúne cuidadosamente todas as provas para demonstrar o quanto cada criança custava a um funcionário do governo da Alemanha, completando essas provas com inferências que tentam convencer o leitor de que tais burocratas e suas esposas estavam a par dos referidos custos e agiam de acordo com tal conhecimento.

Estudos mais recentes sobre a Alemanha incluem: John E. Knodel, "Natural Fertility in Pré-Industrial Germany", em *Population Studies*, vol. XXXII (1978), pp. 481-510, que argumenta de modo convincente que de modo geral os habitantes de vilarejos não praticavam o controle da natalidade; também seu importante livro *The Decline of Fertility in Germany, 1871-1939* (1974), e ainda o artigo de Toni Richards "Fertility Decline in Germany: An Econometric Appraisal", em *Population Studies*, vol. XXXI (1977), pp. 537-54, que sugerem que a causa mais importante para tal declínio da taxa de natalidade foi a industrialização. Estudos de outras regiões, e de outros tópicos, que me iluminaram bastante incluem os seguintes: o de J. Sanders, *The Declining Birth Rate in Rotterdam* (1931), cujos levantamentos estatísticos remontam à década de 1880; o do professor Van Praag, "The Development of Neo-Malthusianism in Flanders" *Population Studies*, vol. XXXII (1978), pp. 467-80, que é bastante extenso com relação aos contra-ataques encetados pela Igreja Católica; e o livro muito informativo de Michael Drake, *Population and Society in Norway 1735-1865* (1969). Theodore Cianfrani, *A Short History of Gynecology and Obstetrics* (1960), inclui muita coisa interessante. William Peterson, *The Politics of Population* (1964), reúne diversos ensaios bastante estimulantes, particularmente "Notes on the Socialist Position on Birth Control", pp. 90-102. Com referência a este assunto, ver também R.P. Neuman, "Working Class Birth Control in Wilhelmine Germany", em *Comparative Studies in Society and History*, vol. XX, n.º 3 (julho de 1978), pp. 408-28.

A literatura sobre Malthus é muito vasta; tirei muito proveito da resenha crítica das argumentações pró e contra de Kenneth Smith, *The Malthusian Controversy* (1951); ver também a defesa, até certo ponto surpreendente, apresentada por George F. McCleary em *The Malthusian Population Theory* (1953); e, principalmente, o trabalho de D.V. Glass (ed.), *Introduction to Malthus* (1953). Alguns dos ensaios de William Petersen em *Poli-*

tics of Population (citado acima), especialmente "Malthusian Theory: A Commentary and Critique" (pp. 26-45), e "Marx versus Malthus: The Symbols and the Men" (pp. 72-89), são particularmente pertinentes, assim como o é também seu livro *Malthus* (1979).

Sobre o reformador Henry Wright, ver Lewis Perry, *Childhood, Marriage, and Reform: Henry C. Wright, 1797-1870* (1980).

IV. *A IGNORÂNCIA ERUDITA*

Um eminente psicanalista especializado em problemas da adolescência escreveu: "A consolidação, ao fim da adolescência, é acompanhada de repressões, que produzem um estado de amnésia parecido com aquele que se instala ao início do período de latência. Existe entretanto uma diferença essencial entre estas duas formas de amnésia: ao término da primeira infância, as lembranças são muito próximas das emoções experimentadas, e os fatos são profundamente reprimidos; ao término da adolescência, por outro lado, as lembranças contêm detalhes factuais precisos, e são as emoções experimentadas que se reprimem". Peter Blos, *On Adolescence: A Psychoanalytic Interpretation* (1962), p. 189. Ver também, do mesmo autor, *The Young Adolescent: Clinical Studies* (1970); e Samuel Ritve, "Adolescent To Woman", em *Journal of the American Psychoanalytic Association* vol. XXIV, nº 5 (1976), pp. 127-37.

A literatura sobre a repressão é muito vasta; o conceito em si, obviamente, é crucial para todo o pensamento psicanalítico. O clássico dos clássicos é o célebre trabalho metapsicológico de Sigmund Freud, "Die Verdrängung" (1915), *St.A.*, vol. III, pp. 103-18; "Repression", *S.E.*, vol. XIV pp. 141-58. Ernst Kris, "The Recovery of Childhood Memories" (1956), em *Selected Papers of Ernst Kris* (1975), pp. 301-40; Hans Loewald, "On Internalization" (1973), em *Papers on Psychoanalysis* (1980), pp. 69-86. Quanto à idéia bastante difícil de ser compreendida da repressão primária, ver Alvin Frank e Hyman Muslin, "The Development of Freud's Concept of Primal Repression", em *Psychoanalytic Study of the Child*, vol. XXII (1967), pp. 55-76; Edward Glover, *The Technique of Psychoanalysis* (1955), cap. 4; e a exposição bem-ordenada de Anna Freud, *The Ego and the Mechanisms of Defense* (1936; trad. inglesa de Cecil Baines, 1937).

A inocência do século XIX frente a relacionamentos lésbicos (tão acentuada quanto a que dizia respeito ao homossexualismo masculino), é o assunto abordado amplamente no livro inteligente, muito embora um tanto escandalizado, de Lillian Faderman, *Surpassing the Love of Men*. Em meu próximo volume da presente série, *The Tender Passion*, tratarei do assunto em maior profundidade no capítulo 3.

Com relação a Emily Lytton, mais tarde sra. Lutyens, ver sua comovente correspondência com uma confidente de mais idade, *A Blessed Girl: Memories of a Victorian Girlhood, 1887-1896* (1953), bem como Mary Lutyens, *Edwin Lutyens* (1980) e Elizabeth Longford, *A Pilgrimage of Passion: The Life of Wilfred Scawen Blunt* (1980), principalmente pp. 303-21. A *Autobiografia* de Annie Besant, escrita quando a autora ainda era relativamente jovem e em pleno vigor (1893), deve ser lida em conjunto com Arthur H. Nethercot, *The First Five Lives of Annie Besant* (1960) e *The Last Four Lives of Annie Besant* (1963). A história de Effie Gray Ruskin se encontra muito bem relatada na trilogia de Mary Lutyens, na realidade uma volumosa coletânea de suas cartas abundantemente comentada: *The Ruskins and the Grays* (1972), *Young Mrs. Ruskin in Venice* (1966), e *Millais and the Ruskins* (1967). John Ruskin tem-se mostrado simplesmente irresistível tanto para antologistas quanto para biógrafos. Dentre estes últimos, tirei o máximo proveito de John D. Rosenberg, *The Darkening Glass: A Portrait of Ruskin's Genius* (1961), e de Joan Abse, *John Ruskin: The Passionate Moralist* (1981).

Muito se tem discutido sobre o que George Sand realmente "sabia" ou "conhecia". Joseph Berry, em *Infamous Woman: The Life of George Sand* (1977), pp. 76-81 e 392, argumenta que no início do casamento sua vida erótica com o marido deve ter sido satisfatória; ele cita extratos de algumas de suas cartas para sugerir que tenha sido até mesmo muito apaixonada. Já André Maurois, em *Lélia, ou La Vie de George Sand* (1952), à p. 79, adota o ponto de vista oposto apoiado na mesma carta que George Sand escreveu a seu meio-irmão, que também cito no texto deste livro. Berry leva a melhor na discussão, e todavia... No que diz respeito à ambivalência dos vitorianos sobre essa personagem tão controversa, ver Paul G. Blount, *George Sand and the Victorian World* (1979).

Quanto à delicada questão do fiasco dos homens no ato sexual, ver William A. Hammond, *Sexual Impotence in the Male* (1883). Quatro anos mais tarde, ele publicou uma segunda edição, ampliada para também incluir as mulheres: *Sexual Impotence in the Male and Female* (1887). Ver também o prefácio de Freud para o livro de Maxim Steiner, *Die psychischen Störungen der männlichen Potenz* (1913) [não incluído em *St.A.*], *G.W*, vol. X, p. 451; "Preface to Maxim Steiner's *The Psychical Disorders of Male Potency*", *S.E.*, vol. XII, pp. 345-6. A obra de Wilhelm Stekel, *Die Impotenz des Mannes* (2ª ed., ampliada, 1923), é bastante desordenada, porém não de todo inútil. E sobre este assunto devo muito ao dr. Richard Newman.

Nos últimos anos os modernos historiadores sociais vêm dando cada vez maior atenção à medicina do século XIX; e com bons resultados: a literatura acadêmica sobre o assunto é abundante e excelente. Minha dívida maior é para com Richard Harrison Shryock, *The Development of Modern Medicine: An Interpretation of the Social and Scientific Factors Involved* (1936; ed. 1948), um ensaio extenso e muito esclarecedor, bem como Shryock, *Medicine and Society in America, 1660-1860* (1960). Dentre inúmeras outras monografias altamente instrutivas, destaco as seguintes: M. Jeanne Peterson, *The Medical Profession in Mid-Victorian London* (1978); William G. Rothstein, *American Physicians in the Nineteenth Century: From Sects to Science* (1972); e Jacques Léonard, *Les Médecins de l'ouest au XIX siècle*, 3 vols., (1978). Também de Léonard, é muito satisfatória a pequena antologia *La France médicale au XIX siècle* (1978). Quanto a alguns assuntos mais específicos, ver James V. Ricci, *One Hundred Years of Gynecology* (1945); Jean Donnison, *Midwives and Medical Men* e, mais uma vez, John S.

e Robin Haller, *The Physician and Sexuality in Victorian America*. Dentre as numerosas autobiografias escritas pelos próprios médicos, achei espantosa a de J. Marion Sims, *The Story of My Life* (1884). Ver também a esse respeito Edith Heischkel-Artelt, "Die Welt des praktischen Arztes", em Walter Artelt e Walter Rüegg (eds.), *Der Arzt und der Kranke in der Gesellschaft des Neunzehnten Jahrhunderts* (1967), pp. 1-16. A volumosa obra de Erna Lesky, *The Vienna Medical School of the Nineteenth Century* (1964; trad. inglesa de L. Williams e I.S. Levij, 1976), é bastante indigesta, porém muito competente. A coletânea de ensaios criteriosos reunidos por Charles E. Rosenberg, *No Other Gods: On Science and American Social Thought* (1976), tem uma abrangência que se estende muito além da medicina, porém ilumina-a também em alguma profundidade. Eu postulei que ocorreu algo que denominei de "The Recovery of Nerve" [a recuperação da coragem e do auto-domínio] na Era do Iluminismo no século XVIII, algo que pode ser visualizado como um empreendimento médico que funcionou como prelúdio para a verdadeira revolução que ocorreria na medicina no século XIX, em *The Enlightenment: An Interpretation*, vol. II, *The Science of Freedom* (1969), cap. 1.

Sobre Tissot, temos Ch. Eynard, *Essai sur la vie de Tissot* (1839); e E. Cochet, *Etude sur S.A. Tissot, 1728-1797* (1902), uma tese de doutoramento escrita na Faculdade de Medicina de Paris. É bom notar-se que Cochet, referindo-se especificamente às opiniões antimasturbatórias de Tissot, podia ainda chamá-lo (p. 16) de "um profundo moralista e um filósofo bem-informado": tal observação nos mantém dentro da sobriedade. Um estudo moderno seria bem oportuno! Entrementes, dispomos de uma coleção de cartas bastante reveladoras *Albrecht von Hallers Briefe an Auguste Tissot, 1754-1777*, editada por Erich Hintzsche (1977). Sobre a masturbação em geral, e mais especialmente sobre a "fama" de que gozava no século XIX, ver o ácido e esclarecedor cap. 3 de Alex Comfort, *The Anxiety Makers: Some Curious Preoccupations of the Medical Profession* (1967), o qual leva o título "The Rise and Fall of Self-Abuse". Havelock Ellis, *Studies in the Psychology of Sex*, vol. II, *The Evolution of Modesty, the Phenomena of Sexual Periodicity, Auto-Eroticism* (1900), sobretudo pp. 199-231, é um verdadeiro depósito de informações, ao qual acorreram e continuam acorrendo todos os setores de livros posteriores (inclusive o presente). O artigo René A. Spitz, "Authority and Masturbation: Some Remarks on a Bibliographical Investigation", em *Psychoanalytic Quarterly*, vol. XXI, nº 4 (outubro de 1952), pp. 490-527, é extremamente importante, reeditado por isso mesmo no *Yearbook of Psychoanalysis*, vol. IX (1953), pp. 113-45. A despeito de sua impressionante bibliografia, que contém nada menos de 314 itens, este ensaio, embora riquíssimo, não exaure o assunto. Ver também o artigo de E.H. Hare, "Masturbatory Insanity: The History of an Idea" em *Journal of Mental Science*, vol. CVIII (janeiro de 1962), pp. 1-25, assim como também o artigo conciso, porém instrutivo, de John Duffy, "Masturbation and Clitoridectomy: A Nineteenth-Century View", em *Journal of the American Medical Association*, vol. CLXXXVI (1963), pp. 246-8. Alguns casos de intervenções cirúrgicas são mencionados por G.J. Barker-Banfield, *The Horrors of the Half-Known Life: Male Attitudes Toward Women and Sexuality in Nineteenth-Century America* (1976), pp. 124-31.

Quanto a opiniões psicanalíticas sobre a masturbação, ver "Die Onanie, Diskussionen der Wiener Psychoanalytischen Vereinigung" (1912), com os comentários de Freud [não incluídos em *St. A.*], *G.W.*, vol. XIII pp. 332-45; "Concluding Remarks" à *Discussion on Masturbation* (1912), *S.E.*, vol. XII, pp. 241-54. Estas observações podem ser lidas em conjunto com os debates da Sociedade Vienense de Psicanálise, das noites de 25 de maio, 1º de junho e 8 de junho de 1910, com as respectivas contribuições de Freud, resumidos em *Protokolle der Wiener Psychoanalytischen Vereinigung*, ed. Herman Nunberg e Ernst Federn, vol. II, *1908-1910* (1977), pp. 502-28. Do restante da literatura psicanalítica sobre a masturbação, citarei apenas três obras: Annie Reich, "The Discussion of 1912 on Masturbation and Our Present-Day Views", em *Psychoanalytic Study of the Child*, vol. VI (1951), pp. 80-94; Ernst Kris, "Some Comments and Observations on Early Autoerotic Activities", ibid., pp. 95-116; e Jeanne Lampl-DeGroot, "On Masturbation and Its Influence on General Development", ibid., pp. 153-74.

Sobre o famoso caso de Schreber, ver a análise de Freud, "Psychoanalytische Bemerkungen über einen autobiographisch beschriebenen Fall von Paranoia (Dementia Paranoides)" (1911), *St.A.*, vol. VII, pp. 133-203; "Psycho-analytic Notes on an Autobiographical Account of a Case of Paranoia (Dementia Paranoides)", *S.E.*, vol. XII, pp. 3-82. William G. Niederland escreveu um comentário fascinante sobre este caso, *The Schreber Case: Psychoanalytic Profile of a Paranoid Personality* (1974).

A "fuga para o conhecimento" está a exigir muitos estudos históricos mais aprofundados. Por ora, contamos com o trabalho consciencioso de David J. Pivar, *Purity Crusade: Sexual Morality and Social Control, 1868-1900* (1973), confiável mas excessivamente comprometido com a noção de controle social, segue a tese defendida por Richard Hofstadter, dando um enfoque sócio-psicológico à ansiedade inerente à posição social ocupada pelas pessoas. E também são relevantes nesse contexto o caps. 1 e 2 de Paul S. Boyer *Purity in Print: The Vice-Society Movement and Book Censorship in America* (1968). O estudo de Aaron M. Powell (ed.), *The National Purity Congress: Its Papers, Addresses, Portraits* (1896), é bastante revelador, sobretudo porque constitui um sintoma. Franz Xaver Thalhofer, *Die sexuelle Pädagogik bei den Philanthropen* (1907), é um estudo resumido, porém útil, dos reformadores educacionais de fins do século XVIII. Ver também, a esse respeito, Charles Richmond Henderson, *Education with Reference to Sex, Pathological, Economic, and Social Aspects: The Eighth Yearbook of the National Society for the Scientific Study of Education* (1909).

V. *CONHECIMENTO CARNAL*

Sigmund Freud escreveu muitos trabalhos de influência duradoura a respeito da busca infantil do conhecimento sexual; de grande interesse são especialmente os seguintes: "Zur sexuellen Aufklärung der Kinder (Offener

Brief an Dr. M. Fürst)" (1907), *St. A.*, vol. v, pp. 159-68; "The Sexual Enlightenment of Children (An Open Letter to Dr. M. Fürst)", *S.E.*, vol. IX, pp. 129-39; "Über Infantile Sexualtheorien" (1908), *St. A.*, vol. v, pp. 169-84; "On the Sexual Theories of Children", *S.E.*, vol. IX, pp. 205-26; e "Der Familienroman der Neurotiker" (1909), *St. A.*, vol. IV, pp. 221-6; "Family Romances", *S.E.*, vol. IX, pp. 235-41. Ver também Selma Fraiberg, "Enlightenment and Confusion", em *Psychoanalytic Study of the Child*, vol. VI (1951), pp. 325-35; assim como Eleanor Galenson e Herman Roiphe, "The Impact of Early Sexual Discovery on Mood, Defensive Organization, and Symbolization" ibid., vol. XXVI (1971), pp. 195-216. Phyllis Greenacre fez dos estudos familiares (especialmente sobre escritores), sua especialidade, sobretudo em "The Childhood of the Artist: Libidinal Phase Development and Giftedness" (1957) e "The Family Romance of the Artist" (1958), ambos em *Emotional Growth*, vol. II, pp. 479-504 e 505-32 respectivamente. O levantamento global da literatura em Linda Joan Kaplan, "The Concept of the Family Romance", em *Psychoanalytic Review*, vol. LXI, 2º (1974), pp. 169-202, incluindo uma extensa bibliografia, é extremamente informativo. A esplêndida biografia escrita por Maynard Solomon, *Beethoven* (1977), constitui uma boa elaboração do romance familiar de uma personagem famosa.

Como é sobejamente conhecido, Freud elaborou sua teoria sobre o papel central desempenhado pelas fantasias na vida mental a partir do momento em que passou a não levar em consideração os relatos de suas pacientes histéricas que diziam ter sido seduzidas por seus pais.

Entretanto, nada do que Freud escreveu em 1897, o ano em que descobriu que tais confissões de fato não passavam de fantasias, nem tampouco qualquer coisa que ele tenha dito ou escrito posteriormente, o levou a um total ceticismo acerca desses relatos. Ver as cartas de Freud a Wilhelm Fliess, *Aus den Anfängen der Phychoanalyse*, p. 229; e também meu trabalho, "Sigmund Freud, A German and His Discontents", em *Freud, Jews, and Other Germans*, pp. 86-7. Os relatos de Freud sobre este assunto são ainda complicados pelo fato de duas vezes — em dois dos primeiros históricos de casos de histeria — ele ter negado que o autor da violentação tivesse sido o pai da paciente. Posteriormente, na segunda edição, em 1924, ele retificou sua posição, acrescentando à retificação uma severa crítica a si mesmo: *G.W.*, vol. I, notas de rodapé às pp. 195 e 238; *S.E.*, vol. II, notas de rodapé às pp. 134 e 170.

Além dos casos mencionados nas notas, ver também o fascinante estudo familiar realizado por Barbara Strachey sobre a família de Logan Pearsall Smith: *Remarkable Relations: The Story of the Pearsall Smith Family* (1981).

O melindroso assunto da menstruação na literatura e em debates públicos ainda exige trabalhos mais aprofundados. Janice Delaney, Mary Jane Lupton e Emily Torch, *The Curse: A Cultural History of Menstruation* (1976), constitui um primeiro passo neste sentido; sua abrangência é bastante ampla, recobrindo diversos estudos antropológicos. Patricia Crawford, "Attitudes to Menstruation in Seventeenth-Century England", em *Past and Present*, nº 91 (1981), pp. 47-73, fornece algumas comparações interessantes com outros tempos. Alguns comentários sobre o tabu (incluindo referências mordazes aos doutores Clarke e Maudsley), se encontram em Elaine e English Showalter, "Victorian Women and Menstruation", em Martha Vicinus, *Suffer and Be Still*, pp. 38-44; também cabe citar aqui H. R. Hays, *The Dangerous Sex*, e W. Lederer, *Fear of Women*. Considerando a literatura psicanalítica voltada a este assunto — que não é muito rica —, o que há de mais interessante é "Menarche", de Judith S. Kestenberg, em Sandor Lorand e Henry Schneer (eds.), *Adolescents: Phychoanalytic Approach to Problems and Therapy* (1965), pp. 19-50.

A amamentação em público, a bordo de trens, foi imortalizada em várias representações gráficas de Daumier; ver também a esse respeito a figura que ilustra a p. 99 da obra de Paul Hastings, *Railroads: An International History* (1972). Eric Trudgill apresenta evidências adicionais de que as pessoas se banhavam nuas, sem se envergonharem por isso, na Inglaterra vitoriana, em *Madonnas and Magdalens*, pp. 5-7. Sobre o declínio das execuções públicas por enforcamento, incluindo até mesmo uma ilustração da última dessas exibições, levada a cabo em 1868, ver David. D. Cooper, *The Lesson of the Scaffold: The Public Execution Controversy in Victorian England* (1974); a ilustração precede a p. 165. A morte era algo corriqueiro nas histórias infantis, das quais a da sra. Sherwood, *The Fairchild Children*, contendo uma cena verdadeiramente horripilante, é tão somente a mais famosa: nessa cena o pai leva suas crianças para verem o corpo em putrefação de um enforcado, presumivelmente para transmitir-lhes uma vigorosa lição moral. Ver David Gryllis, *Guardians and Angels: Parents and Children in Nineteenth-Century Literature* (1978).

Sobre como a literatura de aconselhamento, além da biografia da sra. Beeton, escrita por Sarah Freeman, observem-se mais uma vez os comentários sensatos de Patricia Branca, em *Silent Sisterhood*.

O "relatório" de Marryat sobre as pudicas senhoras americanas que vestiam as "pernas" de seus pianos envolvendo-as em calças rendadas, fez história. Carl N. Degler foi um dos primeiros a estabelecer a responsabilidade de Marryat por este mito, e além disso ainda apresenta uma lista de historiadores recentes que realmente o levaram a sério. Esta forma peculiar de melindre terá sido ou totalmente fictícia, ou uma ocorrência única, ou na melhor das hipóteses muito rara: Degler, "What Ought to Be". Degler poderia ter acrescentado ainda outros exemplos, como os que nos oferece G. Rattray Taylor, que conta que os vitorianos se sentiam ofendidos quando se chamava de "perna" uma perna de galinha, que chamar o peito de uma galinha de "busto", "pelo menos com relação às galinhas", constituía "um requinte tipicamente americano, assim como era um requinte vestirem-se as pernas dos pianos com crinolinas — ao contrário das pernas de cadeiras, que presumivelmente eram demasiado finas para inspirar quaisquer pensamentos lascivos". *Sex in History*, (1954), p. 215. Há também Duncan Crow, *The Victorian Woman* (1971), p. 29. E o mito também é considerado verdadeiro por Bonnie G. Smith: "O simbolismo sexual dentro do lar tem possivelmente sua ilustração mais famosa no caso daquelas senhoras vitorianas que reconheciam a potência sexual das pernas de suas mesas, e por conseguinte as ocultavam da vista". *Ladies of the Leisure Class*, p. 83. O mito gozava de uma credibilidade bem difundida em meados do século xix. Em 1860, numa resenha demolidora de *Leaves of Grass*, de Walt Whitman, a *Saturday Review* de Londres se referia com desprezo aos Estados Unidos como o "país onde as pernas dos pianos vestem calças rendadas". Vol. x (7 de julho de 1860), p. 19.

O historiador da pornografia corre o duplo risco de não a levar suficientemente a sério ou então de fazê-lo demasiadamente. Os extremistas, de um lado como do outro, se dizem sofisticados: os primeiros, que não levam a pornografia muito a sério, insistem que é uma manifestação de filistinismo desdenhar os "livros sujos" quando de fato eles apenas exaltam a sensualidade; os outros, que exageram sua preocupação com a pornografia, insistem com a mesma veemência que se trata de mera vulgaridade, quando não de uma suprema pretensão, querer elevar ladainhas tão enfadonhas, monótonas, ao nível de arte. O fato de que o erotismo em si pode ser legitimamente chamado de arte é sobejamente demonstrado, sem sombra de dúvida, no século xix — penso aqui em Flaubert, em Browning e em muitos outros mais. Ao mesmo tempo, produziu-se no século xix uma grande quantidade de obras de ficção, geralmente de pouco ou nenhum mérito literário, cujo objetivo único e mercenário consistia em excitar a sexualidade, e isto através dos meios mecânicos mais rudimentares. É a esta subliteratura que me refiro no texto como "pornografia".

Os estudos a respeito desse assunto, apesar de se encontrarem em fase de expansão, são ainda muito limitados; e seus resultados até o presente têm sido frustrantes. A maior parte dos trabalhos ainda está por ser feita, por exemplo, no tocante aos editores de livros e revistas "eróticos", quer se trate de publicações baratas ou de livros requintados e caros. Até mesmo o Instituto para Pesquisas do Sexo (o "Kinsey Institute"), de Bloomington, Indiana, embora disponha de uma imensa riqueza em fontes primárias, tem apresentado poucos trabalhos a respeito de questões como estas a que acabo de me referir, trabalhos para os quais poderia fundamentar-se em seu próprio acervo. Um exemplo bastante instrutivo sobre o quanto pode ser difícil estabelecer com certeza a autoria de um determinado livro pornográfico é o caso de *Schwester Monika erzählt und erfährt*... (1815), que freqüentemente se atribuiu a E. T. A. Hoffmann, porém equivocada ou injustamente. Para um veredicto cauteloso sobre este caso, ver Claudio Magris, "Das Andere Elixir des Teufels: E. T. A. Hoffamann und die Schwester Monika", em *Die Andere Vernunft. E. T. A. Hoffamnn* (1980), pp. 109-18.

A fonte de informações mais importante sobre a pornografia do século xix (e sobre a pornografia anterior ao século xix) continua sendo Pisanus Fraxi (pseudônimo de Henry Spencer Ashbee), *Index Librorum Prohibitorum: Being Notes Bio-Biblio-Icono-graphical and Critical, on Curious and Uncommon Books* (1877), seguido de *Centuria Librorum Absconditorum* (1879) e *Catena Librorum Tacendorum* (1885), um tríptico de minas de ouro. Ver Steven Marcus, *The Other Victorians*, que critiquei anteriormente por suas excursões à história cultural, cap. 2. Também vale a pena ler as análises de Marcus de determinadas obras pornográficas específicas (sobretudo nos caps. 5 e 7), se bem que eu discorde de suas teses referentes a um desenvolvimento histórico que teria ocorrido, a partir da dependência da literatura polida e levando à autonomia da pornografia, por assim dizer à sua auto-suficiência. Os conhecidos artigos de David Foxon sobre as primeiras obras nitidamente eróticas, "Libertine Literature in England, 1660-1745" em *Book Collector*, vol. xii, n.º 1, 2 e 3 (respectivamente, primavera, verão e inverno de 1963), pp. 21-36, 159-77 e 294-307 respectivamente, impressionam pelas informações que contêm. As histórias gerais não conseguem fugir ao anedotário e à superficialidade, e de modo geral apresentam acentuada tendência a serem cada qual uma cópia das demais. A melhor que tive a oportunidade de ler é a de H. Montgomery Hyde, *A History of Pornography* (1964); Vern Bullough, *Sexual Variance*, apresenta alguns comentários úteis, esparsos aqui e acolá, assim como o faz também Wayland Young, *Eros Denied*, sobretudo às pp. 54-8, 87-92, e 361-7.

Compêndios valiosos (além dos já citados de Pisanus Fraxi), incluem o de Eduard Fuchs, *Geschichte der Erotischen Kunst*, 3 vols., (1912-26), fartamente ilustrado, e o de Jules Gay, *Bibliographie des ouvrages relatifs à l'amour, aux femmes, et au mariage*, 6 vols., 1871-3).

Sobre o incesto, um dos mais antigos estudos psicanalíticos que o utiliza como tema, o de Otto Rank, *Das Inzest-Motiv in Dichtung und Sage* (1912; 2.ª ed., 1926), permanece sumamente interessante. Henry Miles, *Forbidden Fruit: A Study of the Incest Theme in Erotic Literature* (1973), deixa muito a desejar em relação às expectativas geradas pelo título promissor; oscila constantemente entre denúncias veementes e iradas de um lado e extensas citações extraídas de livros pornográficos do outro. Eberhard e Phyllis Kronhausen, *Pornography and the Law* (1959; ed. revista, 1964), procura estabelecer distinções entre a psicologia do "realismo erótico" e a pornografia "pesada". As distinções funcionam razoavelmente bem, e, além de tratar dos aspectos legais e jurídicos da questão, os autores procuram traçar um perfil psicológico da pornografia em si. O instrutivo trabalho de Gardner Lindzey, "Some Remarks Concerning Incest Taboo, and Psychoanalytic Theory", em *American Psychologist*, vol. xxii (1967), pp. 1051-9, apresenta comentários importantes sobre a raridade do incesto entre mãe e filho.

O livro dos Kronhausen demonstra o interesse gerado pela história legal e jurídica dos livros proibidos. Quando à Alemanha, há o trabalho enciclopédico de H.H. Houben, *Verbotene Literatur von der Klassischen Zeit bis zur Gegenwart*, 2 vols. (1924 e 128); sobre a França, ver Paul Lapeire, *Essai juridique et historique sur l'outrage aux bonnes moeurs par le livre, l'écrit, et l'imprimé* (1931), uma tese árida e especializada. As páginas agradáveis e ao mesmo tempo criteriosas de F.W.J. Hemmings, *Culture and Society in France*, particularmente o cap. ii, "The Blue Pencil Regime", são extremamente úteis, assim como também Alexandre Zévaès, *Les Procès littéraires au XIX siècle*, que narra e documenta julgamentos famosos como os de Flaubert e de Baudelaire, e alguns outros menos famosos.

Já a melhor discussão das leis inglesas (e do temperamento inglês), da qual tirei muito proveito, é a de Norman St. John-Stevas, *Obscenity and the Law* (1956), que contém uma bibliografia extremamente útil. Sua leitura pode ser complementada, com ótimo resultado, pela leitura de Alec Craig, *The Banned Books of England and Other Countries: A Study of the Conception of Literary Obscenity* (1962), de modo a trazer à tona também a dimensão comparativa. Um relatório do grupo de trabalho escolhido numa conferência convocada pelo presidente do Conselho de Artes da Grã-Bretanha, que traz um prefácio de John Montgomerie e leva o título de *The Obscenity Laws* (1969), é muito interessante também, visto conter os testemunhos de clérigos, psicólogos e outros peritos. Quanto aos Estados Unidos, ver James Jackson Kilpatrick, *The Smut Peddlers* (1960); Milton Rugoff, *Prudery and Passion* (1971), pp. 124-5 e 316-9, é pouco revelador.

Ludwig Marcuse, *Obszön: Geschichte einer Entrüstung* (1962), constitui um exemplo da plena indignação de um autor alemão diante dos censores; incluem-se nesta obra vivas narrativas de casos já conhecidos, como por exemplo os ataques desfechados contra *Lucinde*, de Friedrich Schlegel, os julgamentos de *Emma Bovary* e das *Flores do Mal*, e outros mais — o que a torna uma obra extremamente valiosa, sobretudo para os novatos no assunto.

As questões morais vexatórias por este tipo de literatura são abordadas em muitas das obras que acabo de citar. Comentários adicionais podem ser encontrados em Harry M. Clor, *Obscenity and Public Morality: Censorship in a Liberal Society* (1969), que procura o meio-termo entre uma censura estrita e a permissividade total. Michael Goldstein e Harold S. Kant, em conjunto com John J. Hartman, exploraram a difícil questão dos efeitos psicológicos da literatura obscena em *Pornography and Sexual Deviance* (1973), onde se encontram relacionados muitos trabalhos mais recentes. Valeria a pena empreender um estudo dos colecionadores de obras eróticas; há apenas umas poucas páginas, úteis ainda que um tanto tímidas, dedicadas a esse aspecto do assunto nos trabalhos de James Pope-Hennessy, *Monckton Milnes: The Years of Promise, 1809-1851* (1949), e *Monckton Milnes: The Flight of Youth, 1851-1885* (1951).

A fúria dos feministas contra a pornografia é compreensível; nos últimos anos, a quantidade e os requintes imaginativos de atos de crueldade dirigidos contra as mulheres em publicações pornográficas parecem ter aumentado consideravelmente. Ver Don Smith, "Sexual Aggression in American Pornography: The Stereotype of Race" (1976), de acordo com a citação que se encontra em Laura Lederer (ed.), *Take Back the Night: Women on Pornography* (1980; ed. 1982), pp. 210-1; aliás, a antologia inteira, apesar de ser bastante repetitiva e não pouco polêmica, é valiosa: levanta mais uma vez a delicada discussão a respeito dos efeitos da leitura de obras pornográficas, se ela é um estímulo à imitação ou uma catarse que torna a imitação desnecessária. Enquanto não surge um bom estudo psicanalítico do fanático moralista, existe a biografia divertida, porém ao mesmo tempo séria e responsável, escrita por Heywood Broun e Margaret Leach, *Anthony Comstock: Roundsman of the Lord* (1927); a edição publicada por Robert Bremner do livro de Comstock, *Traps for the Young* (1883; ed. 1967), contém uma introdução muito boa, apesar de curta.

Dois dos contos eróticos de Algernon Charles Swinburne foram publicados em 1963, numa antologia com introdução de Edmund Wilson: *The Novels of A. C. Swinburne*; o conto masoquista "Lesbia Brandon" é de especial interesse. A magnífica edição preparada por Cecil Y. Lang da correspondência de Swinburne, *The Swinburne Letters*, 6 vols. (1958-62), inclui dados fascinantes. Dentre os estudos mais específicos destacam-se os de Clyde Kenneth Hyder, *Swinburne's Literary Career and Fame* (1933) e a coletânea *Swinburne: The Critical Heritage* (1970). As melhores biografias são a de Georges Lafourcade, *Swinburne: A Literary Biography* (1932), e a de Jean Overton Fuller, *Swinburne: A Critical Biography* (1968). O irado George Moore, *Literature at Nurse: or Circulating Morals* (1885) merece ser lido. Sobre a censura realizada pelas bibliotecas circulantes inglesas, temos Guinevere L. Griest, *Mudie's Circulating Library and the Victorian Novel* (1970); ver também Amy Cruse, *The Victorians and Their Books* (1935), e G. R. Pocklington, *The Story of W. H. Smith and Son* (edição particular, 1921).

Finalmente, devo mencionar a avaliação extremamente cuidadosa e criteriosa de Weston LaBarre sobre a relatividade do que é obsceno, em "Obscenity: An Anthropological Appraisal", em "Obscenity and the Arts", um simpósio cujos anais foram publicados na revista *Law and Contemporary Problems* (outono de 1955), pp. 533-43.

A nudez do corpo humano nas artes plásticas tem recebido boa dose de atenções acadêmicas. O título moderno mais citado — com toda a justiça — é o de Kenneth Clark, *The Nude: A Study in Ideal Form* (1956), erudito, valioso, de opiniões firmes. Ver também Jean Cassou e Geoffrey Grigson, *The Female Form in Painting* (1953), uma útil varredura através da história; e o livro mais antigo de Julius Lange, *Die Menschliche Gestalt in der Geschichte der Kunst* (1903). Edward Lucie-Smith, *Eroticism in Western Art* (1972), é uma verdadeira corrida através dos séculos; sem deixar de ter utilidade, exagera no entanto o cinismo generalizado e consciente: ele observa como os artistas plásticos acadêmicos do século XIX "correspondiam de maneira acentuadamente instintiva às necessidades do público contemporâneo que os sustentava, e quão engenhosas eram algumas das fórmulas que descobriram para combinar a excitação sexual e a respeitabilidade" (p. 121). Concordo com os instintos e seus resultados; acho todavia que a engenhosidade é bastante duvidosa. Nesse contexto, Fuchs, *Geschichte der erotischen Kunst*, é muito importante e apropriado.

Quanto ao pintor de nus mais controvertido do século XIX, Edouard Manet, ver meu livro *Art and Act; On Causes in History — Manet, Gropius, Mondrian* (1976), cap. 2, com bibliografia comentada. Ver também Beatrice Farwell, *Manet and the Nude: A Study in Iconography in the Second Empire* (1973), e George Heard Hamilton, *Manet and his Critics* (1954; ed. 1969), obras informativas com as quais muito aprendi. Stephen Kern tem algo a dizer sobre as convenções estéticas do século XIX, incluindo a de se omitir os pêlos púbicos, em *Anatomy and Destiny: A Cultural History of the Human Body* (1975). Diversos artistas, inclusive Johann Heinrich Fuseli, que afinal de contas não tinham escrúpulos em imaginar (ou relembrar) algumas poses extremamente eróticas, de vez em quando retratavam nus masculinos omitindo por completo os órgãos genitais. Ver o desenho de Fuseli, *Guerreiro Nu Atacando com a Espada Erguida* (entre 1805 e 1810), reproduzido no Suplemento Literário do *Times* de 13 de março de 1981, p. 281.

No tocante a Prud'hon, ver Jean Guiffrey, *L'Oeuvre de P. P. Prud'hon* (1924), que completa avaliações anteriores como as de Pierre Gauthiez, *Prud'hon* (1886) e de Charles Clément, *Prud'hon. Sa vie, ses oeuvres, et sa correspondance* (3.ª ed., 1880). E com relação à nudez frontal semelhante à do nu de Prud'hon reproduzido no presente volume, M. Mercie, *Le Génie des arts guidé par la France*, cujo título constitui uma alusão óbvia ao da citada ilustração, fruto da imaginação de Prud'hon. Ver também Henri Havard, *L'Art à travers les moeurs* (1882), p. 399.

Com relação a Canova, além de vários comentários no já citado *The Nude* de Kenneth Clark, temos Mario Praz, "Canova: Ice and Eros", em Thomas B. Hess e John Ashbery (eds.), *Academic Art* (1971), pp. 165-6, e Robert M. Adams, *The Roman Stamp: Frame and Facade in Some Forms of Neo-Classicism* (1974), sobretudo pp. 162-83. Dentre as opiniões mais antigas sobre Canova, as melhores são a de J. S. Memes, *Memoirs of Antonio Canova with a Critical Analysis of His Works, and an Historical View of Modern Sculpture* (1825); e a de Quatremère de Quince, *Canova et ses ouvrages, ou Mémoires historiques sur la vie et les travaux de ce célèbre artiste* (1834). Há também bastante material útil em Ennio Francia (ed.), *Delfina de Custine, Luisa Stolberg, Giulietta Racamier a Canova. Lettere Inedite* (1972).

Da vasta literatura sobre outros nus do século XIX, destaco apenas Eugenia P. Janis, *Degas Monotypes* (1968). Os nus explícitos de Gustave Coubert são tão conhecidos que dispensam qualquer discussão. Jean-François Millet também desenhou alguns nus naturais, inclusive um casal de amantes. Ver o catálogo compilado por Robert L. Herbert, *Barbizon Revisited* (1962), itens n.º 60 e n.º 62. Quanto ao ilustre e reconhecido pintor de corpos nus, lisos e macios, sem pêlos e extremamente sedutores — Ingres — refiro-me mais uma vez ao estudo de Robert Rosenblum, *Ingres*.

William Etty, um pintor inglês especializado em nus que já foi célebre mas hoje é quase desconhecido, tem boa cobertura nas obras de Dennis Farr, *William Etty* (1958), e de W. Gaunt e F. Gordon Roe, *Etty and the Nude: The Art and Life of William Etty, R. A., 1787-1849* (1943). Ver também Philip Gilbert Hamerton, "Etty" (1875), em *Portfolio Papers* (1889), pp. 39-101; nas seções biográficas, Hamerton se apóia muito em Alexander Gilchrist, *Life of William Etty, R. A.*, 2 vols. (1855). Quanto a Mulready, Kathryn Moore Heleniak, *William Mulready* (1980).

Hiram Powers é mencionado e citado profusamente em C. Edwards Lester, *The Artist, the Merchant, and the Statesman of the Age of the Medici, and of Our Own Times*, 2 vols. (1845), vol. I, pp. 86-8. Dos muitos trabalhos existentes sobre Powers, os mais importantes são: William H. Gerdts, "Marble and Nudity" em *Art in America*, vol. LIX, parte I, janeiro a junho de 1971 (maio-junho), pp. 60-7; Linda Hyman, "*The Greek Slave* by Hiram Powers", em *Art Journal*, vol. XXXV, n.º 3 (primavera de 1976), pp. 216-23; e Neil Harris, *The Artist in American Society: The Formative Years, 1790-1860* (1966), pp. 100 e 132-9. Comentários de considerável importância e ilustrações também podem ser encontrados em W. H. Gerdts, *American Neo-Classic Sculpture: The Marble Resurrection* (1973), pp. 30-4 e 52-5, bem como em Margaretta Lovell, "Hiram Powers' *The Greek Slave*: Virtue in Chains", em Yale Art Gallery, *American Arts and the American Experience* (s.d.), p. 27. Sobre a passagem de Powers por Londres, C.H. Gibbs-Smith, *The Great Exhibition of 1851*, álbum comemorativo publicado pelo Victoria and Albert Museum (1950; ed. 1964), p. 129. Os nus nos Estados Unidos são explorados de maneira interessante por David Sellin em *The First Pose. 1876: Turning Point in American Art* (1976).

Em meio a uma literatura crescente sobre crianças nuas, ver especialmente Morton N. Cohen, *Lewis Carroll, Photographer of Children: Four Nude Studies* (1978). O livreto ilustrado de Graham Ovenden sobre meninas pré-púberes esplendidamente eróticas, *Nymphets and Fairies: Three Victorian Children's Illustrators* (1976), é altamente sugestivo (em todos os sentidos). Outro exemplo interessante nos é fornecido por Thomas Couture, *Uma Jovem Banhista* (1849), em Albert Boime, *Thomas Couture and the Eclectic Vision* (1980), p. 336.

Um catálogo muito instrutivo é o editado por Peter Fusco e H.W. Janson, *The Romantics to Rodin: French Nineteenth-Century Sculpture from North American Collections* (1980). Sobre a modelo que posou para a escultura que reproduzo de Clésinger, ver Edmond e Jules de Goncourt, *Journal; mémoires de la vie littéraire, 1851-1896* (ed. Robert Ricatte, 22 vols., 1956-58), vol. I, p. 117, e para se ter um bom exemplo da ingenuidade com que a serpente é tratada como se fosse completamente inócua, vale a pena ler a nota do editor à mesma página. Ver também a importante seção de esculturas no catálogo da exposição de 1978, *The Second Empire, 1852-1870: Art in France under Napoleon III*. O excelente livro de Benedict Read, exaustivamente documentado, *Victorian Sculpture* (1982), mostra figuras nuas por toda parte, porém mais especialmente no cap. 2; a *Venus pintada*, de John Gibson, que aparece na ilustração à p. 42, oferece um exemplo notável de uma tentativa de reproduzir a escultura grega, colorida a tinta, e de ao mesmo tempo apresentar (nos termos utilizados por um crítico contemporâneo) "uma mulher inglesa nua e impudica" (p. 25).

Sobre o escultor sueco Hasselberg, há um volume *in memoriam*, fartamente ilustrado, porém muito sucinto, *Per Hasselberg, 1850-1894* (1898).

VI. *SÓLIDAS DEFESAS PARA A PERSONALIDADE*

A melhor abordagem que li a respeito da "hipocrisia" do século XIX — se bem que minhas conclusões, embasadas no pensamento psicanalítico, sejam bastante diferentes —, é sem dúvida a que se encontra no capítulo XIV do livro de Walter E. Houghton, *The Victorian Frame of Mind, 1830-1870* (1957). O rico material oferecido por Houghton me forneceu um apoio valiosíssimo. Houghton divide a hipocrisia vitoriana em conformismo, pretensão moralista e evasão, além de abrir espaço também para a "anti-hipocrisia". Assim como Houghton, também obtive muito material útil no espirituoso ataque desfechado por George Eliot contra os pregadores evangélicos em "Evangelical Teaching: Dr. Cumming", em *Westminster Review*, vol. LXIV (1855), pp. 436-62. A obra aparentemente branda, porém no fundo muito combativa, de Lionel Trilling, *Sincerity and Authenticity* (1972), embora se relacione apenas marginalmente com meus argumentos, merece ser lida. Os títulos que indiquei ao tratar das atitudes com relação à sexualidade — de Walters, Pearsall, Rugoff, Crow, Fraser Harrison, Trudgill, Hobsbawm, Cominos, Beales e Glover — são todos bastante informativos, porém (com exceção do último), adotam atitudes por demais condenadoras para poderem capturar os conflitos inconscientes sob a superfície plácida. Em contrapartida, o criativo e bem-informado livro de Mario Praz, *The Romantic Agony*, contém passagens analíticas simplesmente esplêndidas, sobretudo no tocante a Thackeray. A melhor biografia que abrange globalmente esta figura-chave se encontra em dois livros de Gordon N. Ray, *Thackeray: The Uses of Adversity, 1811-1846* (1955) e *Thackeray: The Age of Wisdom, 1847-1863* (1958); também a obra anterior e mais compacta de Ray, *The Buried Life: A Study of the Relation Between Thackeray's Fiction and His Personal Life* (1952) é rica em esclarecimentos. Theodore Zeldin apresenta alguns comentários sobre a hipocrisia na França em *France 1848-1945*, vol. II. Uma análise mais recente da mentalidade evangélica se encontra em Ian C. Bradley, *The Call to Seriousness: The Evangelical Impact on the Victorians* (1976).

Entre as biografias e os estudos dos caçadores de hipócritas, cito apenas alguns dos que me pareceram de maior utilidade: Allan Bell, *Sydney Smith: A Biography* (1980), obra abalizada, porém, tendo em vista o espírito irreverente do biografado, demasiado curta; Richard M. Kelly (ed.), *The Best of Mr. Punch: The Humorous Writings of Douglas Jerrold* (1970), uma extensa antologia; ainda uma vez Justin Kaplan, *Walt Whitman: A Life* (1980); Alastair Buchan, *The Spare Chancellor: The Life of Walter Bagehot* (1959), a melhor biografia desse brilhante editor e economista que era considerado por G. M. Young o vitoriano arquetípico. Existem muitos trabalhos bons sobre Pugin, notadamente Phoebe Stanton, *Pugin* (1971); Michael Trappes-Lomax, *Pugin: A Medieval Victorian* (1932), um estudo que se destaca pelo esmero; e Henry-Russell Hitchcock, *Early Victorian Architecture in Britain*, 2 vols. (1954). Em *Keats and Embarrassment* (1974), o arguto e divertido Christopher Ricks trata daqueles assuntos que faziam as pessoas corar — ou não corar — no século XIX. Os ataques de August Strindberg contra a "hipocrisia" (nem só na Suécia) ainda se ressentem da falta de uma monografia; por ora, o que há é uma pequena antologia editada por Jan Myrdal, *Ein Lesebuch für die Niederen Stände* (1977).

Em seu instrutivo estudo acerca das cidades alemãs de pequeno e médio porte, sobretudo no século XVIII, Mack Walker pinta um retrato convincente de uma moral severa e em boa medida "hipócrita", ou seja, uma moral ditada menos por sentimentos de culpa interiorizados do que por receios de censura social: "Os habitantes de um povoado não compravam suas lingüiças de um açougueiro local sabidamente adúltero, ou mentiroso, ou dado a blasfêmias, ou trapaceiro, unicamente por temerem o que diriam seus vizinhos; e se porventura o açougueiro local tivesse uma dessas falhas, os habitantes do lugar certamente o saberiam e seu negócio iria à falência". *German Home Towns, 1648-1871*, p. 101.

As controvérsias que envolvem as incursões de Dickens no terreno da crítica social são lucidamente expostas por George H. Ford, *Dickens and His Readers: Aspects of Novel-Criticism Since 1836* (1955), e coligidas na antologia editada por Philip Collins, *Dickens: The Critical Heritage* (1971). A mais conhecida e também a mais extensa das biografias do romancista, a de Edgar Johnson, *Charles Dickens: His Tragedy and Triumph*, 2 vols. (1952), é confiável quanto aos fatos, porém ingênua no que diz respeito à crítica social de Dickens. Humphry House, *The Dickens World* (1941; 2ª ed., 1942), corrige de modo brilhante esta superficialidade de um trabalho sério.

As dificuldades encontradas por Thomas Hardy junto aos editores e ao público se encontram resumidas de modo competente por Michael Millgate em *Thomas Hardy: A Biography* (1982), que cito no texto; as biografias escritas por Robert Gittings, pouco tempo antes, *Young Thomas Hardy* (1975) e *The Older Hardy* (1978), também são excelentes. Merle Mowbray Bevington, em *The Saturday Review 1855-1868: Representative Educated Opinion in Victorian England* (1941), fornece uma análise confiável de uma revista vitoriana conservadora, veemente e influente, tão importante para os críticos sociais quanto para a própria ideologia familiar da época. Já o delicioso volume de David Newsome, *Godliness and Good Learning: Four Studies on a Victorian Ideal* (1961), particularmente às pp. 46-8, revela a paixão pela verdade de que estava imbuído o século XIX.

Nos últimos tempos a família tornou-se um dos temas prediletos dos historiadores. Concentrar-me-ei, naturalmente naqueles títulos que tratam da família burguesa, ou que pelo menos a incluem. No que diz respeito aos "pré-historiadores", sobre os quais me concentro no texto, ler Michael Z. Brooke, *Le Play: Engineer and Social Scientist* (1970), sucinto e seco, porém informativo; Andrée Michel, "Les Cadres sociaux de la doctrine morale de Frédéric Le Play", em *Cahiers Internationaux de Sociologie*, vol. XXXIV (1963), pp. 47-68; a coletânea *Recueil d'études sociales publié à la mémoire de Frédéric Le Play* (1956); e a antologia *Frédéric Le Play (1806-1882). Textes Choisis*, editada por Louis Baudin (1947), contendo uma introdução substancial às pp. 3-61. Riehl paira como ave agourenta sobre os livros que tratam das origens do nazismo, porém uma avaliação mais completa ainda está por ser feita. Sobre essas origens do nazismo e Riehl, ver George L. Mosse, *The Crisis of German Ideology: Intellectual Origins of the Third Reich* (1966), sobretudo pp. 19-24; Victor von Geramb, *Wilhelm Heinrich Riehl. Leben und Wirken (1823-1097)* (1954), constitui um vasto trabalho do amor — ou melhor, da veneração: contém todos os fatos, porém submersos em turbulentas águas rapsódicas. Alguns comentários passageiros sobre o assunto aparecem em Ernest K. Bramsted, *Aristocracy and the Middle Classes in Germany: Social Types in German Literature 1830-1900* (1937; 2ª ed., 1964), bem como num trecho mordaz de Klaus Bergmann, *Agrarromantik und Grosstadtfeindlichkeit* (1970), onde Riehl é tratado como o pai de um pernicioso romantismo agrário. Entretanto, ver também

Georg Schwägler, *Soziologie der Familie. Ursprung und Entwicklung* (1970), cujos primeiros capítulos são dedicados a uma comparação inteligente entre Le Play e Riehl. Por uma questão de justiça incluo também a longa discussão de George Eliot sobre duas das obras de Riehl, *Land und Leute* e *Die Bürgerliche Gesellschaft*, contida em "The Natural History of German Life: Riehl" em *Westmister Review*, vol. LXVI (julho de 1856), pp. 51-79 — um artigo que devo a Peter Demetz — George Eliot reconhece o conservadorismo de Riehl, porém louva-lhe o sentido de realidade, dos "pés plantados em solo firme". Numa outra linha também tradicional da sociologia alemã, A. Oberschall, *Empirical Social Research in Germany, 1848-1914* (1965).

Uma obra essencial para não nos perdemos no emaranhado dos debates mais recentes é a de Michael Mitterauer e Reinhard Sieder, *The European Family: Patriarchy to Partnership from the Middle Ages to the Present* (1977; trad. inglesa de Karl Oosterveen e Manfred Hörzinger, 1982), racional, convincente, e, na versão inglesa, complementada por bibliografias abrangentes e valiosas. "A transição da família numerosa para a família pequena, que segundo presumem os sociólogos da família teria ocorrido no curso do processo de industrialização", observam Mitterauer e Sieder secamente, "é um fenômeno que, conforme pode ser demonstrado estatisticamente, não existiu" (p. 27). (No prefácio, Peter Laslett não consegue evitar o prazer de zombar: "... uma ironia deliciosa é que... historiadores vienenses tenham demonstrado que o fenômeno edipiano não pode ser considerado universal, porque pertence historicamente à Viena imperial em que residia Sigmund Freud" (p. viii). O livro, a meu ver, não demonstra absolutamente nada disso, porém o comentário de Laslett enfatiza mais uma vez o mal-estar da maioria dos historiadores que têm pretensões psicanalíticas.) Já os trabalhos do próprio Laslett têm se mostrado de um valor inestimável, a começar por *The World We Have Lost*. Todos, ou praticamente todos, os títulos que listei nas páginas referentes à população e ao controle da natalidade também se aplicam ao presente contexto. O mesmo pode se dizer do trabalho de John R. Gillis, *Youth and History: Tradition and Change in European Age Relations from 1770 to the Present* (1974; ed. aumentada, 1981), sobretudo na primeira metade do livro: eis uma monografia importante.

Dentre os estudos sociológicos da família, destaco Talcott Parsons e Robert F. Bales, *Family, Socialization and Interaction Processes* (1955). E Carl Degler, *At Odds*, também tem seu lugar garantido neste capítulo.

Os historiadores ingleses do século XIX tratam da família com toda a naturalidade. Várias das obras anteriormente referidas, notadamente as de Perkin, Briggs, Best, Kitson Clark, Checkand e Burn também aqui se mostram valiosas, acrescento-lhes agora J. F. C. Harrison, *The Early Victorians: 1832-51* (1971). Zeldin, *France, 1848-1945*, sobretudo no vol. I, caps. 11-3, é extremamente informativa com relação à família francesa; as notas de rodapé são excepcionalmente úteis para a obtenção de outras fontes de referência e monografias. Entre os trabalhos anteriores, que não são menos interessantes tanto como sintomas quanto como de fontes de informação e referência, incluem-se o da srta. Betham-Edwards, *Home Life in France* (1905), e o de Barrett Wendell, *The France of Today* (1907; 2.ª ed., 1909). Sobre a vida familiar dos ricos no Norte da França, ver Bonnie G. Smith, *Ladies of the Leisure Class*. Já o revigorante trabalho de Mary P. Ryan, *Cradle of the Middle Classes: The Family in Oneida County, New York, 1790-1865* (1981), documenta como sobreviveram não só a família-tronco, como também a interferência da comunidade sobre ela até meados do século XIX.

A maior parte desses títulos, assim como os que listarei a seguir, forneceu informações precisas para a minha avaliação de como deve ter sido a família de classe média antes do século XIX, cuja imagem tornou-se ao mesmo tempo mais clara e mais confusa à luz dos escritos históricos mais recentes. Devo muito às obras de Nobert Elias, desprezadas durante muito tempo e finalmente reconhecidas pelos seus méritos: *The Civilizing Process: Power and Civility* e *The History of Manners: The Civilizing Process* (2.as eds. originais, 1969; trad. inglesa de Edmund Jephcott, 1982). Ainda hoje o melhor tratamento dispensado à família de classe média, muito embora já esteja um tanto ultrapassado, é o de J. C. Flügel, *The Psychoanalytic Study of the Family* (1921). Meu próprio julgamento, baseado em leituras vastas porém impressionistas, tem que ser, necessariamente, provisório. A volumosa e ambiciosa obra de Lawrence Stone, *The Family Sex and Marriage in England 1500-1800* (1977), transborda de detalhes interessantes; entretanto, seu esquema geral — passando da família de linhagem aberta através da família patriarcal restrita até à família completamente fechada e doméstica —, apesar de pleno de qualificações, não é convincente; tampouco é convincente a sombria avaliação da grosseria e da crueldade intrafamiliar que seriam características dos primórdios da nossa era. De teor bastante semelhante, uma conferência do mesmo autor impressa sob forma de panfleto, *The Historical Origins of the Modern Family* (1982), apresenta alguns recuos cautelosos, deixando intacta porém a estrutura global da argumentação. O mesmo ponto de vista também é defendido por Edward Shorter no livro de cunho bem popular, *The Making of the Modern Family*. Sinto-me na obrigação de confessar minha culpa por haver divulgado a idéia da família moderna insensível, até que as provas trazidas à tona me convencessem do contrário. Na minha edição de *John Locke on Education* (1964), citei o notório comentário feito por Montaigne; "Perdi duas ou três crianças, na primeira infância, não sem pesar, mas sem grande dor", em "Da afeição dos pais por suas crianças". Observei também sua incapacidade de lembrar até mesmo quantos filhos ele perdera: "Até mesmo à época de Locke", escrevi, "e desde então, a sobrevivência de uma criança recém-nascida era tão problemática que em geral os pais se precaviam contra a sua perda, recusando-se a investir emoções em demasia na prole" (p. 2). Contudo, em primeiro lugar provavelmente Montaigne foi uma pessoa atípica, e em segundo lugar o comentário pode muito bem ter sido uma maneira de ele defender-se de um profundo sentimento de perda.

Stone foi argutamente censurado por Charles e Louise A. Tilly, "The Rise and Fall of the Bourgeois Family, as Told by Lawrence Stone and Christopher Lasch", em *Center for Research in Social Organization Working Pa-*

per, n.º 191 (janeiro de 1979); gentilmente admoestado por Keith Thomas, "The Changing Family", em *Times Literary Supplement* de 21 de outubro de 1977, pp. 1226-7, e severamente por Alan Macfarlane em sua crítica do livro de Stone publicada em *History and Theory*, vol. XVIII (1979), pp. 103-26. Tanto Thomas quanto Macfarlane (que chama o enorme livro de Stone de "um desastre") apresentam provas mais do que suficientes para forçar Stone a modificar seriamente sua tese, quando não a abandoná-la por completo. Macfarlane ainda alicerçou solidamente sua argumentação em *The Family Life of Ralph Josselin: A Seventeenth-Century Clergyman* (1970), bem como em agressiva revisão crítica da história social inglesa, *The Origins of English Individualism: The Family, Property and Social Transition* (1978), esp. pp. 59-60. Vários ensaios editados por R. B. Outhwaite, em *Marriage and Society: Studies in the Social History of Marriage* (1981) contestam as conclusões de Stone (e de Shorter). A abordagem brilhante e pioneira de Edmund Morgan, em *The Puritan Family: Religion and Domestic Relations in Seventeenth-Century New England* (1944; nova ed., 1966) deveria ter demolido de uma vez por todas o antigo e gasto chavão que considerava os pré-modernos frios e puritanos — mas é evidente que não conseguiu. Ver também, sobre os aspectos americanos da questão, o magistral ensaio de Bernard Bailyn, *Education in the Forming of American Society* (1960), e a primorosa monografia eriksoniana de John Demos, *A Little Commonwealth* (1970).

G.R. Quaife, *Wanton Wenches and Wayward Wives: Peasants and Illicit Sex in Early Seventeenth-Century England* (1979), leva, infelizmente, um título inapropriado, pois se trata de um estudo sério e altamente instrutivo da vida sexual dos habitantes dos povoados e do campo de Somerset entre 1600 e 1660; a despeito de assegurar que "não existia privacidade alguma" (p. 16), Quaife insiste que até mesmo os mais pobres conheciam o amor — uma refutação explícita da opinião defendida por Shorter e Stone (ver a "Conclusão", pp. 243-9, e a vasta documentação que acompanha o livro). Embora Quaife se concentre nos "camponeses", suas conclusões a respeito da afeição têm que ser válidas, *a fortiori*, para as populações das classes médias. A esse respeito, também os escritos de Jean-Louis Flandrin, especificamente os ensaios contidos em *Le Sexe et l'occident* (1981) e em *Families in Former Times*, são sutis e, quase que em sua totalidade, convincentes. Por outro lado, ver também Miriam Slater, "The Weightiest Business: Marriage in an Upper-Gentry Family in Seventeenth-Century England", em *Past and Present*, n.º 72 (agosto de 1976), pp. 25-42, que apóia Stone quanto ao papel crucial desempenhado pelos interesses nas alianças conjugais entre famílias inglesas dos primórdios da idade moderna. Essa discussão ainda não está encerrada.

Uma pista interessante para a história da família é fornecida, obviamente pelo tratamento dispensado às crianças. É uma pista que surge à tona naturalmente, em quase todos os títulos que listei. O cativante livro de Philippe Ariès, *Centuries of Childhood: A Social History of Family Life* (1960; trad. inglesa de Robert Baldick, 1962), durante muito tempo ocupou o centro da arena: seu relato da "descoberta da infância" como um fenômeno ocorrido em tempos bastante recentes parecia bastante convincente. Uma significativa decorrência disso foi a publicação de David Hunt, *Parents and Children in History: The Psychology of Family Life in Early Modern France* (1971), que reúne os pensamentos de Erik Erikson e de Philippe Ariès. A enorme confiança que ambos depositam no diário do dr. Jean Héroard, médico da corte do jovem rei Luís XIII de França, que contém algumas asserções no mínimo fantasiosas acerca das brincadeiras sexuais do jovem príncipe, levantou algumas questões incômodas, de sorte que a "descoberta da infância" continua sendo um assunto controvertido.

Quanto a Erikson, seus trabalhos iniciais e mais agressivos, dos quais um bom exemplo é *Childhood and Society* (1950; 2.ª ed., 1963), superam em muito os trabalhos posteriores, em que a sexualidade infantil ocupa um espaço meramente marginal. Dos trabalhos mais recentes sobre a infância, destaca-se pela esplêndida quantidade de informações o de J. H. Plumb, "The New World of Children in Eighteenth-Century England", em *Past and Present*, n.º 67 (maio de 1975), pp. 64-95. Peter Coveney, em *The Image of Childhood: The Individual and Society. A Study of the Theme in English Literature* (1967), encara frontalmente as provas contidas na literatura. Ivy Pinckbeck e Mary Hewitt, em *Children in English Society*, 2 vols. (1969 e 1973), demonstram sólidos conhecimentos dos aspectos classistas, econômicos e legais, sobretudo no vol. II, *From the Eighteenth Century to the Children Act of 1848*. Sobre a França, temos a antiga obra de Charles de Ribbe, *Les Familles et la société en France avant la révolution*, 2 vols. (1879), que é um documento em si e uma fonte de informações adicionais, e a menos antiga, de Edmond Pilon, *La Vie de famille au dix-huitième siècle* (1923). Ver também George Boas, *The Cult of Childhood* (1966), uma elegante exposição de um historiador intelectual. Lloyd de Mause (ed.), *The History of Childhood* (1974), é de certa forma um saco de gatos: a extensa introdução do editor propõe uma espécie de história psicanalítica conservadora, cuja linha-mestra seria a de que o mundo se torna cada vez melhor; os colaboradores dessa antologia acompanham as crianças através dos tempos. Nesse volume, o artigo de Priscilla Robertson, "Home as a Nest: Middle Class Childhood in Nineteenth-Century Europe" (pp. 407-31), é o mais importante para o presente trabalho.

Dieter Claessens, *Familie und Wertsystem. Eine Studie zur "zweiten, soziokulturellen Geburt" des Menschen und der Belastbarkeit der "Kernfamilie"* (1962; 3.ª ed., 1972), dá uma visão geral do destino da família nuclear. Dentre os sociólogos alemães que trabalham no campo da família, nenhum se mostrou mais eficiente do que René König: ver especialmente *Materialien zur Soziologie der Familie* (2.ª ed., 1974), "Soziologie der Familie", em René König (ed.), *Handbuch der Empirischen Sozialforschung*, vol. II (1969), pp. 172-305, e *Die Familie der Gegenwart. Ein Interkultureller Vergleich* (1977). Não existe uma história sólida nem substancial da família alemã; Ingeborg Weber-Kellermann, *Die Deutsche Familie. Versuch einer Sozialgeschichte* (1974), é bem intencionada porém superficial.

Sobre a "pré-história" da família alemã do século XIX, ver Helmut Möller, *Die Kleinbürgerliche Familie im*

Achtzehnten Jahrhundert. Verhalten und Gruppenkultur (1969), uma monografia exemplar que contém excelentes informações sobre a conduta e os ideais sexuais. G. A. Ritter e Jürgen Kocka (eds.), *Deutsche Sozialgeschichte; Dokumente und Skizzen*, vol. II, *1870-1914* (1974), constitui uma antologia bastante útil. Richard Evans e W. R. Lee (eds.), *The German Family: Essays on the Social History of the Family in Nineteenth and Twentieth-Century Germany* (1981), é um compêndio bem característico da história social como vem sendo enfocada nos últimos tempos, visto que apenas um dos nove trabalhos nele incluídos, o de Karin Hausen ("Family and Role Division", pp. 51-83), trata das classes médias. Sobre a França, ver mais uma vez Flandrin, *Families in Former Times*. Uma avaliação sucinta porém adequada da época que antecedeu a Revolução Francesa se encontra no trabalho de James Traer, *Marriage and Family in Eighteenth-Century France* (1980); Roderick Phillips, *Family Breakdown in Late Eighteenth-Century France: Divorces in Rouen, 1792-1803* (1980), é uma monografia de primeira qualidade; e vale a pena ler com atenção dois excelentes estudos franceses sobre aspectos demográficos e legais: Maurice Garden, *Lyon et les lyonnais au dix-huitième siècle* (1970), e Yves Castan, *Honnêteté et relations sociales en Languedoc au XVII et XVII siècles* (1976).

O interessante estudo de Richard Sennett, *Families Against the City: Middle Class Homes of Industrial Chicago 1872-1890* (1970) contém muitas informações sobre "a intensidade da vida familiar" na segunda metade do século XIX. Há diversos ensaios de boa qualidade na obra editada por Virginia Tufte e Barbara Myerhoff, *Changing Images of the Family* (1979), que trata da família tanto na Europa quanto nos Estados Unidos, e inclui fatos e ficção em suas análises. Outra antologia também muito informativa é a editada por Anthony S. Wohl, *The Victorian Family: Structure and Stresses* (1978). Ver também a coleção *The Family*, em *Daedalus*, vol. CVI (primavera de 1977), assim como a antologia editada por John Demos e Sarane Spence Boocock, *Turning Points: Historical and Sociological Essays on the Family* (1978), que contém muitos artigos interessantes: ver em especial o de Carroll Smith-Rosenberg, "Sex as Symbol in Victorian Purity: An Ethnohistorical Analysis of Jacksonian America" (pp. 212-47), e o ensaio introdutório de Glen H. Elder Jr., "Approaches to Social Change and the Family" (pp. 1-38), no qual se encontra um levantamento competente dos trabalhos (e das controvérsias) mais recentes da história da família. Theodore K. Rabb e Robert I. Rotberg (eds.), *The Family in History: Interdisciplinary Essays* (1971), também é de utilidade: Tamara K. Hareven discute a questão da "História da família como um campo interdisciplinar de estudos" (pp. 211-6), e as "Observações bibliográficas" de C. John Summerville (pp. 227-35) são de um valor inestimável. Ver também *Geschichte und Gesellschaft. Zeitschrift für Historische Sozialwissenschaften*, vol. I, n.os 2 e 3 (1975), uma edição especial dedicada à pesquisa da família e à demografia. Existe ainda o estudo sucinto e fascinante de uma família dinamarquesa do século XIX levado a cabo por Ellen Damgaard e Poul H. Moustgaard, *Et Hjem — en familie* (1970), incluindo um resumo em inglês. Por fim, a leitura de Michael Anderson, *Approaches to the History of the Western Family* (1980), altamente crítico em sua avaliação de Shorter e de outros, compensa o esforço que sua leitura exige.

Quanto a *The Girls' Own Paper*, ver Wendy Forrester, *Great-Grandmamma's Weekly: A Celebration of "The Girls' Own Paper" 1880-1901* (1980), uma compilação em tom levemente jocoso, que foi a primeira indicação a me chamar a atenção para esse material. Outro produto característico dessa época, que reflete as mudanças que vinham ocorrendo e a relutância que sentiam as pessoas em orgulhar-se delas, é um volume editado por Annie Nathan Meyer, que levou à fundação do Barnard College, *Woman's Work in America* (1891), moldado à semelhança do de Theodore Stanton, *The Woman Question in Europe*. As diretrizes que a editora estabeleceu para seus colaboradores no citado volume sugerem o grau de maturidade que a causa feminina havia atingido no curso de meio século: "Fatos e história, mais do que eloqüência; verdade, mais do que relatos pitorescos; e uma total abstenção a qualquer ataque ao sexo oposto, sob qualquer forma" (pp. v-vi). Ainda assim, o livro não está totalmente isento de patéticos catálogos dos nomes de mulheres que se distinguiram num ou noutro campo de atividades.

O grande combate travado entre pais e filhos no século XIX ainda merece muito mais estudos do que os que lhe foram dedicados até o presente. Howard R. Wolf, "British Fathers and Sons, 1773-1913: From Filial Submissiveness to Creativity", em *Psychoanalytic Review*, vol. LII, n.º 2 (verão de 1968), pp. 197-214, que trata dos Mill, de Gosse e de D.H. Lawrence, é demasiadamente superficial; Kurt K. T. Wais, *Das Vater-Sohn Motiv in der Dichtung bis 1880* (1931) e *Das Vater-Sohn Motiv in der Dichtung 1880-1930* (1931), são muitíssimo mais ricos; cheios de sugestões, estes dois volumes compactos ficam entretanto parcialmente comprometidos por uma animosidade antifreudiana polêmica e um tanto irada do autor. O estudo de Bruce Mazlich sobre os dois Mill, pai e filho, tem um tema promissor, porém seu resultado deixa muito a desejar. O ensaio psicanaliticamente bem informado de Stephen Kern, "Explosive Intimacy: Psychodynamics of the Victorian Family", em *History of Childhood Quarterly*, vol. I, n.º 3 (verão de 1974), pp. 437-61, toca em todos os pontos-chave, mas, no meu entender, se perde por ser demasiado intransigente nas críticas: ao passo que as tensões são observadas, a felicidade que também existiu em famílias de classe média no século é deixada à margem. Otto Rank, *Das Inzest-Motiv*, é um compêndio exaustivo reunido por um valoroso psicanalista que se estende muito além da literatura. Concluo aqui esta lista de referências bibliográficas com diversos artigos informativos que apareceram na *Psychohistory Review*, nem todos dedicados à psico-história pura, porém cada um merecedor de crédito e louvor: Renée Neu Watkins, "The Renaissance Pater Familias — 'Be Ye Perfect'", vol. IX, n.º 2 (inverno de 1980), pp. 91-110, analisa duas "figuras paternas", Gianozzo em *Della Famiglia*, de Alberti, e Polonius no *Hamlet*, de Shakespeare; Nancy F. Cott, "Notes Toward an Interpretation of Antebellum Childbearing", vol. VI, n.º 4 (primavera de 1978), pp. 4-20, contém uma argumentação abrangente e muito bem documentada em favor da importância da compreensão dos processos de educação infantil para o historiador; e uma edição especial de "estudos psico-históricos da família americana", vol. VI, n.ºs 2 e 3 (outono-inverno de 1977-78), inclui diversos ensaios merecedores de leitura, destacando-se o de Cushing Strout, "Fathers and Sons" pp. 25-31.

A história do conforto precisa ser escrita; é claro que ela já se encontra implícita em todas as histórias de mobiliários e de decoração. Há muito material excelente na obra de John Cornforth, *English Interiors 1790-1848: The Quest for Comfort* (1978), bem como no livro anterior, mas nem por isso obsoleto, de John Gloag, *Victorian Comfort* (1942). Jean e Françoise Fourastié, *Histoire du confort* (s. d.), é um opúsculo breve porém útil; além disso, Françoise Fourastié também colaborou num importante capítulo do livro de Jean Fourastié, *Machinisme et bien-être. Niveau de vie et genre de vie en France de 1700 à nos jours* (ed. 1969). Ver também Jennie Calder, *The Victorian Home* (1977), tão atenta às tensões existentes no interior da família confortavelmente instalada quanto eu, porém menos tolerante a respeito dessas tensões. O clássico de Siegfried Giedion, *Mechanization Takes Command: A Contribution to Anonymous History* (1948), continua a ser uma fonte quase inesgotável de informações. A melhor visão global do estilo Biedermeier, tão difamado e tão sentimentalizado a ponto de ser completamente distorcido, tornando-se quase irreconhecível, é a de Georg Himmelheber, *Biedermeier Furniture* (1973; trad. inglesa de Simon Jervis, 1974), pois o autor consegue se equilibrar numa posição intermediária, evitando tanto o extremo do sentimentalismo quanto o da difamação.

Fernand Braudel fez seu o conforto — ou o desconforto — dos séculos anteriores ao décimo nono. O extenso e excêntrico livro, *Civilisation matérielle, économie et capitalisme, XV au XVIII siècle*, 3 vols. (1979), especialmente no vol. I, *Les Structures du quotidien: le possible et l'impossible* (trad. inglesa de Sian Reynolds, com o título *Civilization and Capitalism, 15th-18th Centuries*, (1981), fornece detalhes em abundância. A tradução inglesa de uma versão anterior da mesma obra, *Capitalism and Material Life, 1400-1800* (trad. inglesa de Mirian Kochan, 1973), teve bastante sucesso entre historiadores sociais. "A privacidade foi uma inovação introduzida no século XVIII", diz Braudel sem rodeios (p. 224). Robert Mandrou, *Introduction à la France moderne. Essai de psychologie historique, 1500-1640* (1961), apresenta muitos dados interessantes, especialmente no que diz respeito à história da sensualidade nos primórdios da Europa moderna, tratada na primeira parte do livro. Ver também Michel e Mireille Lacave, *Bourgeois et marchands en Provence et en Languedoc* (1977), que apresenta detalhes interessantes acerca dos incômodos estilos de vida burguesa, alcançando até o século XVIII (caps. VIII a X).

Os alemães parecem ter sido particularmente volúveis no tocante à necessidade de repensar, e talvez de reformar, a instituição do matrimônio. Especialmente na década de 1890, estimulados pela realidade da "nova mulher" e pelos escritos de filósofos tão polêmicos e controversos como Nietzsche, eles publicaram tratados após tratados. A seguir apresento uma pequena amostra. Maximilian Schacht, em *Soziologische Studien*, vol. II, *Versittlichung der Ehe* (1895), argumenta que o amor, e não os rígidos preceitos legais, deve governar o casamento; o resto se seguirá naturalmente. Já o filósofo suíço Reinhold Günther, defende em *Weib und Sittlichkeit. Studien und Darlegungen* (1898), a "sensualidade moral" e louva a mulher, a seu ver casta por natureza e amante de crianças também por natureza. Otto Caspari, um professor de filosofia, em *Das Problem über die Ehe! vom philosophischen, geschichtlichen, und sozialen Gesichtspunkte* (1899), se preocupa com a crescente imoralidade das pessoas não casadas. No entanto, é claro que os alemães não detinham o monopólio de tais estudos alarmados. Ver, para um exemplo francês, o livro do conde A. de Gasparin, *L'Ennemi de la famille* (1874).

Uma das poucas avaliações psicologicamente sofisticadas dispensadas à atividade de escrever diários ou apontamentos íntimos é o de Siegfried Bernfeld, *Trieb und Tradition im Jugendalter. Kulturpsychologische Studien aus Tagebüchern*, suplemento n.º 54 da *Zeiteschrift für angewandte Psychologie* (1931). O assunto também é abordado por Peter Blos, *On Adolescence*; e Macfarlane, *The Family Life of Ralph Josselin*, que também traz alguns comentários importantes a respeito dos diários (especialmente às pp. 4-8). Um trabalho altamente especializado, porém ainda assim fascinante, é o de Willie Hoffer, que aborda psicanaliticamente e em profundidade os diários de adolescentes esquizofrênicos: "Diaries of Adolescent Schizophrenics (Hebephrenics)", *Psychoanalytic Study of the Child*, vol. II (1946), pp. 293-321. Ver também o estudo "caracterológico" de M. Leleu, *Les Journaux intimes* (1952); Robert A. Fothergill, *Private Chronicles: A Study of English Diaries* (1974); P. A. Spalding, *Self Harvest: A Study of Diaries and the Diarist* (1949); e Gustav René Hocke, *Das Europäische Tagebuch. Beiträge zur Vergleichenden Literaturgeschichte* (1963), uma imensa antologia — compreendendo mais de 450 páginas — de pequenos extratos de diários e apontamentos íntimos, precedida de uma introdução ainda mais extensa — mais de quinhentas páginas — e um tanto pretenciosa, mas apesar disso bastante informativa.

John Mack Faragher sugeriu que os homens mantêm seus relatos sucintos, numa forma bastante objetiva, ao passo que as mulheres tendem a expandir-se nos aspectos emocionais e domésticos, além de serem mais prolixas. Esta observação se aplica sem dúvida à sua amostragem — pioneiros americanos que se dirigiram para o Oeste em meados do século XIX; entretanto, não se aplica, pelo menos não de modo tão exaustivo, aos burgueses cultos e requintados da costa leste americana ou da Europa: *Women and Men on the Overland Trail* (1979), particularmente às pp. 14 e 128-33. Em 1839, o dr. William Alcott recomendava em *The Young Husband* que maridos e esposas escrevessem diários para neles expressar seus sentimentos mais íntimos — conforme John S. e Robin Haller, *The Physician and Sexuality*, p. 227. Sobre a tradução da sra. Humphry Ward do diário de Amiel e a recepção a ela dispensada na Inglaterra, ver William S. Peterson, *Victorian Heretic: Mrs. Humphry Ward's "Robert Elsmere"* (1976), pp. 90-101. O famoso diário de Marie Bashkirtseff é apresentado através de generosos excertos feitos por Dormer Creston (pseud.), *Fountains of*

Youth: The Life of Marie Bashkirtseff (1937). A apreciação publicada à época por Gladstone é altamente interessante: "Journal de Marie Bashkirtseff", *Nineteenth Century*, vol. XXVI (outubro de 1889), pp. 602-607. A fluente e inteligente biografia de James R. Mellow, *Nathaniel Hawthorne in His Time* (1980), utiliza muito bem as anotações e a correspondência íntimas do casal Hawthorne, o que para mim foi muito útil.

Sobre a vida conjugal dos Sumner, particularmente no que tange aos problemas de saúde de Jeannie Sumner e a seu mal-estar sexual, ver Bruce Curtis, "Victorians Abed: William Graham Sumner on the Family, Women and Sex", em *American Studies*, vol. XVIII (1977), pp. 101-22; Joy e Bruce Curtis, "Illness and the Victorian Lady: The Case of Jeannie Sumner", em *International Journal of Women's Studies*, vol. IV, n.º 5 (1981), pp. 527-43. A questão de as mulheres utilizarem o pretexto de doenças para evitar uma gravidez indesejada continua ainda hoje sujeita a controvérsias. Barbara Ehrenreich e Deirdre English assim o afirmam em *For Her Own Good: 150 Years of the Experts' Advice to Women* (1978); contudo pode ter-se tratado apenas de uma estratégia entre muitas.

CRÉDITOS DAS ILUSTRAÇÕES

Antoine Wiertz, *La Belle Rosina*, também conhecido por *Duas Jovens*, 1847. Óleo sobre tela, 99 × 139 cm. Museu Antoine Wiertz (Departamento dos Reais Museus de Arte da Bélgica), Bruxelas. Número do Inventário: 1935. Copyright da foto: A.C.L., Bruxelas.

Mabel Loomis Todd, em fevereiro de 1882. Fotografia. Coleção Todd-Bingham de Retratos, Yale University Library.

Eben J. Loomis, em 1895. Fotografia. Coleção Todd-Bingham de Retratos, Yale University Library.

David Peck Todd, *c.* 1890. Fotografia. *c.* 1890. Fotografia. Coleção Todd-Bingham de Retratos, Yale University Library.

William Austin Dickinson, Coleção Todd-Bingham de Retratos, Yale University Library.

Sir John Tenniel, *A Emancipação das Mulheres; Punch*, vol. XXI (1851), p. 3.

Edward L. Sambourne, *O Anjo na "Casa"; ou O Resultado do Sufrágio Feminino; Punch*, vol. LXXXVI (1884), p. 279.

Plantas do Orquidário Moderno; Fliegende Blätter, vol. I, n.º 6 (1845), p. 46.

Madame Professora; Fliegende Blätter, vol. IV, n.º 85 (1846), p. 102.

A Poetisa; Fliegende Blätter, vol. IV, n.º 89 (1846), p. 135.

Honoré Daumier, *"Excusez-moi, Monsieur, si je vous dérange un peu"* ["Desculpe-me, senhor, se o incomodo um pouquinho"]. Litografia da série *Les Bas bleus; Le Charivari*, 8 de março de 1844. Biblioteca Sterling, Yale University.

Heinrich Hoffmann, *"História de um Chupador de Polegares"*, do *Struwwelpeter* [Pedro Descabelado] (1844-5; ed. 1900).

Phyllis cavalgando Aristóteles, aquamanílio mosano em bronze, anterior a 1300. Ref. 13.3/16, The Metropolitan Museum of Art, Nova York, Coleção Robert Lehman, 1975.

Dante Gabriel Rossetti, *Venus Verticordia*, 1864. Óleo sobre tela. Russell-Cotes Art Gallery and Museum, Bournemouth.

Dante Gabriel Rossetti, *Pandora*, 1879. Crayons coloridos sobre papel, 62 × 97 cm. Fogg Art Museum, Harvard University. Doação de Grenville L. Winthrop.

Max Liebermann, *Sansão e Dalila*, 1902. Óleo sobre tela, 212 × 151 cm. Städelsches Kunstinstitut, Frankfurt am Main. Foto de Ursula Edelmann.

Franz von Stuck, *Pecado*, 1893. Óleo sobre tela, 96 × 124 cm. Bayerische Gemäldesammlung, Munique.

Edvard Munch, *Harpia*, 1894. Ponta seca, 22 × 28 cm. Munch-Museet, Oslo.

Edvard Munch, *Vampiro*, 1895. Litografia colorida à mão, 55 × 38 cm. Munch-Museet, Oslo.

Edvard Munch, *A Morte de Marat*, *c.* 1905-7, retrabalhado mais tarde. Óleo sobre tela, 200 × 150 cm. Munch-Museet, Oslo.

Edvard Munch, *Salomé II*, 1905. Gravura. Munch-Musset, Oslo.

Aubrey Beardsley, *O Clímax*, 1894. Bico-de-pena e nanquim, 21 × 15 cm. Ilustração para a *Salomé* de Oscar Wilde. Biblioteca Beinecke de Livros Raros e Manuscritos, Yale University.

Aubrey Beardsley, *A Batalha dos Rapazes e das Moças*, 1895-6. Ilustração para *The Rape of the Lock*, de Alexander Pope. Barber Institute of Fine Arts, The University, Birmingham. Bico-de-pena e nanquim, 17 × 25 cm.

Gustave Moreau, *Édipo e a Esfinge*, 1864. Óleo sobre tela, 105 × 206 cm. The Metropolitan Museum of Art, Nova York. Doação de William H. Herriman, em 1921.

Franz von Stuck, *O Beijo da Esfinge*, 1895. Óleo sobre tela, 145 × 160 cm. Museu Szépmüvészeti, Budapeste.

Edvard Munch, *Esfinge*, *c.* 1927. Desenho. Munch — Museet, Oslo.

Anel uretral provido de quatro pontas; de J. L. Milton, *Pathology and Treatment of Spermatorrhoea*, Londres, 1887, p. 127. Cortesia dos Curadores da Fundação Wellcome, Wellcome Institute for the History of Medicine, Londres.

Dispositivos contra o onanismo, do catálogo da Maison Mathieu, 1904. Cortesia dos Curadores da Fundação Wellcome, Wellcome Institute for the History of Medicine, Londres.

Hablot K. Browne ("Phiz"), *Mudanças em Casa*, 1850. Ilustração para *David Copperfield*, de Charles Dickens.

Carl Iutz, *Memento Mori; Daheim*, vol. xx (1884), p. 57.

James Ward, *A Caçada do Dia*, 1826. Óleo sobre tela, 130 × 100 cm. Yale Center for British Art, Coleção Paul Mellon.

V. Morland, *Au Salon de Peinture, Petit Journal pour Rire*, vol. XXVI, 3.ª Série (1882), p. 6.

Antoin-Jean-Paul Carlès, *A Morte de Abel*, 1887. Musée du Luxembourg, Paris.

Ernest Barrias, *A Eletricidade*, 1889. Em gesso, destruído. Foto Giraudon.

Felix Charpentier, *A Bicicleta*, *c.* 1895-1900. Em terracota, destino atual desconhecido. Fotografia extraída de Peter Fusco e H. W. Janson (eds.), *The Romantics to Rodin* (1980), p. 69.

Per Hasselberg, *Magnetismo*, *c.* 1884. Gesso. Galeria Fürstenberg, Göteborgs Konstmuseum, Göteborg.

Carl Larsson, *O Interior da Galeria Fürstenberg*, 1885. Óleo sobre tela, 57 × 78 cm. Göteborgs Konstmuseum, Göteborg.

Antônio Teixeira Lopes, *Eça de Queirós*, 1903. Mármore. Lisboa. Cortesia do cônsul-geral de Portugal em Nova York.

Alexandre Chaponnier, segundo Pierre-Paul Prud'hon, *O Estudo guiando a Ascensão do Gênio*, 1806 ou antes.

Maneira-negra *(mezzoatinta)* em cores, 22 × 28 cm. Da coleção particular do autor.

August Kiss, *Amazona*. Gravura que representa a cópia em zinco levada para a Grande Exposição de Londres. De *The Art-Journal, Illustrated Catalogue, The Industry of All Nations, 1851*, p. 37.

Jean Auguste Dominique Ingres, *Torso de um Homem*, *c.* 1800. Óleo sobre tela, 80 × 100 cm. Ecole des Beaux-Arts, Paris.

Jean Auguste Dominique Ingres, *Os Embaixadores de Agamemnon na Tenda de Achilles*, 1801. Óleo sobre te la, 155 × 110 cm. Ecole de Beaux-Arts, Paris.

William Etty, *Eis que Venus acorda e desperta Amor*, 1828. Óleo, 61 × 51 cm. Russel-Cotes Art Gallery and Museum, Bournemouth.

William Etty, *Andrômeda*, *c.* 1840. Óleo, 51 × 67 cm. Lady Lever Art Gallery, Port Sunlight, Merseyside.

William Etty, *Pandora*, 1824. Óleo sobre tela, 112 × 88 cm. City Art Gallery, Leeds.

Edward Burne-Jones, *Pigmaleão e a Imagem*, 1868-79. Óleo sobre tela. Cortesia do Birmingham Museum and Art Gallery.

Jean Léon Gérôme, *Pigmaleão e Galatéa*, *c.* 1881. Óleo sobre tela, 74 × 95 cm. The Metropolitan Museum of Art, Nova York. Doação de Louis C. Raegner em 1927.

Honoré Daumier, *Pigmaleão*. Litografia, *Le Charivari*, 28 de dezembro de 1842. Biblioteca Sterling da Yale University.

Jean-Baptiste (*dito* Auguste) Clésinger, *Mulher Mordida por uma Cobra*, depois de 1847. Redução em bronze de um original em mármore. Los Angeles County Museum, coleção particular.

Alexandre Cabanel, *Ninfa Raptada por um Sátiro*, 1860. Óleo sobre tela. Musée de Beaux-Arts, Lille.

Hiram Powers, *A Escrava Grega*, 1843. Mármore. Yale University Art. Gallery, Fundo Olive Louise Dann.

Hiram Powers, *A Tentação de Eva*, modelada em 1842. Mármore. National Museum of American Art. Smithsonian Institution, Washington, D.C.

George Cruikshank, *Decência, Façam o Favor!*, 1822. Gravura. British Museum.

Uma moderna mansão em estilo gótico, conforme caricaturizada por A. Welby Pugin em *The True Principles of Pointed or Christian Architecture, Set Forth in Two Lectures* (1841), p. 58.

Sofá com almofadas removíveis. Clarence Cook, *The House Beautiful: Essays on Beds and Tables, Stools and Candlesticks* (1878), p. 59.

Antonio Canova, *Venus Italica*, 1812. Mármore. Palácio Pitti, Florença. Foto Alinari.

Antonio Canova, *Cupido e Psyche*, 1793. Mármore. Louvre, Paris. Foto Alinari.

AGRADECIMENTOS

Em mais de uma década transcorrida desde que comecei a elaboração do presente livro, acumularam-se minhas dívidas de gratidão; tenho agora o agradável dever de saldá-las, e não me resta senão a esperança de que, apesar dos inúmeros encontros que se me ofereceram em palestras e conferências, eu não haja esquecido ninguém. Aquele estudante da pós-graduação em Berkeley que me guiou até o diário de Heinrich Graetz, permanecendo entretanto anônimo, e aquele amigo — mas qual deles já não consigo mais lembrar — que me forneceu informalmente um título ("Cristianismo Glandular") que será utilizado em meu segundo volume, são dois exemplos de quão extensas e variadas são minhas dívidas.

Tive a sorte de ter recebido muitos convites para testar as minhas idéias em gestação. E o privilégio de ser convidado a proferir a primeira Conferência Ena H. Thompson no Pomona College, em 1980: lá tentei, imerso naquele ambiente descontraído, delinear as linhas gerais que meus estudos seguiriam. Três anos antes, em 1977, tive a honra de proferir o ciclo de Conferências Martin Rist na Iliff School of Theology em Denver, Colorado, onde retomei o precioso contato com velhos amigos e com lugares conhecidos e queridos, ensaiando as formas que daria a meus pensamentos sobre a cultura burguesa do século XIX. Fiquei em dívida para com Harvey H. Potthoff, como sempre. As Conferências Whitten que proferi na McMaster University em Hamilton, Ontario, no mesmo ano de 1977, sobre o "Século Burguês", também tiveram para mim um valor considerável. Uma formulação bem diferente das minhas idéias se tornou necessária para as Conferências Christian Gauss sobre crítica no ano de 1979 em Princeton: lá fui submetido ao interrogatório impiedoso, amistoso, e construtivo que torna essas conferências justamente famosas. As quatro conferências sobre 'Freud' que fiz em Yale em 1980, patrocinadas pelo Western New England Institute of Psychoanalysis e pelo Humanities Center da Yale University tocaram em alguns dos temas que abordei no presente volume. Recebi também a agradável e hospitaleira acolhida do Concilium on International and Area Studies e do Program on Modern Studies nesta minha universidade [Yale].

As muitas palestras e conferências que proferi em vários lugares, desde a longínqua primavera de 1971, quando organizei a primeira versão de minhas idéias acerca do século burguês, sob os auspícios do Institute of Historical Research de Londres, mostraram-se todas elas extremamente úteis na formulação e na reformulação de minhas idéias. Acrescente-se a isso o inestimável valor de outras tantas discussões, discordâncias e sugestões provindas das diversas audiências presentes àquelas palestras e conferências. Em 1972 falei na University of Indiana em Bloomington, na Western Michigan University, em Kalamazoo, e no Goucher College em Towson, Maryland, abordando tópicos diversos, como por exemplo a cortesia e a repressão no século XIX. Em 1974 retornei à Denver University, onde me formei, para falar sobre o Modernismo. Dentre as palestras mais recentes, particularmente relevantes para o presente volume, destaco as que proferi na Connecticut, University, em 1980, no campus de Storrs; no mesmo ano passei um dia muito estimulante debatendo minhas idéias no Harvard Center for European Studies. Mais recentemente ainda, em 1982, falei no Concordia College, em Montreal, e no campus de Tempe da Arizona State University. Lembro-me também com muito prazer das repetidas vezes que visitei a University of California, tanto no campus de Berkeley como no de Los Angeles, em meados da década de 1970, bem como das visitas que fiz à mesma época à Johns Hopkins University em Baltimore, Maryland. Igualmente agradáveis e produtivas foram minhas visitas e conferências na Wisconsin University, em Madison, no Kenyon College, em Gambier, Ohio, e na Tufts University, em Medford, Massachusetts, bem como no Institute for Advanced Study in the Humanities da University of Massachusetts em Amherst. Em outubro de 1982 proferi a conferência de abertura de um congresso sobre a sexualidade na Cornell University, em Ithaca, Nova York. Todos esses exercícios intelectuais foram, na mais pura acepção horaciana, uma combinação do útil com o agradável.

Tempo é dinheiro: este livro — assim como os que lhe sucederão, dos quais o segundo volume já está bem adiantado — exigiu longos períodos de "lazer" para visitar arquivos, proceder à leituras em casa, discutir uma variedade imensa de assuntos com colegas pacientes e solícitos por toda parte, e para escrever — e reescrever, e reescrever. Sinto-me excepcionalmente abençoado por me terem sido concedidas duas subvenções substanciais da Divisão de Pesquisas do National Endowment for the Humanities, a primeira estendendo-se de 1973 a 1975, a segunda de 1981 a 1984, o que não só me permitiu alguns períodos valiosos exclusivamente dedicados a este trabalho como também financiou viagens para que eu pudesse visitar os arquivos existentes em diversos países. Outros auxílios generosos me foram concedidos pela Divisão de Humanidades da Rockfeller Foundation e pela John Simon Guggenheim Memorial Foundation com os quais pude comprar mais tempo indispensável. A essas duas fundações expresso minha mais profunda gratidão. Preciso agradecer ainda mais uma vez à Rockefeller Foundation pela sua compreensão rápida e absolutamente desburocratizada das necessidades de um acadêmico à procura de fundos para levar adiante suas pesquisas. Tenho também o grato prazer de agradecer a ajuda recebida do Fundo de Pesquisa da American Psychoanalytic Association, pois este fundo em geral concentra-se em trabalhos muitíssimo mais técnicos do que o meu. O Deutsch-Amerikanischer Austauschdienst (conhecido por todos pelas suas iniciais "DAAD") e a Fritz Thyssen Stiftung puseram à minha disposição boas quantias, ajudando-me além disso em minhas visitas a arquivos na Alemanha e na obtenção de cópias xerográficas de materiais raros. Em Yale, recebi repetidos benefícios do Council on West European Studies assim como do A. Whitney Groswold Fund, que colaboraram com os custos de minhas viagens e de datilografia e reprografia.

De modo geral sou muito grato à minha universidade e ao meu colega de departamento pelo apoio que deram a meus trabalhos. Meu colega Howard Lamar, decano do Yale College, conseguiu elaborar um horário bastante inusitado, de sorte a permitir-me prosseguir ao mesmo tempo com as valiosas atividades docentes e com o trabalho de elaboração do livro em minhas horas igualmente valiosas. Joseph Warner e Lindy Downey, da Administração de Subvenções e Contratos, guiaram-me através dos meandros de requerimentos e fornecendo-me uma ajuda que superou todas as expectativas e os limites de sua obrigação; Richard S. Field e Debra N. Mancoff, da Galeria de Arte de Yale, foram sempre muito solícitos na pesquisa iconográfica. Loueva Pflueger aplainou os caminhos do acadêmico com seu estilo inimitável. Gay Walker resolveu muitos problemas técnicos aborrecidos. Marjorie Wynne, da Biblioteca Beinecke, esclareceu o que sem ela seria um verdadeiro quebra-cabeças. Robert Balay e sua equipe de bibliotecários-pesquisadores — merecidamente famosos — resolveram alguns enigmas que eu não conseguiria decifrar, Betty Paine fez muito mais do que datilografar várias vezes meus manuscritos, freqüentemente quase ilegíveis; ela também me abasteceu de histórias interessantes, anedotas e figuras pertinentes, fazendo um pouco seu este manuscrito. Desejo também expressar aqui meus agradecimentos aos profissionais dos Arquivos da Yale University, sempre dispostos a ajudar, e entre eles particularmente a Judith Schiff. Além de todos esses, expresso também minha gratidão a Ferenc Gyorgyey, bibliotecário da Biblioteca Histórica da Yale Medical School.

Devo muito também aos arquivistas de outros lugares, pois, respondendo às minhas cartas e orientando-me na direção das fontes corretas, pouparam-me muito tempo. Isso de fato ocorreu em Colônia, Hamburgo, Munique (tanto na Staatsbibliothek quanto na Monacensia), no Instituto Schiller em Marbach, em Berlim (Ocidental, é claro), bem como em Cambridge, Oxford, Oslo, Paris, Lille e Göteborg. Sou especialmente grato à sra. Ingvari Desaix, Göteborgs Konstmuseum, pela gentileza com que me forneceu tantas informações.

Nos Estados Unidos, agradeço a Herbert Cahoon da Biblioteca Pierpont Morgan, de Nova York; a Rita H. Warnock, da Biblioteca John Hay, na Brown University; a Richard J. Wolfe, da Biblioteca de Medicina Francis A. Conway, em Boston; a Lynn Metz, curadora dos arquivos do Knox College, em Galesburg, Illinois; a Dorothy Green e Susan L. Boone, da Coleção Sophia Smith do Smith College, em Northampton, Massachusetts; a Ruth James, da Amherst Historical Society, em Amherst, Massachusetts; a Eva Moseley, da Biblioteca Schlesinger do Radcliffe College, da Harvard University, em Cambridge, Massachusetts; a Sara Timby, da Divisão de Manuscritos da Biblioteca da Stanford University, na Califórnia; a Susan Matusek, do Institute for Sex Research, Indiana University, em Bloomington, Indiana; a Peter Fusco, do Museu de Arte de Los Angeles, Califórnia; e a Sara S. Hodson, da Biblioteca Huntington, de San Marino, Califórnia.

Minha dívida para com o Western New England Institute for Psychoanalysis, onde completei meu estágio de sete anos como Candidato a Pesquisador, é muito grande e igualmente óbvia. Apesar de poder parecer odioso destacar este ou aquele dentre meus professores, quero deixar registrado um agradecimento todo especial e inesquecível ao dr. Richard Newman, por motivos que ele conhece tão bem quanto eu, e a Ernst Prelinger, cuja erudição imensa e não menos imaginativa, abrangendo a totalidade do conhecimento psicanalítico, me deu o impulso inicial para que eu percebesse o papel crucial desempenhado pela realidade na formação das mentes. Quanto aos meus colegas de turma, tenho a alegria de reconhecer o quanto foram pacientes, individual e coletivamente, diante dos meus interesses por vezes um tanto oblíquos.

Devo também agradecimentos especiais a muitos dos estudantes e professores, tanto de Yale como de outras instituições, a conhecidos, pessos estranhas que vinham me procurar depois de uma conferência, e que me ajudaram de tantas maneiras que não me é possível registrálas todas e talvez nem mesmo relembrá-las. Espero que não me levem a mal o fato de eu expressar a minha gratidão através de uma simples listagem em ordem alfabética por terem me informado a respeito de alguma personagem fugidia, fornecido uma anedota reveladora, traduzido uma palavra russa, chamado minha atenção para algum título que eu desconhecia, ou por terem tido apenas a paciência de me ouvir: James Albisetti, Madelon Bedell, John Blum, John Brewer, Michael Burns, Paul Bushkovitch, Ruth Butler, Susan Chitty, Judy Coffin, Stefan Collini, Marian F. Conway, Nancy Cott, Angela Covey-Crump, Carl Degler, Peter Demetz, Betty Anne Doebler,

Teri Edelstein, Richard Ellmann, Jane Fulcher, John Garraty, Sophie Glazer, Raymond Grew, Sir Ernst Gombrich, Fred Grubel, Robert Harding, Brian Harrison, Judith Hugles, Isabel Hull, Julie Iovine, Jane Isay, Steven Kablick, Herbert Kaplan, Jay Katz, Carl Landauer, Tim Lang, Tom Laqueur, Lisa Lieberman, Peter Loewenberg, Gene McAfee, Jeffrey Merrick, Ellen Messer, Marc Micale, Sir Ralph Millais, James Mohr, David Musto, Thomas Nipperdey, Harry Payne, Janet Polasky, Barbara Corrado Pope, Jules Prown, Howard A. Reed, Monika Richarz, Samuel Ritvo, David Roberts, Jeffrey Sammons, C.J. Scheiner, Steven Scher, Alexander Schenker, Daniel Sherman, Quentin Skinner, Pamela e Wim Smit, Albert Solnit, Valerie Steele, Mary Lee Townsend, Frank Turner, Heinrich Voss, Malcolm Warner, e Sharon White.

Desde os idos de 1972, muitos foram os estudantes que procederam a pesquisas para este volume, especialmente pesquisas em periódicos de língua estrangeira. A todos sou muito grato: a Karen Bradley, Joseph Koerner, Jay Lutz — que traduziu para mim trechos diversos do sueco —, Georges Magaud, Harry Payne, Debra Perry, Becky Saletan e Sally Tittman. Tenho também a satisfação de agradecer a ajuda de meus amigos e editores da Oxford University Press: Sheldon Meyer, cuja confiança neste empreendimento sustentou a minha própria; Nancy Lane, que me ajudou de tantas maneiras de que ela nem suspeita; e Stephani Golden, uma editora paciente e sagaz, a um só tempo respeitosa e severa nas horas importantes.

E agora meus leitores! Vann Woodward, a quem dediquei este livro, procedeu a uma leitura crítica e construtiva da longa Introdução Geral justamente quando mais eu necessitava de seu apoio; Jerome Meyer, meu colega de turma no Psychoanalytic Institute leu atentamente o manuscrito, usando todo o seu conhecimento para ao mesmo tempo me incentivar e corrigir meus erros acerca dos pontos mais minuciosos das exposições de Freud; Carol Payne ofereceu-me algumas indagações céticas, especialmente no que se refere no capítulo 3; meus velhos amigos Dick e Peggy Kuhns submeteram o manuscrito a uma leitura sensível, compreensiva e psicologicamente bem-informada, trazendo-lhe benefícios substanciais; meus dois antigos alunos e assistentes, hoje amigos íntimos, Susanna Barrows e Henry Gibbons, pesaram cada palavra deste manuscrito com a máxima atenção, e me ofereceram apoio, informações e críticas de valor inestimável. Meu colega e amigo John Merriman arrastou-me a uma série de discordâncias altamente espirituosas e produtivas, e assim ajudou-me em particular no que tange às exigências impostas pela realidade. E Bob Webb, como sempre, estudou meu manuscrito com o seu banco de informações históricas inesgotáveis e o olhar do editor sempre atento às mais sutis minúcias, melhorando-o consideravelmente. Considerando a erudição e o carinho de tais leitores, sinto-me tentado a transferir a eles a culpa por quaisquer erros ainda remanescentes.

Ruth Gay merece um parágrafo todo especial. Não só leu todas estas páginas mais do que uma vez, e freqüentemente mais do que duas vezes, com uma paciência impressionante e um bom senso excepcional; ela tornou possível, na acepção mais concreta e real do termo, a feitura deste livro, trazendo para casa os troféus que, com sua visão infalível, desenterrava dos arquivos — o que me permitiu iniciar esse empreendimento de investigação psicológica. Em meio a todos os seus importantes e exaustivos trabalhos, tornou-se também crítica, revisora, pesquisadora, e uma entusiástica incentivadora. Na acepção mais completa e real do termo, o presente livro é fruto de sua colaboração.

PETER GAY

ÍNDICE REMISSIVO

ESTA OBRA FOI COMPOSTA PELA HELVÉTICA PRODUÇÕES EDITORIAIS EM GARAMOND E IMPRESSA PELA GRÁFICA EDITORA BISORDI EM OFF-SET PARA A EDITORA SCHWARCZ EM OUTUBRO DE 1988.